中国交通运输改革开放30年

公路卷

中华人民共和国交通运输部 编
《中国交通运输改革开放30年》丛书编委会

人民交通出版社
China Communications Press

图书在版编目(CIP)数据

中国交通运输改革开放30年——公路卷/中华人民共和国交通运输部,《中国交通运输改革开放30年》丛书编委会编. —北京:人民交通出版社,2009.12

ISBN 978-7-114-07790-6

Ⅰ. 中… Ⅱ. 中… Ⅲ. ①交通运输业—成就—中国—1978~2008②公路运输—交通运输业—成就—中国—1978~2008 Ⅳ. F512.3

中国版本图书馆CIP数据核字(2009)第202235号

书　　名:**中国交通运输改革开放30年——公路卷**
著 作 者:中华人民共和国交通运输部《中国交通运输改革开放30年》丛书编委会
责任编辑:张征宇　赵瑞琴
出版发行:人民交通出版社
地　　址:(100011)北京市朝阳区安定门外外馆斜街3号
网　　址:http://www.ccpress.com.cn
销售电话:(010)59757969,59757973
总 经 销:北京中交盛世书刊有限公司
经　　销:各地新华书店
印　　刷:北京市密东印刷有限公司
开　　本:787×1092　1/16
印　　张:42
字　　数:675千
版　　次:2009年12月　第1版
印　　次:2009年12月　第1次印刷
书　　号:ISBN 978-7-114-07790-6
定　　价:120.00元

(内部发行)

《中国交通运输改革开放30年》丛书

公　路　卷

我国公路水路交通改革发展30年的实践与经验

交通运输部部长　李盛霖

党的十一届三中全会开启了中国改革开放的历史新时期，启动了我国从高度集中和封闭、半封闭状态，到全面改革和全方位开放的伟大历史转折。30年来，在中国特色社会主义伟大旗帜指引下，在党中央、国务院的正确领导下，公路水路交通抓住机遇，深化改革，扩大开放，奋力拼搏，着力发展运输生产力，取得了举世瞩目的发展成就，为经济社会发展和提高人民生活水平提供了交通运输的有力保障。

一、30年交通改革开放的历史进程

在改革开放的春风吹拂下，以党的十一届三中全会到党的十四大召开、党的十四大到党的十六大以及党的十六大以来三个重要发展阶段为标志，全国交通行业勇立改革开放潮头，以思想大解放推动事业大发展，走出了一条中国特色的公路水路交通改革开放和创新发展之路。

第一，积极探索，放宽搞活（从1978年党的十一届三中全会到1992年党的十四大前）

这一时期，我国公路水路交通基础设施建设严重滞后、运输装备水平落后、运输保障能力不强，成为制约经济社会发展的瓶颈。为扭转被动局面，交通行业解放思想，开拓进取，在放开搞活交通运输市场、探索社会化筹融资机制、制定前瞻性交通发展规划等方面，作了一系列开创性、基础性的探索。

一是率先创办对外开放的“窗口”——蛇口工业区。中国的对外开放是从创办经济特区开始的。1979年2月，经国务院批准，由交通部驻港企业——招商局在深圳创办蛇口工业区，按照国际惯例招商引资，发展出口加工业。交通部门率先创办对外开放的工业区，使蛇口工业区在全国改革开放的棋盘上先行一步，成为全国改革开放浓墨重彩的起笔。从这里，中国向世界敞开了博大的胸怀，最终形成了全方位对外开放的新格局。

二是放宽搞活交通运输的市场。公路水路交通的市场化取向是贯穿交通改革开放30年的一条主线。改革开放初期的放宽搞活打开了市场化改革的大门，打破了所有制单一、封闭的交通运输经济格局。1983年，交通部提出“有河大家走船、有路大家走车”；1985年，又提出“各部门、各行业、各地区一起干，国营、集体、个人以及各种运输工具一起上”。自此，我国公路水路交通运输业突破所有制的束缚，掀起了社会办交通的热潮，集体、个体和中外合资运输业户纷纷涌入交通行业，对缓解交通运输紧张状况起到了重要作用。

三是探索推进交通筹融资的社会化。1984年12月，国务院作出对中国公路交通发展具有历史意义的三项重大决定，即提高养路费征收标准、开征车辆购置附加费、允许贷款或集资修建的高等级公路和大型桥梁隧道收取车辆通行费（即“贷款修路、收费还贷”政策），使中国公路建设有了稳定的资金来源和加快发展的政策环境。国务院还决定动用粮棉布和低档工业品，用以工代赈方式帮助贫困地区修建公路、整治航道。同时，积极引进外资参与交通基础设施建设，逐步形成了“国家投资、地方筹资、社会融资、引进外资”的多元化交通投融资格局。

四是推进政府职能的转变。针对交通管理体制政企不分、重企轻政等问题，1984年，交通部提出以“转、分、放”和“实现两个转变”为主要内容的改革思路。“转”就是交通部门要从生产业务型转到行政管理型，发挥政府职能部门的作用；“分”就是要实行政企分开，简政放权；“放”，就是把应该下放的企业放到中心城市，同时放权给企业，使企业有更多的活力，成为按经济规律运行的经济实体。“两个转变”就是各级交通管理部门从主要抓直属企业转变到面向整个交通运输行业，加强行业管理和指导；从直接抓企业的具体生产经营活动转变到抓好行政管理。根据交通部门履行职能的需要，全国建立了五级交通行政管理机构，并对沿海港口体制、海洋运输体制、内河航运体制、公路运输体制、航务航道体制、交通企业经营机制等进行了全面改革。

五是增强交通发展的前瞻性和系统性。把交通发展规划和战略研究放在谋划交通长远发展的重要位置，抓紧制定交通发展战略、发展规划，取得重大进展。1981年划定国家干线公路网，1987年制定了《2000年水运、公路交通科技、经济和社会发展规划大纲》，1989、1990年提出用几个五年计划的时间建设公路主骨架、水运主通道、港站主枢纽和交通支持保障系统（即“三主一支持”）的战略构想。这些规划和战略构想，为加快交通发展指明了目标和途径。

第二，求实奋进，深化改革（从 1992 年党的十四大到 2002 年党的十六大）

邓小平同志南巡谈话回答了困扰和束缚人们思想的许多重大认识问题，掀起了新一轮思想解放运动；党的十四大明确提出我国经济体制改革的目标是建立社会主义市场经济体制。这一时期，我国公路水路交通行业提出了推进交通运输市场建设，加快国有企业改革，加大对外开放力度，加大交通基础设施建设等重大政策措施，并取得了突破性进展。

一是积极培育和发展适应社会主义市场经济体制的交通运输和建设市场。1992 年，交通部发布《关于深化改革、扩大开放、加快交通发展的若干意见》，进一步加大交通运输改革开放力度；1995 年，交通部制定实施了《关于加快培育和发展道路运输市场的若干意见》，健全运输法规，规范市场行为，鼓励经营者自主经营、平等竞争、协调发展，加快建立全国统一、开放、竞争、有序的道路运输市场体系。1996 年交通部发出《关于进一步加强水运市场管理的通知》，开展全国范围的水运市场调查，推进水运市场的培育和完善。

二是加大实施战略规划的力度。抓住难得的历史机遇，实现了我国公路水路基础设施的飞速发展。1993 年召开全国公路建设工作会议，提出了加快公路建设步伐的目标任务和政策措施。1995 年、1998 年两次召开全国内河航运建设会议，极大地推动了内河航运基础设施建设。1998 年，为应对亚洲金融危机，国家实施积极财政政策，交通行业乘势而上，通过组织实施公路建设“五纵七横”、“两纵两横三个重要路段”和水运建设“一纵两横两网”发展战略，全面推进公路网、航道网、港口群建设，高速公路快速发展，专业化深水码头泊位迅速增加，显著改变了我国交通基础设施的落后面貌。

三是深化交通行政管理体制改革。从战略上调整交通行业国有企业布局，推动国有交通大中型骨干企业建立现代企业制度，完成了交通国有企业改革攻坚战。1998 年，交通部与直属企业全面脱钩。积极推动全国水上安全监管体制改革，实行“一水一监、一港一监”的管理体制。深化港口管理体制改革，将原由交通部管理的港口和双重领导港口全部交由地方管理；港口行政管理和装卸作业实行政企分开。积极探索市场经济条件下交通行政管理部门职能定位，建立和完善办事高效、运转协调、行为规范的交通行政管理体系，行业管理提高到一个新水平，有力指导推动了交通运输业的健康发展。

四是提出了交通现代化“三步走”的战略目标。根据十五大提出的到21世纪中叶实现新“三步走”战略，1998年交通部提出实现交通现代化的战略构想：第一阶段，从“瓶颈”制约、全面紧张走向“两个明显”（交通运输的紧张状况有明显缓解、对国民经济的制约状况有明显改善），这个目标到21世纪初实现；第二阶段，从“两个明显”到基本适应，即在总体上交通运输能够适应国民经济和社会发展的需要，这个目标到2020年实现；第三阶段，从基本适应到基本实现现代化，发展水平进入中等发达国家行列，这个目标到21世纪中叶即建国100周年时实现。从现在看，第一步战略已如期实现，第二步战略正付诸实施，我国公路水路交通发展掀开了新的一页。

第三，与时俱进，科学发展（2002年党的十六大以来）

党的十六大以来，我国公路水路交通围绕全面建设小康社会的战略部署，以科学发展观为指导，积极探索实践交通科学发展之路。

一是牢固树立交通科学发展的新理念。十六大以来，党中央提出了科学发展观、构建社会主义和谐社会、建设社会主义新农村、建设创新型国家等一系列重大战略思想，为交通在新的历史发展阶段实现科学发展指明了方向。交通系统坚持以科学发展观统领交通工作全局，推动交通转入科学发展轨道。从交通是国民经济基础产业和服务性行业的实际出发，明确提出要做好“三个服务”，即：服务国民经济和社会发展全局，服务社会主义新农村建设，服务人民群众安全便捷出行。保证“四个重点”，即从科学发展的理念出发，调整交通投资结构，重点保证纳入国家规划的公路水路重点项目建设、保证农村公路建设、保证交通安全保障工程建设、保证交通科技创新，同时向中西部地区特别是西部地区倾斜、向公益性强的基础项目倾斜。

二是着力推进交通全面协调可持续发展。注重公路水路交通发展的协调性和可持续性。处理好公路与水路的关系，公路、水路内部的关系。积极探索交通可持续发展之路，把资源节约、环境友好作为推进交通增长方式根本转变的重要抓手，落实到交通规划、设计、建设和管理的各个环节，建设资源节约、环境友好型交通行业。努力促进交通发展方式“三个转变”，即交通发展由主要依靠基础设施投资建设拉动向建设、养护、管理和运输服务协调拉动转变；由主要依靠增加物质资源消耗向科技进步、行业创新、从业人员素质提高和资源节约环境友好转变；由主要依靠单一运输方式的发展向综合运输体系发展转变。

三是切实建设服务型政府交通部门。明确提出要做一个负责任的政府部门，推动交通行业成为一个负责任的行业，着力解决交通建设、运输管理、安全监管中直接关系到人民群众切身利益的问题。进一步加快政府交通部门的职能转变，充分认识政府的经济调节、市场监管、社会管理、公共服务职能，强化社会管理和公共服务职能，在服务中实施管理，在管理中体现服务，增强政府交通部门的行政执行力和公信力。通过信息手段，推进政务公开，贯彻《行政许可法》，规范行政权力运行，创新交通公共服务体制，健全完善惠及全民的交通公共服务体系。

四是不断丰富和完善交通战略规划。把制定和完善战略规划摆在突出位置，先后制定并经国务院批准实施了《国家高速公路网规划》、《农村公路建设规划》、《全国沿海港口布局规划》、《全国内河航道与港口布局规划》、《国家水上安全监管和救助系统布局规划》，构成了覆盖国家高速公路、农村公路、沿海港口、内河航道与港口、水上安全监管和人命救助等较为完整的交通长远发展规划体系。先后研究 21 世纪头二十年公路水路交通发展目标，以及 2010 年、2020 年发展现代交通业的奋斗目标。

二、公路水路交通改革开放取得的重大成就

30 年的改革开放，大大地解放和发展了交通运输生产力，交通基础设施建设取得巨大成就，公路水路运输服务能力大大增强，基本适应了国民经济和社会发展的需要。

第一，公路基础设施发展突飞猛进

1978 年我国公路通车总里程为 89 万公里，公路密度 9.27 公里/百平方公里。到 2007 年底，我国公路通车总里程达 358 万公里，公路密度达到 37.3 公里/百平方公里，均比 1978 年增长 3 倍多。总规模约 3.5 万公里的“五纵七横”国道主干线比原计划进度提前 13 年基本建成，公路运输大通道主骨架基本形成。

1988 年 12 月我国第一条高速公路——沪嘉高速公路建成通车，结束了我国大陆没有高速公路的历史。20 年来高速公路从无到有，快速发展，平均每年建成通车近2 800多公里，相当于韩国（2 968 公里）高速公路总里程，2007 年建成通车

里程(8 574 公里)超过日本现有高速公路总里程(7 400 公里),创造了世界高速公路发展史上的奇迹。到2007年底，全国高速公路已达到5.39万公里，仅次于美国（7.5万公里)，位居世界第二，第三位的澳大利亚为1.8万公里。高速公路在提高运输能力，降低运输成本，增强运输安全性，节约国土资源，改善投资环境，优化产业布局，提高国家经济的机动性，增强国家竞争力，保障国防安全等方面，发挥着越来越重要的作用，已成为我国经济社会发展不可或缺的重要基础设施。

农村公路建设成为社会主义新农村建设的开路先锋。30年来，新改建农村沥青（水泥）路255万公里，是改革开放前的4倍多。目前农村公路总里程达313万公里，全国乡镇、建制村通公路率分别达到99%和88.2%，不通公路的乡镇由1978年的5 018个减少到目前的404个，不通公路的建制村由1978年的213 138个减少到目前的77 334个；客车通达率分别达到98%和81%。农村公路和交通的发展，彻底改变了农村交通长期落后的局面，为统筹城乡协调发展提供了有力支撑。

桥梁隧道建设达到国际先进水平。到2007年底，我国共有公路桥梁57万座，2 319万延米，而1978年仅有12.8万座，328万延米；公路隧道4 673处,256万延米，而1979年仅有374处，5万延米。近年来，先后建成了润扬长江大桥、南京长江三桥、东海大桥、杭州湾跨海大桥、苏通长江大桥等一批施工难度大、科技含量高的世界级大跨度公路桥梁、长大隧道。其中杭州湾跨海大桥全长36公里，是世界上最长的跨海大桥；苏通长江大桥的主跨跨径、主塔高度、斜拉索长度和群桩基础规模创造了四项世界之最。

第二，道路运输能力大幅度提升

改革开放以来，道路运输装备的现代化水平迅速提高，运力向大型化、专业化方向发展。到2007年底，全国民用汽车发展到4 358.4万辆（1978年仅为135.8万辆)；其中公路营运汽车发展到849.2万辆，中高档客车比例已超过营运客车总量的40%。道路运输能力得到巨大增长。2007年全年公路完成客运量205亿人，旅客周转量11 507亿人公里，货运量164亿吨，货物周转量11 355亿吨公里，比1978年分别增长13倍、21倍、10倍和31倍。在综合运输体系中，公路客运量、旅客周转量、货运量、货物周转量所占比重，由1978年的58.8%、29.9%、47.5%、3.5%上升到2007年的92%、53.3%、72%和11.2%。公路运输在抗洪抢险、抗击“非典”和低温雨雪冰冻灾害、“5·1 2”四川汶川大地震救灾以及北京奥运交通运输保障等方面，都发挥了重要作用。

第三，港航基础设施长期落后局面明显改观

1978年，全国港口生产性泊位仅为735个，沿海万吨级及以上泊位133个，内河没有万吨级以上泊位，没有一个亿吨大港。1978年港口货物吞吐量仅为2.8亿吨，1979年集装箱吞吐量仅为2 521标箱。改革开放以来，全面推进环渤海、长江三角洲、东南沿海、珠江三角洲、西南沿海港口群建设和内河航道建设，我国港口迅猛发展，现代化管理水平显著提高，成为对外开放的主要门户、综合交通运输体系的重要枢纽和现代物流系统的基础平台。2007年，全国港口生产性泊位达到3.59万个，其中万吨级及以上泊位1 337个，分别比1978年增长了48倍和19倍。港口货物吞吐量和集装箱吞吐量跃居世界第一，分别达到64亿吨和1.14亿标准箱，拥有14个亿吨大港。2006年港口货物吞吐量居世界前10位的港口，我国占了5个（不含香港），上海港成为世界第一大港。2007年集装箱吞吐量居世界前10位的港口，我国占了2个（不含香港、高雄）。上海、深圳集装箱吞吐量居世界第3、第4位。长江干线、京杭运河已成为世界上运量最大的通航河流和运河。2007年我国内河通航里程12.3万公里，其中50%以上为等级航道。

第四，水路运输能力长足发展

水路运输的大发展，有力地保障了我国能源、原材料等大宗货物运输，支撑了国民经济和对外贸易又好又快发展。我国水运承担了90%以上的外贸货物运输量，港口接卸了95%的进口原油和99%的进口铁矿石。国有大型骨干航运企业规模化、专业化、集约化水平不断提高。到2007年底我国民用运输轮驳船19.2万艘（1978年为10万艘），净载重量1.19亿吨（1978年0.16亿吨）。2007年全年水路完成货运量28亿吨，货物周转量64 285亿吨公里，比1978年分别增长5倍和16倍。

第五，水上安全监管和救助能力显著增强

健全完善水上安全管理架构和责任体系，初步建成了全方位覆盖、全天候运行的安全监管和救助体系，突发事件应对能力和人命救助能力明显提高。建立了海上搜救部际联席会议制度，制定了国家海上搜救应急预案。加强“四区一线”（渤海湾、舟山水域、琼州海峡、西南山区和长江干线）重点水域、“四客一危”（客船、客滚船、高速客船、旅游船及危化品船）重点船舶，以及重点时段的安全监管，实施动态值班待命救助制度，初步建立了海陆空立体搜救网络，救助快速反应能力和搜救成功率显著提高。在重点水域实施了船舶航行定线制，组织了一系列重大海难救助和油污染应对处置行动，保护了人命和国家财产安全，避免了重大环境污染。

第六，交通科技创新成果丰硕

坚持“科学技术是第一生产力”，贯彻落实中央建设创新型国家的战略部署，积极推进科技创新，形成了交通行业科技进步的体制机制，提高了科技成果转化率和科技进步贡献率。特殊地质成套筑路技术、高墩大跨径桥梁和公路长大隧道设计与施工技术、码头建设和航道治理技术等取得重大成果，自主研发了一系列成套技术装备。认真做好资源节约、环境保护和节能减排工作，启动了环保公路示范工程和内河水运建设示范工程，在全行业开展节能降耗活动，降低了车船单位运输能耗。

第七，交通法制建设成效明显

交通法制建设在改革开放后取得长足进步。30年来，贯彻落实依法治国基本方略，按照《国务院全面推进依法行政实施纲要》的要求，推进交通立法、执法和执法监督，提高交通依法行政能力。全国人大常委会颁布了《海上交通安全法》、《公路法》、《海商法》、《港口法》等4部法律，国务院颁布了《水路运输管理条例》、《道路运输条例》、《船员条例》等31部行政法规，我部制定了327件规章，目前现行有效交通法律4部，行政法规30件，规章252件，初步建立起了公路水路交通法律法规体系，形成了规范的交通行政执法机制。

第八，交通对外开放与交流合作取得重大进展

适应改革开放的新形势、新需要，深化与周边国家多双边合作。建立了中国—东盟（10+1）和上海合作组织交通部长会议机制；签署了《亚洲公路网政府间协定》；积极参与亚洲公路网、欧亚公路运输通道连接、大湄公河次区域经济合作等多边合作。扩大与发达国家的交通合作。参与了中美经济战略对话，与美国、欧盟等国家签署了海运协定。密切与发展中国家的交通合作，组织和参与交通领域各种双边合作活动，注重多边国际合作，对外交流不断扩大，合作领域进一步拓宽。

三、公路水路改革发展的基本经验

改革开放30年来，我国公路水路交通在改革发展的实践中积累了十分宝贵的经验，概括起来，主要有以下几点：

第一，必须牢牢把握交通行业面临的基本国情和社会主要矛盾，把加快发展作为第一要务

交通为什么要发展、为谁发展、怎样发展，都是由基本国情和社会主要矛盾决定的。新中国成立以来，我国取得了举世瞩目的发展成就，从生产力到生产关系、从经济基础到上层建筑都发生了意义深远的重大变化，但我国仍处于并将长期处于社会主义初级阶段的基本国情没有变，人民日益增长的物质文化需要同落后的社会生产之间的矛盾这一社会主要矛盾没有变。就交通来说，经济社会发展和人民群众对交通运输的日益增长的新需求与交通运输还不能满足这种需求之间的矛盾始终是我们面临的主要矛盾。由此出发，交通行业紧紧抓住发展这个第一要务，聚精会神搞建设，一心一意谋发展，并努力加快发展、适当超前发展；坚持以人为本，努力提高服务能力、服务质量；坚持全面协调可持续发展，自觉地贯彻落实科学发展观，促进交通行业又好又快地发展。扭住发展不放松，这是交通行业改革开放30年来最根本的经验。

第二，必须贯彻中央的方针政策，以好机制、好政策推动交通发展

30年来，全国交通行业在中国特色社会主义理论体系指导下，认真贯彻党中央、国务院提出的关于交通运输是国民经济的战略重点，必须优先发展的方针；贯彻“发展以综合运输体系为主轴的交通业”的方针；贯彻“统筹规划、条块结合、分层负责、联合建设”的方针；贯彻“国家投资、地方筹资、社会融资、利用外资”的投融资方针；贯彻以科学发展观推进交通又好又快发展的方针。正是因为30年来始终贯彻执行这一系列正确的方针政策，使交通的发展具有好的机制，取得举世公认的重大成就，为国民经济、社会发展作出了应有的贡献。

第三，必须抓住发展机遇，加快交通发展步伐

邓小平同志指出：“抓住时机，发展自己，关键是发展经济。”改革开放30年来，我们在几个关键时期抓住了机遇，用好了机遇，使交通建设实现了跨越式发展。一是在十一届三中全会确立全党工作着重点转移到经济建设上来后，交通运输抓住了“优先发展”的机遇。交通部党组不失时机地向国务院领导提出了解决的思路。1984年12月，国务院作出了对中国公路交通发展具有重大历史意义的三项决定。二是在1992年邓小平同志南巡谈话后，交通部党组抓住加快发展的机遇，提出要下定决心，集中力量，加快步伐，抓好“两纵两横和三个重要路段”的国道主干线建设，使我国公路建设的等级和质量迈上了一个新的台阶。三是党的十四大提出要开发开放上海浦东，尽快把上海建成国际经济、金融、贸易中心之一的战略决策后，交通部抓住机遇，加大投入，推动了上海国际航运中心的建设，成功整治了长江口，上海港成为世界货物吞吐量第一大港和集装箱吞吐量第二大港。四是1998年亚洲发生金融危机，中央提出了扩大内需的方针，交通部抓住机遇，进一步加快高速公路和公路网的建设。五是在中央作出实施西部开发战略后，交通部适时召开了西部开发交通建设工作会议，使交通建设从东部推向更广袤的西北地区。六是在进入新时期，党中央、国务院作出建设社会主义新农村战略决策后，交通部启动建国以来规模最大的农村公路建设，使我国农村公路得到了快速发展，极大地改善了农村的交通条件。30年的实践证明，机不可失，时不再来，要抓住机遇、珍惜机遇、用好机遇，牢牢把握战略机遇期对交通发展尤为重要。

第四，必须注重科学规划，使交通发展战略、发展步骤、重大举措落到实处

根据国民经济和社会发展的总体目标，我们大力加强了交通发展战略、发展规划、发展政策的研究，80年代我们制定了建设“三主一支持”的战略构想。在实际工作中，我们又不断加以深化和充实，并认真做好交通建设项目的前期工作，坚持不懈地分步组织实施。1998年，我们又提出实现交通现代化三个发展阶段的目标。进入新世纪，交通部又陆续制定了高速公路、农村公路和沿海港口等中长期发展规划，并得到了国务院的批准。这样，我国交通发展的蓝图更加清晰，步骤更加明确。

第五，必须坚持调动各方面的积极性，营造交通发展的强大合力

30年来，我们坚持统筹规划、条块结合、分层负责、联合建设的方针，充分发挥中央、地方和人民群众的积极性，形成了加快交通基础设施建设的联动机制。各级地方党委和政府对交通发展倾注了心血，给予了坚定支持，在组织领导，征地拆迁、资金筹措等方面做了大量工作，并实行了一系列倾斜政策。广大人民群众充分认识到“要想富、先修路”，积极支持并踊跃参加交通建设。交通发展离不开中央与地方的密切配合，离不开各级党委、政府和人民群众的关心支持。只有凝聚各方力量，形成共同推进交通事业的强大合力，才能克服前进道路上的各种困难，不断把交通改革发展事业推向前进。

第六，必须坚持改革开放，不断解放和发展运输生产力

30年来，交通行业的各级领导不断解放思想、转变观念，破除“一大二公”的所有制模式，形成了多形式、多成分的运输经济结构；破除了计划经济的僵化体制，建立了统一开放、竞争有序的公路水路建设市场和运输市场；破除了国家投资的单一渠道，形成了多元化的投融资格局。经过不断深化改革，完成了企业管理体制、港口管理体制、海事救捞体制等重大改革；引进了国外先进技术、资金和管理经验，使交通管理具有了国际视野，交通行业拓展了发展空间。正是与时俱进的思想解放和不断深化的改革实践，推动交通运输业不断提高现代化、市场化、国际化水平。

第七，必须坚持“科教兴交”和“人才强交”战略，把科学技术作为交通发展的第一生产力

改革开放以来，交通科技工作紧密结合基础设施建设、运输生产中的关键问题，通过软科学研究、重大装备开发、行业联合科技攻关、引进先进技术、科学成果推广应用等多种形式，开发应用了一批先进适用的成套技术和装备，使公路、水运的技术水平和技术构成发生显著变化。交通行业科技进步的机制初步形成，促进了科技成果转化率和科技进步贡献率的提高。“交通人才工程”建设也取得很大进展。我们从交通的实际出发，以院校和科研院所为依托，以交通建设的广阔实践为舞台，为公路、水运发展培养造就了一批又一批的高素质人才。科技创新和人才成长，使我国在沙漠等特殊地质的公路建设技术，特大跨径的桥梁建设技术，特长大隧道的建设技术和深水航道的整治技术等方面都取得了重大突破和创新，达到了世界先进水平。

第八，必须坚持依法治交，加强交通法制建设

改革开放以来，我们坚持立法与执法并重、执法与执法监督并举，依法治交通的局面正在逐步形成。《海上交通安全法》、《海商法》、《公路法》、《港口法》、《水路运输管理条例》、《公路运输管理条例》和一批交通行政法规、规章相继出台，初步搭起了交通法规体系框架，为交通改革和发展提供了法制保障。交通法制工作是各项交通管理工作的基础，必须把法制建设提到更加突出的地位，坚持改革、发展与法制建设同步进行，实现各项交通工作的法制化，这是探索交通发展的必然要求。

第九，必须坚持以人为本，不断提高公共服务能力

改革开放以来，特别是进入新世纪以来，我们在科学发展观的指引下，努力坚持以人为本，加强服务型政府建设，推进政府职能、工作作风和工作方法转变，增强交通部门的行政执行力和公信力，着力提高适应经济社会发展能力、统筹规划和协调发展能力、公共服务和组织保障能力、运输和建设市场依法监管能力、安全管理和重大突发事件应急处置能力。只有坚持执政为民，依法执政，做负责任部门和负责任行业，才能使交通发展拥有深厚的群众基础，获得不竭的力量源泉。

第十，必须抓好行业文明和党风廉政建设，为交通发展提供强大精神动力和坚强政治保障

改革开放30年来，以交通建设为中心，以提高职工队伍素质为根本，以加强领导班子建设为基础，以具有行业特点的精神文明建设为重点，积极开展了“学先进、树新风、创一流”等群众性精神文明创建活动，大力宣传了杨怀远、严力宾、包起帆、陈德华、曹广辉、许振超、陈刚毅、孔祥瑞、“华铜海”轮、青岛港等在行业内外具有重大影响的一批先进典型。弘扬了各具特色的交通精神（“铺路石精神”、“筑港精神”、“灯塔精神”、“救捞精神”等），并注重加强交通行业文化建设。认真贯彻中央关于党风廉政建设的部署要求，建立健全了具有交通特色的教育、制度、监督并重的惩治和预防腐败体系，为交通运输不断取得新的成就提供可靠保证。

四、在新的历史起点上推进交通科学发展

在改革开放30年后的今天，我国公路水路交通发展站在了新的起点上。今后发展方向，必须紧紧抓住以下三条：

第一，我们要紧紧抓住我国经济发展战略转型的机遇，加快发展现代交通运输业

用现代科学技术、管理技术改造和提升交通运输，提高基础设施和技术装备的现代化水平和运营效能；适应现代服务业的发展要求，不断拓展交通运输服务领域；走资源节约、环境友好发展之路，加强行业节能减排和资源节约、环境保护。

第二，我们要紧紧抓住国务院机构改革的机遇，加快发展现代综合运输体系

党的十七大明确提出探索实行职能有机统一的大部门体制，十一届全国人大一次会议审议通过《国务院机构改革方案》。2008年3月，组建了交通运输部，在推进现代综合运输体系建设方面迈出了积极的步伐。发展现代综合运输体系，就是推进各种运输方式有机衔接，实现交通运输资源优化配置，发挥各种运输方式比较优势和组合效率。发展现代综合运输体系，符合世界交通发展的普遍规律，是我国交通运输业贯彻落实科学发展观的必然要求，也是发展现代交通运输业的必由之路。加快构建现代综合运输体系，一是加强公路水路民航交通运输规划的衔接，做到“宜路则路、宜水则水、宜空则空”，使各种运输方式有效衔接配合。二是加强中心城市综合交通运输枢纽规划建设中各种运输方式的衔接。按照“布局合理、能力充足、换乘便捷、服务优质”的要求综合考虑市内交通的方便和进出城区的快捷，使各种运输方式之间和某种运输方式内部有机衔接，实现客运“零距离换乘”和货运“无缝衔接”，“人便于行、货畅其流”。三是加强城市客运和农村交通的衔接，统筹规划，合理布局，消除分割，建设统一协调的区域和城乡交通运输网络，使交通运输发展成果惠及城乡，实现公共服务均等化。四是整合交通运输资源，加强公路水路民航运输方式的有效衔接，为邮政业发展搭建便捷、通畅、安全、高效的综合运输平台。

第三，我们要紧紧抓住全面建设小康社会的机遇，确保各项交通规划目标任务的全面实现，获得人民满意的成果

在十六大时确定的全面建设小康社会目标的基础上，党的十七大对我国到2020年的奋斗目标提出了新的更高要求。交通运输发展要按照党的十七大确定的全面建设小康社会奋斗目标的新要求，“十一五”后两年，要确保公路水路交通“十一五”规划目标任务的完成，为“十二五”、“十三五”时期交通运输发展创造良好条件，为逐步实现全国公路、港口、航道、水上安全监管与救助等各项规划而努力奋斗。为此，必须使基础设施网络化程度、信息化水平和运营管理水平得到提升；运输组织进一步优化，服务质量得到提高，公众交通服务领域得到拓展；资源利用水平明显提高，单位运输能耗和污染物排放量明显下降；安全监管、救助打捞和应急保障能力显著提高；行业创新能力不断增强；基本建立符合社会主义市场经济体制要求的交通管理体制机制，形成比较完善的政策法规体系。到2020年，交通发展的质量和效率显著提高，运输服务和管理显著改善，行业创新实力显著提升，资源节约、环境保护显著增强，基本建成更安全、更通畅、更便捷、更经济、更可靠、更和谐的交通运输服务体系，实现交通运输科学发展、和谐发展、安全发展，使交通运输发展成果惠及城乡、人民共享，适应全面建成小康社会的需要，为本世纪中叶实现交通运输现代化打下坚实基础。

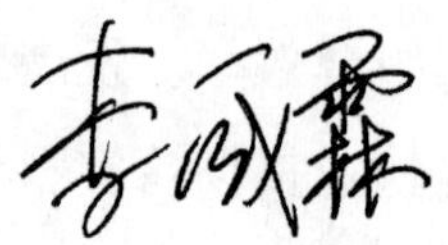

目 录

第一章 综 述

1978 年 12 月召开的党的十一届三中全会，开启了中国改革开放的历史新时期。

1979 年，交通部启动了蛇口工业区的建设，吹响了交通运输业改革开放的号角，此后，公路行业改革发展的步伐不断加快。全面开放客货运输市场，促进了道路运输的大发展；提出“贷款修路，收费还贷”等项政策，为公路基础设施的发展拓宽了资金渠道；实现了政企分开，完成了公路企业的市场化改革；高速公路从无到有，实现了总里程稳居世界第二的跨越式发展；完成了国道网、国道主干线网、国家高速公路网、农村公路网和公路运输枢纽的规划，为公路发展制定了蓝图；在新世纪里，适时提出发展现代交通运输业的思路，为行业的可持续发展指明了方向。

第一节 公路行业改革发展的历史进程

30 年来，我国公路行业的改革发展大致经过以下历程。

一、党的十一届三中全会（1978 年 12 月）到党的十四大（1992 年 10 月）召开前的这 14 个年头里，公路行业改革发展的显著特点是放宽搞活，解放和发展了道路运输生产力

1981 年 6 月，党的十一届六中全会作出《关于建国以来党的若干历史问题的决议》，完成了指导思想上的拨乱反正。1982 年 9 月，党的十二大在北京召开，提出了党在新时期的总任务、奋斗目标和全面开创社会主义现代化建设新局面的纲领。邓小平在大会开幕词中明确提出了“建设有中国特色的社会主义”的科学命题，成为党和国家在新的历史时期改革开放和现代化建设的指导思想。党的十

二大以后，我国经济体制改革全面展开。1987年10月，党的十三大系统论述了关于社会主义初级阶段的理论，提出了党的基本路线，进一步明确：在社会主义初级阶段中，主要矛盾是人民日益增长的物质文化需要同落后的社会生产之间的矛盾。党和国家的主要任务是发展生产力，推进社会主义现代化建设。

这14年里，随着党和国家的工作重点步入经济建设的正轨，我国改革开放和现代化建设取得了举世瞩目的成就，实现了现代化建设的第一步战略目标，国家经济实力显著增强，城乡人民的生活明显改善，国民生产总值和城乡居民收入翻了一番还多。

这一时期，公路行业改革开放处于启动、开创时期。

20世纪80年代初期，交通部推出了一系列放宽搞活交通运输的举措。1982年，交通部提出“要努力把交通搞通、搞活、搞上去”的工作思路；1983年，交通部提出“有河大家走船，有路大家走车”的口号，打破了地区封锁，开放了运输市场。1984年，国务院先后颁布《关于农民个人或联户购置机动车船和拖拉机经营运输业的若干规定》、《关于积极发展农村交通运输的通知》，交通部颁布实施了《关于集体所有制交通运输企业若干政策问题的规定（试行）》，鼓励和扶持交通运输集体企业，发展个体运输。1985年，交通部贯彻落实中央书记处、国务院要求，坚决实行“各部门、各行业、各地区一起干，国营、集体、个人和各种运输工具一起上”的方针。由此，打破了所有制束缚，极大地促进了道路运输的发展。随后，交通部连续数年进行了市场整顿和调整，促进了运输车辆的更新改造，初步实现了市场的规范化管理。我国公路建设、道路运输市场初步建立，竞争机制初步形成。经过14年的努力，道路客货运量、客货周转量在综合运输体系中的所占比例从1978年的58.8%、47.5%、29.9%和3.5%，分别上升到1992年底的85.0%、74.7%、45.9%和12.9%，道路运输在综合运输体系中的基础性地位日益突出。

公路基础设施建设滞后主要受到资金不足的困扰。改革开放以后，交通部积极探索，提出了解决的办法。以1984年12月国务院第54次常务会议为开端，国务院陆续推出了以提高养路费征收标准、开征车辆购置附加费、“贷款修路、收费还贷”三项政策为主的筹融资政策，为公路基础设施建设引来了源头活水。从此，我国公路建设有了稳定的、较为充分的资金来源和良好的政策环境，逐步形成了

“国家投资、地方筹资、社会融资、引进外资”的多元化公路投融资格局。同时，20 世纪 80 年代中期，国务院决定动用库存的粮棉布和中低档工业品，采取以工代赈的方式，帮助贫困地区修建公路，为贫困边远地区以修路为契机，发展经济、摆脱贫困积累了经验。

20 世纪 70 年代末 80 年代初，高速公路的建设和发展虽然在交通行业内取得共识，但来自其他行业和社会的反对呼声依然强劲。当时，各级交通部门，特别是沿海开放地区的交通部门，在政策允许的范围内，以多种方式开始了高速公路建设的探索。1988 年沪嘉高速公路和沈大高速公路部分路段开通后，其具有的带动经济、搞活运输以及安全、便捷、高效的特点很快被社会认可和接受。1989 年 7 月，交通部在沈阳召开的“高等级公路建设经验交流现场会”上，确立了必须发展高速公路的方向，从此，我国的高速公路建设摆脱了思想方面的障碍，进入了健康发展的轨道。

20 世纪 80 年代中后期开始，转变政府职能成为交通部的工作重心。在继续大力推动交通运输市场化改革的同时，交通管理部门积极推动职能转变。1984 年，交通部提出“转、分、放”和“实现两个转变”的改革设想，即交通部门要转变职能，实行政企分开、简政放权，由主要管直属企业转向全行业管理，由直接管企业的生产经营活动转向行政管理。1986 年，为进一步加强行业管理，交通部提出抓好“一个为主、三种手段、五个方面”，即对企业的管理逐步由直接控制为主转向间接控制为主，对行业进行宏观调控应主要运用经济、法律和行政手段，各级交通部门实施行业管理必须在方针政策、统筹规划、组织协调、综合平衡和监督服务五个方面更好地发挥政府职能部门的作用。根据转变职能的需要，全国建立了五级交通行政管理机构，对公路运输体制、交通企业经营机制等进行了改革。

这一时期，交通部把交通发展规划和战略研究放在重要位置。早在 1973 年，就启动了 10 年交通发展规划研究；1979 年，完成了《1981 ~ 1990 年十万公里国道网规划》初步方案；1981 年，交通部提交的《关于划定国家干线公路网的报告》获国务院批准，并于同年正式颁布了《国家干线公路网（试行方案）》；1987 年制定了《2000 年水运、公路交通科技、经济和社会发展规划大纲》；1988 年提出《交通运输为适应沿海地区经济发展战略的初步设想》；1989 ~ 1990 年，提出用几个五年计划时间建设“三主一支持”的战略构想；1991 年，交通部向国务院报送了《关于国道主干线系统规划布局方案的报告》，正式提出建设“五纵七横”国道主干线系统。这些规划和战略的提出和实施，扭转了公路交通被动适应的局面，为加快公路发展奠定了坚实的基础。

二、党的十四大（1992年10月）以后至党的十六大（2002年11月）召开之前的十年里，公路行业改革发展的显著特点是按照建立社会主义市场经济体制的要求，深化改革开放，公路交通事业实现了跨越式发展

1992年初，邓小平同志视察南方，发表了重要谈话。1992年10月12日，党的第十四次全国代表大会在北京召开，会议确立了社会主义市场经济体制的改革目标。

邓小平同志南巡谈话和党的十四大召开，标志着我国改革开放和社会主义现代化建设进入了一个新的阶段。公路行业坚决贯彻中央精神，采取了一系列措施。1992年7月，为进一步深化改革、改变交通运输滞后局面，交通部在认真分析全国公路、水路交通运输发展现状的基础上，提出《关于深化改革、扩大开放、加快交通发展的若干意见》，共20条。《意见》明确了公路交通到2000年上新台阶的目标。1995年，交通部制定了《关于加快培育和发展道路运输市场的若干意见》，提出到20世纪末初步建立全国“统一、开放、竞争、有序”的道路运输市场体系的目标。这一时期，公路行业加快市场化进程，努力构建规范化的市场体系，企业股份制试点取得很大进展，企业集团组建工作有了初步成果。

公路基础设施建设抓住了难得的历史机遇，实现了跨越式发展，成为这个时期的一大亮点。从“八五”开始，交通部全面实施“三主一支持”规划。1993年6月在山东召开的“全国公路建设工作会议”，确定了在“五纵七横”国道主干线中首先建设“两纵两横和三个重要路段”的方针，迅速掀起了全国建设高速公路的高潮，国道主干线系统及高速公路的建设进入快速发展的轨道。1998年，为应对亚洲金融危机，党中央、国务院作出“实施积极财政政策，扩大内需”的决策，交通部于1998年6月下旬在福州召开“全国加快公路建设工作会议”，将当年的公路建设投资调增了50%。同时国务院出台了一系列加快公路投资的政策，特别是把银行贷款纳入了公路建设，大大提升了公路建设的投资力度，迅速掀起了公路建设的高潮。据统计，“九五”期间，全国完成公路建设总投资近9 000亿元，

超出原计划70%以上，利用外资达到70亿美元，比“八五”期间增长93%，启动了以BOT为主的新型投资建设模式。在拉动内需工作中，公路行业干部职工迎难而上，抓住机遇，公路基础设施建设进入了飞速发展的轨道。到2001年底，我国高速公路里程已经跃升至世界第二位。

为尽快确立现代市场体系，交通行业加快了政府职能转变，建立起与社会主义市场经济相适应的行政管理体制。1992年开始，交通部和地方各级交通主管部门开始建立现代企业制度的尝试。1995年，各地选择一批不同类型的代表性企业进入现代企业制度的试点，按照“改革、改组、改造和加强管理相结合”的原则，开始建立“产权清晰、权责明确、政企分开、管理科学”的现代企业。1998年交通部与直属企业完成全面脱钩。在基础设施建设中，公路行业全面开放市场，实施公开的招标投标制度，建立了资信管理制度，促进了公路基础设施建设市场的发展，提高了交通基础设施建设的质量和速度。在道路运输行业，2001年交通部发布《关于道路运输业结构调整的若干意见》，要求推进全行业实现两个根本性转变，提高全行业集约化、规范化经营水平和组织化程度，通过市场资源的优化和产品结构的升级，为建立现代道路运输业奠定了蓝图。

各级交通主管部门在市场开放过程中，加强了法制建设。以1997年7月《中华人民共和国公路法》（以下简称《公路法》）正式颁布为标志，公路行业的法制化建设取得了阶段性成果，公路行业步入法制化、规范化管理时期。此后，交通部围绕公路法规体系建设，颁布了一系列法规和规章。如2000年颁布《公路建设市场准入规定》、《公路建设四项制度实施办法》和《公路建设监督管理办法》，2002年发布《公路工程施工招标投标管理办法》，将公路建设市场纳入法制化管理轨道。2002年发布《路政管理规定》，通过养护大检查等方式，将公路日常管理纳入规范化管理的轨道。道路运输方面，加快了《中华人民共和国道路运输条例》（以下简称《道路运输条例》）的立法进程，并于2002年8月上报国务院。此外，在道路运输车辆管理与检测、公路勘察设计、公路施工企业资质就位等方面，建立了相应的管理规章体系。交通行业法规体系的逐步建立，加强了市场的规范化管理，确保公路建设在投资大幅度增加、建设速度不断加快的情况下，市场得到有效监管，建设质量不断提升，日常管理不断加强，路况水平稳中有升。

这十年里，交通发展规划已经从基础设施建设的规划拓展到交通发展的全面规划。在“三主一支持”规划的基础上，交通部制定出台了“八五”、“九五”交通发展规划。根据党的十五大提出的到21世纪中叶实现新的“三步走”的战略目标，1998年，交通部提出了实现交通现代化的战略构想。2000年，为贯彻落实中央实施西部大开发的战略决策，交通部研究制订了《加快西部地区公路水路交通发展的若干意见》，制订和实施了西部公路水路交通发展规划，开创了区域交通发展的新篇章。截至2000年底，全国45个公路主枢纽已经完成了前期规划，部分项目开始启动。

三、党的十六大（2002年11月）以来，公路行业的改革发展进入贯彻落实科学发展观，推动公路交通事业又好又快发展的新时期

2002年11月8日，党的十六大在北京召开。十六大明确指出，“21世纪头二十年，对我国来说，是一个必须紧紧抓住并且可以大有作为的重要战略机遇期”，我们要“集中力量，全面建设惠及十几亿人口的更高水平的小康社会”。

2003年10月14日，党的十六届三中全会作出《中共中央关于完善社会主义市场经济体制若干问题的决定》，明确提出要“坚持以人为本，树立全面、协调、可持续的发展观，促进经济社会和人的全面发展。”2007年10月15日，党的十七大在北京召开。会议的主题是：高举中国特色社会主义伟大旗帜，以邓小平理论和“三个代表”重要思想为指导，深入贯彻落实科学发展观，继续解放思想，坚持改革开放，推动科学发展，促进社会和谐，为夺取全面建设小康社会新胜利而奋斗。

党的十六大以来，公路行业按照全面建设小康社会的战略部署和实现全面建设小康社会奋斗目标的新要求，在继续加快公路基础设施建设、完善国道主干线规划建设的同时，积极探索实践交通又好又快的科学发展之路。

这一时期，在公路交通工作中认真贯彻落实科学发展观，重视发展理念、发展方式的转变，着力解决交通发展中深层次的矛盾和问题，先后下发了《关于在公路建设中实行最严格的耕地保护制度的若干意见》、《关于开展公路勘察设计典型示范工程活动的通知》、《建设创新型交通行业指导意见》等，在公路行业中大力推广环境保护、土地节约、资源节约和可持续发展的新理念，使得“安全、环保、舒适、和谐”的理念在工程实践中得到了切实贯彻。进入“十一五”后，交

通部系统地提出了搞好“三个服务”、坚持“四个理念”、着力“四个创新”、保证“四个重点”、发展现代交通业等新思路，为公路交通行业新世纪的发展指明了方向。

这一时期，公路交通长远规划取得了重大突破。2004 年底和 2005 年初，《国家高速公路网规划》和《全国农村公路建设规划》先后获得国务院批准，并随即开始实施；2007 年 4 月底，完成了《国家公路运输枢纽布局规划》。同时，出台了泛珠三角、长三角、环渤海都市圈、振兴东北和中部崛起等区域性的交通规划。在《国家高速公路网规划》指导下，各省（区、市）完成了本省域内高速公路网或干线公路网的规划。同时，交通部先后出台了《公路水路交通科技发展战略》、《公路水路交通中长期科技发展规划纲要》，制定颁布了《公路水路交通“十一五”科技发展规划》、《公路水路交通信息化“十一五”发展规划》、《“十一五”交通教育与培训发展规划》等，围绕新世纪交通发展全局性、战略性和政策性问题，开展了一系列软科学研究。

多年来加快公路基础设施建设的成果在这一阶段集中显现。从我国大陆第一条高速公路 1988 年通车算起，我国高速公路 1999 年突破 1 万公里。这 1 万公里我们走了 11 年，但到 2002 年突破 2 万公里只用了 3 年，随后的 6 年里，高速公路里程迅速迈过了 3 万公里、4 万公里、5 万公里和 6 万公里四大台阶，发展速度令世界瞠目；“五纵七横”国道主干线网于 2007 年底提前 13 年基本建成，发挥出巨大的规模效益；农村公路建设取得重大成就，里程突破 300 万公里，技术等级不断提高，村道中等级公路里程在县乡村公路里程总和中的比例达到了近 40%，通达深度和通畅水平不断提升；特大桥梁和隧道建设取得重大突破，桥梁工程在国际上摘金夺银势头不减，秦岭隧道等特长隧道的通车，标志着我们从桥梁隧道建设的大国向强国迈出了坚实的步伐。

这一时期，交通系统进一步深化改革，开始全面建设服务型政府。交通部明确提出要做负责任政府部门，推动交通行业成为负责任行业，把增强执政为民意识和提高行政能力作为加强机关建设的关键。进一步加快政府职能转变，充分发挥政府行业管理部门经济调节、市场监管、社会管理、公共服务职能。创新交通公共服务体制，健全完善惠及全民的交通公共服务体系，着力解决交通建设、运输管理、安全监管中直接关系民生的问题。加强信息化建设步伐，加强信息发布和服务；减少交通行政许可项目，改革交通行政许可方式，充分发挥市场的作用；积极深化养护运行机制改革，推进农村公路管养体制改革；推动交通环保工作的指导和政策引导；牵头开展全国性“治理超限超载”行动，推动“治超”工作进入常态化管理；完成“绿色通道”网络建设，为农村鲜活农产品跨区域长途运输提供了快速便捷的主通道；坚决贯彻党中央、国务院部署，保障电煤、燃油等大宗能源货物的运输；在防治“非典”、预防“禽流感”等突发事件处理中，全行业动员，作出了应有的贡献；在2008年抗雪保通、抗震救灾工作中，公路系统职工冲锋在前，保障道路畅通，保证救灾物资、人员的运输，用自己的生命和汗水，恪守着行业的职责；圆满完成了“第29届北京奥运会”的交通保障任务，圆了中国人的百年奥运梦想。

公路交通部门依法行政进一步强化。先后出台《道路运输条例》、《收费公路管理条例》以及相关配套规章。仅“十五”期间，就制定和修订了54件部颁规章，精简48%的行政审批项目，清理废止了247件部颁规章，在“依法治交”的道路上迈出了坚实的步伐。

第二节　公路行业改革发展的重大成就

改革开放30年来，交通运输生产力得到了解放和发展。交通基础设施从改革开放之初的严重滞后，到现在能够基本适应国民经济和社会发展的需要。

一、公路基础设施实现跨越式发展

截至1978年底，全国公路总里程为89.02万公里，一级、二级公路无统计，高速公路直到1987年仍为0公里；到1979年，全国一级和二级公路的统计里程分别为188公里和1.16万公里，到2008年底，全国公路总里程、高速公路里程、一级公路里程、二级公路里程分别达到373.02万公里、6.03万公里、5.42万公里和28.52万公里，总里程比1978年增长了3倍多，一级、二级公路里程比1979年分别增长了287倍多和23倍多，在总里程中所占比重分别增长71倍多和近5倍。截至1978年底，我国有公路桥梁12.82万座328.31万延米，截至1979年

（1978 年无统计）有隧道 374 座 5.19 万延米；到 2008 年底，我国有公路桥梁 59.46 万座 2 524.70 万延米，有公路隧道 5 426 处 318.64 万延米，桥梁数量和长度分别增长了 3 倍多和 6 倍多，隧道数量和长度分别增长 13 倍多和 60 倍多。高速公路从一无所有到稳居世界第二、长大桥梁和隧道的建设突飞猛进，成为公路基础设施建设的一大亮点。

二、农村公路基础设施建设取得新的突破

农村公路是社会主义新农村建设的开路先锋。为服务农村改革和经济社会发展，公路交通系统紧紧围绕落实党中央、国务院解决“三农”问题的重大决策，积极行动，特别是从 2000 年国家启动西部大开发后，公路行业随即启动了西部乡村通达工程，农村公路成为公路行业的发展重点。2003 年开始，在全国范围内先后启动了西部通县油路工程、乡村通畅和通达工程、革命圣地农村公路建设以及红色旅游公路建设等，实施“五年千亿元”工程，农村公路和客运基础设施开始突飞猛进。1978 年，我国的县乡公路里程为 58.61 万公里，2006 年将村道纳入统计后，到 2008 年底我国县乡村公路合计里程达到 324.44 万公里。北京、天津、上海、江苏、河南等省（市）具备条件的建制村全部通了沥青（水泥）路。1978 年底，我国公路密度为每百平方公里 9.27 公里，不通公路的乡达 5 018 个，占全国乡的 9.5%，不通公路的建制村达 21.31 万个，占 34.2%；到 2008 年底，公路密度达到每百平方公里 38.86 公里，比 1978 年增长了 3 倍。不通公路的乡占 0.76%，不通公路的建制村占 7.14%，不通公路的乡、建制村所占的比例比 1978 年大大减少。不仅如此，30 年来，新改建的农村沥青（水泥）路达到 260 余万公里，农村公路的行车条件得到很大改善。农村客运班线和客运站建设取得突破性进展，方便了农民群众的出行。农村公路基础设施发生了翻天覆地的变化，改善了广大农村的交通条件，改变了农村公路长期落后的局面，为统筹城乡协调发展提供了有力支撑。农村公路基础设施的快速发展，惠及了广大农民兄弟，为发展农村经济、农民致富奔小康提供了强大的生机和动力。

三、道路运输服务和保障能力显著提高

1978 年，全国公路客运量和旅客周转量分别为 14.92 亿人和 521.30 亿人公

里，在综合运输体系中分别占58.8%和29.9%；2008年底，全国公路客运量和旅客周转量分别为220.70亿人和12 636.00亿人公里，在综合运输体系中分别占92.1%和54.1%，客运量和旅客周转量分别比1978年增长了近14倍和23倍。1978年，全国公路货运量和货物周转量分别为15.16亿吨和350.27亿吨公里，在综合运输体系中占47.5%和3.5%；2008年底，全国公路货运量和货物周转量分别达到191.70亿吨和12 998.50亿吨公里，在综合运输体系中分别占77.0%和12.3%，公路货运量和货物周转量比1978年分别增长11倍多和36倍多。1978年，全国平均每人乘用交通工具的合计次数（包括火车、汽车、轮船和飞机四种运输工具）和乘用汽车次数分别为2.64次和1.55次，2008年底分别达到18.05次和16.62次，分别增长近6倍和近10。在国家紧急的能源、粮食、原材料等大宗物资抢运中，公路网发挥了应急保障作用；在“春运”、“五一”及“十一”长假的运输中，道路运输担当了重要的角色，基本满足了城乡居民出行的需求；基本建成了4.3万公里的鲜活农产品“绿色通道”网络，仅全网开通的2007年当年就减免通行费30亿元；建立起全国道路运输信息系统，实施了部省道路运输管理信息系统的联网试点，交通部网站和各省公路交通系统网站，成为服务公众出行、办事的便捷窗口，服务社会公众的能力大幅度提高，得到国务院和广大人民群众的认可；建立了道路运输应急反应机制，在防控“非典”、防治“禽流感”以及抗洪、抗雨雪冰冻灾害以及抗震救灾等方面，发挥了突出作用。同时，引导和规范车辆装备的发展，保障了客货运输快速发展的需要。

四、道路交通法制建设和行业管理取得重大进展

1997年《公路法》颁布实施，标志着公路行业开始步入法制化时代。截至2008年底，围绕《公路法》的宣传和实施，交通部（交通运输部）建立并完善了交通立法机制，先后出台一系列配套的法规和规章，初步建立了以《公路法》为龙头的公路行业法律、法规和规章体系，涵盖了行政管理，公路规划、勘察设计、建设、养护、管理，规费征收，道路运输，车辆及驾驶员管理等所有方面。推行了行政执法责任制，加强了执法队伍建设和管理，规范了交通行政执法行为，推进了综合执法试点；规范了行政复议工作，开展了行政许可法的监督检查；大力开展了法制宣传教育活动。交通法制工作的逐步完善，为交通事业又好又快发展

提供了制度支撑和法律保障。基础设施建设和运输市场得到有效监管，建立起竞争有序、良性发展的建设市场和运输市场秩序。

五、公路科技创新迈出新步伐

改革开放以来，公路交通行业充分发挥了科技是第一生产力的作用，积极推进科技创新，逐步建立起基本适应公路事业发展需要的科技创新机制和体制，提高了科技成果转化率和科技进步贡献率，为公路交通的跨越式发展提供了强有力的支撑保障。高等级公路施工成套技术、特殊地质公路修筑成套技术、航测遥感计算机辅助设计一体化勘察设计技术、养护管理系统、桥梁管理系统等公路建设、养护技术的突破，为我国公路事业快速发展提供了强大的技术支撑；深水、大跨径、近海、海湾等地域多种形式桥梁以及双洞多车道隧道、大跨连拱隧道等设计、集成施工和防灾减灾技术的突破和创新，为我国迈向桥梁、隧道建设强国提供了有力支撑；智能交通系统（ITS）、公路快速客货运输技术、地理信息系统与车辆辅助驾驶技术的开发与应用，提高了公路的通行能力和道路运输效率；车辆综合节能技术、治理超限超载技术、道路客运及危险货物运输车辆全程跟踪与安全监控技术的开发与应用，以及环境影响评价技术、生态环境保护与恢复技术、景观保护及利用技术、污染应急处治技术等公路环保技术不断取得重大进展，增强了公路交通的可持续发展能力；公路信息化建设步伐不断加快，大大提高了全行业信息传递、处理和决策的效率，为建设、管理、监控和防灾救援的发展提供了广阔的空间。

六、交通对外开放不断扩大，合作领域不断拓宽，国际道路运输得到快速发展

中外交通高层领导人互访遍及五大洲，签署了一系列协议、协定和备忘录；1978 年，与我国签订汽车运输协定的国家为零，截至 2007 年底，我国与周边接壤的 13 个国家签订了政府间汽车运输协定，商定开通了 200 多条国际道路运输线路，对外开放口岸达 69 个；与周边国家，与欧洲、中亚、东盟及韩国、日本等国家签订多项公路技术交流协议。积极参与联合国亚太经社会等国际组织的活动。积极规划参与“亚洲公路网”中国境内路线的规划和建设，并为周边国家提供援

助。积极参与东盟—中国（10+1）区域交通合作、大湄公河次区域交通合作；建立并积极参与上海合作组织交通部长会议机制，积极实施区域公路运输通道建设。积极发展与周边国家的公路运输合作和交流，积极参与国际组织的活动，提升了中国的整体形象，改善了我国公路交通的国际环境。在利用外资加强公路建设方面取得突出成就。利用世界银行贷款、亚洲开发银行贷款及日本协力基金修建公路项目，不仅缓解了我国公路建设资金的短缺问题，而且通过引进外资，将FIDIC条款等先进的施工管理方法带入中国，同时引进了先进的施工成套设备和技术，迅速提高了我国公路建设的水平。

七、行业精神文明建设取得新成果

公路是我国较早步入现代化的交通运输方式之一，现代化的产业形式与传统的民族美德相结合，较早孕育出了公路的行业精神，形成了具有行业特色的文化。建国以后，几代公路人以自己的生命和汗水，凝聚成了爱路敬业、艰苦奋斗、顽强拼搏、开拓进取、默默奉献的“铺路石”精神。公路行业的精神文明建设与时俱进，达到了新的高度。多年来，公路行业以提高职工队伍素质为根本，坚持精神文明重在建设的方针，不断深化创建文明行业活动，涌现出众多的先进单位、先进人物，特别是涌现出了陈德华、陈刚毅等在全社会产生重大影响的先进典型。这些先进典型不仅带动了行业精神文明建设的深入开展，而且成为行业在社会中的形象代表。

第三节　公路行业改革发展的基本经验

30年来，公路交通行业广大干部职工积极投身于改革开放的伟大事业，为经济发展和人民生活水平提高作出了突出贡献，同时也积累了十分宝贵的经验。

一、必须认真贯彻党中央、国务院的一系列重要方针，使公路行业的改革发展方向明确，举措有力

30年来，公路行业认真贯彻党的十一届三中全会作出的以经济建设为中心、

改革开放的方针；认真贯彻党中央、国务院提出的交通运输是国民经济的战略重点，必须优先发展的方针；认真贯彻“发展以综合运输体系为主轴的交通业”的方针；认真贯彻“统筹规划、条块结合、分层负责、联合建设”的方针；认真贯彻“国家投资、地方筹资、社会融资、利用外资”的投融资方针；认真贯彻以人为本，全面、协调、可持续的科学发展观，推进交通运输又好又快发展的方针。30 年来公路行业始终贯彻执行这一系列正确的方针政策，取得了举世公认的重大成就。

二、必须抓住机遇、用好机遇，坚决把加快发展作为公路行业的第一要务

党的十一届三中全会确立全党工作重心转移到经济建设上来以后，交通运输行业抓住了优先发展的机遇。1992 年邓小平同志南巡谈话后，交通部着重抓好“两纵两横和三个重要路段”国道主干线建设，使我国公路等级和质量迅速迈上了新的台阶。1998 年中央提出了扩大内需的方针，交通部抓住机遇，坚决贯彻中央出台的一系列筹融资政策，将加快高速公路和公路网建设切实落到了实处，使公路建设迅速迈上新的台阶。进入 21 世纪，中央作出实施西部开发的战略决策后，交通部制定了西部开发交通建设规划，将加快公路建设的步伐从东部迅速推向广袤的西部地区。党中央、国务院作出建设社会主义新农村战略决策后，交通部启动了建国以来规模最大的农村公路建设，使我国农村公路得到了快速发展，广大农村地区的公路基础设施和道路运输条件迅速改善。机不可失，时不再来，抓住发展这个主旋律，牢牢把握战略机遇，实行有效的政策措施，加快公路发展的步伐，对公路行业的发展至关重要。

三、必须形成良好的机制，充分发挥中央、地方和群众三方面的积极性，营造公路事业发展的强大合力

30 年来，交通运输工作始终坚持“统筹规划、条块结合、分层负责、联合建设”的方针，充分发挥中央、地方和人民群众的积极性，形成了加快公路事业发展的联动机制。各级地方党委和政府对交通发展倾注了大量心血，给予了坚定支持，在组织领导、征地拆迁、资金筹措等方面做了大量卓有成效的工作，实行了

一系列倾斜政策；广大人民群众充分认识并理解“要想富，先修路”的重要性，积极支持并踊跃投身于公路建设。公路行业具有点多、线长、面广的特点，必须凝聚各方力量，形成共同推进公路发展的强大合力，才能不断把公路行业的改革和发展推向前进。

四、必须用科学的规划指导公路事业的发展，实事求是，逐步实施，将宏伟蓝图化为活生生的现实

30年来，根据国民经济和社会发展的总体目标，交通部大力加强公路运输发展战略、政策和规划的研究。20世纪80年代初，《国家干线公路网（试行方案）》正式颁布，规划了70条线路；80年代末期，交通部适时提出建设“三主一支持”的战略构想，并坚持不懈地分步实施；1992年，交通部制定的《国道主干线系统规划布局方案》（《“五纵七横”国道主干线系统规划》）获国务院认可；1998年，交通部进一步提出实现交通现代化三个发展阶段的目标，提出了公路交通到2000年上新台阶的目标，开始重点建设“五纵七横”中的“两纵两横和三个重要路段”；进入21世纪，交通部又陆续制定了《国家高速公路网规划》（简称“7918”网）、《全国农村公路建设规划》以及《国家公路运输枢纽布局规划》等中长期发展规划，并分别得到了国务院批准。同时，制定了多个区域性公路发展规划，对全国公路建设和发展加强了指导。在发展过程中，对战略、规划和步骤不断修正完善，使我国公路发展的蓝图更加清晰，步骤更加明确，不断推进公路事业的科学发展。

五、必须树立创新理念，着力建设创新型、资源节约型、环境友好型的公路行业

30年来，公路全行业不断刷新发展理念，打破思想的束缚；坚持“科教兴交”和“人才强交”战略，把科技创新和人才培养放在重要位置。积极自主创新和引进吸收，紧密结合基础设施建设、运输生产中的关键问题，通过软科学研究、重大装备开发、行业联合科技攻关、引进先进技术、科学成果推广应用等多种形式，开发应用了一批先进适用的成套技术和装备，使科技成果转化率和科技进步贡献率明显提高，在沙漠等特殊地质的公路建设技术、特大跨径桥梁建设技术、

特长隧道建设技术等方面取得了重大突破和创新，并跻身于国际先进水平。同时，迅速提升了公路基础设施的勘察设计、建设施工、养护管理的水平，在自主创新的基础上形成了众多具有自主知识产权的新技术。在大型桥梁、隧道等工程的管理和运营上，也有独特的创新，填补了空白，实现了突破；在公路的勘察设计、施工建设和管理中，着力确立新型的环保理念，突出和谐、环保、节约和可持续发展，走出了一条具有中国特色和公路行业特点的发展之路。30 年来，形成了具有公路行业特色的人才培养机制，形成了梯次完整、门类齐全的人才结构，公路整体从业人员的素质大幅度提高。依靠科技进步和人才培养，提高公路交通发展的整体效益，是公路交通发展的内在需求，更是公路交通行业可持续发展的客观需要。

六、必须坚持“依法治交”和“以德治交”相结合，不断完善法制体系，重视精神文明建设，抓好党风廉政建设，为公路行业的发展提供可靠的保障

30 年来，公路行业坚持立法与执法并重、执法与监督并举，逐步建立和完善依法治交的局面。坚持广泛深入地开展以“两学一树”、“三学一创”、“三学四建一创”和“学树创”等为载体的群众性精神文明创建活动，不断推动公路行业文明向前发展。认真贯彻党中央关于党风廉政建设的部署，坚持标本兼治、综合治理、惩防并举、注重预防的方针，建立健全了具有公路交通行业特色的教育、惩治和预防腐败体系，基本做到了关口前移，全程监管，逐步建立完善了工程项目监察体系。“依法治交”与“以德治交”相结合，形成一支依法行政、敬业奉献、清正廉洁的干部队伍，是公路交通事业不断取得新成就的重要保障。

第二章　公路基础设施建设

改革开放30年间，公路基础设施建设取得了令人瞩目的成就，实现了跨越式发展。公路行业的深刻变化，极大地改善了人们的出行方式。公路行业服务国家经济发展和社会公众生活的能力大幅提升，成为经济社会发展的重要支撑和保障条件之一。

第一节　高速公路

高速公路是公路网的重要组成部分，是干线公路网中的快速通道，是具有较高技术标准和完善安全设计的交通设施，为汽车快速、安全、舒适、连续运行创造了条件，特别是其快速、安全、节能、通过量大的优点，为其他等级的公路无法比拟。高速公路的出现不仅是经济社会发展的产物，而且早就成为衡量一个国家和地区经济发展水平和现代化程度的重要标志。

在我国，对高速公路的技术标准有科学严格的规定。1981年5月12日交通部颁布的《公路工程技术标准》中，列入了高速公路的技术标准。在2004年1月修订颁布的《公路工程技术标准》总则中，将高速公路定义为“专供汽车分向、分车道行驶并应全部控制出入的多车道公路”，同时明确规定按照四车道、六车道和八车道的不同，高速公路应能适应的年平均日交通量。此外，《标准》还对高速公路车道宽度、路基宽度、极限最小半径、停车视距、最大纵坡和车辆荷载等详细技术指标做出了明确规定。

一、零的突破

高速公路于20世纪30年代诞生于欧洲，二战后，随着发达国家发展经济的需要，各国纷纷投入巨资建设高速公路。高速公路得到了快速发展。

中国内地高速公路的起步比发达国家整整晚了半个世纪，到20世纪70年代中期，中国内地才开始高速公路的前身——汽车专用公路的探索。截至20世纪80年代，世界上已建成的高速公路达16万多公里，中国内地却还没有高速公路。

1978年党的十一届三中全会后，主要干线公路的交通拥堵日益严重。20世纪80年代初，为解决公路交通在经济发展中的“瓶颈”问题，交通部着手收集和研究世界各国解决这一问题的资料，派团考察发达国家的经验，同时对我国部分主要干线公路的交通情况进行了分析研究。

研究表明，当时我国公路交通存在三个方面的突出问题：一是干线公路汽车、拖拉机、非机动车以及行人混行，汽车的平均时速只有约30公里/小时，仅达到设计经济时速的一半，运输速度慢、成本高、油耗大；二是公路干线穿越城镇多，横向穿越的车辆和行人严重阻碍了交通的正常通行；三是交通事故居高不下，人员死伤严重。通过考察和研究，得出的结论是：高速公路具有明显优势，值得我国借鉴。

站在成就辉煌的今天再回首，我国高速公路建设在起步之初，走过的是一条坎坷的道路。是否应该建设高速公路在当今已经不再成为问题，但在20世纪七八十年代，不同观点的人们却在为这个问题展开激烈的论战。

1982年党的十二大以后，公路界专家以及部分社会上的有识之士建议修建高速公路的呼声日益高涨。1983年，在北京召开的“交通运输技术政策论证会”、“公路运输发展座谈会”等一系列会议上，与会代表就我国高速公路建设问题进行了热烈讨论。一些专家提出，建设由北京经天津至塘沽的高速公路，是解决京津间交通拥堵和塘沽新港疏港问题的最好办法。1984年5月至12月，《人民日报》、《经济日报》相继发表文章，认为高速公路社会和经济效益良好，我国需要修建高速公路。与此同时，有些部门和专家依然反对建设高速公路，其理由是：高速公路属于专为小汽车服务的“高消费”产品，我国小汽车少，用不着花费巨资、占用大量土地建设高速公路。这一时期，社会各界及有关部门对修建高速公路的关注和争鸣，客观上起到了初步普及高速公路知识、使公众了解高速公路的作用，从这时起各级领导也开始关注高速公路。

面对这种情况，交通部有关专家建议把“高速公路”改称为“汽车专用公路”，并纳入1985年修订的《公路工程技术标准》之中，从而开始了高速公路建设的尝试。

1984年沈（阳）大（连）公路按照一级公路的技术等级开工建设，但在技术上做好了随时改为高速公路的准备。沪（上海）嘉（定）、西（安）临（潼）、广（州）佛（山）三条高速公路长度均不足20公里，按当时的规定，长度在20公里以内的高等级公路，省级、部级主管部门可以审批立项。1984年4月，国务院在研究天津港的体制改革问题会议上，接受了天津市提出的要加快修建京津塘高速公路的意见，随后于5月7日印发的《中共中央、国务院关于天津港实行体制改革试点的批复》中，明确要加快修建京津塘高速公路，交通部决定将此前上报的《修建京津塘汽车专用公路报告》正名为《修建京津塘高速公路报告》，这样，我国高速公路建设正式得到中央认可。随后，交通部便与有关省市商定，于1984年12月至1986年陆续开工修建上述路段。从此，高速公路在中国内地得到正名，开始正式登上了公路建设的舞台。

尽管如此，高速公路的建设环境并未得到根本改善。直到1987年底，除京津塘高速和广深高速两条高速公路获准利用外资建设外，其他高速公路项目仍不能被列入建设计划。为此，北京—石家庄、武汉—黄石、合肥—南京、济南—青岛、成都—重庆等重点路段，都是按高速公路标准设计和实施，暂用一级汽车专用路、二级汽车专用路（半幅高速公路）或快速路的名义动工，在通车后才逐渐正名为高速公路的。这些工程的建设，虽然都带有探索和试验的性质，但客观上为此后高速公路的大规模建设积累了有益的经验，打下了坚实的技术基础。

1988年，当之无愧地成为中国内地高速公路的“元年”。当年10月31日，全长20.5公里（其中达到高速公路标准的路段长15.9公里）的沪嘉高速公路一期工程通车；11月4日，辽宁沈大高速公路沈阳—鞍山和大连—三十里堡两段共131公里建成通车。到1988年末，我国大陆高速公路里程达到147公里，高速公路实现了零的突破。

二、建设步伐逐步加快

沪嘉和沈大两条高速公路的通车使用，获得了良好的经济和社会效果，使人们对高速公路的特点有了感性认识。事实胜于雄辩，社会舆论和人们的观点开始向有利于高速公路发展的方向转变。交通部适时抓住了这个机遇，于1989年7月18日至20日，在辽宁沈阳召开了我国高速公路发展历史上具有里程碑意义的“高等级公路建设经验交流现场会”。

会上，国务委员邹家华明确指出：“高速公路不是要不要发展的问题，而是必须要发展。”“这样的结论是明确的，这已经不是理论问题。”会议邀请了16个省、直辖市主管交通的省长、市长以及省级计划、交通部门的负责人参加。辽宁省在会上介绍了修建沈大高速公路的经验，与会代表参观了此时已获准建设的沈大高速公路建设现场。通过讨论，大家取得共识：在交通量大的地区，修建高速公路十分必要！会议提出了规划和建设分层负责、长远规划可分阶段实施、多渠道筹资、采取优惠的土地政策、动员社会力量、合理选线、建好一条管好一条、征好规费积累资金、对前期准备工作做得好的项目优先补助、加强规划和前期工作10条建设高等级公路的政策措施。

随后，交通部商请《人民日报》社，于1989年8月17日至12月28日，在《人民日报》开展“如何尽快改变交通运输落后局面”的大讨论，共发表文章45篇，从不同角度阐述了改善公路条件的紧迫性和发展道路运输的重要意义。此后，反对发展高速公路的意见逐步减少，要求修建高速公路的呼声日益增多，一批高速公路建设项目被正式纳入了国民经济发展计划。

“沈阳现场会”为高速公路建设扫清了思想和理论上的障碍，我国高速公路建设开始走上了正轨，平均每年建成的高速公路里程都在100公里以上。到1992年底，我国高速公路里程达到652公里。

为部署2000年跨世纪公路建设上新台阶的任务，研究加快公路建设的政策措施，1993年6月18日至23日，我国高速公路发展历史上具有划时代意义的会议——全国公路建设工作会议在山东济南召开。会上，国务院副总理邹家华讲话指出：“要处理好高等级公路和一般公路的关系，先通后畅，目标是要提高公路运输的速度、效率和效益”。会议确定了我国公路建设将以高等级公路为重点实施战略转变，同时明确了2000年前我国公路建设的主要目标是：集中力量抓好高等级公路建设，“两纵两横”国道主干线应基本以高等级公路贯通，“三个重要路段”力争建成，形成几条对国民经济和社会发展具有重要战略意义的大通道。会议强调，今后8年，要大力抓好高等级公路建设。要用好国家对公路建设的现有扶持政策，进一步完善对交通的优惠政策，采取更多改革开放的措施筹集建设资金，同时要加强现有公路的养护和管理。

“济南会议”后，全国掀起了高速公路建设高潮，把我国高速公路建设推到了一个新的发展阶段，极大地推动了我国尚处于起步阶段的高速公路建设。1993～1997年的约5年中，我国高速公路建设规模增大，建设速度加快，共建成高速公路4 119公里，年均通车的高速公路里程达到了823.8公里。京津塘、济青、太旧、郑开、西宝、沪宁、杭甬、深汕、长平、长吉、合宁、泉厦、昌九、烟威、长湘、石家庄—安阳—新乡、桂柳等一大批高速公路相继通车。截至1997年底，我国高速公路里程达到4 771公里。

1997年下半年，东南亚地区发生严重金融危机，对亚洲经济造成巨大冲击。随后，金融危机对我国经济的影响逐渐显现，到1998年5月，我国进出口额首次出现1.5%的负增长，国内失业增多等问题也逐渐加重。为应对东南亚金融危机对我国的不利影响，党中央、国务院做出“实施积极财政政策，加快基础设施建设，扩大内需”的正确决策，决定1998年重点实施公路、铁路、通信、环保、农林及水利等基础设施建设，公路建设成为重中之重。

为落实党中央、国务院部署，1998年6月20日至23日，交通部在福建福州召开我国高速公路发展历史上具有标志性意义的会议——全国加快公路建设工作会议。会议明确，将1998年公路建设投资规模由原计划的1 200亿元调增至1 600亿元，银行贷款开始大规模进入公路建设领域。中共中央政治局委员、国务院副总理吴邦国在讲话中坚定地指出，要从国家整个经济发展的全局来看待这次会议，保持全年8%的增长关系到国家的政治信誉，香港的繁荣稳定，这不仅是经济问题，也是政治问题。公路部门肩上扛着促进公路建设发展和带动国民经济发展的双重责任。交通部部长黄镇东在讲话中强调：“加快公路建设是党中央、国务院作出的重大决策，是确保今年经济增长目标的重要措施之一，对于维护改革、发展、稳定的大局具有战略意义，也为改变我国公路交通滞后局面带来了极好的机遇。交通系统各级领导要充分认识肩负的崇高使命，以高度的政治责任感，积极行动起来，采取有力措施，确保完成今年和未来几年的建设任务。”此次会议，对以加快高速公路为主的公路基础设施建设做出三方面的部署。

一是“九五”后三年高速公路主要目标为：快干七条线，建设主骨架，改善公路网，扩大覆盖面，力争全国公路在总量、质量和管理水平上实现新的突破；到2000年，“两纵两横三个重要路段”中的京沈、京沪和西南出海通道三个重要路段基本贯通，高速公路总里程超过8 000公里；到2002年，“两纵两横三个重要路段”基本建成。

二是1998年当年的公路建设任务是：重点加快在建项目建设，力争开工建设一批新项目。重点公路建设投资达到900亿元，路网改造和主枢纽建设投资达到500亿元。从原计划安排的135个重点项目中，优选有条件加快的101个项目，增加贷款353亿元；选择“两纵两横三个重要路段”中基本具备开工条件的14个和“五纵七横”国道主干线中的14个重要项目路段作为新开工项目，增加投资90亿元，其中贷款47亿元。

三是明确筹集建设资金的三项主要措施。

1998年，成为我国高速公路建设史上的一个重要年份，全年新增高速公路里程3 962公里，总里程达到8 733公里，居世界第六位。当年不仅创下了年度建设高速公路的新纪录，而且将高速公路建设计划目标的实施提前了一大步；全年实际完成公路建设投资2 168亿元，比1997年增长72.6%，创下了当时人们想都不敢想的新纪录；“五纵七横”规划中的大部分路段高速公路项目开工建设，全国在建高速公路里程超过1.26万公里，使“十五”期间我国建成近2万公里高速公路成为可能。

“福州会议”以后，随着金融危机影响的加剧，下半年又将当年公路投资追加到1 800亿元。此后，针对加快公路建设中出现的质量不平衡、投资进度不够快等新问题，交通部多次召开座谈会、电视电话会议和现场会，研究部署解决高速公路建设中的问题，很快扭转了质量隐患上升的苗头，加速了投资进度，确保高速公路里程在质量稳步提高的前提下实现大幅度增长。

亚洲金融危机给我国经济带来了严重的挑战，也给公路建设“送”来了难得的机遇。“福州会议”把我国高速公路建设推到了历史上发展最快的时期，高速公路里程开始以举世震惊的速度飞速增长。

三、跨越式发展

20世纪80年代中期，我国在“七五”计划中提出东中西部三大经济区划分，确定了首先发展东部沿海地区经济的梯度发展战略。经过20年的建设，东部地区进入了自我发展、自我积累的良性循环阶段。西部地区没有同步发展，特别是公路等基础设施的水平，与东部的差距不断加大。1999年，党中央、国务院做出“西部大开发必须加强基础设施建设，近期要以公路建设为重点”的指示。交通部于1999年底提出了关于《加快西部地区交通建设与发展的汇报提纲》。2000年1月，交通部制定《关于加快西部地区公路、水路交通发展若干意见》，并在昆明召开的交通工作会议上广泛征求意见，随后向国家发展计划委员会汇报。同年三四月间，国务院领导原则同意交通部的规划思路，规划正式进入实施阶段。

2000年7月，交通部就加快西部地区公路建设的有关情况向国务院总理朱镕基和副总理吴邦国作了专题汇报。随后，交通部于7月20日至21日在四川成都召开“西部开发交通基础设施建设工作会议”。吴邦国出席会议并作了《加快交通基础设施建设，为西部大开发当好先行》的讲话。国家发展计划委员会、财政部、中国人民银行、解放军总后军交部等单位和西部10个省（区、市）及广西、内蒙古、新疆生产建设兵团交通厅（局）的负责人参加了会议。会议的主要任务是根据中央实施西部大开发战略部署的要求，分析西部地区交通工作面临的新形势，研究加快西部地区交通建设的政策措施，部署西部地区的交通建设任务。会议指出，公路运输在西部地区占有绝对优势，在公路、铁路和水路三种主要运输方式中，公路线路里程占90%以上，客运量占93.3%、货运量占85.4%，分别比全国平均水平高2.2%、8.6%。但西部公路建设仍远远赶不上经济发展的需要，与东部的距离在拉大。1980年，东部公路密度是西部的4.2倍，1999年差距扩大到5倍多；1980年，东部二级以上公路里程占总里程比重为2.2%，比西部高0.7%，到1999年差距扩大为13%。西部地区不通公路的乡镇、行政村数量分别是东部地区的20倍和2倍，占全国总数的85%和50%。西部地区“路网行车条件差，公路技术等级低、通达水平低，公路建设资金不足、自我发展能力不足、支持保障力度不足”的“一差两低三不足”的问题依然存在。会议明确将建设重点分为国道主干线、省际连接线和乡村通达工程三个层次。这次会议后出台的一系列政策措施，对加快西部地区交通基础设施建设进程具有重要意义。

1998~2000年公路建设步伐的加快，使“九五”期间我国公路建设突飞猛进。“九五”五年总计完成公路建设投资8 974亿元，五年新增高速公路通车里程

1.3 万公里，其中后三年增加里程 11 543 公里，“两纵两横三个重要路段”中的京沈、京沪高速公路实现贯通，公路基础设施实现了跨越式发展。1999 年 10 月，我国高速公路里程突破 1 万公里，达到 11 650 公里，跃居世界第四位；到 2000 年底，我国高速公路里程达到 16 314 公里，跃居世界第三。

“十五”期间，高速公路迎来了丰收的季节。在积极财政政策的推动下，在全行业艰苦努力下，高速公路继续保持着举世瞩目的快速发展。“十五”的五年，建成高速公路 2.47 万公里，是“八五”、“九五”10 年建成高速公路总和的 1.5 倍。4 年时间内，我国高速公路里程相继突破 2 万、3 万和 4 万公里三大关，完成了西方发达国家几十年才能走完的发展历程：2001 年底，高速公路总里程达到 19 437 公里，仅次于美国，跃居世界第二；2002 年 11 月 1 日，高速公路里程突破 2 万公里；2004 年 10 月 27 日，高速公路总里程突破 3 万公里；2005 年底，高速公路里程突破 4 万公里，达到 4.1 万公里。高速公路里程稳居世界第二位。

“十五”期间，“两纵两横三个重要路段”全部建成；全国有 19 个省（区）高速公路突破 1 000 公里。高速公路建设的跨越式发展，在改善投资环境、促进资源开发利用、优化产业布局、拉动经济增长、增强国家竞争力以及保障国防安全等方面，发挥着越来越重要的作用。

在“十一五”开局之年的 2006 年，高速公路建设翻开了新的一页。交通部部长李盛霖在 1 月 15 日召开的“2006 年全国交通工作会议”上作了题为《站在新的历史起点上，推进“十一五”交通事业又快又好发展》的主报告。这次会议，明确了“十一五”交通工作的总体要求，确定了要办成“六件大事”的主要目标，明确要求高速公路建设要“基本形成国家高速公路网骨架，‘五纵七横’国道主干线和西部开发省际通道全部建成”，具体包括：“高速公路里程达 6.5 万公里，5 年增加 2.4 万公里。东部地区基本形成高速公路网，长江三角洲、珠江三角洲和京津冀地区形成较完善的城际高速公路网；中部地区基本建成比较完善的干线公路网络，承东启西、连南接北的高速公路通道基本贯通；西部地区公路建设取得突破性进展，实现内引外联、通江达海。”同时要求，2006 年要重点组织实施《国家高速公路网规划》。

到 2007 年底，高速公路里程迈上了 5 万公里的台阶，达到 5.39 万公里；到 2008 年底，高速公路里程突破 6 万公里，达到 6.03 万公里。其中，河南、山东两省突破4 000公里，广东、江苏、河北、浙江四省突破3 000公里。到2007年底，经过15年的艰苦努力，总里程3.5万公里的“五纵七横”国道主干线系统比原计划提前13年基本贯通，国家高速公路骨架初步成网，高速公路网对经济社会发展的推动作用更加显著。

从1998年加快公路建设至2008年的10年里，年均建成高速公路里程达到5 100余公里，是前10年（1988～1998年）年均建成850余公里的6倍，高速公路建设实现了令世界瞩目的跨越式发展。

四、国家高速公路网

在1989年、1990年“三主一支持”规划出台及以后的实施过程中，交通部对公路发展的总体战略和长远规划不断深化和充实，于1998年提出了实现交通现代化三个发展阶段的目标，即第一阶段从“瓶颈”制约、全面紧张到“两个明显”，第二阶段从“两个明显”到基本适应国民经济和社会发展的需要，第三阶段从“基本适应”到基本实现交通运输现代化。2001年5月25日，交通部正式印发《公路、水路交通发展的三阶段战略目标（基础设施部分）》，我国交通发展的蓝图更加清晰，步骤更加明确。

新世纪的头20年，是我国全面建设小康社会的重要战略机遇期。2002年11月8日，随着党的“十六大”胜利召开，我国进入全面建设小康社会的历史新时期。

从20世纪30年代高速公路诞生到21世纪初的近70年里，全世界已有80多个国家和地区拥有高速公路，总里程超过23万公里。高速公路不仅是交通运输现代化的重要标志，而且早已成为一个国家现代化的重要标志。经过了十几年的奋斗，截至2000年底，我国的高速公路里程达到1.6万公里，公路基础设施终于走过了改革开放前的长期滞后、改革开放最初10年的严重制约阶段，开始步入明显缓解阶段。

我国高速公路最初连接的是主要经济城市，多分布于东部沿海发达省市。新世纪前后，随着规模的扩大，开始转向大规模跨省贯通，在经济发达地区和城市带，高速公路发展开始进入网络化阶段。但从总体规划来看，世纪之交建成和在建的高速公路，主要是依据“五纵七横”国道主干线规划实施的，这个规划是在

80 年代末 90 年代初的社会经济和交通发展背景下提出的，12 条路线覆盖能力有限，总体上仍处于初级阶段，高速公路总量不足，未形成网络，难以发挥整体的规模效益。21 世纪初的明显缓解，是相对于较低的社会经济发展水平和运输水平而言的，要完成交通现代化的目标，公路基础设施离适度超前于国民经济和社会发展的客观要求尚有很大差距。同时，没有国家级高速公路网规划，也带来了一系列问题：新世纪前后，各省（区、市）根据自身发展的需要，规划建设的高速公路远远超出"五纵七横"的范围，由于没有全国统一的高速公路网规划，缺乏对各地高速公路建设进行指导和协调的强有力手段，不利于合理利用交通通道资源，不利于搞好跨区域通道的布局和衔接。在一些重要交通走廊上已经暴露出问题，一些早期建成的路段，随着交通流量的变化，不论是走向还是标准都已显得不适应，在研究改扩建方案，协调地方意见时遇到很多困难。此外，没有全国性的高速公路网规划，在国土资源集约利用、公路网命名编号、社会生产生活提高以及国防动员、抗灾救灾方面，都形成制约。

实现全面小康社会发展目标，加快现代化建设，需要一个与之相适应的更加安全、高效、密集、可持续的交通运输系统。在这个系统中，国家高速公路主干网络必须占有极其重要的地位，将发挥不可替代的作用。从国家发展战略和全局考虑，在我国高速公路快速发展的历史阶段，尽快规划建设国家高速公路网十分必要和紧迫。

新世纪之初，在"五纵七横"国道主干线进展顺利之时，交通部开始启动国家高速公路网规划的研究，规划工作从 2001 年开始。在认真调查研究、广泛听取意见的基础上，2003 年 3 月 19 日，张春贤部长向国务院报送了《关于公路国道主干线建设问题的报告》。《报告》指出，西方经济发达、交通现代化国家，出于政治、经济、国防等方面需要，都在经济快速增长期规划和建设国家公路主干线甚至高速公路网，其共同经验是：国家高度重视建设主干线、集中在一定时期持续建设、国家专项投资予以保障。我国已进入全面建设小康社会的新阶段，社会经济的发展、参与国际竞争以及汽车快速发展的趋势，对高速公路建设提出了更高的要求。为集约利用国土资源，促进国土均衡开发，指导、协调各地高速公路的建设，交通部正在研究制定国家高速公路网规划，合理布局高速公路网络。为加快推进"五纵七横"国道主干线建设，建议"十五"后期继续安排一定的国债投资，并保持车购税专项资金的稳定投入。这样，“五纵七横”在新一届政府任期内可以全部建成。同时建议，《国家高速公路网规划》编制完成后，请国务院审批，以保证规划实施的权威性、连续性和稳定性。

温家宝总理、黄菊和曾培炎副总理于2003年3月27日至30日分别做出重要批示，要求该届政府任期内完成国道主干线的建设目标，同时启动国家高速公路网规划，规划编制完成后报国务院审批。

根据国务院领导的批示精神，交通部党组随即要求加快规划工作的进度。同年12月29日，黄菊、曾培炎副总理召集专题会议，肯定了交通部所做的工作，原则同意布局的框架，并就规划的必要性和紧迫性、规划的指导思想和基本原则以及相关的重大问题做出重要指示。2004年1月5日，黄菊副总理在听取交通部工作汇报时强调，要做好国家高速公路网规划，立足我国国情和未来20年内我国经济建设和社会发展需要，重点做好高速公路网的宏观布局。2004年1月11日至12日召开的“2004年全国交通工作会议”上，交通部综合规划司向会议提交了《国家高速公路网布局规划（草案）》，向与会代表、专家征求意见。同年一季度，交通部根据2003年12月29日国务院专题会议精神，对规划做出进一步深化和完善，并提交国家发展和改革委员会，拟由国家发改委综合协调后，提交国务院审批。2004年4月至8月，国家发改委先后主持召开了3次专家论证和征求意见会，并就规划提出了具体的指导性意见。

2004年12月17日，温家宝总理主持召开国务院常务会议，原则通过《国家高速公路网规划》。

2005年1月13日，国务院新闻办召开新闻发布会，向全世界正式公布《国家高速公路网规划》。交通部部长张春贤发表讲话指出：“《规划》的出台将对中国经济社会的发展以及公众的生活方式和质量产生重大而深远的影响，必将成为中国高速公路长远发展和交通运输现代化的战略蓝图，标志着中国高速公路发展进入了新的历史阶段。”国家发改委副主任张晓强在回答中外记者提问时特别强调，“整个交通仍然是制约我国国民经济和社会持续、健康、快速发展的一个主要瓶颈。从这点来讲，我们的几种主要交通运输方式，不论是公路、铁路、水运、港口，还是航空，和目前的需要，和全面小康目标相比还有很大的差距。因此，各种交通方式都需要有进一步的发展。”

按照《国家高速公路网规划》，我国将在未来的30年内，建成8.5万公里国家高速公路，形成一个覆盖全国的、比较完善的干线高速公路网。

《规划》明确，将以北京为中心建设7条放射线、9条南北纵向线、18条东西横向线和5个地区环线以及联络线，简称为“7918网”。这一规划用高速公路连接了包括台、港、澳在内的中国所有省会城市和现状人口超过20万以上的城市，覆盖全国10亿以上的人口和GDP总量85%以上的地区；实现东部、中部和西部分别在平均半小时、一小时和两小时之内抵达高速公路；连接国内主要4A级旅游城市、主要国家一类公路口岸和交通枢纽城市。

国家高速公路网规划采用放射线与纵横网络相结合的布局方案，形成由中心城市向外放射以及横连东西、纵贯南北的大通道，总规模约8.5万公里，其中主线6.8万公里，地区环线、联络线等其他路线约1.7万公里。具体规划方案如下：

首都放射线7条，包括北京—上海、北京—台北、北京—港澳、北京—昆明、北京—拉萨、北京—乌鲁木齐、北京—哈尔滨。

南北纵向线9条，包括鹤岗—大连、沈阳—海口、长春—深圳、济南—广州、大庆—广州、二连浩特—广州、包头—茂名、兰州—海口、重庆—昆明。

东西横向线18条，包括绥芬河—满洲里、珲春—乌兰浩特、丹东—锡林浩特、荣成—乌海、青岛—银川、青岛—兰州、连云港—霍尔果斯、南京—洛阳、上海—西安、上海—成都、上海—重庆、杭州—瑞丽、上海—昆明、福州—银川、泉州—南宁、厦门—成都、汕头—昆明、广州—昆明。

此外，规划方案中还包括辽中环线、成渝环线、海南环线、珠三角环线、杭州湾环线等5条地区性环线、2段并行线和30余段联络线。

国家高速公路网建成后，可以在全国范围内形成“首都连接省会、省会彼此相通、连接主要地市、覆盖重要县市”的高速公路网络，将充分体现“以人为本”，最大限度地满足人的出行要求，创造出安全、舒适、便捷的交通条件，使用户直接感受到高速公路系统给生产、生活带来的便利。将重点突出“服务经济”，强化高速公路对于国土开发、区域协调以及社会经济发展的促进作用，贯彻国家经济发展战略。着力强调“综合运输”，注重综合运输协调发展，规划路线将连接全国所有重要的交通枢纽城市，包括铁路枢纽50个、航空枢纽67个、公路枢纽140多个和水路枢纽50个，有利于各种运输方式优势互补，形成综合运输大通道和较为完善的集疏运系统。将全面服务“可持续发展”，进一步促进国土资源的集约利用、环境保护和能源节约，有效支撑社会经济的可持续发展。

“7918”网中的部分路段与原有国道重合，基本涵盖了“五纵七横”国道主干线系统。截至2007年底，“五纵七横”国道主干线基本贯通后，《国家高速公路网规划》的建设里程完成了4.2万公里，基本完成了规划的一半。

在2007年12月18日国务院新闻办举办的发布会上，翁孟勇副部长指出，“五纵七横”国道主干线已经基本贯通，但《国家高速公路网规划》建设任务依然艰巨。在党中央、国务院的正确领导，各级政府的大力支持和广大交通职工的共同努力下，我们相信，《国家高速公路网规划》建设将稳步推进，在改善百姓出行条件、提高百姓生活质量等方面发挥更加重要的作用。在不久的将来，中国人民将享有越来越便捷、越来越舒适、越来越安全的交通出行服务。

到2010年，国家高速公路网总体上将实现“东网、中联、西通”的目标。东部地区基本形成高速公路网，长江三角洲、珠江三角洲、环渤海地区形成较完善的城际高速公路网络；中部地区实现承东启西、连南接北，东北与华北、东北地区内部的连接更加便捷；西部地区实现内引外联、通江达海，建成西部开发八条省际公路通道。

五、高速公路服务区

服务区是为公路上的驾乘人员生活需要及车辆安全运行提供服务设施，是高等级公路的重要组成部分，主要包括休息、停车和服务辅助设施三个部分。作为高等级公路的功能性设施，其主要作用是为了确保公路行车安全、舒适、快速、经济，使驾乘人员心理、生理上的过度疲劳有所缓解。另外，服务区也是公路交通运输业物质文明与精神文明建设的一个重要组成部分，是现代化公路体系特别是高速公路体系成熟与否的重要标志之一，服务区管理、运营和服务水平的高低，很大程度上体现着公路的管理水平和精神面貌。

2004年1月，交通部颁布的《公路工程技术标准》规定，公路交通工程及沿线设施等级分为A、B、C、D四级，A级适用范围为“高速公路”，B级适用范围为“一级、二级公路作为干线公路时”，C级适用范围为“一级、二级公路作为集散公路时”，D级适用范围为“三级、四级公路”。《标准》规定，服务设施配置应符合以下规定：A级应设置服务区、停车区和公共汽车停靠站，其中服务区应提供停车场、公厕、加油站、车辆修理所、餐饮与小卖部等设施，平均间距应为50公里；B级宜设置服务区、停车区、公共汽车停靠站，其中服务区应提供停车场、公厕、加油站、小卖部等设施，平均间距宜为50公里；C级、D级可根据需要设置加油站、公厕等设施。

服务区是高速公路的必备设施，也是干线公路的必要设施，它并不专属于高速公路，对干线公路也是很重要的设施。但在我国，服务区却是随着高速公路的发展，其规划和建设才逐步完善的。

服务区具有公益性和经营性双重属性。从为驾乘人员提供休息、车辆维修以及生活服务等方面来看，服务区具有公益性质，是高等级公路必备或者必要的设施；从餐饮、住宿、加油以及维修等方面来看，服务区具有很强的经营属性，有关经营单位通过为广大驾乘人员提供服务赚取合法的利润，只要这种经营行为符合市场经济的基本原则和遵守相关的法律法规，就应该得到鼓励。

我国高速公路服务区的规划、建设与高速公路的发展密不可分，其发展大体上经历了三个阶段。

第一阶段为起步阶段，从“七五”中后期到“八五”末期，即1988～1995年。1988年10月25日，随着沈大高速公路上井泉、海湾南两个服务区的开通运营，高速公路服务区作为一个新生事物出现在中国内地。由于史无可鉴，服务区的管理工作最初是借鉴国外发达国家的管理经验，有些是比照相关行业的管理经验。在实践过程中，一些起步较早的省（区、市），开始结合实际对服务区的经营管理积极进行探索和总结，陆续出台了一些相关管理规范和标准。各省之间还通过自发组织召开研讨会的形式进行探讨，相互交流和学习。这个时期，服务区数量随着高速公路的建成通车而呈现出快速增长态势。这个阶段服务区的基本特征：一是在总体布局上缺乏统一规划，标准不一，差异较大；二是服务区主要集中在各省（区、市）的经济发达地区，管理和经营的区域环境条件比较优越；三是占地面积较小，最小的停车场仅6亩左右，设施设备标准较低，功能不够完善，只能满足顾客较低层次的服务需求；四是管理体制基本上以政府交通主管部门为主，多元化管理只是初露端倪。

第二阶段为快速增长阶段，包括“九五”和“十五”两个时期，即1996～

2005年。这一时期，国内GDP快速增长，人民生活水平日益提高，对高速公路服务区的服务需求不断增长且日益多元化，我国进入巩固和完善社会主义市场经济阶段。特别是1998年开始实施积极的财政政策，高速公路得以快速发展，对服务区规划、建设的标准和管理的要求不再只是局限于地方管理水平，而是把目标定位在达到国内一流水平乃至与国际标准接轨，逐步向管理的现代化、规范化、科学化方向迈进，管理手段日臻完善，管理理念向“以人为本，以车为本”的理念转变。同时，开始注重高速公路服务区社会公益属性的发挥，注重服务功能的扩展。这个阶段，服务区发展呈现以下特征：一是在建设上，比较注重功能化需求，在实现原有加油、如厕、购物、就餐等基本服务功能基础上，注重服务区商业（经营）功能的配套。其主要表现是占地面积呈现出越来越大的趋势，最大的服务区占地面积达到了500亩，而面积的扩大主要是用来开发经营项目。二是管理体制、经营模式日新月异。各地结合自身发展实际，不断在上述两方面进行探索，在全国逐步呈现出“百花齐放”的格局。三是各地在不断探索和实践过程中，逐步制定出台了一系列管理制度和服务规范，如辽宁省制定实施了《辽宁省高速公路服务区质量管理标准》，对全省服务区的管理、经营和服务工作的标准、流程及检查、考核、评比程序都进行了详尽规范。各省（区、市）服务区管理部门大部分也都制定了相应的管理标准。截至2005年底，全国运营的高速公路服务区约500家，产值上百亿元。

第三阶段为全面提高阶段，从2006年开始至今，预计可以贯穿整个“十一五”乃至更长时间。2006年，是“十一五”规划的起步和开局之年，第十届全国人大四次会议通过的《国民经济和社会发展第十一个五年规划纲要》中，提出了“建设便捷、通畅、高效、安全的综合运输体系”的目标。交通部在《“十一五”公路养护管理事业发展纲要》中，提出了“更好地为公众服务”的新价值观。服务区的建设和管理围绕着“构建一个以人为本的公路服务体系”目标，把规范化、标准化、科学化管理作为服务公众、提升形象的基础性工作，而把服务作为第一位的目标。这个调整具有根本性的意义，标志着高速公路服务区的管理逐步从方便管理向方便用路人的理念转变，服务区的经营管理和服务工作进入了全面提升的轨道。这个时期，一是受国家严格控制用地政策的限制，同时在理念上日趋理性化，各地的服务区建设摒弃了片面追求规模的做法，与我国，尤其是当地的经济发展水平、人文地理条件、公众服务需求等相结合，在服务区的建筑风格、功能设置等方面更加注重适合国情、省情和当地民情；二是在服务功能、品质上注重了高速公路和服务区的品牌创建、形象塑造，注重在“软环境”上下工夫；三是服务区的占地面积与人、车流量的增长开始出现“剪刀差”状况，如何走出这个两难境地，成为服务区建设中面临的一个新课题；四是在经历了各种试验性质的管理体制、机制和经营模式的探索之后，逐步规范管理体制、适时制定和实施全行业的管理标准，已经成为全国高速公路服务区发展的必然要求。

据不完全统计，截至2007年底，我国高速公路共有服务区740多对，盈利的约占90%以上，总产值估算达到500亿元以上。预计未来10年，我国高速公路服务区数量将在这个基础上增加1倍多，达到1 700对左右，年销售收入有望突破1 000亿元。目前，高速公路服务区已经初步建立起了具有中国特色、符合国情的管理、经营和服务体系，作为交通公共服务体系的一个重要组成部分，充分发挥了公益性、基础性、服务性等基本功能，在“更好地为顾客服务”过程中创造了良好的社会效益和可观的经济效益。

高速公路服务区的规划和建设一直都由各省（区、市）交通主管部门负责，进入“十一五”后，交通部开始对高速公路服务区进行调研，着手制定相关的国家标准。2007年1月11日，交通部以交公便字［2007］7号文件下发《关于开展高速公路服务区有关情况调研的函》，开始对全国2005年底前通车的高速公路服务区进行调研。同时组织有关单位对高速公路服务区进行调研，为制定高速公路服务区规划、建设和管理的相关标准做准备，并对今后服务区的发展提出了指导方针：一要切实以交通量、特性分析需求指导服务区规划、设计；二是服务区建设规模、服务档次要综合交通量增长速度、地方经济发展水平，既要考虑服务区的功能和发展需求，又要得到社会的理解和支持；三是要加大服务区前期设计的审批，加强前期设计的深度理念，统筹综合考虑每条路上服务区的建设规模、承受能力。2007年开始，交通部委托辽宁省高速公路管理局开始制定《高速公路规范化服务标准体系》，其中包含了服务区的服务工作部分。从实际需要看，全国高速公路服务区的行业标准体系包括建设标准、管理标准、经营标准、服务标准、设施设备配置标准和考核评价标准6个子系统。

“十五”初期，特别是进入“十一五”后，各省（区、市）交通主管部门加强了高速公路服务区的管理，如河南、辽宁、河北、广西、吉林等省（区）广泛开展了星级服务区的评选和创建活动，江西、湖南等省开展了高速公路服务区的综合环境整治等。与此同时，很多省份在公路规划、建设和养护管理工作中，大力落实“三个服务”思想，努力提升公路网络整体的服务能力和水平，一些省份根据自身的实际情况，开始在国省道干线高等级公路上规划和建设相应的服务设施，服务区不再是高速公路的“专利”。这些省份在国省干线公路建设服务区的实践，为国省干线公路提升服务水平做了有益的尝试，积累了宝贵的经验。服务区性质的设施在国省干线上方兴未艾。

2002年，陕西省公路局组织了万人问卷活动，针对二级公路上没有服务区，陕北、陕南地区很多干线公路上厕所难的问题，陕西省公路局在全省干线公路上，按照“分批实施、因地制宜、经济适用”的原则，统一规划、统一设计，当年在312、210、316、108等国省道上建立了50个卫生服务区。2008年9月底，陕西在108、210、211、307、309、310、312、316国道和106、207、212、308省道的21个统一标志、统一格局的干线公路综合服务区投入使用。这些服务区根据道路等级、交通流量等因素规划建设，选址多在干线公路交叉口、城市出入口和红色旅游区，分布在咸阳、渭南、延安、榆林、铜川、商洛、安康、汉中、宝鸡和西安境内。驾乘人员一次停车就能解决就餐、休息、洗漱、加油、车辆检查、路况信息查询等一系列问题。按计划，“十一五”期间，陕西将投资5 600多万元，在国省干线公路上建设60多个这样的综合服务区。

2003年，205国道山东德州的庆云公路服务区开通，成为山东省国省干线公路服务区的第一个试点。2007年1月23日，“山东省2007年公路工作会议”明确，进一步强化服务意识、增强服务能力、改进服务方式、提高服务水平，将在一级和二级公路上逐步建立基本服务区（点），2007年山东各市都将建设一两个公路服务区（点），让在一级和二级公路上出行的公众也能够享受到高速公路的服务设施。

2006年，河北省交通厅公路局借鉴高速公路服务区的做法，建设了一批国省道公路驿站，为过往驾驶员提供免费服务，包括提供饮用水、拖车工具、修车工具、急救用品、临时休息等。驾驶员在这里还可以了解到路况信息和附近的加油站和修理厂分布情况等，受到了广大驾乘人员的欢迎。

2006年，《江苏省干线公路服务设施建设规划》通过审批，拉开了江苏省“十一五”期间全面规划建设干线公路服务区的序幕。2008年6月2日，江苏省首批2个普通公路服务区建成并投入使用。它们是位于连接徐州和连云港的323省道上的碾庄服务区和徐庄服务区，均建有停车场、加油站、卫生间、修理间和便利店等，配套齐全，干净方便。试运营后，受到过往驾乘人员的称赞。下一步，江苏省将按照统一标准，继续在国省干线公路中的一级公路上建设一批服务区、停车区和小型休息区，同时兼顾部分二级公路。

还有一些省份开始规划国道干线的服务设施，提升国省干线网络的整体服务水平。如2007年2月出台的《广东省公路养护管理“十一五”发展规划》中明确提出，“提高高速公路服务区、加油站以及其他相关附属设施的服务水平。逐步建立一、二级公路的基本服务区（点）。”2008年5月21日，山西省交通厅在“山西干线公路建设质量现场会”上明确提出，要拓展干线公路服务水平，选择部分旅游干线积极开展小型服务区建设试点，以小型服务区整合沿线店铺摊点，为旅客提供集餐饮、休息、购物、停车于一体的全方位服务。

六、投融资政策

公路是国家重要的公益性基础设施，需要巨额的建设资金。作为世界上最大的发展中国家，从中华人民共和国成立以来，资金不足、建设滞后的问题一直困扰着我国公路的发展。20世纪80年代，作为刚刚转入以经济建设为中心的发展中国家，如何筹集包括高速公路在内的公路网建设的巨大投资，是我国政府及有关部门必须明确回答、妥善解决的实际问题。

为解决资金问题，国家先后出台了多项政策，除加大政府投入外，还积极运用市场机制，采取多渠道、多层次、多形式、多元化筹集建设资金，逐步形成了“国家投资、地方筹资、社会融资、利用外资”的投融资体制。高速公路的快速发展，与具有中国特色的公路投融资体制的逐步建立密不可分。在政府投资的带动和国家政策的鼓励下，社会资金、银行贷款和外资大量进入公路建设。据统计资料分析，改革开放以前，我国交通固定资产的投资占全社会固定资产投资的比例一般为2%～4%，改革开放后到1990年，虽然每年交通固定资产投资大幅增加，但所占比例仍在2%～4%，到20世纪90年代，这一比例开始增大到4%～6%，而在1998年加快建设后，当年交通固定资产投资的比例突破8%，加快建设的势头持续了七八年，到2007年和2008年，由于国家宏观调控政策的作用，交通固定资产投资比例快速上升的势头有所减弱，但年投资的总额已维持在一个很高的水平。巨大资金流不断注入，使高速公路开始了迅速腾飞的辉煌历程。

我国加快高速公路建设的主要筹融资方式和政策沿革大致如下。

（一）养路费

养路费是建国以来我国公路养护和建设最稳定，也是最大的资金来源。

1950年，政务院就制定了“用路者养路”的政策，对汽车、拖拉机征收公路养路费用于公路的养护和建设。50年代，民用汽车不多，养路费收入只能维持干线公路日常养护和小修小补。随着汽车工业的发展，全国民用汽车保有量的逐步增长，养路费收入逐渐增多，到1963年，多数省份可以抽出少部分养路费投入公路改善或补助县乡公路建设。1963年，国务院批复交通部报告，同意实施加铺沥青磨耗层、改建公路和农村道路木桥两项工程，由于中央和地方对公路投资逐渐减少，这两项工程的绝大部分资金从养路费中抽出。此后，养路费逐渐成为公路建设资金的主要来源。据初步统计，公路养路费从1950年开征到2008年底国家实施成品油价与税费改革为止，累计征收了11 335亿元的公路养护与建设资金。

尽管养路费是公路养护与建设资金最为稳定的来源，但“独木难支”。如我国“十五”期间，征收公路养路费2 873.9亿元，比“九五”同期增长27%，但“十五”期间公路建设完成的投资达19 505亿元，养路费已经远远不能满足加快公路建设和养护工程的需要。

（二）利用外资

1979年，我国开始利用外国政府和国际金融组织贷款，重点用于沿海港口、干线公路和内河航运建设，对外商参与公路、独立桥梁、隧道、港口设施的建设和经营实行鼓励。特别是1992年邓小平同志南巡谈话后，吸引外资工作从广度和深度上有了突破，形成了一个外商投资建设交通基础设施的高潮。据统计，从1979年到“入世”前的2001年，我国公路、水运交通已累计利用外资总额205亿美元（约合1 600亿元人民币）。2002～2007年，利用外资折合人民币438亿元。从1992年开始，中外合资、合作，外商独资，境外股票上市，转让经营权，项目融资等，各种直接利用外资形式取得了很大进展。利用外资弥补了我国国内建设资金的不足，对交通基础设施的改善和发展起到了积极的作用。

利用外资建设公路主要是两个渠道：一是直接利用外资，与外商合作投资公路建设项目，或转让已建成公路的收费权直接获取外资，用于公路建设；二是利用外国政府贷款和国际金融组织贷款，包括世界银行、亚洲开发银行、日本协力基金等贷款。特别是利用外国政府贷款和国际金融组织贷款不仅引进了外国先进的管理经验，逐步形成了一套符合国际管理和国外贷款机构要求的管理程序和办法，而且快速提高了我国高速公路建设的技术和装备水平，使国内高速公路建设迅速进入机械化时代。到20世纪90年代中期，公路建设利用外资的形式已从最初的贷款、合资、独资、合作，发展到境外发行股票、转让经营权等多种形式。

1. 利用世界银行贷款修建高速公路

交通部从20世纪80年代中后期开始，先后利用世界银行贷款修建了陕西省西安—三原一级公路、京津塘高速公路、合（肥）安（庆）高速公路、京珠高速公路湖北段、广州—佛山高速公路、宁夏回族自治区古王高速公路、新疆吐鲁番—乌鲁木齐—大黄山高等级公路、乌鲁木齐—奎屯高速公路、安徽省公路路网恢复和改建项目等。党中央、国务院始终高度重视中国与世界银行的合作，并及时指明合作的方向。世界银行不断扩大对华贷款规模。20世纪90年代，中国与世界银行的合作关系进入大发展的黄金时期。进入21世纪以后，党中央以宽广的世界眼光和战略思维，提出了与世界银行合作的新任务，继续通过双方合作促进中国经济社会发展，世界银行为推动中国经济与世界经济的良性互动作出了贡献。世界银行与中国的改革开放关系密切。

与世界银行的合作为我国改革开放培养了大批人才。为支持贷款项目的实施，世界银行在中国恢复联合国席位仅半年后就举办了第一个培训班，向从事经济工作的干部普及市场经济下项目管理的一般知识。多年来，世界银行在华还实施了大批技术援助和培训活动，包括交通运输、宏观经济、行业发展、项目管理等众多领域。更重要的是，通过贷款项目管理，中央各部委及各级政府成立了世界银行项目办，培养了大批项目管理和财经外交人才，锻炼出一支懂政策懂业务的干部队伍。

我国以贷款项目为载体，通过世界银行引入竞争性招标制、工程师监理制度、业主负责制等先进管理经验，提高了经济运行效率。

2. 利用亚洲开发银行贷款修建高速公路

亚洲开发银行（简称“亚行”）是亚洲、太平洋地区的区域性金融机构，其宗旨是通过向亚太地区发展中国家（地区）提供项目贷款和技术援助，促进和加速本区域的经济合作。改革开放以来，我国利用亚洲开发银行的贷款建设了新疆库尔勒—库车高速公路、甘肃省平定高速公路、江西省九江—景德镇高速公路、宁夏同心—沿川子高速公路、山西省祁临高速公路、宁夏银川—武汉高速公路、四川成都——攀枝花高速公路中的雅安—泸沽段等。

3. 利用日本协力基金贷款（简称“日元贷款”）**修建高速公路**

日本政府从1979年开始向我国提供政府开发援助（简称ODA）中的日元贷款。截至2005年3月底，已签订日元贷款协议31 330亿日元（约合260亿美元），项目232个，遍布全国各个省（区、市）。贷款领域主要涉及交通、农业、林业、水利、通信、能源、城建、环保、人才培养、公共卫生等方面。截至2004年11月30日，实际使用了20 858.66亿日元（约合174亿美元）。日元贷款条件为：年利率1.5%～0.75%，还款期30～40年（含宽限期10年），采用国际竞争性招标方式采购。

（三）加快公路建设的三项政策

为缓解公路对经济发展的“瓶颈”制约，加快公路建设，1984年11月30日，交通部向国务院报送《关于加快公路建设的报告》，提出“必须调动各方面的积极性，广筹资金”，并就拓宽公路建设资金来源和具体筹措措施提出建议。1984年12月25日，国务院召开第54次常务会议，确定了公路建设要以经济发达地区为重点，实行从大小经济中心向外辐射，从沿海向内地辐射的方针，并对扩大公路建设资金来源确立了三项重大政策：

一是提高养路费征收标准，从原规定的最高费率10%，提高到15%，并允许各省（区、市）根据自身情况有所浮动。

二是开征车辆购置附加费。1985年4月2日，国务院正式发布《车辆购置附加费征收办法》，自当年5月1日起实施。明确征收标准为国产汽车加价10%，进口汽车加价15%。这部分资金由交通部根据公路网规划和地方公路建设情况，分年度下达资金使用计划。《公路法》出台后，为理顺国家税费关系，国务院决定自2001年1月1日起出台车辆购置税，取消车辆购置费，并将此项资金纳入国家财政预算管理。据统计，在15年的车辆购置费征收过程及2001年1月1日至2004年12月31日车辆购置税由交通征稽部门代征的4年过渡期内，车辆购置税征收总额约3 500亿元，不仅有效地缓解了我国公路建设资本金严重不足的矛盾，而且在相当大的程度上起到了资金调配的“杠杆作用”。

三是允许贷款或集资修建的高等级公路和大型公路桥梁、隧道收取车辆通行费，用于偿还贷款。这项被简称为“贷款修路，收费还贷”政策的实施，为公路建设开辟了一个重要的资金来源。1987年10月13日，国务院颁布实施的《中华人民共和国公路管理条例》第二章第十条明确规定：“公路主管部门对利用集资、贷款修建的高速公路、一级公路、二级公路和大型的公路桥梁、隧道、轮渡码头，可以向过往车辆收取通行费，用于偿还集资和贷款。通行费的征收办法由交通部会同财政部和国家物价局制定。”随后，征收车辆通行费的政策成为我国高速公路最主要的加速力量。

上述三项政策的实施，有效地缓解了加快公路建设的资金问题。特别是“贷款修路，收费还贷”政策实施后，极大提高了各地方政府建设公路的积极性，为高速公路建设开拓了广阔的前景。

（四）征收客货运附加费

1986年6月，福建省政府决定对在福建境内公路经营客运的车辆按营运里程向旅客征收交通建设基金，每人公里加收1分钱。1988年，国家正式开征公路客运座位附加费和货运附加费。

（五）利用资本市场

利用资本市场，采取转让公路收费权、发行企业债券以及发行股票等形式，拓宽了融资渠道。通过公路的资产重组，盘活了巨额的存量资产，加速了高速公路的建设进程。

1986年12月13日，福建厦门国际公司首家向社会发行厦门高集海峡大桥建设债券，为建设高崎至集美海峡大桥筹集资金。通过对业绩较好的收费公路项目进行资产重组，对多元投资主体进行调整，组建公路股份有限公司上市发行股票，是利用资本市场加速筹融资的有效方式。1996年8月，广东省高速公路发展股份有限公司发行1.35亿股境内上市外资股（B股）成功在深交所挂牌上市，成为国内第一家公路上市公司，拉开了公路企业上市的序幕。

据不完全统计，截至2002年底，交通行业上市公司49家，约占全国上市公司的4%（同期全国上市公司已达1 224家），先后从资本市场上筹集资金约580亿元，其中公路上市公司筹集的资金占到近50%，为公路基础设施建设提供了资金支持，积极地适应了公路建设大发展的需要，有效地贯彻了国家拉动内需的政策和西部大开发战略，对公路建设的快速发展特别是高速公路建设的快速发展，起到了很好的推动作用。同时，组建公路上市公司，也探索了一条高速公路实行企业化经营管理的新路子，对提高高速公路管理水平、运作效率，充分发挥高速公路功能，起到了积极的促进作用。

（六）福州会议出台的一系列加快公路建设的筹融资政策

1998年6月20日至23日在福州召开的“全国加快公路建设工作会议”上，在党中央、国务院的支持下，交通部出台了有关加快公路建设的一系列筹融资措施：

一是积极配合，抓紧落实国务院支持公路建设的四项措施：国家财政当年拨款30亿元，主要用于中西部公路建设；为确保公路建设项目资本金部分不低于35%，同意当年7月1日起公路客运附加费每人公里增加1分钱，作为公路建设基金，纳入财政预算管理，全额用于公路建设，预计当年可筹集公路建设资金20亿元；同意交通部与国家证监会研究，将效益好并有中央投资的收费公路项目进行资产重组，发行股票，争取年内上市，解决当年公路建设资本金的缺口；境内收费公路投资基金可作为产业投资基金试点，预计筹集100亿元。

二是争取地方政府继续对公路建设实施优惠政策，增加地方财力对公路建设的投入，并从本地区实际出发，为公路建设出台一些新的支持政策，同时，在政策允许的范围内，为公路建设征地、拆迁、施工、占地、用料等营造宽松的环境。

三是抓好银行贷款的落实到位。按照中央的部署，加快公路建设的资金来源主要是增加银行贷款和发行公路债券。关键是抓好贷款的落实到位。各地交通主管部门和建设业主单位，要根据统一规划和建设重点，及时准备好项目，配足资本金，主动与银行洽谈，加快项目贷款的落实。现有的收费公路和养路费或各地建立的公路建设基金，取得银行同意后可以作为贷款和发行债券的担保。由此，银行贷款成为1998年以来我国公路建设的主要资金来源。

（七）成都会议出台的一系列加快西部公路建设的筹融资措施

2000年7月21日召开的“西部开发交通建设工作会议”上，吴邦国副总理发表《加快交通基础设施建设，为西部大开发当好先行》的重要讲话，就西部公路建设的筹融资指出：“据交通部初步测算，仅建成1.5万公里8条省际公路通道，就需要投资约1 500亿元。”“西部大开发，包括加快交通基础设施建设，不能简单地沿用旧体制和传统的发展模式，要适应建立社会主义市场经济体制的要求，积极采用新思路、新办法、新机制，探索新的发展模式。”会议明确，在以下五个方面加强西部地区公路建设的筹融资：

一是在长期国债资金、中央财政性建设资金、国家政策性银行贷款以及国际金融组织和外国政府优惠贷款等使用方面，尽可能加大对西部地区交通等基础设施建设投资支持力度。

二是交通部车辆购置附加费专项资金要加大对西部地区公路建设的支持和倾斜力度，力争在原有的基础上有较大幅度的增加。

三是在用地政策、项目审批、以工代赈和以粮代赈等方面，采取鼓励和支持西部地区公路建设的政策。

四是把已建成的效益好的公路项目，按照有关程序和规范管理的要求，组织上市，公开向国内外发行股票；转让公路经营权，盘活存量资产，以“老路”换“新路”。

五是在市场准入方面实行开放政策，积极吸引外资。要充分利用加入世贸组织的过渡期，在西部地区将一些长期保护、垄断的行业优先开放，鼓励、吸引内外资进入西部，参与交通、能源、通信等基础设施建设。

作为发展中国家，我国公路快速发展的大好机遇十分难得。据不完全统计，1990～2007年，仅国道主干线的总投资就超过9 000亿元，巨额资金的筹集一方面来源于车辆购置税、国债以及地方的各项规费和银行贷款，另一方面更得益于多渠道筹资政策的实施。改革开放30年来，我国筹融资政策在不同发展形势下有着不同的侧重点，但基本坚持了以下几个原则：一是明确公路设施属于基础性建设项目，确保政府在公路建设投资中政策的主导作用；二是重点发挥几种主要市场融资渠道的作用，公路基础设施建设要求市场融资渠道具有相应的长期性和稳定性，中长期信贷市场、债券市场、股票市场是最主要和比较成熟的三类资本市场，对应的贷款、债券、股票三种方式成为公路筹融资最主要的渠道；三是积极利用外资及 BOT 等融资方式，引进了先进的建设、管理理念以及施工方法，迅速提升了高速公路的建设、管理水平；四是对中西部地区加大国家的支持力度，同时实行优惠政策，改善了公路融资条件，提高了融资能力，避免了东部和中西部差距的进一步扩大。多项措施的实施，确保了高速公路建设投资和还本付息之间的基本平衡，有力解决了东中西部高速公路发展不平衡的问题，保持了高速公路在最大规模、最快速度下的健康发展。

七、经济和社会效益

在我国，公路运输是普及面最广、承担社会运量最大的一种运输方式，具有覆盖面广、适应性强、直达性好、机动灵活、交通工具购置费用少、车辆容易操作驾驶等突出特点。截至 2008 年底，我国公路客货运量、客货周转量在综合运输体系中所占比重分别为 92.1%、54.1%、77.0% 和 12.3%。

高速公路建设发展不仅对交通运输业本身具有重要意义，而且对实现国土均衡开发、建立统一的市场经济体系、提高现代物流效率和公众生活质量等具有重要作用。

（一）高速公路对交通运输业发展的促进作用

高速公路作为公路交通最活跃的部分，对交通运输业本身的促进作用主要体现在三个方面。

首先，高速公路的出现，极大地提高了公路运输的竞争力。目前，里程占我国公路总里程 2% 的高速公路承担了约 20% 的行驶量；同时将我国普通公路平均 60 公里左右的平均运输距离提高到 450 公里，比普通公路节约时间 50% 以上；运输成本降低 30% 左右，增强了综合运输通道的运力和运量，优化了运输结构，与其他运输方式形成互补和良性竞争，全面提升了综合运输体系的效率和服务质量；

大大缩短了城市、地区之间的时空距离，加速了人流、物流的流动，进一步强化了公路运输在综合运输体系中的基础性作用。

其次，高速公路的出现和联网，将各种运输方式更加紧密衔接，促进了海上滚装运输，扩大了港口集疏运能力、民航空港覆盖面，同时，为铁路运输以及城际间快速轨道交通提供了快速转运的保障。高速公路网的初步形成，解决了各种交通运输方式衔接不畅、交通运输整体效率不高的问题。交通运输方式衔接过程中资源的集约以及客运的“零距离换乘”和货运的“无缝衔接”理念自此有了实现的可能。高速公路网的不断完善，对发挥各种运输方式的比较优势和整体效率，实现集约高效和可持续发展的意义十分重大。

再次，高速公路促进了运输组织结构的改善和运输领域的扩展，使车辆装备水平大幅度提升。长途卧铺客运、冷藏保鲜运输、集装箱运输、大件运输等专业化运输从普通运输中迅速分离，特种、快速、大型运输车辆加速普及，公路运输效率和质量大幅提升。

（二）高速公路对经济发展的支撑作用

高速公路建设发展对国家经济的影响十分明显，主要体现在以下方面。

1. 高速公路对经济具有明显的带动和推动作用

高速公路高额的固定资产投资，对国家经济直接的带动和促进作用十分明显。在高速公路的造价中，仅材料费用就占到40%～50%，高速公路征地拆迁、通信监控等交通设施费用在造价中也占有很大比重。据测算，公路建设投资与GDP增长的相关系数是0.4，1998年加快以高速公路为重点的公路基础设施建设以来，高速公路的巨额固定资产投资，带动了钢材、水泥、沥青等产业及相关加工业的生产，带动了工程机械制造及租赁业的发展；从近10年的运营来看，高速公路每1元投入就可带来4元效益；创造了大量的就业机会，约每7亿元投资，可以带来1万人的就业机会。据抽样调查显示，1998年，公路建设市场平均每月吸纳劳动力253万人，其中交通行业以外的劳动力达157万人，占62%，有力地扩大了社会劳动力的就业面，增加了沿线农民的收入。1998年公路建设全年累计动用了钢材306万吨、水泥4 030万吨、沥青276万吨、木材105立方米、汽柴油514万吨、砂石类材料4.08亿立方米，有效地拉动了钢铁、建材、能源以及运输等相关行业的生产，并对原材料和建筑材料价格上扬起到了有益的促进作用。1998 年完成公路建设投资 2 168 亿元，促进国民经济 GDP 增长 0.35%；1999 年完成公路建设投资 2 189.4 亿元，公路建设全年每月平均吸纳劳动力 200 多万人，全年消耗钢材 440 多万吨、水泥 4 000 多万吨、沥青 209 万吨、木材 150 万立方米、砂石类材料 3.43 亿立方米、汽柴油近 500 万吨。公路建设有力地促进了劳动力的就业，增加了农民收入，带动了钢材、建材、能源等相关行业的发展，为经济发展和社会稳定作出了贡献。同时，公路建设吸纳了大量银行贷款，直接缓解了亚洲金融危机对我国金融业的冲击，使金融业迅速摆脱了危机的负面影响。

高速公路作为公路中的活跃因素，对促进消费的作用同样十分突出。公路的发展，特别是高速公路的联网，极大地促进了车辆的更新换代，加速了汽车进入家庭的步伐。汽车工业的发展，直接拉动钢铁、电子、机械等产业的发展，近年，随着高速公路联网、自动化监控等管理提升的需求大幅增长，相关的自动化控制、电子、通信产业也相应快速发展，与百姓出行密切相关的导航、地图、出版以及高速公路加油、汽车修理、餐饮服务等第三产业也得到快速发展。

2. 高速公路促进区域经济和沿线经济的发展，对生产力布局、产业结构和产品结构产生深刻影响，促进区域经济向市场化、社会化、专业化发展，对沿线的工业拓展、商业繁荣和旅游业开发的直接推动作用十分强劲

高速公路的运行大大缩短了时空距离，使原有的分散的生产力要素得以重新组合，并且在更大范围内将不同地区连贯起来，大大增强了不同地区的经济互补，改变了地区范围内的生产力布局，使沿线工农业高新技术、外向型经济、商业和旅游业等各类产业发展和崛起。通过高速的人流、物流、信息流的传输格局，逐渐形成沿高速公路及其连接线分布的新的产业带，并促使第一产业向第二产业、第三产业转移，推动区域经济全面发展。环渤海、珠三角、长三角三大都市圈的渐次成形，经济的强劲发展，都与该地区高速公路网络整体效益的发挥关系密切，其区域经济实力在国家经济发展中的地位得到进一步提升。三大经济区域中的产业结构已经发生了本质的变化，信息、电子、自动化、金融、咨询、科研、教育等高科技、高附加值的产业迅速发展，钢铁、粗加工等能耗巨大的初级产业的比重大幅度降低，其城市中人民的教育、收入和生活水平与发达国家的差距迅速缩小。区域内的城乡“剪刀差”也在迅速缩小，城镇化进程加快。地处西部的重庆，自1997年成立直辖市以来，大力发展以高速公路为主干的公路交通基础设施，历经10年奋战，这个以大城市带动大农村的面积最大的直辖市，迅速走过了“八小时重庆”、“四小时重庆”，正向“一小时重庆”迈进，带动川东大地经济迅速腾飞。

3. 高速公路对改善投资环境、扩大沿线对外开放、促进外向型经济发展的作用显著

世界各国的经验表明，良好的投资环境是经济发展的重要条件，其必须具备的四大硬件是港口、通信、机场和高速公路。其中高速公路起着决定性的作用，因其能进一步沟通沿线与大城市、交通枢纽、工业中心、开放港口的联系，改善投资环境，增强外商投资的吸引力，同时可以改变地区对外开放的格局，使对外经济开放区由沿海城市向内地辐射和扩展。2001年，西南公路出海通道顺利贯通后，云贵川渝等西南内陆省份实现了与湛江、防城港等出海口的直接连通，给沿线人流物流注入了活力，大大改善了投资环境。2007年12月6日，世界银行驻中国首席代表杜大伟表示，由于高等级公路网的日益完善，中国内陆城市与沿海城市和港口间以及港口进出口运输成本的降低，从两方面促进了内陆企业的发展：运往内陆厂商的原料成本下降，内陆城市市场通道的改善吸引大量外资。与此同时，运输成本的下降带来了经济规模效益，并使创新所得的利润更加丰厚。高技能人才也逐渐变得愿意前往内陆城市，从而使当地技术水平得到提高。

4. 加速国土资源开发和利用，加速土地增值步伐

高速公路对沿线地价的提升往往在建成之前就已显现，在通车后，往往商业企业云集沿线，使土地迅速升值，房地产业从无到有，土地增值的效果十分显著。1989年以前，京津塘高速公路沿线地价平稳，但因1991年该线将通车，1990年时，北京段的地价比上一年上涨1倍多，通车后的1992年，再次翻了一番。

5. 高速公路建成后，对促进沿线城镇组合，推动农村城镇化发展，带动沿线扶贫开发，繁荣农村经济，具有重要的推动作用

农村经济在极大程度上依赖于公路运输，高速公路开通可缩短农产品特别是鲜活农产品的储运时间，保证农用物资的及时调入，有效提高了农村经济市场化、组织化程度，直接推动沿线乡镇企业的快速发展和农村经济结构多元化的调整。沈大高速公路建成后，促进了沈阳—大连都市群的形成，也促进了郊区卫星城、小城镇的发展。1990~1993年，辽宁省新增的8个县级市、113个建制镇中，沈大高速公路沿线五市分别占了5个和54个；高速公路联网，促进了农村鲜活农产品的运输和发展，在全国形成了多个以生产鲜活农产品蜚声中外的地区。鲜活农产品成了当地的“名片”，更成了农民脱贫致富奔小康的支柱产业。如山东寿光成为著名的“蔬菜之乡”，其新鲜蔬菜可通过高速公路绿色通道远销北京、东北地区，也可通过高速公路、港口大量出口日本等国；海南成为著名的“水果之乡”，其生产的热带水果行销全国，成为海南省的支柱产业；泰井高速、西延高速和贵遵高速公路的建成，为井冈山、延安以及遵义等著名也是贫穷落后的革命圣地，带来了川流不息的旅游者，更带来了滚滚的财源，老区人民的翻身再也不是一句空话。

（三）高速公路对社会生活的改善作用

高速公路的建设所引发的交通运输方式的变革，深刻地影响到社会和人民生活的方方面面，潜移默化地改变着人们的思想观念和出行方式。

1. 高速公路在救灾抗灾、应付突发事件中作出了突出贡献

1991年初夏，江苏、浙江、安徽等省遭受洪水袭击。在受灾最严重的安徽省，通往合肥市的公路、铁路全部中断，合肥骆岗机场虽因地势较高没有被淹没，但因道路中断无法使用，合肥市成为孤岛，数百万人被围困在这个孤岛上。刚刚建成还没有举行通车典礼的合（肥）宁（南京）高速公路合肥至全椒段成为合肥市通往外界的唯一通道。这条高速公路在建设期间，坚持按百年一遇的洪水水位高标准设计，刚刚建成就发挥了巨大的作用，被誉为“救命路”。2008年5月12日14时28分，以四川汶川为中心发生了里氏8.0级地震，造成巨大的财产损失和人员伤亡，陕西、甘肃南部以及重庆等地受地震波及，也造成了严重损失。在大地震中，地处灾区的成灌、西汉、成渝等高速公路，虽也遭受损失，但在地震当天就由当地公路部门组织抢险，成为最快恢复交通的通道，在地震当天成都、重庆两地机场难以启用的情况下，一批批救灾物资通过高速公路快速运抵灾区，为抗震救灾赢得了宝贵的时间。近年来，以高速公路为主的公路网在春运、旅游黄金周运输以及煤电油运等工作中同样作出了突出贡献。

2. 高速公路大幅提高了车辆行驶的安全性

公安交通管理部门的统计显示，高速公路的事故率比普通公路降低 40%。沈大高速公路全线通车后，交通事故死亡人数比建路前下降 83.3%，受伤人数下降 54.9%。2007 年据公安部统计，高速公路、国道和省道事故大幅下降，高速公路事故导致 5 925 人死亡，同比下降 10.8%，国道和省道事故分别导致 19 916 人和 20 943 人死亡，同比分别下降 13.7% 和 9.5%。与当年道路交通死亡人数达到 81 649人相比，从高速公路承担的 1/5 车流量来看，安全性明显提高。自 2002 年以来的 5 年中，由于高速公路及高等级公路比率快速提高，我国道路交通的安全性大幅提高，事故死亡率大幅降低，交通事故死亡人数从 2002 年的 10.9 万人，逐年降至 2007 年的 8.16 万人，年均降幅约 7%。

2007 年 2 月 12 日，在交通部和世界银行联合召开的“中国高速公路绩效评估与跟踪”研讨会上，世界银行发布的专题研究报告《中国的高速公路：连接公众与市场，实现公平发展》指出，“高速公路网在交通安全上也发挥了重要作用，很多高速公路吸引了其他公路多达 70% 的交通量，而这些低等级公路的事故率通常比高速公路要高得多，交通分流大量降低了现有公路的事故次数。以京珠高速公路的部分路段为例，湖南和湖北省原有公路的事故次数下降了 2/3，广州段的原有公路事故次数则下降了 40%。”

3. 高速公路提高了国家整体的机动性，提升了军队后勤的快速保障能力，对国防的巩固具有不可估量的影响

世界上第一条高速公路建设的初衷就是为了军事目的。二战后，高速公路直接服务于战争的作用被削弱，其在国家经济中的作用才开始显现。现代战争，后勤运输的能力成为决定战争胜败的关键所在，我国高速公路网的形成，为中国人民解放军的快速部署、机动以及后勤保障提供了坚实的基础，为维护国家统一、巩固国防、反恐作战提供了保障。

4. 相比于其他等级公路和铁路运输，高速公路在土地利用、节能环保两方面具有较高的综合效益

全立交、大通行量的高速公路为使用者提供了一个高效率、高效益的运行环境，据测算，每公里高速公路的土地占用面积为一般二级公路的 2 ~ 3 倍，造价为二级公路的 2 ~ 4 倍，但通过能力为二级公路的 5 ~ 10 倍，即单位土地占用和资金

投入形成的通过能力高速公路是二级公路的2.5倍以上。相对于普通道路的使用者，高速公路用户获得了节约运输时间、缩短运输距离、降低油耗和车辆磨损等直接的经济收益，高速公路的行车舒适感和高水平安全保障逐渐成为人们选择出行的决定因素。研究显示，在高速公路上，一般能够保证车辆以经济时速行驶，此时车辆的污染物排放和能源消耗指标都是最低的，废气排放指标仅有普通公路的1/3～1/2。随着高速公路的延伸，一道道绿色的风景线为大地增添了色彩，目前，我国所有高速公路项目都根据国家环境保护法规实施了生态保护和环境美化配套建设，道路两侧的绿化带有效地降低了汽车噪声对周边环境的污染，成为天然的“绿色声屏”。同时，完善的交通工程系统中也专门考虑了环保设施，以切实满足环境评价标准的要求。云南的思茅—小勐养高速公路不仅为野生象群设置了众多通道，还建成了很多观景台，使人们在行车之余，能驻足观赏野象群的活动。

2003年，国家发改委宏观经济研究院的研究结果显示，相比铁路来说，高速公路平均每公里的绝对占地虽然要多一些，但并不像想象的那么大。而且铁路的通行方式单一，线路、车站只为铁路机车独享，社会车辆不可能参与其中，土地的整体利用效率偏低，而且即使建设了铁路也要建设相应的公路，以便与集疏运配套。在研究数据没有考虑包括高速公路对沿线经济带动、满足人民出行等个性化需求的情况下，在对比了总体用地、单位货运能力及客货综合能力后，得出的结论依然是：高速公路的占地物有所值。

5. 高速公路提高了公众的生活质量

高速公路给城乡居民个性化出行的需求提供了多种选择，使人们出行的机动性、随意性和自由度大幅提高，自驾游不仅成为可能而且逐步普及。当前，出行在百姓生活中的地位日益重要。1985年以来相关统计表明，我国城乡居民的交通消费占消费总额的比重逐年上升。近年来，汽车快速进入普通百姓家庭，百姓出行和以往最大的不同，就是自驾车出行成为时尚，出行的距离、频率、人数都大幅度提升。自驾游极大地带动了旅游业、餐饮、住宿等相关服务产业的发展，促进了消费水平的提升。出行方式的改变，开拓了普通百姓的视野，活跃了人们的思想，使小农经济、计划经济陈旧、保守的消费思想观念被渐渐突破，消费的结构产生了极大的变化。

第二节　干 线 公 路

根据《公路法》规定，我国公路按其在路网中的地位和作用，分为国道（含国道主干线）、省道、县道、乡道和专用公路。其中，国道是指具有全国重要政治、经济、国防意义的主要干线公路，包括连接各省（区、市）的政治、经济中心和50万人口以上城市的公路，连接各大港口、铁路枢纽、重要工农业基地的公路，具有省际通道作用的公路。

国道网系统既是全国公路网的主骨架，也是全国综合运输大通道的组成部分，主要由高等级公路组成，为社会提供快速、安全、经济、舒适的运输条件。该系统具有完善的安全保障、通信联络和综合管理体系，主要承担重要城市间、省际的直达客货运输。其系统的规划具有明确的时限性。

省道是指具有全省（区、市）政治、经济意义，连接省内中心城市和主要经济区的公路，以及不属于国道的省际重要公路，主要连接地、市、县和重要的工农业生产基地，功能是沟通省会与各地市间、地（市）与地（市）间以及地（市）与重要县（市）间的公路交通联系，同时又是对国道网的补充和完善。

目前，我国“五纵七横”干线公路网已经完成建设，在此基础上规划的全长8.5万公里的“7918”国家高速公路网正在实施；以国家“7918”网为主干，各省（区、市）已经全部制定了本地区的干线公路网规划，正在实施。可以预见，在未来的20年左右时间里，我国干线路网将迎来难得的发展机遇。

一、国家干线公路

1956年，交通部公路总局组织专家启动了新中国第一个公路规划草案的研究；1960年，对全国干线公路网规划草案进行深入研究；1973年，启动10年交通发展规划研究（含干线公路网规划）。由于历史上政治环境以及投资、体制等诸多原因，这些规划都停留在研究阶段，没有得到确认，但是这些研究工作，为后来的干线公路网的确立奠定了基础。

为适应新时期建设的需要，交通部逐步展开了国道干线公路规划的工作。

1978年1月，交通部向国务院报送《关于加速发展我国水运和交通的意见》。同年3月，第五届全国人大一次会议后，交通部根据国务院制定的《1976～1985年发展国民经济十年规划纲要（草案）》精神，草拟了《关于实现交通运输现代化的汇报提纲》，并经5月份召开的"全国交通工作会议"上讨论修订，6月正式上报国务院。该《提纲》提出了2000年交通运输的四个方面规划设想，其中要求"建成以高速公路和国防、经济干线为骨架的现代化公路网"。

1978年10月，交通部完成《1978～1985年十万公里国道网规划（讨论稿）》的编制，根据各方面意见和"远近结合，平战结合，需要与可能相结合"的原则，于1979年4月形成了《1981～1990年十万公里国道网规划》的初步方案，为进一步调研全国公路的总体情况，为今后决策提供可靠的依据。1979年5月，交通部发出《关于全国公路和航道普查工作的通知》，组织各省（区、市）交通部门对全国公路开展了普查工作。1980年1月8日，交通部在北京召开了11个省市"公路普查资料会审会议"，对公路普查资料进行调研汇总。1980年1月10日至15日，交通部在北京召开"全国国道公路网规划座谈会"，在1979年4月编印的《十万公里国道网规划》初步方案的基础上，研究确定国道公路网布局，形成了《国家干线公路网线路名称及主要控制点方案》。1980年11月8日，交通部公布了全国公路普查的成果。

1981年6月，交通部向国务院报送了《关于划定国家干线公路网的报告》。同年11月，经国务院授权，由国家计委、国家经委和交通部联合发出《关于划定国家干线公路网的通知》，正式颁布实施由交通部提出的《国家干线公路网（试行方案）》（国道网试行方案），并附发了《国家干线公路网（试行方案）路线布局图》。方案规划路线70条，总里程10.92万公里。

《国家干线公路网（试行方案）》划定的国道网，在布局上采取放射线与网格相结合的方式。第一类为首都放射线，共11条，外加1条北京环线，共12条线路组成，总长2.35万公里，以北京为起点，首位编号为阿拉伯数字"1"，由正北起按顺时针方向编号从"101"至"112"，其中112为北京外环线；第二类为由北向南的纵线，共28条，长3.78万公里，首位编号为"2"，自东向西排列，其中228在台湾省；第三类为自东向西的横线，共30条，长4.79万公里，首位编号为"3"，从北向南排列，编号至330。国道网主要由以下线路组成：由首都北京通向并连接各省（区、市）的政治经济中心和50万人口以上城市的干线公路；通向各大港口、铁路干线枢纽、重要工农业生产基地的干线公路；连接各大军区之间和具有重要国防意义的干线公路；连接省际和省内个别地区的重要干线公路。

截至1981年底的调查显示，在划定的国道网中，不通车路段（断头路）有5 019公里，占总里程的4.6%；晴通雨阻路段5 806公里，占总里程的5.3%；等外公路1.5万公里，占总里程的13.6%。在等级公路中，一级公路、二级公路、三级公路和四级公路分别占0.2%、11%、47.5%和41.3%，等级明显偏低，通行能力较差。在通车的国道中，有桥梁2.06万座，总长75.88万延米，其中大中桥占66.2%，危桥占1.9%。在大中桥中，荷载—10级以下的占7.3%。有渡口87处，与铁路平交道口865处。从调查结果中可见，国道网的技术状况很差。

《国家干线公路网（试行方案）》正式发布后，交通部立即着手编制实施计划，启动国道网的建设。1982年2月24日至3月2日，交通部在北京召开“全国交通工作会议”。彭德清部长在《调动各方面积极性，加速交通事业发展》的主报告中提出，积极建设国道主干线网，改造“卡脖子”路段和接通断头路。4月1日，交通部正式下达《关于国家干线公路网建设的实施意见》，要求“在国民经济调整时期，公路建设工作应本着量力而行，实事求是，尊重科学，讲求实效的精神，实行全面规划、加强养护、积极改善、重点发展、科学管理、保障畅通的方针，并把国道网的建设放在优先地位”，同时要求各省（区、市）贯彻执行。同年4月7日，国务院发出《关于限期修通国家和省级干线公路断头路的通知》，要求加快国省道主干线的建设进程，其中国家干线公路中的断头路，除边疆人口稀少地区及路段过长、工程特别艰巨的以外，一般应在3~5年内修通。国家干线公路上不超过50公里的断头路，共计24段，约长514公里，作为第一批工程，限期由所在省（区、市）人民政府在2~3年内修通。50公里以上的断头路由交通部商各省（区、市）制订规划，分期分批修通。断头路修通的技术标准不得低于三级。6月8日至14日，交通部在北京召开修通干线断头路规划会议，贯彻落实国务院《通知》精神，并研究部署了“六五”期间国道建设的重点。《实施意见》的制定，对国道网建设起到了积极的指导作用。

到了90年代初，《国家干线公路网（试行方案）》实施近10年的实践证明，采用放射线与网格相结合的布局方式，方法正确，规模、密度基本合理，结构和通达深度得当，符合国情，对我国公路发展规划、养护管理、投资决策及项目评价等方面具有重要的指导作用。其后调整制定的《国道主干线系统规划布局方案》(《“五纵七横”国道主干线系统规划》)以及“十五”期间编制完成的《国家高速公路网规划》，基本沿用了这种规划思路，放射线与网格相结合的布局成为我国公路网规划的经典。

受当时客观认识以及技术条件等制约，1981 年制定的《国家干线公路网（试行方案)》虽然形成了经典的规划思路，但在具体细节上还存在一定的局限。随着改革开放的不断深化，国民经济以较快的速度持续发展，产业结构、城镇布局都发生了很大变化。为此，交通部从 1991 年起，对《国家干线公路网（试行方案)》进行调整，并于 1994 年向国务院提出了《调整方案》。

《调整方案》按照“整体不变，局部调整”的原则，根据“交通量小”和“仅限于一省之内的个别路线应予取消”的原则，取消了 226（楚雄—墨江）和 313（安西—若羌）两条国道，将原 70 条线路调整为 68 条，总里程减少了 2 950 公里。按照适应经济发展、促进对外开放、优化路网布局、提高技术水平以及环境保护等方面的要求，对 57 个路段走向进行了局部的调整。

调整后由 68 条线路组成的国道网，全长 10. 63 万公里，占当时全国公路总里程的 10. 1%，其中北京放射线 12 条，计 2. 30 万公里；南北纵向线 27 条，计 3. 71 万公里；东西横向线 29 条，计 4. 62 万公里。调整后，每万平方公里国土有国道 111 公里，每万人口有国道 0. 92 公里。

《调整方案》具有以下优点：一是调整方案尽可能将人口密集、产业集中、资源丰富的地区连接起来，路网布局更趋合理，线路走向更加有利于发挥国道主干线的作用，促进沿线经济发展，促进对外开放；二是调整方案取消了个别作用不明显的路段，缩短里程近 3 000 公里，明确了《试行方案》中没有明确的路线，解决了省际接线方案不同的问题，形成协调统一的国道网方案，保证了国道网总体水平的发挥；三是尽可能满足了环境保护的要求，对穿越国家自然保护区、对沿线自然条件可能产生不利影响的路段进行了调整，同时对穿越而过的路段也进行了调整，提高了国道网的通行效率，确保环保目标的实现。

二、公路主骨架

1981 年《国家干线公路网（试行方案)》颁布实施，对公路建设起到了极大的促进作用。“六五”期间，虽然公路建设的步伐加快了，但与国家经济发展要求相比，公路投资明显不足，公路基础设施建设依然落后于国家经济发展的速度。特别是国道网中，高等级公路的比重偏低，严重拖了国民经济发展的后腿。到了“七五”期间，经济建设的快速发展，要求必须把加快干线公路建设尽快提上日程，“公路主骨架”应运而生。

在1985年10月9日召开的“全国交通工作座谈会”上，李鹏副总理指出：“我国公路90多万公里，线路标准低、质量差，大部分是三级及以下的公路，黑色路面很少。‘七五’期间建设一些新的公路是必要的，但主要是提高现有公路的质量，进行技术改造，加宽公路和铺设黑色路面。现在，公路的行车速度一般只有30公里，如能提高10公里、20公里，运输能力就可以大大提高。”“公路要改造一批干线”。

1986年，为了配合编制《2000年科技、经济和社会发展纲要》，交通部组织了“公路交通科技发展战略”研究。在研究了我国公路交通现状以及发达国家的经验与科学技术（尤其是公路交通科技）发展的基础上，交通部明确，我国公路在技术上的主要差距突出地表现在汽车的平均运行速度上。全国公路上汽车平均时速仅30公里/小时，干线公路时速仅37公里/小时，比解放牌汽车的经济速度低很多。经济发达国家干线公路上汽车的平均时速一般在70公里/小时以上，比我国高一倍左右。根据对需求、任务、资金、科技水平与队伍素质的预测，提出2000年公路交通科技战略目标是：公路交通科技的发展应促进我国的主要干线公路成为一个三维快速通道公路系统，以及促进汽车运输工具与管理、服务系统的现代化，从而实现公路交通安全、快速、舒适化，争取1990年前公路运输紧张状况有所缓和，到2000年公路运输基本适应国民经济和社会发展的需要。所谓“三维快速通道公路系统”，是指经过优化形成网络的三维快速通道公路系统。

交通部的研究指出，公路是我国综合运输网中的一个子系统，而干线公路网是这个子系统的关键环节。要以系统工程理论与信息技术相结合，建立交通决策支持系统，进行宏观预测、优化、控制、评价和决策，并通过使用交通系统动力学仿真与网络规划方法，把全国的公路网络规划出来。在这个网络中，按一定原则与要求可以组成不同层次的（例如国道、省道、经济干线、战略公路等）干线公路网，而国道主干线公路网应是首先建成的一个具有三维快速通道的公路系统。

这个系统，不但要适应（或基本适应）2000年国民经济发展的需要，也应考虑到21世纪我国经济发展的要求。

1986年2月19日至25日，交通部在北京召开的“全国交通工作会议”上，提出“七五”期间公路建设的重点是“经济干线、疏港线、能源线和重要旅游线”。会议指出，交通部已经制定完成《交通运输第七个五年计划的总体安排》，“七五”期间，交通基础设施建设的要求是“提高基础设施的质量，建成一批标准比较高的港口和公路，内河运输设施也要争取有所改善”，“改善基础设施的结构和布局，提高总体综合功能”。按照这个要求，交通部将集中资金补助地方新建、改建20多条标准比较高的干线公路，全长8 500公里。“七五”期间安排的公路建设重点线路有四类，具体项目如下：

一是主要经济干线公路，包括：北京—沈阳，沈阳—哈尔滨，合肥—南京，南京—杭州，黄石—武汉—江陵，绥芬河—齐齐哈尔，罗村口—畹町，锡林浩特—赛汗塔拉，牙克石—满洲里，醴陵—新晃，大同—太原—运城，昆明—景洪等。

二是疏港公路，包括：北京—天津—塘沽，沈阳—大连，济南—青岛，福州—厦门，南昌—九江，南宁—北海，佳木斯—同江，连云港—洛阳，金华—温州等公路。

三是煤炭运输公路，包括：包头—神木—保德，盘兰—百色，大方—纳溪，四平—浑江等。

四是公铁分流公路，包括：上海—南京，上海—杭州，上饶—萍乡，包头—兰州，北京—广州，合肥—淮南，成都—重庆，广州—深圳，星星峡—哈密等。

1987年3月21日，交通部在河北石家庄市召开“干线公路改建标准座谈会”，全国16个省（区、市）的代表参加会议。当年，经交通部协调，压缩和放慢了一批建设项目，对交通运输繁忙、经济效益高的重点项目，调整了补助投资的比例，与各有关省（区、市）交通厅（局）签订了投资、工期包干协议，明确了“七五”计划要完成的27条重要干线公路：京津塘高速，北京—广州，北京—沈阳，沈阳—哈尔滨，沈阳—大连，四平—浑江，包头—兰州，锡林浩特—赛汗塔拉，烟台—青岛，泰安—曲阜，上海—南京，南京—合肥，上海—杭州，杭州—南京，福州—厦门，黄石—武汉，广州—珠海，泰和—从化，南宁—北海，贵阳—黄果树，石林经昆明—安宁，成都经乐山—峨眉，包头—府谷，兰州—西宁，西宁—果洛，中巴公路国内段以及大同经太原—运城等公路。

1987 年 2 月，交通部编制的《2000 年水运、公路交通科技、经济和社会发展规划大纲》，提出了“研究和建立快速公路系统，解决主要干线的混合交通”的问题，引起了有关方面的关注。1988 年，为了配合《中长期科学技术发展纲要》编制，交通部组织了 5 次共有 120 人次参加的专家会议进行论证。提出公路交通科学技术的战略目标是：形成以高速公路和汽车专用公路为骨干的快速公路系统。到 2000 年，形成快速公路体系的雏形；到 2020 年，力争初步形成技术先进、管理科学的快速公路体系，可集中全部公路交通量的 50% ~60%，从而建立安全、快速、方便、经济的现代汽车运输系统。到 2000 年，公路交通科学技术水平主要领域将达到 70 年代末 80 年代初的世界先进水平。1988 年，交通部组织召开了“水运、公路交通规划专家座谈会”，会上提出，我国除原来的国道网以外，还需要规划一个更高层次的公路网，即“快速公路系统”。很快，由交通部公路规划设计院起草的《对规划建立我国快速公路系统的初步意见》呈送交通部。经专家讨论并呈报钱永昌部长同意后，决定将这个系统定名为“国道主干线公路系统”。

为落实国务院部署，交通部在研究“八五”计划期间，利用 1988 年 7 月中旬至 8 月中旬 1 个月的时间，分 3 个片区听取了各省（区、市）交通厅（局）的规划设想，制定了全局性的长远规划。1 个月后的 1988 年 9 月，交通部党组明确提出建设全国性的交通运输“大通道、大骨架、大枢纽”的战略设想。其后，根据国务委员邹家华的指示，将“大骨架”、“大通道”、“大枢纽”改为“主骨架”、“主通道”、“主枢纽”。这“三主”的出现，确立了我国公路、水路建设长远规划的基本设想。

在 1989 年 2 月 27 日召开的“全国交通工作会议”上，钱永昌部长在题为《抓好治理整顿，继续深化改革，推动交通运输事业发展》的工作报告中，正式提出“水路公路建设长远规划的基本设想”，即从“八五”开始，用几个五年计划的时间，在发展以综合运输体系为主轴的交通业的总方针指导下，统筹规划，条块结合，分层负责，建设公路主骨架、水运主通道、港站主枢纽，简称“三主”。其中，公路主骨架被正式定名为“国道主干线系统”，以高速公路为主，部分为一级、二级汽车专用公路，是由 8 条南北纵向线和 9 条东西横向线共 17 条线路组成的国道网；水运主通道是由沿海及内河“两纵三横”组成的航道网；港站主枢纽指的是20个沿海枢纽港、23个内河港和45个公路站场。同时，会议对加强现代化的通信导航、安全保障系统、行业行政管理手段建设、加快人才培养和科研工作等支持系统提出了相应要求。1989年，交通系统加强了交通建设前期工作，开展了对全国公路主骨架、水运主通道和港站主枢纽规划研究与论证。制定了全国公路、水运交通“八五”计划要点及“八五”初期新开工重点项目前期工作计划。

考虑到支持保障系统和“三主”是不可分割的整体，1990年2月20日，交通部在“全国交通工作会议”正式将“三主”和“一支持”合并，提出“三主一支持”的完整概念。所谓“一支持”，即交通支持保障系统，指的是为了快速发展和有效发挥公路主骨架、水运主通道、港站主枢纽的作用，使之成为我国实现交通运输现代化的基础，必须着力发展的相关和配套服务体系，主要包括现代化通信导航、安全保障系统、行业行政管理手段建设、加快人才培养和科研工作等，例如交通运输信息网和卫星数据交换枢纽，交通科研和教育体系，海上救助体系等。会上，交通部对“三主一支持”的完整内容再次广泛征求各地交通部门意见，进行了科学论证和详细规划。

随后，交通部对公路主骨架方案进一步研究，将“八纵九横”调整确定为5条纵线、7条横线共12条线路，最终形成“五纵七横”国道主干线方案，总里程3万余公里，预期30年完成。经多次座谈、研讨和论证，1990年12月10日至13日，交通部召开了“五纵七横”规划审查会。被简称为“五纵七横”的国道主干线规划正式提出，设想用30年左右的时间，建设约3.5万公里、由汽车专用公路为主的高等级公路组成的国道主干线。

1990年12月30日，党的十三届七中全会在《中共中央关于国民经济和社会发展十年规划和“八五”计划的建议》中提出“优先发展交通运输和邮电通信，适应国民经济和对外开放的需要。”1991年4月9日，第七届全国人大四次会议批准的《中华人民共和国国民经济和社会发展十年规划和第八个五年计划纲要》指出：加强交通、通信等基础设施建设，是今后十年的一项重要任务。《纲要》明确，今后10年或更长时间内，优先发展交通产业，对公路运输，要“重点建设国道主干线，特别是京广、京沪、沈哈、陇海干线以及沿海运输繁忙地带的高速公路和汽车专用公路。相应建设省级干线公路和县乡公路，积极扶持贫困地区公路建设。有重点地建设其他公路。”《建议》和《纲要》进一步明确了国道网建设重点向国道主干线和高等级公路倾斜的方针。

国家确定“八五”公路建设重点的同时，交通部制定的《国道主干线系统规划布局方案（送审稿）》（《“五纵七横”国道主干线系统规划》）在1991年1月26日至29日召开的“全国交通工作会议”上，再次向各省（区、市）交通部门广泛征求意见。经再次修改后，于同年6月定稿，并向国务院报送了《关于国道主干线系统规划布局方案的报告》。1992年，《关于国道主干线系统规划布局方案的报告》得到国务院认可。1993年6月，交通部以交计发［1993］600号文下发《关于印发〈国道主干线系统规划布局方案〉的通知》。从此，《国道主干线系统规划布局方案》进入全面部署实施阶段。

《布局方案》规划了由“五纵七横”共12条国道主干线组成的干线公路网。按照《布局方案》，“五纵七横”国道主干线系统总里程3.44万公里，其中高速公路约2.58万公里，占74.85%，一级公路1 479公里，占4.3%，二级公路7 178公里，占20.85%。综合考虑当时我国公路建设资金投入力度、建设水平等因素，规划提出在2020年前后建成这一系统。国道主干线贯通首都、各省省会、直辖市、经济特区、主要交通枢纽和重要对外开放口岸。连接了1990年当时全国467个城市中的203个，占43%；约覆盖6亿人口，占全国总人口的55%；约覆盖全国城市总人口的70%，连接了全国所有人口在100万人以上的特大城市和93%的人口在50万人以上的大城市。

“五纵七横”国道主干线系统规划，是我国公路发展史上第一个经缜密研究、科学论证的全国骨架公路网长远发展规划，描绘了我国干线公路长远发展的蓝图，开启了我国公路网科学规划的先河，理清了我国公路交通发展的思路，抓住了当时公路交通发展的主要矛盾，开辟了新的解决途径：一是大力建设封闭运行的高等级公路，走汽车专用公路的路子；二是集中中央和地方的力量，举全国之力，加快建设连接主要城市间、省际、大经济区间交通特别繁忙的主要干线，尽快形成若干条横贯东西、纵贯南北的大容量、高效率运输通道。

在“五纵七横”国道主干线获得国务院认可的1992年，以邓小平同志南巡讲话和3月中共中央政治局全体会议为标志，我国改革开放和现代化建设事业进入了一个新的阶段，对交通运输提出了更高、更迫切的要求。交通部认真分析了全国公路、水路交通运输发展的现状，着重研究了加快交通基础设施建设改革开放步伐、改变交通运输滞后局面的规划和措施，于7月25日颁布《关于深化改革、扩大开放、加快交通发展的若干意见》（25条），提出公路、水运交通到"2000年上新台阶"的目标。《意见》的出台，把"两纵两横"作为"五纵七横"国道主干线中的重中之重先期实施，"2000年上新台阶"的具体指标包括：全国公路总里程达到125万公里，其中高速公路3 000公里，一、二级汽车专用公路达到1.55万公里，比1990年翻两番，一般二级公路达10万公里。在国道网中基本消灭断头路，平均行车时速达到50公里/小时；联结中国主要经济区域中心城市、重要口岸的"两纵两横"，即同江—三亚、北京—珠海、连云港—霍尔果斯、上海—成都4条主干线，应基本以二级以上标准贯通；干线公路及通往重要港口和陆上主要口岸的道路通行能力显著提高，运输质量明显改善。

1993年6月18日至23日，交通部在山东济南召开"全国公路建设工作会议"，会上，黄镇东部长做了《解放思想，加快步伐，实现公路建设新目标》的主题报告。在报告第三部分"全国公路建设的任务"中，明确提出在2000年公路、水路运输和基础设施建设上新台阶的主要目标，除"两纵两横"外，北京—沈阳、北京—上海和西南地区公路出海通道3条国道主干线，即"三个重要路段"，也要力争建成。同时，对"两纵两横"建设做出具体部署。会上，刘锷副部长对国道主干线、"两纵两横"和"三个重要路段"建设作了说明。这是"两纵两横三个重要路段"作为一个整体概念第一次出现。"两纵两横三个重要路段"，全长约1.78万公里，贯穿23个省（区、市），连接100多个大中城市，对国民经济和社会发展具有重要战略意义。

2000年，国家实施西部大开发战略，为进一步促进东中西部的协调发展，2000年7月21日交通部召开"西部开发交通建设工作会议"，进一步明确了西部开发交通建设的目标和任务。胡希捷副部长在会上介绍交通部制定的《西部开发加快公路发展的总体规划》时指出，建设重点将分国道主干线、省际连接线和乡村通达工程三个层次。第一层次国道主干线，为"五纵七横"中连通西部地区的8条，总里程1.3万公里；第二层次是省际连接线，共计8条省际区域路网建设和改造道路（省际主通道），总计约1.5万公里；第三层次是乡村通达工程。2000

年 8 月 4 日，交通部发布《加快西部地区公路交通发展规划纲要》，明确国道主干线的重点是：建设“五纵七横”中 8 条连通西部地区、总长 1.3 万公里的国道主干线。

2001 年，在将《西部公路总体规划》中的省际连接线进行细化后，交通部正式出台《八条西部省际通道建设方案》，作为“五纵七横”国道主干线在西部地区的重要补充和延伸。“西部省际通道”是整个西部地区省会（自治区首府）城市、重要工业城市、矿产基地、边境贸易口岸之间的高等级公路通道，同时也是西部地区与中部地区的重要联络线。8 条通道包括：甘肃省兰州市—云南省磨憨口岸、内蒙古自治区阿荣旗—广西壮族自治区北海市、新疆维吾尔自治区阿勒泰市—红其拉甫口岸、宁夏回族自治区银川市—湖北省武汉市、陕西省西安市—安徽省合肥市、重庆市—湖南省长沙市、青海省西宁市—新疆维吾尔自治区库尔勒市、四川省成都市—西藏自治区樟木口岸等，总里程近 1.5 万公里，计划 20 年左右建成。

2001 年 12 月 27 日，交通部印发《国家重点公路建设规划》。它是在国道主干线系统建设取得重大进展之际，为适应我国社会经济发展需要而确定的我国干线公路的建设重点。与国道主干线共同构成了全国骨架公路网，连接大中城市、区域性经济中心、交通枢纽及旅游名胜，承担大经济区间和省际中长距离的客货运输，为全国及区域经济发展服务。规划确定了“13 纵 15 横”共 28 条路，总里程 7.1 万公里。同年，交通部启动了《国家高速公路网规划》的研究。

在 1998 年“全国加快公路建设会议”和 2000 年“西部开发交通建设工作会议”后，全国掀起了高速公路建设高潮。进入新世纪后，国道主干线建设迎来了全面丰收的美好季节。

2000 年 9 月 15 日，全长 658 公里的京沈全线按高速公路标准建成通车。

2000 年 12 月 18 日，全长 1 262 公里的京沪线按高速公路标准通车。

2001 年 12 月 4 日，全长 1 709 公里的西南出海通道全线贯通，其中高速公路达 1 014 公里，其余均为一级和二级公路。西南出海通道贯通，使重庆到达湛江的时间仅需 15 小时。

2003 年底，“两纵两横三个重要路段”基本贯通，2004 年 7 月底，“两纵两横三个重要路段”全面建成。这是我国第一个建成的以高速公路为主的国道快速通行网，它的标准已经大大超出“基本以二级公路以上标准贯通”的目标，而是“基本以高速公路为主贯通”，其通过能力今非昔比。

4年后的2007年底，“五纵七横”国道主干线网基本建成，标志着我国公路主干网的初步形成，也标志着公路主干线作为一个整体的网络开始服务于国民经济建设和人民生活水平的提高。初步形成网络的公路交通主干线，将在国民经济建设和人民生活水平提高中扮演更加重要的角色。

“五纵七横”国道主干线的建设，初步构筑起我国区域和省际横连东西、纵贯南北、连接首都的国家公路骨架网络，形成了国家高速公路网的雏形，它与省道、县乡公路、农村公路组成了我国目前的公路网络，为国民经济社会发展提供了坚实的基础和保证。

“五纵七横”国道主干线作为国家公路主干线网络的形成，对经济社会发展的促进作用十分巨大：一是支撑经济发展，优化了运输布局和服务，提高了生产要素使用效率，推动了产业结构升级和空间布局优化；二是推动社会进步，改善了人民生活质量，推动了城镇化进程，促进了区域经济协调发展；三是改善公共服务，增强了运输可靠性和安全性，增强了政府应对突发事件和提供公共服务的能力；四是服务可持续发展，改善了运输效率和效益，促进了综合运输体系发展，降低了能源消耗，加强了环境保护。

三、五纵七横国道主干线

2007年12月18日，对于交通行业来说，是个具有历史意义的重要日子。当天上午10时，在国务院新闻办公室举办的新闻发布会上，交通部副部长翁孟勇郑重宣布：经过近15年，特别是“十五”、“十一五”的建设，总规模3.5万公里的“五纵七横”国道主干线于2007年底基本贯通，提前13年完成规划，实现了本届政府任期内的目标。

“五纵七横”国道主干线系统由5条纵线和7条横线组成。

（一）五纵

同三线（编号GZ010）：同三线是五纵七横国道主干线中一条纵贯南北的东部沿海大通道，除黑龙江省同江市至佳木斯市为二级公路外，其他路段均为高速公路。同三线起点为黑龙江省同江市，终点为海南省三亚市，全长 5 700 公里，途经黑龙江、吉林、辽宁、山东、江苏、上海、浙江、福建、广东和海南 10 个省（市），于 2003 年全部建成，1989 年建成的广州至佛山段（现名“广佛高速公路”）是最早通车的路段，1990 年建成的沈阳至大连段（现名“沈大高速公路”）是当时中国最长的高速公路，被誉为“神州第一路”。

京福线（编号 GZ020）：京福线在五纵七横规划中是一条连接首都北京和东南沿海的高速公路，起点为北京南二环路的玉蜓桥，终点为福建省福州市，全长约 2 030公里，途经北京、天津、河北、山东、江苏、安徽、湖北、江西和福建 9 个省（市）。其中，北京至山东泰安段目前与京沪高速公路重合，以后北京、天津将另建第二通道，分流京津之间的车流压力；安徽合肥至湖北黄梅段与沪蓉线重合。

京珠线（编号 GZ030）：京珠高速公路北京段（京石高速公路，等级为一级汽车专用线）第一、二期（赵辛店至六里桥）于 1987 年竣工通车，是这条高速公路最先竣工的路段。2004 年，郑州黄河高速公路大桥建成，标志着“京珠高速公路”全线贯通，历时 17 年。京珠高速公路全路段大部分为双向四车道，起点为北京西南三环路的六里桥，终点珠海市，途经北京、河北、河南、湖北、湖南、广东 6 省（市），全长 2 285 公里。

二河线（GZ040）：二河线起点为内蒙古自治区二连浩特市，终点为云南省河口，途经内蒙古、山西、陕西、四川和云南 5 省（区），全长约 3 600 公里。

渝湛线（GZ050）：渝湛线属于西南省份出海高速公路，是西南出海大通道的主体部分。起点为重庆市，终点为广东省湛江市，途经重庆、贵州、广西、广东 4 省（区），全长 1 400 公里。

（二）七横

绥满线（GZ015）：绥满高速公路是连接边境口岸和重要工业城市的经济和战略通道。起点为黑龙江省绥芬河口岸，终点为内蒙古自治区满洲里口岸，途经黑龙江和内蒙古两省（区），全长 1 520 公里。

丹拉线（GZ025）：丹拉线是五纵七横国道主干线中最长的一条，起点为辽宁省丹东市，终点为西藏拉萨市，沿途经过辽宁、河北、北京、内蒙古、宁夏、甘肃、青海和西藏 8 个省（区），全长 4 600 公里。

青银线（GZ035）：青银高速公路是连接华东北部、华北和西北的东西横向干线，是连接东部沿海城市和中西部地区的重要通道。起点为山东省青岛市，终点为宁夏回族自治区银川市，途经山东、河北、山西、陕西和宁夏5省（区），全长1 600公里。

连霍线（GZ045）：连霍高速公路是连接华东、华中和西北的东西横向干线，横贯中国全境，是著名的欧亚大陆桥高速通道，连接了众多重要城市、交通枢纽和集装箱中转站。起点为江苏省连云港市，终点为新疆维吾尔自治区中国和哈萨克斯坦边界的霍尔果斯口岸，途经江苏、安徽、河南、陕西、甘肃和新疆6省（区），全长4 280公里。

沪蓉线（GZ055）：沪蓉线是连接华东、华中和西南的东西横向干线，是长江三角洲都市圈沿江向中西辐射的重要通道，对长江经济带北部的发展具有重要的支撑作用。起点为上海市，终点为四川省成都市，途经上海、江苏、安徽、湖北、重庆和四川6省（市），全长1 960公里。

沪瑞线（GZ065）：沪瑞线是一条连接华东、华中和西南的东西横向干线，有利于长江三角洲都市圈经济对华中、西南大中城市的辐射，并具有较高的带动沿线旅游经济能力。起点为上海市，终点为云南省瑞丽，途经上海、浙江、安徽、江西、湖南、贵州和云南7省（市），全长约4 000公里。

衡昆线（GZ075）：衡昆线起点为湖南省衡阳市，终点为云南省昆明市，途经湖南、广西、云南3省（区），全长约2 000公里。

12条主干线全部是二级以上的高等级公路，由于在建设过程中规划有所调整，最终高速公路约占总里程的76%，一级公路约占总里程的4.5%，二级公路约占总里程的19.5%，连接了首都北京、各省省会、直辖市、经济特区、主要交通枢纽和重要对外开放口岸，覆盖了全国所有人口在100万以上的特大城市和93%的人口在50万以上的大城市，是具有全国性政治、经济、国防意义的重要干线公路。截至2007年底，“五纵七横”国道主干线建成里程34 084公里，其中高速公路25 716公里，分别为规划里程的99.1%和98.8%。12条路线中，仍有8个项目约800公里正在紧张建设，全部集中在贵州和云南两省地质情况异常复杂、建设难度很大的地区。但路网的主系统已经建成，主功能已经得到发挥。

从历程上看，“五纵七横”国道主干线建设大致经历了4个阶段，即规划出台前的起步建设阶段、规划发布后的稳步建设阶段、1998 年以后的加快建设阶段和 2003 年以后的全面建成阶段。“五纵七横”最初规划时，谁也没有想到会提前 13 年完成这项为期 30 年的规划，应该说是创造了一个奇迹。

四、地方干线公路

公路网作为一个系统，是互为关联、密不可分的。目前我国公路网的分级中，省道网位于国道网和地方道路网之间，具有承上启下的重要作用。省级干线公路对于一个省（区、市）甚至其周边地区的经济发展、社会生活具有重要意义。

1976 年，交通部制定完成了《1976 年至 1985 年公路交通发展规划》，确定了 10 年间公路交通发展和建设的主要方针和原则。明确要坚持“自力更生，艰苦奋斗，土洋并举，平战结合”和“普及与提高并举”的方针，积极发展各省（区、市）公路网和干线公路网。在公路已经形成网的省（区、市）以提高为主，提高的重点是改建与国防和经济需要不相适应的干线公路。为落实 1976 年初完成的《1976 年至 1985 年公路交通发展规划》，交通部制定了 7 项措施，其中强调“切实加强党对公路交通的领导，正确处理公路交通的地方性和全局性、分散性和集中性的关系，调动中央和地方两个积极性”，“集中人力、物力、财力，有计划、有步骤分期实施”。

1978 年 5 月 24 日至 31 日，交通部在北京召开“全国交通工作会议”，叶飞部长作总结讲话时指出，交通部党组决定，要“加强对地方交通运输工作的领导，认真帮助地方制定交通发展规划，及时支持和帮助地方解决交通中的问题。”

20 世纪 70 年代，随着车辆的增长，我国主要干线公路上交通拥堵日益严重。为此，交通部开始汇集和研究世界各国解决这一问题的资料，并对京津塘、东北、长三角、珠三角地区部分主要干线公路的交通状况进行了分析研究，酝酿修建高速公路，促进集装箱运输的发展。

1981 年 11 月，经国务院批准，由国家计委、国家经委和交通部联合发布《关于划定国家干线公路网（试行方案）的通知》，批准了《关于划定国家干线公路网的报告》。通知强调“必须尽快在全国建立一个以国家干线公路为骨架的四通八达的公路网”，并且指出要“统一规划，统一技术标准”。根据这一规划，各省（区、市）的交通主管部门分别制订了省干线公路网（省道网）规划。这一方案

是我国公路进入新的发展时期的重要标志。

1981年11月17日，胡耀邦总书记在与国家计委、经委、建委、交通部、铁道部领导座谈时指出："对公路建设，第一要把断头路好好解决；第二，修国防公路要慎重；第三，把路养好。"1982年4月7日，国务院发出《关于限期修通国家和省级干线公路断头路的通知》，要求省级干线的主要断头路由各省（区、市）制订规划，分轻重缓急，在1990年以前修通，其中跨出省界的路段，由相邻两省协商规划，由交通部负责进行协调和督促。省级干线断头路修通的技术标准不得低于四级。所需劳动力和沙石等地方材料的运输，根据国家有关民工建勤的规定，由地方政府动员当地民工、民车解决，但应支付一定的生活补贴。技术指导与组织施工由地方交通部门负责。

1982年5月3日，交通部向国家计委报送《"六五"交通运输基本建设计划和"七五"规划要点（草案）》，计划重点建设青藏公路和天山公路，开工建设京塘公路。1982年，建成河北宜安—沙铭公路和山东济南黄河大桥、湖北沙洋大桥等重点工程，开工建设了河北沙城—东回舍公路和哈尔滨松花江大桥。1985年改建完成青藏公路斜水河—拉萨段，建成新疆天山公路。1982年6月8日至14日，交通部在北京召开修通干线公路断头路规划会议。会议要求各省（区、市）公路主管部门，切实做好建设干线公路断头路和独立大桥的前期工作，搞好实施规划和项目的勘测设计，列入省（区、市）的基本建设计划，落实建设资金和材料。公路建设用地由当地政府根据中央有关征用建设用地的规定，结合当地的具体情况，合理解决。1982年12月10日，第五届人大第五次会议通过"六五"计划，明确公路建设的任务是集中力量新建和改建7条干线公路，包括加强西南、西北地区干线公路网的青藏公路、新疆天山公路和甘肃兰州—陕西宜川公路，沟通河北与内蒙古东部的平泉—双井子公路，连接苏北与皖东地区的泗县—浦口公路等。

1983年2月中旬，胡耀邦总书记在湖南长沙，就开发湘南、赣南和粤北地区发展公路建设的问题作了重要讲话，提出在上述三角区域修建"宽、平、直"的公路。3月，在全国交通工作会议期间，交通部要求三省交通主管部门提出方案。4月中旬，国家计委、交通部派调查组召集三省计划、交通部门负责人及有关人员在江西赣州座谈，提出了湘南、赣南、粤北公路建设方案。根据三省交通及工农业发展情况，结合投资可能，提出的初步规划设想如下：1984 ~ 1986年实施第一期工程，改造干线公路 2 条，全长 1 121 公里，估算投资 3. 15 亿元；二期工程再改造公路 3 条，并适当延伸第一期改造的公路。在第一期工程完成前一年再作出具体安排。同时，三省采取民办公助办法，在 1986 年内把这个区域公社（乡）所在地的公路修通。实现此规划后，将构成铁路、水运与公路的联运布局，发挥各种运输方式的优势，组织合理运输。

1986 年 2 月 27 日，交通部关于《交通运输第七个五年计划的总体安排》中提出，到 1990 年末，我国公路总里程将由 1985 年底的 94 万公里增长到 100 万公里，重点建设经济干线、疏港公路、能源运输和国家确定的重点旅游线路，计划建设 42 条干线公路，建成 27 条，其中很多是省级的干线公路。“七五”期间，为适应生产力布局由东部向中部和西部转移，在加强重点项目建设的同时，积极进行中部和西部地区运输网的建设。加强西北、西南地区的公路建设，修建地方铁路、边境公路、协作区公路、省区公路以及干线公路的断头路等。“七五”期间公路建设的重点线路有四类，一是主要经济干线公路，二是疏港公路，三是煤炭运输公路，四是公铁分流公路。

“七五”期间，国家采取了倾斜政策，各地也给予优惠政策，公路建设取得了前所未有的好成绩，在公路建设的数量、质量、设计施工技术水平和组织管理等各个方面都取得了丰硕的成果，使我国公路建设进入了一个新的阶段。干线公路、疏港公路、煤炭外运公路以及旅游公路和大中城市进出口公路，都有了较大的发展。5 年里，交通部门超额完成了建成 27 条干线公路的计划。“七五”期间，交通部计划用征收的车辆购置附加费补助各地建成 27 条干线公路，经过多方筹集资金，地方政府在征地、拆迁等方面给予优惠政策，到 1990 年底，共建成主要干线公路 35 条，超额完成了任务。这 35 条公路包括：大同—太原—运城、赛汗塔拉—锡林浩特、呼和浩特—喇嘛湾、包头—府谷、包头—兰州、北京—承德、北京—沈阳、沈阳—大连、沈阳—哈尔滨、四平—浑江、烟台—青岛、泰安—曲阜、南京—杭州、六合—扬州、上海—杭州、杭州—宁波、福州—厦门、武汉—黄石、广州—珠海、南宁—北海、贵阳—黄果树、石林—昆明—安宁、成都—乐山—峨眉、兰州—西宁、西宁—果洛、中巴公路国内段、星星峡—哈密、中尼公路国内段、泰和—从化、北京—广州、襄樊—沙市、武汉—十堰、柳子港—界子墩、平泉—双井、沙城—东回舍，总计里程 10 737 公里。

根据“八五”公路、水运交通基本建设计划，“八五”公路基础设施的重点是：建设对国民经济有重大影响和最不适应社会经济发展需要的国道主干线，新改建大城市环城公路和大中城市出入口公路；相应发展省干线公路和县乡公路；扶持贫困地区的公路建设，逐步消除干线公路上运输繁忙渡口和公铁平交道口；有重点地建设边防公路和公路主枢纽。主要建设项目有：京津塘、上海—常州、杭甬、佛山—开平等高速公路；济青、京石、成渝、西安—宝鸡、海南环岛东线、哈尔滨—大庆等20多条汽车专用一、二级公路；东明黄河桥、三门峡黄河桥、江阴长江桥、铜陵长江桥、宁夏六盘山隧道等20余座独立大桥和隧道；川藏、青藏等国边防公路。目标是到“八五”期末，新增公路通车里程6万公里，改建公路3万公里；可建成国道主干线5 000余公里，国家干线公路，特别是交通繁忙区段的汽车通行能力将得到改善。

1988年，交通部在107和102两条国道主干线实施GBM试点后，到“八五”期间，河南、四川、山东、辽宁、北京、天津、河北等省（市）已把国省干线公路逐步推广实施GBM工程作为公路养护管理工作的中心任务来抓，各省主要干线公路的面貌有了显著变化。1993年11月9日至22日，交通部以“GBM工程”交通部补助的项目为主线，分别对河南、山东、江苏、四川、贵州、广西六省（区）的GBM工程进行了检查验收。检查表明，各省份已实施路段GBM工程的达标率均在83.5%～100%之间，路况水平明显高于未实施的路段。

“八五”期间，各省（区、市）积极动员，掀起省级干线公路建设高潮。山西、湖南、安徽、云南、广东等省结合公路网规划和区域经济发展需要，发动群众投劳、筹资用于公路建设。“八五”期间，实现了高等级公路的迅速发展，公路密度有所提高，“七五”期末每百平方公里有公路10.7公里，到“八五”期末达到了12公里。公路网的技术水平和路面质量及综合服务水平显著提高。其中等级公路增加17万公里，是同期公路里程增长数的1.32倍；有路面里程增加16万公里，高级次高级路面里程增加12.7万公里。

“九五”期间公路、水运交通基础设施建设计划明确，除重点建设以“两纵两横三个重要路段”为主的国道主干线外，还要建设“对区域经济至关重要的其他公路以及重要国边防公路，加强中西部地区、贫困地区的公路建设”。

1991年，交通部发出《关于编制1991～2020年全国公路网规划的通知》，要求各省（区、市）1996年完成骨架公路网、干线公路网30年规划，并组织和指导各省（区、市）进行公路长远发展规划的制定工作。至“九五”开始的1996年，各省（区、市）相继完成规划。这是新中国成立以来第一次形成包括国家级、省级的公路网整体规划。根据各省（区、市）规划统计，预计到2000年、2010年和2020年，我国公路里程将分别达到120万、135万和150万公里。公路交通的发展将在各层次规划的指导下，有计划地实施。

1998年加快公路建设后，各省（区、市）在加快国道主干线建设的同时，也加快了省级、省域间干线公路的建设步伐。2000年8月4日交通部发布的《加快西部地区公路交通发展规划纲要》中，明确了西部地区区域路网改造建设的重点，根据加快“打通西部地区与中部地区和东部地区、西南地区与西北地区、通江达海、连接周边国家运输通道”的方针，西部地区干线公路重点规划了8条，规模1.54万公里。省级干线公路建设步伐加快。

2004年12月17日，国务院常务会议正式审议通过《国家高速公路网规划》后，交通部于2005年的3月1日分别发布《振兴东北老工业基地公路水路交通发展规划纲要》、《长江三角洲地区现代化公路水路交通规划纲要》，于同年12月30日分别发布《促进中部地区崛起公路水路交通发展规划纲要》、《泛珠江三角洲区域合作公路水路交通基础设施规划纲要》。四个区域交通发展规划，是国家高速公路网的有力补充，为各区域及省域间公路发展指明了方向。

自2004年底国家高速公路网规划发布至2005年底，各省（区、市）也开始以穿越本省的国家高速公路线路为骨干，调整并编制本省（区、市）的高速公路网（或干线公路网）规划。到2007年底，各省（区、市）基本完成各自的高速公路网（或干线公路网）规划。综合各省的规划，到2020年国家高速公路网和各省高速公路网建成的时候，我国的高速公路里程将超过12万公里，国家高速公路、省级干线公路、县乡公路和通村公路将基本形成完整的网络，将能更好地服务于国家经济建设和人民生活水平提高。

2006年，李盛霖部长在“全国交通工作会议”的讲话中，指明了“十一五”公路发展的目标，要求“区域交通一体化进程明显加快。东部地区基本形成高速公路网，长江三角洲、珠江三角洲和京津冀地区形成较完善的城际高速公路网，基本实现所有乡镇和具备条件的建制村通沥青（水泥）路；中部地区基本建成比较完善的干线公路网络，承东启西、连南接北的高速公路通道基本贯通，基本实现所有乡镇和88%以上的建制村通沥青（水泥）路；西部地区公路建设取得突破性进展，实现内引外联、通江达海，90%以上的乡镇和近50%的建制村通沥青（水泥）路。”

截至2007年底，全国省道公路里程达到26.32万公里，是1987年的1.63倍。30年来，省级干线公路的里程不仅大幅增加，而且公路的等级有了很大提高。各省（区、市）根据各自的特点，着力发展高速公路，高速公路在省级干线中占有很大的比例，省级干线公路为地方经济建设、区域经济发展做出了不可磨灭的贡献。

五、国边防公路

我国既是陆地大国，同时也是海洋大国。

陆地上，与我国接壤的有14个国家，分别是朝鲜、俄罗斯、蒙古、哈萨克斯坦、吉尔吉斯斯坦、塔吉克斯坦、阿富汗、巴基斯坦、印度、尼泊尔、不丹、缅甸、老挝、越南。我国的陆地边界线长达2.2万公里。

根据《国际海洋法公约》，我国拥有300多万平方公里的管辖海域，其中具有完全主权的领海和内水面积约38万平方公里，有大陆海岸线长1.8万余公里；有海岛6500多个，岛屿海岸线长度约1.4万公里。这些“蓝色国土”对于我国的发展和国家安全同样具有十分重要的战略意义。

作为巩固国防和边防的重要基础设施，国边防公路的建设和养护对于巩固国防、促进边境地区经济发展至关重要。国边防公路在分类上属于专用公路，是连接祖国沿海、边疆地区和战略后方的重要纽带，也是连接边防哨所和检查站的重要基础设施。作为边境地区主要的道路交通基础设施，我国的国边防公路建设一直坚持“平战结合”的原则，其畅通不仅有效地促进了边防部队戍边任务的完成，而且也是边境地区经济发展、对外贸易交流的重要通道以及边境居民的致富路。国边防公路建设的意义深远，作用不可小视。

在军事上，国边防公路的重要性不言而喻。平时，是边防部队战备值勤和后勤供给的重要保证；战时，是军队调动、后勤补给的重要途径。国边防公路改善了前沿阵地和浅近纵深的交通条件，增强了道路密度和运输能力，提高了边防部队“管边控边”能力和后勤保障能力。边防公路的建设，直接改善了边防连队、哨所的交通条件，解决了戍边部队后勤补给以及边防巡逻无路可通的实际困难，对巩固国防起到了决定性的作用。

在经济上，国边防公路建设对于繁荣边境口岸贸易、改善边民生活、增加群众收入都起到了重要作用，是边境地区经济发展、贸易共赢、旅游开发和边民交往的重要基础设施。在很多地区，国边防公路甚至是当地唯一的交通方式。此外，国边防公路建设对开发边疆地区的矿产资源也起到了重要作用。同时，我国大多数边境陆路口岸都是通过国边防公路与内地连通。比如，内蒙古 14 个边境口岸中有 10 个通过国边防公路与内地连通，新疆的陆路口岸，绝大多数由国边防公路与内地连通。

在生态上，国边防公路是生态建设和环境保护的重要组成部分。边境地区，以森林、草原、戈壁、山地为主，很多地区人烟稀少，生态基本保持比较原始的风貌。国边防公路的建设，为森林防火、草原生态保护提供了基础设施的保障。以内蒙古为例，广袤的草原地势平坦，如没有定型的道路，车辆随意行驶，对于半干旱和干旱草原来说，极易造成草原沙化和退化。另外，国边防公路还是隔断草原大火的屏障，也为扑灭草原大火提供了道路保障。

1976 年，交通部制定了《1976 年至 1985 年公路交通发展规划》，确定了 10 年间公路交通发展和建设的主要方针和原则，明确要坚持“自力更生，艰苦奋斗，土洋并举，平战结合”和“普及与提高并举”的方针，重点发展各省（区、市）公路网和干线公路网。普及的重点是山区县社公路、通往边防哨站公路等。在公路已经形成网的省（区、市）以提高为主，提高的重点是改建与国防和经济需要不相适应的干线公路。

党的十一届三中全会后，改革开放和经济建设成为国家发展的主旋律。在和平共处国际关系准则推动下，我国国际环境逐步改善。公路建设也从长期以国防公路、“三线建设”公路为重点转移到以经济建设和改革开放为中心的轨道上来。尽管如此，国边防公路的建设、养护并没有停滞不前，随着经济的发展，边贸渐趋活跃，国边防公路的功能在不断拓展。

为贯彻落实谷牧副总理关于加强边防公路养护的指示精神，1979 年 2 月 15 日至 20 日，交通部召开“黑龙江、内蒙古、新疆、西藏四省区边防公路机械化养路座谈会”，研究确定了边防公路的养护范围和组建边防公路机械化养护队的问题。根据会议要求，会后组建了10个边防公路机械化养护队，其分布是：黑龙江3个、内蒙古2个、新疆3个、西藏2个。边养队原则上由省（区）交通局直接领导和管理，养路机械、车辆的购置和边防公路正常养护经费从各省（区）养路费内支付。边防公路机械化养护队的机械化程度，普遍高于当时一般的公路养护队伍，为确保边防公路的路况提供了坚实的保障。改革开放以来，边防公路机械化养护得到大力发展。1979～1988年间，国家用于边境地区的公路建设投资约5.6亿元，共新建、改建公路5 432公里，修建大桥13座计3 883延米，分布于海南、广西、云南、西藏、新疆、内蒙古、吉林、黑龙江、辽宁等省（区），主要项目有通往邻邦的中巴公路、中尼公路、奇乾至伊木河、川井至傲伦乌拉公路以及黑河大桥等。截至2007年末，仅内蒙古自治区的边防公路里程就已达到1.7万余公里，边防公路机械化养护队已发展到10个，国边防公路的建设和养护水平得到有效提升。

“八五”期间，公路基础设施建设的重点中明确，有重点地建设边防公路和公路主枢纽。主要建设项目有：京津塘、上海—常州、杭甬、佛山—开平等高速公路，济青、京石、成渝、西安—宝鸡、海南环岛东线、哈尔滨—大庆等20多条汽车专用一、二级公路，以及东明黄河桥、三门峡黄河桥、江阴长江桥、铜陵长江桥、宁夏六盘山隧道等20余座独立大桥和隧道，川藏、青藏等国边防公路。“八五”期间，全国在加强高等级公路建设同时，还加强了口岸公路、陆岛运输公路、国边防公路的建设和改造。“九五”期间，国边防公路建设进一步加强。特别是在西部地区，国边防公路的建设与国道主干线、场站枢纽、八条省际通道建设以及农村公路建设相结合，取得了突出的成果。

“十五”期间，随着西部地区交通建设的步伐不断加快，国边防公路，特别是西部地区的国边防公路开始大步前进。2000年8月，广西壮族自治区党委、自治区人民政府决定，用两年的时间，在位于中越边境的8个县市开展边境建设大会战。其中建成了东起东光市竹山村、西止于那坡县弄合村、全长725公里、按三级公路标准建设的沿边公路，同时建设了一批沿边的配套公路设施。这条耗资9.2亿元的沿边公路于2002年10月通车后，使得广西边境地区的交通条件有了很大改善，3个地市8个县（市）的边境地区实现联通。建成当年，沿线农村的农产品贸易额大幅提高，边贸异常活跃，世界第二大跨国瀑布——中越边境的德天瀑布旅游人数急增。沿边公路的建设，使一些山陡林密、边防巡逻部队不便到达的地区大大提高了巡逻密度，对巩固国防意义十分重大。

2004年12月制定的《公路水路交通“十一五”发展规划纲要》，在“发展重点”中明确，“十一五”期间，“加强主要方向和重点地区国边防公路建设与改造”。“十五”期间，国家投资建成国防和边防公路1.6万公里，新建了多条公路飞机跑道，安排部队进出道路200多个项目，投资建成了一批平战结合的滚装码头。“十五”期间，随着农村公路建设高潮的兴起，特别是西部地区，部分地区将国边防公路与农村公路的建设有机结合起来，取得了丰硕的成果。据不完全统计，1994~2004年，国家投入专项资金10余亿元，在全国9个陆地边境省（区）建成边防巡逻路1.5万余公里，为巩固国防提供了坚强保障。

2006年是“十一五”的开局之年，李盛霖部长在“全国交通工作会议”的讲话中，谈到建设全国公路运输大通道的六项重点工作，其中第四项重点是“加强主要方向和重点地区国边防公路建设，加强部队进出口路建设”。

第三节　农村公路

在1997年7月3日公布并于1998年1月1日实施的《公路法》中，没有“农村公路”的定义。《公路法》规定，“公路按其在公路网中的地位分为国道、省道、县道和乡道，并按技术等级分为高速公路、一级公路、二级公路、三级公路和四级公路。”

“农村公路”的定义最早见于国家部委文件，是在2003年3月14日国家发展计划委员会、交通部联合印发的《县际及农村公路改造工程管理办法》中，其具体表述是：“县际公路一般是指连接相邻县与县之间的公路，包括经济干线、口岸公路和省际公路。农村公路一般是指通乡（镇）、通行政村的公路。”2005年，国务院办公厅在《关于印发农村公路管理养护体制改革方案的通知》（国办发〔2005〕49号）中，对“农村公路”的定义有所改变，其表述为：“农村公路（包括县道、乡道和村道）是全国公路网的有机组成部分，是农村重要的公益性基础设施”。农村公路开始涉及村道概念。但在国家法律的层面上，村道依然没有列入我国公路网的范畴。

不论法律地位如何，包括村道在内的农村公路一直都是我国公路网的重要组成部分，是保障农村社会经济发展最重要的基础设施之一，是解决三农问题的“先行军”，是建设社会主义新农村的重要支撑，是广大农民群众致富奔小康的重要保障。2003 年初，交通部部长张春贤在“全国交通厅局长会议”上提出“让农民兄弟走上油路和水泥路”的号召后，农村公路才以一个整体的概念开始深入人心。

新中国成立以后，由于技术等级偏低等原因，交通部的统计数据中包括了“国道”、“省道”、“县道”和“乡道”，没有纳入“村道”一项，直到 2006 年底，交通部完成农村公路普查后，才将县道、乡道以及达到一定技术标准的村道纳入“农村公路”的统计数据，由此，我国农村公路里程达到了 296.5 万公里，其中新纳入的村道达到 142 万公里，但仍有相当一部分未达到一定技术标准的农村公路未纳入统计，截至 2008 年底，我国的农村公路总里程已经达到 324.44 万公里。

改革开放以来，党中央、国务院始终坚定不移地把解决“农业、农村、农民”问题摆在经济工作的首位，加快农业基础设施建设，确保农村经济发展和农民增产增收。在农业基础设施中，特别是改革开放的市场经济环境中，公路交通是最重要的方面之一，在很多地区，公路交通是农民群众与外界交往的唯一方式，其重要性不言而喻。

改革开放以来，我国的农村公路经历了由少到多，由普及到提高，由低级到高级的发展过程。农村公路的发展既是农民致富、农业振兴的重要基础条件，也成为我国农村经济发展的一个缩影。1978 年，我国县乡公路总里程达到 58.6 万公里，占公路通车总里程的 65.8%，不通公路的人民公社（乡）占 9.5%。而 30 年后的 2008 年，我国农村公路的年投资额已达到创纪录的 1 887 亿元，新改建农村公路 39.1 万公里。截至 2008 年底，我国县乡村公路总里程已达到 324.44 万公里，占全国公路总里程的近 87%；全国通公路的乡（镇）总数达到 99.24%，通公路的建制村占全国建制村总数的 92.86%，农村公路里程超过 10 万公里的省（区）达到 17 个。

改革开放之初，我国县乡公路以等外路为主，低等级路面和无路面里程占绝大多数，到“十五”末的2005年底，全国县乡公路中等级公路达到117万公里，占县乡公路总里程的80%，沥青水泥路面里程64万公里，占总里程的43%。农村公路不论在里程、等级还是通达深度上，都与30年前不可同日而语。农村公路真正成为公路网中的“毛细血管”，成为公路网不可或缺的重要组成部分。农村公路建设不仅成为农民增收的直接来源，而且为农村经济的腾飞奠定了坚实的物质基础。

一、农村公路的发展

我国改革开放的蓝图，是从农村开始的。1978年冬，安徽凤阳县小岗村18位农民冒着巨大风险，在土地承包责任书上按下了实施“联产承包”的红手印。18位农民没有想到，他们的这次冒险，拉开了农村经济体制改革的序幕。

1980年5月31日，邓小平同志与中央负责同志谈话时，肯定和支持了安徽农村改革的经验。1982～1986年，国家对农村、农业的发展给予了前所未有的重视，连续发布的5个“一号文件”，加速了农村经济的发展。

随着农村生产力的解放，单一农业生产结构发生深刻的变革，农村第二、第三产业的比重上升，商品经济迅速发展，城市之间、城乡之间的合作交流进一步加强，农民收入大幅度提高，中短途、小批量、门到门的货运需求剧增，旅客运输量逐年加大，随之而来的是城乡集体、个体拥有的汽车、拖拉机大幅度增长，公路车流量猛增。而且，在最早致富奔小康的农民中，很多都是“运输专业户”，他们是靠从事公路运输起家的。公路的特点最适应农村经济发展的需求，在当时的条件下，农村经济发展和农民生活提高，对农村公路的数量、质量和路网功能提出了更高的要求。

1978年初，改革开放尚处于萌芽阶段，第五届全国人大一次会议通过的国务院《政府工作报告》，就对交通运输发展提出了三方面要求：公路、内河和远洋运输都要有较大发展；要建立起一个适应工农业发展需要的交通运输网；交通运输大量高速化。为贯彻国务院对交通运输发展提出的要求，交通部于当年5月24日至31日在北京召开“全国交通工作会议”，主要议题：一是贯彻执行《中共中央关于加快工业发展若干问题的决定》（简称《工业三十条》），落实企业整顿工作；二是研究实现交通运输现代化的规划和措施，讨论交通部草拟的《关于实现交通现代化的汇报提纲》。6月，交通部正式向国务院上报的《关于实现交通现代化的汇报提纲》中，明确了1978～1985年要重点抓好的6项建设，其中公路建设的目标是："8年内新建公路35万公里（'五五'后三年新建10万公里），其中县社公路30万公里"。

1981年8月，胡耀邦总书记视察晋东南地区时指出："搞交通就是为了发展经济……晋东南修公路是最好的出路，这是你们的优势，你们地委要把这个问题抓得紧紧的。"

1982年6月下旬，交通部在甘肃平凉召开的"全国养护工作会议"上，提出"普及与提高相结合，以提高为主"的公路工作方针。各地在农村公路建设中，注意把修建、改建县乡公路与地区经济结合起来，以充分发挥公路建设的社会效益。1982年10月25日至11月1日，交通部在山西晋东南地区召开"全国县社公路建设现场会"，进一步学习胡耀邦总书记的指示，参观公路建设现场，听取经验介绍，讨论县社公路建设任务、地位和作用，确定县社公路建设的方针政策及基本措施。会议总结了晋东南地区一年来县社公路建设的经验，一致认为要抓好以下工作：一是加强对县社公路建设的领导；二是认真执行"民工建勤、民办公助"的政策；三是依靠地方，依靠群众，坚持自力更生；四是搞好建设规划，注意经济效益；五是重视科学技术管理和人才培养。

1984年8月6日上午，中央书记处由胡耀邦总书记主持，举行了第149次会议。中央书记处和国务院联合听取交通部党组关于整党端正业务指导思想的情况和对交通运输战线整改设想等的汇报。中央和国务院领导认为，交通部党组提出的改革设想正确，并就开创交通运输事业新局面等作出七项指示，其中第二项要求逐步实现两个转变，即从主要抓直属企业转变到面向整个交通运输行业的管理和指导，从直接抓企业和生产事务转变到抓好行政管理；第三项要求放宽搞活，即实行多家经营，鼓励竞争，鼓励各部门、各行业、各地区一起干，国营、集体、个人以及各种运输工具一起上。

1985年3月25日至31日在北京召开的"全国交通工作会议"上，交通部围绕落实党中央、国务院的要求，确定进一步改革交通运输体制和加速交通事业发展的措施，强调要实现全行业管理，坚持放宽搞活的方针。在建设上，实行"普及和提高相结合，以提高为主"的方针，采取调动各方面积极性，广开集资渠道的政策，开创多方集资、大家办交通的新局面。各地坚持“民办公助，民工建勤”的政策，放手发动群众，积极建设县乡公路，促进了县乡公路的快速发展。

截至“六五”期末的1985年，我国县乡公路里程达到64.48万公里，占全国公路总里程的68.42%。与改革开放之初相比，县乡公路所占比重有所增长。

“七五”期间，交通部拨款1.5亿元建设农村公路。另外，“七五”期间公路、水运建设利用外资共签约14个项目，增加的农村公路里程约1 700公里。1990年11月15日至20日交通部在郑州召开的“全国公路旅客运输工作会议”上指出，改革开放以来，农村公路建设取得了显著成就，带动了农村经济和农村客运的发展。截至1989年底，农村公路客运量已占全国公路客运总量的54.59%。夜宿农村的客车占总客运运力的25%以上。全国开行的5.2万多条客运班线中，农村班线占62.14%。全国开行的21万多个客运班次中，农村班次占44.8%。全国已有87.3%的乡镇通了客运班车。到1990年，我国县乡公路里程达到71.1万公里，占公路通车总里程的69.1%，县乡公路比重有了进一步增长，其中一级、二级公路达到3 265公里，等级公路46.85万公里。实现了除西藏墨脱外的2 200多个县县县通公路，96%的乡镇和74%的行政村也通了公路。

根据《国家“八五”计划纲要》公布的我国经济发展目标，交通部确定了公路、水运“八五”基本建设的重点，其中“公路建设”部分，要求在重点建设国道主干线和城市出口路的同时，“相应发展省干线公路和县乡公路”。20世纪90年代，农村经济的快速发展对县乡公路建设提出更高的要求，国家进一步加大了农村公路建设的扶持力度，县乡公路建设进入快速增长期。“八五”的5年里，我国县乡公路新增里程10.98万公里，总里程达到了82.1万公里，占公路通车总里程的70.9%。截至“八五”末期，全国乡镇通公路的比例由“七五”末的96%上升到98%，近千个乡镇在此期间修通了公路，通公路的行政村比例达到80%，农村公路的发展对农村经济发展起到了积极的推动作用。同时，中西部老、少、边地区扶贫公路建设得到加强，建成了一批改善贫困地区行车条件、对发展经济和脱贫致富有重要意义的县乡公路。

1998年6月福州会议后，在提出加快公路主干线建设、加快路网改造和完善的同时，决定对县乡公路和边防公路建设投入200亿元，主要目标是：东部地区重要县道原则上按二级以上标准进行路网改造；中西部地区重要县道按三级以上标准进行路网改造，使现有公路等级和路面质量跃上新台阶。计划到2000年，新增通公路乡镇240个、行政村3万多个，进一步提高乡村道路的通达深度。1998年当年，全国完成公路建设投资2 168亿元，其中路网改造投资占34%，县乡公路建设投资达363亿元，占到公路总投资的17%，同比增长82.4%。县乡公路建设继续保持了较快增长的势头。

1998年10月14日，党的十五届三中全会通过《中共中央关于农业和农村工作若干重大问题的决定》，把农业和农村工作提到了前所未有的高度，明确提出中央和地方要大幅度增加投入，开展大规模农村公路等基础设施建设。1999年上半年交通部开展的党员“三讲”活动中，部党组根据当时国家经济发展和公路交通发展的新形势，把加强农村公路发展战略研究、推动农村公路建设发展列入了交通部整改措施实施计划。

同时，交通部组织了相关课题组，历时一年多时间，对东、中、西部的川、黔、渝、晋、滇、吉、鲁等10个省（区、市）的农村公路进行了考察，并完成了考察报告——《农村公路发展现状调查》。《现状调查》指出，截至1998年底，列入交通部统计的农村公路总里程92.06万公里，占全国公路总里程的72%，其中县道38万公里，乡道54万公里。实际上，列入交通部统计的县乡道仅占农村公路总里程的约1/3。在列入统计的农村公路中，等级公路有74.24万公里，占80.7%，但以四级公路为主，等级标准偏低；有路面里程84.26万公里，占91.5%，但低等级路面占68.5%；晴雨通车里程76.28万公里，占82.9%；养护里程85.25万公里，占92.6%。总体看，农村公路处于以通为主、注重数量的粗放型发展阶段。主要问题有：缺乏系统规划，建设随意性大；农村公路总量不足，质量较差；建设资金短缺，各级财政投入不足，而且重建轻养、管理薄弱问题突出；缺乏规范化的行业管理，法规制度不健全；发展不平衡，地区间差别大。

1999年9月4日至7日和19日至22日，“全国农村公路建设发展座谈会”分别在甘肃兰州和山东潍坊召开。胡希捷副部长在会议讲话中指出，“加快农村公路发展是促进农村经济发展的必要条件和有效手段。在各种运输方式中，公路交通最能适应农村经济发展和农业生产的运输需求。农村公路是农业最主要的基础设施之一，这已是不争的事实。”加快农村公路发展，要做好三项工作：一是提高认识，加强领导，不失时机地加快农村公路发展；二是认真编制农村公路发展规划；

三是认真研究，尽快出台农村公路发展有关政策和地方性法规，促进和保障农村公路的建设和发展。会上，交通部提出《关于加快农村公路发展的若干意见》，供与会代表讨论、研究。《意见》的提出和不断完善，为“十五”期间及21世纪农村公路的发展规划奠定了良好基础。

1998年后，农村公路建设投资保持高位，公路里程大幅增长，乡村通公路率有较大提高。1998年当年完成县乡公路投资363亿元，1999年完成县乡公路投资331亿元，2000年完成县乡公路投资307.4亿元。截至“九五”末的2000年，公路通达深度进一步提高。五年中又有600多个乡镇通公路，乡通公路比重达到98.3%；有52 872个行政村通了公路，村通公路比重达到89.5%，分别比1995年提高1.2%和9.5%。全国公路密度已由“七五”末的每百平方公里12.1公里提高到14.6公里。国道网中的断头路基本消除，农村交通条件得到较大改善。交通扶贫取得进展，国边防公路建设进一步加强。

2000年7月20日在成都召开的“西部开发交通基础设施建设工作会议”明确，除国道主干线建设和区域路网改造外，乡村公路建设被列为2010年前西部地区公路建设的三个重点之一，目标是“提高路网密度和通达深度，有条件通公路的乡、行政村，特别是老少边穷地区有条件的乡、行政村实现通公路，建设总规模约15万公里”。

“十五”期间，农村公路迎来了发展的黄金时期。2001年和2003年，“西部地区通县公路建设工程”和“乡村通达工程”相继启动，加之革命圣地公路、扶贫公路、红色旅游公路建设等工程的实施，全国农村公路建设进入了快速发展的时期：

——县乡公路投资连年大幅增长。2001年完成358亿元，2002年完成495亿元，2003年完成818亿元，2004年完成1 242.25亿元，2005年完成1 399.04亿元。投资大幅增长为农村公路快速延伸提供了强劲的动力。

——里程及在公路网中所占比重增长。截至2005年底，全国农村公路总里程达到300.5万公里（增加了新纳入统计的村道）。其中，县乡公路里程146.5万公里，村道里程154万公里，比2000年新增54.4万公里，年均新增10.9万公里，农村公路占总里程的比重从2000年的85%增加到2005年的87%。

——农村公路技术等级逐年提高，路面状况不断改善。截至2005年底，全国农村公路里程中村道等级公路56万公里，占村道里程的36%，比2000年新增等级公路20万公里，增长55%；村道中高级次高级路面里程36万公里，占农村公路总里程的12%，比2000年增长26万公里，增长2.8倍。县乡公路中高级次高级路面里程56万多公里。

——通达深度不断增加，通畅水平不断提高，农民出行更加便捷。截至2005年底，乡（镇）、行政村通公路比率分别为99.8%和94.2%，仅2004～2005年就解决470个乡镇和2.37万个建制村通公路问题；乡（镇）、行政村通沥青水泥路比率分别为75%和54%，仅2004～2005年就新增2 894个乡镇和9万多个建制村通沥青水泥路，乡（镇）和行政村通沥青水泥路比率分别提高7.5%和13.6%。98%的乡镇、81%的行政村通了客运班车。

2006年1月15日召开的“全国交通工作会议”上，李盛霖部长总结“十五”交通发展经验时指出，农村公路建设实现了历史性突破。五年完成农村公路建设投资是“九五”的3倍。2003年以来，启动了建国以来规模最大的农村公路建设，新改建农村沥青（水泥）路30多万公里，农村沥青（水泥）路总里程发展到63万公里，比建国头53年翻了一番。圆满完成了西部地区通县油路建设任务，建成2.6万公里，惠及17个西部和中部省份、133个地（州、市）、1 100个县（市、区），西部地区基本实现县县通油路。粮食主产区、革命老区、红色旅游公路建设得到加强。有278个乡镇和3.6万个建制村实现通公路，全国乡镇、建制村通公路率分别达到99.8%和94.5%，10个省实现乡乡通油路，3个省基本实现村村通油路。“十五”农村公路建设投资力度之大、增长里程之快、经济社会效益之好前所未有，成为交通发展的一大亮点。

“十一五”期间，国家经济的发展和人民生活水平的提高，对公路提出了更高的要求。进一步提升农村公路的建设质量、建立长期化的管理和养护机制成为必然要求。2006年的“全国交通工作会议”要求，“继续做好农村公路规划、建设、管护，精心实施好农村公路‘五年千亿元建设工程’，逐步实现‘村村通’的目标；加快欠发达地区特别是革命老区、民族地区、边疆地区农村公路建设，帮助农民群众加快脱贫致富步伐，为建设社会主义新农村作出积极贡献”。

按照2006年、2007年中央1号文件的要求，交通部与29个省（区、市）签署了共建农村公路的意见，建立了部省工作协调机制和建设目标考核制度。两年里，农村公路新改建步伐加快，两年分别新改建农村公路里程达到32.5万公里和

43.7万公里；农村公路建设的管理进一步加强。2003～2007年的5年里，新改建的农村公路总里程达到130万公里，占现有农村公路的42%，其中沥青（水泥）路88.7万公里，是建国前53年建成沥青（水泥）路的2.7倍。2007年，交通部组织农村公路质量回访活动统计数据显示，农村公路总体质量良好，抽检项目质量评定优良率达到67.8%，东、中部地区的质量好于西部地区，县道质量好于乡道和村道，水泥路面质量好于沥青路面，主体工程质量明显好于附属工程质量。随着农村公路里程的快速增长，加强建设质量管理，成为“十一五”时期的重点之一。

2008年1月5日召开的“全国交通工作会议”上，李盛霖部长指出，2008年农村交通工作要“开展农村公路交通安全保障工程试点。组织开展农村公路建设质量年活动，用三年时间，进一步规范农村公路建设市场准入，严格合同管理，建立适合农村公路特点的质量保证体系，落实从业单位质量责任制，建立质量责任档案，强化政府监督，推行群众监督。”

2008年2月20日，交通部在北京召开“全国农村公路工作电视电话会议”，传达了回良玉副总理对农村公路工作的重要批示。会议强调，贯彻落实党的十七大和中央1号文件精神以及回良玉副总理的重要批示，深入落实科学发展观，按照统筹城乡发展、区域发展和经济社会发展的要求，量力而行，突出重点，全面提升农村公路建设质量，健全路站养运发展机制，推动城乡客运协调发展进程，努力实现农村公路交通又好又快发展，更好地服务社会主义新农村建设。会议明确，从2008年3月至2011年3月，交通部将在全国开展为期三年的“农村公路建设质量年”活动，力争实现农村公路质量意识明显增强、监管力度明显加大、质量水平明显提升、安全状况明显改善、群众满意度明显提高，农村公路主要抽检指标总体合格率提高到95%以上，质量保证体系基本健全并有效运行，重大安全事故杜绝，质量投诉举报大幅减少。3月11日，交通部印发《农村公路建设质量年活动总体方案》，对活动进行了总体部署。

二、西部通县油路、乡村通达和通畅工程

改革开放以来，交通部结合各时期农村公路建设的特点，在不同时期启动实施了多个专项工程。这些专项工程的实施，契合了农村公路建设的实际，取得了

良好的效果，成为农村公路建设中的亮点，推动农村公路建设向纵深发展。

（一）西部通县油路建设

西部大开发政策实施以后，公路建设取得了长足进展，但是地方路网改造仍然是西部公路建设的最薄弱环节。到2001年底，西部地区还有1个州、3个地区、287个县不通沥青或水泥公路。公路交通问题成为西部大开发面临的一个主要瓶颈。人民群众要求加大公路建设投入，尽快改变交通落后面貌的呼声越来越高。特别是西部贫困地区，人民群众吃够了交通闭塞的苦头，修路的愿望十分强烈。为了尽快缓解西部地区公路交通条件与经济发展日益突出的矛盾，交通部制定了"西部地区'十五'公路建设规划目标"，对西部地区路网改造建设提出了明确要求，"十五"期间，计划完成西部干线路网改造4万公里。

2001年6月，朱镕基总理视察四川等西部省份，考察了当地公路交通状况后，作出了"西部地区交通建设是西部开发第一要务"的重要批示，要求加快建设四川西部三州（甘孜、阿坝、凉山）通县公路。2001年底，国家发展计划委员会和交通部开始全面实施"西部地区通县公路建设工程"，这项被简称为"西部通县油路"的工程，重点是解决西部地区地市和县的油路通达问题，力争在2002年底，除西藏自治区外，使西部地区所有地市和县至少有一条由省（区）府到地市、由地市到县城的沥青或水泥公路，由此启动了西部地区通县油路建设的序幕。

按照国务院确定的西部地区范围和部分省（区）享受西部地区优惠政策的决定，通县公路工程的建设范围涉及陕西、甘肃、宁夏、青海、新疆、云南、贵州、四川、重庆、西藏、广西、内蒙古和新疆生产建设兵团13个省（区、市）和计划单列单位，以及湖北恩施土家族苗族自治州、湖南湘西土家族苗族自治州、吉林延边朝鲜族自治州和黑龙江大兴安岭地区4个地区，建设项目涉及133个地区1 099个县级单位（含新疆兵团182个团场）。

西部通县油路建设目标是：重点解决西部地区地、州、市和县公路尚未铺筑沥青路面的问题，使西部地区目前绝大多数的地、州、市和县至少有一条省府至地州市，或地州市至县城的等级公路并加铺沥青路面。根据国家发展计划委员会、交通部下达的通县油路建设年度计划，西部地区通县公路建设项目共计250个，建设总规模25 705公里，其中二级公路3 036公里，三级公路18 652公里，四级公路4 017 公里，总投资373.2 亿元，其中中央投资150 亿元，地方配套资金223.2 亿元。计划到2002 年底，通县油路建设工程将完成90%以上，到2003 年，除西藏外，西部地区将全部实现县县通油路的目标，共解决西部地区171 个国家级贫困县和43 个省级贫困县通等级公路的问题。

为切实抓好西部通县油路建设的具体工作，2001 年11 月1 日，交通部在北京召开了“西部地区通县公路建设工作座谈会”，黄镇东部长对西部通县油路建设做了具体安排，要求各省抓住机遇、统筹规划、分层负责、突出重点，确保2002 年完成通县公路建设任务。11 月9 日，交通部印发了《西部地区通县公路建设实施意见》，从组织机构、组织管理、设计标准、施工管理、监理与监督、管理职责六个方面对西部地区通县公路建设提出了具体要求。12 月25 日，交通部西部地区通县公路建设办公室正式成立，召开了第一次会议，宣布各成员名单和职责分工，制定了年度工作计划，胡希捷副部长到会并讲话。随后，交通部西部地区通县公路建设办公室组织召开了“通县公路建设工作座谈会”，对通县油路建设具体执行情况进行了摸底，建立了250 个项目的管理档案。

2002 年初，“西部地区通县公路建设工程”全面实施，但在实施过程中，由于西部地区地方配套资金筹措困难等因素，国家发展计划委员会、交通部于2002 年10 月对通县公路建设计划进行了调整，最终确定西部地区通县公路建设项目为252 个，总里程26 098 公里，其中一级公路45 公里，二级公路5 270 公里，三级公路13 304 公里，四级公路7 479 公里；总投资310.12 亿元，比原计划缩减了63.08 亿元，其中中央投资在原150 亿元的基础上，增加了17.03 亿元。截至2002 年底，通县公路建设累计完成投资264.26 亿元，占计划投资的85.2%，其中建成通车116 个项目，占项目总数的46%，20 个项目完成了交工验收，建设质量得到有效控制，达到良好水平。

2006 年1 月15 日的“全国交通工作会议”上，李盛霖部长总结“十五”期间交通工作的六大突破时指出，“圆满完成了西部地区通县油路建设任务，建成2.6 万公里，惠及17 个西部和中部省份、133 个地州市、1 100 个县市区，西部地区基本实现县县通油路。”

（二）通达和通畅工程启动

2003 年3 月中旬，国务院温家宝总理、黄菊副总理、曾培炎副总理对交通部关于加强农村公路建设的专项报告作出了重要批示，充分肯定了交通部对全国农村公路建设的安排意见，对农村公路建设提出了具体而明确的要求。

5月15日，交通部召开“全国农村公路建设工作电视电话会议”，黄菊副总理作出重要批示。张春贤部长作了题为《加强农村公路建设 为全面建设小康社会创造良好的交通条件》的报告。此次会议，标志着以“通达”和“通畅”为重点的“县际和农村公路建设工程”正式启动。会上，张春贤部长强调，2003年的“全国交通厅局长会议”上，提出了“修好农村路，服务城镇化，让农民兄弟走上油路和水泥路”的建设目标，受到了广大农民群众的热烈欢迎，引起了社会各界的广泛关注，得到了交通系统上上下下的认同。会议明确，加强县际和农村公路建设的主要任务是：今后3年，县际和农村公路计划建设17.6万公里，主要实施“三项工程”：东部地区通村工程，中部地区通乡工程，西部地区通县工程，分别解决东中西部地区乡到村、县到乡以及县际通沥青路或水泥路问题。国家拟安排建设资金500亿元，其中交通部安排车购税资金150亿~200亿元。2003年启动县际及农村公路建设项目5 300多个，建设总里程约为7.8万公里，总投资750亿元，年度计划投资396亿元。此外，2003年，交通部还要追加30亿元投资用于农村公路“通达工程”，重点解决乡镇和行政村不通公路问题。张春贤部长强调，县际和农村公路建设是一项长期而又繁重的任务，要解决的问题很多，重点有两个：一是通达问题，主要是提高路网通达深度。目前，全国还有184个乡镇、5.4万多个行政村不通公路，大部分在西部地区，部分中部甚至东部地区也有一定数量的行政村不通公路。二是通畅问题。主要是提高公路技术等级。目前，在全国104.3万公里的砂石路面、土路面及无路面里程中，农村公路就有92.3万公里，占88.5%。还有未纳入统计的村与村之间的简易公路约120万公里，这些公路缺桥少涵，晴通雨阻，抗灾能力低，路况差，亟须提高技术等级。

2003年，交通部与国家发改委为落实农村公路建设的规划，划出专款安排了通县油路和通达（通乡、村）工程的农村公路建设。国家发改委从2003年国债资金中安排110亿元，交通部从车购税投资中安排96亿元，安排农村公路建设项目近7 000个，建设总里程约12万公里，总投资约420亿元，其中，中央投资206亿元。交通部专门成立农村公路建设办公室，督促、协调建设实施，保证了这些项目在2003年基本完成。

2004 年，为贯彻落实中央 1 号文件加强包括乡村道路在内的“六小工程”建设的指示，交通部计划在“十五”期和本届政府任期内加大投资力度，重点向西部和老少边穷地区倾斜，继续实施县际及农村公路改造工程，提高农村公路的“通达率”和“通畅率”，总规划 32 万公里。明确 2004 年内做好的“八项实事”中包括：一是继续组织实施通畅工程和通达工程。通畅工程新开工建设西部地区县际公路项目 200 个、中部地区通乡项目加强公路路网 1 000 多个、东部地区通村项目 3 000 多个。通达工程全年解决 42 个乡、1. 1 万个行政村不通公路问题，占不通公路乡村总数的五分之一。二是加大对国家商品粮基地公路基础设施建设的规划和指导，突出重点，加强公路路网建设和改造，改善粮食主产区农民的生产生活条件。

据不完全统计，从 2003 年到 2005 年 9 月份，全社会农村公路累计完成投资 2 858 亿元，建成农村公路 46. 3 万公里。其中，通畅工程（西部县际、中部通乡、东部通村公路）三年滚动计划中央资金 500 亿元全部下达，建设总规模 17. 25 万公里，总投资 1 432 亿元，累计完成投资 1 155 亿元，占总投资的 80. 6%，累计建成沥青（水泥）公路 10 万公里，占总规模的 58%。通达工程交通部三年下达计划规模 25. 7 万公里，计划投资 563 亿元，其中车购税投资 172 亿元，已累计完成投资 446 亿元，占计划投资的 79%，建成农村公路 13. 7 万公里，占计划规模的 53. 3%。西部地区 2002 年以来建成县际公路 4. 3 万公里，181 个乡和 9 162 个村通了公路。截至 2005 年底，县际和农村公路改造工程完成，新改建农村公路约 25 万公里，部分市县提前实现村村通公路的目标。

（三）革命老区农村公路建设

革命老区大多处在偏僻闭塞、交通不便的山区和几省交界地带。这里经济条件很差，自我发展能力薄弱，长期以来一直是公路交通发展的难点。改革开放之初，交通部就把老区的公路建设与老区的脱贫致富结合在一起，利用粮棉布以工代赈、低值工业品补助修路作为支持老区公路建设的重要政策措施，并取得了良好效果。

老区农村公路建设起步比较早的山东省沂蒙山区、山西省太行山区、湖北与安徽交界的大别山区等都取得了很大的成绩，有力支持了这些老区的经济社会发展。

为了进一步加快老区农村公路建设，2005年，交通部将支持革命老区农村公路建设列入专项计划，下达专项资金，支持延安、井冈山、遵义、百色和金寨县等革命老区农村公路建设，安排车购税27.14亿元。交通部革命圣地农村公路专项建设计划的重点是乡镇通沥青（水泥）路，建制村通公路及部分通往革命旧址公路的改造。力争3年基本实现延安、井冈山和金寨3个地区所有乡镇通沥青（水泥）路，建制村通公路；遵义和百色地区部分乡镇通沥青（水泥）路，绝大多数建制村通公路。四川省还集中力量加强了“三总”（邓小平、朱德、陈毅）故乡、川北山区的公路建设，共投资4亿多元，建设这些地区的农村公路2 500多公里。

革命老区农村公路的建设取得了三方面成效：一是改善了革命老区农民生产生活条件。农村公路建设促进了农村客运网络化建设，大量的新建车站、停靠点、公用停车场，初步形成乡镇有站、行政村有亭、公路沿线有牌的综合运输网络。二是促进了农村经济快速发展。公路建设推动了农村小集镇和农产品市场建设，公路沿线形成一大批商品粮生产、粮畜产销、农业加工、城郊服务、工矿企业等特色规模经济基地。三是加快了优势资源开发步伐。随着交通条件的改善，水能、矿产及旅游等资源开发型项目接踵而至。新旅游景点的开发提升了旅游综合收入，成为县域经济发展新亮点。

同时，2005年交通部还启动了红色旅游公路建设，继续加强了国家商品粮基地公路、农村客运站点和农村渡口建设。这些专项工程的建设，有针对性、有重点地解决了农村公路建设中的问题，促进了农村公路建设全面、平衡、协调发展。

三、农村公路建设规划与新农村建设

（一）农村公路建设规划

“十五”农村公路的快速发展，留下的是辉煌的亮点。在为“十一五”农村公路的发展奠定良好基础的同时，也提出了更高的要求。

2004年12月制定的《公路水路交通“十一五”发展规划纲要》中提出的发展目标中明确，“农村公路交通条件得到明显改善。全国公路网总里程达到230万公里，所有具备通车条件的乡镇与建制村通公路，县乡公路达到185万公里。全国95%以上的乡（镇）和80%以上的建制村通沥青（水泥）路。东部地区基本实现乡（镇）和所有具备条件的建制村通沥青（水泥）路；中部地区基本实现乡（镇）和88%以上的建制村通沥青（水泥）路；西部地区实现90%以上的乡（镇）和近50%的建制村通沥青（水泥）路。加快城乡道路运输站场系统建设，力争完成国家公路运输枢纽规划站场建设任务的50%。”

尽管改革开放后，特别是“十五”以来，我国农村公路面貌发生较大改观，但由于历史欠账太多，总体水平依然不高，仍不适应农村经济社会发展和提高农民生活质量的要求。加快农村公路建设不仅是交通发展的客观需要，而且对农村经济社会发展乃至国家现代化建设都具有重要意义。农村公路是农村实现小康的基础。站在公路网的高度审视，构成我国公路交通的基础是农村公路，占公路总里程75%的农村公路仍然是交通体系中最薄弱的环节，道路质量差，晴天扬尘，雨天泥泞，严重阻碍了农业和农村经济社会发展；干线公路和农村公路互为依托，农村公路对干线公路网起着重要的支撑和集散作用，需协调均衡发展，以发挥公路网的整体效益。“十五”以来，交通部实施的多个专项工程全部建成并陆续发挥效益。随着农村公路数量的大幅增长，要继续加快农村公路发展，确保建设有序、协调地开展，需要有更长远的考虑，有科学的规划来指导。

2004年1月的“全国交通厅局长会议”上，交通部提交了《全国农村公路建设规划（草案）》供与会代表讨论。《规划（草案）》分析了农村公路发展现状，指出农村公路发展的形势，提出了农村公路建设发展的指导思想和原则、目标及重点任务，明确了农村公路建设发展的政策措施。经多次修改和完善后，《规划》上报国务院。2005年2月2日，国务院第八十次常务会议研究通过《农村公路建设规划》。2005年8月23日，交通部在国家发改委印发的《农村公路建设规划》基础上，将农村公路“通达工程”建设规划内容一并纳入，印发了《全国农村公路建设规划》。

《全国农村公路建设规划》提出了“政府主导、分层负责，统筹规划、分步实施，因地制宜、分类指导，建养并重、协调发展”的指导方针，确定的21世纪前20年农村公路建设总目标是：具备条件的乡（镇）和建制村通沥青（水泥）路，基本形成较高服务水平的农村公路网络，使农民群众出行更便捷、更安全、更舒适，适应全面建设小康社会的总体要求。发展目标有二：一是“十一五”建设目标。到“十一五”末，基本实现全国所有具备条件的乡（镇）通沥青（水泥）路（西藏自治区视建设条件确定）；东中部地区所有具备条件的建制村通沥青（水泥）路；西部地区基本实现具备条件的建制村通公路。到2010年，全国农村公路里程达到310万公里。二是2011～2020年建设目标。到2020年，具备条件的乡（镇）和建制村通沥青（水泥）路，全国农村公路里程达370万公里。全面提高农村公路的密度和服务水平，形成以县道为局域骨干、乡村公路为基础的干支相连、布局合理、具有较高服务水平的农村公路网，适应全面建设小康社会的要求。《规划》提出的农村公路建设重点为：在“十五”的基础上，继续推进农村公路“通畅工程”和“通达工程”。东部地区继续安排乡通村公路建设，全面实现“油路到村”；中部地区在继续实施“通村”公路建设的同时，全面实现“油路到乡”，基本实现“油路到村”；西部地区重点改造“县通乡”公路，加快建设通村公路，基本实现“油路到乡”“公路到村”（西藏自治区视建设条件确定）。《规划》指出，实现上述目标，5年时间农村公路的建设总规模约90万公里。其中，“通畅工程”50万公里，东部地区约12万公里、中部地区约28万公里、西部地区约10万公里（未含西藏建设里程）；“通达工程”40万公里，东部地区约5万公里、中部地区约6万公里、西部地区约29万公里（未含西藏建设里程）。中央安排农村公路沥青（水泥）路改造工程投资1 000亿元，通达工程投资400亿元。

（二）新农村建设与农村公路

2005年10月，党的十六届五中全会通过的《中共中央关于制定国民经济和社会发展第十一个五年规划的建议》中指出，“建设社会主义新农村是我国现代化进程中的重大历史任务”。要按照“生产发展、生活宽裕、乡风文明、村容整洁、管理民主”的要求，坚持从各地实际出发，尊重农民意愿，扎实稳步推进新农村建设。

建设社会主义新农村，是在全面建设小康社会的关键时期、我国总体上经济发展已进入以工促农以城带乡的新阶段、以人为本与构建和谐社会理念深入人心的新形势下，中央作出的又一个重大决策，是统筹城乡发展，实行“工业反哺农业、城市支持农村”方针的具体化。

农村公路是社会主义新农村建设的先导性基础设施，《全国农村公路建设规划》的实施，既为“十一五”及21世纪前20年的农村公路描绘出发展蓝图，也为社会主义新农村公路基础设施建设提供了具体的指导。

2006年1月15日，交通部召开“全国交通工作会议”提出，“十一五”要着力办成六件大事，其中第一项就是组织完成农村公路“五年千亿元建设工程”，推进农村公路“通达”、“通畅”工程，基本实现全国所有具备条件的乡镇、建制村通公路，95%的乡镇和80%的建制村通沥青（水泥）路。2006年的农村公路建设任务是：实施“五年千亿元建设工程”，加强社会主义新农村的交通基础设施建设。中央规划投资新改建农村公路约18万公里，其中沥青、水泥路约13万公里。加快革命老区、民族地区、边疆地区、贫困地区以及粮食主产区农村公路建设。建立和完善农村公路管理养护体制。加强农村公路渡口渡船改造。按照“路、站、运一体化”原则，积极发展农村客运，做到路通车通。

2006年2月6日，交通部召开“全国农村公路建设电视电话会议”。李盛霖部长作了题为《全面推进新时期农村公路建设，为建设社会主义新农村作出新贡献》的讲话，深刻阐述了新的历史条件下加快农村公路建设的重大意义。全面分析了新时期农村公路建设面临的新形势，要求以全新的视角，充分认识和准确把握新时期农村公路建设的“四个新变化”，即党中央、国务院明确提出的农村公路建设的新要求、农村公路建设的新任务、农村公路建设进入管养并重的新阶段、农村公路建设发展的新内涵。要将这“四个新变化”作为全行业推进农村公路建设的重要思想基础。同时强调，农村公路建设中要认真处理好社会主义新农村建设总体规划与农村公路建设规划的关系、中央与地方两个积极性的关系、鼓励农民参与与减轻农民负担的关系和交通部门与相关部门的关系等。会议明确“十一五”农村公路建设的主要目标是：加快推进“通达”工程和“通畅”工程建设，基本实现全国所有具备条件的乡镇、建制村通公路，95%的乡镇和80%的建制村通沥青路或水泥路，县乡公路要达到180万公里，五年增加30多万公里，新改建农村公路120万公里。2006年国家将进一步增加对农村公路建设的投资，规划新改建农村公路18万公里，其中沥青、水泥路约13万公里，同时加快革命老区、民族地区、边疆地区、贫困地区以及粮食主产区农村公路建设，加强农村渡口、渡船改造，大力发展农村客运。会议对进一步加强农村公路建设和管理工作提出了五点意见：一是精心组织，科学管理，全面推进农村公路建设；二是合理把握标准，注重环境保护和节约用地；三是落实建设资金，加强资金监管；四是加强质量管理，确保工程质量；五是加强养护管理，大力发展农村客运，充分发挥农村公路效益。

2006年11月8日，交通部以交人劳发［2006］627号文印发《关于设立部公路司农村公路处的通知》。交通部公路司农村公路处的设立，使全国农村公路建设有了专业的管理机构，为新农村公路建设扎实全面推进奠定了组织基础。农村公路建设开始进入快速、有序、规范发展的轨道。

“十一五”期间，农村公路投资再创新高，对促进我国农村经济社会全面协调发展，加快社会主义新农村建设和构建和谐社会发挥了重要作用。2006年，全国农村公路投资达到1 596亿元，全年新改建农村公路32.5万公里，解决了458个乡（镇）、17 764个建制村通公路，1 708个乡（镇）、43 962个建制村通油路或水泥路；2007年农村公路完成投资达到1 847.5亿元，新改建农村公路里程达到43.7万公里，超额完成了年初确定的30万公里建设目标；2008年，完成农村公路投资1 887亿元，新改建农村公路39.1万公里，其中沥青（水泥）路26.3万公里。截至2008年底，全国农村公路总里程达到324.44万公里，乡镇公路通达率达99.24%，建制村公路通达率达92.86%。

农村公路建设对推进社会主义新农村建设和全面建设小康社会的贡献，可以概括为“五个改变，五个促进”，即“改变了交通落后面貌，促进了农民增收；改变了消费结构，促进了国内经济增长；改变了村容村貌，促进了乡风文明；改变了干群关系，促进了基层民主；提高了农民生活质量，促进了社会稳定。”

（三）农村客运站场建设

2003年，为贯彻中央关于解决“三农”问题的重要部署，交通部提出了“修好农村路，服务城镇化，让农民兄弟走上沥青路和水泥路”的工作目标，加大了对农村公路建设的投资力度，大力发展农村客运。交通部要求，农村公路和农村客运站点实行统一规划、同步设计、同步建设、同步验收，并要求在农村公路建成通车后3个月内必须开通客运班车。

2003 年以来，交通部把发展农村客运作为服务城乡经济社会一体化的切入点，按照“路站运一体化”的发展思路，加大对农村客运场站建设的投入，加快推进农村客运网络化建设，各地加快调整、改造和延伸现有农村客运线路，增加班次密度，做好农村客运网络和城市公交网络的衔接，促进了城乡客运一体化的形成。从 2004 年起，交通部将乡镇农村客运站纳入基本建设计划，每年补贴地方 5 亿 ~6 亿元专项资金，加快农村客运站建设，使我国农村客运站点设施落后的局面得到较大改观。2004 年当年，286 个乡镇、28 424 个行政村开通客运班车，新建客运站 1 163 个，简易站 1 298 个。截至 2004 年底，全国已开通农村客运线路 6. 55 万条，使 4. 03 万个乡镇、57. 51 万个行政村的农民乘上了农村客运班车。

2004 年 12 月，交通部出台《公路水路交通“十一五”发展规划纲要》，提出加快城乡道路运输站场系统建设，力争完成国家公路运输枢纽规划站场建设任务的 50% 。通过推广农村客运网络化试点经验，制定优惠政策，研发农村客运车辆，加快农村客运站场建设，农村客运站场的普及率明显提高。2005 年，全国投资 14 亿元，建成农村乡镇客运站 1 162 个，在建 2 059 个，建设停靠站点 16 057 个。全国农村客运车辆达到 35 万辆，营运线路增加到 6. 83 万条，行政村客车通达率达到 81% 。农村客运量占到道路客运量的 30% 左右，保障了广大农民安全便利出行。2006 年，全国共建成乡镇客运站 4 646 个、停靠站点 2. 93 万个。

农村公路的发展，农村客运站点的普及，为发展农村客运、方便农民群众出行提供了设施基础。

第四节　收 费 公 路

“贷款修路，收费还贷”政策是在我国改革开放初期交通基础设施严重滞后、国家财力有限的特殊历史阶段采取的一项重要政策，也是在经验不足、法律制度缺失的情况下探索建立起来的一项具有中国特色的制度。在收费公路政策的积极推动下，我国公路交通基础设施取得了持续快速发展的历史成绩和跨越式发展。日益完善的公路基础设施网络，为合理开发国土资源、促进区域经济协调发展、引导产业优化布局提供了强有力的基础设施保障，同时也对构建国家现代化的交通运输体系、促进国民经济持续发展与社会和谐进步产生了重要而深远的影响。

"还没有任何其他国家，能够在如此短的时间内，大规模提高其道路资产基数。"这是世界银行在2006年对我国公路交通基础设施发展速度做出的评价。

一、收费公路启动

在中国内地，收费公路首先出现在得改革开放风气之先的广东。

改革开放初期，在经济快速发展的带动下，广东城乡客货交流频繁，尤其是珠三角地区，"三来一补"企业蓬勃发展，粤港两地之间运输繁忙。然而，公路基础设施严重滞后，特别是广州至深圳、珠海、湛江、汕头4条公路主干线上，渡口多、等级低，堵车现象严重，成了全国最大的"停车场"，群众意见大，已经到了非改不可的地步。要解决公路的"瓶颈"问题，广东省公路部门面临着建设资金严重不足的困境。根据交通部的公路技术规范，每昼夜通行2 000车次以上的公路，应改为二级公路。当时，广东只有316公里公路达到二级标准。亟待上马改造的105国道、107国道改造工程等6个项目共需资金35.89亿元，资金筹集成为最大的难题。在短期内不可能获得国家几十亿元拨款的情况下，广东省公路部门根据外商有兴趣投资公路、希望能收回投资并获得一定回报的实际情况，在广东省政府、省交通厅的重视和支持下，于1981年率先提出了"贷款修路、收费还贷"的设想。

1981年初，广东省交通厅与港澳知名人士柯正平、何贤、霍英东等商谈，就《关于引用外资改建广州—珠海（拱北）公路的意见》一文提出改建方案并上报广东省政府。1981年4月，广东省政府批复原则同意《意见》，并决定按二级公路标准分期分批改建105国道广州—佛山—珠海公路。第一期工程重点解决4个渡口改建桥梁、相应引道接线以及穿城改线路段的建设。1981年8月10日，广东省公路建设公司与澳门南联公司签订了《关于贷款建设广珠公路四座大桥协议书》确定，由澳门南联公司贷给广东省公路建设公司1.5亿元港币，专供广州至拱北公路上三洪奇、容奇等4处渡口改建大桥及其引道接线附属工程之用。另外，《协议书》还规定，4座大桥在3年内全部竣工，建成后以收取车辆通行费的方式偿还借款本息。这是中国内地第一个"贷款修路，收费还贷"的协议书。

1984年1月1日，广深公路上设置的中堂、江南两个大桥收费站正式收费，成为我国最早的收费站。同年广珠公路上设置的容奇、三洪奇、细滘、沙口四个大桥收费站也陆续开始收费。1981～1990 年，广东省借款用于公路桥梁建设的资金达 80 多亿元，共修建 1 200 多座 7 万多延米桥梁，新建、改建二级以上公路 1 800 多公里，公路交通状况得到明显改善。广东这种作法，作为公路建设向社会融资的成功实践，在全国公路交通基础设施建设领域引起了积极反响，也得到了中央有关部委的高度关注，并进行了调研和论证。

二、“贷款修路、收费还贷”政策的实施

1984 年 12 月，国务院作出“贷款修路，收费还贷”决定后，全国各地相继出现利用贷款、集资、外资等多种渠道筹集资金建设的路桥隧工程。

1993 年 11 月，中共十四届三中全会提出建设有中国特色社会主义市场经济体制之后，收费公路融资渠道和手段进一步多元化，通过国际、国内资本市场发行股票和转让收费经营权的直接融资方式增多，逐步形成了“国家投资、地方集资、社会融资、利用外资”的公路建设投融资发展模式。

从 1994 年 1 月广东省中山市 268 省道岐江公路转让公路收费权开始，到 2005 年底，全国公路收费权转让项目总数已达 222 个，转让公路（含桥梁、隧道）里程 9 399 公里，实现转让资金收入 861 亿元。

1997 年 7 月 3 日，第八届全国人大常委会第 26 次会议审议通过的《中华人民共和国公路法》，对“贷款修路、收费还贷”政策作出进一步规定，明确收费公路有两种形式：一是收费还贷型，即由县级以上地方人民政府交通主管部门利用贷款或向企业、个人集资建成的公路，交通主管部门或其所属机构作为收费公路投资、建设、养护、管理以及收费经营的行为主体，其收费性质属于行政事业性收费，是政府行为；二是收费经营型，就是由国内外经济组织依法受让收费权的公路或者由国内外经济实体依法投资建成的公路。各类国内外经济实体是收费公路投资、建设、养护和收费经营的行为主体，其路政、交通安全等仍然由政府有关部门负责。《公路法》同时明确，筹集公路建设资金，可以依法向国外金融机构或外国政府贷款建设公路，鼓励国内外经济组织投资建设公路，成立开发、经营公路企业；可以依照法律、法规的规定发行股票、公司债券；可以有偿转让公路收费权，并明确转让收费权的收入必须用于公路建设。这些规定扩展了公路建设资金筹集渠道，把收费经营公路纳入法制化发展轨道。

1998年，为应对东南亚金融危机，中国政府实施积极财政政策，把加快基础设施建设作为扩大内需的重点，公路交通基础设施被国家确定为优先发展的建设投资领域，国内各大银行对收费公路建设的贷款力度进一步加大，一批重要的国道主干线和省级干线公路建设项目得以加快实施。最明显的就是全国公路建设投资规模突破千亿元。在20世纪90年代后几年，相继出现一些公路上市公司，到1998年底，全国公路行业已有13家上市公司，共募集资金170多亿元。1999年4月26日，国务院批复交通部、中国人民银行《关于收费公路项目贷款担保有关问题的请示》，明确公路建设项目法人可以收费公路收费权质押方式向国内银行申请抵押贷款。

截至2000年的统计，我国收费公路总里程突破10万公里，占公路总里程7.2%，收费还贷桥梁、隧道总长近51万延米。其中已建成的高速公路，约1/2的一级、二级公路以及2/3的1 000米以上大桥、隧道均为贷款建设。

到2008年底，我国95%的高速公路、61%的一级公路、42%的二级公路依靠“贷款修路、收费还贷”政策建设。如果没有这项政策，我国二级以上高等级公路将减少2/3以上规模，公路交通对国民经济和社会发展的“瓶颈”制约也不会得到有效的缓解。

“贷款修路，收费还贷”政策的实施，大大加快了公路建设的进度，缓解了我国公路建设资金严重不足的矛盾，促进了公路建设体制、投融资体制和管理体制的变革，对行业发展影响深远。

第五节　交通扶贫及援藏公路工作

我国贫困人口主要分布在中西部的深山区、石山区、荒漠区、黄土高原区、地方病高发区及部分水库移民区、滩区，由于公路不畅，交通落后，这些地区的群众处于封闭状态，经济发展程度低，生产生活条件极为恶劣，温饱问题难解决。

改革开放后，按照党中央、国务院部署，交通部认真开展交通扶贫工作，采取多种行之有效的帮扶措施，为贫困地区开展公路建设，取得了显著成效。

在交通援藏工作中，交通部认真贯彻落实党中央、国务院历次“西藏工作座谈会”的精神，按照中央安排部署，结合行业特点，在公路建设资金、技术支持、人才培养等方面，为西藏公路交通的发展作出了应有的贡献。

一、交通扶贫公路建设

（一）交通扶贫

1984 年 11 月，中共中央和国务院决定，从当年冬开始，3 年内动用折合 28 亿元的库存 100 亿斤粮、200 万担棉、5 亿米布，用以工代赈的方式兴建道路和水利工程，主要用于补助县乡公路建设，帮助群众脱贫致富。其中用于公路建设的粮食 63 亿斤、棉花 125 万担、棉布 3.3 亿米，折合约 17 亿元。计划 1985 ~ 1987 年新建公路、机耕道和驿道 6.9 万公里（包括等级公路 3 万公里），工程涉及 880 个县的 6 000 多个乡。1984 年 12 月 1 日，交通部在四川眉山县召开“全国公路交通发展座谈会”。会议交流了贯彻中央关于加快公路建设指示的情况，学习了推广四川省特别是眉山县依靠地方、依靠群众改造公路的经验，研究进一步加快公路交通发展的措施。1985 年 1 月，交通部下发通知，要求各省（区、市）交通厅组织精干力量，认真加强管理，制定出切实可行的项目规划和实施办法，使贫困地区的公路建设有了新的突破。

1986 年 7 月 8 日，交通部召开“老、少、边贫困地区交通建设会议”，总结“六五”扶持贫困地区交通建设情况，提出“七五”期间扶持贫困地区交通建设和为贫困地区培养交通专门人才的安排，确定了“调查摸底，选择重点，配套扶助，单项定案，现场拍板”的指导思想，落实资金来源。

1986 年 8 月，交通部的调查发现，各地以工代赈修建公路的进度很快，经济和社会效益显著，存在的主要问题是配套资金不足。各级政府和群众希望国家在 1987 年适当增加粮、棉、布批标，以便完成收尾配套工程，在“七五”后两年继续动用部分库存粮、棉、布或其他库存物资，采取以工代赈方式修建贫困地区公路。建议免收贫困地区能源交通重点建设基金，或将征收的能源交通重点建设基金全部返还，作为公路建设的配套投资。同时希望国家帮助解决平价钢材供应、炸药资金补助及实物兑现问题，以加速贫困地区公路建设和发展。

1986 年 10 月 18 日至 22 日，为进一步贯彻落实中央的扶贫政策，总结动用粮、棉、布以工代赈修建公路及内河航运工程的经验，研究解决贫困地区交通问题的措施，交通部在四川省宜宾珙县召开经验交流会。王展意副部长做了《认真搞好贫困地区公路、内河建设，为脱贫致富作贡献》的讲话。四川、贵州、云南等省的9个单位在大会上介绍经验，并参观了四川宜宾地区用粮、棉、布以工代赈建成的几条公路。据统计，1986年全国用粮、棉、布以工代赈修建的公路和机耕道共计2.79万公里，桥梁1 848座，总长6.5万延米。成绩较为突出的有四川、贵州、云南、湖北、内蒙古等省（区），在两年的时间里，每省（区）修建的等级公路均在2 000公里以上。山区公路的建设，活跃了城乡物资交流，促进了商品生产的发展，如贵州的安顺、毕节、黔东南、六盘水等地区，用以工代赈方式修建了50条公路，建成后共运输煤炭、矿石、木材、化肥、烤烟等100多万吨，其中普定县煤洞乡煤炭外销量比未建路以前增长近10倍。贵州省德江县由于有了公路，仅煤炭、烤烟外销就增加产值520万元。公路的建设，也促进了文教、卫生事业的发展，改善了群众的文化生活。如四川北川县公路修通后，适龄儿童入学率增加了13%。公路沿线办起了商业、医疗、饮食、缝纫、修理等服务网点。在山区公路建设中，涌现了大批先进的筑路民工，还有一批不辞劳苦，积极为修建山区公路作出贡献，被群众誉为“路专员”、“路县长”、“路乡长”的领导干部。四川省交通厅于1986年10月专门召开了“路专员”、“路县长”表彰大会。1985~1987年的三年里，实行此项政策的220个贫困县的人民群众，共完成新建、改建公路、驿道、机耕道12万公里，比原计划超过5.1万公里，其中新建等级公路4.6万公里，比原计划超过1.6万公里。

1987年6月，交通部考察组实地考察沂蒙山、大别山贫困地区扶贫公路建设情况时了解到，山东、河南和安徽省交通主管部门根据中央关于帮助贫困地区尽快改变面貌的指示精神，在省委、省政府统一领导下，积极采取措施，扶持贫困地区公路交通建设，为活跃经济、改善人民生活创造了条件，但沂蒙山、大别山贫困地区扶贫公路建设发展仍不平衡。为进一步搞好这两个地区的公路建设，交通部决定，“七五”期间，补助沂蒙山区扶贫公路建设资金300万元，修建3条公路，共172公里；补助大别山区扶贫公路建设资金728万元，修建13条公路，共245公里，修建桥梁22座计1 425延米。

1987年9月，国务院决定动用库存中低档工业品，采取以工代赈方式，分别在四川、江西和宁夏的贫困地区进行试点修建道路，帮助群众脱贫致富。用于修建公路的中低档工业品共折合 1 945 万元，三省（区）又从地方财政和养路费中配套资金 1 527. 3 万元，在 18 个贫困县进行试点。当年就安排公路项目 503 公里，桥梁 25 座，各试点地区积极组织群众实施。到 1988 年末，共新建公路 200 多公里，改建公路 237 公里，修建桥梁 31 座计 1 696 延米，修建隧道 2 座计 400 米。1987 年，宁夏南部山区遭受罕见的旱灾，群众生活十分困难，由于国家下达了中低档工业品以工代赈修路计划，解决了灾区群众的燃眉之急。同年，甘肃省为了摸索经验，主动开展试点。由省政府筹集 1 000 万元，省交通厅动用养路费 500 万元，按照中低档工业品以工代赈试点方法和要求，在贫困县试点，完成新建、改建公路 115. 4 公里，修建桥梁 13 座计 388. 96 延米。

1988 年 3 月 28 日，交通部发出《关于下达 1988 年扶贫公路、教育项目补助资金的通知》，对全国 20 个省（区）贫困地区的公路项目和教育项目补助资金作了安排。

1989 年开始，交通部开始在全国除西藏以外的 26 个省（区），动用中低档工业品实施以工代赈修建扶贫道路的工程。要求未经过试点的省（区），先安排试点，总结经验再推广。1989 年用于修建公路的工业品金额为 6 111. 7 万元，地方财政配套资金为 5 477 万元，养路费为 2 660. 5 万元，总计金额 1. 4 亿元。计划新建、改建公路 2 689 公里，修建桥梁 160 座计9 553延米，修建隧道 7 座计 2 460 延米。

1990 年，第三批以工代赈计划实施。国家动用价值 15 亿元的工业品，在中西部地区和东部地区重点进行山、水、田、林、路综合开发，其中共新建农村公路 1. 3 万公里，桥梁 1 000 座计 3. 8 万延米。

1994 年，为进一步解决农村贫困问题，缩小东西部地区差距，实现共同富裕的目标，国务院决定从 1994 ~2000 年，集中人力、物力、财力，动员社会各界力量，力争用 7 年左右的时间，基本解决目前全国农村 8 000 万贫困人口的温饱问题。国务院为此制定了《国家“八七”扶贫攻坚计划》，这是此后 7 年全国扶贫开发工作的纲领，也是国民经济和社会发展计划的重要组成部分。该计划在“奋斗目标”中明确，要加强基础设施建设，重点是“绝大多数贫困乡镇和集贸市场、商品产地的地方通公路”；在“资金的管理使用”中明确，“新增的‘以工代赈’资金主要用于修筑公路，以及解决人畜饮水困难。要重点修筑县乡之间的公路和通往商品产地、集贸市场以及为扶贫开发项目配套的道路”；在“部门任务”中明确，“交通部门要配合实施‘以工代赈’计划，增加投入，加快贫困县、乡公路建设；在有水运条件的贫困地区，要积极发展水上运输。”交通部扶贫的重点是西南的石山地区、西北的黄土高原地区以及水库移民区、滩区和边远少数民族地区。据此，交通部于1994年6月和10月分别召开“全国交通扶贫工作座谈会”，总结过去扶贫工作，落实国务院“八七”攻坚计划，组织编制“八五”后两年和“九五”交通扶贫计划。交通部扶贫的范围是列入国家“八七”扶贫攻坚计划中的592个贫困县，扶贫公路建设的重点：一是贫困地区通往经济较发达地区，对脱贫具有重要意义的主要通道（经济干线）公路建设；二是通往不通公路贫困乡镇的公路建设；三是脱贫效果显著的资源开发公路、断头路等公路建设。共修通扶贫公路1 940公里。

1995年是全面贯彻实施《国家八七扶贫攻坚计划》的第一年，为实现交通扶贫工作的奋斗目标，各级交通部门有组织、有计划地开展了交通扶贫工作，进一步加大了交通扶贫投资力度，加强了对交通扶贫工作的组织和领导，制定了“九五”交通扶贫规划，加快了公路扶贫项目建设的进程。

1995年10月24日至27日，交通部在山东省泰安市召开了“全国交通扶贫工作会议”，黄镇东部长作了题为《提高认识，把握机会，坚决打好交通扶贫攻坚战》的主题报告。国务委员陈俊生为会议发来贺电。会议总结了交通扶贫工作的经验，研究了交通扶贫攻坚措施，部署了“九五”期间交通扶贫工作。1995年当年，交通部与各省（区）合资新建、改建扶贫公路6 397公里，桥隧88座8 334延米。

“八五”期间，交通部积极配合国家“八七”扶贫攻坚计划的实施，中西部老、少、边、穷地区扶贫公路建设得到加强，建成了一批改善贫困地区生存条件，对发展经济脱贫致富有重要意义的县乡公路。

“九五”期间，扶贫公路建设进入了攻坚阶段。据统计，截至1997年，条件比较好的贫困地区基本修通公路，但全国尚有5 800万贫困人口没有脱贫，他们大多集中于环境恶劣、地形地貌复杂的地区，公路施工难度大、造价高，全国扶贫公路建设的资金缺口达100亿元以上。交通部于1997年4月24日至26日在山西太原召开“第二次全国交通扶贫工作会议”，对打好交通扶贫攻坚战进行再动员、再部署。会议指出，今后4年交通扶贫工作的主要任务是：基本完成剩余的贫困县对外出口路或经济干线路建设，东、中部地区尚余的约200个不通公路的乡镇基本通公路，西部地区有条件的乡镇基本上通公路，全面实现交通扶贫攻坚目标。确定交通扶贫的重点是中西部地区、贫困县集中连片区和少数民族地区，难点是深山区、石山区、荒漠区、高寒区、黄土高原区和库区、滩区。会议提出了“坚持从实际出发、实事求是、因地制宜开展交通扶贫工作”和“一手抓干线公路建设，一手抓扶贫公路建设”的工作方针。

截至2000年底，通过实施“八七扶贫攻坚计划”，国家确定的592个重点扶持贫困县农民人均纯收入从648元增长到1 337元，年均增长12.8%，高于全国平均水平；累计新增公路32万公里，通电、通路、通邮、通电话的行政村分别达到95.5%、89%、69%和67.7%，其中部分指标已经接近或达到全国平均水平。全国农村没有解决温饱的贫困人口减少到3 000万人，占农村人口的比重下降到3%左右。除了少数社会保障对象和生活在自然条件恶劣地区的特困人口以及部分残疾人之外，全国农村贫困人口的温饱问题已经基本解决，“八七扶贫攻坚计划”确定的目标基本实现。

（二）洛阳、怒江定点扶贫

交通部在抓好交通扶贫工作同时，还承担了政府定点扶贫任务。从1986年开始，交通部定点扶持河南洛阳栾川县，1990年增加扶持云南怒江傈僳族自治州；1994年，根据中央扶贫开发领导小组部署，交通部定点扶贫重点联络县由原来河南省栾川县和云南省怒江州的泸水、贡山、福贡4县，增加为11个国家级贫困县，即增加河南省伊川、洛宁、嵩县、汝阳、新安、宜阳，云南省兰坪县。1994年以来，交通部机关及在京部属单位先后选派多批干部赴定点扶贫地区蹲点扶贫，交通部领导也先后多次深入两地现场办公，帮助解决实际问题。

1. 洛阳扶贫

20多年来，交通部对洛阳市的定点扶贫大致分三个阶段。第一阶段，是1986年开始对栾川县的扶贫。栾川县地处伏牛山区，历史上贫困落后，矿产、旅游、森林、中药材等地上地下资源丰富，但因交通闭塞，山区群众长期难以脱贫致富。1986～2004年，交通部与河南省交通厅集中投资兴建栾川县的扶贫公路，累计实施公路建设项目164个，投入资金1.9亿元，新增及扩改公路995.5公里，此外还加大了教育、科技等方面的扶贫力度，使资源开发和旅游开发蓬勃兴起，县域经济实力不断增强，过去鲜为人知的山陵、河川如今成了闻名省内外的旅游胜地。截至2005年底，栾川县GDP排名跃升至河南省的第五位。

第二阶段，是以实施《国家八七扶贫攻坚计划》为标志，从1995年开始，根据国务院的统一安排，交通部对洛阳的扶贫由栾川县扩大到洛阳市的7个国家级贫困县（汝阳、栾川、洛宁、嵩县、宜阳、伊川、新安）。为此，交通部确立了“建设经济路，打通资源路，开发旅游路，接通断头路”的目标，扶贫方式也从单一的投资建设扶贫公路扩展为以交通基础设施建设为龙头，实施教育、科技等全方位的开发式扶贫，使扶贫效果明显增强。这一阶段有伊川和新安2个县整体脱贫。

第三阶段，是以实施《中国农村扶贫开发纲要（2001~2010年）》为标志，扶贫开发工作进入新的发展阶段。2001年5月24日，党中央、国务院召开“全国扶贫开发工作会议”，之后颁布《中国农村扶贫开发纲要（2001~2010年）》。2002年4月23日，国务院召开“中央和国家机关定点扶贫工作会议”，明确了中央国家机关定点扶贫的国家扶贫开发工作重点县，确定交通部继续定点帮扶河南洛阳地区的宜阳、汝阳、栾川、洛宁和嵩县。为此，交通部制定了《2001~2010年洛阳市交通扶贫规划》，重新确立了新时期交通扶贫的指导思想、基本原则、扶贫目标。明确提出新时期交通扶贫的指导思想，是以增加贫困群众收入，提高贫困人口生活水平为核心，以公路交通扶贫为先导，加快贫困地区基础设施建设；以市场为导向，以科技支撑和扶贫开发机制创新为动力，加大农村产业结构调整力度；加大教育扶贫力度，不断提高贫困人口科学文化素质。2002年5月14日，交通部在河南洛阳召开“交通部定点扶贫工作座谈会”，交通部部长黄镇东、河南省省长李克强出席会议并讲话。会议总结了“八七”扶贫期间交通部定点扶贫工作情况，对交通部及所属单位今后的定点扶贫工作提出了新的要求，即“进一步搞好贫困地区的公路建设；搞好科技扶贫，继续推进农业和农村经济结构调整，千方百计增加农民收入；利用多种形式开展教育扶贫工作；扶贫要进村到户，制定好新时期的扶贫规划。”会议标志交通部新世纪定点扶贫工作开始了新的起点。

据不完全统计，1995~2005年底的10年里，交通部累计向洛阳投入扶贫资金

8.36亿元，其中公路建设资金8.14亿元，教育扶贫资金1 625万元，科技扶贫资金560万元。先后帮助洛阳贫困地区新建、改建干线和县乡公路2 627公里，修通了700个行政村2 049公里的通村水泥路。洛阳实现了乡乡通油路的目标，特别是连接南部山区6个贫困县的公路环线全部贯通。通过对口帮扶的拉动作用和地方党委政府的努力，洛阳5个贫困县的社会经济发生了明显的改变，人民的生活水平有了很大的提高。一是经济持续增长，农民人均纯收入由2000年的1 551.2元增加到2005年的2 370.2元；二是5个贫困县的绝对贫困人口由2000年的11.1万人降至2005年的7.7万人；三是交通希望小学基本满足当地适龄儿童的入学需要，学校的设施设备条件有了很大的改善；四是贫困人口的居住条件和环境有了改善，部分居住在生存条件恶劣的贫困人口得到搬迁安置，基本解决了贫困人口饮水和就医看病问题；五是通过科技示范性项目的带动和交通条件的改善，贫困人口的思想观念发生了根本性的改变，科学种植、养殖已显现出良好的经济效益。开发旅游，发展家庭宾馆，既充分利用了当地的自然资源，又使部分贫困人口走出了生活困境。外出务工人员逐年增加，既解决了人多地少的矛盾，又使他们开阔了眼界，转变了观念，对家乡的发展起到了有力的推动作用。

2006年，交通部第十一批扶贫工作联络组参与制定的《洛阳市国家扶贫开发工作重点县扶贫开发规划（2005～2008年）》中提出的奋斗目标是：到2008年底解决5个贫困县32.6万人，特别是人均年收入在668元以下的6.97万特困人口的温饱问题；重点扶持38个乡镇、440个行政村，使其经济发展水平和贫困人口的纯收入有较大提高，达到或接近当地同期中等水平；逐步解决贫困人口安全饮水问题；基本实现行政村通水、通路、通电、通电话、通广播电视、建学校、建卫生室、改厕所、改圈舍、推广沼气、增加贫困群众收入。

2007年3月份，交通部扶贫工作领导小组召开扩大会议，扶贫工作领导小组成员、在京直属单位负责人参加会议，系统总结2006年交通部定点扶贫工作情况，研究部署2007年定点扶贫工作任务。会议明确提出了定点扶贫工作的总体思路：紧紧围绕建设社会主义新农村和构建社会主义和谐社会的新要求，以《中国农村扶贫开发纲要（2001～2010年）》为指导，以2008年基本实现整体脱贫为目标，以增加贫困人口收入、改善贫困人口生活生存条件为重点，依靠和协助当地党委、政府，发挥交通行业优势，继续修建农村路，做好劳动力转移培训，扶持扶贫龙头企业，实施移民搬迁工程，加快脱贫步伐，争取2008年实现5个贫困县的整体脱贫任务。到2010年使5个贫困县经济更加发展，人民生活得到进一步改善。2007年，交通部定点扶贫在基础设施建设、交通教育和科技扶贫以及创新新农村劳动力转移模式方面取得成绩。

2008年，交通运输部定点扶贫工作全年实现交通工程建设总投资1.28亿元，科技教育扶贫项目总投资530万元，圆满完成了2008年定点扶贫工作任务，提前2年基本实现了完成洛阳市5个贫困县脱贫的任务目标。

鉴于20多年来交通部在洛阳扶贫已经取得阶段性成果，洛阳城乡公路面貌发生了根本性变化，2008年“5·12汶川地震”以后，为了结合灾后恢复重建公路建设项目的实施，交通运输部党组根据中央安排决定，从2009年开始，结束洛阳定点扶贫工作，把四川省阿坝藏族羌族自治州作为今后一个时期定点扶贫联络点。

2. 怒江州扶贫

1990年，交通部、云南省交通厅把怒江州确定为定点扶贫联系点，给怒江州交通带来了千载难逢的发展机遇，也为怒江州的经济发展插上了腾飞的翅膀。聚居着傈僳族、怒族、独龙族、普米族等50万各族同胞的怒江峡谷从此“天堑变通途”。截至2002年，交通部、云南省交通厅累计投入4.5亿元资金，新建和改造完成了12个扶贫公路建设项目，总里程498公里，修建各类桥梁75座，全州通车里程达2 780公里，比1990年新增1 670公里，结束了该州没有柏油路、没有等级公路的历史。“通县油路”工程使全州现有交通主干道基本实现油路化，怒江州交通面貌发生了巨大变化。其中，1999年9月9日，由交通部、云南省交通厅投巨资修建、全长96.2公里的独龙江公路全线贯通，标志着我国最后一个少数民族聚居区不通公路的历史一去不返。依托着这条公路，深藏在独龙江峡谷中的4 000多独龙族同胞，告别了千百年来靠人背马驮运输的历史，实现了交通的现代化。该州兰坪铅锌矿和片马口岸资源开发步伐加快，兰坪、泸水两县的财政收入在公路改造结束后实现了翻番。全州财政收入1995年仅4 985万元，2002年突破2亿元大关。旅游这一朝阳产业也随交通基础设施逐步完善而升温，2002年全州共接待国内外游客50万人次，旅游综合收入达2亿元。

通过20多年扶贫工作实践，交通部走出了一条以交通基础设施建设为主体，以教育、科技帮扶为两翼的具有交通特色的成功的扶贫之路。

二、援藏公路工作

极其特殊、艰苦的自然地理环境，加之落后的政教合一的封建农奴制度，使旧西藏经济发展极为缓慢。旧西藏没有公路，交通运输极为落后，人们维持生活、物资交换、经济往来全靠人背畜驮，走骡马驿道，跨越江河靠划牛皮筏、溜索桥。交通闭塞成为制约西藏生产力发展和社会进步的最大“瓶颈”。

新中国成立以后，中央人民政府对西藏的经济发展给予了特殊支持，拨给大量财政、专项补贴和重点项目建设资金，调集大批物资进藏，这其中，公路交通成为援藏的重点之一。1954 年 12 月 25 日，举世闻名的川藏、青藏公路通车，不仅创造了人类公路建设史上的奇迹，使西藏有了和祖国紧密相连的“生命线”，而且从此拉开了西藏现代交通发展的序幕。据不完全统计，西藏和平解放的五十多年来，通过川藏、青藏公路运入西藏的物资总量累计达 2 000 余万吨，占祖国内地运输进藏物资总量的 90% 。

改革开放后，公路交通援藏工作在中央援藏工作的统一部署下，进入新的发展时期。1979 年 4 月，党中央提出“要组织内地省市实行对口支援边地区和少数民族地区”，当年 7 月 21 日，从中央、国家机关抽调的援藏干部到达拉萨及各地区。

1980 年 3 月 14 日至 15 日，中央书记处召开“西藏工作座谈会”，即第一次西藏工作座谈会，明确了西藏面临的任务及需要解决的方针、政策等问题；4 月 17 日，中共中央转发的《西藏工作座谈会纪要》提出，“调动一切积极因素，从西藏的实际情况出发”，“发展国民经济、提高各族人民的物质生活水平和文化科学水平”，“有计划有步骤地使西藏兴旺发达，繁荣富裕起来”。第一次西藏工作座谈会后，中央加大了西藏的援助并相应制定了各项优惠政策，使西藏出现了一批前所未有的现代工业和交通设施，为西藏现代化建设奠定了良好的基础。

1984 年 3 月 24 日，中央书记处召开第二次“西藏工作座谈会”。会议决定，进一步解放思想，放开手脚，一切从西藏实际出发，明确要建立“国家直接投资项目、中央政府财政补贴、全国人民对口支援”的全方位支援西藏建设的新格局。会后，由西藏提出、相关单位和省市援建的 43 项工程相继开工，公路援藏项目成为其中的亮点：1984 年 12 月 1 日，主跨径 500 米的当时国内最大跨径的钢索吊桥

——达孜大桥胜利竣工并通车；1985年1月21日，横跨雅鲁藏布江的第一座新式吊桥——拉孜县彭措林大桥正式建成并举行通车典礼；1985年7月30日，青藏公路沥青路面全线铺通，这条入藏“生命线”的通行能力大幅度提升。

1989年10月，党中央听取了西藏自治区党委关于西藏工作的汇报，形成了中央政治局关于西藏工作的《十条意见》，实现了新时期西藏工作的重大转折。1990年7月，江泽民总书记视察西藏时指出：“公路运输是西藏经济的命脉，根据西藏目前的情况，交通运输仍以公路运输为主，积极发展航空运输。在公路建设方面，重点要加强现有公路的整治、养护和管理，在保证通车的前提下，逐步提高公路的等级。”

进入90年代，公路援藏工作逐渐掀起了高潮，为西藏的加快发展，为巩固边疆作出了突出贡献。1990年8月13日，钱永昌部长带队对西藏交通进行考察后，提出为西藏培训养路技术工人，具体培训任务由陕西省公路局承担，分别于1992年4月至10月、1993年2月至8月开办两期培训班，在接受培训的100名机械化养路工人中，60%以上为藏族学员。1993年8月24日，李居昌副部长率交通部工作组视察青藏公路并看望在沿线施工的武警官兵、路桥工人和道班工人，开始了为期7天的西藏公路交通状况考察。这一时期，公路援藏工作平稳发展。

1994年7月20日至23日，党中央、国务院在北京召开第三次“西藏工作座谈会”，确定了“分片负责、对口支援、定期轮换”的新的援藏方式，15个省市分别对口支援西藏7个地市，中央有关部委对口支援区直属单位。会议落实了全国支援西藏的62个、投资总额达23.8亿元的建设项目。从此，援藏工作走上了“输血”与“造血”并举、着力加强西藏自我发展能力的新时期。

公路援藏工作也进入一个全新的时期。1994年8月31日，由刘锷副部长率领的赴藏工作团，经过为期一周的实地考察，对由交通部承担的拉萨至贡嘎机场公路整治工程和中尼公路的危桥施工等公路建设项目进行部署，要求要优先保证该项目的资金投入，确保质量，严格按照GBM标准施工；9月17日，交通部派出专家组赴西藏落实拉贡公路美化工程的技术方案以及整治措施；11月3日，交通部考察组借纪念川藏、青藏公路通车之际考察川藏公路整治现场，并与西藏自治区常务副主席杨传堂就川藏公路第二期改造整治进行座谈。1995年1月10日，在“全国交通工作会议”上，黄镇东部长倡议全国交通行业开展“为西藏养路职工送温暖”活动，得到交通行业积极响应。活动从1995年起，计划用三年时间，组织除宁夏、新疆、青海、四川、云南、甘肃等省（区）以外的全国其他省（区、市）及6个计划单列市的公路交通部门，对西藏国、省、县各级公路上的150余座道班危房进行援建改造，每座道班的投资20万元。活动开展后，全国29个省（区、市）和计划单列市的交通系统参加了送温暖活动，共投资3130万元，交通部专项补助770万元。西藏自治区党委和政府对“送温暖”活动减免税费，享受自治区成立30周年大庆项目的优惠政策。西藏交通厅多方协调，认真组织，确保工程进度和工程质量。在各方的努力下，原定三年完成的“送温暖”活动，至1997年2月提前1年圆满完成。两年间共完成投资3945万元，完成援建改造道班房156座及其配套设施建设，总面积4万余平方米。“送温暖”活动开展以后，不仅改善了西藏养路职工的工作生活条件，加强了民族团结，更大大增强了交通系统的凝聚力，推动了文明行业的建设，同时对全国交通系统干部职工也是一次展示社会主义制度优越性和爱国主义的生动教育。为了总结“送温暖”活动的经验，进一步做好援藏工作，1997年7月14日至17日，交通部在西藏召开了“送温暖活动总结验收会”，黄镇东部长亲自参加会议，并对科技推广、人才培训等方面进一步对口支援，提高西藏交通发展的整体技术水平与科技含量进行部署。同时要求交通系统广大干部职工继续做好新时期的援藏工作，为西藏的繁荣稳定和经济发展作出更大的贡献。

1997年，交通科技和教育援藏也快速发展。10月，公路桥梁管理系统援藏项目完成验收，同时还增加了路面管理系统和公路客运系统的推广应用工作。1997~2000年，据不完全统计，交通部为加大智力援藏力度，先后拨款1500万元，用于改善西藏交通职工学校以及呼和浩特交通学校、青海交通学校、重庆交通学院等院校西藏班的办学条件。

20世纪80年代中期后及整个90年代，是第二次、第三次西藏工作座谈会明确的100多个建设项目集中实施的时期，公路基础设施的实施使西藏的公路交通迅速迈入了现代化的门槛。到90年代末期，拉萨汽车货运总站、格尔木西藏汽车运输总站等一批现代化建筑拔地而起，改建后的拉萨至贡嘎机场公路平坦畅通，西藏交通基础设施服务水平和能力得到新的提高。

进入21世纪后，公路援藏工作继续担当着重要角色。2001年6月25日至27

日，党中央、国务院在北京召开了“第四次西藏工作座谈会”。江泽民总书记在讲话中指出，1994年召开“第三次西藏工作座谈会”以来，西藏的改革开放和现代化建设取得了显著成就。全国支援西藏力度加大，国家投资建设了交通、能源、通信、农牧业、社会事业等一批基础性骨干项目，为西藏的长远发展奠定了良好基础。西藏经济发展，社会进步，民族团结，局势稳定，边防巩固，人民安居乐业，是历史上发展和稳定最好的时期之一。会议确定，基础设施薄弱是西藏经济发展的主要制约因素，必须加快公路等设施建设。会议确定国家直接投资的建设项目117个，总投资约312亿元，同时要求加强对口支援。

全国公路交通行业坚决贯彻党中央、国务院的部署，不断加大公路援藏的力度。2001年2月，交通部决定发动地方交通部门和大型交通企业开展向西藏援助公路养护机械活动，要求全国交通系统迅速行动起来，继续发扬“全国交通一家人”的优良传统，帮助西藏自治区购置急需的公路养护机械设备，以实际行动来支援西藏的交通事业。6月，《关于印发〈交通部关于开展援助西藏公路养护机械活动实施方案〉的通知》（厅公路字［2001］320号）正式下发，对援助活动的组织和实施作了详细布置。《通知》下发后，各援助单位行动迅速，仅用1个月时间就落实了援助资金。同时，西藏交通厅也积极组织落实机械招标采购、转运等具体事宜，到8月初所有机械全部采购完成，陆续运抵拉萨。8月25日，“全国交通系统援助西藏公路养护机械捐赠仪式”在拉萨布达拉宫广场举行。此次活动，全国共向西藏捐赠公路养护机械75台套，加上3万册交通图书和10台笔记本电脑，捐赠总价值达到3 100多万元。

2002年和2003年，交通科技和教育援藏分别完成了汽车站智能化客运管理系统的推广以及西藏远程教育终端站建设、多媒体课件开发等工作。2005年9月，西藏远程教育站正式开始运行。

大规模向西藏派出公路交通干部始于1994年“第三次西藏工作座谈会”之后。大批公路交通系统的援藏干部和工程技术人员响应号召，奔赴条件十分艰苦的雪域高原，西藏公路交通的飞速发展与这些援藏干部付出的智力、体力甚至生命密不可分，他们为西藏的公路交通事业做出了突出的贡献。其中，陈刚毅成为援藏干部中的光辉典范；在“高原孤岛”、也是全国唯一不通公路的墨脱县，在重新勘察、启动公路建设的过程中，援藏干部许晓珠功不可没。

第六节　公路桥梁、隧道

改革开放30年来，随着我国公路建设的突飞猛进，公路桥梁、隧道等设施的快速发展和技术进步，成为公路建设的一大亮点，是我国公路建设技术水平整体飞跃的突出代表。

中国公路桥梁、隧道建设取得的巨大成就，使我国在世界上逐步确立了从“桥梁大国”到“桥梁强国”的地位，许多世界级的桥梁、隧道，成为中国改革开放的具有标志性的工程。

一、公路桥梁

我国古代桥梁独步世界，创造过无与伦比的辉煌。近代以来的百年积弱，曾让我们远远落后于发达国家。

新中国成立以后，中国人民挺起了脊梁，桥梁的建设逐渐甩开了“洋人”的羁绊，走上了自主发展之路。特别是改革开放以来，在桥梁建设上取得的成就，使行业的从业者们无愧于祖先，重新站到了世界的前列，迎来了桥梁建设伟大复兴的时代。

改革开放初期，我国干线公路上还有很多“断头路”和公路渡口，给人们的出行带来极大的不便。当时由于经济和技术条件的限制，公路桥梁以梁式桥和拱桥为主，建设标准和荷载能力都比较低，特别是跨大江大河和海湾的桥梁更少。

1979年底，我国共拥有公路桥梁12.72万座，计263.65万延米；截至2008年底，全国公路桥梁达59.46万座，计2 524.70万延米，分别是1979年底的4.67倍和9.58倍，桥梁数量的增长达到平均每年1.6万余座，速度惊人。“八五”末的1995年，我国有特大桥梁521座，计47.49万延米；13年后的2008年底，我国特大桥梁达到1 457座，计250.18万延米，年均增长72座。

21世纪以来，以工程的总体规模、主桥跨径、深水基础、主塔高度、索缆承载及长度等技术指标的迅速提升以及桥梁形式多样为标志，我国桥梁的设计和施工水平已步入世界前列。在最能代表现代桥梁建设综合水平的悬索桥、斜拉桥、

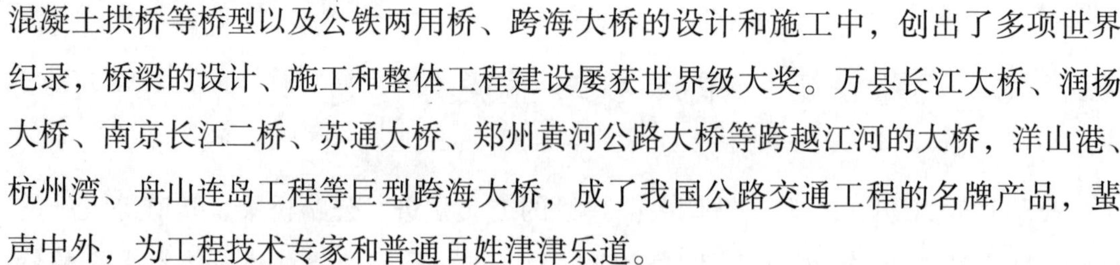

混凝土拱桥等桥型以及公铁两用桥、跨海大桥的设计和施工中，创出了多项世界纪录，桥梁的设计、施工和整体工程建设屡获世界级大奖。万县长江大桥、润扬大桥、南京长江二桥、苏通大桥、郑州黄河公路大桥等跨越江河的大桥，洋山港、杭州湾、舟山连岛工程等巨型跨海大桥，成了我国公路交通工程的名牌产品，蜚声中外，为工程技术专家和普通百姓津津乐道。

（一）桥梁建设的整体飞跃

改革开放之初的1978年，我国桥梁事业从艰难中开始了腾飞的脚步。1978年7月1日，我国第一座抗高烈度地震的公路桥——全长979.2米的河北滦河新桥竣工；同年11月25日，全长1 508.3米，由钢筋混凝土T形梁和预应力混凝土T形刚构联合组成的盱眙淮河公路、油管两用桥通车；同年12月份，总长377.6米、主跨105米的钢筋混凝土箱形拱桥——广西来宾红水河公路大桥通车，并于1983年获国家优质工程银奖。1979年1月26日，首次使用顶推法施工、全长485.2米的广深公路万江大桥通车；同年7月，主跨100米、全长331米的广西灵山龙武石肋双曲拱桥通车。70年代末，随着国家开始以经济建设为中心的重大转折，桥梁建设迎来了早春的阳光。

20世纪80年代初，我国高等级公路开始起步，客观上对桥梁的设计、施工和管理提出了更高的要求。1982年2月12日，交通部颁发《公路桥位勘测设计规程（试行）》，开始把公路桥梁勘测设计纳入规范的轨道。随着公路等级的提高，桥梁特别是干线公路桥梁的荷载标准、桥面宽度、桥下净空、设计洪水频率等诸多技术指标已全面提高，预应力技术被广泛运用。桥梁基础理论、计算方法和手段、施工工艺和技术、检测手段以及相关材料和配套设施等课题，在过去研究的基础上，获得了大量成果和技术经验，并及时应用于桥梁建设。1982年7月14日，山东济南黄河公路大桥通车。该桥全长2 023.4米，主桥为预应力混凝土连续梁斜拉桥，获国家优秀设计奖和国家优质工程银奖；10月1日建成的泸州长江公路大桥，全长1 252.5米，主跨5孔为105米+3×170米+105米，由预应力混凝土T形刚构和40米挂梁组成；12月20日，安徽淮南淮河公铁两用桥通车，其中公路桥全长3 196米。1983年5月15日，国内首次采用竖曲线上多点顶推技术施工、全长522.10米的广深公路中堂大桥通车。

1985 年由交通部颁布施行《公路钢筋混凝土及预应力混凝土桥涵设计规范》，使预应力结构设计的理论和方法更为全面和完善。各类预应力混凝土桥梁成为桥梁建设的主流。“六五”期间，经过工程技术人员的努力，我国研究成功多种施工工艺与技术，如石拱桥的悬砌、卡砌，双曲拱桥的无支架施工，以及桥梁的悬拼、转体、顶推、多点顶推施工。在桥梁结构上创造了双曲拱新桥型；研究了多种大跨桥如撑架连续板，预应力混凝土桁架桥、斜拉桥以及桥渡水文与钻孔灌注桩技术。济南黄河公路斜拉桥获 1985 年国家科技进步一等奖，双曲拱桥的推广获 1985 年国家科技术进步二等奖。截至 1985 年底，我国公路桥梁达到 14. 6 万座，计 422. 14 万延米。从 1978 年以来的 7 年来，平均每年建成公路桥梁 3 000 多座。

“七五”时期的 5 年里，我国桥梁建设步伐逐步加快，新建桥梁 2. 5 万余座，年均建桥约 5 000 座。截至 1990 年底，我国公路桥梁达到 16. 85 万座，计 505. 56 万延米。长江上已建起 24 座现代化的公路和公铁两用桥，黄河上已建起 57 座各种形式的公路桥。“七五”期间，跨越珠江的洛溪大桥、跨越湘江的长沙北大桥、跨越金沙江的宜宾大桥等，其跨径和结构以及设计施工水平都达到世界先进水平。

20 世纪 80 年代，正是我国“六五”和“七五”时期，我国公路桥梁建设步入快速发展时期，达到了新的水平。10 年里，年均建成桥梁 3 854 座，年均建成 13 万余延米，发展速度开始引人关注。在数量猛增的同时，桥梁跨径、荷载标准、行车道宽度、通航高度、材料品质等均同步提高。

20 世纪 90 年代，中国桥梁技术开始腾飞。我国桥梁的桥型，已由中跨钢梁桥、混凝土梁桥、拱桥，向大跨连续梁桥、斜拉桥、悬索桥、结合梁桥、钢管拱桥发展。数座大跨度的斜拉桥、悬索桥的成功建设，令世界瞩目。“八五”开局之年的 1991 年，新开工建设的工程有：黄石、铜陵两座长江大桥，东明、三门峡两座黄河大桥，汕头海湾、青岛女姑山海峡大桥等工程；同年竣工我国第一座跨海峡大桥——厦门大桥，全长 6 599 米，主桥长 2 070 米，荷载达到汽车—超 20 级、挂车—120，设计行车时速 80 公里/小时。1991 年建成的杭州钱塘江二桥，是我国首座公铁平行连续梁桥，公路和铁路的正桥均为 18 孔一联混凝土箱形连续梁桥，全长 1 342 米，其联长桥跨国内第一。这些工程不仅技术先进、结构新颖、工艺复杂、施工难度大，而且实现了工期短、造价低、质量好的目标。

跨“八五”和“九五”期的 90 年代，我国平均每年建成桥梁 7 209 座 36 万延米。先后在长江、黄河、珠江、松花江等我国主要内河以及沿海海峡上，建成了一批具有世界先进水平的公路桥梁，如广东虎门大桥、江阴长江公路大桥、济南黄河大桥、厦门大桥、厦门海沧大桥等。特别是1999年9月28日竣工的江阴长江大桥，主跨1 385米，开创了我国悬索桥一跨超越千米的纪录；1999年12月30日通车的厦门海沧大桥，是世界第二、亚洲第一座特大型三跨全漂浮钢箱梁悬索桥，这些大桥工程的建成令世界瞩目。大型桥梁工程不仅在我国主要大江大河及海峡展开，在松花江、辽河、淮河、渭河、沅江、湘江、黄浦江、西江、闽江、乌江、嘉陵江、汉江等各省（区、市）的主要江河上也建设了一大批过去没有力量修建的现代化桥梁。这些桥梁普遍采用了当时世界上先进的各类桥梁结构形式。

据不完全统计，90年代建成的3 000米以上的公路长桥9座，建成跨径300米以上的大跨度桥17座，其中具有世界先进水平的大跨度桥梁10座。桥梁建设如雨后春笋般快速发展，标志着我国公路桥梁工程设计、施工以及建设管理能力又迈上了新台阶，大跨径、深水基础桥梁的建设已进入国际先进行列。截至2000年底，我国公路桥梁达到24.06万座，计865.51万延米，长江上已建成45座公路桥梁，黄河上的公路桥达到了68座，天堑真正变成了通途。公路桥梁建设的速度和规模已基本满足公路建设发展的需要，新建的高速公路，一、二级公路都实现了路通桥通，保证了公路交通的畅行，对国民经济的发展和人民生活的改善发挥了重要作用。

进入21世纪，我国桥梁飞速发展。2001~2008年的8年里，平均每年建成桥梁近4万座，年均建成近190万延米。8年里，先后建造了近百座大跨度桥梁，南京长江第二大桥、湖北军山长江大桥、湖北阳逻长江大桥、南京长江三桥、润扬长江公路大桥、湖北宜昌长江大桥、苏通长江公路大桥、杭州湾跨海大桥、深圳湾跨海大桥、舟山连岛工程西堠门跨海大桥等桥梁工程的建设，开启了我国桥梁建设全面丰收和发展的新时代，也迈开了由桥梁大国向桥梁强国前进的步伐。据统计数据显示：目前，我国已建的四大桥型——梁桥、拱桥、斜拉桥和悬索桥的最大跨径分别达到330米、550米、1 088米和1 490米，分别位居世界同类桥梁跨径的第一、第一、第一和第四位。

在“五纵七横”国道主干线桥梁开始大规模建设的同时，我国大型跨海工程大规模展开。交通部规划的沿海高等级公路干线上有5个大型跨海工程，它们自北向南依次跨越渤海海峡、长江口、杭州湾、珠江口伶仃洋和琼州海峡，目前长江口工程已经启动，杭州湾大桥已经建成，其他大型跨海工程也正在或已经进行可行性研究。其中难度最大的有渤海湾跨海工程，海峡宽 57 公里，海况复杂，气候恶劣；琼州海峡跨海工程，海峡宽 20 公里，水深 40 米，海床以下 130 米深未见基岩，常年受到台风、海浪频繁袭击。此外，还有舟山大陆连岛工程、青岛至黄岛以及长江、珠江、黄河等众多的桥梁（或隧道）工程。

这期间，非国道主干线上的数个跨海工程建设，同样令世界瞠目。于 1999 年开工的浙江舟山连岛工程，总长 50 公里，其中 5 座跨海大桥总长 25 公里，均按四车道高速公路标准建设，工程于 2008 年底竣工，其投资、建设规模、施工难度、技术水平可谓前所未有。2005 年 5 月 25 日，全长 32.5 公里的东海大桥贯通，连接了上海港与浙江嵊泗的崎岖列岛，为满足洋山深水港年吞吐 220 万标准集装箱疏运需要提供了有力的支撑，这是我国贯通的第一座严格意义上的跨海长桥。

同时，伴随着我国西部大开发、中部崛起等重大战略举措的实施，在地形、地貌、水文条件复杂的中西部地区，桥梁工程建设日新月异。以重庆、四川、云南、贵州等西南省（市）以及中部的湖北、湖南等省份西部地区最具代表性，特别是有“桥都”之称的重庆，这一阶段建设了李家沱长江大桥、马桑溪长江大桥、菜园坝长江大桥、黄花园嘉陵江大桥等大型桥梁工程，多次刷新桥梁建设的纪录。此外，随着城市化程度的提高和经济的发展，城市交通模式趋于多样化，也建成了一大批高水平、有特色的城市桥梁和轨道交通桥梁，如获第一届詹天佑大奖的首都机场高速公路四元立交桥，就是其中的典型代表。

桥梁建设水平的提高，使得桥梁工程不仅在国家级工程评奖中屡屡夺魁，而且为我国赢得了数个国际工程大奖。

2002 年 6 月，江阴长江公路大桥在国际桥梁会议（IBC）匹兹堡年会上荣获首届“尤金·菲戈”大奖，摘得了我国桥梁在世界上的首项挂冠。2006 年 7 月，天津大沽桥再次摘得“尤金·菲戈”奖。这项全世界桥梁设计建造的大奖，评奖条件不仅严苛，而且每年只有一项工程可以获奖。评奖仅 5 年，我国桥梁工程 2 次夺魁。

2007 年 6 月，在美国匹兹堡举行的第 24 届国际桥梁技术大会上，我国第一座钢塔斜拉桥、世界第一座弧线形斜拉桥——南京长江第三大桥获得“古斯塔夫斯·

林德恩斯”奖。该奖项是国际桥梁会议年度大奖，被誉为桥梁界的“奥斯卡奖”，这是该奖项首次授予我国的桥梁工程。

2008年3月，创造出主跨最大、群桩基础规模最大且入土最深、桥塔最高、拉索最长四项世界纪录的苏通大桥，获国际桥梁大会第25届会议“乔治·理查森”奖。该奖项是国际桥梁大会4个奖项中历史最长的一项，设立于1988年，此前的1995年和2005年，法国诺曼底大桥、希腊瑞昂大桥曾分获该奖项。

同在2008年3月，有世界第一钢结构拱桥之称的上海卢浦大桥，获第94届国际桥梁与结构工程协会（IABCE）“杰出结构大奖”。

随着设计、施工、管理水平的不断提高，我国桥梁在国内外摘金夺银的势头不会减低。相信只要在设计施工创新、工程质量提高和桥梁美学方面狠下工夫，主动参与国际大桥的设计竞赛和施工竞标，我国的桥梁工程师和施工企业就一定能够在和外国同行的竞争中进一步确立我国桥梁的国际地位，创造中国桥梁建设进入世界工程市场的辉煌。

我国桥梁建设的发展，不仅涌现了一大批响当当的桥梁工程以及设计、施工企业，而且培养了一大批蜚声中外的桥梁设计、建设大师和科研学术权威，大大提升了我国桥梁建设的国际地位。成立于1929年的国际桥梁与结构工程协会是桥梁与结构工程界最大、最具影响力的国际性学术组织，每年举办一次年会，讨论当年科学研究领域内最前沿的话题，成员已经扩展到100多个成员国。继李国豪1981年被该协会推选为“世界十大著名结构工程专家”后，项海帆院士于2002年当选为国际桥梁与结构工程协会副主席，范立础院士当选为国际桥梁与结构工程协会中国团组主席。2004年，由国际桥梁与结构工程协会中国团组、中国土木工程学会（CCES）、中国桥梁与结构工程协会（IBSE，CCES）与同济大学联合举办的国际桥梁与结构工程协会（IABSE）学术大会在上海召开，国内外学者专家600余人与会，进一步提高了我国桥梁界在国际上的影响力。

此外，还有更多桥梁的科研、设计、施工、管理等方面的专家享誉全行业，这些名字由生疏到熟悉，已经开始为普通公众所知。更多的，是磨炼出了一支熟练掌握各种形式、大跨径、深水基础桥梁建设技术以及大型桥梁工程综合管理的队伍，培养出一大批从事设计、科研、施工、管理的高素质技术人才。目前，中央和省级部门已拥有一批数量可观、技术水平高、设备精良、装备现代化的人才队伍，就连市县一级公路部门也有相当的建桥能力。这些人才和经验为我国公路桥梁在21世纪的进一步发展奠定了雄厚的基础。

（二）桥梁建设的主要成就

桥梁的分类有很多种方法，技术上最为严密的方法是以桥梁的结构形式和受力特点来分，可分为四类，即梁桥、拱桥、斜拉桥和悬索桥。随着我国桥梁建设的快速进步，一些跨江跨海的特大型桥梁工程均由两种以上桥型组合而成，甚至由桥隧组合，这种桥虽然在单个桥梁的结构、受力上没有超出以上四种类型，但在工程的勘测、设计、施工以及建设管理等方面与单个桥梁均有很大的不同，因此，组合桥梁也成为我国“十五”、“十一五”桥梁建设的一个突出亮点。

1. 梁桥

梁桥是最简单实用的桥型，在桥梁史上出现最早。现代桥梁技术中，钢板梁桥和钢桁架梁桥出现最早。以后，混凝土梁桥以其经济性和便于维护的优势，得到了长足发展。

我国公路梁桥的发展，以预应力混凝土梁为主，很少用钢梁。我国预应力混凝土简支梁桥和连续梁桥在20世纪80年代后得到广泛应用，成为长桥和大跨径桥梁的主要桥型。1984年建成的湖北沙洋汉江桥是首座跨径超过100米的连续梁桥；1989年建成的开封黄河大桥总长4 475.09米，其中有77孔50米简支梁采用连续长度达450米，并按部分预应力混凝土结构设计。

现代梁桥的分支——连续刚构、斜腿刚构等新桥型在20世纪80年代取得突破性进展。1988年广州市郊建成中国第一座大跨径连续刚构桥——洛溪大桥。它的建成，既吸取了中国数十座T形刚构的经验，又引入了国外同类桥梁的成熟技术，主跨180米，在当时居亚洲同类桥型首位，并为90年代刚构桥的建设奠定了基础，成就了虎门大桥辅航道桥创造出当时主跨270米的世界纪录。

20世纪90年代以来，世界已建成的跨度大于240米的PC连续刚构梁桥17座，其中7座在中国，而我国的西部地区有5座。预应力混凝土梁由连续梁逐步发展到以连续刚构为主，最大的连续梁，是主跨为165米的南京长江二桥北汊桥。连续刚构桥最大的是主跨270米的虎门大桥辅航道桥。2006年，我国又建成了主跨为330米的重庆石板坡长江大桥复线桥，其主跨的跨中区段采用103米钢梁，是混合梁连续刚构，跨径居世界首位。

我国主跨大于250米的预应力混凝土刚构桥见表2-1。

主跨大于250米的预应力混凝土刚构桥 表2-1

序 号	桥 名	跨径（米）	建成年
1	重庆石板坡长江大桥复线桥	86.5+4×138+330+132.5	2006
2	虎门大桥辅航道桥	150+270+150	1997
3	苏通大桥副桥	138.7+268+138.7	2008
4	云南红河大桥	58+182+265+194+70	2003
5	福建宁德下白石大桥	145+2×260+145	2003
6	重庆鱼洞长江大桥	145+2×260+145	2008
7	泸州长江二桥	145+252+49.5	2000
8	重庆嘉华嘉陵江大桥	138+252+138	2007
9	四川江安长江大桥	146+252+146	2007
10	重庆黄花园大桥	137+250+137	1999
11	重庆马鞍石嘉陵江大桥	146+3×250+146	2001
12	广州江心沙珠江大桥	138+250+138	2004

2. 拱桥

中国一直被誉为“拱桥王国”。拱桥将我国古代建桥的主材——石材的性能发挥到了极致，以其美观、实用和较高的技术含量，在我国古代桥梁中占有霸主地位。工业革命后，钢材和混凝土材料的出现，也并没有动摇中国传统石拱桥的根基。中国人基于对“拱”的理解，不仅独创了双曲拱桥，而且把新材料与“拱”完美结合，很快赶超了拱桥建设的先进水平。

20世纪80年代以后，钢筋混凝土箱形拱桥、刚架拱桥及桁式组合拱桥等多种桥型渐渐取代了石拱桥和双曲拱桥的地位，缆索吊装、转体施工、劲性骨架浇筑等多种工艺日臻完善。1987年，四川省采用转体施工法相继建成了跨径分别为122米和200米的巫山龙门桥和涪陵乌江桥，均为上承式箱形拱桥。1990年，四川宜宾小南门桥建成，跨径达到240米，是当时中承式拱桥的世界纪录。1995年，贵州瓮安县江界河大桥建成，突破中国混凝土拱桥一跨300米的纪录，达到330米，成为世界最大的桁式组合拱桥，同时，其拱顶至水面高度263米，居国内各类桥梁之首。全桥轻盈简洁，凌空飞渡，气势非凡。1997年建成的重庆万县长江大桥，主拱圈为钢管混凝土劲性骨架箱形混凝土结构，主跨 240 米，双向四车道，是混凝土拱桥的世界之最。

20 世纪 90 年代以后，钢管混凝土拱桥因实用和美观的完美结构结合，成为各地桥型的主选。1991 年，四川苍溪建成了中国第一座钢管混凝土拱桥——旺苍东河大桥，跨径 115 米。此后几年里，此桥型虽然在各地有多处兴建，但主跨始终无法突破 200 米。直到 1998 年，广西三岸邕江大桥通车，把该类桥型的主跨一举提高到 270 米；1999 年，广西又建成主跨 220 米的六景大桥。此后，在湖北、浙江和贵州等省，跨径 250 米左右的钢管混凝土拱桥开始增多。

2000 年，广州市建成世界最大跨径的中承式钢管混凝土拱桥——丫髻沙大桥，全长 1 084 米，主桥为三跨连续中承式钢管混凝土系杆拱桥，主跨 360 米；2005 年 1 月建成通车的巫山长江大桥，再一次刷新世界特大跨径钢管混凝土拱桥纪录，主跨达到 492 米。不论在数量上还是在技术上，对“拱”有独特理解的中国桥梁工程师，已经把其他国家远远甩在了后面。

2003 年 6 月 28 日，上海卢浦大桥竣工通车。不仅以 550 米跨径成为世界第一钢拱桥，而且一举甩掉了自 30 年代以来我国钢拱桥始终落后于世界先进水平的帽子。2008 年底，重庆朝天门长江大桥竣工。大桥全长 1 741 米，为 190 米 + 552 米 + 190 米三跨连续中承式钢桁系杆拱桥。该桥双层设计，上层双向六车道公路，下层双向轻轨和两个预留车道，刷新了卢浦大桥保持 5 年之外的拱桥主跨纪录。

我国主跨大于 400 米的拱桥见表 2-2 所示。

主跨大于 400 米的拱桥　　表 2-2

序号	桥　名	跨径（米）	建成年	类　别
1	重庆朝天门长江大桥	190 + 552 + 190	2008	钢桁连续系杆拱
2	上海卢浦大桥	100 + 550 + 100	2003	提篮，钢箱，系杆拱
3	巫山长江大桥	460	2004	钢管混凝土拱
4	宁波东外环甬江大桥	100 + 450 + 100	2009	中承双肢钢箱拱
5	湖北沪蓉西支井河大桥	430	2008	钢管混凝土拱，上承
6	广州新光大桥	177 + 428 + 177	2006	混凝土三角钢架与下承钢桁系杆组合
7	重庆菜园坝长江大桥	88 + 102 + 420 + 102 + 88	2007	刚构，钢桁，系杆组合
8	万县长江大桥	420	1997	钢筋混凝土拱，上承
9	湘潭湘江四桥	120 + 400 + 120	2007	钢管混凝土斜拉拱，飞燕式

3. 斜拉桥

现代斜拉桥，20世纪50年代兴起于欧洲，70年代传入中国。1975年，四川云阳县和上海分别建成主跨75.8米和54米的试验性钢筋混凝土斜拉桥——云阳汤溪河桥和上海新五桥。在此基础上，我国又建成了几座跨径120米左右的实用斜拉桥，为斜拉桥的大发展奠定了技术基础。

我国第一座跨径突破200米的斜拉桥是1982年建成的上海泖港大桥。几乎同时，济南黄河大桥将斜拉桥的跨径提高到220米，这也是我国第一座钢斜拉桥。此后，随着技术的逐渐成熟，在20世纪80年代里，斜拉桥一度成为我国大跨径桥梁的首选桥型。相继建成的跨径200米以上的斜拉桥有天津永和桥、重庆石门大桥、安徽蚌埠淮河大桥、湖南长沙湘江北大桥、四川犍为桥、安徽凤台淮河桥和台湾高屏溪桥等，数量达到30多座。其中高屏溪桥和石门大桥为独塔斜拉桥，两侧跨径分别为330米、180米和230米、200米，居当时同类桥型的世界之首。此外，广州市海印桥35米最大桥宽和双薄壁墩单索面体系、广东南海九江大桥采用5 000千牛浮吊的快速悬拼施工、1990年竣工的长沙湘江北大桥的轻型挂篮悬浇施工和美丽造型等都各具特色，成为这一时期斜拉桥建设的代表性工程。

20世纪90年代，斜拉桥建设出现高潮，其跨径迅速突破400米。1991年建成的上海南浦大桥，跨径达423米。两年后建成的上海杨浦大桥跨径达到602米。到2000年，我国建成的跨径600米以上的斜拉桥4座，除杨浦大桥外，还有福建青州闽江大桥、武汉白沙洲长江大桥和南京长江二桥。

2008年6月30日，苏通大桥的通车，使我国斜拉桥主跨达到1 088米，标志着斜拉桥主跨超千米新纪录的诞生。

多年来，我国在斜拉桥设计、施工技术、施工控制、斜拉索防风、防雨振等方面，积累了丰富的经验，取得了大量科技成果。在400米以上大跨径斜拉桥建设中，创造了自己独特的风格：索塔采用混凝土塔，不用钢塔。最高的混凝土塔为徐浦大桥，塔高210米；索塔形式多种多样，有A形、倒Y形、H形、独柱；主梁结构类型多种，有钢箱梁4座、混合式5座、结合梁4座、混凝土梁7座；斜拉索采用平行钢丝的有15座、采用钢绞线的有3座。2001年建成的名列世界第三位的南京长江二桥钢箱梁斜拉桥（主跨628米）和名列世界第五位的福建青州闽江结合梁斜拉桥（主跨605米）均处于世界斜拉桥领先地位。整体来说，我国斜拉桥设计、施工水平已迈入国际先进行列，部分成果达到国际领先水平。

截至2008年底，我国已建成斜拉桥300多座，其中主跨跨径超过400米的有38座。斜拉桥总数及主跨超过400米的斜拉桥数，均居世界第一位。跨径超过千米的斜拉桥，世界上仅有2座，都在中国，一是主跨1 088米的苏通大桥，二是主跨1 018米的香港昂船洲大桥，将于2009年建成。在世界跨径前十位的预应力混凝土斜拉桥中，我国占6席，标志着我国斜拉桥设计、施工水平已跨入世界先进行列。

我国主跨400米以上斜拉桥见表2-3所示。

主跨400米以上斜拉桥　　表2-3

序号	桥　　名	跨径组合（米）	建成年	类　　型
1	苏通长江公路大桥	2×100+300+1 088+300+2×100	2008	钢箱梁
2	香港昂船洲大桥	3×70+80+1 018+80+3×70	2009	钢—混凝土混合梁
3	鄂东长江大桥	275+926+275	2010	钢—混凝土混合梁
4	湖北荆岳大桥	100+298+816+80+2×75	2010	钢—混凝土混合梁
5	上海长江隧桥工程大桥	107+243+730+243+107	2009	钢箱梁
6	上海闽浦大桥	4×63+708+4×63	2010	钢桁梁
7	南京长江三桥	63+257+648+257+63	2005	钢箱梁
8	南京长江二桥	58.5+246.5+628+246.5+58.5	2001	钢箱梁
9	舟山金塘大桥	77+218+620+218+77	2008	钢箱梁
10	武汉白沙洲长江公路大桥	50+180+618+180+50	2000	钢—混凝土混合梁
11	福州青州闽江大桥	205+605+205	2002	钢—混凝土组合梁
12	上海杨浦大桥	40+99+144+602+144+99+40	1993	钢—混凝土组合梁
13	上海徐浦大桥	40+3×39+45+590+45+3×39+40	1997	钢—混凝土混合梁
14	舟山桃夭门大桥	2×48+50+580+50+2×48	2003	钢—混凝土混合梁
15	汕头礐石大桥	2×47+100+518+100+2×47	1999	钢—混凝土混合梁
16	安庆长江公路大桥	50+215+510+215+50	2004	钢箱梁
17	武汉天兴洲长江大桥	98+196+504+196+98	2008	钢桁梁
18	荆州长江公路大桥	200+500+200	2002	混凝土梁
19	鄂黄长江公路大桥	55+200+480+200+55	2002	混凝土梁
20	广东湛江海湾大桥	60+120+480+120+60	2006	钢—混凝土混合梁
21	香港汀九大桥	127+448+475+127	1998	钢—混凝土组合梁

续上表

序号	桥　　名	跨径组合（米）	建成年	类　　型
22	武汉军山长江大桥	48 +204 +460 +204 +48	2001	钢箱梁
23	奉节长江大桥	30.4 +202.6 +460 +174.7 +25.3	2006	混凝土梁
24	重庆忠县康家沱长江大桥	205 +460 +205	2008	混凝土梁
25	重庆长寿长江大桥	207 +460 +207	2008	混凝土梁
26	宜宾菜园沱长江大桥	184 +460 +184	2008	混凝土梁
27	重庆大佛寺长江大桥	198 +450 +198	2001	混凝土梁
28	重庆涪陵石板沟长江大桥	200 +450 +200	2007	混凝土梁
29	杭州湾大桥北航道桥	70 +160 +448 +160 +70	2008	钢箱梁
30	重庆长江二桥	53 +169 +444 +169 +53	1996	混凝土梁
31	江津观音岩长江大桥	186 +436 +186	2008	钢—混凝土组合梁
32	铜陵长江公路大桥	80 +90 +190 +432 +190 +90 +80	1995	混凝土梁
33	香港汲水门大桥	2 ×80 +430 +2 ×80	1997	钢—混凝土混合梁
34	上海南浦大桥	170 +423 +170	1991	钢—混凝土组合梁
35	东海大桥主航道桥	73 +132 +420 +132 +73	2005	钢—混凝土组合梁
36	郧阳汉江大桥	43 +414 +43	1994	混凝土梁
37	润扬长江公路大桥北汊桥	175.4 +406 +175.4	2005	钢箱梁
38	武汉长江二桥	180 +400 +180	1995	混凝土梁

4. 悬索桥

悬索桥以其造型优美，规模宏伟，常被人们称为“桥梁皇后”，是现代桥梁形式中跨越能力最强的。现代悬索桥虽然在原理上源于古代吊桥，但现代悬索桥的设计、用材已今非昔比，特别是承重、施工等技术含量已与古吊桥不可同日而语，即使是同为现代桥型代表的斜拉桥，在跨径上也无法与之争锋。

20 世纪 90 年代以前，我国建设的悬索桥大都是地处山区的低等级公路桥梁，桥面窄、荷载小，许多都具有临时性质和战备性质，主索材料以钢丝绳为主。到 1986 年，我国建成的跨径最大的悬索桥是河南省白浪黄河大桥，为钢绞线主缆，主跨 439 米。

进入 20 世纪 90 年代后，我国的悬索桥迎来了大发展时期。随着设计、施工等关键技术取得突破，真正的大跨径、现代化的悬索桥开始出现。1995 年，中国第一座现代大跨径悬索桥——广东汕头海湾大桥通车，主跨452米。仅一年后，西陵长江大桥就将此国内纪录翻了一番，主跨达到900米。1997年，虎门大桥主航道桥主跨达到888米。同在1997年，香港青马大桥以1 377米创下了中国悬索桥新的跨径纪录。仅仅两年后，江阴长江大桥以1 385米的跨径傲视桥林。中国悬索桥在4年里的三次飞跃，在世界上绝无仅有。

进入21世纪，我国悬索桥的建设飞速发展，先后建成润扬长江大桥南汊桥、西堠门大桥等悬索桥。目前，我国正在规划建设青岛海湾大桥（主跨1 652米）、琼州海峡大桥（主跨1 600米）、马鞍山长江大桥（三塔悬索桥）和香港青龙大桥（主跨1 418米）等大跨径悬索桥。

主跨1 000米以上的悬索桥见表2-4所示。

主跨1 000米以上的悬索桥 表2-4

序号	桥　　名	主跨（米）	建成年	类别	备　　注
1	舟山西堠门大桥	1 650	2009	钢箱梁	两跨
2	润扬长江大桥南汊大桥	1 490	2005	钢箱梁	单跨
3	南京长江四桥	1 418	在建	箱梁	
4	江阴长江大桥	1 385	1999	钢箱梁	单跨
5	香港青马大桥	1 377	1997	钢箱梁	双层行车，两跨
6	武汉阳逻长江大桥	1 280	2007	钢箱梁	单跨
7	湖南吉首矮寨大桥	1 176	在建	钢桁架	单跨
8	广州珠江黄埔大桥	1 108	2008	钢箱	单跨
9	贵州坝陵河大桥	1 088	2009	钢桁架	单跨
10	泰州长江公路大桥	2×1 080	在建	钢箱	三塔
11	马鞍山长江大桥	2×1 000	在建	钢箱	三塔

二、公路隧道

公路隧道是公路上重要的建筑物，通常建造于山岭、江河、海峡和城市地面以下。我国地域辽阔，又多山岭重丘地区，修建山区公路的任务十分繁重。目前我国建成的公路隧道中，以山岭隧道居多，它一般用作克服地形或高程障碍，可改善公路线形，具有保证路线平顺，提高车速，缩短里程，保护生态，节省时间、燃料，提高行车安全性等作用。

曾几何时，受测设能力、设计水平和施工设备的制约，隧道的开凿被视为畏途，于是只能修筑盘山公路。

改革开放之初的1979年底，全国拥有隧道374处，计5.19万延米。30年，弹指一挥间，我国隧道建设取得了飞跃式发展。2002年11月6日，交通部和世界道路协会（PIACR）在北京联合召开“国际隧道研讨会暨公路建设交流大会”，交通部副部长胡希捷向与会的770名中外专家宣布：“中国已成为世界上隧道最多、最复杂、发展最快的国家。”6年多以后的2008年底，据交通部公布的数据显示，全国公路隧道达到5 426处，计318.64万延米，分别是1979年的14.51倍和61.39倍。

我国隧道的发展步伐总体来说稍晚于桥梁，但历程和特点与桥梁非常近似，充满着艰辛和传奇。

中华人民共和国成立后的30年里，我国公路翻越山岭多采用盘山绕行方式。这一阶段建设的隧道不但数量有限，其长度一般也都在千米以下，突破千米的隧道少之又少。由于山岭重丘区高等级公路数量有限，与之相配的具有较高通行能力的隧道更是凤毛麟角。直到改革开放以后，在山岭重丘区修建高等级公路，才逐渐地不再采用展线绕岭的方式，而是修建隧道，大型现代化公路隧道发展的势头才开始加快。

20世纪80年代后，伴随高等级公路的兴起，我国的隧道开始了加速发展。这时期建成的有代表性的隧道主要有：广东深圳梧桐山隧道，单洞长2 314米，后于90年代建成双洞；广东珠海板樟隧道，双洞总长2 042米；福建鼓山隧道，双洞总长3 138米；福建马尾隧道，双洞总长1 935米；浙江严山岭隧道，长1 037米；甘肃七道梁隧道，长1 560米；陕西老爷岭隧道，长1 007米等。这一时期，千米以上甚至数千米的隧道已经不再稀有，据1990年底的统计数据，80年代的10年里，我国建成的千米以上的公路隧道已有10余座。在长度取得突破的同时，隧道的等级开始与公路的等级同步提高，在吸收引进国外先进技术的基础上，隧道的设计和施工水平同步提高。如福州—马尾一级公路的鼓山隧道，单洞净空断面宽9米、高7米，洞壁用混凝土衬砌，洞内设施包括照明、吸音、防潮、通信、防火等，还装备了闭路电视监控和雷达测速系统等，每隔100米设有横向的通道，某种意义上说，这是我国第一座设施先进的现代化公路隧道。深圳梧桐山隧道还设有闭路电视监控和通风、照明设施等，是80年代我国单向长度最长的公路隧道。

此外，1983 年建成的新疆独山子—库车公路上、海拔 3 200 米的铁力买提达坂隧道以及海拔 3 400 米的哈希勒根达坂隧道，把昔日的交通禁区变成贯通新疆南北的通衢。

为适应高速公路的快速发展，20 世纪 80 年代后期，交通部组织广大技术人员，对已建成隧道的设计、施工经验进行了认真总结，并进一步吸取国内外先进技术成果，先后编写了《公路隧道设计规范》和《公路隧道施工技术规范》，对我国公路隧道的建设起到了规范和促进作用。80 年代末期，通过吸收应用新奥法为代表的衬砌支护新工艺体系及新型防排水工艺体系，运用开挖与支护新技术，解决了隧道修建过程中大量疑难杂症。到 1993 年底，我国公路隧道达到 682 座，计 13.55 万延米。70 年代末到 90 年代初的十几年里，年均建成隧道 20 多座 6 400 多延米，隧道建设开始起步，其不可替代的作用得到行业内外的普遍认同，随着勘测设计及施工手段的进步，隧道建设开始逐步普及。

20 世纪 90 年代以后，随着我国高速公路的飞速发展，大型现代化公路隧道进入快速增长时期。1994 年 10 月，在成渝高速公路重庆段建成的中梁山隧道和缙云山隧道以及宋家沟一号、二号隧道，总长 1.2 万余米。其中，中梁山隧道和缙云山隧道是成渝高速公路的控制工程和投资重点，隧道开始在高速公路的建设中扮演着举足轻重的角色。中梁山隧道左洞长 3 165 米，右洞长 3 163 米；缙云山隧道左洞长 2 529 米，右洞长 2 478 米，均为双洞四车道，是我国当时建成的最长隧道。这些隧道的贯通，使成渝高速公路重庆段的里程缩短了 44 公里。建设中应用了许多新技术、新材料和新工艺，为我国长大公路隧道的建设积累了有益的经验和科技成果。

20 世纪 90 年代，我国公路隧道技术水平的进步，集中体现在长度突破、施工技术和设备迅速现代化以及运营监控设施的自动化上。京珠国道主干线广东段 300 余公里，共有隧道 11 座，其中超过千米的 6 座。大宝山隧道是长度最长、规模最大的一座，双洞六车道，单洞总长 3 150 米，其中左洞长 1 565 米，右洞长 1 585 米，隧道净宽 14 米，净高 5 米，计算行车时速 100 公里/小时，于 1997 年建成。该隧道采用新奥法设计、施工，并采用比单一模注混凝土衬砌有更强支护能力的新型复合衬砌。为保证施工能安全、顺利地进行，根据不同地质区段采用了全断面台阶式开挖、侧壁导坑开挖等不同开挖方式，衬砌施工采用现场立模浇筑、模板台车大面积浇筑以及长管棚注浆、水导管注浆等超前支护措施。同时，装置了现代化的运营管理设施。

107国道广东段清远—连州一级公路上，1998年建成了焦冲隧道和石苍岭隧道。焦冲隧道单洞总长4 750米，左洞长2 401米，右洞长2 349米；石苍岭隧道总长4 004米，左洞长1 994米，右洞长2 010米，单洞净宽10.75米，净高7.10米，均采用新奥法设计施工，洞内防排水、通风、照明、消防等现代化设施齐备，并设置了电视监控系统、环境监控系统等现代化管理系统。

这一时期，新奥法等先进的施工方法已经被广泛采用，建设了一大批隧道工程。如北京八达岭高速公路上的谭峪沟隧道，单洞三车道，洞长3 455米；青海省海拔3 792米的大坂山隧道，长1 530米；宁夏六盘山隧道，全长2 385米，洞宽10.5米；川藏公路二郎山隧道，全长8 660米。同时，20世纪90年代，我国还用沉埋施工法修建了广东珠江、浙江甬江等水底隧道。

20世纪90年代到21世纪初的十几年里，我国交通部门每年投入大量科研经费，围绕隧道工程的实际问题开展了科学研究，在隧道的科研、设计、施工中取得了长足的进步，迅速缩小了与世界先进水平的差距。这一时期取得突破的成果主要有：公路隧道CAD技术研究、公路长大隧道纵向通风研究、《公路隧道施工技术规范》编制、公路隧道通风技术的研究、沉管隧道修筑技术研究、特长公路隧道修筑技术研究、连拱隧道建设关键技术的研究、隧道路面结构与材料的研究等。在隧道施工、管理、通风、照明、监控、防灾、维护等许多领域均取得了重大成果，这些研究成果强有力地支持着我国公路隧道建设的快速发展。

截至2000年底，我国有公路隧道1 360座，计50.05万延米。1994～2000年底的7年里，年均建成隧道近100座5万余延米，隧道建设进入快速发展阶段。

进入21世纪，我国的隧道发展步伐更快，设计、施工和防灾减灾等技术水平迅速缩小了与世界先进水平的差距，在一些领域达到了世界领先水平。

据2007年底的统计数据显示，我国公路已建成通车隧道4 673处，256万延米。其中，最长的西汉高速公路秦岭终南山公路隧道单洞总长36.04公里，山西大运高速公路雁门关隧道单洞全长10.4公里，长度跻身于世界前列。

新世纪里，我国公路隧道的科研、设计、施工及运营管理水平突飞猛进。世纪之初，为满足我国经济快速发展的需要，交通部明确提出，将“五纵七横”国道主干线原计划的贯通目标提前10年，进一步加快8条西部通道的建设。位于国道主干线上作为工程控制点的众多隧道开始加快了步伐。雪峰山隧道、雁门关隧道和秦岭终南山隧道，就是其中的杰出代表。

雪峰山隧道位于湖南省邵阳与怀化两市交界山区，是沪瑞线的重要控制工程，双洞双车道，全长近7公里，是目前全国高速公路第三长隧道。雪峰山隧道建设面临极其复杂恶劣的地形地质条件：隧道最大埋深约850米，进口段与出口段地质条件差异较大，建设区域内有7条天然大裂缝对隧道产生较大影响。工程建设者大胆创新，突破了一系列关键技术，取得显著成果。该隧道成为我国最早建成的全面采用地下风机房的特长隧道，并在我国公路及铁路行业中最先采用了中心括孔法施工。通过合理优化施工工艺，隧道工程减少了土地占用，真正做到了自然、和谐、环保。施工实现了横向误差0毫米，远远低于规定的极限误差300毫米，高程误差仅7毫米，仅为规定极限误差的1/10，创造了特长隧道贯通误差最小的世界纪录。

雁门关隧道位于山西省代县境内，是二河线的重要控制性工程，隧道单洞全长10.4公里，地质条件极其复杂。其建设遵循了“全寿命周期成本”新理念，隧道结构设计先进可靠，施工采用了灵活多样的开挖支护手段与工艺，并在地质复杂地段开展地质超前预报，实现了隧道的安全施工。同时，该隧道注重提高行车的舒适性，采用沥青复合式路面、防火喷涂、完善的消防救援系统和遮阳棚式的眩光隧道设计，为舒适与安全行车提供了保障。

2007年1月20日通车的秦岭终南山隧道，是包头—西安—重庆—北海、银川—西安—武汉两条公路西部大通道共用的特大型控制性工程。上下行双洞两车道，长18.02公里。该隧道的通车使西安—柞水高速公路缩短里程达65公里。此隧道的建设创下了6项世界纪录。

在秦岭终南山隧道通车的同时，西安—汉中高速公路上穿越秦岭的3座特长隧道群正在加紧建设，总长达到34公里，全线隧道总长100公里以上。就在西汉高速公路通车之际，2008年5月12日，四川汶川发生特大地震，西汉高速公路作为由陕入川的必由之路，仅轻微受损，它承担起了抗震救灾数万军队的紧急调动和百万吨抗灾救灾物资紧急运输的重任。事实证明，西汉高速经受住了大地震的严酷考验，其特长隧道群同样经受住了大地震的考验。

雁门关、雪峰山、秦岭终南山隧道以及西汉高速特长隧道群等特长隧道的竣工，标志着我国隧道的设计、施工水平已经步入世界前列。而2007年3月19日开工的四川雅西高速公路的泥巴山隧道，全长10.04公里。其中的拖乌山小半径双螺旋曲线隧道设计则属世界首创，为克服12.35公里路段729米的高差和避开断裂带、季节性冰冻带，雅西高速的双螺旋小半径曲线隧道为世界罕见，两个隧道平面线形为单一圆曲形，曲线半径600米，全隧道均为上坡。雅西高速预计建设工期为5年，将于2012年建成通车。

与此同时，经过30年的潜心研究，我国在困扰世界各国工程技术人员的隧道照明、通风、监控、节能以及防火、防灾等方面的科研技术水平迅速提升，不断填补空白，相关成果得到迅速推广，达到了世界的先进水平。

在我国公路隧道飞速发展的时候，世界的目光开始向海洋聚焦，穿越海峡甚至海湾的海底隧道不断涌现。2007年4月18日，俄罗斯宣布，有意修建一条110公里长的海底隧道，将白令海峡两端的西伯利亚与阿拉斯加相连；而瑞士的隧道界大师——乔瓦尼·伦巴蒂也在进行全长40公里、跨越地中海的欧非隧道设计……目前世界上已经建成和计划建造的海底隧道有20多条，最著名的英法海底隧道早在1994年即告完成。尽管如此，我国海底隧道的建设步伐并未被落下太远。2005年9月，我国第一条海底隧道——厦门翔安隧道开工，该隧道总长9.02公里，投资32亿元，将于2009年实现我国海底隧道零的突破。加上2006年底开工的青岛胶州湾海底隧道、2008年开工的大连湾海底隧道，我国有3条海底隧道在建。

2005年初，交通部公布的国家高速公路网规划中，包括了数条跨越海峡、海湾的巨型跨海通道工程。隧道有望以其安全、抗恶劣气候等方面的优势，成为这些工程的首选。在2007年4月21日闭幕的首届“海峡两岸通道（桥隧）工程研讨会”上，与会的7名中国科学院院士和来自中国台湾的21名专家、学者一致认为，建设台湾海峡隧道并非遥不可及；2007年5月11日，酝酿多年的港珠澳大桥海底隧道段地质勘察工作正式展开；而早在90年代中后期，广东就开始琼州海峡跨海通道工程前期的勘探工作，鉴于该区域自然条件复杂而严酷的现实，专家建议了隧道、跨海大桥和桥隧结合三种方案，而桥隧或隧道方案很可能成为首选。相信不久的将来，我国跨海隧道建设将赶上先进国家的步伐。

21 世纪刚刚过去 8 年，在海底隧道起步的同时，我国城市隧道工程建设已在上海、北京、广州、深圳、南京、苏州、杭州、南昌等城市迅速形成高潮。20 世纪 90 年代以来，我国大陆已建成的水底隧道超过 10 条。除上海黄浦江上多条隧道外，先后建成了广州珠江沉管隧道、宁波甬江沉管隧道等。这些隧道的运营情况和防水效果都较好。如 2003 年 8 月 13 日，中国第一条双层越江公路隧道——全长 1 120 米、内径 10.04 米、上下两层单向三车道的上海复兴东路公路隧道北线越江段贯通；2003 年 9 月 29 日通车的上海大连路隧道，全长 2.5 公里，双向四车道，创造了国内首次采用 2 台超大盾构机同时掘进、首次采用超宽超薄衬砌管片错缝拼装技术、首次设置江底联络通道等技术；2005 年 12 月，中国最大直径的圆隧道——直径 11.58 米的上海翔殷路隧道建成；2004 年 11 月 28 日开工的武昌—汉口长江隧道工程，全长 3 609 米，双向四车道，于 2008 年建成。预计到 2010 年，仅上海就将建成 17 处下穿黄浦江的隧道。此外，南京长江隧道建成，济南济泺路黄河隧道工程已经启动。2007 年 8 月底，工程总长 3 公里、总投资 14 亿元的广州最大过江隧道——洲头咀隧道工程开工。与已通车的均为双向四车道的广州珠江隧道、生物岛隧道、大学城隧道相比，洲头咀隧道是广州市内最大的过江隧道。这些隧道施工普遍采用了国际化标准，随着大型盾构等先进设备的引进和自主生产，城市隧道工程建设技术将快步赶超世界先进水平，这些都为穿越水系的长大隧道建设积累了经验。

21 世纪初的 7 年里，我国年均建成隧道 470 多座 29 万延米，隧道建设进入飞速发展时期。

在土地资源越来越宝贵、环保呼声越来越高的 21 世纪，高等级公路和城市交通建设中加大隧道比例成为必然的趋势，虽然一定程度上加大了投资，但其在维护生态环境、减少山体开挖、防止水土流失、节约土地、减少养护成本、减少行车环境污染以及抗灾等方面的效益无法用金钱衡量。

事实证明，公路隧道建设实现资源节约型、环境友好型交通的重要设施，也是实现公路运输高速、快捷、安全的重要工程，公路隧道在现代化公路交通运输发展中起着不可替代的作用。目前，尽管我国隧道在规范编制、安全运营管理等方面还有待更大的飞跃，但隧道以其独特的方式，找到了新世纪我国公路交通发展和加强环境保护之间的完美契合点，这也就注定了，随着未来 20 年里国家高速公路网规划全面实施以及各省高等级公路主干网规划的快速发展，我国公路隧道建设必将迎来大发展的更加美好的明天。

第七节 公路枢纽

运输枢纽指两种或两种以上运输方式的衔接点，是长短途及城市客货运输设施的综合体。每个运输枢纽都形成一个系统，由客、货两个分系统组成，为完成运输作业，都配置有与之相应的运输设备，其中公路运输枢纽的设备由汽车站或客货运输站、停车场及装卸设施等组成。

公路主枢纽是在公路主骨架与水运主通道、铁路和航空干线交会处的全国综合运输网重要结点上，具有运输组织管理、中转换装、装卸储存、多式联运、通信信息、物流服务和生产生活辅助服务七项基本功能的公路运输站场服务系统，包括中心站和网络站。在全国道路运输站场枢纽中，公路主枢纽的层次最高，辐射面最广，起主导作用。

在公路枢纽的建设中，汽车站场是基础性的设施建设，是“硬件”水平的集中体现。

汽车站场包括客运站和货运站场，分别是接待旅客、办理客运业务、组织客运的场所和办理货物运输业务及实施装卸货物、中转换装、仓储保管等业务的场所。公路站场既是公路重要的配套设施，是公益性的基础设施，也是运输企业必要的生产性基础设施。

公路站场建设一直受到各级交通主管部门的重视。改革开放以来，特别是运输市场全面开放以后，各级交通部门采取多种投资方式，坚持“谁投资，谁受益”的原则，发展客运站场，同时依托商品市场和货源集散地，积极发展货运交易站场。

一、全国公路主枢纽

改革开放初期，经济的较快发展，使道路运输站场设施不足的问题逐渐暴露，制约了道路运输的发展。截至1979年底，全国各种类型的汽车客运站（点）约

10 万个，其中运输公司自办客运站点 8 000 多个，代办站7 000多个，绝大多数分布在乡镇边远地区，条件简陋。停靠站（又称招呼站）约有 8 万多个。为了促进汽车站点的建设工作，增强汽车客运站独立自主经营地位和活力，1984 年 5 月，交通部制定《公路汽车客运站级别核定和建设要求》。部颁标准的实施，带动了客运站场规范化的分级建设和管理。根据国家制定的“七五”计划交通运输发展的重点，交通部于 1986 年明确公路“七五”期间的发展目标和主要任务，其中提出要加强客运站设施的建设，重点放在中心城市和旅游胜地。在采取的政策措施中明确，要求注意县乡道路的建设和站场、管理设施的配套建设，讲求经济效益、社会效益和标准质量。

随着道路运输的发展，公路汽车客运站点的建设不断加快，到 1989 年底，全国已有客运站场约 15 万个。其中，一级站 402 个，二级站 1 788 个，三级以下的客运站（包括停靠站）14.6 万多个。一级客运站以及二级客运站的大部分是 1979 年以后修建和改建的。对修建大型客运站，交通部自 1986 年开始从车辆购置费中拿出一部分资金给予补助。到 1989 年底，交通部共补助修建客运站 180 多个。货运站也得到了较快发展。1986 年开始，交通部从车辆购置费中拿出一部分资金，补助各省（区、市）建立货运站，到 1989 年底，全国共建成集装箱站 30 个，汽车零担货运站 150 多个。

1989 ~ 1990 年，交通部逐步正式提出重点建设“三主一支持”的设想，港站主枢纽作为“三主”之一，进入了快速发展的阶段。1990 年开始，交通部组织开展全国性的公路主枢纽规划编制。1992 年，交通部完成《全国公路主枢纽布局规划》的编制工作，确定了全国 45 个公路主枢纽的布局方案。这 45 个公路主枢纽站覆盖了全国 30 个省会城市、人口在 100 万以上的特大城市的 80.6% 和工业产值在 100 亿元以上的城市的 73.3%。公路主枢纽按规划将在 30 年内建成，届时，不仅运输能力显著提高，而且所有主枢纽将具有运输组织、中转换装、装卸储存、多式联运、通信信息以及生产、经营、管理和生活辅助服务等多项基本功能，对有效组织运输，压缩客货滞留时间，减少中转环节，发展联合运输，培育和发展统一开放、竞争有序的运输市场等都具有重大意义。全国公路主枢纽城市一览表见表 2-5 所示。

全国公路主枢纽城市一览表　　表2-5

地　区	城市名称
东部地区	北京、天津、石家庄、唐山、沈阳、大连、长春、哈尔滨、上海、南京、徐州、连云港、杭州、宁波、温州、福州、厦门、济南、青岛、烟台、广州、深圳、汕头、湛江、海口
中部地区	太原、合肥、南昌、郑州、武汉、长沙、衡阳
西部地区	呼和浩特、成都、重庆、贵阳、昆明、拉萨、西安、南宁、柳州、兰州、西宁、银川、乌鲁木齐

全国公路主枢纽布局规划完成后，公路主枢纽城市的总体布局规划率先在沈阳、郑州、天津、广州、深圳和武汉6个城市进行试点。在试点的基础上，交通部于1996年1月颁布《公路主枢纽总体布局规划编制办法》。此后，公路主枢纽城市总体布局规划全面展开。

1998年，交通部规划的全国45个公路主枢纽已有44个通过了规划审查，进入建设阶段。到1998年底，全国共建成货运站和交易市场3 076个，其中集装箱中转站147个、零担货运站740个、货运交易市场1 548个。货运站和交易市场的发展，不仅为提高货运生产的组织化程度和运输效率创造了条件，而且还为承托双方提供了当面交易的场所，对建立统一、开放、竞争、有序的货运市场起到积极促进作用。

1999年，全国45个公路主枢纽项目的前期规划全部完成，其中部分枢纽项目已开始兴建，有的项目已建成投入使用。大部分省（区、市）交通主管部门在全国公路主枢纽规划的基础上，进行了本地二级枢纽项目的规划，并在建设实施中投入了大量人力、物力。1999年投入使用的各类道路货运站场比1998年增加45个；场站功能增加，可以提供货物的配载、集疏运、仓储、分拣和物流服务等；设施水平也有了很大程度的提高，其中有的已使用计算机进行站场作业管理。

统计显示，截至2000年底，“九五”期间全国共建成汽车客运站7 500个、站外发车区4 900个。这些站场设施的建成，不仅为提高道路客运组织化程度和运输效率创造了条件，而且为开辟快速客运、旅游客运等新的经济增长点提供了基础条件，同时还为取缔“马路车站”，提高运输服务质量起到了促进作用。1992年交通部制定的《全国公路主枢纽布局规划》得到顺利实施，公路站场逐步实现现代化、场内交易进一步规范化。

二、国家公路运输枢纽

进入21世纪，公路主枢纽所在城市的社会和经济环境不断发展变化，公路基础条件不断改善和道路运输结构逐步调整，公路主枢纽站场规划建设中布局选址、建设内容、建设规模、服务功能、运营方式、管理机制、实施进展等方面都有了新的变化。到“十五”末，随着全国性的《国家高速公路网规划》、《农村公路建设规划》以及长三角、珠三角、环渤海湾、振兴东北老工业基地以及中部崛起等区域性公路建设规划的相继出台，道路运输站场建设也被纳入相关规划。

2002年开始，交通部开始着力于在规划的全国45个公路主枢纽货运站场中，增加物流功能，修订和完善交通基础设施规划，促进现代物流的发展。2002年下半年，交通部启动的22个“十一五”交通发展重大研究课题中，包括了《全国集装箱一体化运输系统及枢纽站场布局规划》和《公路水路交通在现代物流业中的作用及以港站主枢纽为依托的物流中心规划》。2003年，公路主枢纽建设安排客运站、货运站场以及部分枢纽信息中心建设项目，年度完成投资3.6亿元。建设的项目包括：石家庄南焦客运站、长春凯旋路客运站、上海综合物流中心、四川成都高碑物流中心、重庆龙头寺汽车站、西安市长安路客运站以及贵阳二戈寨物流中心等主枢纽项目。建成的项目包括哈尔滨哈西客运站、江苏南京客运东站、宁波客运指挥及信息服务中心、河南郑州信息中心、武汉青山客运站等。

2004年12月17日，国务院审议通过了《国家高速公路网规划》。为适应新时期公路交通发展的要求，加快建设与国家高速公路网相协调，与铁路、港口等其他运输方式紧密衔接、布局合理、运转高效的国家公路运输枢纽，在提高道路运输效率、提高综合运输方式衔接上的作用日益突出。在《全国公路主枢纽布局规划》的基础上，交通部开始着手制定《国家公路运输枢纽布局规划》。

《国家公路运输枢纽布局规划》总体上采用“多因素定量计算为基础，关键因素遴选，综合优化调整”的布局思路和方法，将1992年《全国公路主枢纽布局规划》中的45个公路主枢纽全部纳入，是继《全国公路主枢纽布局规划》后的又一项国家级公路运输枢纽规划，是对《国家高速公路网规划》的进一步完善。形成的规划方案与铁路、港口等其他运输方式紧密衔接，并与国家高速公路网共同构筑成全国便捷、高效的公路快速运输网络。《布局规划》贯彻了“依托国家高速公路网，完善综合交通运输体系，覆盖主要城市、服务全国城乡”的布局思路，提出的布局方案最终形成179个国家公路运输枢纽城市，其中12个为组合枢纽，涉及196个城市。其作用和效果显著：一是体现了“以人为本”的原则。国家公路运输枢纽覆盖了所有直辖市、省会城市和计划单列市及地级城市137个，覆盖城市占全国地级以上城市总数的60%，覆盖总人口占全国总人口的60%；该网络覆盖了78%的国家4A级旅游景点，为公众旅游、休闲出行创造了便利。二是突出了“服务经济”的思想。国家公路运输枢纽覆盖城市的地区生产总值约占全国国内生产总值的87%；该网络覆盖了84%的国家开放口岸、56%的陆路边境口岸和98%的国家级经济技术开发区，加大了长江三角洲、珠江三角洲、环渤海等经济发达地区的枢纽覆盖密度，充分考虑了支持西部大开发、振兴东北老工业基地、促进中部地区崛起等战略的需要。三是强化了“综合运输”的理念。该网络覆盖了100%的沿海主要港口和93%的内河主要港口、全部的大中型枢纽机场、所有特等火车站和铁路集装箱中心站以及68%的一等火车站，有助于充分发挥公路运输的集疏作用，进一步提高我国综合交通运输的整体效率。

《国家公路运输枢纽布局规划》全面深入地总结了我国公路运输枢纽的发展经验，并对公路运输枢纽存在的问题及原因进行了剖析，对国家公路运输枢纽的概念进行了深入分析研究，对公路运输枢纽的经济属性、枢纽体系与层次、建设模式与机制，以及运输枢纽与现代物流的关系等重大理论问题进行了深入探讨，并运用全新的理念，在综合考虑经济社会发展、国家高速公路网规划以及与铁路、港口等其他运输方式衔接的基础上，对国家公路运输枢纽布局进行了科学的研究论证，具有以下特点：一是解决了一些重大理论问题。《布局规划》运用经济学、交通运输学、现代物流学、网络学的理论，结合发达国家的经验，采用先进的公路运输枢纽建设理念，深入系统地研究并解决了公路运输枢纽的相关概念、实体形式、功能定位、枢纽体系与层次、经济属性、发展方向、建设模式与机制，以及运输枢纽与现代物流的关系等重大的理论问题。二是确定了国家公路运输枢纽布局方案。《布局规划》从国家公路运输枢纽与经济社会发展的关系研究入手，依托国家高速公路网规划，始终贯彻与强化综合运输的理念，采用综合指数法、单因素法、叠加法，以及综合优化等科学方法，确定了国家公路运输枢纽布局方案，指明了我国未来公路运输枢纽的建设发展方向。三是成果具有创新点。《布局规划》从经济一体化发展需要考虑，适应城市群地区城市一体化发展趋势，为了便于充分发挥运输枢纽的使用效率、避免重复建设、减少资源浪费及其经营上的过度竞争，将相距较近的若干个枢纽城市作为一个节点考虑，首次提出了“组合枢纽”的设想，随着《布局规划》的逐步实施，必将产生广泛而深远的影响，并获得巨大的经济社会效益。

《布局规划》的创新集中体现在两点：一是真正贯彻了综合运输的理念，二是结合区域经济的发展提出了“组合枢纽”的概念。

2007年4月29日，交通部以交规划发［2007］220号文，正式下发《国家公路运输枢纽布局规划》。国家公路运输枢纽布局方案见表2-6所示。

国家公路运输枢纽布局方案 表2-6

地区	省（市）	城　　市	数量
东部	北京	北京	1
	上海	上海	1
	天津	天津	1
	河北	石家庄　唐山　邯郸　秦皇岛　保定　张家口　承德	7
	辽宁	*沈（阳）抚（顺）铁（岭）　大连　锦州　鞍山　营口　丹东	6
	江苏	南京　*苏（州）锡（无锡）常（州）　徐州　连云港　南通　镇江　淮安	7
	浙江	杭州　*宁（波）舟（山）　温州　湖州　嘉兴　金华　台州　绍兴　衢州	9
	福建	福州　*厦（门）漳（州）泉（州）　龙岩　三明　南平	5
	山东	*济（南）泰（安）　青岛　淄博　*烟（台）威（海）　济宁　潍坊　临沂　菏泽　德州　聊城　滨州　日照	12
	广东	*广（州）佛（山）　*深（圳）莞（东莞）　汕头　湛江　珠海　江门　茂名　梅州　韶关　肇庆	10
	海南	海口　三亚	2
东部合计			61
中部	山西	太原　大同　临汾　长治　吕梁	5
	吉林	长春　吉林　延吉　四平　通化　松原	6
	黑龙江	哈尔滨　齐齐哈尔　佳木斯　牡丹江　绥芬河　大庆　黑河　绥化	8
	安徽	合肥　芜湖　蚌埠　安庆　阜阳　六安　黄山	7
	江西	南昌　鹰潭　赣州　宜春　九江　吉安	6

续上表

地区	省份	城　市	数量
中部	河南	郑州　洛阳　新乡　南阳　商丘　信阳　开封　漯河　周口	9
	湖北	武汉　襄樊　宜昌　荆州　黄石　十堰　恩施	7
	湖南	*长（沙）株（洲）潭（湘潭）　衡阳　岳阳　常德　邵阳　郴州　吉首　怀化	8
中部合计			56
西部	内蒙古	呼和浩特　包头　赤峰　通辽　呼伦贝尔　满洲里　巴彦淖尔　二连浩特　鄂尔多斯	9
	广西	南宁　柳州　桂林　梧州　*北（海）钦（州）防（城港）　百色　凭祥（友谊关）	7
	重庆	重庆　万州	2
	四川	成都　宜宾　内江　南充　绵阳　泸州　达州　广元　攀枝花　雅安	10
	贵州	贵阳　遵义　六盘水　都匀　毕节	5
	云南	昆明　曲靖　大理　景洪　河口　瑞丽	6
	西藏	拉萨　昌都	2
	陕西	*西（安）咸（阳）　宝鸡　榆林　汉中　延安	5
	甘肃	兰州　*酒（泉）嘉（峪关）　天水　张掖	4
	青海	西宁　格尔木	2
	宁夏	银川　固原　石嘴山	3
	新疆（兵团）	乌鲁木齐　哈密　库尔勒　喀什　石河子　奎屯　伊宁（霍尔果斯）	7
西部合计			62
全国合计			179

注：* 为组合枢纽。

第三章 道路运输

在我国，道路运输是综合运输体系中通达程度最深、服务面积最广、承担社会运量最大的一种运输方式，是综合运输的骨干力量，其供给能力和服务水平，成为社会和人民群众检验交通工作的重要尺度。在一些交通不便的地区，道路运输甚至是唯一的运输方式。

改革开放30年，道路运输发展和基础设施建设形成相辅相成、互相促进的互动关系，取得了巨大成就，其发展惠及每一位公众。正如交通部部长李盛霖2007年9月6日在甘肃兰州召开的“全国道路运输工作会议”上讲话指出的：“改革开放以来，我国道路运输事业发展很快，实现了从计划安排向市场运作、从能力短缺向基本适应的重大转变。”“道路运输在综合运输体系中的基础性作用不断加强，为经济社会发展、新农村建设和人民群众安全便捷出行，作出了应有贡献。”

第一节 道路客运

改革开放前，我国道路客运以国有运输企业为主，市场没有放开，运力严重短缺。改革开放后，这种状况很快被突破，客运开始走上健康发展的轨道。30年的发展，道路客运取得了突出成就。

1978年，公路全年客运量14.92亿人，旅客周转量521.30亿人公里，分别占当年公路、铁路、水运和民航综合客运量的58.74%和29.91%；到2008年底，公路全年客运量达到220.70亿人，旅客周转量达到12 636.00亿人公里，分别是30年前的近14倍和23倍多，分别占当年综合客运量的92.1%和54.1%。数据显示，道路旅客运输在综合运输体系中的基础地位不断增强。

一、多层次客运网

改革开放之初，交通部重点推进运输企业体制改革，加强客运管理，完善客运管理制度，逐步形成了一个市场开放、合理竞争的客运网络。

为加强客运管理，完善客运管理制度，1977年6月18日至25日，交通部在江苏苏州召开了“全国公路汽车客运工作会议”，部署和落实公路客运工作。苏州会议要求各地交通部门：一要提高发展客运重要性的认识，转变“重货轻客”的思想，更好地为发展农业生产和城乡交流服务。二要从经营思想、管理体制、服务质量、动力配置、站点建设、人员培训等方面，加强汽车客运工作领导。会后，各地交通部门按交通部要求，增开干线和农村短途班车，增加客运服务项目，组织开展公路、水路和铁路联合运输，开展乘务、站务和驾驶工作竞赛，提高服务质量，使道路客运行业发生了可喜的变化。

1980年5月，交通部颁布《全国汽车客运管理暂行规定》。

1980年10月30日至11月6日，交通部在湖南长沙召开“全国公路汽车客运工作经验交流会”。会上，学习贯彻了国务院《关于开展和保护社会主义竞争的暂行规定》，交流客运工作经验，讨论了公路汽车客运面临的新形势和新任务，讨论并修改了《公路汽车旅客运输规则》，研究了公路客运企业如何发挥优势、开展竞争、促进联合等问题。会议提出，要采取措施改善经营管理，改革客运体制。

农村客运作为客运的基础，一直受到高度重视。1976～1980年，交通部按照国务院把交通运输工作转移到“以农业为基础”的要求，组织开展了公路客运支农工作，推广交流公路客运支农经验。

1977年6月，交通部在江苏苏州召开“全国公路汽车客运工作会议”，要求交通部门更好地为发展农业生产和城乡交流服务。1978年8月，交通部召开“全国公路客运支农经验交流会”，进一步号召“面向农村，车头向下”。各地交通部门把建设以省会（自治区首府）、地市（州）所在地和县城为中心的三级客运网，作为发展客运事业的一项长远措施，逐级制订发展规划，保证干线，加强支线，把重点放在以县城为中心、干支线相连、站点密布、班次交错、沟通城乡的农村客运网上，让客运班车能够开到边远山寨、乡镇厂矿和边防哨所。1980年10月，交通部在湖南长沙召开“全国公路汽车客运工作经验交流会”，要求发挥汽车客运自身的优势，进一步推动并加快发展农村客运。

截至 1980 年底，全国公路总里程达到 88.83 万公里，营运客车达到 37 万多辆，初步形成了一个覆盖城乡、通达村组的多层次的客运网络雏形。

二、城乡道路客运

改革开放后，公路客运生产力获得巨大的解放。交通部提出打破单一所有制限制，开放交通运输市场，要求从我国交通运输事业多层次、多形式、多渠道的特点出发，放宽政策，搞活交通。逐步形成多种经济成分共存，服务形式多样化和服务功能逐步完善，规模巨大的产业。在城乡干支线中短途客运方面，已经基本能够满足出行需求。

20 世纪 80 年代，交通部出台一系列宏观调控措施，积极放开运输市场，极大促进了道路旅客运输的发展。改革开放第 10 个年头的 1987 年，公路运输部门完成客运量 46.15 亿人，旅客周转量 1 859 亿人公里。其中个体运输完成的客运量达到 9.68 亿人，比上年增长 78%。新疆、宁夏、青海、甘肃、陕西、吉林、黑龙江、贵州、西藏、内蒙古、广西等省（区）道路运输的客运量增长率都在 15% 以上；尤其是“老、少、边”地区的客运量增长较快，较好地满足了当地百姓的出行。

自 1983 年以来，公路客运部门适应运输市场新形势，打破行政区划限制，以经济发达城市为辐射中心，积极开辟省际联营线路。到 1988 年底，全国长途汽车客运量每天达到 1 239 万人，其中跨省客运线路已达 2 500 条，日发班车近 1 万班次，日运送旅客超过 46 万人，全年运送旅客 1.68 亿人，相当于每天增开 150 对铁路旅客列车。跨省客运实行一票到底，极大方便了群众出行，既减轻了铁路旅客运输的压力，也充分发挥了道路客运的优势。这一时期，农村客运显现新的发展态势，冲破了过去由乡镇到县城的传统格局，逐步由乡镇直接流往中心城市、省会甚至外省大中城市，出行距离大大延长。如江苏省，1980 年只有几个乡镇有到上海的直达客运班车，到 1988 年底，已有 70 多个乡镇与上海市开行了直达班车，每天往返旅客万余人次。

进入 20 世纪 90 年代，针对道路运输市场中出现的争抢客源、恶性竞争等混乱现象，各地交通部门在治理整顿中加强了运输管理，严格了线路审批制度，实行了“三定”（定线路、定班次、定站点）管理，积极创造条件引导社会、个体经营客车进站，使客运市场秩序大为改观。在线路班次安排上，凡对开的跨省（区）班线优先安排给国有企业，引导个体及社会客车以经营市（县）内短途班线为主，提高国有企业在干线上的班次占有率。为了扭转运输能力大于运输需求的现象，各地对客运车辆的投放实行额度管理，逐步做到“先审批、后购置”，使车辆盲目发展的现象得到了遏止。

1990年11月15日至20日，交通部在郑州召开“全国公路旅客运输工作会议”。会议围绕中央关于治理整顿、深化改革的方针，总结交流经验，表彰文明站队和先进个人，提出今后公路客运工作的方针目标和任务。会议指出，10年来，我国道路旅客运输工作在党的十一届三中全会制定的路线、方针、政策指引下，经历了一系列重大改革，是中国道路旅客运输发展史上成绩显著的10年。1989年，全国民用载客汽车拥有量达到146.43万辆，其中道路运输部门拥有的营运载客汽车达到10.49万辆，与1978年相比，增长了2.14倍；个体运输户营运载客汽车已发展到15万辆以上。车型结构和技术状况也逐步改善，舒适程度有了提高。1989年，全国公路客运量达到64.45亿人，旅客周转量达到2 662亿人公里，分别比1979年增长3.61倍和4.41倍，年均递增12.37%和14.45%。公路客运量和旅客周转量分别占全社会旅客运输总量的81.4%和43.8%。由于农村经济的日益发展，客运服务的重点已不仅仅是城镇旅客。到1989年底，全国已有87.3%的乡镇通了客运班车。对今后的工作，会议强调要努力抓好以下七项工作：一是治理整顿，强化行业管理；二是积极扶持国有大中型运输企业，促进市场的稳定协调发展；三是加速车站建设，搞好车站管理；四是坚持“车头向下”，进一步发展农村客运；五是进一步搞好公铁客运分流，促进公路客运的发展；六是改进服务工作，提高服务质量；七是加强廉政建设，纠正行业不正之风。

道路客运市场主体的大量增加和规模的迅速扩大，导致企业间竞争强度和水平快速提高，传统市场迅速扩大，一些新的市场得到开拓，如农村班车客运、跨省（区）班车客运、超长班车客运市场等。截至1990年底，全国农村公路客运量已占公路客运总量的54.5%。全国开行的5.2万条客运班车路线中，农村班车路线达到3.3万条，占62.1%；全国开行的21万个客运班次中，农村班次达9.4万个，占44.8%。全国已初步形成以县城为中心，向乡镇及部分建制村辐射的班车客运网络，农民乘车难的问题初步得到缓解。

跨省（区）和超长距离客运班线的开通，夜班车和卧铺车的开行，增强了服务功能，大大方便了旅客的出行。进入 20 世纪 90 年代，数以百万计的农民工进出广东和沿海各省，公路客运已成为这部分人员出行的主要方式。跨省、跨地市的长途班线迅速发展。这些班线主要由国有骨干运输企业经营，大中型专业运输企业注意发挥自身的优势，积极开辟长途和运距在 500 公里以上甚至 1 000 公里以上的超长途客运班线。这些超长跨省客运班线，以广东、广西、湖南、四川、贵州、福建、浙江、湖北、河南、北京等省（区、市）发展最快。如北京市长途客运班线中有 320 条外省（市）线路，其中 500 公里以上的 122 条，800 公里以上的 48 条。最长的为北京至浙江乐清、青田和温岭，运距 1 900 公里左右，采用豪华型客车或卧铺客车，运行时间一般在 36 小时左右；其次是北京至湖北武汉与沙市班线，运距 1 300 公里以上，采用卧铺客车，行程 30 个小时。再如，浙江温州开往贵阳的班车运距达 2 500 公里；福建漳州至广东深圳乘火车需经厦门、广州，需要两三天时间到达，乘坐长途汽车，全程 540 公里，仅需 14 个多小时即可到达。长途客运班线的发展，和旅客对旅行舒适性要求的提高，使企业推出了卧铺汽车客运。第一辆卧铺客车，是 1988 年由云南省汽车运输公司昆明汽车运输总站用“扬 AH663 型”普通客车改装而成的。接着四川、贵州等省的运输企业也纷纷效仿。至 1992 年底，全国 20 个省（区、市）长途客运班线上，都出现了卧铺客车。

到 1995 年，道路客运已经形成交通专业企业、社会投资企业和个体运输业户三足鼎立的局面。道路运输中外合资、合作企业发展迅速，运输市场已形成多个主体共同竞争、共同发展的态势，并且开通了数条国际汽车客运班线，长度在五六百公里的线路所占比例大幅度增长，1 000 ~ 2 000 公里以上的线路也有所增加。

进入“九五”时期，随着公路基础设施的快速发展，道路客运也得到迅猛发展。省际客运班线为适应新的出行需求，也加快了升级改造的步伐。1996 年 1 月 1 日，《省际道路旅客运输管理办法》正式实施以后，省际道路旅客运输管理逐步走上规范化的轨道。截至 1996 年底，全国共有省际客运线路 4 000 多条，日发 2 万多班次，省际客运班车 5.9 万辆，年客运量达 3 亿人。随着国家公路建设特别是高等级公路建设的发展，省际道路客运的运输距离不断增长，平均速度不断提高，运距在 800 公里以内的客运班车一般可实现朝发夕至，最长的班线是从商丘至乌鲁木齐，运距达3 800多公里。随着人民生活水平不断提高，人们对出行提出了更高的要求。各地交通主管部门通过加强运输组织，提高车辆档次，推行文明优质服务，使省际道路客运的服务水平明显提高。1996年，全国省际客运班车大多数已是新型客车和卧铺车，甚至在一些线路上投放了北方、奔驰、沃尔沃、凯斯鲍尔等最新型的豪华大客车，装备了电视、录像机、卫生间、小酒吧等，实行航空式服务。省际道路客运在每年的春运和民工疏运工作中发挥了重要作用。春运期间旅客运输流时、流向高度集中，而铁路、民航等运输方式因班次少、购票不方便和通达密度不足等原因，使得大批旅客和民工转向了道路客运。各地交通部门在春运期间通过加强运输组织，组织大批运力，增开省际客运加班车和鼓励汽车运输企业开展包车运输，对大批量民工组织包车编队运行，确保了广大旅客走得了、走得好、走得及时、走得有序。1996年春运期间交通部门共运送省际民工2 400万人次，有效缓解了春运紧张状况，为组织民工有序流动和维护安定团结的社会局面作出了积极的贡献。

1997年5月21日至22日，交通部在山东桓台召开了“交通部推广村村通客车经验交流会”，这是一次现场会议。会议期间，与会代表交流了各地发展农村客运方面的做法与经验；实地参观了桓台县村村通客车的现场；对全国农村客运发展的现状作了总结，对如何进一步发展农村客运提出了新的目标任务。会议指出，到2000年全国农村客运班线投放客车数由1996年末的16.65万辆增加到19万辆；县乡农村等级汽车客运站达到1.7万个；农村客运班线达到4.1万条；日发客运班次达到30万个；乡镇通班车和村村通班车率分别达到95%和80%，力争有更多的县实现村村通客车。

1998年是改革开放20周年，道路客运取得了长足进步。1998年当年完成客运量125.7亿人、旅客周转量5 943亿人公里，分别是1978年的8.1倍、10.6倍；在各种运输方式的总运量中，道路运输完成的客运量和客周转量所占比重已从1978年的58.7%、29.9%分别上升到1998年的91.3%、56.3%；道路运输站场建设也加快了步伐。到1998年底，全国已有汽车客运站7.5万个，全国45个公路主枢纽已有44个通过了规划审查进入建设阶段。道路运输站场和公路主枢纽建设的发展，不仅为提高运输生产组织化程度和运输效率创造了条件，而且对引导“车进站、客归点”，建立统一、开放、竞争、有序的道路客运市场起到了促进和保障作用。道路客运在综合运输体系中的地位和作用显著提高。

长期以来，各级交通主管部门按照“积极扶持，因地制宜，合理规划，加强管理”的方针，积极培育农村道路客运市场，通过发展农村客运，达到“以运助农、促农、兴农”的目的，到“九五”末期，农村客运已经得到快速发展。全国乡镇通车率和行政村通车率进一步提高，据20个省（区）的调查，1999年，已有40多个县实现了村村通客车。

“十五”末期，我国道路客运迅速发展，2005年，全社会完成公路客运量169.74亿人，旅客周转量9 292.08亿人公里，分别比世纪之初的2000年增加35亿人和2 634.66亿人公里。为探索在新时期进一步发展农村客运的经验，从2003年3月开始，交通部组织开展了为期两年的农村客运网络化试点工作，并于2005年5月在浙江召开“全国农村客运试点经验交流会”，在全国范围内推广农村客运试点工作取得的经验。通过推广农村客运网络化试点经验，制定优惠政策，研发农村客运车辆，加快农村客运站场建设，农村客运的通达深度明显提高。从2004年起，交通部将乡镇农村客运站纳入基本建设计划，每年补贴地方5亿~6亿元专项资金，用于农村客运站建设。仅2005年一年，全国就投资14亿元，建成农村乡镇客运站1 162个，在建2 059个，建设停靠站点16 057个，使我国农村客运站点设施落后的局面得到较大改观。农村客运有了进一步的发展，保障了广大农民安全便利出行。

“十一五”期间道路客运继续平稳快速发展。2006年，共完成公路客运量186.05亿人、旅客周转量10 130.85亿人公里，同比分别增长9.6%与9.0%。全国农村客车和农村客运班线分别达34.4万辆和7.4万条，比2005年新增19 750辆和8 424条。建制村客车通达率由2005年的81%提高到83.2%，建成等级农村客运站4 646个，建设停靠站点2.93万个。

2007年，全社会完成道路客运量205.07亿人、旅客周转量11 506.77亿人公里，分别比上年增长10.2%和13.6%，增速分别加快0.6%和4.6%。

2008年，全社会完成道路客运量220.70亿人、旅客周转量12 636.00亿人公里，同比分别增长7.6%和9.8%。

截至2008年底，全国通公路的乡（镇）占全国乡（镇）总数的99.24%，通公路的建制村占全国建制村总数的92.86%，城乡客运得到极大发展。

三、高速公路客运

随着高速公路通车里程增加，我国高速公路客运开始兴起。1990 年沈大高速公路全线建成通车，开创了高速公路客运的先河。沈阳至大连高速公路客运班线运距由原来的 430 公里缩短至 391 公里，运行时间由 10 小时缩短至 4 小时左右，比铁路特快列车快了 2 小时。相继建成的京津塘、济青高速公路上，在发展高速公路汽车客运方面也取得了一些经验。1995 年，成渝高速公路建成通车后，高速公路客运与铁路相比，运行距离缩短 164 公里，运行时间减少一半，仅需 4 小时，且票价便宜，受到广大旅客欢迎。

"九五"以后，高速公路客运发展迅速。继成渝高速之后，汉口至宜昌、广州至深圳、北京至天津、北京至太原、西安至宝鸡、上海至南京等高速公路相继开展高速公路客运，在全国形成了发展高速公路客运的热潮。沪宁高速公路 1996 年 9 月 15 日开通，到当年底仅不足 4 个月时间，直达班车数量已发展到 70 多对。此后，各省纷纷成立高速公路客运集团，对高速公路客运实行规模化经营，以实现规模效益。

1998 年成立了安徽飞雁、河南宇通、浙江新干线、陕西高客、湖南高客、河北快客、辽宁虎跃 7 家高速客运企业，还有一些实力较强的运输企业和其他行业纷纷投资经营高速公路客运。1998 年 12 月 29 日，沪杭甬高速公路通车后，上海、浙江两省（市）也分别组建了快速客运公司。

1998 年 10 月 21 日，交通部以 1998 年第 8 号令发布施行《高速公路旅客运输管理规定》。《规定》明确："高速公路客运的发展以建立快捷、方便、优质、高效的快速客运系统为目标，遵循'合理规划、额度控制、严审资质、购车预审、批量投放、集约经营'的原则。提倡和鼓励大中型交通汽车运输企业按照现代企业制度的要求，以资产为纽带，实行集约化规模经营，实现规模效益。"《规定》的颁布实施，为高速公路客运业的蓬勃发展奠定了基础。这对高速客运业来说如虎添翼，适应了省际高速客运快速发展，推动企业横向联合及企业规模化、集约化经营的发展趋势，对高速公路客运和快速客运市场及车辆装备起到了规范和引导的作用。高速客运在综合运输体系中更好地发挥了竞争优势，进一步巩固和提高了道路运输在综合运输中的地位。

截至1999年底，全国已有黑龙江龙运、吉林吉运、辽宁虎跃、河北快客、河南宇通、湖北捷龙、广东省运、广西桂柳、浙江新干线、安徽飞雁等30多家具有一定规模和实力的高速客运公司相继成立。其中广东与福建还组建了跨省的深（圳）厦（门）快客公司。这些企业凭借科学的管理、先进的装备、集约化经营、优质的服务，充分发挥了快速客运的优势，从而赢得了广大旅客的欢迎，并取得了较好的经济效益，成为道路运输业中最为看好的一项新的经济增长点。20世纪末，高速公路客运“好路、好车、好服务”的形象，开始为普通公路客运企业学习和模仿，为普通公路快速客运树立“精品”提供了借鉴作用，为道路客运业树立了“航空化服务”的良好形象。

2000年，京沪、京沈高速公路成为“五纵七横”国道网中率先贯通的两条干线高速公路。为提高高速公路客运的运输组织化水平，交通部与沿线各省（市）交通主管部门共同制订了《京沪、京沈高速公路旅客运输组织方案》，并于2001年4月17日正式印发实施。《方案》确定了“统一规划、分步实施、市场调节、行政监督”客运组织原则，规定了除两条高速公路的起讫点北京与上海、北京与沈阳之间开行直通班车外，在两条公路沿线50公里以内的25个城市之间也将全面开通区间班车。同时，《方案》对这两条线路上的客运组织工作提出了十二个“必须”，对参营企业资质、参营方式、客车车型标准、服务要求等作出明确规定。

2002年4月起，交通部决定在京沪高速公路上开展结点接驳运输试点。旨在提高道路旅客运输的组织化水平和运输效率，促进规模化、集约化、网络化经营。

进入“十一五”后，高速公路客运迈上了新的台阶。交通部于2007年9月6日在甘肃兰州召开的“全国道路运输工作会议”上指出，2006年当年，高速公路日均运送的跨省旅客达到100万人以上。

高速公路客运的迅速崛起，扩展了道路客运的空间，提高了服务效能，增强了道路客运在综合运输体系中的基础性地位。

四、出租汽车客运

1978年以前，全国只有为数不多的城市拥有少量出租汽车。比如，作为三大直辖市之一，既是北方大港又是工业基地的天津，拥有的出租车不足百辆；而在北京，1978年仅有两家出租汽车公司，出租车约1 000辆，出租汽车主要服务于外事、公务等活动。

随着改革开放和经济的发展，从1984年起，出租汽车开始进入普通市民百姓的生活，行业开始持续快速发展，几年时间便形成一定规模。在出租汽车数量增多的同时，出租汽车服务区域和对象也在不断扩大。拥有出租汽车的城市达到上千个，许多县城乃至一些经济发展较快地区的乡镇都有了出租汽车。

为适应出租车客运业的快速发展，保护经营者和乘客的合法权益，交通部在1988年1月26日重新修订颁布的《汽车旅客运输规则》中，对出租汽车管理做出相应规定。1989年12月18日，交通部颁布《出租汽车、旅游汽车客运管理规定》，加强了对出租汽车的管理。同时，各地交通主管部门也非常重视出租汽车的管理。

1990年10月7日至12日，交通部在吉林省长春市召开“全国道路水路运输市场治理整顿工作经验交流会议”。这是运输市场治理整顿进入关键阶段的一次重要会议。会议对下一步工作提出具体要求，要求做好正在进行的经营行为整顿工作，强调治理整顿不走过场，必须收到实效。随后，各地在上年开展运输市场治理整顿工作的基础上，深入开展治理整顿，出租行业成为整顿的重点工作之一。如山东省青岛市运输管理处努力搞好青岛机场出租汽车客运的整顿，整顿后杜绝了敲诈旅客等严重违章行为，出现了驾驶员拾金不昧等好人好事70多件，受到国内外宾客和有关单位的多次赞扬。

20世纪80年代末90年代初，出租汽车客运事业取得了飞速发展。据不完全统计，到1992年全国出租汽车已达到20万辆。出租汽车客运已成为各地交通部门道路运输行业管理的重要内容，82%以上的城市和所有的县级城镇出租汽车均纳入交通部门的行业管理，交通部门管理的出租汽车已占全社会出租汽车总数的60%以上。

1990年，交通部门在加强市场整顿的同时，注重用经济手段调控运输市场。自深圳市率先在出租小汽车方面实行招标经营以后，大连、哈尔滨、武汉、沈阳等市交通部门也推行了这项改革措施。同时，各地在加强出租汽车管理中普遍重视法规建设，继1992年杭州市人大立法出台《杭州市出租汽车管理办法》之后，厦门、青岛、石家庄、兰州、株洲、十堰等一批城市政府相继制订发布了《出租汽车管理规定》，黑龙江、广西、广东、海南、西藏等省（区）人大或政府都在地方法规或规章中明确了出租汽车的管理问题。

为进一步提高出租汽车服务质量，将出租汽车客运纳入标准化、规范化的轨道。1993 年 6 月 21 日，交通部出台《出租汽车客运服务规范（试行）》，对出租汽车的经营服务规范、车容仪容、业务受理及调度、运行服务等做出明确规定。

1992 年以后，出租汽车数量继续快速增长。据 1995 年 7 月统计，全国出租汽车总数已达 40. 8 万辆，其中，由交通部门直接管理的为 24. 2 万辆，占总数的 59%。在全国 329 个直辖市、地级市、地级行政机构所在地的城市中，有 258 个城市的出租汽车由交通部门管理，其中福建、浙江、海南、广西、安徽、黑龙江、河北、内蒙古、甘肃、青海、西藏 11 个省（区）的出租汽车全部由交通部门统一管理。其他省（区）城市中的出租汽车，一部分由交通部门管理，一部分由交通部门和其他部门共同管理。个别城市由其他部门单独管理。

为提高出租汽车服务质量，改善经营管理，提高社会效益和经济效益，使出租汽车客运逐步达到标准化、规范化的要求，1995 年 7 月 24 日至 10 月 30 日，交通部公路管理司和中国道路运输协会组织了“全国交通出租汽车客运优质服务百日竞赛活动”，有 24 个省（区）的 300 多个市（含县级市）的 17. 13 万辆出租汽车参加了竞赛，有力促进了出租汽车的管理和服务水平的提高。竞赛活动共评出先进管理单位 84 个，先进企业 99 个，优质服务车 3 273 辆。1995 年 9 月 20 日至 22 日，交通部在哈尔滨召开“全国道路客运工作会议”。会议对今后深化改革，加强道路客运管理，培育和发展道路客运市场有很强的指导性。会议还对加强出租汽车管理提出了要求。这一阶段，各地普遍制定了区域统一的出租汽车运价及计费方法，强制推行使用计程计费器，有力维护了消费者利益。

1996 年，全国出租汽车总数已达到 60 余万辆。大城市出租汽车数量已趋饱和，中小城市、县及县以下城镇出租车增势不减，数量持续增长，大约有 10 万辆出租汽车分布于县及县以下城镇。针对出租汽车行业发展迅速，从业人员队伍素质参差不齐、服务质量低、群众反映大的问题，交通部门加强了出租汽车行业精神文明建设，并取得了较好的效果。石家庄出租汽车行业发展水平尤为引人注目，成为全国交通行业的文明示范“窗口”，1996 年 3 月到 12 月，交通部、中宣部、河北省多次召开会议，向全国推广石家庄出租汽车行业文明创建的经验，全国出租汽车行业普遍开展了学习活动，到 1997 年，全国有 56 个出租汽车客运企业成为部级文明单位，出租汽车行业的规范化建设和服务水平得到大幅提升。

进入21世纪，随着地方政府机构改革的实施和部门职能的转变，全国出租汽车主管部门已由多家管逐步过渡到由交通部门一家管。截至2000年底，全国共有出租汽车78.8万辆。其中，由交通部门主管的55.8万辆，占70.8%；由建设部门主管的20.6万辆，占26.1%；由其他部门主管的2.4万辆，占3.0%。在建设部门和其他部门管理的23.0万辆出租汽车中，交通部门也参与管理的有10.9万辆，占47.3%。其中，北京、河北、黑龙江、上海、浙江、安徽、福建、广西、海南、重庆、西藏、陕西、甘肃、青海14个省（区、市）的出租汽车全部由交通部门一家管理。在4个直辖市、27个省会（自治区首府）城市、5个计划单列市共36个大中城市中，出租汽车由交通部门管理的城市有20个，即北京、上海、重庆、石家庄、呼和浩特、沈阳、哈尔滨、杭州、合肥、福州、南宁、海口、拉萨、西安、兰州、西宁、宁波、青岛、厦门、深圳；由建设部门管理的城市有14个，即天津、太原、长春、南京、南昌、济南、郑州、广州、武汉、成都、贵阳、昆明、银川、乌鲁木齐；由交通、建设部门共管的城市是大连；由其他部门管理的城市是长沙。全国交通部门实施出租汽车行业管理已成主流，交通部和各地交通主管部门重点加强了出租行业的引导和管理。

2002年，交通部根据《国务院办公厅转发建设部、交通部等部门关于清理整顿城市出租汽车等公共客运交通意见的通知》和《国务院办公厅关于切实加强出租汽车行业管理有关问题的通知》的精神，加大了对出租汽车行业管理工作的指导力度，会同有关部门提出了出租汽车行业发展的政策措施，及时处理了出租汽车群体上访事件，确保社会稳定。所做工作主要包括：一是实行总量调控，保持行业稳定，出租汽车有效里程低于70%的城市和地区原则上不再投放新运力；二是严格规范出租汽车经营权有偿出让和转让行为；三是坚决遏制向出租汽车企业和出租汽车驾驶员的乱收费；四是加大了对出租汽车经营企业的管理力度。此后，出租汽车行业逐步走上稳定、规范发展的轨道。

2005年，交通部认真贯彻落实《国务院办公厅关于进一步规范出租汽车行业管理有关问题的通知》（国办发［2004］81号）精神，对出租车经营权有偿使用进行规范，减轻出租车负担，督促出租车企业调整降低驾驶人员的管理费，开展打击“黑车”专项活动，有效应对油价变动对出租汽车行业的影响，消除了少数城市出租车行业的不稳定因素。

2008 年，国务院将指导城市客运的职责划入交通运输部，各地也将出租汽车划归交通运输主管部门一家管理，理顺了出租汽车管理体制。

五、旅游客运

在改革开放以前，旅游对于广大普通百姓来说，无疑属于奢侈的消费，一般是想也不敢想的。随着改革开放的逐渐深入，国家经济的快速发展和人民生活水平的不断提高，进入 20 世纪 80 年代后，旅游客源开始增加，旅游客运迅速发展起来。特别是旅游的热点地区，旅客密集，人数成倍增长。

（一）普通旅游客运

20 世纪 80 年代，各地交通部门利用车辆购置附加费，地方财政拨款、能源交通基金返回和养路费的部分资金，积极修建旅游公路。据不完全统计，80 年代初至 1988 年，全国交通部门共新建改建旅游公路 2 000 多公里，投资约 5 亿元。如广东省新建改建了广州—珠海、广州—从化、广州—肇庆的近 500 公里的旅游公路；广西建成了桂林—阳朔、桂林—杨堤、梧州—荔浦和武鸣—伊岭岩等 200 多公里旅游区公路；北京市投资 1. 56 亿元，新建改建了八达岭旅游复线、石花洞游览线、张坊至十渡以及燕西湖游览线等 12 条旅游公路，共长 146 公里；湖北省以每年 30 万元的投资规模，改善旅游区的公路和桥梁，还专项投资 600 万元，修建了武当山旅游区的公路；甘肃省采用以工代赈的方式，用 2 年时间新建改建了通往贵清山、庆阳北石窟、天水麦积山等名胜旅游区的公路 100 多公里。此外，还建成了一批旅游干线公路，如北京—山海关、郑州—开封、济南—泰安和曲阜、成都—灌县、南京—扬州等公路。众多专线旅游公路的开通，大大方便了游客的出行，缩短了游客的出行时间，受到了广泛欢迎。

进入 20 世纪 90 年代，经营公路旅游客运的车辆和企业越来越多，从而使旅游客运形成了多元化发展的格局。公路客运企业改进旅游服务工作，采取多种形式组织游客观光。如组织吃、住、行的“一条龙”服务；组织多个景点串联的一日游、两日游或多日游，并配备专职导游进行讲解。

众多道路客运企业建立专门机构，统筹安排旅游客运工作，与旅游部门密切联系，掌握市场动向。根据季节旺淡，合理安排班次，调度车辆，满足游客需求。同时不断开辟旅游新线路、新景点，促进旅游客运进一步发展。很多位于旅游点的公路客运企业开始扩大客运站场，改善候车条件。为扩大运力，根据旅游客人不同档次的需求，购置新车，配备大、中、小型及高档豪华、中档、普通客车，组织职工培训，学习外语，为外国游客提供优质服务。

改革开放20年，旅游业和旅游客运得到快速发展，呈现前所未有的大好局面。截至1998年底，我国旅游客车已达1.50万辆，其中高档客车达3 754辆；旅游人数从1980年的570.27万人，迅速增长到1998年的6 000多万人，年均递增15%，既超过国民经济发展速度，也超过全社会客运量发展速度。

1999年9月，国务院颁布了《全国年节及纪念日放假办法》。节假日放假时间的延长，拉动了内需，带动了旅游业的发展，使国庆节放假期间道路客运的繁忙程度胜似一个小“春运”，同时也给旅游客运企业带来了可观的效益。如旅游资源丰富的四川省在这一方面已取得明显效果，1999年，成都市旅游客运营收已占道路客运总营收的25%，且呈持续增长势头，显示了广阔的市场空间和良好的发展前景。

从2000年开始，国家规定每年“五一”和“十一”各有7天的假期。从此，对于道路运输从业者和管理者来说，“五一”和“十一”长假成为与一年一度的“春运”同等繁忙的时段，这种一年三次的繁忙一直持续到2008年取消了“五一”长假。长假制度的实施，给道路旅游客运发展带来了机遇。

为做好长假期间的客流运输，交通部于2000年发出《关于做好“旅游黄金周”假日运输工作的通知》，要求全国道路运输战线的广大职工节日期间坚守岗位，克服因客流猛增而造成运力紧张的困难，精心组织，调配运力，确保道路旅游客运有序运行，圆满完成节日旅客运输任务。据对旅游景点较多的河南、陕西、山东、安徽、江苏、浙江、湖南、湖北、四川、海南和广西11个省（区）的调查，以2000年“五一”长假为例，节日7天共完成客运量1.75亿人，日均客流量比2000年春运增长28%，其中旅游客运量7 014.8万人；节日期间共投放运力30万辆，其中旅游客车4.2万辆，安全生产情况较好。

2001~2007年的7年里，春运、“五一”和“十一”三个长假的客流平稳增长，主要呈现以下特点：一是“五一”和“十一”长假的客流增长大都以中短途旅游和探亲客流为主，特别是进入“十一五”后，进入农村旅游的客流大幅增长。二是旅游客流增幅较大。其中北京、上海、浙江、江苏、福建、安徽、重庆、广东、天津、四川、山东、海南、新疆等省份，以及黄山、泰山、庐山、九寨沟、桂林、三亚、大连、北海、宁波、厦门等风景名胜地区和大中城市郊区旅游客流增幅较大。三是交通部门组织了充足的运力，满足旅游客流的需求。四是在公路管理部门的努力下，节日期间除因个别路段在个别时间因交通流量过大或事故原因出现短时拥堵外，全国公路基本保持畅通。据统计，7 年里，春运、“五一”和“十一”长假累计分别运送旅客 122.41 亿人、19.21 亿人（2003 年因受“非典”影响取消“五一”长假）和 21.86 亿人。

长假制度的实施，极大满足了富裕起来的城乡百姓出外旅游观光的需要，刺激了公路旅游的快速发展。

进入 21 世纪，国家大力发展农村公路建设的同时，交通部先后启动了革命圣地公路、红色旅游公路等项工程的建设，极大地刺激了革命圣地游、红色旅游的发展，这不仅给老区人民带来了可观的经济收入，也使广大游客受到了革命传统和爱国主义的洗礼。甚至一些革命老区还通了高速公路，使得贫困落后的革命老区迅速脱贫致富。在井冈山革命老区，在泰井高速 2005 年 3 月 31 日通车后，旅游人数大幅度上升。2005 年当年，井冈山旅游接待量迅速跃升到 218 万人次，旅游业收入达 11 亿元，同比分别增长约七成。在广西百色，红色旅游成为革命传统教育和经济发展的一大亮点，每年都在升温。1999 年以来，每年到百色参加红色旅游的游客都超过 100 万人次，促进了百色当地特色加工业和第三产业的发展，促进了产业升级和农民增收。3 年里，广西的红色之旅共接待游客 2 000 万人次，收入 30 亿元；在湖北，据不完全统计，截至 2008 年 10 月，湖北近年来投入红色旅游的资金达到 8 亿多元。仅 2007 年一年，该省 14 个国家重点经典景区（其中包含武汉、黄冈、湘鄂西、孝感、麻城等红色系列景区）共接待游客 358.72 万人，其中青少年游客约占 70%，实现旅游收入 8 758 万元，同比分别增长 18% 和 15%。

截至 2007 年底，我国推出红色旅游 3 年多来，全国各级交通主管部门大力建设红色旅游公路。据不完全统计，交通部门仅车购税中拨款就达 9 亿多元，涉及 20 个省份，建设红色旅游公路里程约 1 700 公里，同时大力发展红色旅游景区的汽车客运，促进了红色旅游的开展。3年多里，全国红色旅游景区共接待游客4亿人，综合收入达到1 500亿元，吸纳直接从业人员近40万人，间接从业人员超过143万人。方兴未艾的红色旅游成为老区发展的“催化剂”，正在“反哺”着众多昔日穷乡僻壤的革命老区。

此外，众多省市结合自身的特色，开设具有本地特色的旅游项目。如北京利用2008年奥运会举办之机，推出了奥运场馆游。开发出有北京特色的郊区游、农家游等。河北张家口推出了张北冬季滑雪游，夏季坝上草原游等，极大带动了当地的经济发展。

（二）自驾车出行

改革开放初期的1978年当年，中国人均GDP只有379元。对那时的中国普通家庭来说，拥有汽车只是个梦。30年后的今天，我国的汽车产销量已经跃居世界第二。据工业和信息化部的统计数字显示，在受到经济危机严重冲击的2008年，我国汽车产销仍双双突破900万辆，分别达到932.36万辆和936.33万辆，同比分别增长5.05%和6.56%。而这900多万辆汽车基本都被国内市场消化。

进入20世纪90年代中后期，随着经济的快速发展，北京、上海、天津、广州、深圳、杭州等沿海发达城市人均收入快速增长，汽车开始走入家庭。1995年“五一”节后，全国统一开始实施每周“双休日”制度，全国性节假日增多，为人们旅游休闲提供了方便。

统计数据清晰地反映了汽车快速进入普通家庭的步伐：1985年，全国私人汽车拥有量28.49万辆，其中载客汽车1.93万辆，占私人汽车的不足7%；1990年，全国私人汽车拥有量达到81.62万辆，其中载客汽车24.07万辆；1995年，全国私人汽车拥有量和载客汽车拥有量分别达到249.96万辆和114.15万辆，此时，私人客车已经超过私人汽车拥有量的45%；2000年，分别达到625.73万辆和365.09万辆；到2005年，分别达到1 848.07万辆和1 383.93万辆，私人客车已经占到私人汽车的近75%。进入“九五”后，汽车快速进入家庭，在很多大中城市，私人乘用车的普及更加迅速。

随着私家车的普及，自驾车出游从20世纪90年代中期开始渐成时尚。经过十几年的发展，自驾车出游甚至成为城市居民旅游出行的首选。中国的人均GDP

在2003年迈过了1 000美元门槛，私家车开始出现爆发性增长，真正圆了中国普通百姓的“汽车梦”。在2005年“五一”和“十一”期间，大中城市出游的人流中，约有30%选择自驾车出游，其中北京自驾车出游的比例达到53%；到了2008年的“十一”长假，在一些省市和地区，自驾车出游已经成为主导。据贵州省假日办传出消息，2008年的“十一”黄金周，贵州旅游人次、旅游收入两创新高。其中特别提到，游客数量的80%以上为自驾车旅游。不仅贵州如此，全国其他地方也大致相似。

自驾游的兴起，标志着人们旅游及出行方式发生了革命性的变化，大城市长假期间自驾游的车流主要集中于该市1 000公里范围内的景点，特别是非热点景点，城市郊区游客流也大幅攀升；平时的大周末里，自驾车的一个主要方向就是城里人涌向周边农村。这些，都给道路交通主管部门的管理和服务提出了更高、更新的要求。

交通部从20世纪90年代末期开始，从确保春运、“五一”和“十一”长假运输入手，大力加强对道路的巡查和维护，保证公路状况良好、畅通。各收费站增加值班人员，增设收费道口，加强交通疏导，保障车辆快速通过，为广大旅客出行创造了良好的交通环境的同时，客观上也满足了自驾游的需要。同时，交通部及各地交通运输部门积极主动工作，下大力气提高对广大公众的道路信息化服务水平，既满足平时服务和管理的需要，也起到了节假日和长假里引导自驾车流向的作用，有效保障了交通顺畅。特别是长假期间，交通部和各地交通部门都会通过全国高速公路和景区公路的交通流量观测网，向社会发布各路段交通流量的即时信息，为公众提供出行参考服务。

为更好地满足人民群众的出行需求，进一步提高公路交通应急保障和公共服务能力，2006年8月29日，交通部颁布《公路交通出行信息服务工作规定（试行)》和《交通部公路交通阻断信息报送制度（试行)》。《规定》对信息采集和管理、发布方式、监督和奖惩做出了明确规定；《制度》对信息报送的内容和方式、时限和要求等做出了明确规定。其中明确，各省（区、市）可通过交通部“中国公路信息服务网”的路况信息管理系统，汇总所管辖区域公路交通阻断信息，并及时向可能受影响的相邻路段管理单位发布。

作为官方发布信息最快捷的途径，交通部网站于2006年9月29日完成第五次改版，开通了“中国公路信息服务网”。交通部部长李盛霖在网站第五次改版前，提出了“建设一流政府网站，服务社会公众，提高行政水平，为创建服务型政府、建设创新型交通行业发挥更大作用”的希望。通过第五次改版，交通部政府网站在服务内容方面重点加强了公路出行服务、水路出行服务、行政许可网上办理、查询系统四方面建设。2007 年 1 月，在中国政府网站绩效评估结果中，交通部政府网站在 76 家部委网站中排名第四。经过一年的实际运行，新版网站信息发布和服务功能显著增强，社会公众关注程度大幅提高。

“十五”、“十一五”期间，各地交通主管部门也相应建立起以网站为主要手段的信息发布、服务平台，并根据本地实际情况，通过多种手段提供路况信息，服务于公众的出行。如陕西，早在 2002 年 8 月 26 日就正式开通了“陕西省公路路况信息服务系统”，每周都通过网站、电视、电台、报纸、可变情报板、电话六种方式发布即时路况信息，最多的一天接听的热线电话达到 359 个；2008 年 2 月 5 日，由川高公司与四川省旅游局共同主办的《四川冬季自驾游指南》发放仪式在四川成雅高速公路收费站举行。《四川冬季自驾游指南》的内容包括四川具有代表性的冬季旅游景点资料、出行路线、沿途路况、公路里程以及冬季驾驶的注意事项和冰雪路面驾驶技巧等信息，为自驾车游客提供了全面翔实的出行信息。此次发放《指南》共计 10 万册，对于当时遭受冰冻灾害的部分自驾车游客来说，无异于雪中送炭。

此外，在交通部引导下，各地大力开展联网收费、智能交通改造等，大力提高道路网络的通过能力；众多地区还推出手机短信提示、提供电子地图等服务，努力为广大车主的出行提供便利。

第二节　道 路 货 运

改革开放后，我国道路货物运输发展很快，运输能力显著提高，运货难的问题得到有效缓解。道路货物运输从过去以原材料为主、批量大、品种单一的货源结构逐步转向货类多、批量小、价值高的货源结构，道路货物运输的优势得以充分发挥，完成的运输量逐年增高，在综合运输体系中的基础性地位日益突出，为保障国民经济快速发展、人民群众正常生活发挥了重要作用。

1978 年，全社会公路货运量为 15.16 亿吨，货物周转量为 350.27 亿吨公里，在综合运输体系中分别占到 47.46% 和 3.53%；到 2008 年底，分别达到 191.70 亿吨和 12 998.50 亿吨公里，分别是 30 年前的近 12.64 倍和 37.11 倍，分别在当年综合运输体系中占到 77.0% 和 12.3%。

一、道路货运发展概况

改革开放初期，运输市场开放的步伐不够大，道路货运主要由交通专业运输企业承担，行业发展缓慢。到 20 世纪 80 年代初，我国县以上交通专业运输企业近 2 000 家，地市以上中心城市均有大中型国有运输企业，几乎所有县城和一些经济发达地区的乡镇都有汽车站、业务受理点。专业运输企业拥有营运车 30 多万辆，固定资产达到 140 亿元，职工从业人数超过 100 万人。这时的道路运输为国营所“垄断”，个体运输户还如凤毛麟角。1984 年，全年全社会完成公路货运量 15.18 亿吨，和 1978 年相差无几；增量体现在货物周转量的增长上，当年的货物周转量达到 527.38 亿吨公里，是 1978 年的 1.51 倍。

1983 年，交通部提出“有河大家走船，有路大家走车”的口号，做出放开道路运输市场的决策，极大地激发了社会各界从事道路运输的积极性。2 年后，也就是“六五”最后一年的 1985 年，这项措施开始在货运市场发挥出巨大的效益。1985 年全年，全社会完成公路货运量 53.81 亿吨，完成货物周转量 1 903.00 亿吨公里，分别是 1978 年的 3.55 倍和 3.61 倍，在综合运输体系中的比重分别从 47.5% 和 3.5% 大幅跃升至 72.1% 和 10.4%。此后的二十多年里，虽然社会货运量和需求发生了较大的转变，但公路的货运量和货物周转量在综合运输体系中一直保持了稳定的发展，从而奠定了道路货运在综合运输体系中的基础地位。

“七五”期间，全社会年度公路货运量先后迈过 60 亿吨和 70 亿吨门槛，货物周转量也先后跃过 2 000 亿吨公里和 3 000 亿吨公里的台阶，达到了一个新的高度。

20 世纪 90 年代，在建立社会主义市场经济体制的新形势下，道路货物运输得以迅速发展。全社会年度公路货运量实现了从 70 亿吨到 100 亿吨的历史性跨越，年度货物周转量也连续跨过了 3 000 亿吨公里、4 000 亿吨公里和 5 000 亿吨公里三个台阶，逼近 6 000 亿吨公里，道路货物运输实现了快速发展。这一时期的特点呈现出货物种类增多、价值增大，特别是运距大幅延长，原来运距以三四百公里为主，到“八五”末期的1995年，数千公里运距的运输已经屡见不鲜。

20世纪90年代中期，高等级公路不断增多，为发展道路快速运输创造了良好条件，并使之成为道路运输业新的经济增长点。交通部开始着手在全国建立高速公路快运系统。1997年12月22日至24日，交通部在湖北武汉召开“全国高速公路快运系统建设座谈会”，明确了今后建立快运系统的目标、基本原则和重点。1999年，交通部在全国选择18家道路货物运输企业作为汽车快件货运试点，同时要求各省（区、市）根据本地实际情况，做好快件货运发展规划和组织工作，引导汽车快件货运发展。

到1999年底，我国有货物运输经营业户301.8万户、营业性货运车辆417万辆、各种货运站场约1 500个，已经形成一定的规模。道路货物运输的发展呈现良好态势，道路货物运输组织方式迅速调整。在进一步巩固普通货物运输市场占有率的基础上，快件货运、出租货运、搬家运输以及特种货物运输和物流服务等货物运输服务方式得到大力发展，一个与国民经济发展需求相适应的多样化、多层次的道路货物运输组织结构已基本形成。

“十五”时期，是我国交通发展速度飞速发展的5年，也是成绩最为突出的5年。全社会道路年度货运量在100亿吨以上的高位上实现了32%的增量，年度货物周转量从6 000亿吨公里迈过了7 000亿吨公里和8 000亿吨公里，实现了61%的增长。在“十一五”头两年，道路货运发展的强劲势头依然不减，货运量、周转量分别增长了20%以上，特别是货运周转量迈过了1万亿吨公里门槛。2004年，《中华人民共和国道路运输条例》由国务院颁布，《道路货物运输及站场管理规定》等配套规章相继实施，为“依法治运”、实现公路基础设施与道路运输协调发展提供了重要保障。

目前，我国正处于道路运输能力扩张与质量提高并进的关键时期，与积极建设现代综合运输体系相适应，道路运输必将通过进一步的规范化管理、多样化服务实现与其他运输方式的无缝联结。

二、集装箱运输

公路集装箱运输具有安全、快捷、优质、高效、环保等诸多优点，是公路运输现代化的主要标志之一。与传统件杂散货运输相比，其优势具体表现在：一是便于控制载货质量。要运输的零散货物以集装箱为运输单元，采用机械化装卸，大大缩短了车辆停驶和货物仓储的时间，加快了货物运送的速度；集装箱规格统一，有利于从根本上遏制超限超载运输现象和促进“大吨小标”整改工作。二是有利于提高运输效率。由于集装箱具有密闭等特点，能有效防止运输途中的各类货损货差。三是利于调整运力结构。国际上，大多数国家的车型比较统一，利于现代化货物运输的发展。四是促进现代物流发展。现代物流的发展以运输装备不断革新为前提，公路运输装备的发展模式将从低吨位、低完好率、低速的中型载货汽车向高吨位、高完好率、高速的重型载货汽车发展，从散货式载货汽车向集装箱式载货汽车发展，从高比重的短距离（150 公里）运输向高比重长距离（300 ~500 公里）、超长距离（500 ~3 000 公里）运输发展，从组织化程度低向高组织化程度方向发展。五是加快与国际市场接轨。公路集装箱运输在经济全球化格局中高速发展，各国都十分注重对集装箱运输的引导和发展。

改革开放最初的 10 年里，除大件运输装备和普通客货运输装备得到较快发展外，以集装箱为代表的专业化运输装备开始形成规模。1987 年底，全国共有国际集装箱运输专用车辆 2 000 余辆，当年道路运输完成吞吐量 55. 4 万标准箱，计 421. 4 万吨货物运输，同比分别增长 58. 7% 和 11. 3% ；国内方面，接运铁路到发集装箱 592. 8 万标准箱，计 740. 7 万吨，同比分别增长 8. 9% 和 9. 4% 。

“七五”末的 1989 年，公路集装箱运输已经有了较大发展。全国公路运输企业共集疏运国际集装箱 80 余万标准箱；运输铁路集装箱近 600 万自然箱；运输公路直达集装箱 2 万余自然箱。公路集装箱运输已发生较大变化：一是公路运输企业摆脱传统的件杂货运输方式，普遍开展公路集装箱运输，从巩固集疏运铁路集装箱到集疏运国际集装箱；从集疏运沿海主要港口和铁路枢纽站集装箱发展到集疏运沿海中小港口、长江港口和铁路中小车站集装箱，集装箱货物整箱运输比例逐年增大，逐步形成公路集装箱集疏运网络。二是在公路零担货物运输的基础上，将原先部分公路零担货物转由公路专用集装箱运输。公路专用集装箱运输从零担货物逐步扩展到整车货物，从站到站运输发展到门到门运输。三是为提高公路集装箱运输标准化做了大量工作。交通部门编制了《集装箱公路中转站站级划分及设备配备》的国家标准和《5GJ 公路集装箱技术要求》等地方标准，有关车辆生产厂家研制生产了 10 吨、15 吨、20 吨、24 吨、30 吨半挂车，形成配套的集装箱半挂车系列产品；并定点生产5吨公路专用集装箱。四是为提高牵引车利用率，提高集装箱运输门到门比例，解决装卸设备不足的问题，交通部门组织开展了集装箱汽车甩挂运输并取得一定成效。五是部分内陆汽车运输企业，在当地政府统一规划下，采用一家投资或多家联合投资的办法兴建集装箱中转站，并与中国远洋运输总公司、中国外轮代理总公司、港口集装箱公司等单位联合办理组货、仓储、堆存、报关、报检等业务，与铁路部门联合办理一箱多批和站到门、门到站的集疏运业务。六是随着口岸的开放、边界贸易的发展，越来越多过境货物采用公路集装箱运输。

进入20世纪90年代，中国集装箱汽车运输业务得到了较快发展。到1994年，当年完成港口国际集装箱汽车运输量370万标准箱，公路直达集装箱运量10万自然箱。集装箱运输与传统的件杂货运输方式在运输车辆的技术要求、配载、装卸、交接等中间环节及计价方式等方面都有区别，但由于缺乏专门规章，中国集装箱汽车运输仍沿用传统汽车货物运输规则。为加强集装箱汽车运输管理，由交通部、中国道路运输协会及集装箱运输专业委员会、上海市交通运输局、山东省运输管理局等单位组成编写小组，着手制定《集装箱汽车运输规则》。为保障集装箱运输车辆的安全，集装箱汽车运输规则除对承托双方的责任、权利、义务，车辆技术条件，商务条款及相关程序做出明确规定外，还对集装箱专用车辆运输两个20英尺集装箱提出要求。1994年底，编写小组已编制集装箱专用车辆承载试验大纲，筹备在上海组织车辆承载试验，测试出单只20英尺集装箱的箱货质量限值。这是符合国际惯例，为保障运输车辆的安全、减轻道路路面磨损而采取的一项重大变革措施。

“八五”期间，集装箱运输有了很大发展。截至1995年底，全国共有国际集装箱专用车辆1.6万辆，约2.5万个箱位，国内集装箱专用车辆近2万辆，分别比1990年底增长了7倍、7.3倍、9倍。集装箱中转站250多个，比1990年增加近170个。1995年，汽车运输企业承运港口国际集装箱近500万标准箱，占港口国际集装箱吞吐量的近80%；承运铁路集装箱500万自然箱，占铁路集装箱发运和到达量的70%；承运公路直达集装箱30万自然箱。分别是1990年的4.2倍、1.5倍、3倍。

“九五”时期，集装箱运输进入新的发展阶段。集装箱汽车甩挂运输是一种先进的运输组织形式，具有提高经济效益、降低运输成本、加快车辆周转、促进节能减排等优点。为推动集装箱甩挂运输的开展，国家经济贸易委员会、公安部、交通部于1996年7月22日联合发布了《关于开展集装箱牵引车甩挂运输的通知》。《通知》明确：鼓励有条件的汽车运输企业开展集装箱甩挂运输。各地经贸委、公安、交通等管理部门要积极支持运输企业开展集装箱甩挂运输，简化手续，提供方便，加强合作，及时解决集装箱甩挂运输中的问题，做好协调、监督、管理和服务工作。

进入21世纪，道路集装箱运输持续迅猛增长。国家经贸委、铁道部、交通部等部门于2002年4月10日联合发布《关于加快发展我国集装箱运输的若干意见》。《意见》从建立高效、统一的管理和协调机制，完善集装箱运输政策法规体系，规范集装箱运输市场秩序，改善口岸服务环境，大力推动集装箱多式联动发展，促进内贸集装箱运输快速发展，合理规划建设集装箱运输基础设施，以及加强集装箱运输支持保障系统建设八个方面提出指导性意见，为促进和规范道路集装箱运输市场的发展起到了积极作用。

截至2005年底，我国全社会道路运输集装箱已达2 465万标准箱，比1995年增长1.39倍，货运量2.71亿吨，比上年增长14.4%。其中远洋运输集装箱1 396.15万标准箱，集装箱货运量1.51亿吨，分别比上年增长15.6%和34.6%。

截至2007年底，我国道路集装箱运输车辆达到4.22万辆，比改革开放10年后的1987年增长约20倍，平均运行时速达到60公里/小时；全社会道路运输集装箱4 616.02万标准箱、货运量53 182.96万吨，分别比1987年增长了6.12倍和44.76倍。公路货运承担了当年全国84%的集装箱集疏运量。

三、大宗货物运输

新中国成立后，随着我国大规模经济建设的展开，大批人员、设备和生活物资开始向重点建设地区集中或运出，油田、煤田、矿山、钢铁基地、水电设施等大型工程的建设，对大宗货物的运输需求持续增长。

改革开放后，在大宗货物运输需求不断提高的同时，批量小、时效性强、附加值高的零担货运需求也不断增长，货物运输出现了向“两极”发展的趋势。

大宗货物就是指那些生产量、贸易量、运输量或消费量等比较大的产品，也包括有关国计民生的粮食、煤炭、石油、农业用品等生产、生活资料。

20世纪80年代以后，我国经济社会快速发展，一大批民用建筑和重点工矿、水电等建设项目陆续开工，包括葛洲坝水电枢纽、秦山及大亚湾核电站、北京亚运会场馆、上海宝山钢铁集团工程等，大型企业土建工程完工投产后，大量原材料、生产资料及产成品的运输都需要依靠道路运输完成。

固定资产投资是和交通运输关系最为密切的方面，主要反映了房地产、煤炭开采、发电机组、石油、钢铁制造业、化工材料、木材、水泥、交通基础设施等方面的建设情况。20世纪90年代后，固定资产投资快速增长，国家基础设施、农业、能源等建设步伐不断加快。90年代中后期，三峡水电枢纽工程等大型工程投入施工，特别是1998年后国家采取积极财政政策，公路交通、房地产等建设的快速发展，固定资产投资大幅增长。1997年，生产资料的产需衔接已基本转向市场配置，指令性计划进一步大幅度减少。交通系统的各级物资部门和物资企业，在交通部的宏观指导下，进一步加强服务，在交通生产建设中继续发挥着重要作用。1997年5月27日，“交通物资工作座谈会”在无锡召开。与会者认识到只有通过提供质优价廉的物资和优质服务，才能巩固交通系统的供应市场，并积极开拓新兴市场。经过不懈努力，交通部部属运输、工程、港口物资部门，各省（市、区）交通厅（局）的物资企业和中国交通物资总公司及其分公司，1997年当年共完成供销总值约110亿元，供应钢材60万吨、木材7 200立方米、水泥110万吨、沥青95万吨、汽车8 000辆，油料500万吨。据国家统计局数据显示，“九五”（1996~2000年）5年里，全社会固定资产投资达到13.99万亿元，是“八五”时期的2.33倍。

进入21世纪，固定资产投资继续保持快速增长。“十五”期间，全社会固定资产投资完成29.39万亿元，是“九五”时期的2.1倍。“十五”5年，交通基础设施建设完成投资2.20万亿元，年均增长18.7%，其中公路建设完成1.95万亿元，超过了建国前51年的投资总和。“十一五”前两年，全社会固定资产投资步伐不减，共完成24.71万亿元，为“十五”总和的84%，固定资产投资继续保持了大幅增长。

从道路运输在综合货运量中所占的比例来看，道路运输在国家大型工矿基地建设和生产，煤炭、原油等能源的勘探和运输，建筑工业，交通基础设施建设，人民生活和生产资料的运输等方方面面都发挥了重要的保障作用。

改革开放后，特别是进入21世纪后，随着经济的高速发展，国民经济和人民生活对能源、原材料以及生活必需品等大宗货物的运输提出了更高要求。特别是“十五”后期，由于经济的快速发展，部分地区能源、人民群众生活必需品等数次出现供应紧张问题，交通行业顾全大局，按照国务院的统一部署，出色地完成了电煤、原油、猪肉等大宗物资和生活必需品的运输。

21世纪后，我国煤炭每年增产2亿吨以上，石油消费每年增幅都在20%以上，在铁路运力短时期内无法大幅提升的情况下，道路运输更多地承担了电煤、石油的运输任务。2003年以后，国民经济进入新一轮增长周期，各方对煤电油运的需求快速增长，煤电供需矛盾日益突出。为贯彻落实党中央、国务院的有关指示，确保电煤等重要物资的运输，缓解华东、华南地区电煤供应紧张，全力保障电力部门迎峰度夏，自2004年7月28日至8月27日，交通部组织开展了为期1个月的“公水联运、抢运电煤”活动。2004年7月29日，温家宝总理和国务院有关部门领导在京视察交通运输和治理公路超限超载运输时指出，要加强运力协调和配置，确保电煤和重点物资的运输，确保社会生产和人民生活不受影响，实现经济平稳较快发展。在“公水联运、抢运电煤”期间，交通部门开辟了大同—张家口—北京—天津港、大同—张家口—北京—京唐港两条电煤运输通道，之后再通过水路将电煤运输到华东、华南地区，有效缓解了南方地区电煤供应紧张的局面。据统计，一个月里，通过道路运输调进天津、京唐两港的煤炭达到272.6万吨，日均进港8.8万吨，较之前日均增长1.7万吨，增幅达24%。这项工作得到了国务院领导的充分肯定，也受到了华东、华南地区电力企业的普遍欢迎。

除大宗能源产品道路运输外，重要工农业物资的道路运输保障能力也不断加强。仅以2006年为例，全年通过道路运输发送成品油、粮食、化肥和铁矿石分别达到1.6亿吨、3.3亿吨、1.7亿吨和5.2亿吨，分别比2005年增长2%、0%、35.7%和73.3%，占上述重点物资2006年运输总量的98%、94%、100%、65%。其中由道路运输全程承运的分别为0.16亿吨、1.98亿吨、0.53亿吨和0.74亿吨。

2006年，为缓解局部地区、个别时段的运输紧张，有效应对突发事件，交通部门建立了全国应急运输保障体系，共储备客运应急运力9 500辆，货运应急运力

3.83万辆。全国各级交通主管部门和运输企业都建立了应急运输组织领导机构，自上而下建立了从主管部门到企业、车队、驾驶员之间的通信联络制度，确保发生紧急情况时，能以最快速度集结运力，完成应急运输任务。应急运输保障体系的建设，在保障百姓生活必需品运输、国家抢险救灾等应急运输方面，发挥了巨大的作用。

2007年，针对全国生猪及猪肉等副食品供应趋紧的状况，交通部于8月2日发出紧急通知，要求各级交通部门和运输企业对生猪、猪肉等鲜活农产品运输的运力安排进行全面检查，要按照国务院和交通部的各项要求，加强市场监控，完善应急预案，切实做好生猪、猪肉等鲜活农产品的运输保障工作。同时要求，各级部门要进一步强化运输市场的动态监测，特别要调查生猪饲养大县（农场）、规模化养猪场的运输需求，帮助解决饲料和生猪运输中存在的问题。在生猪运输组织中，还要积极配合有关部门，做好卫生防疫工作，采取必要措施，防止通过运输环节传播生猪疫情。2007年，交通系统在继续做好生猪及猪肉运输工作的同时，着力加强城镇居民生活必需品的运输保障。

四、大件货物运输

随着工业生产设备向大型化、重型化发展，一些重达数百吨的不可拆解的成套设备部件需要由公路转运。各地交通运输部门所属的企业，为满足需求，自制了大批量牵引车、平板挂车和其他挂车，满足了北京燕山石化总厂、泸州天然气化工厂、金山石化总厂及沧州、安庆等大中型化工企业以及宝钢、秦皇岛港等大型生产部门对特重、特长、特大部件的运输需求，为我国经济的起飞作出了突出贡献。从20世纪60年代后期开始到“六五”末的1985年底，公路部门共运送百吨以上的大件设备1 005件，仅“六五”期间的5年就运输704件。截至1985年底，全国各地大件运输企业达30多家，总载重能力超过1.3万吨，培养了一批经验丰富的专门技术人员和熟练工人。同时，“六五”期间，交通部门在汽车节油新技术上取得较大进展，在包括改进发动机、增加柴油车、推广拖挂运输、减轻汽车自重、采用子午线轮胎、研究代用燃料、开发新型动力等技术上取得突破，在积极研究和推广液化石油气、液化天然气、甲醇—汽油混合燃料等方面取得进展。

“七五”、“八五”期间，大件运输仍由公路部门负责组织实施。随着国家工业建设规模和设备向大型化发展，道路大件货物运输也不断创造出新纪录。1994年5月渤海石油公司承运了一件83.7米长的大型设备，是天津石油化工联合公司引进西班牙14万吨乙烯工程大型设备中的一件，重229吨，直径5.19米。挂车单轴最大载荷24.5吨，牵引车最大功率390马力。运输历时两天，运距93公里。

1996年，交通部公路管理司组织开展了道路大型物件运输企业的情况调查工作。调查显示，截至1995年底，全国拥有载质量在50吨以上（含50吨）车组的运输企业共153户，368个车组，计44 689个吨位。按地区分布，华东最多，拥有54户，100个车组，11 125个吨位；东北次之，拥有21户，91个车组，9 547个吨位；华北拥有21户，72个车组，9 287个吨位；中南拥有24户，46个车组，7 455个吨位；西南拥有17户，33个车组，4 815个吨位；西北最少，拥有16户，26个车组，2 460个吨位。总车组中载质量在300～500吨的车组有20个，500吨以上的车组有6个。表明我国大件运输企业及装备已经形成规模，分布基本合理，能够基本满足大件运输的需要。

“九五”以来，大件运输的装备和技术日趋成熟。大型平板运输车、大型吊装及牵引设备等得到了快速发展，大件运输能力成为大型物流企业参与市场竞争的重要手段，成为物流企业技术、管理水平和综合实力的集中反映。大件运输在质量、长度、运距等方面的纪录屡被刷新。

1997年5月，渤海石油运输公司完成运输天津石化总公司630吨加氢裂化反应器，突破了1991年由上海市大型物件汽车运输公司为镇海石化总厂承运600吨加氢裂化反应器（连托架）的纪录。

1997年9月和11月，上海市大型物件汽车运输公司完成两批6台巨型储罐的任务。其中单件质量为650吨的有4台，长度74.3米，直径7.3米，刷新了质量纪录。

1997年8月至9月间，北京市大型物资运输公司完成了连云港至西安安康铁路隧道工地大型掘进机的运输任务，全程1 350公里，创出大件运输车队翻越秦岭的新纪录。

1998年12月，山东济南大型汽车运输公司、中远天津运输公司、渤海石油运输公司共同完成了齐鲁石油化工总公司乙烯装置改造工程4台超大型设备运输任务，最大件的质量达到920吨，直径4.53米。

2004年以来，有关部门先后组织协调了30万千瓦及60万千瓦发电机定子、锅炉汽包、大型水电转轮体和大型燃气轮机组，以及大型电力变压器、重型机械装备、大型石化装备和其他重大工程项目所需机械产品的运输。2004年3月至2005年4月，成功组织协调了为三峡工程左岸机组生产的容量84万千伏安、单件质量380吨的4台大型变压器的公路运输，为三峡工程建设作出了贡献。针对一些承担国家重大装备制造任务的重点企业反映的情况，国家发展和改革委员会、交通部门提出，在加强车辆超限超载治理工作的同时，要高度重视并规范超限运输管理工作，提高工作效率，增强服务意识，做好国家特大重型运输相关企业和国家重点工程项目设备运输工作。同时，对9家重点企业承担的重点工程项目设备运输给予重点保证。

2004年5月21日，中远物流在惠州港专用码头成功接卸中海壳牌南海石化项目核心设备——单件质量为1 284吨的裂解反应器，该设备长94.3米、宽9.1米、高9.6米，创国内船车大件滚卸单重和国内道路运输单重新纪录。

2004年10月，山东交运集团大件运输公司执行了海南海口至新疆喀什大型设备运输任务，运距6 200公里，历时15天，创国内大件运输百吨以上大型货物运输距离最远纪录。

2007年3月13日，中远物流使用4纵列30轴线平板车，完成单件总重1 452.8吨特大加氢反应器滚装、滚卸操作，创全国最重件运输纪录。此前的2007年2月，中远物流研发的“大件货物滚装上下船辅助决策系统”通过鉴定。

2008年5月5日，上海交运大件物流公司将长达106米、重1 200吨的福建炼化一体化项目的丙烯精馏塔成功从常熟兴华港运抵泉州，创造了中国道路大件运输单件长度的新纪录。

五、零担货物运输

所谓零担货物运输，是指一张货物运单（一批）托运的货物重量或容积不够装满一车，可与其他几批甚至上百批货物共用一辆货车装运的一种运输方式。

20世纪80年代后，在城市经济体制改革和工业结构调整的推动下，轻工业和制成品工业的发展加快，生产资料中的成品、半成品和消费资料中的中高档商品越来越多地进入流通领域。1983 年道路运输市场开放后，汽车零担货物运输得到发展。

1984 年 6 月，交通部在江苏南京召开“全国汽车零担货运经验交通会议”，要求各地区和运输企业间加强联系，大力发展汽车零担货物运输，积极适应城乡商品物资流通需要。1986 年 12 月 10 日至 14 日，交通部在福建厦门召开“全国汽车零担货物运输工作会议”，总结了改革开放后的汽车零担货运工作，分析了汽车零担面临的新形势和应当采取的对策，讨论了《全国汽车零担货物运输“七五”发展计划（草案)》和《汽车零担货物运输管理办法》等 6 项相关规章。

1986 年“厦门会议”后，汽车零担货物运输有了新的发展。1987 年，共完成零担货运量 420 万吨，零担货物周转量 17. 1 亿吨公里，分别比 1986 年增长 10% 和 5%。零担货物周转量占交通部门完成货物周转量的 4. 3%。至 1987 年底，全国共有汽车零担运输班线 3 400 多条，其中跨省的 1 200 多条，班线里程在 1 000 公里以上的达到 50 多条，累计营运里程超过 100 万公里。1987 年，根据发展需要，交通部先后制定颁发了《汽车零担货物运输管理办法》、《汽车零担货运站站务管理办法》、《公路汽车货运站收费规则》、《公路汽车零担货物运输统计指标及计算方法》等管理办法和规定，对零担运输的发展起到了积极的推动作用。这一年，华东、中南、东北、华北等片区在协调小组的基础上成立了零担运输协会，加强了零担运输的管理和企业之间的联系。

1988 年，道路零担运输进入稳步发展阶段。1989 年，汽车零担货物运输克服了货源减少、成本上升等困难，取得了较大发展，至 1990 年底，全国已拥有厢式零担货车 3 200 辆，开辟零担货运线路 3 500 条，其中跨省线路达到 1 400 多条，当年开行零担货运班次 16. 8 万对，形成了以北京、沈阳、上海、广州、武汉、成都、昆明、西安等大城市为中心，连接华北、华东、中南、西南、西北地区的零担运输网络，并逐步向零担运输集装箱化发展。

汽车零担货运点多、面广、分散，涉及千家万户。零担货车以其机动灵活的优势，活跃于城镇街巷、农村腹地、边远山区，零担货车的足迹遍布大江南北、四面八方，先集零为整，又化整为零，较好地适应了市场需要。零担运输的发展，促进了运输企业之间、各种运输方式之间的横向协作和联合经营。

20 世纪 90 年代，零担运输适应了客户小批量、高附加值、灵活快速的需求，成为十分活跃的一种运输方式，随着物流业的迅速发展，更是成为众多物流企业争夺市场的重要手段之一。

1996年8月23日，交通部公路管理司在河北石家庄召开了“全国道路零担货物运输工作会议”，这是继1986年在福建厦门召开“全国汽车零担货物运输工作会议”后的一次重要会议，明确了我国“九五”和2010年道路零担货运发展的指导思想和奋斗目标，并就下一步工作进行了安排部署：一是围绕道路运输市场的建立，努力实现两个转变；二是发挥道路零担货运优势，带动运输经营方式从松散型向集约型转变；三是依靠科技进步，提高人员素质；四是发挥行业协会和中介组织的作用；五是进一步搞活国有专业运输企业，发挥国有运输企业的市场主导作用。

1996年部分大中城市相继开办了小型零担快捷货物运输业务，受理城市内短途接取送达服务。这种货物运输服务方式有效地解决了由于城市交通流量的不断增加，大中型货车在城内通行受到限制，货主无法及时将所需货物运抵目的地，跨区域货物到达本地，也只能等待夜间进行作业，给货主带来极大不便等矛盾。为了实现“门到门”运输，提高道路货物运输服务质量，更好地发挥道路运输机动、灵活的优势，“宅急便”、特快专递、“货的”等不同形式的小件货物运输，较好地满足了短距离运输不足1吨的货物进出城市的需要，充分显示出道路货物运输的快捷与便利。为了更好地规范小型货运出租车的管理，维护正常的经营秩序，保障货主及货物的安全，促进道路汽车零担运输业的健康发展，1996年，部分大中城市相继出台了《小型零担货物快捷车运输管理暂行办法》，对从事货运出租业务经营业户的经营行为做出了明确的规定。与此同时，交通主管部门还与当地物价部门、技术监督部门联合制定了货运出租车计费管理办法，进一步完善了管理手续，使承运双方的合法权益得到了保障。服务形式的不断创新，促进了物流业的发展，也使零担运输的市场得到拓展。据不完全统计，截至1998年底，全国有零担货运站736个、仓库堆场面积达652.5万平方米，货物吞吐量达到了2 553.4万吨。

为探索与国民经济发展需求相适应的货运组织形式，交通部于1999年重点组织了汽车快件货运试点工作，目标是建立省内之间和省际的汽车快件货运网络，实现货物运输限时到达；摸索适合中国国情的快件货运经验，逐步完善汽车快件货运的管理规章和业务操作规程、规范；探索适合开展快件货运的企业运行机制；培育一批具有现代企业形象、一定规模的新型道路货运企业。为实现上述目标，制定了相关的措施与要求。根据各省（区、市）实际情况，交通部确定了18家汽车运输企业作为全国快件货运试点企业，到2000年底，汽车快件货物运输有了很大的发展：上海、四川、湖北、广西、福建、江苏、山东等省（区、市），分别制定了本地区的汽车快件货运发展规划；在试点过程中，部分企业采用承诺式服务，保证承运货物限时到达等手段，提高汽车快件货运的服务质量，深受货主单位的好评。上海大众集团公司和河北省快运公司，运用GPS技术，对本公司承运货物和运输车辆实施定位跟踪，使公司和货主及时了解运输车辆或所运货物的位置；在一些路网条件较好和经济比较发达的地区，有些客运公司充分发挥客运定线、定班运行的优势，利用客车底部货仓开展快件货物运输，不仅增加了企业的经济收入，也为汽车运输企业拓宽经营领域闯出了新路子。如河北省快速货运公司已经开通了省际6条、省内12条快货班线，达到了外通15个省的50多个大中城市，内联全省11个地级市，初步实现了“定线、定班、定点、定时”运输，省内11个地级市的分公司实现了微机联网。浙江省杭州长运集团公司采取自营、共营、合资经营、联运等多种经营方式，开通省际快件班线131条、省内快件班线31条。该公司目前汽车快件班线采用联运方式经营的已达102条，占快运班线总数的78%。道路快件货运的开展，引导企业更加重视运输网络的开发和利用，促进运力结构和企业结构的调整，提高了货运服务的质量。

六、危险货物运输

道路危险品货物运输是一种专业性极强的运输形式，货物一般都具有易燃、易爆、腐蚀、毒害、放射性等危险性，在运输、装卸、保管过程中易引起人身伤害和财产毁损，需要专业的防护和安全保护措施。要确保危险品道路货物运输的安全，必须加强对汽车危险货物的运输管理，强化对从业人员的业务培训和持证上岗制度，严格规范其经营行为和业务活动。

改革开放后，随着工农业生产发展和新技术的广泛应用，我国道路危险品货物运输日益增长，从事危险品货物运输的专业企业和专用车辆越来越多。为加强危险品货物运输监管，经交通部批准，“全国汽车危险货物运输联合会”于1987

年成立，参加的单位涵盖了交通、公安、商业、石化、医药、经贸、化工等系统的管理部门、储运企业、生产厂家以及科研院校，是聚集全国从事危险货物运输、储存和管理专家最多的一个跨行业、跨地区的社团组织，至1989年已吸收会员222个。该联合会成立后，在研究解决汽车危险货物运输和技术业务问题，协调会员关系，加强产、运、销横向联系，开展咨询服务，加强组织管理等方面做了大量工作，发挥了行业纽带和桥梁作用。

为进一步保障危险货物运输安全，交通部于1988年3月21日制定了《汽车危险货物运输规则》。这是我国汽车运输第一部独立的危险货物运输规则，对促进汽车危险货物运输的发展，提高运输、装卸技术水平起着重要作用。在实施《规则》过程中，交通部门基本完成《汽车运输危险货物品名表》、《汽车危险货物运输、装卸作业规程》和《汽车危险货物管理规定》等规定的起草工作；组织编写了《可按普通货物运输的常运危险品目录》、《化学危险品英汉对照手册》和《危险货物运输、储存技术指导》等专著；开展了技术业务培训，从1988年10月起，先后举办3期汽车危险货物运输、储存业务知识培训班，培训900余人次；开发推广了汽车危险货物运输车辆必用的“危险品黑边黄色磁吸式顶灯”新标志。

进入20世纪90年代，一些工业较发达的大中城市汽车危险货物运输量快速增长，在上海、北京、天津、重庆等众多中心城市先后建立了汽车危险品货物专业运输公司。90年代中期以后，随着道路危险货物运输市场由封闭转向开放，逐步形成了多部门、多层次的专业化、规范化危险货物运输体系。同时，随着经济建设日益向现代化领域扩展，各类危险品的运输任务日益增多。

为了加强道路危险货物运输管理，保障运输安全，交通部于1993年12月28日制定发布《道路危险货物运输管理规定》，1994年3月1日施行。《规定》明确了道路危险货物运输的管理机构和管理措施，建立了审批制度，规定了经营道路危险货物运输的企业、车辆、人员等基本条件和技术经济条件，从运输管理、维修管理、事故处理和监督检查等方面提出了具体的要求。《规定》下发后，各省（区、市）交通主管部门认真贯彻执行，一些省（区、市）交通主管部门结合本地的实际制定了实施细则或管理办法。1994年7月，在瑞士日内瓦举行的“联合国危险货物运输专家委员会第九次小组会”上，中国专家递交的“关于危险货物隔离要求”的提案以绝对多数票获得通过，这是自1988年中国加入该组织以来所获得通过的第一个提案，标志着中国危险货物运输管理和研究工作步入国际标准化管理的轨道。提案的通过，对危险货物的运输管理工作具有重要的指导意义。

为了更好地贯彻《道路危险货物运输管理规定》，交通部于1994年10月22日印发了《〈道路危险货物运输管理规定〉实施意见》，进一步明确了运输管理机构的设置并指定专人进行管理；统一制定了从事道路危险货物运输管理的各级运政管理人员和从事道路危险货物运输的从业人员的培训大纲；建立了各项管理制度；统一了各种道路危险货物运输证件和印章。为进一步落实《规定》，探讨在市场经济条件下搞好道路危险货物运输的管理，交通部于1994年9月在安徽黄山召开“全国道路危险货物运输管理工作座谈会”，回顾和总结了道路危险货物运输的发展及其管理现状，指出了存在的问题，并明确了进一步加强道路危险货物运输管理的6项工作。

危险货物运输市场的逐步规范，为道路危险货物运输发展提供了保障。1995年7月和1996年6月，由中国道路运输协会会同西安市运输总公司承担我国核工业部门委托的首批核能燃料公路长途运送任务。这是两次批量较大的放射性物质运输，各方面要求很高。由于全面正确地运用了有关危险货物运输的规定、规范和标准，又经过深入实地考查并编制了严密的运输实施方案和运输质量保证大纲，对作业人员进行了严格的岗位培训，从而在运输过程中确保了核能燃料的完整无损、万无一失和安全优质。这不仅为我国道路运输业承担长距离、成批量的放射性物质运输积累了经验，也证明我国道路运输行业完全有能力、有条件自行组织完成此类具有特殊意义、特殊要求的运输项目。

1996年8月1日起，全国开始统一使用道路危险货物运输证件和印章，各省（区、市）加大了对道路危险货物运输管理的力度，加强对道路运政管理和从业人员的培训，加强对道路危险货物运输企业的年审、监督和检查，保障了道路危险货物运输的安全，减少了事故隐患。

进入21世纪，道路危险货物运输的较快发展对管理提出更高的要求。结合贯彻落实《国务院办公厅转发交通部等部门关于清理整顿道路客货运输秩序意见的通知》（国办发［2000］74号）精神，交通部结合2000年开展的“道路运输市场管理年”活动，针对道路运输市场特别是道路化学危险货物运输问题上存在的突出问题，重点在“巩固提高，务求实效”上做工作，使危险货物运输市场秩序明显好转。根据国务院安全生产委员会关于化学危险品运输的专项整治由交通部牵头的职责分工要求，经商国家经贸委、公安部、国家质量监督检验检疫总局、国家安全生产监督管理局同意，2001年5月21日，交通部制定《全国道路化学危险货物运输专项整治实施方案》，提出化学危险品运输的专项工作重点和主要目标，在全国范围内组织开展了针对道路化学危险货物运输的专项整治活动。2002年初，国务院颁布《危险化学品安全管理条例》，明确了各部门在道路危险化学品运输安全管理方面的职责分工，首次把危险化学品运输企业、运输工具及从业人员的安全监管职责赋予交通部门。为贯彻落实《中华人民共和国安全生产法》、《危险化学品安全管理条例》和《国务院关于特大安全事故行政责任追究的规定》的有关规定，交通部于2002年8月印发了《关于加强道路运输安全生产监督管理工作的意见》（交公路发［2002］356号），明确了道路运输安全监督的主要任务是“三关一监督”，进一步加强了危险货物运输管理。

2002年和2003年，交通部配合国家经贸委等部委局，继续开展了道路危险货物运输专项整治活动，特别是从源头上加强了对危险化学品运输安全生产的管理。到2003年底，经过三年的整治，从事道路危险货物运输的企业数量明显减少，规模不断扩大，企业的管理工作有所加强。危险货物运输车辆基本达到一级车辆技术状况，绝大部分从业人员做到了持证上岗，道路危险货物运输秩序和安全状况明显好转，运输事故显著下降。

2004年4月30日，《中华人民共和国道路运输条例》正式颁布，自同年7月1日起施行。《条例》设立了危险货物投保承运人责任险制度。2004年，为贯彻落实《条例》，各地运政管理部门深入运输经营场所，加大对包括危险化学品货物运输等关键环节营运驾驶员的监管力度。同时，在危险货物运输车上，大力推广安装符合国家标准的汽车行驶记录仪、GPS等先进技术装备，从技术手段上加强危险货物运输车辆的监管。

2005年4月，国家质量监督检验检疫总局、国家标准化委员会修订发布了强制性国家标准——《道路运输危险货物车辆标志》（GB 13392—2005），于8月1日起实施。同年7月12日，交通部以第9号部令发布《道路危险货物运输管理规定》。《规定》明确，将保障运输安全作为出发点，重点完善各项安全管理制度，严格市场准入，严防违规车辆进入危险货物运输市场；建立道路危险货物运输分类管理制度；引入“车辆损害管制”概念；加强非经营性道路危险货物运输管理；对从业人员持证上岗进行统一规定；进一步完善了安全管理规定，明确了法律责任。2005年和2006年，围绕贯彻落实《道路危险货物运输管理规定》和《道路运输危险货物车辆标志》（GB 13392—2005），交通部门加强了市场监管。2005年，交通部制定了危险货物运输从业人员培训大纲，修订了《汽车运输、装卸危险货物作业规程》等国家、行业标准，大力推行道路客运和危险货物运输承运人责任险制度，道路运输安全源头管理的基础性工作得到进一步加强。为规范和统一道路危险货物运输车辆的标志，保障道路危险货物运输车辆安全运行，2006年5月11日，交通部、公安部、国家安全生产监督管理总局、国家发展和改革委员会联合发出通知，要求认真贯彻《道路运输危险货物车辆标志》（GB 13392—2005）。要求有关部门密切配合，督促运输企业认真执行国家标准；加强对道路危险货物标志安装工作的指导和监督，保证标志的质量和安装符合技术要求；规范执法行为，促进道路危险货物运输车辆标志管理工作规范、有序。2006年5月21日，交通部、公安部、国家安全生产监督管理总局、国家发展和改革委员会联合下发了《关于认真贯彻国家标准〈道路运输危险货物车辆标志〉的通知》（交公路发［2006］204号），对道路运输危险货物车辆标志的安装期限和悬挂、质量等提出明确要求。同时强调，《通知》下发前已出台的相关规定与国家标准要求不一致的，一律按国家标准执行。

七、抢险救灾物资运输

中国地域辽阔，受特殊地理环境和气候的影响，地震、洪水、冰冻雨雪等灾害不仅频繁发生，而且程度十分严重，常常会波及全国。在历次重大抢险救灾运输中，广大交通干部职工不畏艰险，及时抢运救灾物资和人员，使广大群众深切地感受到党和政府的关怀和温暖，鼓舞了受灾干部和群众战胜自然灾害和生产自救的信心和力量。

1991年，特大洪水阻断了安徽省会合肥通往外界的铁路、公路和航空交通，合肥成了孤岛。此时，刚刚建成尚未通车的合（肥）宁（南京）高速公路，成为没有被洪水淹没的通往外界的唯一通路。就是这唯一的通路，确保了洪灾期间合肥全市的物资供应，保障了人民基本生活必需品的供给，被人民群众誉为“救命路”。

1998年发生了全国性的洪涝灾害，长江、嫩江、松花江流域发生史上罕见的洪灾，交通基础设施和运输生产遭到严重损失。据不完全统计，当年全国公路水毁里程达到2.9万公里，冲毁桥梁3 160座，因灾造成的直接损失达到70多亿元。交通系统在自身遭受巨大损失的情况下，按照党中央、国务院和地方各级政府的统一指挥，组织动员广大干部职工，全力投入抗洪抢险战斗。据不完全统计，在防汛抗洪期间，全国交通系统投入抗洪抢险的人数达到89.3万人，投入车辆67万余台次、船舶3.2万余艘次，运送救灾人员470.4万人次、救灾物资1 395万吨。公路收费站免费优先放行运送抗洪抢险物资、人员的车辆95.8万台次。为迅速修复水毁公路、桥梁等设施，交通部及时投入资金3.7亿元，各级交通部门积极增拨资金，调集力量，连续作战，保障道路运输，确保了抗洪抢险物资和人员的输送。众多道路、水运通道被当地党委、政府、解放军和人民群众誉为抗洪救灾的“生命线”。

自2008年1月10日开始，我国大部分地区遭受到自西向东的大范围雨雪冰冻灾害影响，四次大范围的雨雪冰冻天气，造成全国20多个省份受灾，南方各省尤为严重。据截至1月28日的不完全统计，第一、二次雨雪就已造成安徽、河南、湖南、湖北、江西、贵州等14个省（区、市）7 786万人受灾，因灾死亡24人，经济损失数以百亿元计；截至2月12日，这次雨雪冰冻灾害已造成21个省（区、市）受灾，直接经济损失1 111亿元，因灾死亡107人，失踪8人，紧急转移安置151.2万人。仅湖南、贵州、江西、安徽、湖北、广西、四川等省份的救灾人员就投入775万人次，紧急运输发放了大量的方便食品、口粮、食用油、饮用水、取暖燃料和棉衣等物资，累计救助的公路、铁路滞留人员655.5万人。此次雨雪冰冻灾害，持续时间之长、造成灾害程度之严重不亚于1998年全国性的大洪水，在很多省份为百年一遇，特别是南方各省，缺少应对冰雪的经验和措施，对电力、交通和人民生活的影响更加严重，加之此次灾害横贯整个2008年春运，更使交通运输和人民生活雪上加霜。

大范围雨雪冰冻灾害给交通造成了严重影响。全国先后23个省份公路受灾，其中13个省份公路交通多次中断，“五纵七横”国道主干线中有9条近2万公里多处路段被迫封闭，约六七千公里路段封堵。在公路上累计滞留的车辆70.5万辆，受灾滞留人员约216.1万人次，公路直接经济损失125亿元。在抗雪保通战斗中，交通部门全体干部职工发扬了无私奉献的“铺路石”精神。交通部于1月29日召开“公路抢通省际会商视频会议”，迅速启动抢险物资运输应急预案，部署和协调道路抢通工作：确保电力设备、人民生活等物资的运输；协调各省统一行动，采取高速公路限时、限量、限速通行，国省干线公路绕道疏散，无条件提供饮食等措施，救助、疏散和分流高速公路及各地的滞留车辆和人员。同时，动员公路干部职工，全力抢通因冰冻堵塞的路段，为高速公路滞留车辆提供绕行。2月3日，中共中央政治局常委会召开会议，强调要千方百计“保交通、保供电、保民生”。各级交通部门坚决贯彻中央精神，全身心投入抗灾保通决战。截至2月4日，京珠、沪蓉等重点高速公路干线的受阻路段全部抢通，标志着南方冰灾导致堵塞的高速公路和各主要国省干线公路全部开通。据不完全统计，截至2月12日，交通部门上路除雪破冰保通的干部职工累计达368.4万人次，10名干部职工因公殉职，836人负伤，累计投入机械设备29万多台次、应急运力18.6万辆，投入融雪材料、防滑材料等物资价值约10亿元，直接投入资金达到25.1亿元，减免救灾车辆通行费达21亿元。在1月26日至2月10日的16天里，交通系统出色地完成了抢运电煤2 000万吨的任务，确保大灾期间华东、华南地区主要的煤炭供应，为确保社会稳定、经济发展和人民群众正常生产生活作出了突出贡献。

2008年5月12日14时28分，四川汶川发生里氏8级强震，烈度达到11度，强烈震感波及全国近30个省（区、市）。破坏特别严重的地区面积超过10万平方公里，受灾最严重的是四川北川、什邡、绵竹、汶川、彭州等地，灾区涉及四川、甘肃、陕西、重庆、云南等省（市），造成直接经济损失8 451亿余元。除了人员伤亡没有1976年唐山大地震严重外，其他方面的损失有过之而无不及。震中汶川，地处成都平原西北边缘山区，属欧亚板块与印度板块互相挤压的断裂带，山高谷深，地质不稳，地理环境极其复杂险恶。道路交通是大部分受灾县份唯一的交通方式。这种地理环境下，平常滑坡、塌方等公路地质灾害都频繁发生，强震之下，公路交通的损失尤其惨重，仅四川一省公路所受的直接损失就以千亿元计。此次强震，造成震中地区15条国道、省道、干线公路断通，多处机场关闭，通源、通信、供水等系统大面积瘫痪。交通部快速反应，震后1小时就开始研究抗震抢险措施，当晚就由副部长翁孟勇率队进川指导抗震救灾。抗灾过程中，交通部迅速启动应急预案，协调各省，在地震初期采取抢通与保通并重的措施，重点确保抢险救灾物资和人员的运输。随后，组织各省全力支援四川公路抢通、保通，调动海事直升机投入抢险，迅速下拨公路抢修资金，迅速制订出台了道路灾后重建的措施。同时，发挥“大交通部”的职能作用，调用民航运力，以最快的速度调集人员和物资投入抢险；四川、甘肃、陕西等受灾较重省份的公路部门迅速行动，积极投入抢通公路的斗争。作为受灾最重省份，四川省交通厅所属部门及广大干部职工的出色表现，集中代表了交通行业的面貌。在遭受地震灾害时，公路交通干部职工舍小家、顾大家，发扬了不怕疲劳、连续奋战、敢打硬仗的行业精神，表现出不畏艰险、不怕牺牲的奉献精神。地震发生时，四川省公路局总工程师曾宇正在震中映秀至日隆公路施工现场，他立即组织项目办和映日公路施工单位投入抢通，迅速打通了邓生至日隆公路，同时向省公路局和交通厅汇报了灾情，为省交通部门抗震抢险决策提供了一线的信息。地震发生后，四川省交通厅迅速动员，第一支交通抢险队震后6小时就抵达213国道都江堰紫坪铺灰窑沟塌方现场投入抢险。据不安全统计，截至5月17日，四川交通系统共紧急调集并投入抢险机械设备5 300多台（套）、人员1.53万人，实现了公路抢通的第一阶段目标。甘肃、陕西、重庆、云南等地交通部门也迅速行动，投入公路抢通和物资抢运。从全国范围看，截至5月13日，中断、受损的16条高速公路全部恢复通行，为抢险救灾人员、物资的运输赢得了最为宝贵的时间。到5月18日，重灾区所有县城基本实现至少一条公路与外部连通，到5月26日，四川439个受灾乡镇中具备抢通条件的道路抢通了407条。汶川西线三次阻断三次抢通的艰险历程，成为重灾区大多数公路抢通的真实写照。

据不完全统计，截至强震发生一周后的5月19日，陕西、重庆、甘肃等省（市）投入抗震救灾道路运输的车辆就达5.9万辆次，运送的救灾物资74.7万吨，减免车辆通行费4 018万元。截至5月31日，陕西、重庆、甘肃和四川通过道路运送救灾物资的车辆达到24.3万辆，运送救灾物资累计达292万吨。全国累计减免的通行费2.18亿元。

此外，全国各地交通部门积极行动，大力支援重灾区的抗震救灾。截至5月26日，重庆、浙江、甘肃、湖南、云南、河南、湖北、山西、贵州、陕西10个省份共有1 379人、235台大型机械设备和176辆保障车在四川灾区开展公路抢通、保通和通乡、通村公路建设。全国交通部门和企业向四川捐赠机械179台套。

第三节 运输装备

交通运输的产品形态是“人和物的位移”。对于公路运输发展来说，公路基础设施建设和车辆运输装备发展是两个必不可少的因素。

相对于公路基础设施，我国的车辆装备制造业起步更晚。1956 年 7 月 13 日，随着 12 辆国产“解放”牌汽车开下一汽总装线，中国汽车工业从无到有，迈出了艰难的第一步。截至 1978 年底，全国民用车辆拥有量 135.84 万辆，其中载货汽车 100.17 万辆，载客汽车 25.90 万辆。1978 年，全国公路部门营运汽车拥有量为 18.50 万辆，其中载客汽车 3.34 万辆，载货汽车 14.80 万辆。

改革开放后，公路客车、货车、配件、保修、装卸机械及筑养路机械等企业成为交通部归口管理的重要内容，为使车辆装备快速跟上国家经济发展的步伐，满足人民提高生活水平的需要，国家和交通部采取了一系列措施，在资金上大力扶持，政策上引导企业自主创新、引进吸收，并通过实行企业的股份制改造，实行现代企业制度，使相关制造企业脱胎换骨，具有较强的市场竞争能力，使我国落后的车辆装备工业在改革开放 20 年后，快速赶上了世界先进水平。随着改革的深化，1999 年 1 月 1 日起，按照党中央和国务院的统一部署，交通部与直属的中远集团、长航集团、中海集团、路桥集团、港湾集团五大国有交通企业“脱钩”，标志着交通部完成了改革过程中至关重要的政企分开的步骤，从此专司公路和水路运输行业管理职能。

与交通部脱钩后的众多交通装备制造企业，经受住了市场激烈竞争的考验，在改革开放的道路上展翅高飞，为我国公路运输车辆装备的发展作出了不可磨灭的贡献。

进入 21 世纪，我国车辆装备的发展十分迅猛。截至 2008 年底，全国公路营运汽车拥有量为 930.21 万辆，是 1978 年的 50.28 倍。其中载客汽车 169.64 万辆，总客位达到 2 560.36 万个；载货汽车 760.97 万辆，总吨位达到 3 686.20 万吨。公路营运汽车中载客汽车和载货汽车的数量分别是 1978 年的 50.79 倍和 51.42 倍；其中普通载货汽车 720.18 万辆、3 139.76 万吨位，专用载货汽车 40.79 万辆、546.44 万吨位。和 30 年前相比，车辆的数量、客位和吨位以及车辆种类、载质量、车辆的技术水平，特别是车型结构等方面已不可同日而语。此时，我国道路运输车辆装备已经具备了现代交通运输的雏形，呈现出门类齐全、大型重载、高速智能、绿色节能的趋势，初步形成了专业化、标准化、系列化的车辆装备体系。

一、车辆装备

1978年至1980年，为落实党中央、国务院的有关要求，加强对公路交通工业的领导，加快发展，交通部连续3年召开“全国公路交通工业会议”。1978年8月的石家庄会议后，交通部向国务院建议，将挂车、汽车保修机械、筑养路机械等产品制造由交通部统一管理、统一规划、统一组织生产和统一分配。10月，国家计委决定，将汽车挂车生产和分配从1979年起由交通部统一归口，以后继续明确除汽车配件外其他产品也由交通部归口管理。自此，公路交通工业除承担公路运输车辆维修外，还为公路运输提供所需客车、汽车挂车以及汽车保修机械、装卸机械、配件等。1979年9月和1980年8月分别在厦门、太原召开会议，讨论了《1981～1990年公路交通工业十年发展规划》，交流了加快经济管理体制改革，全面扩大企业自主权，提高产品质量等方面的经验。对交通工业的发展提出了4项具体措施：一是制订公路交通工业发展规划；二是按照“发展优势，保护竞争，推动联合”的方针，在所有制、隶属关系、财政上缴渠道均不变的原则下，打破行业、地区和所有制界限，组织各种形式的经济联合体，各省（区、市）交通部门可成立公路交通工业修造公司；三是发挥交通部门汽车配件公司的作用，为公路现代化服务；四是改善企业经营管理，加强经济核算，做好企业内部调整改革工作。1980年6月24日，交通部决定成立交通部公路交通工业公司，统一管理部属公路交通工业，并对各省（区、市）交通工业及部归口管理的产品进行统筹规划、计划安排和产品分配销售工作。该公司从1981年1月1日起正式开展工作。

改革开放初期的10年里，交通部对交通工业的统一管理、对汽车装备的发展起到了引导和带动的作用，使公路交通装备工业逐步形成了一个门类比较齐全的体系，在大中型客车装备居于国内领先的同时，货运车辆装备开始出现了专业化、大型化的趋势。

1980年，国家决定对交通部直属单位车辆、船舶购置投资由国家财政拨款改为银行贷款，1983 年进而对各省（区、市）和计划单列市交通厅（局）所属运输部门车辆、船舶购置也实行银行贷款，1980～1989 年，国家共安排交通部门的车船购置贷款 105.7 亿元，实际完成 84.7 亿元。这些贷款主要用于直属企业的运输和港航管理等。从 1982 年开始，国家对交通部门车辆更新工作日益重视，对更新指标实行计划单列。1986 年，国家计委等十部委联合发布《关于加速老旧汽车报废更新的暂行规定》，规定对大客车超过 70 万公里、货车超过 50 万公里的老旧车辆强制更新。截至 1989 年的 8 年里，交通部门利用此项政策完成更新货运车辆 11.8 万辆，占更新计划的 80% 以上，完成客车更新 5.2 万辆。据不完全统计，8 年由于车辆更新节约燃油 58 万吨、资金 6.9 亿元，节约保修费用 10.68 亿元，节约大修理费用 11.3 亿元，共计节约 28.88 亿元；单车吨位平均提高 1.6 吨，单车年产增加 30% 以上。

车辆大规模更新，使交通专业运输企业车辆的技术状况和车辆结构得到明显改善。汽、柴油车的比例由 1985 年的 5∶1，发展到 1990 年的 4∶1；客、货车的比例由 1985 年 1∶2.3，发展到 1990 年的 1∶1.9；货车平均吨位由 1985 年的 5.67 吨，发展到 1990 年的 6.32 吨；专用货车占货车总数的比重，1990 年已达 2% 以上。

从 20 世纪 50 年代中后期我国开始有汽车工业以来，直到 20 世纪 80 年代末期，公路客车都是我国公路交通工业的主导产品。特别是改革开放以来，经过 10 多年的发展，已从原来用货车底盘改装低水平的公路客车，发展到用客车专用底盘生产高水平的全承载式车身、后置卧式柴油发动机、动力转向、全套空调设备、内饰豪华的旅游大客车。形成了从科研、设计、试验到生产和销售服务的完整体系，在产量、品种、质量上基本适应了当前国内不同层次用户的需要。1963～1988 年，累计生产公路客车 14.8 万余辆。公路客车的产量一直居全国大、中型客车产量之首。1988 年交通系统生产公路客车的定点厂有 31 个，拥有锻压设备 760 余台，从业人员 2.9 万余人。当年共生产公路客车 1.26 万辆，比上一年增长 3.88%；共销售公路客车 1.22 万辆，比上一年增长 1.7%。公路客车的品种已从单一车型发展到六大系列数十个车型。实现了大、中、小型和高、中、低档次的配套。在品种、数量快速发展的同时，公路客车的质量也有较大提高。1983 年以来，公路客车已有 13 个厂的 16 个品种获部级优秀产品称号，其中不少产品连续荣获部优称号。在 1988 年“全国乘用车展览会”上，交通系统客车厂生产的大中型客车，夺得大中型车组6个中华杯最高奖中的4个。截至1988年底，交通系统定点生产公路客车的31个厂中，被列入全国客车行业“七五”规划的有23个，其中15个厂已立项进行技术改造，共需投入技术改造资金3.3亿余元，已累计完成技改投资1.6亿元。

1986年4月公布的《中华人民共和国国民经济和社会发展第七个五年计划(1986~1990年)》提到，把汽车制造业作为重要的支柱产业。按照高起点、大批量、专业化和联合发展的原则，以骨干企业为龙头，形成汽车制造基地，同时改建扩建一批技术比较先进的汽车零部件专业化生产企业。1987年8月，国务院北戴河会议明确，轿车生产应按“高起点、大批量、专业化”的原则，重点抓好零部件生产及相关工业，加速提高国产化率。1988年，国务院在《国务院关于严格控制轿车生产点的通知》中，明确提出轿车生产布局的“三大三小”战略，即国家只支持一汽、二汽和上汽3个轿车生产基地（三大）和北京、天津、广州3个轿车生产点（三小），而不再批准任何其他的生产点。唯一的例外是军工系统的奥拓和云雀。1989年3月发布的《产业政策要点》把已经批准的轿车项目列为国家重点支持项目。国家支持汽车发展的产业政策发布后，交通汽车生产企业加快了市场化的脚步，竞争力不断提升。

经过20世纪80年代两个五年计划的努力，截至1990年底，交通部门公路汽车生产厂家达到92家。其中，公路客车定点生产厂32家，固定资产原值由1979年的1.08亿元增加到3.77亿元，增长了2.49倍；客车生产能力由1979年的6 000辆增长到3万辆，增长了4倍。主要产品包括用17种底盘改装的150余种型号的大、中、小型公路客车。其他门类中，有汽车挂车生产厂35家，公路专用车生产厂6家，配件生产厂19家。主要产品包括：4吨、5吨、6吨、8吨全挂车，10吨、20吨、30吨半挂车，集装箱运输车，零担运输车，自卸半挂车，工程洒水车，沥青运输车，散装水泥车，运油车，交通管理车，公路运料车，农用运输车以及多种客车、挂车附配件。挂车生产能力达到年产2万辆。据统计，公路客车、汽车挂车企业有职工5.9万人，其中，工程技术人员3 000人。固定资产原值5亿元，净值3.6亿元，企业占地面积550万平方米，其中，生产建筑面积140万平方米，拥有主要生产设备8 700台（套）。

为加强公路运输车辆的管理，1990年3月，交通部发布了《汽车运输业车辆技术管理规定》。到1991年，有10个省（区）出台《实施细则》，颁布了车辆技术档案制度，15个省（区、市）交通厅（局）发布了“车辆技术状况卡”制度；其他省（区、市）也逐步完善了标准和制度，并采取先实施后补充的办法，完善对公路运输车辆的技术管理。

进入20世纪90年代以后，全国公路货运量已占社会各种运输方式总运量的75%以上，货物周转量占13%以上，公路运输经济运距已突破200公里，普遍达到500公里以上，2 000公里以上零担班线大量出现，1993年开辟的乌鲁木齐至哈萨克斯坦首都阿拉木图的国际零担线路，运距达1 052公里，从东北、西北至广州、深圳的直达汽车运输也屡见不鲜。同时，公路货物运输不仅在量的方面有大发展，而且在质的方面也发生了变化。这时期，车辆技术状况有所提高，技术结构也有所改善，集装箱、零担、危险品等专用车逐步成为发展的主流，使公路货运逐步向多样化方向发展。

1991年，在地方各级政府的支持下，交通部门对新增营运车辆普遍实行了“先审批、后购置”的制度，在部分地区还进一步实行了额度管理，使营运车辆的增加逐步走上了有计划发展的轨道。这项措施的实施，使运力的所有制结构朝着合理的方向调整。当年中，车辆技术改造继续平稳推进。50万公里以上的老旧车辆比上年减少13.7%，在营运车辆保有量中所占比例由上年的22.45%下降到18.9%。在车辆更新过程中，企业调整了车型结构：一是客货车比例发生变化，客车保有量比上年增长15.2%，而货车则减少4%，客、货车之比为42∶58，上年为37.5∶62.5；二是客车中柴油车比重增加，柴油客车保有量比上年增长56%，而汽油客车增长11.6%，柴油客车所占比重由上年的7%上升到9.6%；三是货车中8吨以上重型车比上年增长10.7%，在货车保有量中所占比重由上年的32%上升到37%。

1992年，在邓小平南巡谈话及中共十四大精神指导下，交通部提出，公路、水运交通力争到2000年基本适应国民经济和社会发展的需要，对于车辆装备的具体指标是：车船运力数量成倍增长，结构明显改善。全社会民用汽车保有量增长2.5倍，其中客车增长2.7倍，货车增长2.5倍；能源运输车船基本满足能源运输需要。调整车型结构，重点发展轿车，高、中档客车和大型专用柴油货车，所占比重明显提高。

1992年，为使公路客、挂车生产适应交通发展需要，促进客车生产整体水平提高，交通部责成中国公路车辆机械公司牵头，在北京公路客车挂车联营公司基础上，着手筹建一个以中国公路车辆机械公司为核心的企业、在交通部实行计划单列的“中国车辆机械集团”。集团公司于1993年成立，该集团紧密层企业由核心企业的直属子公司，全资公司，控股公司和经与地方政府协商、同意以承包经营的方式承包的16家公司构成；半紧密层企业由核心企业参股的17家公司构成；松散层企业由与北京公路客车挂车联营公司有联营协议的106家企、事业单位和科研单位构成。1993年，该集团成立后，公路客货车生产行业进入新的发展阶段，特别是客车工业，开始逐步形成规模经济。

1994年，国家颁布《汽车工业产业政策》，确立汽车工业为我国支柱产业，江苏亚星客车集团有限公司、郑州宇通客车股份有限公司、桂林客车工业集团公司、中通客车股份有限公司、长沙客车制造总厂等公路客车生产企业，达到《政策》规定的年产1 500辆、年销售1 000辆、技术开发资金不低于销售额2%的要求。

“八五”期间，交通部继续安排4.08亿技改贷款支持客车生产企业，使公路客车年生产能力提高到5万辆，大中型客车产量约占到全国总产量的1/3。公路客车行业形成比较完整的生产经营体系，成为汽车工业的重要组成部分。

1995年，机械部制定的“九五”中国专用汽车发展目标明确，到2000年，我国专用汽车总量目标是：有210个种类，2 000个品种；当年产量达到30万辆，约占当年载货汽车产量的33%；保有量达到200万辆；年生产能力达到35万辆，出口创汇达到6 000万美元。产品开发和水平目标：“九五”末期，国产专用汽车品种应基本满足国内市场的需求，产品质量和性能要有大幅度提高，新产品要达到国际20世纪90年代水平；整车产品可靠性指标的平均故障间隔里程，现生产产品要大于0.8万公里，新产品达到1.5万~2万公里。制造水平目标是：企业技术工艺和装备应达到国际20世纪90年代水平，能满足系列化、多品种、按经济规模批量组织生产高性能、优质产品的要求；大型企业集团和骨干企业要掌握和采用先进的管理技术，质量管理达到GB/T 19000—ISO 9000系列标准要求，出口企业应实现与国际惯例接轨的认证体制。

“八五”期间，公路客车企业发展迅猛。1995年，列入交通部客车生产计划的41家企业实际生产客车20 655辆，较上年增加18.98%；销售客车20 631辆，较上年增加18.65%，产销率99.88%。1995年12月国家经贸委、计委、统计局、财政部、劳动部、人事部联合公布了1994年度全国大型工业企业名单，共认证大型工业企业1 164家。其中，特大型企业32家、大型一档企业244家、大型二档企业888家。扬州客车制造总厂为大型一档企业，桂林客车工业集团公司、贵州汽车配件厂、内蒙古汽车齿轮厂、西安筑路机械厂、江扬船舶集团公司、广州港口机械厂为大型二档企业。另外，扬州客车制造总厂在1995年6月被评为“1994年度中国机械工业百家最大工业企业”，这是全国客车行业唯一获此殊荣的企业。

截至1995年底，汽车基本车型已发展到120多种，专用改装车750多种。1995年进入《全国汽车、改装车、摩托车产品目录》的品种已达13 370种，其中汽车制造类4 496种，改装类8 579种，起重机超长类280种，摩托车15种排量990个品种。

随着“八五”期间企业转换经营机制、建立现代企业制度等改革的深入，“九五”期间，公路客车企业开始迈开做大做强的脚步。1997年3月1日，江苏亚星客车集团公司与奔驰汽车股份公司共同建立的亚星—奔驰有限公司正式开业。企业的资产实力、科技水平和产品竞争能力大大提高。1997年5月8日，郑州宇通股份有限公司A股在上海成功上市。这是中国大客车生产厂家第一只上市股票。股份制改革后，郑州宇通产销量迅速增加。上市融资的3.4亿元资金将全部用于“九五”技改工程，计划1998年6月份建成投产，使公司客车年生产能力达到4 000台。

在中国改革开放20年之际，中国道路运输装备的发展已经取得世人瞩目的成就。1997年，我国道路客运呈现全面发展的态势，由此带来客车装备出现新的发展趋势。一是高速公路客运所需的高级大客车增长迅猛。随着公路等级的提高和路况的改善，快速客货运输发展很快，不少国有大中型汽车运输企业将发展快速客、货运输作为企业的发展方向。高速公路大部分都开通了快速客运；在经济发达地区，也在积极进行快速货运的试点或推广；企业的经济效益较好，也符合旅客、货主的消费需求。二是县、乡、村公路客运车辆需求快速增长。1996年底，随着县县通公路、95%的乡镇和74%的建制村通客车，在全国道路营运班线的37万辆客车中，县以下农村班线营运车辆达到16.65万辆，还有10万辆出租车分布于县以下城镇。1997年5月21日，交通部在山东桓台县召开“推广村村通客车经验交流会”。会议确定，到2000年，全国农村客运班线投放客车要增加到19万辆，乡镇通班车和村村通班车率分别达到95%和80%，力争更多的县村村通客车。

截至1998年底，全国民用汽车已增加到1 326万辆，比1978年的135.8万辆增长了8.8倍；在民用汽车中，营运客车95万辆，营运货车370万辆，营运汽车合计为465万辆，比1978年增长了10倍。在车辆数量快速增长的同时，车型结构进一步改善。班线客车已发展成高、中、普齐全，大、中、小配套，基本满足不同层次旅客的需要，20世纪80年代以前清一色普通大型客车的面貌已根本改变。货物运输大吨位、低油耗重型货车和轻型货车逐年增加，集装箱、零担、冷藏、大型物件和散装货物专用汽车也有了较大的发展，重型、中型、轻型货车的比例已调整为6:56:38，缺“重”少“轻”的局面初步得到改善。

进入21世纪，交通部重点转移到车辆装备的行业管理上，加强了法规制定、车型推荐、评级等工作，通过宏观调控手段，引导企业生产和竞争，调整车辆结构向现代交通运输业转化。

跨世纪的2000年，全国营运载货汽车的年增长速度约为6%，运力结构上，普通车辆相对过剩，特种车辆相对不足；小型普通载货汽车尤其是集装箱运输专用车辆和冷藏专用车增长速度较快，大件运输车辆出现负增长；大型、重型、中型普通载货汽车所占比例呈下降趋势，小型车辆所占比例逐年上升。由于市场竞争日趋激烈和利益驱动，客运市场经营主体在购车时向客车生产企业提出诸如增加卧铺、减少空间等影响客车运行安全及旅客舒适性的要求，为维护旅客合法权益，合理调控营运客车类型及等级，优化车型结构，引导客车生产厂家生产符合道路运输市场需要的车型，2000年交通部决定开展营运客车类型划分及等级评定工作。2000年，交通部组织力量对企业申报中级以上等级的车型进行实车核测，并完成了3批《典型客车类型划分及等级评定表》的发布工作，共涉及30个客车生产厂家的288个车型，约占上述客车生产厂家产品目录车型的11%左右。其中，座位客车271个，卧铺客车17个；大型客车97个，中型客车176个，小型客车15个；高三级客车1个，高二级客车41个，高一级客车99个，中级客车147个。客车类型划分和等级评定工作规范了市场行为，有力地推动了客车技术进步和运输企业服务质量的提高，并为客运企业资质评定、班线审批和客运定价提供了重要依据。

“十五”和“十一五”期间，营运客车类型划分和等级评定成为交通部对车辆装备管理的重点内容之一。根据营运客车类型划分及等级评定标准，对投入营运的车辆以“高级”、“中级”、“普通级”客车进行划类定级，并实行客运票价与客车等级结构的“优质优价”的鼓励政策，获得客车生产企业的支持和拥护，调动运输企业对更新客运车辆、提升车辆技术水平的积极性。2002 年，全国道路运输市场新增高级客车近 1 万辆，“高级”车辆在班线客车中的比重达到 4%，道路旅客运输的硬件服务质量得到进一步提高。2002 年初，交通部对 1997 年版《营运客车类型划分及等级评定》标准进行了修订。修订内容集中于：一、适应高速公路发展的需要，适当提高各类型高级车等级标准，解决中型高级车配置不高的问题；二、坚持以人为本，改进乘车环境，提高舒适性能，主动适应 400 ~ 500 公里行程当日往返、800 ~ 1 000 公里行程当日到达的新要求，以提高公路客运的市场竞争力；三、引导客车生产技术进步；四、尽量采用国家标准和国际标准。2002 年版标准（JT/T 325）于 2002 年 7 月 1 日正式实施后，对进一步增强道路旅客运输的竞争力，加速道路运输业运力结构调整，引导客车工业技术进步，最大限度地满足旅客运输市场需求发挥了促进作用。营运客车技术结构进一步优化，营运客车技术性能明显改善，营运客车的高档化、大型化趋势明显。截至 2003 年底，全国 149 万辆营运载客汽车中，高级客车比重约占 7%，同比 2002 年增长 12%。客运班车中大型车比例已接近 20%。

2004 年，交通部加快了道路运输运力结构调整步伐。客运车型结构调整以切实提高乘坐舒适性、运行可靠性和确保运输安全为目标；货运车型结构调整以切实提高运输效率、降低能耗和实现货物运输厢式化、确保运输安全为目标，采取了一系列措施。

在货运车辆结构调整方面：一是结合治理超限超载工作需要，降低大吨位车辆和集装箱运输车辆的收费公路通行费标准，引导多轴重型车辆和集装箱运输车辆的发展；二是制定了国家强制性标准《道路车辆外廓尺寸、轴荷及质量限值》（GB 1589—2004），该标准的发布实施促进了汽车工业和公路基础设施的协调发展，为相关执法部门提供了法规上的依据，明确了车辆的相关标准，为严格规范车辆设计和生产，从源头上限制车辆“大吨小标”，引导运输车辆朝标准化、厢式化、大型化和多轴化方向发展，实现甩挂运输，构建快速货物运输系统奠定了坚实的基础；三是配合有关部门开展“大吨小标”车型的吨位恢复工作，当年已有143万台车辆吨位进行了恢复；四是研究制定货运车辆推荐车型和重点监管车型的管理办法，提高市场集中度，推进车型的标准化和规范化。

在客运车辆结构调整方面，主要通过提高干线公路客运车型的高档化，推广农村客运车型的标准化，其他客运车型在符合相关技术标准的前提下自由发展。2004年交通部制定发布了《乡村公路营运客车结构和性能通用要求》，2005年1月开始实施。按照要求，包括一汽、东风、苏州金龙、河南少林等国内客车生产龙头企业在内的10余家客车制造厂已开始设计农村客运专用车型。按照《乡村公路营运客车结构和性能通用要求》生产的农村客运车型，车身比较短，转弯半径小，通过性能好，比较适应农村道路条件；专门设置行李存放区，适应农民出行携带较多行李（多数为农产品）的特点，也避免了客货混装；车外后部设置自行车挂架，适应农民骑车进城购物、返乡乘坐客车的市场需求；安全性能不降低；通过简化内部装饰等措施，降低车价。

经过一年的努力，全国道路运输运力结构进一步优化，截至2004年底，全国共有道路营运车辆705.54万辆，其中营运客车153.23万辆、营运货车552.31万辆。营运客车中有中高级客车48.90万辆，同比增长10.01%；营运货车中，危险货物运输车辆11.64万辆、集装箱运输车5.19万辆、专用载货汽车达到20.45万辆，同比分别提高18.13%、21.42%和11.09%，营运货车每车平均吨位同比提高0.357吨。

2004年出台的《公路水路交通“十一五”发展规划纲要》对道路运输装备发展提出了明确的发展目标：货车大力推广厢式车，加快普通敞篷货车的厢式化进程，重点发展适合高速公路、干线公路的大吨位厢式半挂汽车列车；鼓励发展集装箱、冷藏、散装、液罐车等专用运输车辆和多轴重载大型车辆。客车鼓励发展大中型高档客车，大力发展适合农村客运的安全、实用、经济型乡村客车。鼓励使用柴油车，推广天然气和液化石油气等新型能源车型，加快更新老旧车辆。

到“十五”末的2005年底，全国公路营运汽车733.22万辆，比上年增加43.35万辆，比“九五”期末增加198.15万辆。其中，载客汽车128.40万辆、

1 859.28万客位，分别比上年增加0.72万辆、114.42万客位；载货汽车604.82万辆、2 537.75万吨位，分别比上年增加42.63万辆、357.63万吨位。运力结构进一步优化。截至2005年底，全国拥有大型营运客车13.81万辆，比上年增加1.28万辆；大型营运货车190.65万辆，比上年增加2.26万辆；专用载货汽车24.54万辆，比上年增加2.78万辆，其中集装箱车5.87万辆，比上年增加0.27万辆。

21世纪，道路运输装备大型化、高速化、信息化、智能化、环保化成为必然趋势。“十一五”期间，为进一步加强对客货运车辆装备市场的引导和监管，推进货运汽车及汽车列车车型的多轴化、重型化和厢式化，提高道路货运车辆整体技术水平，提高运输效能，节约能源消耗，交通部继续开展货运汽车和汽车列车推荐工作；为进一步推进道路运输客车技术进步，优化客车车型结构，提高客车安全性能和客运服务质量，2007年5月25日，交通部制定印发了《关于加强营运客车类型划分及等级评定管理工作的通知》，完善了营运客车类型划分及等级评定制度。组织专家对《营运客车类型划分及等级评定》（JT/T 325—2004）标准进行了修订。新标准结合道路客运发展需要，以提高客车安全性能，节约客车运行消耗为目标，增加和调整了一些参数和指标，进一步明确了营运客车的引导方向。为确保政策的连续性和新老标准执行的平稳过渡，自新标准实施之日起，凡未经中、高级客车评定表发布的车型一律按新标准进行申报和评级。在2008年6月30日之前，交通部发布的14～20批《高级客车类型划分及等级评定表》和省级交通主管部门或其所属的道路运输管理机构同期发布的《中级客车类型划分及等级评定表》继续有效；2008年7月1日起，所有营运客车必须按照新标准的要求评定等级。

二、高速公路客运及快速客运装备

以1995年7月成渝高速公路建成通车为起点，投放高级大客车经营高速公路客运成为道路运输业一个新的投资热点和新的经济增长点。进入“九五”时期，高速公路客运蓬勃发展。此类客运投放的大客车，普遍采用大功率发动机、气囊悬挂、ABS（制动防抱死）装置、大容积行李仓、大面积玻璃窗、空调、音响，有些车内还配有电视、冰箱、卫生间和车载电话，使客车的高速、方便、舒适、安全性能都大为提高。高速公路客运所需的大客车，每辆价格当时一般为90万～

270万元，形成一定规模需要有数千万元至亿元资金投入。但这些客车车型大、载客多、运价高、车日行程长，经济效益比较好。以成渝高速为例，老成渝公路每天只有几个直达班次，开通高速公路客运后，每日单向超过100班次，其行车时间比铁路减少一半，票价低于铁路卧铺，不足民航班机的1/3。

此后，随着各省纷纷成立高速公路客运集团。1998年，在全国高速公路上运行的班车已达5 000余辆，比上年增长30%。车辆档次进一步提高，在广东省已出现了价值300万元以上的世界一流的大客车，而价值在120万~250万元的豪华大客车应用更加广泛。同时，为适应不同客流、不同线路的需求，中型豪华客车开始崭露头角，在高速公路客运市场上也得到普遍采用。很多客车生产厂家已经开始研制和生产适应高速公路客运特点的中型客车，高速公路客运市场开始出现不同车型协调发展的局面。

1998年12月29日，沪杭甬高速通车后，上海、浙江两省（市）共投放60辆高级大型客车共营对开。1998年底，沪杭高速公路建成通车，沿线运输企业合资成立了“浙江新干线快速客运有限公司”，开通了杭州至金华、杭州至衢州、金华至温州等快速客运班车。从事快速客运必须选用高档车辆，在杭州至金华线路，根据市场需求投入了依维柯豪华中巴、北方大客，并调整了班线密度。通过优化结构，各线路基本上做到了旅客随到随走。快速运输系统的建立和开通，从竞争中淘汰了剩余的低档运力，促进了车辆整体技术水平的提高。

1999年，国家采取积极财政政策，在高速公路建设飞速发展以及各级交通主管部门的积极引导和扶持下，带动了快速运输进一步发展，像江苏“快鹿”、浙江新干线、黑龙江龙运、吉林吉运、河北快客、河南宇通、湖北捷龙、广东省运、广西桂柳、安徽飞雁等快运公司，在全国已发展到30多家。快速客运以车辆高档次、服务高质量、管理高效率、运行高速度、班次高密度为特征，成为普通公路上的道路客运精品，从而改善了道路运输行业形象，提高了其在综合运输体系中的竞争能力，因此得到了社会的认可。截至1999年底，江西在不到一年的时间内，就在普通公路上投放224辆高档大中型客车进行快客运输；浙江省在普通公路上发展快客班线已有23条，共300多个班次。

21世纪以后，随着高速公路建设、国省干线公路及农村公路基础设施的飞速发展，公路客运站点的快速普及，以及区域经济圈、大城市群之间、旅游等交通客流需求的快速增长，高速客运和快速客运随之得到快速推广。高速公路和国省干线公路的快客运输，与公路客车制造水平的发展，特别是高档客车的国产化密不可分。国产的高档客车，在技术、产量和成本上，迅速满足了高速公路和国省干线公路快速客运便捷、安全、舒适、价格适中的需求，得到了飞速发展。

三、专用货运装备

随着经济的发展，对道路货物运输不断提出新的要求。30 年来，货运装备在载重上向重载和轻型方面发展，运输方式向专用运输方向发展。集装箱车、厢式货车、大件运输装备等专用车型和装备的发展，与经济发展及道路运输的发展息息相关，代表了道路货物运输装备向专用化、大型化方向发展的趋势。

中华人民共和国成立后，专用道路货运装备应用虽然较早，但发展缓慢。其全面发展始于改革开放后的 20 世纪 80 年代，国家经济的快速发展带动了道路专用货运装备业的发展。改革开放的前 20 年里，我国货运装备以普通货车为主，重载和专用货运装备发展平稳。

在 1983 年全面放开道路运输市场后，交通部发挥了行业主管部门引导和监管的作用，积极调整道路运输的车型和设备构成，使之合理配套。20 世纪 80 年代，在交通部的引导下，运输企业在更新车辆的同时，购置了一些大吨位货车、零担和集装箱专用车以及起重安装设备等。80 年代初期开始，交通系统利用国家贷款，开始货运车辆更新，其中“七五”期间，更新货车近 6 万辆，专用货车所占比重已达 2% 以上。

进入 20 世纪 90 年代，道路货运车辆的结构明显改善。“八五”末期，机械部制定了“九五”期我国专用汽车发展目标，明确到 2000 年，我国专用汽车将有 210 个种类，2 000 个品种，当年产量达 30 万辆，约占当年载货汽车产量的 33%，保有量达 200 万辆。“八五”最后一年的 1995 年，交通部于7 月4 日至 8 日在浙江杭州召开“全国培育和发展道路运输市场工作会议”。黄镇东部长在大会上做了题为《加强领导，深化改革，加快培育和发展道路运输市场》的主题报告，要求加快企业技术改造和车型结构调整，应用现代化的运输新装备、新技术。国有专业运输企业在车辆更新上不能原地踏步，要研究运输设备的更新改造，加快车型结构调整，向大、重、专、轻等车型发展。

20世纪90年代末期和21世纪之初，专用货运装备业呈现出快速发展的态势，已成为经济建设中的重要支柱产业之一。受国民经济持续稳定发展、固定资产投资、物流发展等利好因素的影响，从1998年国家实施积极财政政策开始，基础设施建设、能源消耗、大宗货物运输大幅度增长，国内专用车市场整体呈现上升态势。到2000年，全国生产专用汽车的企业达756家，其中生产厢式车的企业达489家，生产罐式车的企业有253家，生产专用自卸车的企业有115家，生产起重举升式车的企业有88家。

1998年，我国生产各种专用车（含自卸车、半挂牵引车等）12.22万辆；2002年达到35.20万辆，4年间增长了1.88倍，平均每年递增30.3%。其中，自卸车、半挂车、超重汽车、集装箱运输车是产量较大的品种，当年分别生产17.3万辆、6.1万辆、1.02万辆和5 254辆。2003年我国专用车产量突破40万辆，呈逐年上升趋势。2003年，我国共有专用汽车企业551家，销量主要集中在自卸车、厢式车、牵引车和罐式车方面，其中专用载货车生产企业有400多家。据汽车公告目录等有关资料显示，目前国内专用汽车品种约1 700个，专用汽车已占商用车年产量的20%~25%。

统计显示，2004年，我国在运管部门登记注册的货运车辆为924.6万辆。载货车中，普通载货汽车虽然占90%以上，已呈现下降趋势。集装箱大件运输车、罐装车及冷藏车等专用汽车车辆，上升至5%左右。交通部的一项调查结果显示，整个国内运输行业里，中型载货汽车、敞篷式普通货车的比例过大，零担车、集装箱车、厢式车、冷藏车以及危险货物运输车等专用运输车的比例依然明显偏小。

2005年6月16日，交通部以第6号部令发布《道路货物运输及站场管理规定》，于当年8月1日起实施。《规定》要求公路货运车辆必须达到：一是车辆技术要求符合国家标准《营运车辆综合性能要求和检验方法》（GB 18565）；车辆外廓尺寸、轴荷和承载质量应当符合国家标准《道路车辆外廓尺寸、轴荷及质量限值》（GB 1589）。二是车辆其他要求：①从事大型物件运输经营的，应当具有与所运输大型物件相适应的超重型车组；②从事冷藏保鲜等专用运输的，应当具有与运输货物相适应的专用容器、设备、设施，并固定在专用车辆上；③从事集装箱运输的车辆还应当有固定集装箱的转锁装置。大件运输按规定装置统一的标志。

进入21世纪，专用汽车呈现出向厢式化、重型化、智能化、高档化、多极化发展的趋势，其中表现比较明显的是：普通货物运输厢式化，专用汽车运输重型化、列车化，货物运输专业化，特种用途车辆发展迅速。

截至2005年，我国生产专用汽车公告内企业数为628家，此外，加上新的《汽车行业产业政策》颁布后新增专用汽车企业数，国内专用汽车生产企业已达近800家。“十五”期末，公告内生产企业60%以上是经过资产重组、企业改制、产品结构调整后的新型企业，较过去有很大变化。截至2005年末，我国在运管部门登记注册的公路营运汽车达到733.22万辆，其中载货汽车604.82万辆、2 537.75万吨位。

第四节 道路运输服务

一、汽车维修业

汽车维修是保证汽车安全运行、提高运输效率和节约能源的一个重要环节，也是道路运输行业管理的一个重要组成部分。

改革开放后，随着汽车工业和道路运输业的快速发展，我国汽车维修业也得到了较大发展，国营、集体、个体并存，形成了一个多渠道、多形式、多层次的维修市场。

为加强行业管理，1986年底，交通部与国家经委、国家工商行政管理局联合发布《汽车维修行业管理暂行办法》。据此，各地交通主管部门相继对汽车维修市场开展了全面整顿工作，制定了各项规定、标准和办法，统一了开业审批条件、维修工时定额、收费标准、质量检验标准，同时，严格按照开业技术条件对企业进行划类定级、确定经营范围。整顿后的汽车维修业划分为三类：一类企业即汽车大修或总成大修企业，约占全行业的9%；二类企业即汽车维护企业，约占全行业的28%；三类企业即汽车专项修理企业，约占全行业的63%。通过整顿，因不合格而停业、歇业的企业占原有维修业的10%。

各级交通主管部门在汽车维修行业管理工作中，坚持“规划、协调、服务、监督”的方针。经过2年多的工作，1988年已初步理顺了各种关系，建立健全了管理机构，加强了质量监督检验，稳定了汽车维修市场，并通过开展评优创优活动，促进了维修企业经营管理水平和服务质量的提高。截至1988年底，全国汽车维修企业已从1982年的2万家发展到10万余家，从业人员达200万人以上，产值150亿元，在我国城乡初步形成了一个分布广泛、门类较齐全的维修网。

1990年，交通部开展道路运输市场治理整顿工作中，也加强了对汽车维修市场的治理整顿。工作重点转移到建立有序市场，治理维修市场外围环境和解决维修行业中存在的越级维修、质量低劣等方面。为加强汽车维修质量的监督管理，交通部完成了《汽车维修质量管理办法》的制订。同时要求，行业管理部门要采取交流经验、技术培训等多种形式及必要的行政手段，以加强维修质量的管理。1993年初，各省交通主管部门相继转发了交通部发布的《汽车维护企业开业条件（试行）》和《汽车专项修理业户开业条件（试行）》两个规定，同时结合本省实际制定了相应贯彻措施，加强了汽车维修市场总量投入的宏观调控；做好汽车维修价格管理的改革；继续做好落实维修合同实施细则的工作，着力规范企业经营行为；着力提高从业人员技术水平和素质。截至1994年底，全国共有汽车维修业户19.18万个，从业人数近210万人，其中工程技术人员、总检验员、财会人员所占的比例分别为8.2%、3.5%、5.1%。汽车维修经济结构趋向合理，公有制经济占主导地位。在全国汽车维修经营业户中，国有、集体、私营及个体、中外合资、其他业户数分别占总数的11.9%、23.5%、64.1%、0.2%、0.3%，年营业额分别占年总营业额的34.1%、45.1%、15.1%、2.3%、3.4%，公有制企业年营业额占全行业营业额总数的近80%，在整个汽车维修市场中占主导地位，起到了骨干作用。汽车维修市场基本形成了以公有制为主体，多种经济成分共同发展的格局。

1995年，交通部委托吉林工业大学就汽车维修行业发展规划进行了专题研究，并在此基础上部制定了《全国汽车维修行业发展规划》。《规划》列出了包括总量指标、服务性指标、维修质量指标、效益指标、技术进步指标、人员素质指标在内的6项汽车维修行业管理指标体系，并提出了2000年及2005年这6项指标的预期值。该规划为行业管理部门对汽车维修行业进行宏观调控提供了科学的方法和依据，对今后10年汽车维修行业的发展具有重要意义。1996年10月7日，交通部正式发布《汽车维修行业发展规划（1996~2005年）》。规划期分为1996~2000

年和2001~2005年两个时间段。同时，交通部组织制订了国标《汽车修理质量检查评定标准》，并于1996年1月1日起执行，成为考核、评定修车企业管理水平和质量保证体系完善程度的依据。这项国标的发布，较好地解决了原所订汽车修理标准可操作性不强的问题，为行业管理部门进行汽车维修质量监督管理提供了一套操作性较强的全国统一检查项目和内容评定方法。

1997年11月26日至28日，为总结改革开放20年来汽车维修行业管理和发展的经验，交通部在北京召开“全国汽车维修管理工作会议”。交通部副部长李居昌对今后的重点工作提出四方面要求：一是加强汽车维修市场总量投入的宏观调控。采取切实有效的措施，保持汽车维修市场供需总量基本平衡，合理调整行业结构与网点布局，鼓励并引导企业建立专修或特约维修。二是加强汽车维修质量与服务质量的监管力度。全国统一的汽车维修竣工出厂合格证及汽车维修质量检验员证的样式已确定，将于1998年正式启用。三是要对各类汽车维修企业按全国统一样式实行挂牌服务，以便用户选择和社会监督。四是促进行业全面进步。要以汽车维修技术工人和质量检验员持证上岗为突破口，加速实行全行业人员持证上岗制度。

1999年12月29日，交通部批复实施中国汽车保修设备行业协会制定的《汽车维修检测设备行业发展规划》。该规划包括汽车维修检测设备的行业现状和发展前景，行业规划的指导思想、规划目标，以及实施规划的主要措施。此外，交通部有关汽车维修行业管理的规章和技术标准包括：《汽车维修质量管理办法》、《汽车维修合同实施细则》、《汽车维护工艺规范》、《汽车技术等级评定标准》、《汽车技术等级评定的检测方法》、《汽车修理质量检查评定标准》以及在《发布国家标准公告》中发布的《汽车维修业开业条件》等。

进入21世纪，交通部和各省交通主管部门通过加强市场整顿，使汽车维修行业逐步进入规范化管理的轨道。2001年6月7日，交通部发布的《关于道路运输业结构调整的若干意见》中明确提出，“汽车维修要提高作业能力，大力推广新技术、新工艺、新设备，培育维修名牌企业，鼓励维修企业与汽车制造厂合作，逐步建成全国性汽车维修救援服务网络”。2002年开始，结合贯彻落实《国务院办公厅转发交通部等部门关于清理整顿道路客货运输秩序意见的通知》（国办发［2000］74号）精神，各省交通主管部门开展对维修市场的治理整顿工作，对维修业户的服务质量以及经营行为进行规范和监督。2003年，交通部下发《汽车维修市场整顿工作方案》，进一步开展了对汽车维修市场的专项整顿，取得了良好效果。2004年，各地交通主管部门根据交通部、商务部、发改委等九部委联合下发的《关于开展汽车市场专项整治工作的通知》精神，进一步加大汽车维修市场整顿力度。通过制定新规章，修改汽车维修的开业条件，明确维修保证期制度；通过开展质量月等活动，杜绝了超范围经营等问题。在当年“3·15”消费者权益日的相关活动中，关于汽车维修服务方面的消费投诉基本销声匿迹，专项整顿解决了很多矛盾，取得了显著成效。通过整顿，截至2004年底，全国共有汽车维修企业34.9万家，其中一类9 554家，二类5.11万家，三类19.50万家，摩托车维修企业9.37万家。维修经营者整体素质和技术水平大幅提高，维修市场结构渐趋合理，市场秩序进一步好转；到2005年底，全国汽车维修业户数量比2004年增长2.73万户，年维修量突破1亿辆次，汽车维修连锁经营、专业维修迅猛发展，维修技术水平不断提高，有7个省份建立全省统一的汽车维修救援网络。

二、驾驶员培训和营运驾驶员管理

驾驶员是道路运输人、车、路三要素中的决定性因素，驾驶员的培训是保障道路交通安全的客观要求。

改革开放后，汽车保有量迅速增长，运输从业人员数量迅速提高，20世纪80年代中后期，轿车开始进入普通百姓家庭。驾驶员培训从根本上扭转了师傅带徒弟的传统做法，培训行业市场化的速度很快。驾驶员培训学校迅速发展，培训方法、内容开始规范化、标准化，培训的组织方式多样化。

驾驶员素质的高低在客观上对道路交通安全有着极其重要的影响。据我国道路交通事故统计资料分析，由驾驶员因素造成的交通事故，占交通事故总数的90%以上。因此，加强驾驶员培训的行业管理，提高驾驶员的整体素质，是保障道路交通安全的一项十分重要的基础性工作。

改革开放后，交通部门对驾驶员及其培训行业的管理成为道路运输行业管理的重要内容之一，对驾驶员的宣传教育和服务工作也越来越为社会关注。1986年，各省交通主管部门在管好城镇车辆及驾驶员的同时，特别加强了农村驾驶员的管理，并以驾驶员队伍整顿为重点：一是采取集中办班培训的办法，提高驾驶员的思想认识和技术素质；二是狠抓安全联组建设，以乡为单位建立了安全联组，落实了岗位责任制。通过整顿和教育，广大驾驶员安全观念、遵纪守法观念和操作技术水平都有很大提高。1988 年起，交通行业在主要技术工种中实行了技师聘任制，其中包括汽车驾驶员。聘任制的实施，提高了驾驶员学习技术、提高素质的热情和自觉性。1989 年，交通部组织开展了汽车驾驶员专业教育质量评估测试工作，为进一步将驾驶员培训纳入规范化轨道做了前期准备。

进入 20 世纪 90 年代，在 80 年代考察东欧国家驾驶员心理学实验、培训机构设施的基础上，交通部于 1992 年将“在职汽车驾驶员再培训研究”列为重点科技项目，组织行业协会、科研院校、部分省（市）运管部门联合进行了全面的研究和试验，并从日本引进了驾驶员生理、心理检测设备，在全国 14 个省（区）对 2 392 名驾驶员和近千名驾培、安全管理人员进行了检测和技术培训试点。通过试点，提出了“汽车驾驶员素质与安全和经济驾驶的关系”、“我国职业驾驶员驾驶适宜性的检测”以及“我国驾驶员驾驶适宜性及检测标准”三项研究成果。随后，这些成果在驾驶员的培训和管理中得到推广应用。

1993 年，国务院以国阅［1993］204 号下发文件明确指出，驾校要实行社会化，交通部门负责驾培行业管理，公安部门负责对驾驶员的考核发证工作，驾驶员培训由此开始走向市场化。为使这项工作能顺利进行，交通部、公安部联合转发了国务院国阅［1993］204 号文件。1994 年，国务院在国家机关机构改革中，对交通、公安两部有关驾校管理和驾驶员培训工作做出明确分工。为此，交通部于 1994 年连续下发了《关于尽快开展汽车驾驶学校和驾驶员培训行业管理工作的通知》和《关于开展汽车驾驶学校和驾驶员培训行业管理工作的补充通知》，对各省、市、自治区交通部门开展驾驶员培训行业管理工作提出了具体要求。在调研的基础上，1995 年 7 月 3 日，交通部颁布《汽车驾驶员培训行业管理办法》和《汽车驾驶员培训学校（班）开业条件》，为各地交通部门接收驾校和驾驶员培训行业管理工作打下了基础。1995 年 6 月，交通部在海南又召开了“全国汽车驾驶员培训行业管理工作会议”，要求各省交通厅（局）全面完成驾驶员培训管理的接收工作。据不完全统计，截至 1995 年底，已有河北、山西、辽宁、吉林、江苏、安徽、江西、河南、湖北、湖南、广东、广西、海南、四川、云南、西藏、甘肃、青海、新疆等省（区）通过多种形式，明确了交通部门实施驾驶员培训行业管理的职责。另外，一些大、中城市的交通主管部门，在市政府的支持和协调下，将辖区内的驾驶员培训工作纳入了行业管理。北京、天津、黑龙江、上海、山东、陕西等省（市）按国务院文件的精神，结合省（市）政府机构改革，积极磋商，用各种不同的形式明确了驾驶员培训的行业主管部门。1996 年 12 月 23 日，交通部以 1996 年第 11 号令，发布《中华人民共和国机动车驾驶员培训管理规定》。1997 年，交通部组织专家编写了《汽车驾驶员培训教学计划和教学大纲》、《中华人民共和国汽车驾驶员培训统编教材》、《汽车驾驶教员培训教学计划和教学大纲》和《中华人民共和国汽车驾驶教员培训教材》。要求有关驾驶员培训学校严格执行部颁教学计划和大纲。1997 年当年，共发行各种驾驶培训教材 15 万册，其中汽车驾驶员培训教材 13 万多册，汽车驾驶教员培训教材近 1 万册。此外，为适应各地的电化教育，还发行了一批与汽车驾驶员培训教材相配套的录像带 300 多套。管理的逐步加强，使驾驶员培训走上了规范化的轨道。改革开放 20 年后的 1998 年底，我国拥有汽车驾驶员 2 849 万人，汽车驾驶学校或培训中心 4 000 余所，教练车 8 万辆，教练员及驾培从业人员 10 万余人，年培训能力达到 30 万人。

1999 年 6 月 25 日，交通部颁布《中华人民共和国营业性道路运输机动车准驾证管理规定》，开始对驾驶员进行从业资格管理，对营运驾驶员实行了准驾证（上岗证）制度，加强了对驾驶员的培训教育工作，提高了驾驶员的职业意识和业务素质。

进入 21 世纪，汽车驾驶员的数量飞速增长，道路交通事故也呈现明显上升的势头。交通部结合落实党中央、国务院关于做好道路交通安全工作的部署，紧紧围绕做好春运及“五一”、“十一”长假运输，做好道路运输日常安全管理等项工作，着力将驾驶员培训以及从业管理纳入法制化轨道，实施规范化的管理。

通过对 2000 年前三季度交通运输行业发生的 16 起死亡 10 人以上特大交通事故的分析表明，因驾驶员操作失误、遇险操作不当造成的事故 12 起，占事故总数的 75%；因驾驶员违章超速造成的事故 8 起，占 50%；因超载造成的事故 4 起，占 25%；因车辆机械故障造成的事故 1 起，占 6. 25%。以上事故表明，营运驾驶员操作技能差、经验不足、违章驾驶，仍然是特大交通事故发生的主要原因。加强对营运驾驶员的职业道德和职业技能培训，提高营运驾驶员队伍的整体素质和安全行车意识是迫切需要解决的突出问题。2001 年 10 月 11 日，交通部以 2001 年第 7 号令，颁布《营业性道路运输驾驶员职业培训管理规定》，自 2002 年 7 月 1 日起施行。《规定》对驾驶员职业培训与考试、从业资格管理、违规处罚等方面做出了更加清晰、详细的规定，《中华人民共和国营业性道路运输机动车准驾证管理规定》同时废止。随后，各省份先后出台了《规定》的实施细则，将驾驶员培训和管理纳入了法制化的轨道。

2002 年以后，全国交通部门认真落实贯彻党中央、国务院关于做好道路交通安全工作的各项部署，在行业管理中围绕“三关一监督”，做了许多工作。“三关一监督”，即严把运输经营者市场准入关，严把营运车辆技术状况关，严把营运驾驶员从业资格关，以及搞好汽车客运站安全监督。其中，严把客运驾驶员资格关要求，对所有客运车辆驾驶员要进行安全教育，并进行严格考试，不符合资格的客运车辆驾驶员一律不得进入道路运输市场，驾照已被交警部门记满 12 分或发生重大交通事故负有主要责任的驾驶员，坚决不得从事客运车辆驾驶。2004 年，交通部以《道路运输条例》颁布实施为契机，进一步加强营运驾驶员管理工作。一是在制定相关政策方面，制定下发了《中华人民共和国机动车驾驶员培训教学大纲》，同时研究制定了包括《营运驾驶员安全操作规范》在内的“三规范一规则”，进一步规范了驾驶员的培训和从业管理。《大纲》实现了与国际接轨，受到了行业内外的一致好评，取得了突出的社会效益和经济效益。二是结合 2004 年道路运输行业开展的“查隐患、堵漏洞、保安全”的安全生产活动，加强了对营运驾驶员行为的监督和检查。三是与公安部加强沟通，建立起营运驾驶员信息互通机制，加大对事故记录驾驶员的排查，加强与企业进行信息交流，同时引导运输企业安装汽车行驶记录仪或 GPS 等先进设备，加强对驾驶员的动态监管。2005 年，交通部制定了驾驶员、危险货物运输从业人员培训大纲，编印了《安全驾驶从这里开始》等教材，修订了相关国家及行业标准，加强对驾驶员培训的监督管理，建立教练员资格管理制度和驾驶培训记录约考制度，推广学时制和驾驶培训 IC 计时系统。经过多年的努力，驾驶员培训和从业管理更加严格规范，驾驶员职业素养有了较大的提高。在道路客货运量大幅攀升、汽车保有量快速增长、驾驶员数量急速升高的前提下，道路运输行业的安全形势平稳，事故数量及死亡人数开始出现下降的趋势。

“十一五”前两年，交通部进一步加强驾驶员培训和从业管理。2006年1月12日，交通部以2006年第2号部令，颁布《机动车驾驶员培训管理规定》，并自2006年4月1日起实施。《规定》对驾驶员培训的经营许可、教练员管理、培训机构经营管理、各级运管机构的监督检查、违反规定应负的法律责任等做出了明确规定。《规定》将驾驶员的安全驾驶素质作为首要的考核项目。2007年，交通部围绕贯彻落实《机动车驾驶员培训管理规定》、《道路运输从业人员管理规定》，继续组织各级交通部门和道路运输管理机构，深入实施驾驶员素质教育工程。通过制定和实施新的《中华人民共和国机动车驾驶员培训教学大纲》，完善道路运输驾驶员从业资格制度，强化驾驶员素质教育师资力量，建立驾驶员培训质量保障体系，继续开展驾驶员安全知识普及等工作，大大规范了培训教学，提高了驾驶员的素质。

截至2007年底，全国共有驾校6 500多家，教练员已达到24.2万人，教练车13万辆。其中，2007年新增机动车驾驶培训教练员2.9万人，同比增长13.8%。据公安部交管局的统计，截至2007年6月底，我国机动车驾驶员达到1.57亿人，是1998年的3.5倍，已占我国总人口的11.88%。

三、货运代理与代办

现代服务业是相对于传统服务业而言，适应现代人和现代城市发展的需求，而产生和发展起来的具有高技术含量和高文化含量的服务业。

运输中介服务，是现代服务业中生产性服务业的重要组成部分。2006年3月16日，国务院发布《中华人民共和国国民经济和社会发展第十一个五年规划纲要》，《纲要》中明确，“服务业”包括生产性服务业、消费性服务业。而“生产性服务业”，是主要面向生产者的服务业，包括交通运输业、现代物流业、金融服务业、信息服务业以及包括法律、公证、会计等在内的商务服务业。在《纲要》第十六章“拓展生产性服务业”中明确，要“发展货运代理、客货营销等运输中介服务。”

改革开放以后，国家经济的蓬勃发展以及车辆的迅速普及，促进了道路运输业的快速发展。特别是1983年运输市场开放后，道路运输市场进入全新的发展阶段。个体运输户及其他经济部门、社会团体的客货汽车参加营业性运输，成为整个运输事业的重要组成部分。这些“业外”车辆从事社会化程度较高的道路运输业有一定困难，主要表现为信息不灵、成本高、效率低、事故多。为此，各地交通部门千方百计，寓服务于管理之中，通过培训技术人员，改善经营管理，提供经济信息，加强安全管理，组织保险等，帮助他们发展运输生产，使其健康发展。随着运输体制改革的深入和整个经济形势的发展，一些个体运输开始走向联合的趋势。如山东省诸城县交通局组织个体运输户，在自愿互利的前提下成立松散的新型合作运输组织，协助个体运输合作社制定各种规章制度，提供货源，供应油料，办理各种手续，扩大经营范围，使个体户在联合的基础上最大限度地发挥各自的积极性。

到20世纪80年代后期，交通部通过广泛开展“双增双节”以及成立运输协会等民间组织，提高运输业户的经济效益，提供相应的服务。1987年，各级交通部门通过狠抓货源组织工作，努力提高了运输量。公路运输企业普遍加强了营调队伍建设，扩大组货队伍，多渠道组织货源。一些单位营调人员还实行了全额或限额浮动工资的经济责任制。同时，全国80多家装卸搬运公司成立了“全国装卸搬运协会”，近200家经营公路危险品运输和生产的企业成立了“全国公路危险品运输协会”，华南、中南、华北、东北地区成立了片区零担运输协会，河南、河北、广西等省（区）已下放的原省属运输企业分别成立了省零担运输协会。

“七五”期间，据交通部进行的有关调研和测算，我国货运汽车的空驶率高达45%以上，浪费十分惊人。1988年，交通部及各级交通主管部门开始着手解决汽车货运空驶问题。交通部于1989年11月20日做出《关于组建上海、南京道路货运（配载）中心问题的复函》，希望通过两个中心的组建工作，为建立和完善全国道路货运网络系统提供有益的经验，使公路货运服务业成为合理、高效的货运组织，发挥更大的作用。1990年5月25日“南京货运中心”成立，并进入正常业务经营。组建后的“上海公路货运配载中心”与外省68家企业建立了业务联系，完善了内部101个直属营业站和全市1 015个服务点的业务网。两个中心的组建，标志着公路货运服务业的发展进入了一个新的起点。

同时，各省（区、市）交通部门创造性地开展工作，取得了良好效果。

如吉林省政府1988年10月出台的《吉林省提高载货汽车运用效率的若干规定（试行）》中明确：对载货汽车一律实行实载率考核，根据实载率浮动征收车船使用税。实行车辆百吨公里燃料消耗定额考核制度，低奖超罚，对超标逾期不改的仅供加价油；为减少汽车空驶，湖北、江苏、四川等省成立了“公路运输信息服务中心”，武汉等地出现了民办的运输信息网络。

河南省在这方面的实践卓有成效，一定程度上也代表了全国各地的实践。一是建立货运信息、配载服务组织。河南南阳地区成立货运配载信息服务中心，县市成立服务部，乡镇成立服务站，自1988年10月组建以后，短时期内就组织回程货2.6万吨公里。到1989年底，河南17个市（地），先后有14个建立了货运信息、配载服务中心，159个县（市）、区有104个建立了货运信息、配载服务部。这些组织当年完成组货量442.7万吨，组织配载30.1万吨，配载货物周转量3 001.8万吨公里。货运信息、配载服务的组织形式主要有三种：运管部门直接兴办，事业单位性质，企业化管理；运管部门牵头，多个企业或个体户联合经营；独立核算、自负盈亏的经济实体。二是培育和发展运输交易所。到1989年底，河南全省已建成不同规模的运输交易所151个，对提高车辆使用效率、改善经营环境和运输秩序发挥了重要作用。三是鼓励和引导个体运输走联合经营道路。至1989年底，湖南已建立各种形式的个体运输联合体184个，参加联合体的载货汽车3 210辆，拖拉机3 200多台。联合体的规模最大的发展到180多辆汽车，最小的只有10辆车。

截至1990年底，全国包括货运代理、配载、联运、理货等种类在内的公路货物运输服务企业已发展到2万余家，职工近30万人。在逐步完善现有服务功能，不断开拓新的服务项目的过程中，全国大致形成了4种经济活动形式的企事业单位或联合体：一是纯企业型，二是纯事业型，三是松散型联合体，四是企业化管理的事业单位型。如公路运输配载协作网，就是一个由11个省（市）60余家单位组成的松散型联合体，在协作网内制定了协作原则和服务条件，组建了办事机构，研究确定了工作程序，统一了费率结算标准，加强了相互联系和单据管理，协商统一了商务处理原则，在几年的时间内，为协作网的各成员单位和社会上的一些运输企业办了不少实事和好事。各种类型的服务企业通过汇集、整理后发布车货信息；为车货双方牵线搭桥，联系业务；组织货源，建立稳定有效的货源网，为空驶车辆实施配载；采取多种方式，为货主、承运方提供一条龙服务，使社会浪费减少，运输企业增收，取得了可喜的经济效益和社会效益。南京货运中心成立的当年，就为各地回程或去程的空驶车辆配载1 825 辆次，配载货物1.30万吨，货物周转量799万吨公里，直接为运输业创收244万元。

经过“八五”5年，运输服务市场已经初具规模。1995年7月4日至8日，交通部在浙江杭州召开“全国培育和发展道路运输市场工作会议”。李居昌副部长强调，要处理好“五个关系”，即近期要求与远期要求的关系、调控市场与搞活市场的关系、硬件建设与软件建设的关系、培育市场与加强行业管理的关系和履行职责与协调配合的关系。到1998年底，全国已有集装箱中转站147个、零担货运站740个、货运交易市场1 548个。这些大型货运站场均提供配货、配载等中介服务，成为市场规范化运作的中流砥柱。

进入“九五”以后，随着我国公路路网的快速形成，道路货物运输的条件得到了改善，货物的运输距离不断延长。道路货物运输配载服务就是在这种条件下快速发展起来的。它为汽车货物运输提供货运信息，从而大大提高了车辆的利用效率。截至1999年底，全国有货运有形市场1 500个以上，大都建在各种商品交易市场的周围，为商品交易的集疏运服务，同时也为广大的货物运输经营者从事货运配载和信息服务，从而促进了经济和道路货物运输的发展。

进入21世纪后，有形货运交易市场与现代科技手段“嫁接”，提高了货源组织效率，一些全国性的货运信息服务企业，利用计算机和网络技术通过对货源信息和车源信息的组织来实现为空车配载、为货主找车，业务量快速扩展。运输中介服务与信息化手段的结合，大幅提高了中介服务的效率和水平。

2001年11月29日，交通部发布《道路运输业发展规划纲要（2001～2010年)》，确定了道路运输业在21世纪初的发展方针、基本原则、工作目标和主要措施。《纲要》分“十五”期间和到2010年末两个阶段，对道路运输业发展提出了总体目标，提出要“基本建立起公平竞争、规范有序的道路运输市场体系和安全、优质、高效的道路运输服务体系。”对“运输辅助业”提出的具体指标包括：“规范货运代理经营行为，对危险货物和大型物件运输实行专业代理。”在主要措施中提出：“发展货运代理服务，逐步建立起适应道路运输市场需要，具有代办货运、仓储、中转等服务功能的货运代理服务体系；培育和发展道路运输信息服务主体，建立公众运输信息服务平台，完善运输信息服务渠道，通过各种媒介向社会发布，不断提高信息服务的实效性。”

“十五”以后，各省各级运输中介服务机构着力于与信息化技术手段的结合，为广大客户提供专业化、个性化和人性化服务。珠三角、长三角、环渤海等发达都市圈的货运中介服务逐步进入信息化时代，中介服务成为物流企业重要的市场竞争手段。信息化手段的引入，为这些地区的快速货运、专业物流、现代仓储、快递服务等新的运输方式提供了技术基础。随着国家西部大开发、振兴东北老工业基地、中部崛起等规划的实施，地域广大的中西部地区经济发展加快，运输需求急速增长，众多内陆省份的中介服务呈现方兴未艾的局面，货运市场空前活跃。

四、汽车综合性能检测

改革开放后经济的快速发展，对车辆的性能提出更高要求，检测车辆性能的专用设备成为行业监管的必需。

这类设备和技术在改革开放前几乎是空白，20世纪80年代以后，交通部公路科学研究所、华南工学院和交通部成都汽车保修机械厂、济南无线电六厂、佛山分析仪器厂等单位在研制、引进的基础上，逐渐生产出了汽车侧滑、制动、速度、灯光、底盘测功、废气及发动机检测等设备，逐步满足了汽车检测的需求。随着汽车检测技术的推广应用，在中国各省（区、市）迅速建立起一批汽车性能检测站。这些检测站按功能大致可分为两种：一种是以汽车安全性能检测为主的汽车安全性能检测站，主要用于对车辆的年审年检；另一种检测站是除安全性能检测外，还包括对汽车动力性、经济性检测和诊断的汽车综合性能检测站，主要用于对车辆技术状况及维修质量的检测，交通部门建立的检测站相当一部分属于后者。

为加强检测站的管理，充分发挥汽车检测站在公路运输中的作用，1987年12月11日，交通部印发《公路运输汽车综合性能检测站管理暂行办法》，对检测站的主管部门、职责、必须具备的基本条件、业务管理等做出明确规定。到1987年底，除西藏以外的各省（区、市）都已建有公路运输汽车综合性能检测站，初步形成了全国性的监测网，对保证公路运输车辆的完好技术状况、降低油耗、提高运输效率和行车安全发挥了重要作用，经济效益，特别是社会效益十分明显。

截至1988年底，交通系统已建成并投入使用的汽车性能检测站（线）109个（条），约占全国现有汽车性能检测站总数的近一半。这些检测站的建立和投入使用，对于保证运输车辆技术状况、维修质量以及配合有关部门对车辆进行年检、商检、环保检测和有关的科研工作有着重要作用。

从改革开放以来截至 1988 年底的 10 年里，汽车保修、检测设备等归口交通部管理的行业产品也获得了较快发展，已形成一个以机械为主，涉及电、光、声、化等多学科的相对独立的小行业。全国已有 100 多家企业生产汽车保修、检测设备，产品包括汽车清洗设备、举升搬运设备、拆装设备、油料加注设备、发动机和底盘修理设备、车身修复设备、整车各总成检测设备及辅助设备 8 类产品，100 多个品种，800 多个规格。1988 年当年的总产值约 1 亿元。特别是汽车整车性能检测设备填补了我国的空白，至 1988 年底，已能配套提供轴重 10 吨级汽车检测线配置设备的需要。

1989 年底，交通部总结了甘肃省交通厅关于发挥汽车检测在公路运输行业管理中的作用，以及抓车辆技术管理、促运输行业管理的做法，进一步明确了检测站的发展方向和管理办法，为把汽车性能检测站的工作提到一个新的高度奠定了基础。

进入 20 世纪 90 年代，国家经济和运输生产进入快速发展阶段，对汽车检测行业提出了更高要求，交通部加强了检测行业规范化的步伐。1990 年，交通部以第 13 号令发布《汽车运输业车辆技术管理规定》，对车辆技术管理的职责、车辆装备应符合的要求、车辆技术等级鉴定、等级划分、车辆修理等做出明确规定；1991 年，又以第 29 号令发布《汽车运输业车辆综合性能检测站管理办法》，对检测站职责、分级和基本条件、检测站的认定等做出明确规定，1987 年 12 月 11 日发布的《公路运输汽车综合性能检测站管理暂行办法》废止。1991 年确定的交通“八五”基本建设重点中，明确提出要重点建设公路综合试验场等大型科研试验基地和设施。此后，全国掀起建设汽车综合性能检测站的高潮。

1992 年 4 月 8 日至 10 日，交通部在广西百色召开“汽车检测诊断设备在汽车维修生产中的应用”项目现场推广暨验收会。“汽车检测诊断设备在汽车维修生产中的应用”项目，是为贯彻交通部关于《汽车运输业车辆技术管理规定》“定期检测、强制维护、视情修理”新的汽车维修制度而列入交通部“七五”重点新技术推广项目。经过近两年的调查研究、设备选型、确定方案和组织实施，顺利完成了课题任务。一是首批推荐了 14 种国产检测诊断设备；二是制订出新的汽车维护工艺规范，其中包括二级维护前的检测规范。参试车辆主要技术经济指标都得到不同程度的优化。

1993年12月，西南地区最大的客车性能试验室——重庆客车性能试验室通过竣工验收交付使用。该试验室配备了“客车道路模拟振动试验系统”等87台（套）科研试验检测设备、仪器，其中部分设备和仪器由国外引进。客车性能试验室的配套工程有：直径60米的试验圆场，面积2 827平方米，圆场外围及连接通道3 173平方米；四条坡度分别为10%、20%、25%、30%的试车坡道及引道，面积700平方米；科技情报图书资料楼3 813平方米，以及回车场、变电所改造、供电照明、给排水、通信、消防、环保等，工程概算总投资2 833.07万元。该试验室的建成，改善了交通系统公路客车技术研究和试验的条件，为公路客车企业开发新车型发挥了积极作用。

20世纪90年代，中国汽车检测行业获得了长足进步，但随着社会汽车保有量的快速攀升和汽车综合性能检测站的快速发展，及时解决检测站建设、管理和使用上出现的新问题成为当务之急，2000年，交通部发出通知要求进一步加快并规范汽车综合性能检测站的建设和加强行业管理，并提出4项具体要求：一是认真贯彻落实国家标准——《汽车综合性能检测站通用技术条件》，强化对检测站建设的宏观调控和市场准入管理的力度；二是强化汽车综合性能检测质量监督，督促汽车检测站建立和完善质量保证体系；三是制定切实可行的措施，逐步规范汽车检测站的经营行为；四是进一步明确汽车检测设备定期检定工作的要求，提出汽车发动机检测仪、汽车底盘测功机、轴（轮）重仪、制动检验台、汽车侧滑检验台、汽车废气分析仪、柴油机烟度计、前照灯检测仪、车速表检验台、车轮动平衡机共10种设备必须进行定期检定。

进入21世纪，汽车综合性能检测工作进入新的发展阶段。截至2001年底，全国共有汽车综合性能检测站1 261个，其中A级站383个，B级站707个，C级站171个。2001年汽车检测市场在汽车检测标准化、汽车检测技术水平和汽车检测人员素质等方面得到了全面提升和完善。2001年12月13日，国家质量技术监督检验检疫总局批准发布了由交通部组织制定的强制性国家标准——《营运车辆综合性能要求和检验方法》（GB 18565—2001），于2002年8月1日实施。该标准为汽车综合性能检测站实施营运车辆技术等级评定和开展年度审验检测提供了技术支持。此外，为规范汽车检测站计算机控制及数据交换接口，交通部组织制订了行业标准《汽车检测站计算机控制系统技术规范》，发布了《汽车底盘测功机通用技术条件》。同时，各地交通主管部门和道路运政管理机构按《汽车综合性能检测站建站通用技术条件》要求，在汽车综合性能检测站的设备配备、人员素质、厂房场地及管理制度建设等方面进行了严格把关，强化检测站的升级工作，逐步取消检测车，并引导 B、C 级站逐步完善设备配备和制度建设，升级为 A 级站。通过加强培训，基本做到了汽车检测人员全部持证上岗。

2003 年，为贯彻落实国务院减负办印发的《国务院减轻企业负担部际联席会议关于贯彻落实〈国务院办公厅关于治理向机动车辆乱收费和整顿道路站点有关问题的通知〉的实施意见》（国减负［2002］11 号）文件精神，进一步加强和规范汽车综合性能检测站行业管理与经营行为，交通部下发《关于进一步加强和规范汽车综合性能检测工作的通知》（交公路发［2002］587 号），对加强和规范汽车综合性能检测站管理工作进行了专项部署，提出具体要求，并监督落实。通过整顿和规范，截至 2003 年底，全国共有机动车综合性能检测站 1 403 家，比 2002 年底增加了 94 家；全国所有机动车综合性能检测站实现了独立经营；所有机动车综合性能检测站工作人员不再穿着道路运政管理人员服装和标志上岗；所有省（自治区、直辖市）对机动车综合性能检测收费执行经营服务性收费管理；地方交通部门逐步认可公安部门的检测报告。

2005 年 6 月 16 日，交通部以 2005 年第 6 号令发布《道路货物运输及站场管理规定》，于当年 8 月 1 日起施行。《规定》第十九条明确，“道路货物运输经营者应当定期进行货运车辆检测，车辆检测结合车辆定期审验的频率一并进行。”第二十一条明确规定：“机动车综合性能检测机构应当使用符合标准的设施、设备，严格按照国家有关营运车辆技术检测标准对货运车辆进行检测，对出具的车辆检测报告负责，并对已检测车辆建立检测档案。”

“十一五”后，车辆检测企业进入平稳健康发展的轨道。截至 2007 年底，汽车综合性能检测站的数量达到 1 594 家，其中 A 级检测站数量为 330 家，B 级检测站数量为 574 家，C 级检测站数量为 690 家。从 2000 年以来，全国汽车综合性能检测站平均以每年 50 家的速度增长。

五、奥运交通保障

百年奥运，中华圆梦。为了迎接奥运会、筹办好奥运会，从2007年，交通部按照北京奥组委的统一部署，负责奥运会及其测试赛公路交通保障的组织与协调工作以及奥运火炬传递的公路交通保障工作。

为做好奥运交通保障，2007年6月15日，交通部印发了《北京奥运会及其测试赛公路交通保障及运输服务工作实施方案》，成立了由交通部牵头，北京等涉赛地区交通部门参加的奥运公路交通服务保障协调小组。

2008年3月10日，交通部召开“奥运交通保障工作电视电话会议”。冯正霖副部长明确要求，交通部门要全行业动员，以高度的责任感和使命感，全力做好北京奥运会交通保障的6项工作：做好奥运赛区赛时公路交通指挥与保障工作、做好奥运火炬传递公路交通保障与服务工作、做好奥运期间进京货车绕行交通组织与112国道等绕行公路整治工作、认真做好北京奥运会应急保障车队组建工作、做好进京客运班车尾气改造工作、做好濒海赛区赛期水上交通安全保障工作。

2008年9月25日，交通运输部新闻发言人、体改法规司司长在“部例行新闻发布会”上表示，奥运期间，交通运输部做到了措施到位、工作到位、责任到位、落实到位，没有发生人为责任事故，没有出现旅客滞留现象，圆满完成了奥运交通运输保障任务，为北京奥运会交了一份满意的答卷。奥运期间，交通运输部组建了由21个省份79家道路运输企业的836辆客运车辆和1 173名工作人员组成的北京奥运会志愿者通勤保障车队，承担了4.79万名奥运志愿者的集中通勤运输任务，共开行了通勤班车线路192条，出车4万多次，行程70多万公里，运送志愿者近200万次，得到了高校、奥运场馆以及广大奥运志愿者等各方面的一致好评；奥帆赛期间，交通运输部门共出动飞机9架次、船艇1 016艘次、车辆836台次、人员8 027人次，巡航时间3 043小时，巡航里程2.49万海里；累计监管观众船110艘次、载运乘客5 507人次、贵宾接待船115艘次，承载贵宾1 656人次，媒体工作船139艘次；累计监控进出港船舶1 433艘次，核查船舶106艘次，发现并协调拦截身份不明船舶5艘次，出动海上巡逻艇457艘次，没有发生任何安全事故，顺利完成了青岛水域战浒苔和奥帆赛海上交通安全与应急保障任务。

同时，为确保实现“绿色奥运”，交通运输部有效组织实施进京货车绕行方案。在奥运会及残奥会期间，进京货车需绕行112国道。交通运输部会同河北、天津两省（市）主管交通部门，在不到3个月的时间内，完成了对2 000公里的112国道等绕行公路的集中改造。并于2008年7月1日起，对进京外地货车组织实行绕行方案，同时实行12小时实时报告制度，及时了解112国道交通运行情况，对进京绕行货车进行有效引导。从监控情况看，奥运期间112国道河北段的平均日交通量为1.1万辆左右，较绕行方案实施前车流量增加35%左右，车辆平均时速55公里/小时，交通秩序良好，基本维持了国道交通正常水平。进京货车绕行112国道方案的有效实施，确保了奥运期间北京空气质量，为实现“绿色”奥运发挥了积极作用。

部直属单位及各省交通、海事部门积极行动，在奥运火炬传递、交通保障等方面做了大量细致的工作，确保了奥运会期间的运输和安全。如交通运输部通信中心承担境内外媒体使用海事卫星设备报道奥运赛事服务保障工作，派专业技术人员协助奥组委为境内外奥运注册媒体办理无线电频率许可、设备检测等事项。奥运会期间，通信中心共办理绿色标签43个、黄色标签65个；辽宁海事局共出动执法人员6 777人、执法车辆2 748车次、海巡船艇153艘次，开展水域巡航8 442海里，检查船舶3 280艘次，实现了奥运会期间辖区不发生重大安全事故的工作目标；烟台打捞局调遣5 800马力消防供应船“德清”轮和500吨浮吊船“烟救起重一号”赴青岛，执行奥帆赛安保任务。“德清”轮在奥帆赛期间巡航近200小时，航行1 200余海里，联合海事、边防部门核查各类船舶48艘次。“烟救起重一号”船较好地履行了应急抢险打捞待命职责。

第四章 行业管理

中国科学院—清华大学国情研究中心主任，清华大学公共管理学院教授、博士生导师胡鞍钢认为：改革开放以来，我国经历的“交通革命”由“三大要素”的共同作用推动。第一是需求拉动，历史上规模最大、速度最快的中国经济发展带动了历史上规模最大、速度最快的交通发展。第二是技术进步，积极引进国外先进技术，创新本国适用技术，中国交通正在由“追赶者”和“模仿者”向“创新者”和“领先者”转变。第三是制度创新。大胆创新交通筹融资政策，从以国家投资为主转向以市场为基础的多元化投资模式，积极引进和消化吸收国外先进的建设工程管理经验，创立了以市场为导向的中国特色交通建设管理体制。

改革开放30年来，交通行业制度的创新不仅体现在投融资上，在行业管理方面也有诸多亮点。可以说，没有法制、管理、政策的改革创新，公路交通行业就不可能爆发出如此巨大的活力，就难以取得跨越式的发展。

如果把交通基础设施看成是行业发展的“硬件”，那么法制体系完善、行业管理加强以及技术政策进步等等方面就属于“软件”，都属于制度创新的范畴。“软件”的不断完善和加强，成为行业健康、持续发展的必要条件。

改革开放之初，各级交通主管部门兼有行业宏观调控及掌控国有企业经营的双重责任。随着改革开放的不断深入，交通主管部门把主要精力放在了行业的宏观管理上，行业管理手段不断加强，促进了市场的规范和繁荣。

第一节 公路交通法制建设

公路法制，即公路交通行业法律制度体系。改革开放以后，法制建设成为建立社会主义市场经济体系的本质要求，也是规范市场的决定性因素之一。其中，公路交通法制成为社会主义法制体系中必不可少的重要组成部分。

交通法律体系是指构成交通法律关系的各种法律、行政法规、部门规章及国际公约组成的规范体系。公路交通法规系统是交通法律体系的重要组成部分，是公路交通法制建设的重要基础，它由两个子系统组成，即由以《中华人民共和国公路法》为龙头、以《中华人民共和国公路管理条例》、《收费公路管理条例》为组成部分的公路法规系统和以《中华人民共和国道路运输条例》为龙头的道路运输法规系统组成。

一、公路法制建设沿革

改革开放以来，国家开始法制体系的建设。1982 年通过的新《宪法》，建立了中央和地方国家权力机关两级立法体系和行政机关内部两级三类立法体系。公路交通法制建设的步伐也明显加快。

这一时期公路交通立法呈现几大特点。一是立法围绕贯彻落实改革开放的大政方针进行。20 世纪 80 年代初，交通部开始着手，对新中国成立后颁布的法规、规章进行清理。1984 年 3 月 10 日，交通部召开清理、制定交通法规的专门会议。会议汇报了 1983 年交通部法规的制定、上报、颁布和对新中国成立以来颁布的法规清理工作的情况，提出了 1984 年制定上报法规及继续进行清理法规工作的任务和具体要求。并就贯彻国务院办公厅转发的国务院经济法规研究中心《关于对国务院系统过去颁发的法规、规章进行清理的通知》及 1984 年交通部要完成的法规的制定、报批任务进行了讨论。会议决定，成立交通部清理法规领导小组，负责法规清理的审定工作。根据国务院办公厅的通知精神，从 1983 年 11 月开始，交通部对不包括技术规范在内的 967 件法规、规章进行了清理。经审查，确定有效的 505 件，废止的 429 件，待定的 33 件。1984 年底，清理工作全部完成。二是立法的规范性、可操作性明显增强，交通法规的内容更具体、更便于操作，立法数量增长较快，初步确立了公路法制体系的框架。改革开放初期的 20 世纪 80 年代，交通部积极推进有关法规的立、改、废工作，把在实践中行之有效的政策措施及时上升为法规，巩固改革成果，保障和促进运输经济的发展，着重抓了基本的法规的制定。80 年代，由国务院发布和由国务院批准、交通部发布的行政法规，交通部发布和交通部与有关部委联合发布的规章达 300 多件。其中，以《中华人民共和国公路管理条例》及其《实施细则》等为主线，初步确定了公路建设、养护、路政管理等法律关系；以《公路运输管理暂行条例》和《公路货物运输合同实施细则》为主线，初步确定了公路客货运输、市场管理、运政管理等法律关系；以《公路养路费征收管理规定》和《公路养路费使用管理规定》、《车辆购置附加费征收办法》、《公路运价管理暂行规定》为主线，初步确定了公路建设与养护投融资政策的法律框架。同时，与主要法规相配套，还制定了一批关于交通运输计划、财务、物资、能源、企业管理等方面的管理规章。1979 年，《中华人民共和国公路法》的起草工作正式启动。三是立法范围缩小，主要是由于 1986 年 10 月道路交通运输管理体制改革，全国城乡道路交通安全管理职能移交公安部门，全国统一的道路交通安全管理法规改由公安部起草。四是立法工作由专门的机构归口负责。1979 年，交通部在办公厅设置法律处。1988 年交通部设置政策法规司，专门负责交通立法计划的编制，交通法规草案的审核以及交通法制建设的管理和协调工作。同时，有法规、规章制定权的省级人大和政府也相应制定了一批地方性公路交通法规和规章。

1989 年 4 月 4 日，第七届全国人大二次会议通过《中华人民共和国行政诉讼法》，正式建立行政诉讼制度，将行政机关的具体行政行为纳入司法审查的范围。1992 年 10 月，党的十四大作出了建立社会主义市场经济体制的历史性决策，并明确指出，加强法制建设是建立社会主义市场经济体制的迫切要求。1996 年 3 月，《中华人民共和国行政处罚法》颁布，在中国大陆第一次从法律制度上全面规范政府的行政处罚行为。为适应实施《行政诉讼法》、《行政处罚法》和建立社会主义市场经济体制的要求，公路法制建设步入新的发展时期，取得了突破性的进展。

1989 年 8 月 29 日至 9 月 1 日，交通部在太原召开“全国交通系统政策研究和法制工作会议”。这是交通系统第一次召开有关行业政策研究和法制工作方面的会议。王展意副部长在会上讲话指出，“交通系统政策研究和法制工作必须从中国的国情出发，为发展交通运输、适应社会需要服务；政策研究和法制建设要围绕交通行业的中心任务开展工作”。会议提出了关于进一步加强政策研究和法制工作的四点意见：一是重视政策法规工作，并把这项工作摆到应有的位置；二是逐步建立健全工作体系；三是统筹安排、突出重点；四是努力提高队伍素质和工作水平。

进入 20 世纪 90 年代后，国家颁布的与交通行政有关的法律、法规众多，内容更具综合性和规范性。1993 年 2 月 18 日，交通部批准成立“交通部交通法律事务中心”。从 1989 年至 1998 年底的 10 年里，交通部先后制定和修订了包括《交通法规制定程序规定》、《交通行政处罚程序规定》、《公路网规划编制办法》、《公路建设市场管理办法》、《道路运输行政处罚规定》、《省际道路旅客运输管理办法》、《道路运输业户开业技术经济条件（试行）》、《道路危险货物运输管理规定》、《高速公路旅客运输管理规定》、《汽车运价规则》、《道路运输车辆维护管理规定》等在内的众多规章，这些规章涉及交通立法、公路管理、公路运输等众多方面，使 20 世纪 90 年代的交通法制建设迈上了新的台阶。

1997 年 7 月 3 日，是公路法制建设具有划时代意义的一天。这一天，《中华人民共和国公路法》历经近 20 年的反复修改和研究之后，获得第八届全国人大常委会第 26 次会议审议通过，由国家主席江泽民签署第 86 号主席令予以颁布，1998 年 1 月 1 日起实施。《公路法》作为一部规范公路建设和管理的法律，全面调整了公路发展中的各种社会关系，在公路规划、建设、养护、经营、使用和管理等方面，确立了一系列重要的法律制度，同时，也指明了进一步改革的方向及建设和管理公路的措施。它的颁布实施填补了我国在公路建设和管理方面没有法律的空白。从此，公路法制建设进入了全新的时代。

这一时期，道路运输法制建设得到加强。截至 1998 年底，交通部制订并颁布了《道路运输行政处罚规定》、《道路运输车辆维护管理规定》、《高速公路旅客运输管理规定》等，并与国家发展计划委员会联合发布了《汽车租赁业管理暂行规定》。同时，地方公路法制建设也迈上了新台阶。据 1998 年底的不完全统计，已有 20 个省（区、市）通过省级人大颁布了本省的《道路运输管理条例》。

1999 年以来到“十五”期末，伴随着《公路法》的宣传、实施和修订，公路法制建设进入全面发展、完善和规范的时期。这一时期，立法的步伐大大加快，确立了公路法制体系的框架。立法涉及公路行业的方方面面，如公路投融资、建设市场准入、质量管理、运输市场规范、运输市场管理、执法监督检查等各个方面的法制体系都得到确立和完善。

1999 年，交通部组织编制了《公路、水路交通法规体系框架和实施意见》，明确要求建立九个法规子系统。涉及公路行业的有：公路法规系统、道路运输法规系统两个子系统，计划用 10 年时间实施，力图为交通发展提供较为完善的法律保障。《意见》的出台，确立了公路行业法规体系的基本框架。在这个框架指导下，公路交通法制工作步入规范化、法制化的轨道。这10年里，公路法制建设在以下方面取得较完善、快速地发展：

加强公路建设市场管理。1998年加快公路建设后，围绕公路建设市场的规范，围绕确保公路建设质量，交通部出台了一系列规章和措施，迅速遏制住质量下滑的苗头，建立了规范、完善的公路建设市场准入和监管体系。1999年2月24日，交通部发布《公路工程质量管理办法》，对公路建设设计、施工、监理、材料和设备采购等环节的质量管理及工程质量监督机构的管理进行全面规范，确立了建设单位全面负责，监理单位负责施工过程监管，设计、施工单位质量自检和政府部门质量监督相结合的质量管理体制，并规定公路工程在设计使用年限内实行质量终身负责制等；2000年7月17日，交通部颁布《公路建设四项制度实施办法》，对贯彻公路建设项目法人责任制度、招标投标制度、工程监理制度和合同管理制度等“四项制度”作出明确规定，确立了公路工程建设的基本管理体制；2000年8月28日，交通部颁布《公路建设市场准入规定》和《公路建设监督管理办法》，对进入公路建设市场的准入条件、审批程序、动态管理、违规处罚以及公路进度、费用、质量、安全等的监督作出明确规定；2002年6月6日交通部颁布《公路工程施工招标投标管理办法》；2004年3月31日，交通部发布修订后的《公路工程竣（交）工验收办法》；2004年12月21日，交通部发布新修订的《公路建设市场管理办法》，针对公路建设市场中存在的突出问题，提出了有效解决的新观点、新思路、新举措，对容易出现腐败的环节加强了监管，对资金使用进行了明确规定；2005年5月8日，交通部颁布《公路工程质量监督规定》；2005年5月9日，颁布《公路工程设计变更管理办法》；2007年10月16日，颁布《经营性公路建设项目投资人招标投标管理规定》。

加强公路管理。为治理超限超载运输，遏制公路、桥梁损坏严重的势头，2000年2月13日，交通部发布《超限运输车辆行驶公路管理规定》，为2004年开始全面“治超”做好了法律准备；2002年1月27日，交通部发布《路政管理规定》；2004年9月13日国务院发布《收费公路管理条例》（国务院令第417号），这个《条例》总结和肯定了近20年来中国收费公路发展的成功经验，借鉴了世界各国的立法成果，既规范了经营者的经营管理行为，又兼顾了社会公众的合理需求；既强化了政府的行业管理，又维护了经营者的合法利益；2005年10月27日，交通部印发《关于收费公路试行计重收费的指导意见》。

加强运输市场管理。1999年11月15日，交通部发布了修改后的《汽车货物运输规则》，是道路货运史上首次以部令发布的部颁规章；1999年10月11日发布的《道路运输服务质量投诉管理规定》，规范了道路客货运服务，规范因运输服务管理存在的不完善和处理不当等出现的问题；2000年4月27日，交通部颁布了《道路旅客运输企业经营资质管理规定（试行）》，对道路客运企业全面进行资质评定，以尽快改变客运企业多、小、散、弱的局面，适应“入世”要求。2004年4月14日，国务院发布《中华人民共和国道路运输条例》，这是道路运输法制建设的重要里程碑。《条例》是我国道路运输领域的第一部行政法规，在此之前，道路运输管理的主要依据是部门规章和地方性法规。《条例》的颁布实施，为依法行政、依法治运，实现公路基础建设和道路运输协调、可持续发展和推进交通健康、稳定发展提供了强有力的法律保障。其颁布实施，有效地促进了道路运输管理部门依法行政工作，加大了打击无证经营、“宰客”、“甩客”等各种违法违章行为的力度，道路运输市场秩序持续好转，服务质量得到了一定的提高。此后，2005年6月3日交通部又发布了《道路货物运输及站场管理规定》。

加强交通执法队伍建设。1999年，交通部组织制定了《交通行政执法人员执法标志管理规定》，发布了《加强交通行政执法队伍建设的意见》。同年11月起，组织对浙江、上海、河北及北京、天津等省（市）的交通行政执法情况进行检查。截至1999年底，全国交通系统包括公路路政、道路运政、水路运政、航道行政、水上安全监督、交通规费征稽、港口行政等部门有30余万交通行政执法人员。2000年1月14日，交通部颁布实施《公路监督检查专用车辆管理办法》，首次统一了公路路政、征稽、运政管理等执法车辆的式样，进一步提升了公路行业的形象。为加强交通行政执法队伍建设，2000年五六月间，交通部召开了公路、水运和海事三大系统的三个座谈会，并于2000年10月召开“全国交通行政执法队伍建设工作会议”，黄镇东部长在会议上明确提出七项措施。会后，各级交通主管部门高度重视交通行政执法队伍建设，认真抓好落实，制定加强队伍建设的规划、措施和实施意见，加强执法监督，并给予交通行政执法队伍建设财力、物力的必要保证。2000年，交通部还印发了《交通行政执法人员岗位培训工作检查验收办法》。这些措施在规范交通行政执法队伍监管、提高交通执法队伍整体素质、提高服务能力等方面取得了明显成效。

“十五”期间，交通部认真贯彻实施《中华人民共和国行政许可法》，大幅改革交通行政审批制度，清理行政审批项目，规范行政许可行为，取得了重大进展。

2000年5月21日，国务院法制办传达朱镕基总理指示，先后发出清理行政审批项目的多个文件。交通部党组在学习中认识到，改革开放以来，交通系统进行了几次大的行政体制改革，在改革中越来越重视政府职能的转变，政企分开取得了较大进展，企业已经全部脱钩，部分政府职能已转移给企业、社会团体和中介组织，交通部门的宏观调控、监督检查、提供服务等职能得到加强。但从市场经济发展的需要，特别是从WTO规则的要求来看，交通部门的职能转变还没有到位，主要存在的问题：一是行业管理中存在“错位”、“越位”、“缺位”；二是惯于使用“内部文件”、“行政命令”等随意性大、透明度低的方式管理；三是行政审批事项过多过细，办事程序过于繁琐，效率低下。为此，改革交通部行政审批制度，关键是要做到彻底转变管理职能和管理方式，改变过去管理工作中无所不包、无所不能的传统习惯。从直接管理运输经济活动向监督、服务运输经济行为转变，从侧重微观市场准入向全面规范市场主体转变，坚持有所为、有所不为。根据《国务院批转关于行政审批制度改革工作实施意见的通知》的具体要求，交通部及时成立了行政审批制度改革工作领导小组，确定了“解放思想，实事求是，充分发挥交通运输市场在资源配置中的基础性作用，把制度创新和从严治政摆在突出位置，努力突破影响交通生产力发展的体制性障碍，加强和改善宏观调控，规范行政行为，提高行政效率，推进交通部门的廉政建设”的指导思想。结合交通行业管理工作的实际，把清理整顿交通经济事务的行政审批作为重点，对涉及道路、水路运输市场、运输安全、运输服务收费等方面的行政性审批进行认真清理，抓住项目审批这个重点，结合开展党风廉政建设和反腐败斗争，深入调查研究，采取有力措施，积极推进行政审批制度的改革。截至2001年底，交通部共清理出行政审批项目86项。

2003年，交通部按照新一届政府的部署和要求，贯彻落实国务院行政审批制度改革工作领导小组《关于搞好已调整行政审批项目后续工作的意见的通知》精神，从转变政府职能的高度，认识“经济调控、市场监管、社会管理、公共服务”

的管理职能和做好取消行政审批项目后续监管工作的重要性。组织力量对取消的28项仍需要加强监管的行政审批项目进行科学研究、分析和论证，并按国务院“加强监管，防止管理脱节”的总体要求，从实际出发，提出相应的后续措施，制定具有交通行业管理特点的后续监管措施，并于2003年8月12日印发实施《关于公布已取消和改变管理方式的交通行政审批项目后续监管措施的通知》，标志着交通部行政审批制度改革工作取得阶段性成果。2003年，以第11号交通部令废止了219件已不适应社会主义市场经济体制要求及交通行业管理需要的规章，上报公布349件现行有效的交通规章目录。对继续有效但需要修改的规章提出了修改意见。2004年11月2日，交通部发布《交通行政许可实施程序规定》，对交通行政许可的实施机关、内容、公示方式等作出明确规定。同年11月3日，交通部又发布《交通行政许可监督检查及责任追究规定》，强调各级交通行政机关应对交通行政许可实施过程进行监督检查，对违法行为依法进行责任追究，坚持有错必纠、违法必究，以保障有关法律、法规和规章的正确实施。2005年底，交通部组织建成“交通部行政许可网上公示系统”，大大提高了部机关实施行政许可的透明度。

到“十五”期结束的2005年，交通法制建设实现了历史性的突破。其中《中华人民共和国道路运输条例》出台，结束了道路运输无国家行政法规可依的历史。仅“十五”期间，交通部就制定和修订54件部颁规章，清理废止了247件部颁规章，精简了48%的行政审批项目。公路交通法制建设不断加强，基本形成了门类齐全、覆盖面广的交通法制体系，为依法行政、依法治交奠定了坚实的基础。

二、《公路法》实施及其重大意义

根据1979年6月18日至7月1日召开的第五届全国人大二次会议关于加强社会主义法制建设的精神，交通部于1979年11月组织了《公路法》的起草工作。经与各省交通部门反复研究、多次修改，拟就了《中华人民共和国公路法（征求意见稿）》。1982年4月27日，交通部向国务院上报了《关于请求颁发〈中华人民共和国公路法〉的报告》。1986年，在《公路法》作出较大修改后，再次报送国务院审查。

（一）《公路法》颁布及修正

1987年10月13日，国务院正式发布《中华人民共和国公路管理条例》，于1988年1月1日起施行。在国家法律层面的《公路法》尚未出台的情况下，属于行政法规的《公路管理条例》的出台，解决了公路行业建设、管理、养护没有法律依据的问题，为依法加强公路的建设和管理奠定了基础，成为构建公路法制体系的主干。《条例》包括总则、公路建设、公路养护、路政管理、法律责任和附则六章共四十一条，确立了公路管理实行“统一领导、分级管理”的原则，明确了国道、省道、县道、乡道以及专用公路的管养机构和责任，规定公路、公路设施及其用地受国家法律保护，任何单位和个人不得侵占和破坏。同时，对公路建设资金、养护、路政管理等作出明确规定。

随着公路事业的快速发展，《公路管理条例》在实施过程中很快显现出不足，已经不能完全适应新形势的要求，迫切需要进行修改、补充，并上升到国家法律层面。1990年开始，交通部总结了《条例》实施以来的经验，分析了近年来在公路建设、管理上出现的新情况、新问题，在反复听取各省（区、市）人民政府和国务院有关部门意见的基础上，借鉴国外公路立法的经验，再次形成了《公路法（送审稿）》，并于1995年4月22日报请国务院审批。此后，国务院法制局经反复研究、修改，形成了《中华人民共和国公路法（草案）》，提请国务院常务会议讨论。1997年2月，《公路法（草案）》由国务院总理李鹏提请全国人大常委会审议。1997年7月3日，第八届全国人大常委会第26次会议审议通过《中华人民共和国公路法》，并自1998年1月1日施行。公路行业的龙头法——《中华人民共和国公路法》经过近20年的艰苦历程终于出台，为公路行业的法制体系的完整构建奠定了坚实的基础。《公路法》颁布实施后，《公路管理条例》继续实施，并未明令废止，但其中与《公路法》相抵触的内容以上位法——《公路法》为准。此后，交通部开始着手对《公路管理条例》进行修订。

《公路法》在公路规划、建设、养护、经营、使用和管理等方面确立了一系列重要的法律制度，从国家法律层面上确立了发展公路事业的基本方针和重要原则，既为加强公路建设和管理提供了法律依据，又为公民、法人和其他组织投资、经营和使用公路提供了法律保障。《公路法》进一步明确各级人民政府在公路建设和管理中的职责，进一步明确交通主管部门和公路管理机构建设、养护、管理公路的职责，进一步完善公路建设和养护制度，进一步强化公路管理力度，进一步规范了公路监督检查行为，同时，相比于《公路管理条例》，有了较大的补充和发展。

《公路法》确立了一系列发展公路事业的基本方针和重要原则。包括：国家鼓励、引导和规范多渠道筹集公路建设资金；帮助和扶持少数民族地区、边远地区和贫困地区发展公路建设；鼓励公路工作方面的科技研究；公路的发展应当全面规划、合理布局、确保质量、保障畅通、保护环境、建设改造与养护并重；合法使用公路和公路受国家保护；公路建设应当贯彻切实保护耕地、节约用地；主管部门的职责和责任义务相统一等等。这些方针和原则，体现了国家对公路交通基础设施的战略构想和高度重视。

《公路法》拓展了公路建设资金渠道，除肯定《公路管理条例》中规定的国家和地方投资、专用单位投资、中外合资、社会集资、贷款等筹资方式外，规定筹集公路建设资金可以依照法律或国务院有关规定决定征收用于公路建设的费用，可依法向国外金融机构或外国政府贷款建设公路，鼓励国内外经济组织依法投资建设、经营公路，可以依照法律、行政法规的规定发行股票、公司债券、转让公路收费权筹集资金。设置专章对收费公路作了较为全面的规定，把收费公路经营纳入了法制的轨道。

《公路法》增加了“公路规划”一章，明确和规范公路规划编制的原则和程序，理顺了各级公路规划之间的关系，明确了公路规划与其他规划间的关系。为防止公路街道化，保障公路运行和畅通，还规定“规划和新建村镇、开发区，应当与公路保持规定的距离，并避免在公路两侧对应进行”。同时，对公路的命名和编号也作出相应规定。

《公路法》的颁布，是公路交通发展史上的一件具有划时代意义的大事，是公路法制建设的里程碑。

《公路法》出台实施后，根据实际情况，全国人大常委会于1999年和2004年对《公路法》分别作出修改和修正，分别确立了“费改税”的原则，进一步明确了各级公路管理部门进行公路管理的职责。

1999年10月31日，第九届全国人大常委会第12次会议通过了《关于修改

〈中华人民共和国公路法〉的决定》。明确将第二十一条第一款修改为：“筹集公路建设资金，除各级人民政府的财政拨款，包括依法征税筹集的公路建设专项资金转为的财政拨款外，可以依法向国内外金融机构或者外国政府贷款。”第三十六条修改为：“国家采用依法征税的办法筹集公路养护资金，具体实施办法和步骤由国务院规定。”“依法征税筹集的公路养护资金，必须专项用于公路的养护和改建。”同时，删去第七十六条。此次修改，将公路建设资金与公路养护资金的筹集由政府依法收费的方式，改变为以征税的方式筹集。这项改革的实施，涉及所有现行的道路维护建设和车辆管理方面的行政事业收费和政府性基金，会开征新的税种，不合法和不合理的收费将被取消，少量的必要规费将被保留，不体现政府行为的收费将被转为经营性收费，具体的实施方案还有待国务院根据公路法和相关法律的规定制定颁布。《公路法》的第一次修改表明，我国“费改税”的改革取得了突破性的进展，对于我国政治体制改革与经济体制改革产生了深远的影响，更对公路规费的征收产生了深远影响。

2004年8月28日，第十届全国人大常委会第11次会议上，通过了《关于修改〈中华人民共和国公路法〉的决定》。修改前，《公路法》第五十条第一款规定：“超过公路、公路桥梁、公路隧道或者汽车渡船的限载、限高、限宽、限长标准的车辆，不得在有限定标准的公路、公路桥梁上或者公路隧道内行驶，不得使用汽车渡船。超过公路或者公路桥梁限载标准确需行驶的，必须经县级以上地方人民政府交通主管部门批准，并按要求采取有效的防护措施；影响交通安全的，还应当经同级公安机关批准；运载不可解体的超限物品的，应当按照指定的时间、路线、时速行驶，并悬挂明显标志。”第十届人大常委会第11次会议在解释《关于修改〈中华人民共和国公路法〉决定》时指出，经与国务院法制办、审改办、公安部、交通部研究认为，对机动车超过限载标准行驶实行审批的目的，主要是根据路面、桥梁的承载能力对超限行驶加以控制，避免造成交通事故和损坏道路设施。对此由交通主管部门负责审批较为适当。交通主管部门审批后，再由运输单位根据审批结果，向公安部门报告行驶路线、时间，请求公安部门提供服务，维持交通秩序，而不必由两个部门审批。据此，《决定》删去了上述条款中“还应当经同级公安机关批准”的规定。第二次修改，明确了公路交通部门在日常公路管理中的主体地位。

（二）《公路法》颁布实施的重大意义

《公路法》所确立的一系列方针、原则和各项规定，符合我国国情和公路工作实际情况；符合公路体制改革与发展的方向；符合建立社会主义市场经济体制的要求；符合公路基础设施建设快速发展现实；符合依法治路、依法治交的需要。

《公路法》全面宣传、贯彻和实施的十多年来，对于建立健全公路法制体系，全面推进依法行政、依法管理，促进和保障公路事业的持续、健康、快速发展，为经济建设和社会各项事业的发展，作出了突出贡献。公路行业无论在公路的法律体系建设，公路的规划、建设、养护、管理，收费公路的建设、经营、管理以及公路建设的监督检查等方面都取得了长足的进步，社会各界特别是公路系统依法治路的意识大大增强，在公众心目中，公路事业在国民经济发展中的重要地位得到了很大加强。

一是为公路法制体系的构建奠定了基础。《公路法》是公路工作的基本法，基本涵盖了公路工作的所有方面。其实施标志着公路走上了依法建路、依法用路、依法管路的法治轨道。《公路法》颁布实施后，交通部着手进行与《公路法》配套的各项法规、规章的编制工作，确立了以《公路法》为龙头的公路系统法制体制框架。各级交通主管部门围绕《公路法》的实施，建立、健全了公路法制体系，出台了一系列有关公路建设、管理的地方性法规和规章，涉及公路的建设、管理、筹资等各个方面。公路法制建设走上了规范化的轨道，并基本形成了以《公路法》为龙头，配套法规、规章为辅助的科学、完备和有序的适应社会主义市场经济的公路法制体系。

二是营造了依法治路的良好氛围。《公路法》颁布之后，全国各级交通主管部门将宣传工作摆上重要议事日程，各地相继成立了由主管部门领导挂帅的宣传工作领导小组，制定了切实可行的实施方案。在宣传过程中，充分利用各种宣传媒介，增强了宣传的辐射力和影响力；举办了内容丰富、形式多样的公路现场主题宣传活动，交通主管部门领导亲力亲为，带领广大干部职工投身其中，掀起了宣传《公路法》的一波又一波高潮，使人民群众知晓并渐渐了解、熟悉《公路法》的相关内容，为依法治路打下了坚实的基础。

三是提高公路部门依法治理的水平。《公路法》不仅需要广泛的“外宣”，同时更需要深入的“内训”，对公路监督检查人员提出了较高的要求。公路监督检查人员必须熟悉国家有关法律和规定，公正廉洁、热情服务、秉公执法。交通部领导曾多次深入基层，举办专题讲座，分层分批对执法单位领导及执法人员进行集中培训，充分调动了公路行业学习的积极性。各级交通主管部门也建立了相应的定期学习制度，以机制促学习，以制度保实效。各地以《公路法》为中心内容，大力开展培训，广泛讨论交流，定期举行考试，不定期进行抽查，用知识竞赛等形式把“学法用法”活动引向深入。执法人员业务能力大大加强，综合素质显著提高，一大批熟悉并善于运用法律、法规解决问题的执法人员成长起来，投入到依法治路的一线。

四是拓宽了公路建设的资金渠道。公路建设涉及到建设成本、征地、拆迁等问题，而资金缺乏一直是制约和困扰公路事业发展的关键。《公路法》施行后，全国各地、各级交通部门依照《公路法》的有关规定，积极探索融资方式的新突破，不断改进招商引资工作方法，创造良好投资环境，吸引经济组织及民间资金投资公路建设，从而开创了多形式、多层次、多渠道资金筹措的新局面。收费公路的依法设立，更是大大加快了各地公路建设的步伐，有效缓解了公路建设资金短缺的矛盾，提高了路网整体运营水平，促进了公路交通事业快速发展。

五是完善了公路发展的规划。区别于以往颁布的法规和规章，《公路法》第一次把公路发展规划放在了非常重要的位置，提出了“统筹规划、合理布局、突出重点”的原则，明确了公路规划应当根据国民经济和社会发展及国防建设的需要编制，要与城市建设发展规划和其他方式的交通运输规划相协调。各地交通主管部门及时制定了发展规划，进一步加快了以公路为重点的交通基础设施建设步伐，公路建设实现了跨越式发展。“十五”期间，交通部完成了国家高速公路网、农村公路建设等全国性公路规划以及长三角、珠三角等区域交通规划。各省（区、市）也开始了本省区域内的高速公路或干线公路网规划，并基本于2007年底完成。同时，《公路法》对公路的命名和编号也作了具体规定。随后，交通部启动了相应工作，于2006年底制定完成《国家高速公路网路线命名和编号方案》，就国家高速公路网统一命名和编号范围、方案及省级高速公路网与国家高速公路网命名和编号的衔接等三方面问题进行了明确。2007年7月24日，交通部召开“国家高速公路路线命名和编号工作电视电话会议”，正式启动国家高速公路网路线统一命名和编号工作。公路的规划和命名、编号完全纳入法制化轨道。

六是保障了路政管理的顺利进行。《公路法》确立了路政管理的十五条法律制度，赋予交通主管部门和公路管理机构实施管理的必要权力和手段，理顺了路政管理体制，强化了路政综合治理，强化了对超限运输的管理工作，有利于对公路的保护，制止和制裁各种非法行为。各级交通主管部门充分利用《公路法》赋予的监督检查和处罚处理手段，对公路两侧建筑控制区的违章建筑和非公路标志牌进行强制清理，强化了经常性路政巡查和涉路工程的审批管理，尤其是加大了对超限运输车辆的管理力度。对于违法行驶的及时查处，有力地维护了路产路权，确保了公路完好畅通，在依法行政的同时为公众提供了良好的服务。

七是加强了公路养护的科学管理，保障公路安全畅通。按照《公路法》的要求，各级公路管理机构把养护管理作为基础性工作来抓，搞好日常养护，确保路面经常处于良好的技术状态，使公路网的总体服务水平有了明显提高。同时，加强大中修养护工程施工的规范化管理，严格技术规范和操作规程，设立规范的施工和警示标志，确保了行车安全。部分省（市）在注重公路设施养护管理的同时，还注意加强公路养护的市场化运作，在公路养护招投标、企业化运作方面做了有益的探索。公路养护市场化机制的推进，对加强公路养护管理、降低养护成本、提高公路养护质量起到了积极作用。

八是有效维护了公路建设的正常秩序。在《公路法》颁布实施的第二年，国家作出扩大内需、加快公路基础设施建设的决策，为了紧紧抓住国家加快基础设施建设的机遇，全力加快公路建设，交通部及各地交通主管部门严格按照《公路法》和国家有关基本建设程序的规定，依法建立了统一开放、竞争有序、充满活力的公路建设市场，积极推行项目法人责任制、招标投标制、工程监理制和合同管理制“四项制度”，建立健全了质量保证体系。交通建设市场的开放度和透明度明显提高，建设环境日趋改善，提高了建设管理水平，确保了公路工程建设的质量，以高速公路为主的高等级公路建设取得重大突破。

三、行业管理政策及规章

进入“十一五”时期，面对新的发展形势，交通部和全国公路行业都在思考全行业的可持续发展之路，公路交通法制建设同样面临新的挑战和机遇。

经过近30年的快速平稳发展，交通发展过程中一些深层次问题逐步积累显现：公路服务业正由传统产业向现代产业转型，而如何平稳地实现转型是摆在公路行业全体从业人员面前的必须解决的难题；经过七八年的加快建设以及经济的快速发展，资源、环境的限制越来越突出，对交通发展提出的要求越来越高，如何走出一条资源节约和环境友好的交通发展之路是必须解决的问题；建设综合交通运输体系的要求越来越迫切，如何建立完善综合交通运输体系还有待探索；随着人民生活水平的提高，人们出行的理念发生了重大变化，安全、便捷、合适、高效和个性化需求成为主流，对交通的建设、养护、管理以及服务都提出了新的、更高的要求；随着公路里程的快速增长，农村公路建设的快速发展，公路建设、养护的资金缺口越来越大，如何完善、创新投融资政策，多方筹集资金，保持公路建设、养护和管理的正常开展刻不容缓。此外，深化公路管理体制改革、提高工程耐久性、保障公路交通安全等方面的问题也亟待解决。

在2006年1月15日召开的“2006年全国交通工作会议”上，中央政治局常委、国务院副总理黄菊代表党中央、国务院，对“十一五”交通工作提出了明确要求：交通部门要认真贯彻党的十六届五中全会和中央经济工作会议精神，全面落实科学发展观，转变发展观念，创新发展模式，提高发展质量，落实“五个统筹”，科学发展交通事业。交通部部长李盛霖在会议的工作报告中，对“十五”交通法制建设的成绩给予充分肯定，同时在阐述以科学发展观统领交通工作全局时要求，“在交通法制建设上，要坚持依法行政，进一步转变职能，服务市场主体”。

2006年7月21日，交通部召开“建设创新型交通行业工作会议”。会上，交通部部长李盛霖提出建设创新型交通行业的指导方针和目标，指出建设创新型交通行业的四个战略重点是理念创新、科技创新、体制机制创新和政策创新。在政策创新中，李盛霖明确指出，“政策创新是促进交通发展的有效手段。未来交通发展对政策环境提出了更高的要求，必须注重政策创新，适时调整和完善相关政策，加强法制建设，促进政策制定的科学化、民主化和法制化，强化政策的跟踪、评估和调整机制，构筑完善的交通政策法规体系。”同时，李盛霖强调，建设创新型交通行业，要紧紧围绕“三个服务”，即为国民经济和社会发展服务，为建设社会主义新农村服务，为人民群众安全、便捷出行服务。针对交通发展中的突出矛盾和主要问题，依靠创新，积极探索解决矛盾和问题的有效办法，寻求更好的发展模式和途径，把创新落实到交通工作的各个层面和各个环节。

2006 年 12 月 29 日召开的“2007 年全国交通工作会议”上，交通部部长李盛霖以《努力做好“三个服务”推进交通事业又好又快发展》为题发表讲话，对 2007 年交通工作做出安排，对公路法制建设提出明确要求，即进一步加快立法和制度建设步伐，推进《公路保护条例》等行政法规的起草，加快《收费公路管理条例》配套法规的建设。实施新的《交通法规制定程序规定》，推动交通立法工作科学化、规范化、制度化。推行交通行政执法责任制，规范交通行政执法，推出一批示范单位。加强行政复议工作。

2008 年 1 月 5 日召开的“2008 年全国交通工作会议”上，李盛霖部长以《认真贯彻党的十七大精神努力提高交通“三个服务”的能力和水平》为题发表讲话，除要求积极配合做好《公路保护条例》等法律法规的审核修改工作外，还对交通法制建设提出更高、更严的要求：“进一步规范交通行政许可与行政执法，建立和完善行政执法评议考核制、行政执法过错责任追究制、行政执法责任制，加强执法人员资格、证件和执法标志管理，推进交通综合行政执法改革试点工作。建立和落实交通行政复议责任追究制度，逐步推行行政复议人员持证上岗制度。”

进入“十一五”期后的三次全国交通工作会议，对交通法制建设提出了明确要求，符合公路行业建设负责任行业的需要，契合交通部门建设负责任政府部门的要求，符合公路行业做好“三个服务”、实现可持续发展的需要。特别是对交通行政许可、规范执法和行政复议提出了更加明确的要求，明确了今后一个时期交通法制建设的重点。2007 年 8 月 18 日至 19 日，交通部在大连召开“全国交通法制工作座谈会”。黄先耀副部长到会讲话，要求认清形势，统一思想，进一步增强做好新时期交通法制工作的使命感和责任感；强调交通法制工作要把握规律性，赋予时代性，体现前瞻性。交通法制建设必须适应贯彻落实科学发展观的要求，必须适应构建和谐社会的要求，必须适应贯彻依法治国方略、全面推进依法行政的要求，必须适应深化行政管理体制改革的要求，必须适应做好“三个服务”、推进交通事业又好又快发展的要求。为此，今后交通法制工作要加强六方面工作：一是继续加快交通立法步伐，提高立法质量；二是进一步提高交通行政执法队伍的整体素质；三是加强交通执法文化研究；四是加强交通法制建设的行业指导；五是加强对交通法制工作的领导；六是加强法律基础工作研究。

围绕新时期、新形势的要求，围绕历年交通工作会议和大连座谈会确定的工作重点，“十一五”交通法制建设紧紧围绕建立、健全公路法制体系，加强依法治交、提高行业服务和执法水平等方面开展工作。

“十一五”以来，建立、健全法制体系主要抓了两方面工作。一方面，加强立法及调研。“十一五”前两年，积极组织开展了以《公路保护条例》为主的相关配套法规起草、制订工作，并于2007年10月按计划将《条例》上报国务院；修订了包括《交通法规制定程序规定》在内的30余件法规和规章；围绕《道路运输条例》及配套规章实施效果进行调研，开展立法实施效果的后评估研究；抓紧相关交通规章的制订和修改工作。仅据2006年统计，交通部制定了12件规章，重点规范了农村公路建设、安全监管等内容。另一方面，加快清理行政法规、规章和行政审批的步伐。“十一五”前两年，交通部废止了80件规章，明确在今后5年左右时间逐步修改的有73件；取消了3项行政审批项目。

特别是2006年11月24日新修订发布的《交通法规制定程序规定》，明确了交通法规起草和审核工作分别由业务部门和法制部门组织开展，法制工作部门归口管理的交通立法工作机制。同时规定在交通法规起草过程中，应当深入调查研究，广泛征求意见。对直接涉及公民、法人或其他组织切身利益，有关机关、组织或者公民有重大意见分歧的，起草部门应当向社会公布征求社会各界的意见，也可举行听证会；法制工作部门应当就重要法律问题向专家咨询委员会征求意见。新《规定》在体例上放弃了1992年出台的原《规定》的体例结构，借鉴了《行政法规制定程序条例》和《规章制定程序条例》的结构方式，结合交通立法工作的实际情况，对交通立法工作的立项、起草、审核、公布以及备案、解释、废止等各个环节进行了全面规范，细化了各环节的工作内容和要求，使交通立法程序更加明确。在制度建设上，与原《规定》相比，新《规定》强化了民主立法机制，着力提高立法工作透明度和公众参与程度，拓宽公众参与的渠道。新增了专家咨询机制、部总工介入机制、重要法规听证制度和立法责任制等。这些规定，进一步增强了交通立法的民主性和科学性，使交通立法工作的透明度和公众参与程度得到较大提高，更加先进、合法、合理、直观地体现了目前交通立法工作程序和交通立法的实际进步。

紧紧围绕“三个服务”，创新工作理念，改进工作方法，转变工作作风，以提高执法水平为重点，推进依法行政，营造公正、高效的法治环境，是“十一五”以来公路交通法制建设的另一个重点。

加强普法宣传，强化执法手段。2006 年，为了贯彻落实党的十六大和党的十六届五中全会对进一步做好法制宣传教育工作的有关部署，进一步提高交通系统干部职工的法律意识和法律素质，进一步提高交通行业依法治理水平，根据《中共中央、国务院转发〈中央宣传部、司法部关于在公民中开展法制宣传教育的第五个五年规划〉的通知》（中发［2006］7 号）的精神，结合“十一五”我国交通发展的目标和主要任务，交通部组织制定了《全国交通系统法制宣传教育第五个五年规划（征求意见稿）》。2007 年 3 月底，交通部制定并发布《全国交通系统法制宣传教育第五个五年规划》，明确了全国交通系统第五个五年法制宣传教育“四个坚持”的原则，即“坚持围绕中心，服务大局；坚持以人为本，服务群众；坚持求实创新，与时俱进；坚持从实际出发，分类指导。”还明确了主要任务、对象和要求、工作步骤和方法、组织领导和保障等。提出了“六个进一步”的工作目标，即“进一步提高各级交通主管部门的领导干部依法决策和依法管理交通的能力；进一步增进交通系统公务员的社会主义法治理念，提高依法行政能力和水平；进一步增强交通行政执法人员依法执法的素质，确保交通法律法规的正确实施；进一步增强各级交通主管部门依法治理的自觉性，提高交通行业依法管理和服务的水平；进一步增强交通企业经营管理人员诚信守法的观念，提高依法经营能力；进一步提高公民的交通法律意识和交通法律素质，了解和掌握维护自身合法权益、解决矛盾纠纷的法律系统和法律常识。”各省（区、市）交通部门采取多种形式，深入开展“五五普法”活动：一是各地深入进行学习宣传；二是健全了领导法制讲座制度、理论中心组学法制度、重大决策前法律咨询制度等七个涉及普法的工作制度；三是开展“一学三讲”等主题活动，即学法律、讲权利、讲义务、讲责任，在“全国法制宣传日”期间，开展了丰富多彩的宣传活动。

推行行政执法责任制，加强执法队伍建设和管理，规范执法行为。2006 年，交通部制订了《交通行政执法责任制（征求意见稿）》。2007 年 3 月 31 日，交通部正式下发《关于推行交通行政执法责任制的实施意见》，明确了推行交通行政执法责任制的指导思想是：以邓小平理论和“三个代表”重要思想为指导，全面落实科学发展观，努力围绕交通发展的中心任务，以落实行政执法责任为核心，以交通行政执法合法、规范、便民、高效为基本要求，以交通行政执法监督和过错责任追究为保障，全面推进依法治交，为构建和谐交通、实现交通事业又好又快发展提供法制保障；主要任务包括确认交通行政执法主体，梳理执法依据，分解执法职权，细化工作流程，确定执法责任等方面；要求建立健全执法公示制、执法人员资格制、案卷评查制、执法监督制、执法评议考核制、责任追究制、执法奖励制等七项制度。各地按照《实施意见》的要求，统一了执法依据、设定了执法岗位、界定了执法职责、公开了执法流程、加强了执法评议、落实了责任追究，同时也提升了执法效果。此外，2006 年开始，交通部组织成立了交通行政执法行为规范课题研究小组，对规范交通行政执法行为进行专项课题研究。课题组在广泛调研和充分论证的基础上，完成《交通行政执法行为规范（现场执法部分）》初稿。《规范》对执法风纪、执法语言、执法禁令、执法准则、执法检查、现场处罚进行了系统和具体规范。为贯彻落实国务院《全面推进依法行政实施纲要》和国务院办公厅《关于推进交通行政执法责任制的若干意见》，进一步推进全国交通法制建设，2008 年 3 月 20 日，交通部下发《2008 年交通行政执法检查工作方案》，决定在全国交通系统组织一次交通行政执法检查活动。2008 年 9 月 16 日，交通部下发《关于征求〈交通行政执法风纪〉等交通行政执法行为规范的函》，对交通部起草的《交通行政执法风纪》、《交通行政执法用语规范》、《交通行政执法检查行为规范》、《交通行政处罚行为规范》、《交通行政执法文书制作规范》和《交通行政执法文书式样》等公开征求意见，将在进一步完善后正式下发。

积极组织开展行政执法监督检查，提高执法队伍素质，提高执法服务水平。结合宣传贯彻《行政许可法》，交通部于 2006 年 3 月 9 日印发了《关于开展行政许可法贯彻落实情况监督检查的通知》。2006 年开始，交通部和各省厅就贯彻落实《行政许可法》、推行执法责任制情况进行了全面检查及多次重点督查，同时通过开通举报电话、聘请行风监督员、组建督查队等多种形式加强监督。同时，交通部及各地交通主管部门组织开展了执法人员培训和文明执法主题活动，提高了执法人员素质。开展了多种形式的培训，开展了文明执法主题活动，表彰了首批“全国交通行业十佳执法标兵”，开展了“创建文明执法示范路”活动。

加强行政复议工作，为公路行业发展营造了和谐的环境。为进一步完善行政复议工作制度，2007 年交通部印发了《关于全面推进依法行政，预防和化解交通行政争议的意见》和《交通部行政复议工作规则》，为行政复议工作理顺了关系、明确了职责、规范了流程、健全了机构、形成了机制。2006 年和 2007 年两年里，交通部共依法处理 29 件行政复议案件，涉及行政处罚、行政许可、行政强制措施、行政确认和行政不作为等。在处理过程中，交通部严格依法办理、公正裁决，树立了交通行政复议工作的权威。在处理过程中，交通部注重行政复议在化解行政争议、解决社会矛盾中的重要作用，充分运用调解手段，努力把行政争议化解在行政程序之中。

第二节 公路交通技术政策及标准

一、公路交通技术政策

当前，世界各国政府纷纷制定、调整或完善各自的产业技术政策，纷纷加强在提升产业竞争力中的政府作用。公路技术政策是指国家对公路建设和技术发展实施指导、选择、促进与调控政策的综合。

公路交通是国民经济的基础产业和服务性行业，伴随改革开放的大潮，我国公路基础设施建设蓬勃发展，运输服务水平明显提升，有力地支撑了中国经济社会的快速发展，取得了举世瞩目的成就。在这个进程中，交通部作为全国交通主管部门，坚持面向交通发展主战场，紧密结合经济社会发展需要、基础设施建设任务、生产中的重大关键技术问题，适时制定出台公路、水运技术政策，显著提升了公路交通科技实力，引导公路建设、养护和管理走上可持续发展轨道。

全国各地交通主管部门及有关企事业单位也纷纷根据交通部发布的技术政策制定了相应的实施细则，为公路事业又好又快发展提供了有力保障。

（一）1985 年版《公路、水运主要技术政策》

党的十二大确定了国民经济总产值翻两番的战略目标，并把交通运输作为经济建设和战略重点。1981 年，国家科委、计委、经委和建委联合组织编制《交通运输技术政策要点》，并于 1986 年 1 月由国务院发布。《要点》明确：要逐步调整运输结构、发挥各种运输方式的优势，建立经济合理、协调发展的现代综合运输体系。提出应当充分发挥公路运输机动灵活、送达快、门到门运输的优势，进一步发挥公路运输在短途客货运输中的主力作用；随着路况的改善、汽车技术的进步和大型车的增加，公路运输将成为高档工农业产品运输以及中距离客运的重要力量。同时强调，在普遍发展各种运输方式的同时，尽快改变公路、水运和航空运输更为薄弱的状况。对我国是否要修建高速公路，经过反复论证，《要点》提出对近期年平均日交通量达到一定水平的公路，要逐步修建适合国情的高速公路。与此同时，交通部制定了《公路、水运主要技术政策》，并于1985年1月1日颁布试行，以指导我国公路、水运事业的发展。

其中，公路交通技术政策主要有：公路建设要结合中心城市、经济特区、能源基地和重要港口等交通枢纽的建设和开发，迅速提高干线公路的承载能力、通行能力和服务质量。主要经济干线的技术等级不低于二级，一般干线公路要达到三级以上。全国公路要实行分级建设和科学管理。国家干线公路由国家统一规划和建设。

公路建设以干线公路的改造为主，按交通量和交通性质提高公路技术等级，限期接通国道断头路并加速农村道路的建设。近期汽车年平均日交通量达到一万辆的公路，要考虑修建高速公路。混合交通量达到6 000 辆/日，其中汽车达到2 000辆/日的公路应实行快慢车分道行驶。日混合交通量达到500 辆（缺砂石地区为300 辆）的公路，应铺设沥青面层。设计日交通量为5 000 辆时，应修筑沥青混凝土路面。条件适宜地区发展水泥混凝土路面。

干线公路桥梁应按技术等级进行建设或加固，新建干线公路桥梁荷载标准不应低于“汽车－20 级”。干线公路危桥应迅速加以改建。要十分重视现在桥梁检测、评定、加固技术的研究和应用。日混合交通量大于500 辆的渡口应考虑改渡为桥。干线公路桥梁近期发展预应力、部分预应力混凝土结构、钢筋混凝土轻型装配式结构和适于无支架施工的结构，并研究采用新型材料的桥梁结构。大跨径桥梁结构采用高强度等级混凝土。深基础着重发展桩基。中小桥梁逐步采用标准化、预制装配化和工厂化生产的构件。

广泛应用当地材料和工业废渣修筑半刚性路面基层。积极推广乳化沥青和改性国产沥青筑路、旧沥青路面再生利用、加筋土以及综合稳定等先进适用技术。

重视轻质高强材料、复合改性材料和交通工程设施材料的研究，以加速发展筑路新材料。

干线公路建设必须尽快实现施工综合机械化，积极采用高效、液压和自控的成套筑路机械，以保证施工的质量和进度。县乡公路建设优先发展关键工序和适用机械，逐步配套以提高机械化施工程序。

逐步建立各级公路养护管理信息系统，积极发展公路病害与路面寿命的预测预报工作，采取适用的对策，保持路面平整、延长使用年限、保证行车安全。重视研究路养护新材料、新工艺；养护机械要因地制宜，以发展小型为主、一机多用，逐步实现养路机械化。

高速公路和一级公路要装备先进的交通安全及管理设施，逐步建立交通监控、通信救助和服务系统。其余干线公路推广各种适用的交通工程设施和治理技术，解决好混合交通。发展公路快速测设、结构检测技术和现代化管理技术，综合应用航测、遥感和计算机等现代手段，实现线路优化和绘图功能，以保证测设的精度和速度。

积极开展公路交通系统工程的研究。用系统科学的观点，综合解决公路交通的规划、投资、设计、施工、使用、维护、管理和安全问题。

（二）1997 年版《公路、水运交通主要技术政策》

根据邓小平同志“科学技术是第一生产力”的思想，以《中共中央、国务院关于加速科学技术进步的决定》和《国民经济和社会发展“九五”计划和 2010 年远景目标纲要》提出的两个根本性转变为依据，为推动交通行业科技进步，促进交通事业发展，规范全行业在科技进步进程中的行为，实现技术结构的调整和优化，交通部于 1997 年 6 月 19 日颁布了重新修订的《公路、水运交通主要技术政策》，1985 年 1 月颁布试行的《公路、水运主要技术政策》同时废止。

其中，公路技术政策主要有：加快国道主干线系统建设，尽快建立“两纵、两横、三条线”公路大通道，逐步建成“五纵、七横”国道主干线系统，重视和加强国防公路、中西部地区公路、扶贫公路及乡村公路和口岸公路建设，形成国道与省道及县乡公路协调发展、布局和技术结构合理、干支衔接的公路交通网，提高整个路网的技术水平、通行能力和服务水平。

公路发展要实行建设与养护并重的政策。按照新建与改建相结合的原则，通过干线高等级公路建设、改造和养护工程的实施，提高和改善路网整体技术水平，并高度重视预防性养护、周期性养护和水毁防治，提高公路抗灾能力，维持和改善既有公路的技术状况和交通条件。

按照交通量、使用任务和性质及投资效益，迅速提高干线公路技术等级。国道主干线和省道繁忙干线公路一般应达到“二级”以上技术标准，其他干线公路应达到“三级”以上技术标准。不符合等级的公路，应有计划地改善线形，提高使用质量和通行能力，逐步达到等级公路的标准。发展高级、次高级路面，提高路面铺装率。加速改造无路面和中低等级路面公路。

干线公路桥梁应发展预应力、部分预应力混凝土结构、钢筋混凝土轻型装配式结构和适于无支架施工的结构。干线公路长大型桥梁应重点发展大跨径、特大跨径斜拉桥、悬索桥、拱桥、钢桥和其他适宜桥型，并加强各桥型设计可靠度、抗震等理论和施工工艺的研究与应用。加强大跨径桥梁结构、基础形式、桥面铺装、防撞技术的开发研究。深水基础重点发展大直径桩柱基础、复合基础，并大力推广装配式预应力空心桩。重视桥梁水文调查和合理设置调治构造物。

提高干线公路桥梁承载能力，适应使用要求。新建高速公路和一级公路桥梁荷载标准应采用“汽车—超20级”。现有不适应使用要求的干线公路桥梁，要视其重要程度，通过检测、评定和技术经济论证，按相应公路技术等级或随公路改造进行加固、拓宽或重建，逐步达到“汽车—20级”荷载标准。要继续加强桥梁加固技术的开发和推广。要尽快消灭公路危桥。

重视发展公路隧道。干线公路跨越大江、大河、海峡等方案的选择，应进行桥梁、水下隧道或桥隧组合等多种跨越方案的技术经济论证；穿越山岭、重丘等方案的确定，应重视采用隧道方案。积极研究和推广长大公路隧道勘测、设计、施工、通信、排水、防火、通风和照明新技术，尽快提高公路隧道修筑技术水平。

大力发展和推广公路、桥梁建筑和养护新材料、新工艺及新结构。主要应发展和推广：公路建筑和养护用的各类沥青改性材料、乳化沥青、沥青混合料、水泥混凝土外掺剂和养生剂、土工合成材料、土基加固剂；桥梁建筑和养护用的高强混凝土、高强钢筋、钢丝和钢绞线；沥青路面稀浆封层、旧沥青路面再生、工业废料筑路、水泥路面滑模摊铺、碾压水泥混凝土路面和软弱地基、深挖高填路基处理工艺及设备；半刚性基层沥青路面、复合路面、抗滑路面等。研究和采用适宜于不同地区、经济合理的路面典型结构和图式。

加强公路、桥梁、隧道的科学养护和管理。建立公路、桥梁养护技术标准体系。强化公路标准化、美化和管理规范化建设，大力组织实施国道、省道标准化、美化（GBM）工程，创建文明样板路。积极推广公路养护管理信息系统（CPMS）和桥梁养护管理信息系统（CBMS）。开发和推广以地理信息技术（GIS）为主的公路数据库、桥梁数据库和隧道数据库。改进和推广公路、桥梁、隧道使用性能和物理力学指标的快速、自动、无破损检测设备，提高基础数据采集的速度和准确性。努力使干线公路好路率2000年达到75%以上，路网好路率达到65%以上。

高速公路交通工程设施的设置应适应交通安全和交通流疏导的需要。应根据统一的总体规划和设计方案，随交通量的增长，分期实施和逐步完善。要按标准设置和保持完整的交通安全设施。收费设施主要应向不停车的自动收费系统发展。监控设施在特大桥梁、长大隧道和高速公路重要路段等处设置。通信设施要预埋光缆，分期设置移动电话、业务电话和紧急电话等。新建和改扩建的高等级公路应设置和保持完整的交通量检测系统。一、二级公路和重要旅游公路、口岸公路，要按标准设置和保持完整的标志、标线。三、四级公路应设置必要的保证行车安全标志。

发展公路测设新技术。在公路勘察设计中，积极采用航测遥感技术、全球卫星定位系统（GPS）、数字地面模型及计算机辅助设计（CAD）与绘图技术，建立公路工程设计数据库，应用网络技术，逐步实现公路电子测设技术的一体化、集成化、标准化。重视公路工程地质勘察新技术的开发和应用。

积极研究路网规划理论和方法。要采用快速、准确的交通量和交通出行（OD）调查法，加强以高等级公路为重点的各级公路通行能力研究，编制公路通行能力手册。

（三）《西部地区公路建设主要技术政策建议》

为实施党中央、国务院作出的加快西部地区大开发战略决策，认真落实《加快西部地区公路发展总体规划》，根据西部地区建设条件，针对西部地区公路发展中存在的共性问题，交通部经过组织专题研究，于2004年1月8日发布了《西部地区公路建设主要技术政策建议》，旨在促进西部地区公路建设实现跨越式和可持续发展。

《西部地区公路建设主要技术政策建议》涉及规划、设计、施工三个阶段，覆盖工程地质、道路、桥梁、隧道、沿线设施、环境保护等多个技术领域，围绕建设方针、建设理念、走廊带资源利用、防灾减灾、科技与人才、安全、质量、环保等重点问题展开。主要内容有：西部地区公路建设方针是以发展为主题，以国道主干线、西部省际通道与农村公路为重点，全面推进各层次公路的建设，实现西部地区公路交通面貌明显改善的第一阶段战略目标。

西部公路建设宜“量力而行，适度超前”，以资金可能为基础，以需求为依据，以效益为目标，抓住西部开发的机遇，提高公路网的通行能力和通达深度，对于具有通道功能的重点路段，在建设规模和技术标准选用上应有前瞻性。

应提倡全寿命分析的思想，统筹考虑建设与养护管理全过程，在建设中坚持速度、质量、安全、成本、环境相协调，以求得预期的投资效益与使用效果，推进西部地区公路建设快速、健康的发展。

坚持“以人为本”的指导思想，重视公路交通安全问题。加强公路交通安全设计与运营管理，适时推进公路交通安全性评价，提高公路的交通安全水平。

公路建设中应考虑国土资源综合利用，通过对设计与施工方案的比选，合理利用土地资源；并贯彻“保护优先，预防为主、防治结合”的环境保护方针，防止出现先污染再治理的情况，促进公路建设的可持续发展。

应在统筹考虑综合运输体系的基础上，结合本地区特点，做好公路网规划，保证规划的科学性、连续性、严肃性。应重视跨省（区）通道技术标准的衔接，干线公路过城镇的方式以及农村公路的通达深度和晴雨通车水平。

应开展对公路沿线自然灾害和地质灾害的调查和监测，根据公路的使用功能、灾害的影响程度，采用全寿命成本估算，确定设防目标，有针对性地提出综合防治预案。

在线位选择中，应重视地质、生态因素，既要注重对地质不良路段的避绕，又要减少对周边环境的影响，还要考虑路线对沿线经济的促进和拉动作用；应把走廊带作为不可再生的资源，统筹规划、合理布局、近远结合、综合利用。

总体设计应明确指导方针、设计原则、指标体系以及各专业间设计界面与衔接方式；提出运营期工程结构的耐久性、车辆行驶的安全性、养护维修的可行性、防灾减灾的有效性等问题的解决方案；优先采用有利于生态保护的建设方案。

在有条件的地区，应尽量利用原地形，避免深挖高填；高填方或土石混填路堤，应切实做好压实度控制；冻土、黄土、盐渍土、沙漠、湿地等特殊土质，应采用有效措施保证路基强度与稳定性。

应合理控制边坡高度。高边坡应针对不同地质情况进行专项设计。高边坡施工应按照自上而下、防挖结合、严格控制爆破强度的原则，重视坡顶的卸载、坡体的加固、坡脚的支护，并加强施工监控。边坡防护形式应与水土保持、生态保护相结合，尽可能与自然环境相协调。

应高度重视公路防、排水系统的设计与施工，应根据当地降水强度和地形地貌的实际情况进行综合设计，使其具有足够的汇水、导水、排水功能，保证路基及边坡的稳定性，提高公路的防灾能力。

交通工程及沿线设施的建设应服务于车辆安全运行及管理需求。收费系统设置应统筹考虑并以节约、高效为原则，高速公路应实施联网收费；通信中心宜集中设置；在交通量不大的地区，服务区设施宜适当简化，间距可适当加大；在特殊气象环境、长隧道等区段应设置监控系统；山区公路应加强安全防护设施。

工程设计中应重视土石方平衡，取弃土场应有设计并与水土保持措施统筹考虑；公路绿化要注重实效，鼓励采用乡土树草；路侧绿化应注意与绿色通道建设、边坡防护和环境保护相结合。

应在重点工程中有针对性地开展专题研究，切实解决工程中的实际问题，形成具有西部特点的公路交通成套技术。

应贯彻“稳定、培养、引进相结合”的人才发展战略，根据本地区的情况制定相关政策和具体措施，建立激励机制，培养适应公路发展需求的人才队伍。

二、公路技术标准

标准是体现一个国家、行业整体技术进步的基本标志，是一个国家或行业长期以来自主知识产权的体现，是长期工程实践经验的总结和提升，是与国家经济、社会发展水平相适应的产物。同时，标准还是联系理论研究成果和实践经验的桥梁，它把高校、研究机构等的理论研究成果通过标准予以表达并付诸实施，并在期间找到一个最佳的平衡点。

《公路工程技术标准》是公路新建和改建工程所必须遵循的基本技术法规。它规定了各等级公路的建设技术指标和有关设施的技术要求，以充分发挥公路的使用效能。我国公路工程技术标准的雏形是基于前苏联《公路工程设计准则》编制的，建国以来，经历了1951年版《公路工程设计准则（草案)》、1954年版《公路工程设计准则（草案)》、1956年版《公路工程设计准则（修订草案)》、1972年版《公路工程技术标准（试行)》、1981年版《公路工程技术标准》、1988年版《公路工程技术标准》、1997年版《公路工程技术标准》和2003年版《公路工程技术标准》八次大的修订。

改革开放以来，公路技术标准工作取得了长足发展。在历次修订《公路工程技术标准》的过程中，先后制订了路线、路基、路面、桥梁、隧道、环境保护、沿线设施等相关专业的勘测、设计、施工、试验、质量检验评定等标准、规范、规程60余册，构成了一个完整的公路技术标准体系。

（一）《公路工程技术标准》的沿革

《公路工程技术标准》是依据国家经济发展水平及技术经济政策、自然地理条件、运输需求、汽车性能及交通组成特征等而制定的公路工程基础性技术法规。它是规划公路建设前期工作，确定公路工程技术等级、建设规模，以及编制各专业技术标准、规范、规程的重要依据，也是对公路建设进行宏观控制的主导技术法规。该标准所反映的技术水平是相应时期的公路规划、设计、施工等整体技术及国家经济实力的综合体现，具有阶段性的特点。所以，每隔一段时间都要进行修订。

为彻底解决混合交通问题，交通部自1972年开始，结合自北京经天津到塘沽港的公路建设，对修建高速公路进行论证，在长达10年包括制定高速公路技术标准、勘察规程、设计规范以及各种技术研究课题在内的技术准备之后，于1981年颁布了《公路工程技术标准》(JTJ 001—81)。标准的主要内容是：一般规定，包括公路分级、交通量、设计车辆、计算行车速度等；公路设计的标准规定，包括公路线形方面的视距、平曲线半径、纵坡，标准横断面，荷载标准，路基、路面、桥梁涵洞、隧道的技术要求；公路附属设施的若干规定。此外，还对公路路基的高度、压实度、边坡坡度、排水设施的要求，公路路面的等级和路拱坡度，桥梁涵洞的跨径、桥面净宽、桥下净空、设计洪水频率，隧道的建筑限界、洞口和排水等做了规定。这次修订增加了高速公路（四车道）的主要技术指标和路基横断面，针对混合交通提出了“快慢分行”的原则，规定了汽车—超20级荷载标准，充实了隧道、路线交叉、交通安全设施、交通管理设施等方面的内容，具有相当的前瞻性。

随着经济的发展以及交通需求的剧增，在开始修建高速公路的同时，干线公路的混合交通问题亦亟待解决。为排除对汽车纵向、横向的干扰进行了研究，提出了结合路网布局修建只准汽车行驶的汽车专用公路；对一级公路实行部分控制出入等技术措施。1988年修订《公路工程技术标准》（JTJ 001—81）时，考虑到对高速公路的争议以及建设资金的缺乏，结合混合交通等特点，将公路分为汽车专用公路和一般公路两类。新建一、二级汽车专用公路，在当时对促进公路发展、满足运输需求起到了积极作用。

经过近十年发展，高速公路从无到有，汽车专用公路亦发展迅速，尤其是高速公路的建设得到了认可，公路建设资金也有了多种渠道来源的保证。在总结公路建设特别是高速公路建设的实践经验基础上，1997年修订《公路工程技术标准》时，结合公路发展趋势和汽车专用公路建设及其使用情况，决定取消汽车专用公路，按照功能及适应交通量将公路分为高速公路、一级公路、二级公路、三级公路、四级公路五个等级，并取消了地形分类。这次修订使公路分级更加明确合理，对我国高速公路的建设起到了巨大地促进作用。

1997年版《公路工程技术标准》（JTJ 001—97）自颁布执行以来，我国公路基础设施建设特别是高速公路建设实现了跨越式发展。为适应公路交通发展三阶段目标：即“2010年实现全面改善、2020年实现基本适应、2040年基本实现现代化”的建设发展形势，我国高速公路的建设正从东部沿海地区向中、西部延伸；从平原、丘陵地区向山区延伸，这也对技术标准提出了新的要求。随着公路通车里程特别是高速公路通车里程不断增长，公路行业对有关公路技术指标的理解不断深化，而且发达国家的相关经验和技术也不断被引入和消化吸收。交通部于2001年正式下达《公路工程技术标准》的修订任务。为配合《公路工程技术标准》的修订，进行了11个关键技术专题的研究，2003年7月专题项目研究成果通过验收。2003年11月完成《公路工程技术标准》（报批稿），并于2004年1月29日以交通部公告形式发布。修订后的《公路工程技术标准》全面总结了1997年以来中国公路建设的经验，充分借鉴和吸收了国外相关标准和先进技术，体现了安全、环保及“以人为本”的指导思想和修订原则，能够更好地指导全国公路建设事业的发展，极大推动了中国公路的现代化进程。

（二）公路工程标准体系的建立和完善

改革开放之前，受经济发展水平等多种因素限制，公路工程标准的编制速度比较缓慢。建国后的近30年中仅编制了9本公路工程标准规范，分别为《公路工程设计准则》、《公路工程技术标准》、《公路路面设计规范》、《渣油路面施工养护技术规范》、《公路桥涵设计规范》、《公路双曲拱桥设计施工技术规范》、《公路工程抗震设计规范》、《厂矿道路设计规范》、《公路预应力混凝土桥梁设计规范》。

改革开放以后，公路建设事业得到迅速发展。为适应发展形势，提高建设水平，保证工程质量，交通部加强了公路工程标准的编制工作。制定《公路工程标准体系》是其中的基础性工作。我国自1981年起正式建立公路工程行业标准体系，将公路工程技术标准分为基础、公路设计、桥隧设计、公路施工、桥隧施工、试验规程、勘测规程、养护（质检、安全）八大类，并明确了编号规则，此体系一直沿用至2001年。鉴于当时的情况，该体系所含标准主要涉及各专业工程的设计与施工，体系按专业和建设过程做了简单划分。

经过20年的发展，到2001年底，公路工程标准规范已有62本，其中28本是20世纪90年代新增加的，即从1956年到1990年的34年间制定了34本规范，而20世纪90年代的10年时间内就新增了28本规范。新增加的规范内容主要涉及环境保护、新技术、新材料、新工艺以及质量检测等方面。从标准发展过程看，具有几方面特点：分工越来越细、周期越来越短、内容越来越丰富、覆盖面越来越宽、理论不断完善、技术不断更新、与国际接轨的趋势越来越明显。基于以上特点，现有标准的体系编号已不能容纳新增的标准，同时公路工程的建设、养护、管理等实践又要求标准体系有更大的扩容空间，因此体系的修订迫在眉睫。

2002年7月10日，交通部批准发布新修订的《公路工程标准体系》（JTG A01—2002）。该体系由中国工程建设标准化协会公路工程委员会承担编制，明确规定今后公路工程标准制订与管理遵照该体系执行。现行公路工程标准未列入体系表中的，现阶段仍适用，今后视具体情况逐步予以废止或转为协会标准。该体系弱化了国标与行标的区别，只列出需要由行政机关发布的标准，其余标准由协会组织审批发布；此外体系表中所列标准是目前预见所需的。对于未来需要的标准，在编号时考虑了增加所需的空间。

《公路工程标准体系》（JTG A01—2002）使公路工程标准的构成更加科学和系统，更加适应公路工程建设、养护及管理的需要。体系依据《公路法》、《标准化法》，参照《标准体系表编制原则和要求》（GB/T 13016—91），结合我国公路工程标准化工作的实践制定。其范围包括公路工程从规划到养护管理全过程所需要制定的技术、管理与服务标准，也包括相关的安全、环保和经济方面的评价等标准。

制定原则是按建设程序及管理和使用者的不同分类；尽量扩大标准适用范围，在保持相对全面的前提下，合理控制标准的数量，行政标准立足于政府需要管的标准；以制定本行业范围内需统一的要求为主，兼顾相关行业的内容；按兼顾发展、动态管理的原则，即充分考虑当前可预测到的工程经济、技术及管理中需协调的各种要求、指标和概念，同时要适当留有余地，便于随着科学技术的发展不断地更新和充实；按照安全可靠、提高效益、有利环保、规范管理与服务的原则确定标准的项目；在体系中未涵盖，或某标准不够具体，需要制定协会标准的，其体系与编号应符合该标准的制定原则。

该体系的组成单元是标准。内容最单一的标准是某一门类下的某专项标准。由行政部门发布的标准的体系结构层次为两层：一层为门类，包括综合、基础、勘测、设计、检测、施工、监理、养护管理等规范；另一层为专项内容，如设计类中桥涵部分的《公路砖石及混凝土桥涵设计规范》、《公路钢筋混凝土及预应力混凝土桥涵设计规范》、《公路桥涵地基与基础设计规范》等专项规范。

由交通部发布的标准编号为 JTG XXX—XXXX。JTG 是交、通、公三字汉语拼音的第一个字母，后面的第一个字母为标准的分类，A、B 类标准后的数字为序号，C～H 类标准后的第一个数字为种类序号，第二个数字为该种标准的序号，如 JTG D54 表示交通部公路工程标准 D 类第 5 种的第 4 项标准，—后是发布年。

由“中国工程建设标准化协会公路工程委员会”发布的标准编号应为该委员会英文简称加空格加字母加数字，如 SHC D50—XXXX，表示属于交通部发布的 JTG D50 标准的细化或补充，—后是发布年。由各省交通厅发布的标准可参照上述规则编号，即用各省的简称代表该省，G 代表公路，其后字母和数字的定义同协会标准，—后是发布年。

三、运输及车辆装备规范

运输车辆作为道路运输的基本生产工具，伴随着改革开放 30 年来道路运输市场的发展和变革，取得了长足进步。总体来看，道路运输车辆技术水平明显改善，车型和技术结构逐步优化，较好地满足了道路运输的发展需求，也有效提升了道路运输的服务质量和服务品质。

党的十一届三中全会以后，我国道路运输装备业逐步走上正轨，生产规模日益扩大，技术水平逐步提升，车型种类日趋完善，为道路运输业的持续快速健康发展注入了动力。1983 年以后，道路运输市场的改革开放，充分调动了社会各界兴办道路运输的积极性，道路运输业迅速发展，社会汽车保有量急剧增加，1978 年至 2007 年近 30 年间增长 46 倍多，总数达到 6 467 万辆。截至 2008 年底，全国道路运输车辆总数达到 930. 21 万辆，其中载客汽车 169. 64 万辆，载货汽车 760. 97 万辆，分别是 1978 年的 50. 79 倍和 51. 42 倍。

目前，我国公路客车已与国际接轨，从技术上和总量上基本满足了道路客运市场需求；公路货车也不断采用国外先进技术，发展后劲很足，特别是厢式化和重型化优势明显，货车生产从总量上已经能够满足道路货运市场的发展需要。

（一）管理制度和规范体系逐步完善

改革开放之初，包括公路客车、汽车挂车、汽车配件、车辆及筑路、养路、汽车保修和装卸机械等公路交通装备制造产业成为交通部归口管理的重要内容，我国落后的车辆装备工业通过 20 年的艰苦努力后，快速追赶世界先进水平。随着改革的深化，1999 年，交通部与直属交通企业“脱钩”，完成了政企分开的重要步骤，从此专司公路和水路运输行业管理职能。

为规范道路运输车辆管理工作，在总结改革开放以来管理经验的基础上，交通部于1990年发布了《汽车运输业车辆技术管理规定》（交通部1990年第13号令，以下简称13号令），提出了“对运输车辆实行择优选配、正确使用、定期检测、强制维护、视情修理、合理改造，适时更新和报废的综合性管理”的基本思路，建立了从车辆准入至退出的系统管理制度。13号令的发布实施，对我国营运车辆技术状况的改善及保障道路运输生产安全等方面起到了积极的推动作用。以13号令为龙头，交通部陆续出台了一些配套管理制度。

2004年，《中华人民共和国道路运输条例》的颁布实施，为道路运输车辆管理提供了更高层次的法规支持。结合贯彻落实这一法规，在总结上述规定成功经验的基础上，交通部于2005年相继颁布实施了《道路货运及站场管理规定》（交通部2005年第6号令）、《道路危险货物运输管理规定》（交通部2005年第9号令）、《道路旅客运输及客运站管理规定》（交通部2005年第10号令），对道路运输车辆管理提出了具体意见。至此，以《中华人民共和国道路运输条例》为龙头，以部颁规章为核心，以相关文件为补充的道路运输车辆管理法规和制度体系基本成型。

（二）技术规范体系初步成型

改革开放以来，道路运输车辆行业管理大致可分为两个阶段。第一阶段1978~1990年，行业管理以目录管理为主，没有严格的系统的标准要求。第二阶段1990年至今，交通运输部门采用国家标准和行业标准及许可制度相结合的方法进行管理，相继颁布了一系列重要的标准规范，初步建立了一个相对完整的车辆管理技术规范体系。

截至目前，以《营运车辆综合性能要求和检验方法》（GB 18565—2001）、《道路车辆外廓尺寸、轴荷及质量限值》（GB 1589—2004）、《汽车维护、检测、诊断技术规范》（GB/T 18344—2001）为基础标准，其他技术标准为补充的道路运输车辆管理技术标准体系基本形成，为各级道路运输机构以及道路运输企业对车辆实施技术管理提供了标准支撑和依据。

应该特别指出的是，《营运车辆综合性能要求和检验方法》（GB 18565—2001）、《道路车辆外廓尺寸、轴荷及质量限值》（GB 1589—2004）的颁布实施，对道路运输车辆管理具有里程碑意义。《营运车辆综合性能要求和检验方法》是在总结多年来车辆技术管理工作实践，结合汽车综合性能检测技术发展的基础上，针对我国营运车辆的实际技术水平和要求制订的。标准内容重点突出了对营运车辆的特殊要求，旨在加强对营运车辆的技术管理，全面提高道路运输车辆技术水平，确保车辆安全运行，提高运输效率和质量。该标准结合了社会主义市场经济发展需要，是营运车辆综合性能检验的规范性和强制性技术法规，是车辆进退道路运输市场和对营运车辆技术状况实施动态监控的主要技术依据，杜绝车辆进退市场靠行政审批来实现的弊端，也能有效减少车辆准入的非技术性壁垒措施和退出市场的不确定性，确保道路运输企业自由选择适合道路运输市场需要的车型，增强了管理部门的社会可信度。

《道路车辆外廓尺寸、轴荷及质量限值》是在总结我国多年来车辆生产、使用和管理经验的基础上，参考国外相关标准和经验，结合汽车技术进步和公路基础设施的实际而制订的。标准注重技术性和引导性相结合，是道路车辆必须遵守的纲领性强制性技术文件，从某种意义上说，它也是道路车辆设计、生产、使用和管理应遵循的“宪法”，从源头和动态监管上保障了道路运输车辆车型结构的优化和技术水平的提升。

（三）营运客车类型划分及等级评定制度是一大亮点

营运客车类型划分及等级评定制度是营运客车管理最有效的制度创新，有效提升了营运客车的产品质量和客车生产企业的国际竞争力。该制度从1996年至今，已历经12个年头，期间经过了3次修订和调整。随着该制度的不断完善和工作的逐步深入，客车生产企业生产标准逐步向JT/T 325标准转移，基本实现了道路客运市场需要什么样的车型，生产企业就研制什么车型的引导目标，客运运力装备的可控性得以保证。这固然有汽车行业技术进步和国家法规制度不断完善、技术标准不断更新的指导作用，但更为重要的是客车生产企业的支持和理解，各级交通主管部门和道路运输管理机构的严格执行，中国公路学会客车分会的严格把关和技术支持，使该项制度真正落到实处。

营运客车类型划分及等级评定制度实施的效果明显。一是使客车行业的发展不断适应国家的政策重点，节能、环保、安全在标准的实施过程中得到了切实体现，有效提升了道路客运的服务质量和安全水平。从客车企业反馈的信息来看，

10 多年来，《营运客车类型划分及等级评定》（JT/T 325 标准）一直是客车生产企业研究的重点，通过不断修订，JT/T 325 标准已经成为客车技术的方向标。二是引导了客车产品的升级换代，推动了客车市场的繁荣和发展。我国的客车行业依靠自主创新和技术引进，已经发展成为世界第一大客车制造国和出口国。据海关统计，2007 年大中型客车出口达到了 15 031 辆，大致占到海外客车市场需求量的 10%，我国客车制造技术已真正与国际接轨。三是加快了营运客车结构调整步伐。2007 年营运客车的销售数据中，高级客车销售数量为 33 540 辆，占总数的 27.5%。2007 年我国营运客车达到 164.6 万辆，总客位数达到 2 426.5 万个，总体保持平稳增长，分别同比增长 1.6% 和 5.1%。中高级车辆达到 43.5 万辆，所占比重达到 26.4%，较上年提高了 5 个百分点。四是提升了我国客车生产的标准化水平，规范了行业的竞争秩序。五是促进我国客车零部件行业的发展，提升我国客车零部件的水平。

（四）运力结构调整成效显著

营运客车车型结构和技术结构是影响道路客运安全和服务质量的重要因素。为适应道路客运市场发展，交通部以切实提高乘坐舒适性、运行可靠性和确保运输安全为目标，不断加大营运客车的结构调整工作力度，提高干线公路客运车型的高档化，推广农村客运车型的标准化，其他客运车型在符合相关技术标准的前提下自由发展。

按照《营运客车类型划分及等级评定规则》的要求，进一步推进营运客车类型划分及等级评定制度的实施工作。在中国公路学会客车分会核实技术资料、现场查看客车装备的基础上，交通部陆续分批次审查发布《高级客车类型划分及等级评定表》。其中，2003 年共发布 949 个高级营运客车车型，其中高级客车 770 个，卧铺客车 179 个。与此同时，指导营运客车类型划分及等级评定技术支持单位中国公路学会客车分会和各省级交通主管部门分期发布《中级客车类型划分及等级评定表》。

为解决农民出行问题，确保出行安全，推进农村客运车型的标准化，2004 年交通部制定发布了《乡村公路营运客车结构和性能通用要求》。按此要求，包括一汽、东风、苏州金龙、河南少林等国内客车生产龙头企业在内的 10 余家客车制造厂已开始设计生产农村客运专用车型。按照《乡村公路营运客车结构和性能通用要求》生产的农村客运车型，车身比较短，转弯半径小，通过性能好，比较适应农村道路条件；专门设置行李存放区，适应农民出行携带较多行李（多数为农产品）的特点，也避免了客货混装；车外后部设置自行车挂架，适应农民骑车进城购物、返乡乘坐客车的市场需求；安全性能不降低；通过简化内部装饰等措施，降低车价。

通过上述工作，营运客车车型结构进一步优化，技术性能逐步提高，高档化、大型化趋势越发明显。

在货运运力结构调整上，国家宏观政策和行业法规的引导作用推动了中长距离道路运输装备向着大吨位、专用化、低能耗和高可靠性的方向发展。交通部推行的计重收费政策、集装箱等大吨位车辆通行费优惠政策以及货运汽车及汽车列车推荐车型制度起到了一定效果。计重收费政策对提升货车生产技术水平，增加汽车列车比重，减少普通货车所占比重，降低车身自重效果明显，也将进一步影响货运装备的结构调整；集装箱等大吨位车辆通行费优惠政策有效推动了集装箱等大吨位专用车辆的发展，厢式货车和多轴大吨位货车增幅明显。2007 年，厢式车辆达到 123.5 万辆，比上年递增 30.8 万辆，增幅达到 33%；集装箱车辆达到 9.6 万辆，比上年递增 2.1 万辆，增幅也接近 30%。目前，我国有专用货车 36.6 万辆，所占比例达到了 18.1%；集装箱车辆 9.6 万辆，占 1.4%。

《道路车辆外廓尺寸、轴荷及质量限值》（GB 1589—2004）的颁布实施，规范了车辆的设计生产与使用管理，从源头上限制了车辆“大吨小标”，运输装备生产标准化开始起步；货运汽车及汽车列车推荐车型制度引领了货车生产的技术方向，已经发布的推荐车型也印证了涉及厂家的产品研发实力，提高了市场集中度，在推进车型标准化和规范化方面产生的正面效应不断扩大。

第三节　公路管理体制

公路管理体制是国家关于公路管理工作在机构设置、隶属关系、职能划分等方面的体系、制度、形式的总称。改革开放后，各地因地制宜，对公路养护管理体制和机制、高速公路管理体制和运营机制进行改革，建立起多种多样的管理体制和机制。

一、道路交通管理体制

道路交通安全管理，在改革开放之初是公路“交通监理”工作的重要内容之一。改革开放后，道路交通管理体制经历了重大变革。

“文革”结束以后，交通部结束军事管制，行业管理开始走上正轨。1978 年 11 月 14 日，交通部颁发《交通监理工作任务和职责（试行）》和《交通监理人员守则（试行）》，进一步明确了交通监理机关的性质、工作任务、机构设置和各级交通监理机构的职责分工。《职责》明确：交通监理机关是代表国家负责贯彻执行交通法规的监督管理机关。其基本任务是：维护交通秩序、纠正违章、指挥交通以及进行安全宣传、处理交通事故；对机动车及其驾驶员实施技术检验、考核、发放牌证和对机动车的制造、改装、改造、保修质量以及路政管理等施行监督，以保障交通安全，为运输生产服务。从《职责》确定的基本任务看，公路交通监理涵盖了除建设、养护、运管之外所有与公路、运输及车辆相关的管理内容，与我国 20 世纪 80 年代中后期引入 FIDIC（菲迪克）条款后形成“公路工程建设监理”制度后所称的“工程建设监理”，是完全不同的概念。

《交通监理工作任务和职责》对交通监理机构的设置和分工进行了明确：在省（区、市）设置监理处，地（市、盟、州）设置监理所，县（市、旗）设置监理站。也可不受行政区域限制，派设监理所、站和交通检查站。交通监理处是省（区、市）交通厅局主管全省交通监理工作的职能部门。交通监理所是本地区交通监理工作的执行机关。对监理所实行省、地双重领导，其人事、财务、业务归省交通局负责，党团工作和政治思想教育以及交通安全工作以地区交通局为主。交通监理站是基层管理单位，由监理所和县交通局实行双重领导，人事、财务和业务由监理所负责，党团工作、政治思想教育以及交通安全工作以县交通局为主。并对交通监理处（所、站）分别规定了相应的职责。据不完全统计，1978 年，交通监理队伍达到万余人，交通监理工作开始步入正轨。

在明确公路交通监理的任务和职责后，交通部重点抓了监理队伍的建设和管理。

1979 年，交通部决定从 1 月起，全国公路交通监理人员统一着装，佩戴统一的帽徽、臂章，持用统一的《中华人民共和国交通监理证》上岗执法。

1980年9月20日至26日，交通部在黑龙江省哈尔滨市召开“全国交通监理工作会议”，研究和制订做好交通安全工作、降低交通事故具体措施，修订了《交通监理工作条例》和《交通事故处理规定》，随后颁布实施。

1983年，交通部开放道路运输市场后，道路运输市场空前活跃，运输生产快速发展，交通安全管理开始了第一轮改革。1983年2月20日，国务院发布《关于公安与交通部门交通管理工作分工问题的意见》，明确105个城市交通管理工作由公安部门负责，其余所有城市、县镇公路的交通管理工作仍由交通部门负责的决定。

1983年7月9日，国务院下发《关于加强路政管理保障公路安全畅通的通知》。1983年10月下旬，交通部召开“全国交通安全会议”，要求各省（区、市）交通部门，结合本地区实际情况，制订实施细则，加强道路交通安全和路政管理，以确保公路畅通。

1985年7月5日，国务院向各地、各部门发出通知，要求制止在公路上乱设卡、滥罚款、滥收费。交通部与各级交通部门开展了大规模检查，到7月底，全国大部分地区的公路检查站被大幅度撤并，乱设卡、滥罚款、滥收费的问题基本得到纠正。同时，1985年，全国交通管理部门积极与有关部门协作，在公路交通安全方面取得了一定的成绩。

改革开放以来，各级交通监理机关做了大量工作，确保了道路交通运输的安全。一是加强法制建设，修改《交通规则》并报国务院审批，制定《道路交通事故处理规定》、《机动车和驾驶员管理办法》等。各地交通部门也加强立法，如黑龙江省在一年中制定23个法规性文件，调整了监理、运管机构设置和人员的配备，规范了交通安全管理。二是大力整顿交通秩序和劳动纪律，对车属单位推行行车安全和职工利益挂钩，把行车安全列入单位承包的主要内容。三是加强个体驾驶人员管理，通过组织个体运输协会、安全联组及加强技术培训等工作，培养个体驾驶员的职业道德，提高驾驶技术。四是加强客运安全管理，教育客车驾乘人员严格做到“五不准”，即不准超速、不准超员、不准酒后开车、不准无客车驾驶执照开车、不准车辆带“病”行驶。五是大力开展交通安全宣传，开展“安全竞赛”、“安全月”、“安全周”活动，使广大群众自觉遵守交通规则，注意交通安全。六是推广先进的安全检测技术，严格驾驶员培训考试，在部分省（区）建立了短波通信网，对减少事故、疏导交通起到了重要作用。

改革开放以来，经过各级交通监理机关的努力，到1985年底，交通秩序有所好转，事故相对减少，基本保障了公路运输畅通，遏制了交通事故上升的势头。1985年11月，交通部在河北任丘召开“全国公路交通安全工作会议”，草拟了《交通部关于加强公路交通安全工作若干问题的意见》和《交通部关于加强交通监理队伍自身建设的决定》，进一步加强了公路交通安全管理工作。截至1985年底，交通监理队伍发展到3.5万人，除个别偏远县（旗）外，各县均设有交通监理机构，有的地区在镇和交通枢纽也设立了交通检查站。

1986年，全国交通安全工作贯彻任丘会议精神，做好以下几方面工作：一是积极开展两个文明建设，加强理想纪律教育，经过当地政府的检查验收，命名了一批交通监理“文明单位”，交通部决定向70个单位授予“全国交通监理系统先进集体”称号，向47名个人授予“全国交通监理系统优秀交通监理员”称号。二是大力整顿交通秩序，建设“文明路”，各地交通监理机关在当地政府的领导下，以城镇和公路干线为重点，大力清除路障，搬迁公路上的集市摊点，拆除违章建筑。同时把七成监理人员投放到路面交通管理上，建立了分段包干责任制，采取白天和夜间相结合、定点和流动相结合、自检和互检相结合的检查方法，开展了经常性的路检路查工作，指挥与疏导交通，纠正违章。三是整顿劳动纪律，端正驾驶作风，大力提高了驾驶员安全观念、遵纪守法观念和操作技术水平。四是开展多种形式的交通宣传；五是通过人员培训，改善装备，大力提高队伍执法素质和服务水平。1986年，尽管交通部门管辖的范围内的交通事故次数、死亡人数、受伤人数和经济损失同比分别增长3.13%、1.47%、2.78%和13.65%，但均分别大幅低于全国同比9.66%、3.25%、5.44%和25.68%的增长水平。

1986年10月7日，国务院以国发［1986］94号文件下发《关于改革道路交通管理体制的通知》，决定大幅度改革我国道路交通安全管理体制。《通知》规定主要包括：一是全国统一的道路交通安全管理法规，由公安部起草，征求交通部、城乡建设环境保护部、农牧渔业部等有关部门的意见，经批准后由公安机关负责实施。二是公安机关对全国城乡道路交通依法管理，包括交通安全宣传教育、交通指挥、维护交通秩序、处理交通事故和车辆检验、驾驶员考核与发牌发证、路障管理以及交通标志、标线等安全设施的设置与管理等。三是任何单位和个人未经公安机关批准，不准占用道路摆摊设点、停放车辆、堆物作业、违章建筑和搞集市贸易等。公路养护和市政管理部门为维修道路需占用、挖掘道路时（日常维修、养护作业除外），须与公安机关协商后再行施工，并共同采取维持交通的措施。四是除公安机关外，其他部门不准在道路上设置检查站拦截、检查车辆。没有公安检查站的地区，有关部门如要设立检查站，须经当地公安机关批准。经省、自治区、直辖市人民政府批准，可在必要的路口、桥头、渡口设立收取通行费的站卡。公安机关要向交通部门提供车辆、驾驶员等有关统计资料，并在路查、年检中把积极协助交通部门做好养路费和车辆购置附加费的征收工作作为一项任务规定下来。具体办法，由各省、自治区、直辖市人民政府制定。同时规定，交通部现有交通监理机构成建制划归公安部；地方各级交通监理机构，包括人员、编制、房产场地、设施、装备等（不含养路费征稽人员及其设备），成建制划归地方各级公安部门。

同年10月28日，交通部部长钱永昌在“全国道路交通管理体制改革电话会议”上表示，完全拥护国务院决定，希望交通部门各级干部认真学习，正确理解，坚持贯彻。希望交通监理人员再接再厉，为交通安全管理工作作出新的贡献。

此后，为进一步明确交通部、公安部在道路交通管理中的职责划分，1993年11月10日，由国务委员兼秘书长罗干召集交通部、公安部等有关部门的负责人研究了交通、公安两部门在道路交通管理中的分工问题，达成了以下一致意见，即：（一）道路交通管理继续按《国务院关于改革道路交通管理体制的通知》（国发［1986］94号）执行，体制不做变动。两部的具体职责分工，可以从实际出发进行必要的适当调整。（二）交通部门在道路上设置检查站和高速公路管理问题，继续按《国务院办公关于交通部门在道路上设置检查站及高速公路管理问题的通知》（国办发［1992］16号）执行。（三）汽车维修市场的行业管理由交通部门负责。（四）客运线路和班次安排由交通部门负责。（五）公安部门将公路标志、标线的设置和管理连同原划拨的专项经费一并移交给交通部门。

会后，国务院办公厅以国阅［1993］204号文件下发了《关于研究道路交通管理分工和地方交通公安机构干警评授警衔问题的会议纪要》，明确了两部在道路交通管理分工上的五方面问题：一是关于两部在道路交通管理方面的职能问题。

交通部是国务院管理全国公路和水路交通行业的职能部门；公安部是国务院管理全国道路交通安全和交通秩序的职能部门。上述内容，已分别写入两部的“三定”方案。二是关于两部在道路交通管理方面的具体职责分工问题。全国的道路是一个统一的整体，应按统一的规定分工协作，进行管理。两部的具体职责是：道路交通的安全立法、维护交通秩序、处理交通事故、车辆安全检验、驾驶员考核和发牌发证以及交通安全宣传教育等，由公安部门负责；公路的发展规划、科研设计、建设养护、规费征收、路政、运政及有关上述工作的法规建设等，由交通部门负责。三是关于营运性客货运输停车站、场的管理问题。营运性客货运输停车站、场由当地省级人民政府决定主管部门。四是关于汽车驾驶学校和驾驶员培训问题。驾校应实行社会化，公安、交通部门都应按照政企分开的原则，与驾校和驾驶员培训工作的经济利益彻底脱钩。交通部门负责对驾校和驾驶员培训工作进行宏观方面的行业管理，包括制定管理规章、技术标准、教学大纲，负责规划布局和实施监督检查。交通部门在制定驾校技术标准时，涉及交通安全方面的，要充分听取公安部门的意见。公安部门负责对驾驶员的考核发证工作。五是关于汽车检测站的管理问题。汽车检测站应是独立的、社会化的、自负盈亏的经济实体。由公安部、交通部联合制定一个政策性的文件，对检测站的设备配置、标准、运营等予以规范。这一文件要尽快制定出来并予以公布，以便有关行政执法部门（如工商局等）和检测站的承办者有所遵循。

二、公路管理体制与运行机制

公路管理体制是指政府对于公路事业进行管理所采取的各类管理组织模式、管理制度、管理方式与管理手段的总和。建国之初至改革开放之前几十年的国民经济建设与管理实践中，我国逐渐形成了一套以传统计划经济为背景的“计划为主”的公路管理体制。

改革开放以来，我国公路建设按照“统筹规划、条块结合、分层负责、联合建设”的方针，充分发挥中央和地方的积极性，多渠道筹集建设资金，进一步深化了公路管理体制改革和养护运行机制改革，强化项目建设管理，全国公路面貌发生了巨大变化，实现了历史性的突破。

（一）公路管理体制改革

新中国公路管理体制是在1950年政务院颁布的《关于1950年公路工作的决定》之后陆续建立起来的，“文革”时期遭到严重破坏。改革开放以后，交通部设立公路局，各地陆续恢复成立省（区、市）公路局、地市设立公路分局（总段、处）、县设公路段，实行三级垂直管理，公路段设立养护道班，进行公路的日常养护。随着改革开放，宏观经济体制和政府职能及机构转变，公路管理体制和养护运行机制也发生了较大的变化。国省干线管理体制出现了下放—上收—再下放的变化，修建高速公路之后，形成了独立的管理体系，情况比较复杂，县乡公路由县乡人民政府养护管理。养护运行机制在改革之初普遍采用经济责任制、承包养护、定额养护、招标养护、公司化养护。为建立符合市场经济规律的公路管理体制和养护运行机制，各地进行了长期探索。

（1）国家公路管理体制。建国以来，交通部作为国务院主管全国公路、水路交通的最高行政主管部门，一直延续至今。但如何科学、合理地设置公路交通的行政管理体制特别是组织机构，仍是交通部历次机构改革的重点。改革开放以来，为加快公路事业发展，交通部门采取了一系列重大举措推进管理体制改革。在改革开放初期，考虑到公路及道路运输“以地方管理为主”的实际情况，交通部在公路管理方面设置了公路局，将路政、运政、车辆机务、道路交通安全监督管理、公路建设及管理等职能集中于同一机构。1983年交通部与国家经委联合发布了《关于改善与加强公路运输管理的若干规定》，初步提出了交通主管部门面向全行业管理的导向性意见。1984年交通部又提出了逐步实现“两个转变”：一是从主要抓直属企业转变到面向整个交通运输行业，加强行业管理和指导；二是从直接抓企业的具体生产经营活动转变到抓好行政管理。1985年交通部对行业管理的职能、职责提出了具体要求，即主要抓好“一个为主”（由直接控制转向间接控制为主）、“三个手段”（综合平衡、组织协调与监督服务）的工作。1986年，国务院对道路交通安全监督管理职能进行了调整，将其主要职能由“交通部门管理为主”调整为“公安部门管理为主”。1988年，按照中央关于“加强宏观管理、专业经济管理部门要从具体管理企业的生产经营转向搞好全行业的管理”的要求，交通部开始“逐步下放直管企业”。在当年交通部机构改革中，撤销了公路局等管理机构，设立了统管公路及水路运输的运输管理司，设立了统管公路及水路基础设施建设的工程管理司。1994年，为了进一步转变政府职能，改善公路运输及公路行业的管理工作，交通部新组建了公路司，主管全国的公路建设、管理和道路运输。1998年，交通部与直属企业全面脱钩，彻底实现了政企分开，主要任务是加强全行业管理。管理内容主要有八项：一是制定行业发展战略和发展规划；二是制定行业管理法规和产业政策；三是监督和管理交通运输市场；四是组织和管理交通基础设施建设；五是制定行业技术标准、规范和定额；六是维护交通秩序，保障交通安全；七是提供交通信息服务；八是抓好行业精神文明建设。1998年，根据国务院机构改革的基本方针与总体原则，为进一步强化公路运输的行业管理，交通部再次加强了公路司。至此，交通部作为国务院主管全国公路行业的行政主管部门，公路司作为具体职能部门，公路管理的主体框架基本形成。

交通部内部具有公路管理事权的司局主要有公路司、规划司、财务司、体法司。其中，公路司负责制订相关技术规范、法律法规、行业发展政策、公路建设、养护、路政管理、公路应急、收费公路监管、重点公路建设项目的建设进度与初步设计审批等，并监督执行。规划司主要负责公路规划、公路建设年度投资、公路战备、交通统计等。财务司主要负责收费经营公路审批、公路建设资金的预算管理等。体法司主要负责公路执法队伍建设等。此外，具有公路管理事权的国家部委主要有：发改委、财政部、公安部、环境保护部、国土资源部。其中发改委主要审批具体重点建设项目投资计划，财政部主要审核公路建设投资预算，公安部主要负责交通安全管理，环境保护部主要负责重点公路建设项目的环保审批，国土资源部主要负责公路建设用地审批。

（2）地方公路交通行政管理体制。我国地方公路交通行政管理体制沿革大致经历了三个历史时期：

第一阶段是从建国至1984年，公路设计、建设、管理、养护、规费征收等职能集中在各级公路管理机构。

在传统计划经济体制下，尽管随着整体经济体制和经济管理方式的变革与调整，各级政府对地方公路交通行政管理进行了一系列调整，但基本的体制并无本质变化，主要表现在：一是严格按“交通部（中央政府）—交通厅局、公路局（省、自治区、直辖市）—交通局（地、市、盟、州）—交通科局（县、市、旗）—交通管理站（乡、镇）”的层次框架设立各级公路管理机构；二是高度集中、政事企合一、相对封闭，公路设计、建设、管理、养护、规费征收等职能全部集中在各级公路管理机构；三是形成了“基本以地方管理为主”的公路建设和道路运输行业管理模式。

这一时期，全国公路网络建设技术等级低、路况较差。同时由于公路建设、管理和养护工作环境上的特殊性和技术上的专业性，从20世纪50年代起，各省交通厅下设专门从事公路建设、管理和养护工作的“政企事合一”的专门机构——公路局。1978年实行改革开放后，经济体制改革逐步深化，国民经济发展加快，公路交通发展严重滞后的矛盾日益凸现出来。为了适应国民经济发展的需要，地方公路交通行政管理在管理方式和管理内容上发生了较大变化。

第二阶段是从1984年至1988年，为了加快公路建设，工程设计、重点工程建设、养路费征收等职能逐步从公路管理机构可分出。

1984年8月6日，中央书记处149次会议提出，公路交通运输管理要逐步实现“两个转变”的改革思路。要求公路交通管理部门“从主要抓直属企业”转变为“面向整个交通运输行业，从宏观方面统筹安排交通运输事业，加强对整个交通运输行业的管理和指导”；“从直接抓企业和生产事务，转变到抓好行政管理”。公路管理体制在运管职能上开始了“政企分开”的尝试。

从20世纪80年代中期开始，国家提高了养路费征收标准，开征了车辆购置附加费，力求迅速改变整个国家“公路里程少、标准低、路况差”的局面。部分省（区、市）为确保公路规费的顺利征收和资金的专款专用，地方各级政府在所属的交通主管部门中又设置了专门负责交通规费征收管理的征稽局（处）。

第三阶段，是从1988年至今，以高等级公路快速发展为特征，高等级公路管理、普通国省干线公路管理、县乡公路管理逐步分开，形成“条条、条块、块块”三种管理模式并存的格局。

此期间，国民经济的高速发展逐步表现出对高等级公路的强烈需求，此前的政府计划筹投资手段已很难满足高等级公路建设筹资和投资管理的需要。另外，高等级公路的招投标管理、工程质量监督、路产、路权、路政管理、通行费收缴管理、经营行为管理等，都必须采用国际通行的做法。为解决这些问题，不少省（区）设置了专门负责高等级公路筹资、建设、管理和经营的高等级公路管理机构，如高速公路局、高等级公路局，或称公司。同时，“中央、地方、外商多方投资，社会集资、市场融资同时并举”的多元化公路建设投融资体制应运而生。随着高等级公路管理的专业化，普通国省干线公路管理、高等级公路管理、农村公路管理逐步分开。

普通国省干线公路的管理体制主要有以下三种形式：国省干线管理由省公路局负责实施，公路局均为交通主管部门下设职能局。到 2008 年，全国国省干线公路养护管理人员共55.7 万人，共设15 543 个养路道班，31.2 万人；农村公路养护管理人员共27.7 万人，共设17 632 个道班，20.3 万人。养护资金来源为汽车养路费。

各地对国省干线公路管理体制进行了探索。改革开放初期，普遍实行人财物由省公路局统一管理，20 世纪 80 年代后期至 90 年代前期，部分省（市）下放了管理体制，实行行业管理。总体上分为三种模式。一是“条条”管理，由省公路局直接负责国省道的建设、养护和管理，地市、县公路局的人、财、物由省公路局实行垂直管理，如北京、甘肃、新疆、西藏等。二是“块块”管理。省公路局在业务上对各地市公路管理机构实施行业管理，地市公路管理机构的人、财、物均在同级政府，地市以下的公路管理体制由各地市人民政府确定，如四川、浙江、广东等。三是“条块”管理。这是前两种管理形式的混合，即国省干线的财与物采用自上而下的计划管理，人事管理则隶属当地政府，如山东、河北、辽宁等。

农村公路的管理体制以县乡管理为主：县道和少量重要乡道由县交通局或其下设的县乡公路管理机构负责管理；乡道由乡级政府负责管理；村道基本上处于无人管养的状态。省级交通主管部门或公路管理机构负责行业指导并给予资金补助。

（二）干线公路养护运行机制改革

新中国成立后，对公路养护管理十分重视，干线公路实行三级管理，设立道班养护。按照交通部的要求，干线公路平均每 10 公里设一个道班，按公路等级配备养护人员，一般为每公里 1 到 1.5 人。机械设备折合成人力计算。改革开放以来，公路行业坚持改革，不断引进先进的养护管理方法，调动职工的生产积极性，提高生产效率。改革开放之初，各地普遍借鉴了农村家庭承包经营的经验，在公路养护生产中推行经济责任制，探索分段养护、承包养护，个别地区还实行了定额养护、计件工资。极大地促进了养护事业发展。1990年6月，交通部在大连召开全国公路养护与管理工作会议。提出要认真贯彻中央提出的“治理整顿、深化改革”的指导方针，摆正公路建设、养护、管理三者的关系，防止和纠正重建设轻养护的倾向。养护工作得到进一步重视，各地开始大道班建设试点，在充分考虑养护生产实际的前提下，从扩大道班功能、便于集中养护和方便职工生活出发，改10公里一个道班为30公里修建一个道班，将部分远离城镇的道班向城镇靠近，这样，职工人数相对集中，文化生活得到一定程度改善，也在一定程度上方便了职工就医、子女上学。全国公路道班总数由5万多个减少到3万多个。

随着公路等级的提高，养护工作的科技含量也在不断提高，传统的养护作业方式已远远不能适应公路养护。20世纪90年代中期以后，各地进一步开展大道班建设，有些地方还开展了“道班建设年活动”，集中建设了一批功能相对齐全，规模较大的养护道班或养护工区，极大地改善了养路职工的生活生产条件。同时，不断推进养护运行机制改革，探索以承包养护为核心内容的改革发展，如吉林省的“国路民养”，即，将公路划分为若干个段落，按养护难易，运距长短，使用材料的多少，实行包干。由道班长承包后，自行组成养护队伍养护，公路段按进度分期支付养护资金。“国路民养”得到交通部的认可，在全国引起关注，前往吉林参观学习的人很多，一些地方也相继开展了类似的养护改革。此外，江苏省公路部门开展了以管养分离、事企分开为目标的改革，将养护、工程、服务等经营性单位，全部从公路管理机构中剥离出去，把从事建设养护的生产人员全部分流到企业，省、市、县级公路机构由原来的生产管理改为行政管理。在机制改革中，江苏公路部门所属137家工程养护、三产企业与公路管理机构脱钩，精简职工1.8万人，到2003年底，江苏省内养护改善工程招投标率已经达到100%。辽宁省在推行运行机制改革之前，进行了充分的调研，推行养老保险、失业保险和医疗保险社会统筹；搞好资产界定和转移，为养护公司事改企创造条件；按照“四制”要求，进一步健全和完善公路建设市场准入制度、公路建设招投标制度管理办法、公路养护工程企业资质管理办法等规章制度；大力发展第三产业，为安置下岗分流人员做准备等四项措施。实践表明，四项措施的推行解除了辽宁公路养护改革的后顾之忧。随着市场经济体制的确立，养护运行机制不断注入新的内涵，到本世纪，交通部要求加大改革力度，深化运行机制改革。但是，由于我国东西部、南北方的经济发展水平不同，地理环境差异很大，全国没有制定统一的养护运行模式，而是鼓励各地探索。21 世纪以来，各地都在一定范围内尝试公司化养护，实行事企分开、养管分离，将原有的养护道班从公路段化分出去，组建养护公司，参与公路养护。这种改革，对公益性质的公路养护，还处在继续探索之中。2006 年 5 月，交通部在山东济南召开全国公路养护工作会议指出，公路养护运行机制改革不断深入。按照“管养分离、事企分开”的要求，加快建立公平竞争、规范有序的养护工程市场。全国所有省份都已通过竞争方式实施公路中修以上工程，全面实行了定额管理和计量支付。部分省份建成了功能齐备、规模适度、技术先进的公路养护中心或大道班，推行机械化养护，提高了养护生产单位的市场竞争力。

农村公路养护运行机制改革。按照《公路管理条例》和《公路法》的规定，农村公路有县乡人民政府负责养护管理。省公路局负责行业指导和补助资金。地市交通局下设县乡公路管理处，县交通局设地方公路养护段，根据里程多少，养护段下设道班负责日常养护保通工作。资金来源为拖拉机养路费和省补助资金。21 世纪以来，国家实施新农村战略，交通部提出“让农民兄弟走上沥青（水泥）路”，不断加大农村公路建设，农村公路得到长足发展。随着通县、通乡、通村公路里程的增加，养护工作的重要性日益突出，养护资金缺口越来越大。各地探索了一些养护办法，取得了一些经验。2006 年 5 月，交通部在山东济南召开全国公路养护工作会议，总结了农村公路养护经验。按照《农村公路管理养护体制改革方案》，明确了农村公路的养护主体和资金筹措政策，为农村公路的健康持续发展奠定了基础。各地积极探索农村公路养护管理长效机制，贵州、福建、安徽等 10 多个省份制定出台了农村公路养护管理办法，总结出了家庭承包养护、集中整修养护、旅游开发养护、运输业户出资养护、专业队伍代养等多种行之有效的工作模式。

养护运行机制改革任重道远，交通部要求：第一，“管养分离、事企分开”的改革方向是正确的，符合我国市场经济体制改革的总体要求，也是世界各国的通行做法。上海、吉林、江苏、浙江等地的实践表明，公路养护运行机制的改革，要适应公路养护生产的规律和特点，除一般性的正常养护大中修工程外，要能够及时应对抢险救灾、应急保通等突发事件的要求，这也是衡量这项改革成败的标准之一。只有改革后公路养护投资效益和养护质量都得到了明显提高，职工的工作积极性得到发挥，应急保障能力得到加强，才是成功的改革。第二，改革的时机取决于政策准备情况。顺利推进这项改革，必须要有政策支持、资金支持和养护职工的理解。关键要妥善解决现有养护职工的社会保障、医疗保险和补偿安置、国有资产保值增值、对新成立的养护企业政策扶持等政策。各级交通部门要坚持“先挖渠后放水”，在广泛调研、深入论证的基础上，积极争取当地政府以及劳动、人事、税务等相关部门的理解和支持，研究出台相关政策。只有政策到位，改革才能顺利推进。第三，改革要坚持态度积极、步子稳妥的原则。改革的时机由各地根据实际情况灵活掌握，不搞一刀切、不排时间表。改革条件不具备、政策不到位的，可以先在系统内部打破行政区域界限，引入竞争机制，进行模拟市场运作，确保稳定。

三、高速公路的管理体制和运营管理

高速公路具有明显的网络性、公益性和自然垄断性特点，是资金密集型产业，投资沉淀成本高，收益具有显著差异，资产的最终所有权属于国家，是全社会共同的财富，需要集中、高效的专业化管理才能发挥最大社会效益。然而，在对高速公路的快速发展表示由衷欣喜与自豪的同时，应该清醒地认识到，在现代化高速公路的网络骨架已初步形成，一个布局合理、连接顺畅的国家高速公路网再经过大约10年就将基本建成之际，高速公路的管理体制却仍始终处于探索阶段。

（一）高速公路在不同运行阶段的管理模式

按照时间段划分，高速公路管理可以分为规划阶段、建设阶段和运营阶段。

从建设管理模式来看，主要包括建管分离型和建管一体型，前者即建设阶段由专门机构作为项目业主负责管理，建成后由另一专门机构负责运营管理，一些省份成立的常设性高速公路建设局、高速公路建设指挥部即属于这种类型。后者是指由一个管理机构负责从建设到运营的全过程管理。

从交通安全管理来看，主要包括两种模式，大部分是单一执法模式，公安部门成立高速公路交警支（大）队独立负责高速公路的路面交通安全管理，交通部门则负责路政、道路清障、救援和发布交通信息等。另一模式是以重庆市为代表的综合执法模式，即对路段的各项行政执法由政府授权组建的行政执法队伍实施。

从路政管理来看，多数省份成立全省高速公路政执法队伍，然后派驻各路段管理单位，有的是由省政府或交通厅发文，授权高速公路管理单位筹建路政队伍进行执法管理。

从效益核算机制来看，高速公路管理的核算体制可以分为事业管理型、企业管理型和事业单位企业化管理型三类。事业管理型：核算方式采用自收自支形式，实行收支两条线管理，通行费收入全额上交主管部门，养护管理经费根据年度计划由上级主管部门审批划拨。企业经营型：完全采用企业公司核算方法，在经济上实行独立核算，自负盈亏。事业单位企业化管理型：在机构设置及经费使用上基本沿用事业管理型体制，在财务核算上借助公司核算方法的某些优势，并根据核算方式的侧重不同，形成准事业性或准企业性的管理。

（二）高速公路管理体制

高速公路经营管理是指在高速公路建成通车后的使用期间，为充分发挥高速公路的功能，使其最有效地为社会提供安全、快捷、通畅、文明、优质的服务，为经营公司创造最大的经济效益和社会效益所进行的一系列管理活动和经济活动。高速公路运营管理水平的提升，不仅能够增加高速公路的经济效益，减轻还贷压力，还能充分发挥高速公路的社会效益，促进沿线地区社会经济发展，使其更好地为国民经济服务。

通常所说的高速公路管理主要侧重于运营阶段，包括了养护管理、路政管理、交通安全管理、收费管理、通信与监控以及服务区管理等方面。我国各省经济发展水平差别很大，省情不同，导致高速公路的管理体制、经营理念不同，加之高速公路投资主体、筹融资渠道的多元化，对运营管理模式的选择也各有不同。因此，我国高速公路的管理体制没有统一的模式，各高速公路的运营管理模式也不尽相同。

目前，我国高速公路的管理体制主要有以下几种模式：

一是省交通厅组建高速公路集团公司直管模式。省级政府将省域范围内高速公路予以整合，由省交通厅独资或控股成立公路经营集团公司，履行出资人职能，实行产权管理与行政管理，如四川、陕西、云南、河南、贵州等。

二是事业性高速公路管理局直管模式。省交通厅专门设立与管理普通公路的省公路管理局并列的省高速公路管理局负责全省范围内的高速公路管理工作，如辽宁、吉林、湖北、湖南、山西、江西、河北等。

三是省政府授权高速公路集团公司直管模式。在该模式下，高速公路集团公司一般归省国有资产管理委员会管理，省交通厅履行行业管理职责，如北京、江苏、广东、浙江、重庆等。

四是少数高速公路由非国有独资或控股的民营、外资股份公司或者由经股份制改造并在资本市场上市的公众公司进行管理。这种模式，一般是公司负责建成后的经营、养护、收费，而经营管理阶段的路政执法业务由省交通厅派出机构承担或委托执法。

为了尽快规范高速公路管理，保证其健康持续发展，2002年7月，交通部党组研究决定，加强高速公路管理工作，尽快对高速公路管理体制问题进行研究，提出指导性意见。2002年9月，交通部在重庆召开了高速公路管理座谈会，对高速公路管理的基本情况和存在的问题进行了专题讨论和深入研究，并向交通部党组提出了加强和改进高速公路管理工作的意见。随后，交通部又将高速公路管理体制问题作为2003年的重点研究课题而进行全面研究，以期提出切实可行的改革意见。

关于高速公路管理体制问题，黄菊副总理在2006年“全国交通工作会议”上专门强调，要建立健全高效、顺畅、安全、便捷的高速公路体制，消除高速公路管理的体制性障碍，更好地发挥高速公路的整体效益。2006年5月11日，交通部在山东济南召开“全国公路养护管理工作会议”，李盛霖部长在会上讲话明确指出，当前高速公路管理中存在一些问题，主要表现在两个方面：一是投资主体多元带来了管理主体的多元，形成了分割管理、各成体系的局面，影响了路网的完整性，不利于发挥规模经济和网络经济效应；二是交通部门的管理职能在弱化，一些地方的高速公路管理游离于行业监管之外，优质资产的衍生效益不能用于还贷和滚动建设，影响了债务的偿还和下一轮建设资金的筹措。同时，提出理顺高速公路管理体制应坚持有利于维护国家利益和公众利益，有利于维护高速公路网络的完整性，有利于提高管理效率、降低管理成本，有利于尽快建成国家高速公路网出发，既鼓励各地继续探索，同时又要统一认识、依法规范，并明确了“十二字”方针。即“明确产权，集中统一，依法监管”。一是产权明确。高速公路是国家的公益性基础设施，这个属性不应因投资来源和投资主体的不同而改变。不管是事业单位管理模式，还是企业管理模式，不管是国有企业，还是其他所有制企业，都不能改变国家对高速公路的所有者地位。《公路法》明确规定，国务院交通主管部门主管全国公路工作，县级以上地方人民政府交通主管部门主管本行政区域内的公路工作。这个“主管”涵盖了规划、建设、养护、路政管理、监督检查等几个方面。高速公路管理理应纳入交通部门的行业管理，这里不应该有特区。二是集中统一。高速公路是国家路网的骨干，其大动脉作用的形成，是国省干线公路和农村公路干支匹配的结果。没有其他公路的顺畅连接，“大动脉”可能成为“大孤岛”。公路的网络性，决定了管理的统一性。只有集中管理，才能最大限度地发挥网络效应。因此，处理好前期融资建设和后期集中管理的关系，解决多元化管理、分割式管理带来的问题。三是依法监管。高速公路具有很强的公共服务职能。即使是企业投资的高速公路，其本质也是一种政府监管下的特许经营。对于目前实际存在的事业和企业单位两种体制，都应该继续探索，不断完善。事业模式要引入竞争机制，提高管理效率；企业模式要加强政府监管，保障公共利益。交通部门既不应“越位”，干预企业的经营自主权；也不应“缺位”，不去行使监管职责。

2007 年 7 月，交通部党组审定并正式印发《建设创新型交通行业指导意见》。《意见》明确：“要创新管理体制机制，规范管理行为，提高公共管理效能，完善适应交通生产力发展水平的管理体制。重点是解决好高速公路管理主体多元问题，建立统一、高效的公路管理体制”。

（三）高速公路运营管理

高速公路运营管理既涉及行政方面，又有经营的内容，是一个内容繁杂的系统工程，但归纳起来，高速公路的运营管理主要包括六方面内容：路政管理、交通安全管理、收费管理、养护管理、通信监控管理、服务区和广告等辅业的经营管理。

路政和交通安全管理：目前我国公路交通安全管理由公安交通安全管理部门

负责，而路政管理，因高速公路管理体制的不同，也各行其是。1994年4月，重庆市交通部门率先在高速公路上实行了行政综合执法，实行了由市交通部门设立一支队伍对公路路政、公路运政、交通安全、交通征稽等4项工作进行综合执法，这一做法被称为“重庆模式”。该模式实行14年来成效明显，实现了管理目标的统一和协调，避免了政出多门、相互牵制、扯皮多、协调难、群众意见大等问题；精简了机构，降低了管理成本和交通，提高了处理交通事故、路政案件的工作效率。但由于这种管理模式与现行公路交通安全管理体制及有关法规不衔接，在试行中有些问题亟待解决，政府授权还需进一步明确。

收费管理：回顾历史进程，高速公路收费最初由单设收费站收费到一条路的联网收费，从一条路的联网收费到全省的联网收费，从原来的人工收费到计算机联网收费，从传统的联网收费到电子不停车收费，是历史的进步和技术发展的必然结果。2001年，浙江首先实现了省内联网收费。2003年10月20日，京沈高速公路跨区联网收费系统正式开通，截至2008年底，全国已有广东、江苏、浙江、湖南、江西、福建等24个省份实施了高速公路联网收费“一卡通”，全国联网收费的公路总里程已超过5万公里。与此同时，从2007年起，交通部在全国以京津冀和长三角地区为示范工程，着力在全国推广应用电子不停车收费系统（ETC）和非现金收费方式，已在全国开通了400余条ETC车道，ETC用户数量在不到一年的时间内突破了50万。有测试结果表明，人工半自动收费每条车道高峰每小时通行能力只有200辆车。如果使用不停车收费，每条车道每小时可以通过1 000辆车，即一条不停车收费车道的通行能力相当于5条人工收费车道，通行效率明显提高。同时，使用不停车收费相对于人工半自动收费的入、出口车道，单车可以节约油耗约0.03升，每条不停车收费车道与人工半自动收费车道相比，减少排放二氧化碳约50%、一氧化碳约70%、碳氢化合物约70%，节能减排的作用也非常明显。此外，实施联网不停车收费，推行非现金支付，符合国家货币电子化的发展方向，是国家实施金融电子化工程在公路交通行业的具体体现。

养护管理：根据市场化程度不同可以分为自行养护模式和对外承包模式（含只外包专项大中修和完全市场化两种）。自行养护模式中，除了采用成立养护中心的方法外，目前还有部分地方通过成立养护公司来完成自己的养护业务，养护公司尽管也是以独立经济单位存在，但是其业务还是以高速公路的养护任务为主，与养护中心的方式相比，该方式更符合市场化发展趋势，有利于参与市场竞争，但是养护公司作为一个独立的经济实体，需要缴纳税收，容易产生自身的利益要求，一定程度上容易引起养护成本上升。按计量方式不同可以分为计量式养护、绩效式养护两种模式。计量式模式指的是合同双方在签订养护合同时，合同内容规定业主根据施工单位的实际工作量在支付最终的养护工程款项，在计算养护工程款项时是根据养护定额或者按照双方事先约定的某个价格来计算得到的。目前大部分养护模式都属于该种模式。绩效式养护模式，即路况绩效合同管理模式，可大大降低养护费用。如广深高速公司采取这种模式后，单车道每公里的养护费用由原来的 2 万多元降低到 1.6 万多元，养护质量得到提升，好路率达到 100%，路段成绩通常在 90 分以上，最高甚至达到 98 分，顾客对广深高速的投诉减少。基于路况绩效合同管理模式与目前行业提倡的“高速公路全寿命”管理理念相一致，是“全寿命”管理层面上实现的理想解决方案，这种做法主要关注的是工作效果，而不是关注具体的工作量。但这种管理模式的缺陷在于，只能适用于日常保洁及小修保养项目，并不适用于大修、改造工程。作为一种模式本身而言，也很难说是好是坏，关键在于这种模式是否能够跟当地的实际情况相符合，是否能够提高养护质量和降低养护成本。高质量与低成本才是判断一种模式是否合适的标准。

通信监控管理：由通信、监控和收费三大系统组成的高速公路机电系统，是目前顺利实施高速公路管理最主要的手段。监控主要由两部分组成，一是高速公路的交通监控，二是高速公路的收费监控。目前，我国高速公路监控系统主要以收费监控为主。随着我国绝大部分省份高速公路初步成网，高速公路网内的车流量持续增加，单独路段的异常事件影响的范围越来越广，这就必然要求相邻路段、甚至是相邻省份的各路段之间能互通协调，通信、监控以及收费三大系统的联网成为大势所趋。各省高速公路信息管理系统包括收费、通信、监控三个子系统，对应的是数据、语音和图像，而“一卡通”技术实现了两个“三网合一”。到 2008 年，全国有 13 个省建立了联网监控中心，基本实现了监控系统联网。在未来 2 ~3 年的时间里，全国大部分省份都将实现省内监控系统联网，全国监控系统联网目前也在进行当中。

辅业管理：服务区管理有组建股份制企业和租赁承包两种方式。2000 年，广东对服务区推行“集约化、规模化、专业化”经营模式，符合服务区发展的趋势。2000年，广东省交通厅批准组建高速公路服务区专营公司——广东通驿高速公路服务区有限公司，最初注册资本为4 500万元。到2005年底，通驿公司总资产已逾3.9亿元，员工总数近2 100人。公司下设东部、南部、西部、北部和深汕等5个管理中心，分别负责不同高速公路沿线等服务区的经营管理工作，截至2005年底，拥有广东省内高速公路服务区（停车区）42对，并计划在2010年达到95对。公司还下设配送中心、绿化装饰工程分公司，并控股广东金道达高速公路经济开发有限公司、广东冠通高速公路路产经营有限公司和广东中粤通油品经营公司，参股广东新路广告有限公司。公司对广东省高速公路服务区实施规划、建设、经营一体化管理，这在国内尚属首例。这种模式充分利用了高速公路网络资源，配合新经济建立物流配送网络、广告媒体网络，并进行旅游及客运中转、仓储、智能交通管理、交通信息服务等多元化经营。这种经营方式具有小承包户经营无法比拟的整合资源、服务到位、协调成本低、盈利空间大等优点。河北、福建也于2002年和2004年分别注册成立了类似的经营实体；高速公路的广告业务经营包括自营、拍卖、合作经营、协议租赁等方式。操作中，几种经营方式并不独立，而是可以同时使用。如沪宁高速江苏段广告媒体中，其本身投资建设的约占82%，合作经营的约占18%。山东济青高速公路的广告开发，也采取了自营、分段经营等多种方式。深高速、皖通高速等都采取自营方式，但运作模式则是多种经营模式并存，以利益最大化为基本原则。

第四节　公路建设管理

公路建设从根据可长期规划进行的项目预可行性研究开始，贯穿基本建设程序，一直到项目竣工验收及后评价的全过程。其中的公路建设市场管理、公路建设质量管理、公路建设市场管理等是重中之重。

公路建设管理是公路行业的重点之一，管理工作的好坏，决定了基础设施建设质量的好坏和服务于社会的水平高低。

一、建设市场管理

改革开放后，公路建设在我国建筑业市场中最早打破部门和地区界限，形成了具有较高开放度的市场。这也是1998年以后，公路基础设施建设能够顺利完成加快建设任务、实现跨越式发展的关键。

改革开放后，公路建设开始步入正轨。1979年4月20日，交通部召开“交通基本建设工作会议”，要求认真清理在建项目，集中力量打歼灭战，切实搞好施工管理，大力开展增产节约运动。5月，交通部开展全国公路普查。

1982年4月，交通部在四川泸州长江大桥工地召开“全国公路工程施工质量管理经验交流会议”，决定推广全面的公路工程质量管理。

1985年7月，交通部制定并出台《公路工程监理暂行办法》。同年，各地交通部门在公路建设中，开始推行招标投标制和各种形式的承包责任制，公路工程设施和施工单位逐步向专业化、企业化、社会化发展。1986年开始，我国公路建设迎来大发展的时期。通过利用世界银行贷款，借鉴国外先进建设管理经验，交通部开始在全国全面推行工程招投标、工程监理和合同管理三项制度。有些地方把部分公路建设任务包给地、市、县政府，实行投资包干，交通部门负责技术指导。这种做法，既减少了投资，缩短了工期，也调动了地方政府建设公路基础设施的积极性，提高了投资效益。到1987年，公路建设招投标、百元产值工资含量包干、概预算包干等多种形式的经济承包责任制得到推广，竞争机制开始引入公路建设中。1988年3月11日至15日，交通部在河南开封召开“全国公路基建调度会”，确定1988年要坚持保重点，保投产；加快和深化改革，推动公路建设全面发展；强化管理，以法治路。会上，交通部与各省（区、市）交通主管部门就“七五”期间要完成的27条国家重点公路建设项目和部分地方重点公路项目，签订了投资与工期包干协议59份，明确了协议双方在工程项目建设中的职责。这标志着我国公路建设从计划管理正式迈向合同管理，成为加快公路建设市场管理的重要步骤。到1988年底，公路总里程达到100万公里，高速公路实现零的突破。这三年里，我国公路建设实现了持续较快发展，公路建设管理开始逐步迈入市场化的轨道。

1989年“沈阳现场会”后，公路建设稳步发展，以高速公路为代表的高等级公路进入正常的建设发展时期。这一时期，公路建设开始提速，对管理提出了新的要求。1989年，交通部召开“全国交通工作和全国交通基建座谈会”，对治理整顿交通建设市场作出具体部署，对各建设、设计、施工单位提出了整顿的具体要求。这一年里，治理整顿交通建设市场初见成效，主要做了五项工作：一是整倒治贿、清查违法经营。针对有的建设单位利用工程发包权、材料供应权，索取贿赂，收受回扣；有的施工单位将承包的工程倒手转包，层层转包，非法牟利，造成工程延期、质量低劣、造价提高；有的勘察设计单位出卖证书、图签，弄虚作假，少数设计人员未经领导同意，私自承担外单位工程设计、领取劳务费等现象，交通建设市场把整倒治贿，清查违法经营作为治理整顿重点。二是制定了一批行业管理法规。1989年，交通部颁发了《公路工程施工招标、投标管理办法》；待审批发布的有：《部属单位限额以下项目管理办法》、《公路工程施工管理暂行办法》。正在试行的有：《公路工程施工监理暂行办法》、《公路施工企业等级标准及承担工程范围说明》、《贷款项目管理办法》。此外，还制订和修订了16项技术标准和规范。三是推行全面质量管理，进行资质认证工作。四是实行了工程招投标和投资包干责任制。五是重点实施建设监理推广试点。为进一步推动工程创优，1989年底，交通部组织了当年度全国公路工程“三优”（优秀勘察、优秀设计和优质工程）评选活动，对各参评单位上报的勘察、设计、工程三方面共40个项目逐项审核，评出公路工程优秀勘察奖4个，公路工程优秀设计奖12个，公路工程优质工程奖9个。这次评选活动，把评优工作扩大到全国的公路系统。从1989年开始，这项以评优推动创优的活动成为交通部的一项重要工作并得到长期开展，为推动公路勘察设计、施工的发展起到很大的促进作用。

从继续深化公路基建改革的思路出发，交通部更加深入广泛地开展公路工程招标、投标管理，《公路工程招标文件（国际）范本》通过审定后，1991年新开工的高等级公路或其他重点公路工程项目，基本都是通过招标确定施工单位和管理方式。开展竞争，在竞争中提高建设、管理水平，施工监理作为一种新的管理模式更加普及，除交通部要求进行施工监理试点的工程项目外，很多省（区、市）管理的项目也积极开展施工监理。1991年，各地交通主管部门结合公路建设特点，普遍加强了在建项目的质量检查和质量控制，重点工程项目质量检查和竣工验收数据表明，工程质量有所提高。1992年，部分地区积极探索公路建设管理体制改革，项目业主负责制管理模式开始出现，体现了按社会主义市场原则组织建设的特点。同年 11 月 9 日，国家计委发布《关于建设项目实行业主责任制的暂行规定》。1993 年，沪宁高速、海南环岛公路东线、西安—宝鸡公路、黄石长江公路大桥等大型项目开始按《规定》进行试点，取得了良好效果，推动了项目业主责任制在公路行业内的开展。实施项目法人制是公路建设领域的一项重大改革。这项制度作为市场经济的主体，充分利用经济规律办事，使责、权、利成为有机的整体，使企业真正实现了自主经营。

至此，包括项目法人制、招标投标制、合同管理制和工程监理制等规范公路建设市场的“四项制度”已经全面纳入公路建设管理之中，成为规范公路建设市场行为的基本制度。

1994 年，交通部加强了对在建项目的检查和抽查，各地也普遍加强了公路建设管理工作。公路建设市场管理得到加强，提高了公路建设管理水平，促进了投资效益和工程质量的稳步提高。1995 年 11 月 15 日，交通部重新发布《公路工程竣工验收办法》，加强了公路工程的质量验收管理。

“八五”（1991～1995 年）期间，既是公路步入快速发展的时期，也是公路建设市场管理逐步加强的时期。这五年里，交通部为规范公路建设市场，开始着手制定《公路建设市场管理办法》；为配合招投标制度的推广和健康发展，编写了《公路工程国际招标文件范本》、《公路工程国内招标文件范本》；为适应高等级公路施工和质量管理需要，陆续修订了各种设计、施工技术规范和《公路工程质量检验评定标准》；为推动质量监督工作的开展和监理工程师制度的执行，制定颁布了《公路工程质量监督办法》、《公路工程监理工程师注册管理办法》；为加强公路施工企业管理，修订了《公路工程施工企业资质标准》。各地交通部门还配合制定出本省的实施办法和细则。通过立项审查、招标，开工报告，实施检查，竣工验收等各个环节来加强管理，增强控制。公路建设管理逐步迈进规范化、法制化的轨道。到 1995 年，在公路建设市场中，“政府监督、工程监理、企业自检”三级质量保证体系进一步完善；项目业主负责制、工程招投标制度、工程监理制度、合同管理制度得到普遍推广和实施，工程质量逐步提高，取得了良好成效。同时，交通部和中国公路学会联合召开“公路发展战略研讨会”，在世界银行资助下，开展了道路数据库、公路施工企业调查等公路建设管理的基础性研究。

随着公路建设市场改革的不断深入，市场竞争日趋激烈，为建立起“统一、开放、竞争、有序”的公路建设市场体系，总结“六五”（1981年~1985年）以来公路建设管理的成功经验，1996年7月2日交通部召开的“第十次部务会议”通过并颁发了《公路建设市场管理办法》，通过建立项目报建、资信登记、标书审查和资格预审等制度，严格规范业主、承包人和中介机构等市场主体的运作行为。这是公路建设领域第一部较全面、系统地阐述公路建设管理程序和公路建设有关各方义务、责任的综合性管理办法，重点突出了政府交通行政主管部门的宏观调控作用和监督管理职能，强化了公路建设市场管理体系。

1997年8月，交通部根据《公路建设市场管理办法》、《公路工程招标投标管理办法》和有关规定制定并颁布了《公路工程施工招标资格预审办法》和《公路工程施工招标评标办法》，分别对资格预审范围、应遵循的原则、评审机构、资格审查文件内容、审查程序和评审报告格式以及评标的原则、机构、程序、报告格式等作出明确规定，对整顿公路建设市场、指导、监督公路招标投标工作具有十分重要的意义。1998年12月28日，交通部发布《公路工程施工监理招标投标管理办法》，规范施工监理的招投标市场行为。

进入21世纪，公路建设市场的迅猛发展，为公路建设管理提出更高要求，交通部坚持依法治理，加快了公路建设市场规章制度建设的步伐。

2000年，交通部依据《招标投标法》，加强了公路工程招投标管理，建立了部省两级评标专家库，对公路工程招投标实行“专家评标、项目法人定标、交通主管部门监督”制度，认真查处了招投标中的违法违规问题；进一步开展公路市场主体的资信登记和资质审查工作，审查工作实行集体审批制度，并通过媒体公示，接受社会监督，增强了资质审查工作的透明度；加强对公路工程施工项目经理的资质申报和审查工作；建立起公路勘察设计、施工企业联系制度；依法查处和打击了扰乱公路建设市场秩序的行为，对公路建设项目实行“双合同制”（施工合同和廉政合同）管理，对群众投诉的招投标问题和工程质量问题及其他扰乱公路建设市场秩序的行为进行了查处。

2000年7月，交通部发布《公路建设市场准入规定》、《公路建设四项制度实施办法》以及《公路建设监督管理办法》（交通部令2000年第6号、第7号、第8号），进一步强化公路建设市场的监管。

《公路建设市场准入规定》以建立“统一开放、竞争有序”的公路建设市场体系为目的，以规范公路建设行为、加强行业管理为出发点，对项目法人的资格审查、对从业单位的资信登记以及对审查、登记的程序和标准作出了明确规定；对公路建设项目法人的组织机构、人员配备、管理能力提出了要求，对从事设计、施工、监理等公路建设的从业单位资信登记的申报审批程序作出了明确规定。

《公路建设四项制度实施办法》依据《公路法》第 23 条规定和《招标投标法》、《合同法》、《建设工程质量管理条理》的有关要求制定。主要目的在于解决公路建设质量管理中存在的职责不清、责任不明、招投标行为不规范、合同执行不严格等问题。对公路建设项目如何实施项目法人负责制、招标投标制、工程监理制和合同管理制提出了具体要求。对实行项目法人责任制度，规定项目法人按照分类分别对建设项目筹划、资金筹措、建设实施、运营管理、债务偿还和资产管理全过程负责；对实行招标投标制度，对招标、投标、评标等主要环节提出了具体要求；对实行工程监理制度，明确监理责任，确保对工程进行有效控制；对实行合同管理制度，规定了各类合同的主要内容，合同双方的权利、义务及合同的执行、变更、纠纷处理办法等。

《公路建设监督管理办法》根据《公路法》第 20 条的规定制定，明确了交通主管部门的监督职责和监督内容，规定了公路建设实行工程质量举报制度，各级交通主管部门和各建设单位在公路建设活动中接受社会的监督；强调了基本建设程序各环节的工作质量与审批手续，对建设市场、质量与安全、建设资金的监督管理提出了明确要求，同时对违反规定的单位和个人分别予以处罚。

上述三个部令从市场管理、建设管理、政府监督方面对公路建设管理行为进行了规范，是加强公路建设行业管理的重要规章。对推动公路建设法制化管理、规范公路建设市场、确保建设质量具有十分重要的意义。

为落实国务院召开的“全国整顿和市场经济秩序工作会议”精神，2001 年 5 月 21 日，交通部发布《关于整顿和规范公路建设市场秩序的若干意见》，提出整顿公路建设秩序的主要目标是：所有大中型公路建设项目必须符合国家基本建设程序规定，实现依法建设；按照国家规定要求招标的项目必须实行招标，杜绝规避招标、假招标和评标过程中的弄虚作假、暗箱操作等行为；加强对工程质量和安全的监督管理，杜绝重大、特大质量和安全事故发生，争取用一年左右的时间，使公路建设市场秩序明显好转。同时明确，到“十一五”期末，基本建立起统一开放、竞争有序的公路建设市场体系。整顿公路建设市场秩序工作以贯彻《公路法》、《招标投标法》为龙头，以落实《公路建设市场准入规定》、《公路建设四项制度实施办法》、《公路建设监督管理办法》及相关法规为基点，以开展第三个“公路建设质量年”为载体。

2002年6月6日，交通部重新发布经修订的《公路工程施工招标投标管理办法》。同年，还修订发布了《公路工程国内招标文件范本》、《关于加强国际金融组织公路贷款项目执行管理规定》，编制了《公路工程施工招标评标委员会工作指南》、《公路工程决算编制办法》等规范性文件，同时加大了执法力度。

为进一步提高工程质量和建设管理水平，明确质量和管理责任，有效完备基本建设程序，2004年3月31日，交通部重新修订并颁布《公路工程竣（交）工验收办法》，自当年10月1日起实施。《办法》规定公路工程验收分交工验收和竣工验收两阶段，明确了从业单位在交工验收中的责任和交通主管部门竣工验收的管理权限、竣工验收委员会组成原则、工作程序。

在新的历史时期，交通行业用什么样的产品满足社会的新要求是必须解决的问题。2003年“全国交通工作会议”上，交通部将四川省川（主寺）九（寨沟）公路改建工程确定为落实生态保护和可持续发展战略、促进公路与自然环境相和谐的“示范工程”，在公路与自然环境相协调方面进行了成功探索。为进一步落实党的十六届三中全会“坚持以人为本，树立全面、协调、可持续的发展观，促进经济社会和人的全面发展”的要求，贯彻2004年“全国交通工作会议”以新理念、新思路、新举措推进交通工作的要求，2004年9月25日，交通部在南京召开“全国公路勘察设计工作会议”，冯正霖副部长在《树立和落实科学发展观　提升设计理念　提高设计水平》的工作报告中指出，在勘察设计工作中树立和落实科学发展观，必须把更新理念这个源头性、前提性、战略性的重要问题解决好，设计、施工、建设单位以及专业人员、各级领导都要以新的理念为指导并贯彻到业务工作中。冯正霖强调，勘察设计要树立起“六个坚持，六个树立”的新理念，即“坚持以人为本，树立安全至上的理念；坚持人与自然相和谐，树立尊重自然、保护环境的理念；坚持可持续发展，树立节约资源的理念；坚持质量第一，树立让公众满意的理念；坚持合理选用技术指标，树立设计创作的理念；坚持系统论的思想，树立全寿命周期成本的理念”。此次会议对全行业树立新的勘察设计及建设理念具有重要的指导作用。

2004 年 11 月 22 日，为贯彻落实国务院办公厅《关于进一步规范招标投标活动若干意见》，交通部就进一步加强公路建设项目招投标管理，规范招投标活动提出具体意见，要求各地交通主管部门加快清理有关招标投标管理的各类规范性文件。同时要求各省有交通主管部门严格执行《公路建设项目评标专家库管理办法(试行)》的规定，建立公路建设从业单位的信用评价指标体系，依法履行对招投标的监管，逐步在公路工程咨询、招标代理单位选择中推行招标方式。同日，交通部发布修订后的《公路建设市场管理办法》，废止了 1996 年 7 月版的《公路建设市场管理办法》。新《办法》提出了项目建设管理单位的概念，规定项目法人可委托具备法人资格的项目建设管理单位进行项目管理；提出新的质量保证体系，即“政府监督、法人管理、社会监理、企业自检”，将原来的三级质量保证体系改为四级，更加强调项目法人在工程质量中应负的管理责任；提出建立公路建设市场信用管理体系，要求政府交通主管部门加强对公路建设从业单位和从业人员市场行为的动态管理；突出了以人为本的理念，要求施工单位和劳务分包人按照合同按时支付劳务工资，落实各项劳动保护措施；凸显可持续发展理念，要求采取有效措施保护环境和节约用地等。

2005 年 5 月 8 日，交通部发布《公路工程质量监督规定》，针对公路建设特点，准确定位政府质量监督职能；明确监督内容和事项，落实各方质量责任；规定专业质量监督机构标准，保证监督工作质量；适应形势需要，提出政府监督高速公路、一般公路、农村公路的具体形式，从而健全了监督体系，保证政府监督到位。

进入“十一五”后，为促进公路事业持续、快速、健康发展，加强公路建设监督管理，维护公路建设市场秩序，交通部重新制定了《公路建设监督管理办法》，并于 2006 年 6 月 8 日发布，自当年 8 月 1 日起施行，2000 年版的《公路建设监督管理办法》同时废止。新办法进一步明确了交通部与地方政府交通主管部门的职责，特别增加了企业投资项目的管理程序，突出强调设计的严肃性和验收程序的规范性，对建设市场管理也提出新的要求。同年 12 月 5 日，交通部印发《关于建立公路建设市场信用体系的指导意见》。确定公路建设市场信用体系建设的总目标是：用五年左右时间，建立起比较完善的公路建设市场信用体系，使我国公路建设管理水平和建设市场的规范化程度迈上一个新台阶。公路建设市场信用体系建设的主要内容包括信用信息征集、信用评价、建立信用信息平台、信用奖惩机制。同时提出加强组织领导，明确职责分工；完善规章制度，严格依法行政；强化舆论引导，倡导信用理念；利用典型引路，稳步推进实施等四项保障措施。为加强市场信用建设，交通部汇总整理并于2007年5月9日公布《2005～2006年全国公路建设从业单位和人员主要信用信息》。收入了省级交通主管部门作出的通报和表彰、各级交通主管部门作出的行政处罚决定，以及各级法院、检察、审计等相关部门认定的违法、违规行为。

在加强公路建设管理法规建设的同时，交通部分别于2006年4月21日和2007年4月9日发出通知，开展当年度公路建设市场督查活动。督查情况显示，全国公路建设市场秩序日趋规范，公路新理念不断深入，项目法人责任制、招标投标制、工程监理制和合同管理制等“四项制度”得到全面贯彻落实，招投标监管力度不断加大，工程质量、安全生产、廉政建设、环境保护等工作得到高度重视。

2007年11月16日，交通部在云南景洪召开“全国公路建设座谈会”。会议指出，“十五”以来，在公路建设大发展的同时，各级交通部门加强公路基础设施建设的指导和监督，创造性地开展工作，管理机制、管理方式随着市场经济的发展逐步完善，管理水平、效率随着建设经验的不断积累逐步提高。公路建设管理的成绩体现在：一是狠抓理念创新，公路建设理念全面提升；二是狠抓质量管理，工程质量显著提高；三是狠抓市场监管，市场秩序明显好转；四是狠抓制度建设，法制化水平显著提高，标准规范体系渐趋完善。会议强调，今后，要把学习贯彻十七大精神作为新时期、新阶段交通工作的首要政治任务，以贯彻落实科学发展观为中心，推进交通工作实现又好又快发展。对如何实现公路建设又好又快发展，会议明确，必须坚持“发展是第一要务”，继续加大公路建设力度；必须坚持“以人为本”，高度重视安全和民生问题；必须坚持“全面协调可持续”发展，走资源节约型和环境友好型发展之路，实现又好又快发展；必须坚持“统筹兼顾”，处理好公路发展的若干重大关系。

二、公路建设质量年活动

质量是公路工程的生命，是建设管理水平的集中表现，一直都受到交通部及各级交通主管部门的重视。改革开放以来，公路基础设施建设质量一直都是公路建设管理工作的重中之重。

1998年，党中央、国务院做出“实施积极财政政策、扩大内需、加快基础设施建设”的重大决策后，交通部坚决落实党中央、国务院精神，于1998年6月召开“福州会议”，开始了加快公路建设的步伐。针对加快公路建设过程中出现的问题，经国务院批准，交通部于1998年12月10日召开“全国公路建设质量工作会议”，提出加强公路建设质量工作的十项措施：一是各级领导干部必须增强质量意识，抓好公路建设质量；二是严格基建程序管理，杜绝“三边”工程；三是精心设计，加强设计的现场服务；四是加强质量自检，提高施工质量水平；五是完善监理体制，严格工程监理；六是规范招投标行为，建立公平、公正、公开的建设市场秩序；七是实行动态管理，强化对建设市场的监管；八是建立质量举报和事故报告制度；九是依靠科技进步，组织科技攻关，提高建设质量；十是采用经济手段，奖优罚劣。会议强调，提高公路建设质量，关键是落实质量措施。1999年2月24日，交通部发布《公路工程质量管理办法》，对公路建设质量及工程质量监督机构的管理进行全面规定。1999年2月27日召开的“全国交通基础设施建设工程质量现场会”上，交通部要求建立健全质量责任制，开始在全国推行公路工程质量终身负责制。

针对加快进程中建设质量出现波动的问题，1999年2月13日，国务院办公厅发布《关于加强基础设施工程质量管理的通知》。为贯彻《通知》精神，交通部将1999年定为“公路建设质量年”，并确定1999年4月为“质量年活动宣传月”。明确了质量年活动的指导思想是：以整顿公路建设市场、规范市场运作行为为龙头，以项目质量管理和现场控制为重点，以治理和消灭质量通病为突破口，解决主要质量问题，杜绝重大质量事故，提高质量管理水平，建设优质工程，促进公路事业持续健康发展。交通部制定并发布了《公路建设质量年活动实施方案》，明确连续三年开展“公路建设质量年”活动。总体安排是：第一年打基础，见成效；第二年抓巩固，上台阶；第三年再提高，上水平。从而掀起了重视公路工程建设质量的高潮。

在“公路建设质量年”实施的第一年，各地按照交通部统一部署，坚决落实《公路建设质量年活动方案》的要求，开展活动。交通部从当年3月中旬开始，派出7个检查组，奔赴安徽、山东、贵州、湖南、广东等14个省（区、市），对包括基建程序和管理制度是否健全、责任制和质监体系是否完备、项目资金使用是否安全、施工过程是否符合标准规范要求等建设质量的情况进行了全面检查。检查结果表明，加强公路建设管理是确保工程质量的最好手段。质量年期间，31个省（区、市）交通主管部门均成立了以主要领导挂帅的质量年活动领导小组，大部分地市也相应建立了质量年活动领导小组，并设立了办事机构；各地通过“质量年宣传月”活动，结合多种宣传形式，使公路建设、设计、施工、监理等单位和社会的质量意识得到增强；落实了质量管理的各项规章制度和责任制，重点建设项目执行国家基本建设程序，实行了项目法人责任制、招投标制、工程监理制和合同管理制。各级交通主管部门和各公路从业单位通过签订责任书、公开责任人等形式建立起质量责任制，工程质量管理得到普遍加强。1999年的质量年活动，取得了四方面成效：一是质量意识明显增强。二是质量管理明显改善。在实行“政府监督，社会监理，企业自检”三级质量保证体系基础上，各地交通主管部门认真贯彻国家质量工作方针，出台了一系列地区规范性文件；制订了更加明确、具体的质量目标；建立了工程质量领导终身责任制，从而使界面清楚、责任明晰、控制严谨、分级负责的公路建设质量管理责任制和质量保证体系得到了有效的落实和实施。三是工程质量明显提高。从当年项目竣工验收结果看，工程质量优良率达到95%以上，各地也建成一大批优质工程，在社会上产生了良好影响。四是市场秩序明显好转。各级交通主管部门严格履行基建程序，在绝大多数重点项目中较好地贯彻了公路建设“四项制度”；各地普遍建立了公路施工企业资信登记制度，严格公路建设市场准入，较好地治理了公路建设市场；遏制了工程招投标恶性竞争，低价抢标现象，较好地解决了招投标流于形式和评标定标违规运作问题，基本做到了合理划分标段、合理确定标价、合理确定工期；清理和纠正了“指定分包，指定采购”的违规行为，使公路建设市场运作行为得以规范，从而初步形成了统一开放、竞争有序的公路建设市场。

2000年“公路建设质量年”活动中，各地交通主管部门以“规范业主行为、提高设计质量、巩固施工质量、强化监理质量”四个环节为工作重点，认真开展活动。总结1999年活动开展情况，评出十个全国质量管理优秀在建项目。交通部印发了《关于继续开展“公路建设质量年”活动有关问题的通知》，提出了总体要求、活动目标、活动重点及各阶段工作安排。各地交通主管部门按照交通部的统一部署，制定了本地区质量年活动实施意见。加大了宣传力度。交通部组织制定并颁布实施了《公路建设市场准入规定》、《公路建设四项制度实施办法》和《公路建设监督管理办法》等三个法规，推动行业管理上水平、质量管理上台阶，同时做好与三个法规相配套的有关文件、制度的修订和编制工作。当年，交通部组织4个检查组，对华东、东北、西南、西北11个省（区、市）的22个重点公路在建项目的工程质量和安全生产情况进行了大检查，检查里程达2 902公里。

2001年，是实施“公路建设质量年”活动的第三年。连续三年的活动，取得了预期的效果：一是质量教育深入人心，质量意识明显增强。二是规章制度逐步健全，质量管理纳入了法制化轨道。这三年，是公路建设管理规章颁布实施最多的三年，交通部制定和修改完善了与《公路法》相配套的多个规章、办法，各地交通主管部门也制定出台了本地区的工程建设和质量管理的一系列规范性文件。三是市场监管得到加强，市场秩序明显好转。特别是2001年，交通部对发生重大质量、安全事故和采用不正当手段谋取中标的10家施工企业，对负有直接责任的两家监理单位进行了通报批评，并对其中的7家施工企业进行了取消1～2年资信登记的处罚，在社会上产生了强烈震动，收到了良好的效果。四是质量管理机构得到健全，招投标行为逐步规范。截至2001年底，质量监督机构对国道主干线和国省道建设项目的监督覆盖面达到100%，对县乡公路建设的覆盖面逐步扩大。“政府监督、社会监理、企业自检”三级质量保证体系在全国公路建设中得到广泛实施。项目法人负责制、招标投标制、工程监理制和合同管理制在工程项目管理中得到全面贯彻。中央和地方投资建设的国道主干线建设项目，全部实行了招标投标制度；大部分省（市）对国道和路网建设项目也普遍采用了招投标方式选定施工和监理单位。“专家评标、项目法人定标、政府交通主管部门实施监督”的评标体系已基本建立起来。五是质量通病得到有效治理，工程质量明显提高。三年间，交通部先后派出22个检查组，对153个项目进行了质量大检查，检查里程1.5万余公里，覆盖了全国30个省（区、市）。从总体上看，工程建设质量稳步上升，全面完成了质量年活动实施方案中提出的质量控制目标。六是涌现了一批优秀工程项目和先进集体，“两个文明”建设得到加强。

交通部于2001年12月19日召开的“全国交通工程建设质量工作会议”指出，“公路建设质量年”活动开展的三年，是我国公路建设历史上完成投资最多、发展速度最快、建设成就最为突出的三年，也是我国公路建设质量管理最为扎实、工程建设质量上了一个新台阶的三年。“质量年”活动启示我们：提高质量意识是确保工程质量的重要基础；始终坚持明确的目标，从基础做起，抓主要矛盾是搞好工程质量工作的有效途径；严格市场准入是提高工程质量的基本前提；完善的规章制度是提高工程质量的可靠保证；加强各环节的质量控制是提高工程质量的关键所在；依靠科技进步是提高工程质量的根本措施。会议明确“十五”期间做好交通工程建设质量工作的主要思路是：坚持以工程建设质量为中心，全面加强交通基础设施建设项目的全过程管理；坚持以建立“统一开放，竞争有序”的交通建设市场体系为目标，为交通工程建设创造良好的外部环境；坚持以科技进步为主动力，不断提高建设项目的质量水平；坚持以拓宽质量视野、更新质量观念为着眼点，树立交通工程建设质量管理工作的新形象，把交通工程建设推向一个新阶段。为此，确定“十五”加强和改进质量管理工作的措施包括：树立新的质量观念，把质量意识贯穿到工程建设项目管理的全过程；规范交通建设市场秩序，强化工程质量管理；继续落实质量责任制，提高工程建设质量监督水平；坚持以科技进步为主导，大力开发推广和应用新技术、新材料、新工艺、新成果；认真贯彻西部大开发战略，把西部地区公路建设质量作为工作重点，认真抓紧抓好。

三、公路工程建设监理

以FIDIC合同条款为主要内容的工程建设管理模式，在我国被称之为“工程建设监理”模式，是西方发达国家长期以来形成的比较成熟的工程建设管理经验，由于被世行、亚行等国际金融机构采用，又成为一种国际惯例，在许多国家包括发展中国家中广泛推广使用。

（一）公路工程建设监理制度的确立和发展

建国以后，在计划经济体制下，我国建设管理长期形成了部门负责的格局，施工阶段因时间长、工序多，难以实时监控成为影响工程建设质量的主要矛盾。改革开放后，如何解决计划经济体制下的弊病，充分利用市场机制配置资源，是人们共同思考和探索的重大课题。在公路基础设施建设领域，就是要改变传统的指挥部“会战”模式，改变以计划和行政命令为主的建设模式。针对基本建设领域长期粗放式管理的“切肤之痛”，交通部在改革开放之初，一直在探索一种市场经济环境下全新的建设管理模式。

1984 年，党中央、国务院颁布《国务院关于改革建筑业和基本建设管理体制若干问题的暂行规定》，提出抓住引进世界银行贷款机遇，对基本建设管理体制进行改革，加快基础设施建设步伐。20 世纪 80 年代中后期，我国经济发展得到了国际社会的关注，交通公路、水运基础设施建设先后获得了一批世界银行、亚洲银行等国际金融组织的贷款。在引进国际贷款的同时，一种新的工程建设管理模式也随之展现在国人面前——交通部组织的以京津塘高速公路为代表的首批公路建设项目进行的工程监理制试点，为我国公路交通建设监理制度的创立提供了宝贵经验，对我国建设管理体制的改革和创新具有里程碑的意义。

1985 年 7 月，交通部发布《公路工程质量监理暂行办法》和《公路工程施工监理暂行办法》，对监理人员的职责、权限，监理工作的组织实施等做出了原则性的规定。

1986 年，交通部选择世行贷款项目陕西省西安至三原一级公路，进行工程监理制试点。这是我国首次采用 FIDIC 条款组织公路工程项目建设。该项目通过国际招标，选定丹麦金硕咨询公司为咨询监理单位，与国内经过培训的首批公路工程监理工程师一起，按 FIDIC 条款进行监理。通过实践，实现了工程可行性研究、国际竞争性招标文件、商务法律规定和工程量清单等方面与国际接轨。

在取得一定经验的基础上，交通部选择世行贷款项目——1987 年底获准建设的京津塘高速公路全面实行工程监理制试点。从此之后，在以京津塘高速为代表的一批大中型建设项目中，监理制的推行发挥出显著成效；工程质量优良，工期得到有效控制，困扰我们多年的工程决算超概算的问题得到较好解决。交通行业实行监理制的经验引起社会广泛反响，监理的作用也逐步被社会各界所认识。

工程建设监理制在我国的出现，是改革开放的产物，是我国经济发展融入国际社会的产物。

监理试点项目的实践证明，在我国施行施工监理制是可行的，项目法人在工程建设中的主导作用是任何其他机构无法代替的。因此，实行项目法人负责制，充分依靠社会资源组织项目建设符合中国国情和工程建设实践的监理制度，是监理行业健康发展的根本。

在进行京津塘高速公路前期工作时，交通部曾派专家出国考察过 FIDIC 条款这种“洋模式”。经过比较研究认为，对国外先进的管理模式应该搞“拿来主义”，结合国情进行创新，最终形成自己的工程管理制度。世界银行贷款的具体项目确定后，交通部决定，抓住世行贷款工程项目必须实行 FIDIC 条款的机遇，选择以京津塘高速公路为代表的一批公路水路建设项目，由政府部门直接出面进行工程监理制试点。京津塘高速公路西起北京朝阳区，东到天津塘沽区，全长142.69 公里，1987 年 12 月开工，1993 年 9 月建成通车，是第一条经国务院批准并部分利用世界银行贷款，按国际项目管理模式组织建设的跨省（市）超大型高速公路项目。该项目通过国际招标，选定丹麦金硕咨询公司和美国路易斯伯杰国际工程咨询公司共同监理，以中国为主，218 名中国监理与 5 名外国监理一起工作。而在此之前，其他国家利用世界银行贷款项目的工程监理一律聘自发达国家。国务院领导要求，要把这条高速公路作为我国高速公路发展的试点工程。交通部经过研究决定，提出了“五大目标”：一是建成一条高标准、高质量的现代化高速公路；二是学习、消化、引进国外先进的工程管理模式，探索适合国情的公路工程管理体制；三是用现代化的筑路设备武装自己；四是培养、锻炼一批高速公路设计、施工、监理和管理人才；五是通过实践，创立一套中国高速公路建设技术规范。京津塘公路成了监理制度“国产化”的开端，为我国监理制度的确立奠定了实践和理论基础，也完成了最早的人才培养。

在交通部率先实行工程监理试点两年之后，为探索总结经验，建立适合国情的建设工程管理制，我国按照“谨慎起步”的原则，于 1988 年底确定在北京、天津、上海、沈阳、哈尔滨、南京、宁波、深圳和能源部的水电系统、交通部的公路系统，进行工程建设监理试点。公路交通成为监理制度在我国落地生根的第一个行业。

京津塘高速公路试点 16 个月后，1989 年 4 月，交通部在总结首批工程监理制试点的基础上，出台了《公路工程施工监理暂行办法》和《公路工程施工监理规范》，结合 FIDIC 条款，初步建立了一套符合中国公路工程实际情况的监理工程师制度，即以国际通用的土木工程合同为基础，形成了建设单位、承建单位、监理单位三方相互制约的管理模式。

京津塘高速公路试点进行了24 个月后的1989 年12 月25 日，交通部正式成立了“交通部工程建设监理总站”，后更名为“交通部基本建设质量监督总站”。主要职责是负责公路、水运工程质量的监督及监理企业资质、监理人员执业资格管理等有关工作。此后，在交通部主导和推动下，全国各省（区、市）先后成立了相应的地方交通基建质量监督机构。

FIDIC 条款在中国落地生根、开花结果。

缺少建设资金，一直是影响交通快速发展的重要因素。进入 20 世纪 90 年代，为尽快缓解交通运输对国民经济发展的瓶颈性制约，交通人解放思想，探索各种融资渠道，深入调查研究，积极向国家争取加快公路发展的政策，包括中央增加公路建设投资，征收车辆购置附加费，调整养路费征收标准，允许贷款修路、收费还贷等扩大公路建设资金来源的政策，积极争取世界银行等国际金融组织贷款建设公路基础设施。实行以工代赈、推行“BOT”建设模式，充分挖掘和调动社会资源，引导社会投资交通基础设施建设的积极性。这些政策和措施推动了交通基础设施建设快速发展。投资体制多元化，促进了项目管理模式的改变，公路交通建设监理开始进入稳步推进阶段。为用好资金，明确责任，大多数省份成立了建设、运营一体的项目管理公司，实行小业主、大监理的管理模式，充分依靠社会监理，组织项目建设实施。以投资方参与项目建设管理为特征的“BOT”模式，由于项目业主缺少专业技术人才，更迫切需要监理工程师参与项目建设管理。这种形势，客观上为监理制的推行搭建了一个大舞台，吸引了大批工程技术人员从事监理行业。

这个时期，交通行业监理市场已经初步形成，交通部为推动监理制度尽快建立，引导监理有序发展，出台了一系列的政策和制度。一是加强宣传，总结宣传以京津塘高速公路为代表的一批监理试点项目取得的成功经验，鼓励各建设项目积极探索，勇于改革，为推行工程监理制营造舆论氛围。二是明确大中型交通建设项目必须实行工程监理制，把监理制度的执行纳入到基本建设程序，作为工程验收的一个重要环节，同时也鼓励其他项目实行工程监理制，使监理制度在行业内得到确立。三是发布了《公路、水运工程监理单位监理资格审批暂行规定》和《公路、水运监理工程师注册办法》。明确了监理从业企业和从业人员的基本条件，保证监理队伍的基本素质。四是根据交通行业的特点，发布了《公路工程施工监理办法》，明确了监理工作的程序、范围以及工作深度和行为准则，作为开展监理工作的基本依据。五是开展了大规模监理业务知识普及培训，除对监理人员培训外，也对业主、设计、施工单位的人员进行培训，使建设各方都了解监理，认识监理，支持监理，正确地运用这种科学的管理办法，提升交通行业建设管理水平。交通部审时度势，把握时机，积极稳妥地将监理制在行业内迅速推开。

交通部于1992年5月发布的《公路工程施工监理办法》，确立了公路监理"本土化"的基本原则。《办法》除对公路施工监理的组织实施、职责权限、监督和纠纷做出更加详细的规定外，还提出了"严格监理、热情服务、秉公办事、一丝不苟"的监理原则。其中，"严格监理"是FIDIC条款的本质属性，而"热情服务"则是适应我国国情的需要。这就要求，监理不仅要站在承包人的对立面，监督承包人严格执行标准和程序，而且也有义务针对工程中出现的矛盾和问题提出意见和建议，帮助承包人完善施工组织和工艺，使建设各方形成合力，共同完成工程建设目标。"秉公办事、一丝不苟"，则是对监理人员最基本的工作方式和方法的要求。这个监理原则的确定，构成了公路交通监理制度的框架，也被称之为"具有中国特色的监理制度"。

20世纪90年代中后期和21世纪初，跨越"九五"、"十五"期间，公路基础设施建设实现了跨越式发展，在国家政策支持下，公路建设投资以每年20%的增长速度快速发展。交通基础设施的改善，使其推动国民经济发展的基础性作用凸显，其成效和辐射作用得到了社会的普遍认可。公路主骨架的贯通改变了人们的生产和生活方式。巨大的交通建设市场形成了巨大的需求，吸引了包括其他行业相关工程技术人员投入到交通监理行业，公路工程监理队伍规模迅速壮大，公路交通监理行业也迎来了全面推行的新阶段。到2007年底，具有交通部公路、水运监理工程师和专业监理工程师资格证书的人员达5.1万人，监理从业人员约10余万人，具有交通部公路、水运甲、乙级监理资质的企业达508家，业已形成队伍规模大，专业覆盖面全，行业特点鲜明的交通监理市场，监理已成为建设市场的主体之一，成为工程项目实施阶段不可缺少的管理队伍。

面对蓬勃发展的监理事业，如何建立竞争有序、运行规范的监理市场，如何规范监理行为，充分发挥监理作用，保证工程质量和安全，是各级交通主管部门需要认真思考的问题。针对不同时期监理市场状况，交通部适时采取措施，不断完善监理制度。一是适时修改、调整、充实监理企业和监理人员管理制度。修订监理单位资质管理办法，调整监理市场准入条件，确保监理企业整体水平；改革监理人员资格评审制度，建立监理职业资格考试制度，通过报考资格审查和考试成绩评价两个闸口，选择符合交通监理所需要的人才，使监理人才评价机制更加科学；建立监理岗位登记制度，记录监理人员工作业绩以及违规行为，建立约束机制，杜绝一证双挂或一证多挂等扰乱监理市场的行为，引导监理人员合理流动，保护监理企业和监理人员双方权益。二是加强监理招标投标管理、规范监理市场。出台了公路、水运施工监理招投标管理办法，编制了招投标文件范本和施工监理合同范本，维护监理发包人、承包人权益。三是制定出台了《公路工程施工监理规范》和《水运工程施工监理规范》，从技术标准规范的角度，明确监理工作的要求和程序，并将其作为考核、评价监理工作的依据，引导监理企业走规范化、科学化、制度化的道路。四是开展不同形式的检查和抽查，加强对监理企业和现场监理工作的监管力度，如开展监理企业资质核查活动，清除了一批管理不善、资质能力达不到要求的监理企业；开展对现场监理工作的检查评价活动，进行量化评价排名，引导监理企业不断改进工作，提高监理水平。一些项目还结合工程特点，对监理人员进行应知应会测试，使上岗人员的能力和水平满足工程监理的需要。五是成立了中国交通建设监理协会，加强了监理企业之间的交流与合作，维护了监理企业合法权益和市场秩序，建立了监理行业自律机制，增强了监理企业整体实力。

（二）实施公路建设监理制度的成效

公路建设工程监理制的建立和实施，对公路基础设施的建设和发展起到了重要作用，取得了显著成效。

首先，监理制的建立适应了社会主义市场经济的要求，促进了新的基本建设管理体制格局的形成，使生产力要素，特别是人才要素得到了合理配置，保证了交通建设跨越式发展对工程技术人才的供给和合理使用；建立了交通行业的监理法规体系，促进了监理的健康发展，适应了交通快速发展的需要，形成了具有交通特点的监理制度。

其次，交通监理队伍发展迅速，凝聚了一批有志投身于监理事业的工程技术人员，他们是交通建设保持长期稳定发展所依靠的技术人才队伍；一批世界级、高技术含量的桥梁工程、隧道工程、公路工程、港口工程、航道工程等特大型工程项目的顺利建成，锻炼了我国的监理队伍，练就了一批掌握前沿技术，善于组织协调，了解国际规则的复合型监理人才，他们将对我国工程建设和经济发展发挥重要作用；很大程度上消除了工程建设质量隐患，杜绝了质量事故的发生，保证了交通建设工程质量的稳定和提高。另外，目前国内施工队伍的整体素质较低，分包工程多，使用农民工多，队伍的管理水平和技术能力参差不齐。监理工程师在项目管理中，不但起到质量验收把关的作用，还要纠正施工过程中的违规操作，指导施工工艺的改进和完善，客观上是对施工队伍技术能力普遍不足的重要补充，促进了工程建设科学管理水平的提高，工程造价得到了有效控制。同时，监理制度的实施，也是对业主一些不规范行为的制约。

四、收费公路管理

为把集资、贷款修路纳入法制化轨道，国务院于1987年10月发布的《中华人民共和国公路管理条例》第十条第一款明确规定：“公路主管部门对利用集资、贷款修建的高速公路、一级公路、二级公路和大型的公路桥梁、隧道、轮渡码头，可以向过往车辆收取通行费，用于偿还集资和贷款”，从而为收费公路发展提供了更加明确、具体的政策依据。

1988年1月5日，交通部、财政部、国家物价局联合发布了《贷款修建高等级公路和大型公路桥梁、隧道收取车辆通行费规定》，对建设收费公路的技术等级、规模、审批权限等问题作出具体规定：批准权限在省级人民政府；技术等级必须是二级和二级以上的高等级公路，或者是300米以上的大型公路桥梁、500米以上的大型隧道，或是里程10公里以上一级公路、20公里以上二级公路和高速公路。项目建成后由省级公路主管部门归口管理。《规定》的出台，在我国收费公路发展初期起到了引导和规范作用。

1994年，交通部、国家计委、财政部印发了《关于在公路上设置通行费收费站（点）的规定》，一是适当提高了收费的设置条件，二是规定相邻收费站点的间距和减少公路主线停车次数的措施。同年，交通部印发了《关于转让公路经营权有关问题的通知》。

1996年，交通部又先后印发了《公路经营权有偿转让管理办法》和《贷款修路、收费还贷审计办法》，进一步规范收费公路管理。

进入21世纪后，收费公路里程快速增长的势头不减。为进一步加强收费公路管理，2002年4月15日，国务院办公厅发出《关于治理向机动车辆乱收费和整顿道路站点有关问题的通知》；同年11月5日，国务院减轻企业负担部际联席会议就贯彻《通知》制定出具体实施意见；同年12月5日，部际联席会议召开电视电话会议，加大了整顿收费站点的力度。

2003年1月，交通部制定下发《公路收费站（点）清理整顿指导意见》；同年4月15日，交通部召开全国清理整顿公路收费站点工作座谈会，对持续进行的清理整顿工作提出具体要求：一要加强领导，完善制度，落实措施；二要抓住登记、审计、审批、公示等关键环节，分阶段推进清理整顿工作；三要严格政策界限，狠抓工作落实；四要标本兼治，力求从制度创新上解决收费站点问题，尽快实施高速公路联网收费制度，积极实施政府还贷收费公路“统一管理”和“统贷统还”制度，全面实施收费公路总量控制制度；五要强化行业管理，做好清理整顿后续工作。经过治理整顿，在2002年撤销189个收费站点的基础上，2003年共撤销违规设置或设置不合理的公路收费站点300多个，收费公路问题在一定程度上得到解决。

随着国道主干线的逐步贯通，投资主体多元化带来的高速公路分段建设、分割管理的体制和机制的弊端日益显现，特别是部分路段主线收费站过密，给使用者带来极大不便，直接影响了高速公路网络整体的效益，为此，交通部提出高速公路联网收费的要求，并在2003年“全国交通厅局长工作会议”上，将京沈高速公路联网收费确定为“示范工程”。全长658.7公里的京沈高速，穿越四省（市），分别由5个公司管理，设有主线收费站6个和匝道收费站37个，且机电设施、收费软件、收费方式、标准等不统一，技术上的共性问题多，试点具有普遍的意义。经交通部与沿线四省（市）努力，2003年9月1日零时，京沈高速公路开始使用统一的纸质通行券，实现收费系统的统一切换；10月1日零时，非接触式IC卡正式投入使用，联网收费系统开始试运行；10月20日，京沈高速全线联网收费示范工程正式开通，京沈、唐山市外环和唐津高速公路河北段共755公里高速公路实现联网收费，实现了“管理水平的突破，技术手段的创新，行业形象的展示”。京沈高速公路联网，拆除了3个主线收费站，合并了2个主线收费站，全线保留了2个主线站，基本实现了“入口领卡、出口交费”的目标，为在特定体制下解决分段收费难题提供了技术条件。

2004年9月13日，温家宝总理签署第417号国务院令，发布《收费公路管理条例》，自当年11月1日起施行。条例总结和肯定了近20年来中国收费公路发展的成功经验，借鉴了世界各国的立法成果，既规范了经营者的经营管理行为，又兼顾了社会公众的合理需求；既强化了政府的行业管理，又维护了经营者的合法利益。其重要意义在于：

——有利于完善公路交通法规体系，推进依法行政进程。《条例》的出台，填补了我国收费公路管理的立法空白，为各级政府、交通主管部门规范和加强收费公路建设和管理，解决人民群众普遍关注的收费站点设置过多等问题，提供了法律依据。

——有利于加强公路建设，促进新的跨越式发展。《条例》规范和肯定了“贷款修路，收费还贷”政策，对拓宽公路建设融资渠道、促进公路事业持续、健康发展，必将起到巨大的促进作用。

——有利于规范公路收费行为，体现执政为民理念。《条例》把“规范管理、方便群众”作为立法的指导思想，对收费公路的建设、管理和经营行为进行了规范，切实维护收费公路经营管理者和使用者的合法权益，充分体现了“立党为公、执政为民”的执政理念。

——有利于提高公路管理水平，树立行业良好形象。《条例》确定的统贷统还制度、联网收费规定、减少站点和强化服务等具体规定，促使各级政府、公路交通部门和收费公路经营管理者，充分利用先进技术，努力改进管理方式，提高管理水平。

《条例》共六章六十条，内容具体明确，操作性强，确定了以下基本原则：

一是适度发展的原则。《条例》规定：“公路发展应当坚持非收费公路为主，适当发展收费公路”。条文在收费公路设置标准、收费公路权益转让以及收费公路经营管理等方面，都体现了这一原则。

二是分类管理的原则。《条例》从历史和现状出发，将我国收费公路分为两类：一类是政府还贷公路，即由县级以上地方人民政府交通主管部门利用贷款或者向企业、个人集资建成的公路；另一类是经营性公路，即国内外经济组织依法投资建成的公路和依法受让的政府还贷公路。按其性质，实行区别对待、分类管理，有利于保证中国收费公路政策的连续性。

三是加强监管的原则。《条例》明确提出政府部门要加强对收费公路的监管力度，规定收费站点设置必须由省级人民政府批准，车辆通行费的收费标准必须由省级人民政府批准并按规定举行听证，转让政府还贷收费公路权益的收入必须缴入国库，政府还贷收费公路车辆通行费收入应当全部存入财政专户、严格实行收支两条线管理，省级交通主管部门应当对收费公路实施监督检查。这些规定，能够避免收费公路的扩张，充分体现公路设施社会性和公益性的基本要求。

四是方便群众的原则。《条例》要求收费公路经营管理者要加强维护，保证收费公路处于良好的技术状态，为通行车辆和人员提供优质服务。此外，为了支持农业发展、增加农民收入还特别规定：对进行跨区作业的联合收割机和插秧机以及运输这些农业机械的车辆，免交车辆通行费；对在国家规定的绿色通道上运输鲜活农产品的车辆，可以适当降低车辆通行费的标准或者免交车辆通行费。这体现了方便群众、服务人民的原则。

从2003年开始，江苏省开始在收费公路开展计重收费试点工作，青海、河南等省随即着手计重收费试点工作。为进一步完善车辆通行费的计量方式，降低合法运输车辆的运输成本，规范和统一各地计重收费模式，2005年10月27日，交通部印发《关于收费公路试行计重收费指导意见》（交公路发［2005］492号）。《意见》明确，各省（区、市）在确定计重收费基本费率标准时，要符合以下原则：一是确保本省级行政辖区内计重收费基本费率标准和单位的统一，高速公路和封闭式收费公路的基本费率标准以元/吨公里计；开放式收费公路的基本费率标准以元/吨车次计。二是确保按照新的费率标准试行计重收费后的初期，总收费额与原有收费水平持平，不出现大的波动；确保正常装载的合法运输车辆的通行费收费标准在原收费标准的基础上有所下降；确保空车、轻车的总体收费水平明显下降。三是对于车货总重超过20吨的合法装载的重车，要确定合理的收费系数，逐步降低其车辆通行费收费标准，以鼓励多轴大型车辆发展；对超过公路承载能力的运输车辆，要科学合理地确定收费系数，逐步提高车辆通行费收费标准，以体现其对过度使用公路的合理补偿。《意见》改变了收费公路一直以车辆核定装载质量为依据、按车型分类收取通行费的弊端，建立起公平、合理、科学的车辆通行费征收方式，对于消除车辆超限超载运输的利益驱动，降低合法运输业户的运输成本，规范货运市场经济秩序，保护公路桥梁，保障交通安全畅通，促进交通事业健康发展，具有重要的意义。《意见》印发后，计重收费在高速公路上迅速推广。到2007年底，全国已有22个省（市）实施了计重收费，广东、甘肃、黑龙江、吉林、广西五省（区）计划实施，北京、上海、浙江三省（市）有条件实施。据不完全统计，2007年底实施计重收费的高速公路里程已占总里程的88%，预计到2010年，全国90%以上高速公路、省级干线公路都将实施计重收费。

2006年11月27日，交通部印发《关于进一步规范收费公路管理工作的通知》（交公路发［2006］654号），对此后一段时间发展收费公路提出明确要求：一是严格项目审批，控制收费公路发展规模。各地交通部门要在工程立项、开工、验收、收费审批等各个环节严格把关。明确规定：东部地区二级公路、中西部地区现有二级公路上进行的路面改造或大中修工程项目、基本建设程序不完善的建设项目禁止批准为收费公路项目。二是严格规范站点的审批和设置。各地交通主管部门对政府还贷二级收费公路要通过实施统贷统还，做到站点总量不增并逐步减少；对《收费公路管理条例》实施前已建成通车并投入运行的收费公路，收费站间距达不到规定的，要逐步调整或撤并。三是严格界定收费公路性质，规范转让行为。《通知》明确了政府还贷和经营性收费公路的内涵，要求各地交通部门要认真加以界定，对以前非法转让的要进行清理和复位，对今后新建的收费公路必须从立项开始就明确性质，采取相应的管理模式进行管理；《通知》还特别强调，在国家新的转让办法出台前，暂停政府还贷公路收费权转让。四是严格依法实施监管。《通知》再次强调了交通主管部门对收费公路进行监管的主要内容和手段，要求针对政府还贷和经营性收费公路的不同特点，综合运用行政、法律、经济等手段，把监管工作落到实处。

2008年12月18日，《国务院关于成品油价格和税费改革的通知》正式发布，于2009年1月1日实行成品油价税费改革，取消了养路费等六项规费。同年12月

22日，交通运输部召开“全国交通厅局长会议”，通报成品油价格和税费改革有关情况，对改革实施工作做出部署。要求千方百计做好人员安置工作；积极稳妥、逐步有序推进取消政府还贷二级公路收费工作；确保取消收费政策到位，严格禁止乱收费，对确定取消的政府还贷二级公路通行费收费站点，要及时向社会公布具体位置和名称，接受社会监督。

2009年2月18日，国务院办公厅印发《关于转发发展改革委交通运输部财政部逐步有序取消政府还贷二级公路收费实施方案的通知》（国办发［2009］10号）。根据《实施方案》确定的目标，在4年内逐步有序取消东中部地区的政府还贷二级公路收费。西部地区是否取消收费，要从实际出发，由西部地区各省级人民政府自主决定。为积极稳妥地推进政府还贷二级公路取消收费工作，交通部会同国家发改委、财政部，先后印发了《关于规范和严格控制政府还贷二级公路取消收费后改建为收费一级公路的通知》和《关于锁定政府还贷二级收费公路债务及里程有关事宜的通知》，联合召开电视电话会议，先后指导山东、江苏、安徽、福建、江西五省和黑龙江、吉林、辽宁、河北、河南、湖北、湖南七省以及山西省，分别在2月底前、4月底前、6月1日一次性取消了政府还贷二级公路收费，共撤销站点1 430个，占全国政府还贷二级公路收费站总量的74%，涉及公里里程数7.7万公里。东、中部地区省份除广东、浙江两省外，其他地区已经全部一次性取消政府还贷二级公路收费，取消收费工作进展顺利，总体情况良好，得到了社会各界特别是广大车主和群众的赞誉。

第五节 公路养护与管理

“三分建，七分养”，这耳熟能详的一句话，形象地说明了养护管理在公路事业中的重要地位。

公路养护是指为保持公路的原有技术状况，保证正常使用而进行的经常性保养、维修，预防和修复灾害性损坏以及为提高使用质量和服务水平而进行的加固和改建。我国公路养护生产组织方式，长期以来以按行政级别划分为主。负责国省干线公路养护的组织机构一般有四级：省公路局、地市公路总段（局、分局或处）、县公路段（分局、站）及最基层的公路养护工区（道班、站）。

一、公路养护事业

新中国建立之初，国家对公路养护管理工作高度重视。1950年政务院颁布的《关于1950年公路工作的决定》，对加强公路养护管理工作提出了明确的要求。经历“一五”稳步发展、“大跃进”的起伏后，1962年6月，党中央、国务院发布《关于加强公路养护和管理工作的指示》，进一步明确了公路养护“统一管理，分级负责”的原则。同时，明确了养路工人是国家的专业工人，属重体力劳动，各部门要在劳保用品和口粮、食油供应标准等方面给予适当解决。中共中央的文件对各地调整和加强公路养护工作起到了关键作用。从此，我国按行政级别确立养护机构的养护体制基本成形，虽然在其后特别是在“文革”中历经沉浮，且各省（区、市）根据自身情况确立的养护体制不尽相同，但基本框架沿用至今。

1975年1月，交通部、铁道部重新分设后，交通部保留了部公路局，负责“文革”前的公路运输局、公路工程管理局和民间运输局的业务。党的十一届三中全会后至1980年，交通部进一步调整和充实了部公路局的职能。随后，各地公路交通部门也调整了管理体制，重新恢复了公路局、总段、段等各级养路机构。京津沪三个直辖市分别在交通局或市政工程局中，下设公路管理处（局），处以下按县（区）设公路管理所（分局），实行统一领导，分级管理的养护体制。

1979年1月，交通部颁布实施《公路养护定员标准》，在1974年明确公路养护部门是事业单位，其工人和职员退休按事业单位办理的基础上，进一步明确了公路养护专业机构生产、管理和服务等各类部门的人员定员，为养护机构科学、规范的管理打下了基础。同年5月24日，交通部颁发《公路养护质量检查评定暂行办法》，把每公里公路的路面、路基、构造物、标志号、绿化5项指标按百分制分项评分，规定了各项所占的比重和优、良、次、差4个等级的分数范围，作为考核各级养路部门工作成绩的主要指标和实行奖惩的主要依据。《办法》颁布后，调动了各级公路部门和广大养路职工的积极性，促进了公路养护工作的全面开展，全国公路养护质量普遍提高。截至1980年底，全国平均好路率达到49.54%，其中干线公路为57.2%，分别比1979年提高4.64%和6.05%。

1979年7月11日，交通部转发了贵州省批转省交通局《关于调整公路管理体制的报告》。明确规定：（1）干线公路由省设专业机构养护管理。县社公路仍由地、州（市）、县交通局领导；县公路由县交通局组织群养，公社公路由公路组织自养。专用公路由使用单位自养。（2）对公路养护总段、养护段，实行省交通局与地、州（市）双重领导，以省交通局为主的管理体制。计划、财务、人事、业务、技术、物资由省交通局管理。党的工作的思想政治工作，以地、州（市）为主管理。（3）公路养护经费计划，严格执行“以路养路”、“专款专用”的原则，由省交通局下达。（4）养护专业机构负责对县社公路养护工作进行技术指导。进一步明确了公路养护的管理体制。同时，于同年 5 月开展的全国公路普查，为编制公路建设与养护的长远规划和改革公路管理体制打下了基础。

1982 年 6 月 21 日至 28 日，交通部在甘肃平凉召开“全国公路养护工作会议”。王展意副部长主持会议，认真学习了中共中央委员会主席胡耀邦和国务院领导 20 世纪 80 年代以来对公路交通工作的指示及有关文件，全面总结了 1963 年以来全国公路养护工作的经验和教训。会议认为，多年来公路养护工作取得了显著成绩：不断增加经常养护的里程，好路率有所提高；符合技术等级的公路已增加到 53 万公里；有路面里程增加到 67. 6 万公里，公路桥梁达到 13. 3 万座 379 万多延米，其中永久式桥梁比重提高到 95. 6%。由于公路技术状况的改善，提高了汽车运输效率，加速了物资周转，方便了群众，降低了运输成本。特别是在洪水、地震等严重灾害和对越反击战时，公路养护职工和沿线群众积极抢修公路，保证了生产、救灾和国防运输的需要。但公路养护存在的问题不容忽视：一是公路的建设和养护缺乏长远的规划，建设和改造的重点不突出；二是全面养护注意不够；三是专业技术人员缺少，管理薄弱；四是养路材料供应不足；五是养路工人生活、生产条件差；六是路政管理不力。为此，会议提出了“全面规划，加强养护，积极改善，重点发展，科学管理”和“普及与提高相结合，以提高为主”的公路工作方针，要求本着“干支兼顾，以干为主，养改并重，平战结合和因地制宜”的原则，大力挖潜、革新、改造，不断提高公路的通行能力和抵御灾害的能力。会议强调，今后一个时期，公路建设的重点应该转移到对现有公路的养护与提高上来。具体目标包括：到 1990 年，除边远地区外，国省干线和主要县级公路上基本消灭差等路、无路面的土路以及危桥险渡等，要达到路面平整、排水良好、路容整洁、晴雨畅通；一般县社公路要做到及时维护整修，保持顺利通车。会议要求全国公路系统广大职工，振奋精神，努力工作，认真抓好养路职工队伍的建设；

要继续贯彻民工建勤政策；要积极推行各种形式的经济责任制；要加强科学技术工作，逐步实现养路机械化；要切实搞好路政管理，为全面养好管好公路，提高运输经济效益，促进全国交通事业的发展做出新的贡献。围绕会议精神的贯彻落实，各地公路养护部门普遍试行了多种形式的养路经济责任制，开展了“好路段（站）”、“全优道班”以及“文明路”竞赛活动，公路养护工作稳步向前发展。截至1987年底，全国共有地、市级公路总段（分局、处）335个，县级公路段（站、工区、所）3 082个，养路道班5.13万个，拥有养路职工75万人，公路养护里程达到了89.4万多公里，占当年全国公路总里程的91%以上。

1985年6月19日，交通部正式批准《公路养护技术规范》为部颁专业标准，并自1986年1月1日起执行。1985年，各地在公路养护中继续深化改革，强化经济责任制试点。继续实行专业队伍养护与实行轮换工养护相结合、集体承包与个人承包相结合的办法养护公路，好路率由60%提高到70%～80%；个体（包括家庭）承包养路的，好路率可达90%左右。山西省为了保证晋煤外运，加强公路养护，干线公路和县乡公路好路率达到91.4%和69.1%，创造了历史上最高水平，分别列为全国第一和第三。有的地方采取与农民签订养路合同的办法，农闲养路，农忙种田，或干一年两年轮换，效果都比较好。

1986年4月30日，为适应公路养护工作需要，考核养护工人技术水平，交通部颁布实施了《公路养护工人技术等级标准》；同时还颁发了包括《公路养护工程管理办法（试行）》在内的一系列标准规范。

1987年8月11日至16日，交通部在吉林长春召开“全国公路养护经济责任制经验交流会”，重点介绍了吉林、山西、广东省和沈阳市各级公路管理部门深化改革、推行经济责任制的做法和经验，研究修改了《交通部推行和完善公路养护经济责任制的若干意见》，并提出公路养护部门加强道班建设、收好管好养路费以及加强路政管理等项工作的具体要求。1987年9月19日，《交通部推行和完善公路养护经济责任制的若干意见》正式印发实施。《意见》要求在确定公路养护经济责任制形式和内容时，注意与现实体制、公路养护生产性质和管理工作内容相适应；强调在推行和完善公路养护经济责任制时，必须扎扎实实做好简政放权、深化改革、加强定额管理、完善岗位责任制、加强经济核算、加强精神文明建设工作。1987年10月13日，国务院发布《中华人民共和国公路管理条例》，自

1988 年 1 月 1 日起实施。《条例》明确，公路养护的主要任务是“保持公路完好、平整、畅通，提高公路的耐久性和抗灾能力”。《条例》规定，公路管理工作实行“统一领导、分级管理”的原则，国道、省道由省、自治区、直辖市公路主管部门负责修建、养护和管理。县乡道路分别由县乡人民政府负责修建、养护和管理。公路主管部门应当加强公路养护工作，保持公路完好、平整、畅通，提高公路的耐久性和抗灾能力；公路养护实行专业养护与民工建勤养护相结合的制度。此后的 1988 年 6 月 28 日，钱永昌部长签发 1988 年第 1 号部令，发布《中华人民共和国公路管理条例实施细则》，并自当年 8 月 1 日起施行。《条例》及《实施细则》的实施，有力地推动了全国公路养护工作的开展，开创了依法管理公路工作的新局面。

随着“七五”经济形势的快速发展，“要想富，先修路”成为了广大干部群众的共识，各省（区、市）公路交通得到较快发展。然而，快速发展中逐渐暴露出“重建轻养”的问题：一些地方由于计划不周，急于求成，建设改造的摊子铺得过大，导致老路疏于保养，新路难以形成的状况；有些地方养路费过多用于基建配套工程，养路经费难以保证；有的把大量养护队伍抽调到重点公路建设工地，削弱了养护管理水平。

1990 年 6 月 19 日至 23 日，交通部在辽宁省大连市召开“全国公路养护与管理工作会议”，这是继 1982 年甘肃平凉“全国公路养护工作会议”以来，又一次对全国公路养护工作具有重要意义的会议。钱永昌部长和王展意副部长分别做了题为《重视和加强公路养护管理工作，更好地适应国民经济发展需要》和《摆正建设养护管理三者的关系，切实加强公路养护和管理工作》的报告。辽宁省交通厅、大连市交通局等全国交通系统的 18 个单位就贯彻落实中央治理整顿、深化改革方针、摆正公路建养管关系，推行公路科学养护、预防性养护，实施 GBM 工程，进一步完善公路养护经济责任制，加强公路管理部门基层建设和提高队伍素质等方面的典型经验和做法进行介绍和交流。会议提出要大力推行公路的科学养护、预防性养护等措施，并引入现代化的管理办法；认真研究讨论了交通部制订的《公路科学养护和规范化管理纲要（1991 ~ 2000 年）》、《国省干线 GBM 工程实施标准》、《公路桥梁养护工程师工作制度》等技术标准。

会议提出，“八五”期间全国公路管理部门必须切实做好下列 8 个方面的工作：一是按照国务院颁布的《中华人民共和国公路管理条例》理顺各级公路管理体制；二是摆正公路的建设、养护、管理三者之间的关系；三是深化内部配套改革，不断完善管理机制；四是征好管好用好养路费；五是强化路政管理；六是积极实施GBM工程；七是大力推行科学养护；八是全心全意依靠工人阶级。会议研究确定的公路养护方针原则是：在提高对养护工作重要性认识，克服重建轻养的基础上，保证在建设过程中同时加强养护工作；在实施标准化管理中，改善路况路容；要把养护工作的认识提高到为国民经济发展服务，确立群众观点，方便群众的高度上去。

根据这些原则，“八五”期间公路工作的总体要求明确为：“全面规划，协调发展，加强养护，积极改善，科学管理，提高质量，依法治路，保障畅通”的三十二字方针。交通部要求各级交通部门根据会议的精神，做好本地区“八五”期间公路发展规划及相应的实施措施，在“八五”期间把公路养护与管理工作提高到一个新的水平。会议期间，与会代表考察了大连市公路部门贯彻科学养护，实施GBM工程、促使公路改观换貌的状况；参加了大连市新金县为表彰和激励养路职工为振兴公路交通事业做出巨大贡献而塑造的全国第一座“养路工人塑像”的揭幕式；交通部领导还对104国道养护管理工作检查评比的优胜单位以及获得全国绿化奖章的先进单位和个人进行了表彰。

改革开放十几年的努力，公路养护工作取得了良好成绩。截至1990年末，公路列养里程达957 192公里，列养率为91.3%，比“六五”期末的1985年提高1.1%。公路养护好路率达70.4%，其中干线公路好路率为78.3%，分别比1985年末提高了7.9%和8.1%。

公路养护取得的成绩，是全国养护职工克服各种难以想象的困难，无私奉献的真实体现。为了弘扬全国5万多个公路养护道班、70多万公路养护工人的艰苦奋斗、无私奉献精神，让全社会了解、理解、尊重、支持他们的工作，交通部工程管理司、中国交通报社和全国公路运输工会联合举办了全国首届“双十佳”（即十佳养路道班、十佳养路工）评选活动。1990年12月24日，首届“双十佳”表彰大会在北京举行，交通部、中华全国总工会、总后军交部、武警交通部队的领导和代表出席了表彰大会并为“双十佳”授奖。通过建国以来第一次“双十佳”评选活动，促进了全社会对公路养路工人的理解和支持，激励了广大公路养护工人继续发扬“铺路石”的精神，把汗水洒在路上，把幸福留给别人，以高尚无私的献身精神和为国争光、为民造福的志向，把公路养护工作做得更好，为发展国民经济，为国家的繁荣昌盛而努力奉献。

在“双十佳”表彰大会召开前的1990年12月14日，交通部在西藏自治区首府拉萨举行命名大会，正式命名青藏公路管理局位于唐古拉山口、海拔5 400多米的109道班为“天下第一道班”。以表彰109道班的14名养路职工在高寒、缺氧的“生命禁区”里，克服常人难以想象的恶劣自然条件，长年超强度、超时间工作，确保青藏公路唐古拉山垭口段常年畅通的“铺路石”精神。“天下第一道班”成为全国养路工人的杰出代表之一。

1991年3月1日，交通部制定《公路科学养护与规范化管理纲要（1991～2000年)》，并于4月8日正式发布。《纲要》分为指导方针与技术政策、科学养护措施及规范管理措施等三大部分。《纲要》提出十项指导方针是：全面贯彻公路工作“三十二字方针”；以“务实、创新、科学、奉献”为实施口号，促进公路法制建设、科技进步、GBM工程，改进规费征收、路政管理、附属生产、基础和基层建设等工作；超前准备高等级公路养护与管理；深化公路养护与管理体制改革；摆正建、养、管三者关系；推行完善经济责任制；实施GBM工程，根治公路脏、乱、差；依靠科技进步和挖潜，提高养护管理水平；发展养护机械，特别要抓好高等级公路养护机械化管理；加强职工队伍建设等。同时，《纲要》明确了10项科学养护的措施以及15项规范管理的措施。《纲要》的出台，把公路纳入了科学养护与规范化管理的轨道，公路养护工作迈开了稳步提高、不断巩固的步伐。

20世纪90年代初，针对计划经济体制下形成的养护生产组织方式存在的机构臃肿、水平低下、“大锅饭”严重等弊端，在大连会议精神及《公路科学养护与规范化管理纲要》的指导下，交通部提出，建立适应社会主义市场经济要求的新型养护生产模式。为此确立的改革总体思路是：按照生产与管理分离的原则，精简管理机构，建立精干高效的养护管理队伍，在养护生产中引入竞争机制，彻底改变“大锅饭”体制，提高公路养护资金的使用效率和养护质量。各省（区、市）在以下几方面，对公路养护体制改革进行了有益的摸索：一是加快培育和发展养护工程市场。将公路管理部门所属工程队、运输队、生产厂站等与公路管理机构分离，使其成为自主经营、自负盈亏的法人实体，参与市场竞争，对原有道班、工区进行合并重组，进行企业化管理，逐步推向市场；二是改革公路养护投资体制，全面推行定额养护。把“按人拨付”养路费变为根据养护定额和养护工程量核定并下拨经费，并逐步通过招投标确定养护生产企业，大力推广路面和桥梁管理系统，实现养护投资决策的科学化；三是改革人事用工制度。明确公路养护生产单位可自主用工，以合同方式进行统一管理，形成能进能出的择业机制和择优录用的竞争上岗机制，通过保险、福利等社会保障体系，对下岗人员进行合理安置；四是改革分配制度。采取内部竞标或公开招标方式，选择养护生产单位，并依工程完成情况支付费用，在养护生产单位内部实行“多劳多得”，彻底打破“大锅饭”；五是完善各项管理制度，提高管理水平。各地重点建立系统的公路养护工程管理、评级办法和检查制度，如养护工程招投标办法、养护质量检查制度及评价标准等，做到有章可循。

为适应市场经济的要求，交通部对一系列养护标准规范进行了修订。1991年12月30日，交通部、劳动部以（91）交人劳字945号文下发新的《公路养护定员标准》，按照“先进、合理、科学、规范”的原则，规定了公路养护专业机构的生产人员、管理人员和服务人员的定员。新《标准》与1979年交通部颁布的《公路养护定员标准》比较，按可比口径养路工人定员标准每公里降低0.1~0.2人，在定员范围上新补充了隧道养护工人、沥青拌和场（站）工人、乳化沥青站工人、交通量观测工人、收费工人和养路费征稽人员的定员。1992年5月21日，交通部发布执行《公路里程和公路养护统计指标及计算方法的规定》。《规定》分总则，公路里程统计，公路养护统计，公路养护管理机构、人员与劳动生产率统计，公路养护机械（具）统计，公路养护工程成本指标统计，附则等七章，为保证公路里程和公路养护资料的准确性、科学性提供了标准。1993年，为加强和提高公路养护与管理水平，交通部组织编写了第一本较完整，具有权威性、指导性的《公路养护与管理手册》，开始《公路养护技术规范》的修订工作。1994年，为加强和提高公路养护与管理水平，交通部发布实施了《公路养护质量检查评定标准》和《公路养护工程分类范围规定》，完成了《公路养护技术规范》征求意见稿。

“八五”期间，对市场经济条件下公路养护进行的一系列探索，取得了显著成效。为进一步解决公路养护管理中的新问题，建立适应社会主义市场经济发展的养护管理机制，保证“九五”期间公路建设、养护、管理工作的协调发展，交通部于1995年6月21日至25日，在安徽合肥召开“全国公路养护管理工作会议”。会议总结交流了公路养护管理工作中的先进经验，研究了进一步改革和完善公路管理的运行机制，讨论制定了“九五”期间公路养护管理工作方针、发展和实施措施。李居昌副部长在会上发表《再创公路养护管理工作新局面》的讲话，总结了“八五”公路养护取得的显著成绩：一是公路技术状况明显改善和提高。到1994年底，公路养护里程达到104.7万公里，比1990年增加9.04万公里。优等路里程增加了24.2%，良等路增加了7%，差等路减少了21.1%；二是GBM工程取得显著成绩。到1994年底，全国达到GBM工程标准的公路里程有3.13万公里，占国省道干线总里程的11.8%；三是以路治路，路政管理和规费管理得到加强；四是改革创新搞活公路养护管理工作新路子的探索取得新成绩；五是重视和加强了公路养护管理新技术、新工艺的推广应用；六是公路养护职工队伍和基层建设得到加强。会议确定了“九五”公路工作“建养并重，协调发展；深化改革，强化管理；提高质量，保障畅通”的二十四字指导方针，同时通过了《交通部关于全面加强公路养护管理工作的若干意见》、《公路养护标准规范体系》、《公路减灾规划》等三个文件。这次会议，强调“建养并重、建养管协调发展”的方针，明确了“九五”的奋斗目标，提高了对公路养护管理工作重要性的认识，为“九五”公路建设、养护、管理的协调发展奠定了基础。

为进一步贯彻落实“九五”公路工作“二十四字方针”，1997年9月8日至11月15日，交通部对全国干线公路养护与管理工作进行了大检查，对照交通部颁布的《国省干线公路养护和管理检查计分标准》，按千分制严格考核，全国30个省（区、市）排序为：上海、山东、河北、辽宁、天津、北京、江苏、吉林、山西、安徽、浙江、广东、湖南、福建、甘肃、河南、湖北、江西、四川、黑龙江、陕西、云南、广西、宁夏、新疆、内蒙古、贵州、海南、重庆、青海。西藏自治区因自检未参加排序。这是建国以来首次组织的全国性干线公路检查，内容包括：国省干线公路养护计划安排、公路路况、养护质量、收费路桥、GBM工程、文明样板路、公路管理站（道班）、路政管理和治理“三乱”等，实际检查里程2.87万公里，约占全国国省干线公路里程的10%，检查面之广、内容之细超过了以往历次检查。在大检查活动的督促下，全国掀起了干线公路的整治高潮，1997年也

因此被称为全国的“公路养护年”。

“九五”期间，养护行业的精神文明创建工作蓬勃发展。1996年6月19日，黑龙江省举办首届“养路工人节”，养路工人有了自己一年一届的节日。“养路工人节”活动的举办，向社会宣传了养路工，宣传了公路行业，大大提高了养路工人的职业自豪感，促进了养护事业的健康发展。

1999年9月19日至21日，交通部和中国公路运输工会在新疆乌鲁木齐市召开了“全国公路养护‘双百佳’经验交流会”，并授予北京市清水道班等100个道班为“全国文明道班”，马富银等100名养路职工为“全国优秀养路工”称号。“双百佳”表彰活动是继1990年全国公路系统“双十佳”表彰之后，对公路系统双文明建设成果的又一次检阅，是推动全国公路行业精神文明建设和养护管理工作面向新世纪的重大举措。“双百佳”是广大养路职工和养护道班的杰出代表，他们为交通行业树立了“以路为家，爱岗敬业，艰苦奋斗，无私奉献”的“铺路石”精神。“双百佳”表彰活动在全国公路系统引起强烈反响，各地掀起了“学双百，创先进”的热潮，对进一步加强行业精神文明建设，激励全体公路职工奋发向上，献身公路事业，起到了积极推进作用。

“九五”期间，全国公路养护工作进入新阶段，随着改革的不断深入，养护方式、道班结构、用工制度和职工素质等均发生较大变化。1996年开始，吉林省借鉴国外公路养护的做法及国内其他行业，特别是农村家庭联产承包责任制的改革经验，研究在公路养护管理上实行公路国有民养的新体制，先在全省选了9个道班，继而于1997年扩展104个道班2 242公里养护路段进行试点，在打破“铁饭碗”等弊端上，取得了一定的成效；上海市按照“统一领导、分级管理”的原则，规范了公路管理机构，明确划分了市、县公路管理机构的职能，基本实现了机构精简、职权统一、运转高效的改革目标，初步实现了公路管理与养护生产相分离；辽宁省充分利用社会保障体系，集中资金为职工购买医疗和养老保险，解除了职工的后顾之忧，为改革的顺利推进创造了条件；安徽、湖北、广东、天津、河北等省（市）加快了机械化大道班建设步伐，各省（市）有70%以上的小道班改造成机械化大道班；江西、云南、湖北等省通过组建公路养护公司，将市场竞争机制和现代企业制度引入公路养护生产中，有效地激发了养路职工的创造性，生产潜力得到充分发掘。

为推动和促进全国干线公路养护管理工作，了解和掌握“九五”期间全国公路养护管理工作所取得的成绩和经验，2000年，交通部组织各省（区、市）交通厅（局）和公路管理机构的有关人员，对全国干线公路养护与管理工作进行了检查。检查内容主要包括：各省（区、市）国省干线公路养护计划安排、公路路况、养护质量、收费路桥、GBM工程、文明样板路、公路管理站（道班）、路政管理和治理“三乱”等，共计行程3万多公里，实际检查28178公里，占全国国省干线公路31万公里的9.1%。从检查情况看，全国干线公路基本做到路面平整、行车舒适、路基边坡稳定、路肩整洁、排水畅通、构造物完好，养护质量有了明显提高；沿线交通设施齐全、醒目，许多路段实现了乔、灌、花、草相结合的立体绿化，基本达到了“畅、洁、绿、美”的公路交通要求。检查获前十名的省份依次为：上海、山东、河北、北京、天津、辽宁、江苏、河南、广东、安徽。检查结果显示，全国干线公路好路率达77.54%，较1997年检查时提高了6.35%。

“九五”期间，路网技术状况进一步提高，公路养护运行机制改革初见成效。截至2000年底，全国公路平均好路率达到69.77%，超额完成了“九五”公路养护工作目标。

根据交通部提出的“管养分离，事企分开”的原则，公路养护工作初步实现了“养护生产单位由事业型向企业型转变，养护任务由指定养护向合同养护转变，养护形式由分散的小道班向大道班（工区、站）机械化作业转”的“三个转变”。在此基础上，2001年5月28日至29日，交通部在江西南昌召开“全国公路养护管理工作会议”，胡希捷副部长作了题为《面向新世纪，树立新观念，推动公路养护管理工作再上新台阶》的报告，对“九五”期间公路养护管理工作的成绩和经验进行了总结评价，提出了“十五”期间公路工作方针、目标任务和实施措施。会议提出“建养并重、强化管理；深化改革、调整结构；依靠科技、提高质量；依法治路、保障畅通”的三十二字公路工作方针，同时提出要牢固树立“建设是发展，养护管理也是发展”、“以人为本、以车为本”、“以体制创新促进养护管理发展”、“通过科技创新实现公路可持续发展”的四个新观念，对于做好新世纪公路养护管理工作具有很强的指导意义。会议明确“十五”公路养护管理的总体目标是：公路网总体技术水平显著提高，服务水平明显改善；公路养护技术进步的主导作用显著增强，管理信息化程度与发达国家的差距明显缩小；公路管理法规体系基本健全，公平竞争、规范有序的公路养护工程市场基本建立。这是一次承上启下、共商新世纪初公路养护管理发展大计的重要会议，为新世纪公路养护向“以人为本，以车为本”实施战略转变打下了良好的基础。

为切实提高公路养护与管理水平，适应新世纪经济和社会发展的需要，2001年6月22日，交通部制定并印发《公路养护与管理发展纲要（2001～2010）》及《公路养护工程管理办法》。《纲要》提出，新世纪头十年公路养护与管理的原则：一是坚持以保障公路完好畅通为基本出发点；二是坚持“统一领导、分级管理”，进一步深化公路管理体制改革；三是坚持依法治路，推进公路管理工作规范化、法制化；四是坚持树立“以人为本”的服务理念，切实加强行业管理，着力引导公路养护工作向专业化、机械化、市场化方向发展，提高养护资金使用效益和公路养护质量；五是坚持科技兴路，提高公路行业整体技术水平，大力推进公路管理信息化进程；六是坚持统筹规划，突出重点，积极帮助和扶持西部地区及贫困、边远地区加强公路养护管理；七是坚持实施可持续发展战略，合理使用、节约和保护资源。八是坚持加强精神文明建设，大力弘扬“铺路石”精神。《纲要》提出，要在实现“十五”目标基础上，到2010年再上新台阶的目标。《办法》分总则、一般规定、小修保养、中修工程、大修工程、改建工程、附则等七章四十三条，明确公路养护工程管理工作的原则是“统一领导，分级管理”，对养护工程的实施作出详细的规定。同时，为提高公路养护和管理水平，2001年起，交通部发布了《公路水泥混凝土路面养护技术规范》、《公路沥青路面养护技术规范》、《公路养护工程预算编制导则》、《公路隧道养护技术规范》、《公路养护安全作业规程》、《公路桥涵养护规范》等行业标准。

为准确掌握公路信息，交通部会同国家统计局于2000年3月7日联合发出《关于开展第二次全国公路普查工作的通知》，要求2001年开展全国县道以上公路路况普查。2002年8月30日，交通部、国家统计局在河北省秦皇岛市联合召开了“第二次全国公路普查总结表彰会”，对137个第二次全国公路普查先进集体、306名先进个人进行了表彰，标志着第二次全国公路普查圆满结束。第二次全国公路普查工作的圆满完成，不但全面掌握了全国公路交通的基本情况，更重要的是通过普查，建立了规范有序的公路路网分布体系，统一了路线命名和编号；实现了公路属性数据库管理，初步建立了全国县级以上的公路数据库；基本完善了数据采集及代码标准，为不同信息系统的数据交换提供了标准支持；培养和锻炼了一大批懂业务、熟悉计算机的技术人才。同时，会议对下一步全国公路数据库的完善工作提出了要求。至此，全国公路数据库初步建成，随后，交通部进一步做了数据库的完善和升级工作。全国公路数据库的建设，为公路决策的科学化、管理信息化奠定了坚实基础。

“九五”（1996～2000 年）的 5 年间，我国高速公路共新增里程 1.3 万公里，截至 2000 年底达到 1.6 万公里，“五纵七横”国道主干线已建成 1.8 万公里，占规划里程的一半以上，高速公路里程的快速上升，给行业管理提出了新的要求。为了进一步提高高速公路的服务质量和养护管理水平，规范和促进高速公路的养护管理工作，2001 年交通部首次组织了“全国高速公路养护管理工作检查”。共对全国除新疆、甘肃、青海、宁夏、内蒙古和西藏六省（区）之外的 25 个省（区、市）118 条（段）高速公路的养护、路政、收费和运营管理工作进行了检查，检查总里程达 1.12 万公里，占同期高速公路总里程的 70%。经综合评比，获总分前十名的省份为：河北、江苏、福建、上海、吉林、河南、辽宁、山东、北京和黑龙江。与以往的公路检查相比，这次检查一是采用了先进仪器，根据实际数据对检查路段进行科学评价。二是发动社会公众参与评价。检查工作结束后，交通部印发的检查情况通报指出，我国的高速公路从无到有、从少到多跃居世界第二位，成绩喜人。

2002 年 11 月 1 日，我国高速公路突破 2 万公里。针对高速公路养护管理大检查存在的问题，为进一步加强高速公路养护和管理，2002 年 12 月 4 日，交通部下发《高速公路养护质量检评办法（试行）》，决定自 2003 年 4 月 1 日起在全国试行，这为加强高速公路的行业管理、提高养护水平提供了保障。同时，为培育公路养护工程市场，规范养护工程招投标，2003 年 3 月 21 日，交通部印发《公路养护工程市场准入暂行规定》和《公路养护工程施工招标投标管理暂行规定》，为加强公路养护市场行业管理提供了法规保障。

21 世纪之初的 5 年，正值我国国民经济发展的“十五”时期，公路交通保持了持续快速健康发展的良好势头。为总结“十五”全国公路养护管理工作经验，查找工作中存在的问题，研究“十一五”公路养护管理发展思路，2005 年 9 月至 11 月，交通部组织开展了“全国干线公路养护管理工作检查”。检查的对象为全国所有干线公路以及省、市、县各级交通主管部门和公路管理部门的内业管理。检查内容包括路况和管理规范化两部分，对受检省份的路况水平、养护质量、公路管理体制、养护运行机制、公路养护、桥梁养护、路网结构改造工程、农村公路养护管理、路政管理、收费公路管理、高速公路管理、对外服务、公路管理信息和行业文明建设等进行全面检查。大检查取得四方面的成效：一是体现建养并重的工作方针，极大改善了全国干线公路服务水平；二是提高了公路管理规范化、制度化水平；三是对“十五”养护管理工作进行了全面总结；四是为“十一五”公路养护管理工作发展指明了努力方向。检查标准中所确定的指标充分考虑了“十一五”公路养护管理工作的重点，仅服务及保畅的要求就达30项。同时强化了全行业“以人为本、以车为本”的工作理念。

“十五”期间，全国公路养护在里程大幅度增加的基础上，路况水平有了飞跃发展。截至2005年底，全国公路养护里程达184.01万公里，占公路总里程的95.3%。全国干线公路平均好路率为83.1%，比“九五”末增长近6个百分点；高速公路的MQI值（养护质量指数）保持在95%以上，路况水平大幅提高。

“十一五”时期，国家经济进入新一轮的调整期，在科学统筹基础上，实现可持续发展成为重点。交通部站在新的历史起点上，提出了做好“三个服务”，实现交通又好又快发展，建设现代交通业的总体思路。为理清思路，明确任务，扎实有效地推进“十一五”公路养护管理工作，交通部于2006年5月11日至13日在山东济南召开了“全国公路养护管理工作会议”。李盛霖部长和冯正霖副部长出席会议并讲话。这次会议以实现公路交通又快又好发展为基本出发点，提出了“更好地为公众服务”的新价值观，提出“公路建设是创造财富，养护管理是保护财富”的理念。会议强调，保障桥梁安全是目前公路养护管理工作中最紧迫、最重要的任务。同时要求在全国全面推广预防性养护。在高速公路管理方面鲜明地指出，“高速公路管理没有特区，建设可以放开，管理要集中统一”。在养护资金方面，强调“当建设和养护发生矛盾时要先保养护”。提出实现“三个转变”，即“在思想认识上，要从管理向服务转变；在工作方式上，要从方便管理者向方便使用者转变；在管理手段上，要从依靠行政手段向运用法律、行政、经济等综合手段转变”，着力提高公共服务能力。

2006年9月5日，交通部以交公路发（2006）482号文正式印发《更好地为公众服务——“十一五”公路养护管理事业发展纲要》。《纲要》肯定了“十五”五年中，养护工作取得的成绩。同时指出，与快速增长的公路交通出行需求相比，公路养护管理事业总体上还处于较低发展水平，体现为“两个仍显不足”和“两个依然突出”，即公路基础设施的有效供给和科技的主导作用仍显不足，体制性障碍及约束性因素依然突出。未来五到十年是我国全面建设小康社会承前启后的关键时期，为此，“十一五”公路养护管理事业应遵循的基本原则如下：一是坚持以人为本、用户至上；二是坚持建养并重、协调发展；三是坚持统筹规划，分类指导；四是坚持深化改革、体制创新；五是坚持科技兴路、环保节约；六是坚持依法治路、保障畅通。《纲要》确立的公路养护管理事业发展目标是：到2010年，基本形成畅通、安全、和谐、高效的公路基础设施网络。基本建成以人为本、用户至上的公共服务体系；体制环境有所优化；舆论环境日趋友好；以资金、制度、人才、科技为核心的支持保障系统基本完善。公路养护管理事业可持续发展能力明显提高，公路养护的基础性地位显著增强，在保障公路基础设施有效供给、支撑交通新的跨越式发展中的作用更加突出。具体目标有：二级以上公路里程达到45万公里，国道中二级及以上公路所占比例达到80%，国省干线平均好路率达到88%，其中高速公路优等路率达95%，全国公路平均好路率达到76%。《纲要》站在新的历史起点上，为“十一五”公路养护工作指明了方向，明确了目标，公路养护管理全面迈入协调可持续发展的轨道。

2005年9月至2006年底，交通部组织了“全国农村公路通达情况专项调查”工作，并从2006年起，在全国公路总里程和管养里程统计中增加了农村公路的数据。截至2007年底，全国公路养护里程达到304.00万公里，占公路总里程的84.8%。在大幅度增加农村公路里程的情况下，全国公路网平均好路率达到83.1%，公路通行效率明显提高。

二、公路路政管理

公路路政管理是指交通主管部门或其授权的公路管理机构，依据《公路法》和国家其他有关法律、法规、规章的规定，以公路为对象实施的行政管理。其主要任务包括：一是保护路产，禁止危害和限制可能危害公路、公路用地和公路附属设施的行为；二是维护路权，即维护公路路产的所有权、经营权和管理权；三是维持秩序，即维持公路渡口和公路养护施工作业现场的正常秩序及公路外部行政管理的正常秩序等；四是保护权益。

路政管理的日常业务主要包括四个方面：一是依法上路巡查，即依法检查、制止、查处违法违规行为；二是依法进行特种检查，视不同情况对公路及其两侧建筑红线控制区、车辆停放场所或车辆所属单位进行监督和检查；三是行使收费公路路政管理职责；四是负责依法调查、处理法律、法规所规定的路政案件。此外，高速公路的路政管理还包括路政巡逻、维护公路设施和处理损害公路的事故、特殊条件下的交通管制、拖带清障、路政索赔与处罚等。

从路政管理的主要任务、日常业务及工作方式看，公路路政管理是公路日常管理的重点内容之一，几乎牵涉到公路的各个方面。提高路政管理能力和水平，对于树立公路交通行业的整体形象，确保国家公路资产的保值增值、保障公路使用质量和交通运输安全、改善公路交通环境和发展公路事业，为改革开放、经济建设、国防建设、人民生产、生活提供良好的道路条件，促进经济、社会的发展具有十分主要的意义和作用。它既是公路管理工作的重点，也是公路管理工作的难点。

改革开放前的1975年，为搞好公路养护，交通部颁发了《公路养护管理暂行规定》，明确了路政管理的职责范围。改革开放初期，路政管理机构建设不够规范，大多数省份的公路路政管理工作由各级公路管理部门工程技术或养护管理人员兼任，到20世纪80年代初，有的地方成立了专门机构，才有了专职路政人员，而有的地方是在相关科室设置了专职的路政管理人员。

1982年6月21日至28日，交通部在甘肃平凉召开“全国公路养护工作会议”，提出要进一步加强公路路政管理。1987年，《中华人民共和国公路管理条例》发布，对路政管理作出明确规定；1988年6月28日，交通部发布《中华人民共和国公路管理条例实施细则》。1989年11月，交通部在重庆召开了第一次“全国路政管理工作座谈会”，检查了《条例》执行情况，总结交流了路政管理工作经验，对今后路政管理队伍的建设、路政案件的办案程序提出了方案。会议要求路政管理工作集中抓好几项工作：进一步深入、广泛宣传《公路管理条例》及其他实施细则，做到家喻户晓，使路政管理防患于未然；制定和完善路政管理的一系列法规、章程和制度，使路政管理按章执法，实现规范化管理，并尽快把路政工作从行政命令式转移到依法治路上来；按照“属地查处”的原则，建立健全专职路政管理机构，使之与《行政诉讼法》关于法人代表主体（行政主体）的规定相适应；加紧对路政人员的法规、技术培训，提高人员素质。交通部根据此次会议讨论的意见，拟定了《公路路政管理规定（征求意见稿）》，并在全国征求意见。

1987 年以后的两年里，结合宣传、贯彻和执行《条例》及其《实施细则》，公路路政管理逐步走上以法治路的轨道，实现了四个转变：一是由人治转向法治；二是由单纯路政管理转向保护路产、维护路权、环境监督等多维管理；三是由季节性管理转向常年性管理；四是由养路工被动型管理转向专群结合主动型管理。据 27 个省（区、市）的不完全统计，到 1989 年底，全国有路政管理人员 1.3 万人，其中专职人员 9 580 人，兼职 3 571 人。作为履行国家路政管理执法公务的公职人员，路政管理人员在保护路权、维护路权等方面取得了显著成绩：自《公路管理条例》颁布的两年里，共查获路产损失 2 006 万余元，索赔 3 439 万余元，公路路政管理和队伍建设开始朝着正规化、法规化、规范化、现代化的方向发展。

20 世纪 90 年代后，公路建设步伐开始逐步加快，给公路路政管理提出更高的要求。为适应公路建设事业的发展，总结公路养护与管理工作的经验，交通部于 1990 年 6 月 19 日至 23 日在辽宁大连召开“全国公路养护与管理工作会议”。会议以“治理整顿、深化改革”为指导方针，要求摆正公路建设、养护、管理三者关系，讨论通过了“全面规划、协调发展、加强养护、积极改善、科学管理、提高质量、依法治路、保障畅通”的“八五”期间公路工作方针。会议再次强调要强化路政管理。同年 9 月 24 日，交通部发布《公路路政管理规定（试行）》，自 1990 年 7 月 1 日起施行。《规定》明确，公路路政管理工作遵循的原则是：“管养一体、综合治理、预防为主、依法治路”。同时对路政管理范围、内容、路政管理人员的职权、路政案件管辖、路政处理程序、处罚、复议以及强制执行等进行了明确具体的规定，使公路路政管理有法可依。《规定》出台后，1990 年和 1991 年，各地重点在干线公路范围内加强了路政管理，开展了以制止和清理公路两侧违章建筑物为主要内容的治理整顿公路环境秩序的活动，取得了显著效果：有效控制了公路两侧的违章建筑，清理拆除了一大批侵占路产的违章建筑物，取缔、迁移大量占路集贸市场；拓宽了城镇过境公路；提高了党和政府的威信，得到了广大人民群众的拥护和支持。这次集中整治的效益远远超出公路本身的范围，解决了其他部门难以解决的问题，如陕西一次拆除了宝鸡峡、渭惠等灌渠上的违章建筑物200多处，受到水利部门好评。经过整治，多数干线公路路面平整、路容整洁、水沟畅通，通行条件明显改善。1993年，为进一步加强公路路政管理工作，依法治路，维护公路路产，交通部组织编写了《公路路政管理案件处理100例》，对各地依法进行公路路政管理、规范公路路政执法行为提供了借鉴。

1994年，结合公路文明样板路创建和公路绿化、GBM工程实施等工作，各级公路部门加强了路政队伍管理，大部分地方对路政队伍实行半军事化管理；有的地方路政人员与林政部门、纠风部门人员配合，对破坏路树、公路“三乱”等行为实施综合治理，取得了良好的效果。

为加强交通行政执法队伍建设，逐步建立交通行政执法人员的资质考核认证制度，促进交通管理部门依法行政，1997年10月16日，交通部发布了《交通行政执法证件管理规定》，自1998年1月1日起施行。《规定》要求统一规范包括路政执法人员在内的全国交通行政执法证件的制式、使用和管理。统一规范前，交通行政执法证件在使用和管理工作中，主要存在着证件种类多、管理不规范等问题。由交通部颁发的执法证件有8种，各省（市）在此基础上又有所增加，损坏了交通管理部门的形象，给交通行政执法队伍的管理造成了一定程度的混乱，证件的不规范使用使行政执法相对人对执法人员的执法资格产生疑虑。《规定》明确，省级交通行政主管部门、交通部直属及双重领导行政管理机构是本地区或本部门交通行政执法证件的发证机关，发证机关的法制工作部门具体负责证件的颁发和管理工作。同时，《规定》明确颁发交通行政执法证件人员的资格条件。同时，《规定》明确建立了证件的年度审验制度，使执法证件不仅仅起到证明执法人员身份的作用，同时通过对证件的管理，加强了交通行政执法队伍的建设。公路路政管理开始被纳入严格统一管理的轨道。到1999年，各地公路部门为了做到依法行政、依法治路，重视和加强了公路法制建设。河北、内蒙古、山东、四川等省（区）通过省（区）人大或省（区）政府出台了有关公路路政管理的法规、规章。同时，各地还加强了路政执法队伍建设，通过组织军事化训练，举办执法培训班等形式，规范了路政执法行为，提高了路政人员的执法水平。

进入21世纪后，结合超限超载运输治理，公路路政工作得到进一步加强。

2000 年，各地交通部门以加强超限运输管理为主线，积极开展路政专项治理活动。特别是河南、河北、福建、内蒙古、山西等省（区），对超限检测点的设置进行统筹规划，严格管理，有效遏制了超限运输车辆对公路的损害。山东、新疆等地完成了本省（区）公路用地的土地确权工作。同时，各地紧紧围绕贯彻落实《公路法》，积极推进依法治国、依法治路，进一步加强了路政执法队伍建设工作，通过加强教育、强化监督、严格考核等措施，有效提高了路政队伍的执法水平，规范了执法行为。此外，各地还积极争取各级地方政府的重视和支持，充分发挥职能部门和政府的优势，在清理违章建筑、控制公路红线方面加大了治理力度。

2002 年，公路管理的建章立制工作取得显著成绩。为建立健全较为完善的公路管理行政法规，交通部颁布《公路监督检查车辆管理办法》，完成《路政管理规定》的重新制定。2003 年 1 月 27 日，交通部以 2003 年第 2 号部令重新发布《路政管理规定》，于 4 月 1 日起施行。新《规定》共十章六十八条，主要内容包括：一是明确了“统一管理、分级负责、依法行政”的路政管理工作原则；二是明确了路政管理的执法主体和八项主要职责；三是明确了路政管理许可的范围、审批程序以及路政案件管辖的权限，管理方与相对方相应的权利与义务；四是明确了路政处罚、公路赔（补）偿、路政强制措施所适用的条件、范围和实施程序；五是明确了交通主管部门和公路管理机构在路政管理中的监督检查职责；六是明确了路政管理的人员、装备的一些具体要求，提出了加强路政内务管理的八项制度。与 1990 年发布的《公路路政管理规定》（试行）相比，新《规定》增加了路政管理许可、路政内务管理和监督检查三方面内容，呈现两个新特点：一是对路政管理的人员与机构的规定更具体，提出了更高的要求。明确了路政管理的八项职责，要求路政管理人员必须实行公开录用、竞争上岗，取消了原计划经济体制下的兼职路政管理员和义务路政管理员的做法。二是规范和简化了路政处理、处罚程序。首次将路政处罚与公路赔（补）偿分离，要求完全按照民事程序来协商处理公路赔（补）偿案件。同时，对路政处罚、公路赔（补）偿和路政强制措施分门别类进行表述，提出了当场处理措施，明确了适应范围，极大地方便了管理相对人，提高了路政管理效率，简化了办事程序。新《路政管理规定》的颁布实施，完善了以《公路法》为龙头的公路管理法规体系，有利于公路的保护和公路使用效率与经济效益的提高，有利于促进公路管理水平的提高和执法队伍的建设。

进入“十一五”，路政管理工作面临愈加复杂的形势。从行业外看，随着社会进步和法制建设的不断完善，对执法人员依法行政的要求越来越高；经济的发展、公路网的完善、人民群众出行频率和距离的快速增长，使路政管理的时间和空间大大延伸，路政管理的内容、形式和难度大大提高。从行业内看，大规模的建设，公路里程的快速发展相应带来了大量的管理任务，随着国家高速公路网规划和“十一五”农村公路建设规划的实施和逐步完成，公路管理的责任、任务更加突出。特别是在公路养护工作逐步推向市场的条件下，以公路保护为核心的路政管理显得尤为重要。加之建设服务型行业和负责任政府部门的要求，给公路路政管理提出了全新的挑战。目前各地路政管理体制不尽相同，公路管理机构在履行职责时受到了不同程度的影响和制约，路政队伍存在用人制度不健全、培训和管理不够全面规范、路政执法人员素质有待提高等问题，制约着公路路政管理工作的发展。

为应对新时期、新形势对路政管理的工作定位、内容、方式提出的新的要求，2006年，交通部进一步加强了公路路政管理的法规建设，继续推动《公路保护条例》的起草工作。为了进一步规范公路路政执法人员行为，提高执法水平，组织起草了《公路路政执法行为规范》。2006年11月9日，“全国公路路政管理座谈会”在浙江杭州召开。会议提出，力争到2010年形成以《公路法》为龙头，《公路管理条例》、《收费公路管理条例》、《公路保护条例》等为骨干，地方法规和部门规章为补充的较为完善的公路管理法律法规体系，为公路管理工作提供更加有力的法律保障。目前，全国有15个省（区、市）制定了公路管理条例，19个省（区、市）制定了路政方面的管理条例和管理规定，13个省（区、市）出台了高速公路管理方面的地方性法规，公路管理法规体系初步形成。会议提出了“十一五”我国公路路政管理的总体目标是：构建一个科学完善的公路保护法规体系，建设一个高效运转的路政管理体制，塑造一支能打硬仗的路政执法队伍，搭建一个便捷实用的综合信息系统。会议提出今后一个时期我国公路路政管理工作的五项任务：一是加快公路管理法制化进程，健全公路管理法律法规体系；二是必须合理定位路政管理，逐步理顺路政管理体制；三是加强路政执法队伍建设，进一步规范执法行为；四是建立长效机制，继续巩固和扩大治超工作力度；五是加快管理信息化建设步伐，创新路政管理手段，提升服务水平。会议还布置由各相关省份共同参与、分别就路政管理的 9 个方面主要问题开展课题研究，包括：路政法规建设、管理体制与职责、长效治超机制、路政执法装备及标志、公路资产确权、非公路标志设置技术规范、重要涉路行为行政许可、文明执法和路政管理信息系统。同时确定了每个课题的牵头省份。

2007 年和 2008 年，交通部分别提出做好“三个服务”、推进交通事业又好又快发展和提高“三个服务”能力和水平的要求。检验公路路政管理是否做好“三个服务”，评价的标准有所改变，关键看公路的公共服务能力是否提高，看路政部门文明程度、依法行政的能力是否提高，是否能满足社会和经济发展的需求。在路政管理工作的定位上，要打破路政管理工作只是单纯的保护路产、维护路权的概念，从提高公路综合服务水平和公路安全保障能力的高度把握其内涵和外延；在工作思路上，要跳出过去简单的行政许可和路政执法的环节，兼顾行政执法的事前、事中、事后管理，变被动执法为主动执法，变管理型执法为服务型执法，变易引发矛盾冲突的执法为和谐的人性化执法，寓服务于执法之中，寓服务于管理之中；在工作内容上，要彻底打破狭隘的计划经济范畴，从“大路政”、公共服务的理念出发，坚持把高速公路、农村公路的路政管理自觉纳入工作范畴，探索建立专业路政队伍管理与群众管理互动机制，实现对省内国省干线公路、县乡道路的全面覆盖，实现“有路必管、管必到位”；在工作主体和客体的关系上，要注重人的因素和作用，坚持以人为本，把提高执法队伍的综合素质作为加强路政管理工作的根本途径，把切实维护人民群众的合法利益作为根本目标。

三、公路应急处置与体系建设

2003 年 7 月，胡锦涛总书记在“全国防治‘非典’工作会议”上指出，我国突发事件处理和管理危机能力不强，一些地方和部门缺乏应对突发事件的能力和准备；5 月 7 日，国务院第七次常务会议审议通过了《突发公共卫生事件应急条例》；12 月，国务院办公厅成立应急预案工作小组；2004 年 1 月，国务院召开各部门、各单位“制定和完善突发公共事件应急预赛工作会议”，交通部按照此次会议精神，开始开展交通应急处置与体系建设的探索。

道路交通点多、线长、面广，各级交通主管部门在日常工作中，承担了大量抗洪抢险救灾、夏收秋收、黄金周运输、重点物资抢运等等运输保障任务，涉及医疗物资运输、基建物资运输、粮食运输、鲜活农产品运输、城市居民生活用品运输等各个方面。在日常运输生产中，交通部不断加强应急反应能力建设，完善应急预案，建立健全应急管理体制和机制，努力做到突发事件发生时能够快速反应、及时妥善处置，全行业应急管理能力不断提高，保证了交通运输的畅通和安全。在2003年抗击“非典”期间，为了保障市场医药用品和生活必需品供应，各地运输管理部门精心组织运力，全力保障市场供给。之后在总结“非典”期间交通应急保障经验的基础上，交通部于2004年联合卫生部颁发了《突发公共卫生事件交通应急规定》，为规范突发公共卫生事件公路运输保障行为，提高公路应急运输保障能力奠定了基础；2004年，我国开展了治理超限超载运输的行动，期间恰逢全国性煤电油运紧张，为了缓解日常生活用品和主要工业原材料供应的紧张局面，交通部及各省（区、市）交通主管部门相继出台了治超期间应急运输预案，缓解了能源运输紧张问题；2005年，卫生部发布了高致病性禽流感预警，部分省份交通主管部门和公路部门相继制定了《防控高致病性禽流感交通应急处理预案》，体现了交通行业管理部门的高度责任感。同时，我国绝大部分省（区、市）在应对突发公共事件的应急物资运输保障方面做出很大努力，很多地方建立了区域性、地区性的应急反应体系。尽管在日常工作中，公路行业具备一定的应急反应能力，解决了不少实际问题，但一直没有建立起一套包括应急预案、运力储备、运行机制、支持系统在内的全国性的、统一的应急物资运输保障体系，这种一事一议的临时应急处置措施缺乏全国性、甚至区域性的统一协调，在工作中逐渐暴露出不适应的问题。

2005年1月，《国家突发公共事件总体应急预案》经国务院常务会议讨论通过，将突发公共事件分为自然灾害、事故灾难、公共卫生事件、社会安全事件4类；分为特别重大（I）、重大（II）、较大（III）和一般（IV）四级。按照不同的责任主体，将应急预案体系分为国家总体应急预案、国家专项应急预案、部门应急预案、地方应急预案、企事业单位应急预案5个层次。2005年7月，交通部制定出台《公路交通突发公共事件应急预案》，该预案作为国家级部门预案和公路交通领域的总体预案，在公路基础设施建设、公路交通中断、道路运输重特大事故等方面明确，要求建成功能齐全、反应灵敏、指挥有力的交通应急管理体系，指导公路应急运输保障工作的顺利开展，为指导各级交通主管部门编制相关预案和开展应急保障工作奠定了基础。

公路基础设施既是自然灾害的受害者，也是防灾抗灾的重要载体。2005 年，各地要按照部里的总体部署，组织实施好公路灾害防治工程，在基本掌握我国公路灾害分布规律与危害程度的基础上，建立起相对完善的公路灾害防治监管体系，改变我国公路灾害日趋严重的局面，尽量避免同类灾害在同一个路段重复发生，努力降低公路灾害的发生率和经济损失。同时，交通部着力提升公共服务能力，与国家气象局合作，开展“公路气象减灾预警预报”以及道路运输气象预警预报工作，受到了社会公众的好评。

2008 年 4 月 2 日召开的交通运输部“第一次部务会议”，审议并原则通过包括《公路交通突发公共事件应急预案（修订稿）》在内的公路、水运及救捞应急预案。李盛霖部长强调，要从政治和全局的高度认识制定和落实各项预案的重要性，增强忧患意识和责任感、使命感，进一步改进交通运输应急管理工作。各单位一把手要切实负起责任，一级抓一级，制定、修改、完善和实施好各级各类应急预案，使交通运输行业应急管理的各项工作真正落到实处。对于交通运输应急管理工作，一是结合机构改革调整，加强交通运输行业的应急管理体制建设，按照“统一指挥、分级负责、属地为主”的原则，在借鉴国外高效和系统的应急管理与协调机制的基础上，建立健全具有中国特色的交通运输应急管理机制，努力形成政府领导、部门协调、军地结合、专群结合、全社会共同参与的应急管理工作格局。二是加强《突发事件应对法》和交通运输应急工作的宣传，抓紧有关法律、法规、标准的修改完善和草案的起草工作。三是进一步完善预防预警机制，健全信息报送制度，做好交通运输突发事件的防范和处置工作。四是不断加强应急管理人才、专业技术人才队伍建设和应急能力建设，进一步提高应对突发事件的综合应急和快速反应能力。

2008 年开始，交通部开展深入学习实践科学发展观活动，对公路交通应急体系建设进行了调研。通过调研明确，公路交通应急体系建设要按照“基础在省，协调在部”的原则，以省级公路交通应急管理的组织体系、运行机制和能力建设为主，建立部省沟通协调机制。要探索应急物资与交通战备物资储备相结合，在重点地区建立交通应急物资储备库，加强应急装备和队伍建设，推进建立高效协调、统一有力的公路交通应急管理体系。

2008年，交通部组织对《公路交通突发公共事件应急预案》进行修订，重点针对2008年初低温冰冻雨雪灾害和“5·12”四川汶川特大地震抢险救灾工作中出现的问题和不足进行修改和完善。

2009年2月25日，交通运输部就《公路交通突发事件应急预案》向全国各地征求意见，在此基础上，同年4月正式印发《公路交通突发事件应急预案》。预案修改主要集中在五个方面：一是明确了应急预案的定位。在适用范围里明确了本预案的适用条件，即适用于涉及跨省级行政区划的，或超出事发地省级交通运输主管部门处置能力的，或由国务院责成的，需要由交通运输部负责处置的特别重大（I级）公路交通突发事件的应对工作。同时在应急预案体系里，突出本预案作为国务院的部门预案，是全国公路交通领域最高层次的公路交通突发事件的总体应急预案，是全国公路交通突发事件应急预案体系的总纲。二是理清了应急预案体系。公路交通应急预案体系分为国家和地方两级，国家层面包括总体预案（也就是本预案）和应对某一类型或某几种类型公路交通突发事件而制定的专项预案；地方层面包括省、地市和县级公路交通突发事件应急预案以及各类事件的专项预案和企业预案。三是确定了应急管理机构组成和职责。根据去年两次大的救灾经验，对部里原临时成立的应急处置机构明确化，即在部级层面的公路交通应急管理机构包括应急领导小组、应急工作组、日常管理机构、专家咨询组和现场工作组。其中新增加的应急工作组弥补了原预案中缺少具体承担应急处置工作机构的空缺，应急工作组分为综合协调、公路抢通、运输保障、通信保障、新闻宣传、后勤保障、恢复重建和总结评估八个工作小组，分别由部内相关司局牵头成立，按职责承担应急任务。同时，在交通运输部筹备设立公路网管理与应急处置中心，作为日常管理机构，专职负责国家高速公路和重要干线公路网的运行监测及有关信息的收集和处理，向社会提供公路出行信息服务等。预案中明确了各应急管理机构的启动方式和职责分工，以及日常状态和应急状态管理的衔接转换。四是丰富了应急运行机制，提高了预案的可操作性和执行力。围绕“何时做？谁来做？做什么？如何做？”明确了公路交通应急保障全过程中各环节的责任主体与职责、工作流程及其各流程间的界面和转化关系，形成了面向交通运输部应急保障整体工作流程的运行机制。五是强化了应急保障能力建设。增加了应急队伍建设、技术支撑、资金保障三大原预案没有涉及的应急保障内容，构建了完善的应急保障体系。同时针对原预案所反映出的不具体、缺乏可操作性的问题，分别从构建方式、原则、标准、功能实现、相关管理政策等角度对应急保障进行了详细地规定。

四、公路绿化

公路绿化不仅是公路规划、建设和养护不可或缺的重要内容，是日常公路养护管理的重要工作，也是国土绿化的重要组成部分。公路绿化可一举数得，对于公路本身可以稳固路基、保护路面、延长公路寿命，同时具有防治水土流失，改善沿线生态环境，诱导司乘人员视线，保障行车安全等作用。

从建国之初，交通部就十分重视公路绿化工作。到 1978 年底，全国公路绿化里程已增加到 27. 6 万余公里，占全国公路总里程的 31% 以上。

1978 年 1 月，交通部发出《积极行动起来，大搞公路绿化的通知》。1979 年 5 月 23 日，交通部颁布的《公路养护质量检查评定暂行办法》中，绿化成为养护质量评定的 5 项重要指标之一，被纳入规范管理的轨道，公路绿化水平得到稳定和提升。

20 世纪 80 年代以后，根据全国第五届人大四次会议《关于开展全国义务植树活动的决议》，公路部门在各级政府和有关部门支持下，大力开展植树造林，进一步落实路树收益分配政策，调动了群众积极性，使公路绿化工作发生了新的变化。一是更新了公路绿化观念，突破了陈旧的格局；二是在全国义务植树活动中，重点突出，着重抓了新改建干线公路的绿化、美化；三是修路与绿化同步，在安排公路拓宽和新建公路同时，落实绿化投资计划和施工组织计划，力求做到路成树就；四是实行管护责任制，提倡各级公路交通部门与专业户签订栽、管、护经济责任合同，加强了路树的抚育和管理。由于绿化工作抓得紧、效果好，交通部在中央绿化委员会扩大会议上，被评为“六五”期间全国绿化先进部委之一。

到 1988 年，全国公路绿化里程达到 37. 3 万公里，比 1980 年增加了 35%，全国干线公路已有 81% 达到交通部颁布的绿化标准。1988 年全国平均公路绿化成活率已达到 85%，全国公路上出现了一批“军民友谊林”、“青年林”、“三八林”等绿化工程。

1989 年交通部加强对公路绿化工作的指导，分片召开了公路绿化会议，落实

“七五”公路绿化完成指标。全年共新增绿化里程2.1万公里，新植、补植乔木1 252万株、灌木15 305万株，种草330万平方米，种花251万株，育苗380公顷。平均成活率达84.4%。累计到1989年底，全国公路绿化里程达到38.2万公里，占公路可绿化里程的63.4%。其中干线公路完成绿化14.3万公里，占可绿化里程的83.4%。干线公路绿化率在90%以上的有北京、天津、上海、河北、山西、江苏、河南、海南等八省（市）。

1990年是“七五”最后一年，也是全国绿化委员会确定的“质量年”，为提高公路绿化质量，保证绿化的成活率，各级公路交通部门采取有效措施，本着“因地制宜、因路制宜、适地适树”的原则，强调“栽、管、护”密切结合，搞好公路植树绿化，一年新增公路绿化里程2.4万公里，其中新植、补植乔木、灌木各3 200万株，种草175万平方米，种花593万株，平均成活率在85%以上，使全国公路绿化里程达405 908公里，比1985年末增加了8万多公里。到1990年底，全国干线公路宜绿化路段已基本实现全部绿化。

1991年是“八五”的第一年，公路绿化工作取得了较好成绩，但由于过去欠账较多，绿化任务仍然较重。根据国务院批准实施的《全国造林绿化规划纲要》的要求，为在2000年实现公路全部绿化，交通部编制了《1991~2000年全国公路绿化规划纲要》，提出“巩固、完善、提高、发展”的方针，坚持“因地制宜，因路制宜，宜灌则灌，宜花草则花草”和“全面规划，分步实施”的绿化原则，明确到1995年，县道以上公路全部实现绿化；到2000年乡道及专用道路全部实现绿化。1991年，交通部制定的《国省干线GBM工程实施标准》，对公路绿化做出多方面规定，极大地促进了公路绿化、养护水平的提升。

1995年是实现“八五”公路绿化规划目标的最后一年。当年全国绿化公路2.41万公里，新、补植乔木1 894万株，花灌木582.69万株，种（铺）草坪6 857万平方米。全国公路绿化达标里程现已达到51.18万公里，占公路总里程的44.24%，占全国公路可绿化里程的近70%，实现了“八五”规划的目标。

进入“九五”第一年的1996年，随着高等级公路的陆续建成，对公路绿化的要求日趋提高。针对过去绿化标准低，随意性大的实际情况，各地抓规划设计，进行现场调查，绘制设计图纸，以指导施工。如江苏省沪宁高速公路在路两侧专门征用8米宽的绿化用地，组织专业技术人员进行设计，突出了主线景观和互通置景的效果，以草坪、灌木为主的绿化形式，衬托出高等级公路的大气势。北京公路局及工程指挥部领导，在北京八达岭高速公路施工中，严格按照交通部《关于加强公路绿化若干意见》的精神，将绿化工程与道路工程同设计、同施工、同验收，做到了路成树就，达到了一定的景观效果。天津市公路局对市区通往外环公路的主要出口及迎宾路和旅游路沿线都进行了精心的规划设计，形成了乔灌花草、落叶和常绿相结合的公路绿化面貌，使公路绿化总体水平又上了一个新的台阶。

“九五”期间，交通部发布了一系列规章，指导公路绿化工作，并把公路绿化逐步纳入到环保工程中进行总体实施。1996 年 7 月 8 日交通部发布，于 1997 年 1 月 1 日试行的《公路建设项目环境影响评价规范》中明确要求，“有针对性地优化绿化树种、绿化结构和层次，提高绿化防治效果”。1998 年 7 月 21 日，交通部以交公路发（1998）444 号文，发布《公路环境保护设计规范》。《规范》把绿化纳入了公路环境总体设计之中，强调“公路工程与自然环境融为一体”、“公路构造物与周边环境协调并成为新的人文景观”、“提供良好视觉环境”等原则。此时期的公路绿化工作，伴随着 GBM 工程实施、文明样板路创建等活动的开展，公路绿化的水平进一步提高。

2000 年 7 月 21 日在成都召开的“西部开发交通建设工作会议”上，吴邦国副总理讲话强调，要注意生态环境的保护和治理，“改善生态环境，提高环境质量，是西部地区开发建设必须研究解决的一个重大课题。西部发展不能以牺牲环境为代价。公路建设项目在勘测、设计、施工中要充分考虑生态环境保护和水土保持，保护耕地，节约用地。取石挖土要与造地、绿化相结合，避免造成新的水土流失。公路建设要同时安排其两旁的防护和绿化工程，形成公路沿线的绿色长廊，努力把公路建设与周边环境改善结合起来，使之协调和谐地发展”。进入新世纪，公路绿化已纳入到景观设计、环保之中，环保示范工程首先在西部开花结果。2003 年 9 月完工的四川川（主寺）—九（寨沟）公路，贯彻了张春贤部长要求建成“精品工程”和“环保示范工程”的要求，是实践“勘察设计新理念”的典型代表。川九路因海拔高度变化较大，穿越多个生态区，为与环境协调，绿化方案根据公路所在的不同生态区进行分段设计。最大限度地减少边坡的开挖和保护原有植被。路线布设上尽量使路基不伤及原有边坡。对开挖的边坡采取铺挂植被网和铁丝网进行生态防护或栽种乔木进行掩饰。此后，按新理念设计建设环保公路在全国得到推广，全国涌现出一批景观、环保俱佳的公路工程，云南思小高速公路、四川雅西高速公路、湖北的沪蓉西高速公路和神宜公路、宁杭高速公路江苏段等，均建成了集“生态、环保、旅游、景观”于一体的公路项目，实现了人、车、路和自然环境、人文环境的有机结合。公路成为一道道赏心悦目的风景线。

“十五”期间，公路绿化里程进一步增加。截至2005年底，全国公路绿化里程突破100万公里，达102.63万公里，占公路总里程的53.2%。

2006年1月15日召开的“全国交通工作会议”上，李盛霖部长发表题为《站在新的历史起点上，推进“十一五”交通事业又快又好发展》的主题报告，谈到“十一五”交通工作要注意把握的几个问题时指出，“在交通发展理念上，要坚持交通与自然相和谐，依靠科技进步，节约土地，保护环境，促进交通的可持续发展”。进入“十一五”，公路环保的理念已融入到规划、建设和养护日常工作之中，公路绿化水平进一步提高。截至2007年底，全国公路养护里程为304.00万公里，占公路总里程的84.8%，比上年末提高7.2%。全国公路绿化里程142.39万公里，占公路总里程的39.7%，比上年末提高4%。

五、农村公路养护管理

建国以来，由于种种原因，特别是受到财力限制，国家只将县道、乡道纳入管理部门统计的范围，而村道成了“被遗忘的角落”。

随着经济建设的发展，农村公路建设的不断延伸，包括村道在内的农村公路建设取得了巨大成就。2006年底完成的“全国农村公路通达情况专项调查工作”显示，截至2005年12月31日，我国农村公路里程达到296.5万公里，其中包括142万公里村道。这是村道首次纳入国家正式统计范畴，标志着村道已经正式被确认为国家公路网的重要组成部分。从此，县、乡、村道开始以“农村公路”这个整体跃入了人们的视野。

据统计，从2003年交通部党组提出加快农村公路建设的工作重点，到2007年的5个年头里，国家共投入农村公路建设车购税资金1 022.4亿元、国债资金303亿元，带动地方共计完成农村公路建设投资6 486亿元。用于农村公路的车购税投资占车购税用于公路建设总投资的比例，由2002年的20%提高到2007年的

44.1%。政府投资力度的不断加大为农村公路的快速发展提供了资金保障。2003年至2007年的五年里，是农村公路交通条件改善最显著的五年。五年间，全国新改建农村公路130万公里，其中沥青（水泥）路88.7万公里，是建国头53年建成沥青（水泥）路的2.7倍。2 512个乡（镇）、8.6万个建制村通了公路，5 801个乡（镇）、16.5万个建制村通了沥青和水泥路。截至2007年底，全国农村公路总里程达到313.44万公里。到2008年底，农村公路里程达到324.44万公里。

据测算，要完成农村公路建设“十一五”目标，需要投资4 000亿元。大幅度的投资增长，使农村公路不仅成为农民的致富路，而且其本身就沉淀了巨大的财富。“公路养护管理工作是体现、发挥、强化公路功能的重要保障”，这一点对于农村公路发展显得更加重要。农村公路的增长，在促进农村经济发展中的地位越来越突出，广大农民对农村公路的建设、养护、管理等提出了更高的要求，随着农村公路里程的快速增长，农村公路养护管理的问题迅速摆到各级政府和公路管理部门面前，成为必须解决的问题。

2005年9月29日，《国务院办公厅关于印发农村公路管理养护体制改革方案的通知》（国办发（2005）49号）正式下发。《方案》明确，农村公路包括县道、乡道和村道，是全国公路网的有机组成部分，是农村重要的公益性基础设施。《方案》明确了农村公路养护管理体制改革的目标是：力争用三年左右的时间，基本建立符合我国农村实际和社会主义市场经济要求的农村公路管理养护体制和运行机制，保障农村公路的日常养护和正常使用，实现农村公路管理养护的正常化和规范化。《方案》提出，建立健全以县为主的农村公路管理养护机制；建立稳定的农村公路养护资金渠道，加强资金使用管理；实行管养分离，推进公路养护市场化。《方案》原则上明确建立健全农村公路养护体制和机制的要求，为下一步实施打下良好基础。

2006年5月11日，李盛霖部长在“全国公路养护管理工作会议”上强调，“公路建设是创造财富的，养护管理则是保护财富的，财富的创造积累和财富的保护同等重要”。会议强调，“十一五”要构建农村公路养护长效机制，到2010年，实现全国农村公路“有路必养”。会上，李盛霖部长强调，明确养护责任主体是建立农村公路养护管理长效机制的基本前提，做好农村公路养护管理是省、地（市）、县、乡四级政府的共同责任，那种认为农村公路养管责任主体是县级人民政府的认识不全面；落实养护资金是建立农村公路养护管理长效机制的关键所在，交通部门征收的养路费要按照先养后建的原则，用于农村公路养护工程，地方政府要安排财政资金，确保农村公路正常养护，同时，农村公路基数庞大，单靠养路费满足不了需要，必须在第二个主渠道上多争取政策。为进一步落实2006年中央1号文件和国办发（2005）49号文件精神，2006年7月28日，交通部、国家发改委、财政部以交公路发（2006）400号联合下发《关于进一步做好农村公路养护管理体制改革的通知》，要求2006年12月底前，各省（区、市）研究提出适合本辖区的农村公路管理养护体制改革实施方案，并报交通部、国家发改委和财政部备案。同时，要积极研究提出符合本地实际的农村公路管理养护制度、技术规范、养护定额、质量评定标准和验收标准等行政、技术管理制度。通过建章立制，不断规范和加强农村公路管理养护工作。

2007年4月25日，交通部在吉林长春召开“推进农村公路管理养护体制改革座谈会”。同时，吉林省出台了《吉林省农村公路养护和路政管理若干规定（试行)》，其余各省也表示，将确保于同年6月底前出台农村公路养护管理体制改革的实施方案。2006年底和2007年底，交通部、国家发改委和财政部三部委分别发出通报，督促各地完成实施方案的出台，尽快建立农村公路管养体制和机制。2008年4月24日，交通部以交公路发（2008）43号下发《关于印发农村公路养护管理暂行办法的通知》，力求加快推进农村公路“有路必养”的进程。这是第一个专门就全国农村公路养护管理工作制定的规范性文件。《办法》明确，农村公路养护遵循“统一领导、分级负责、因地制宜、注重实效、全面养护、保障畅通”的原则，逐步建立责权明确、管养分离的养护管理体制，实行专业化养护和个人承包养护等多种方式，推进农村公路养护的市场化。农村公路养护资金筹措与管理应遵循“政府投入为主、多渠道筹资、统筹安排、专户储存、专款专用、强化监管”的原则。同时对资金使用、养护工程管理、路政管理等做出了明确规定。

2003年以来，农村公路管理养护体制改革逐步深入，各地养护体制改革和长效养护机制的建立开始初见成效。到2008年初，按照“建养并重”的指导思想，各地积极推进管养体制改革，全国31个省（区、市）均按照国务院办公厅和交通部的要求，出台了农村公路管理养护体制改革实施方案，积极落实养护机构、人员和资金，为实现农村公路管理养护正常化和规范化奠定了基础。农村公路养护开始纳入法制化、规范化的轨道。

六、GBM 工程和文明样板路

（一）GBM 工程实施

进入20世纪80年代，随着经济建设和社会发展，对公路的要求越来越高。“六五”以后，为提高公路的服务水平和抵御自然灾害的能力，各地开展了以多项综合指标为内容的文明路、达标路建设，陕西省在这方面表现尤为突出。1987年，交通部公路局召集全国14个省（区、市）公路局长和专家召开座谈会，研讨国道绿化、标准化、美化的问题，并决定借鉴陕西省的经验，首先在南北大动脉——107国道上试行，从而拉开了我国国省道主干线标准化、美化工程建设的序幕。公路标准化、美化工程简称“GBM工程”，即“公路标准化、美化”汉语拼音字头的缩写。

GBM工程体现的特点：一是通过公路养护手段或公路基本建设手段，按照《公路工程技术标准》和交通部颁有关设计、施工和养护技术规范，对公路进行外观改善和景观设计，以体现公路自身的建筑美，构成平整、壮阔、整洁、流畅、安全、舒适、优美的公路交通环境；二是推行科学养护，保持最佳路况，增强抵御自然灾害的能力，提高公路的使用质量和社会经济效益；三是完善规章制度，强化基层建设，实现管理标准化、规范化。这是一项集公路建设、管理、养护于一体的系统工程，不仅投资少，也减少了对耕地的占用，而且车速提高以后，节省了燃油，也大幅度减少了尾气的排放，同时行车的安全性、噪声污染也能得到一定程度的控制。

1988年3月，交通部公路局组织沿线各省公路部门领导和专家察看107国道的技术状况。1988年5月12日，交通部下发《关于印发和实施107国道GBM工程实施标准（试行）的通知》，要求3年内全部按GBM标准建成。同时成立了107国道GBM工程协调小组负责检查、交流、协调有关工作。沿线各省公路部门极为重视，针对各自的路段情况，把养护和基建手段联合起来，做到了计划周密、措施得力、资金落实。在国省道干线公路上实施GBM工程，在当时逐步成为提升公路养护和服务水平的一项重要措施。

1989年，交通部开始组织102国道（北京—哈尔滨）的GBM工程建设，使我国从最南到最北有一条标准化、美化的样板公路。同年6月，交通部在河南省新乡市召开了“107国道GBM工程现场会”，107国道和102国道沿线各省（市）以及全国各旅游城市的公路部门参加了现场会。会议对推进107国道GBM工程建设和各地旅游公路的建设以及在全国范围内宣传、推广GBM工程都起到了重要作用，此后多数地区开始了试点工作。

为了认真做好“八五”期间干线公路的GBM工程实施规划，1990年6月在大连召开的“全国公路养护与管理工作会议”上，讨论了《国、省干线GBM工程实施标准》，提出实施GBM工程“一年一段、两年成串、三年成线”的目标。1991年2月21日，交通部正式颁布《国、省干线GBM工程实施标准》。1991年11月5日至18日，交通部组织检查组对107国道全线GBM工程进行了检查验收和GBM杯评比。107国道全线实施GBM工程取得的主要成绩表现在：（1）公路技术标准显著提高，全线已实施路段全部达到二级公路以上技术标准。（2）提高了公路的通行能力和抗灾能力。平均行车时速由30~40公里，提高到50~60公里，油耗降低10%~20%，运输成本下降20%左右，交通事故减少17%~18%。湖北、河南两省在遭受特大水灾期间，107国道始终保持畅通，成为当地抗洪救灾的生命线。（3）提高了公路的规范化管理水平。（4）突出了公路特有的建筑美和景观美。（5）全线公路养护质量优良。1991年一至三季度，全线平均好路率达90%以上。（6）重视和加强了公路的科学养护管理工作。（7）路政管理工作得到加强。全线已基本形成了一个完整的路政管理体系。

1991年和1992年，交通部采取导向性投资补助的方式，在101、105、104、320、312、204等国道线段、部分省干线及旅游公路上组织实施GBM工程，使GBM工程在全国普遍推开，全国国省干线公路实施GBM工程的里程达到1.5万公里，取得了显著的经济效益和社会效益。

1993年，交通部公路司按《GBM工程检查验收标准》，分别对河南、山东、江苏、四川、贵州、广西等省（自治区）的GBM工程进行检查验收，达标率达到83.5%~100%。

“十五”期间，GBM工程实施全面推广，里程大幅度增加。截至2005年底，全国有18万多公里国省干线公路实施了GBM工程，占全国国省干线公路里程的

50%以上，发挥了规模效益。2005年，全国国道网年平均交通拥挤度为0.44，比上年降低17.5%。

（二）文明样板路创建

创建文明样板路是在实施GBM工程的基础上，通过强化管理，规范公路的养护、收费、路政管理等各项工作，杜绝“三乱”（违法在公路上乱设卡、乱收费、乱罚款）现象，最终建成畅通、安全、舒适、优美，路、景、物协调的公路交通环境，提高公路养护管理水平的一项重要工程和主要载体。

1994年4月，交通部作出创建107国道文明建设样板路的决定，并颁布了《107国道文明建设样板路实施标准》。目的是结合治理公路“三乱”，开展创建“文明建设样板路”活动，彻底改善行车环境，树立全新的公路交通形象。107国道是自北京至深圳，贯通京、冀、豫、鄂、湘、粤五省一市的公路交通大动脉，全长2 150公里，是当时全国国道网中车流密度最大、效益最好的一条南北大动脉。在沿线各省（市）人民政府和广大公路职工的共同努力下，1994年11月15日至26日，经交通部检查组对全线检查验收认定，107国道文明建设样板路全线达标，平均达标率为94%。实现了全线线形流畅、标号标志齐全、公路“三乱”有效整治、改善交通环境、提高公路通行能力的目标。创建活动受到沿线广大人民群众的普遍欢迎。

交通部总结107国道创建文明样板路的成功经验时指出，短时间内达到创建目标，得到社会广泛赞誉，关键原因有三：一是沿线各级政府大力支持。交通部作出创建决定后，沿线各省（市）政府对组织实施这项工作高度重视。沿线各地市政府把治理公路“三乱”、建设文明样板路作为一件大事来抓，许多市长、县长亲自上路检查、开现场会解决难题，做到了“不仅挂帅，而且出征”。二是有关部门通力配合，综合治理。沿线各省（市）公安、工商、城建、土地等部门密切配合，充分发挥各自的职能作用，使文明建设样板路步入了标本兼治、综合治理的轨道。三是公路部门突出重点，狠抓落实。沿线各级公路部门充分发挥主力军作用，集中人力、物力、财力，采取切实可行的措施，以实施GBM工程为手段，以强化规范化管理为目标，保证了文明建设样板路的顺利实施。北京市在实施文明建设样板路工作中，认真贯彻执行国发（1991）41号文件，克服困难，将北京琉璃河收费站与河北省涿县收费站合并，实行合署办公，为跨省（市）高速公路在省际设置收费站探索了经验。

在巩固107国道创建成果的基础上，交通部制定了《“九五”国道文明样板路建设规划》，将104、102、324、307、319、312、320等7条国道纳入《建设规划》，决定到2000年止每年创建一条国道文明样板路。文明样板路创建工作从此正式铺开。同时，各地交通主管部门也纷纷制定了本地区的文明样板路建设规划。

1995年3月交通部颁发了《国家干线公路文明建设样板路实施标准》，详细规定了干线公路文明样板路创建标准、验收办法。1995年，根据国务院反腐败会议和国发［1994］41号文件精神，按照《“九五”国道文明样板路建设规划》要求，交通部在途经京、冀、津、鲁、苏、皖、浙、闽六省二市，全长2 340公里的104国道组织实施文明建设样板路工程。

1996年，102国道文明样板路通过验收。

1997年，交通部开始组织实施324国道的文明样板路创建。创建活动展开后，在不到一年的时间里，324国道达到二级或二级以上的里程达到1987公里，三级路达到632公里，实现了公路线形顺畅、路面平整、附属设施完善、标志标线齐整，基本消灭脏乱差和“三乱”现象，收费站设置合理的目标，被沿线群众誉为“致富路”、“小康路”。

1998年、1999年，按照《“九五”国道文明样板路建设规划》，交通部完成了307、312国道以及319国道四川、重庆段的文明样板路创建；2000年，开始实施320国道的文明样板路创建。到2000年底，全国已创建文明样板路5.49万公里，占国、省干线公路总里程的15%。

截至2006年底，全国已完成107、104、102、324、307、312、319、320、204、210、202、109、105共13条国道约3.4万公里部级文明样板路的创建，占全国国道总里程的25%以上。

（三）GBM工程实施和文明样板路创建的意义

经过多年的推广实施，GBM工程实施和文明样板路创建，充分体现了综合治理投资省、见效快、效果好的优势，把我国路网的整体路况和管理水平提高了一大步，特别是通过实施GBM工程和创建文明样板路，形成了广为人知的“畅、洁、绿、美”公路养护管理新理念与新要求。

由于20世纪80年代初以前增加的公路多数以“先通后畅”为原则，许多等级公路是由简易公路通过逐年养护改造形成的。随着国民经济的快速发展，这些公路既难以适应发展的需求，也不可能全部新建或改建，GBM工程的实施以及随后的文明样板路创建活动，契合了当时的特点，也符合当前建设现代交通业的要求，符合当前公路养护和管理的实际情况。GBM工程的实施和文明样板路的创建达到了以下三个效果：一是提高了公路网整体服务水平。“畅、洁、绿、美”是GBM工程和文明样板路创建的基本标准，实施的国省干线好路率常年保持在90%以上，达到了“路面平整、路拱适度、排水通畅、路基稳定、边坡坚实、行车舒适、路容美观、管理规范”的总体要求。二是产生巨大的经济效益。使汽车时速提高了40%左右，公路通行能力提高25%以上，同时减少汽车磨损，降低油耗20%以上，大大降低了公路运输成本。三是产生了明显的社会效益。GBM工程的实施和文明样板路创建，美化了公路沿线的环境，使脏乱差现象大为改观，基本杜绝了“三乱”现象，有效带动了沿线的精神文明建设，使沿线群众文明水平、卫生意识、交通意识、环保意识增强，交通事故大幅降低。

七、公路安保工程

2001年以来，我国连续三年交通事故死亡人数超过10万人。我国汽车保有量只占世界的2%，道路交通事故死亡人数却占到全世界的15%左右，多年高居世界第一，对我国经济社会发展和国际声誉造成很大负面影响。随着全面建设小康社会进程的推进，全社会机动化水平的提高，预防交通事故、降低交通事故死亡率已经成为全社会的一项十分紧迫的任务。2003年，国家有关部门建立了“全国道路交通安全部际联席会议制度”，并先后于2003年9月5日、2004年1月15日和4月15日召开会议，专题研究和部署道路交通事故预防工作。

造成道路交通事故的直接原因中，驾驶员素质不高、操作技能差、安全意识不强是最主要因素。从公路基础设施看，尽管经过近年来的大规模建设，公路总体技术状况有了很大改善，但依然难以满足社会需求。截至2003年底，公路通车总里程达到180.98万公里，但四级及等外公路里程仍有120多万公里，约占70%。这些公路大多是通过民工建勤等方式修建的，受资金、自然条件等因素的限制，路况差，混合交通严重，安全设施不足。特别是一些早期建成的山区公路“先天不足”，安全防护设施不到位，群死群伤的特大交通事故在一些地势险峻路段时有发生。

为提高公路设施的功能和服务水平，减少和降低因公路设施不完善导致的交通事故，2003 年“全国交通工作会议”上，交通部党组提出：“利用科技成果，加强公路的安全设施，推广一些地方在危险路段安装警示标志、防撞护栏、防护墩的经验和做法”。从2003 年上半年开始，交通部公路司对重庆市实施的公路“生命工程”进行了调研，并向交通部党组上报了《关于实施公路安全保障工程有关问题的请示》，有关交通部领导分别批示，要求抓紧实施此项工程。同年，交通部开始实施“西部山区公路交通安全保障工程”，在危险路段完善安全设施，增设警示标志，加装防护栏、防撞墩等。

为确保安保工程的顺利实施，交通部成立以部公路科学研究院为支撑单位的公路安保工程技术组，并于2003 年 9 月在全国展开调查摸底工作。根据调查，全国国省干线公路共有待实施路段 17 万处 5 万公里。在此基础上，交通部编制了《2004 年安保工程实施计划》，明确2004 年在60 条国道和24 条省道上实施安保工程，改造行车安全隐患路段 3.6 万处，实施里程 1.1 万公里。2004 年 3 月初，交通部制定并下发《公路安全保障工程实施方案》，提出了实施路段的判定标准和技术规定，确定了实施目标、工作任务和实施步骤，提出了保证措施。同时选取了地形、线形较为复杂的210 国道陕西省宁陕县境内的27 公里路段作为试验段，提前组织了实施。根据试验段积累的经验，交通部编制了《公路安全保障工程实施暂行技术要求》，并于2004 年5 月下发。

同时，按照国务院开展“五整顿、三加强”工作的部署，张春贤部长在2004年“全国交通工作会议”上发表题为《坚持科学的发展观，为促进经济社会全面发展提供交通运输保障》的讲话时提出，用3 年时间在全国国省干线公路和重要旅游公路上实施以“消除隐患，珍视生命”为主题的“公路安全保障工程”。整治完成全国国省干线公路10 万处约3 万公里急弯、陡坡、视距不良等行车危险路段，重点是二级以下山区公路、旅游公路和行车危险路段。结合文明样板路创建，改善210、319、202、105、109 五条国道的安全防护设施。张春贤部长要求各级交通主管部门，精心组织，把这件为民造福的好事办实办好。当年，各级公路交通部门共在56条国道、300条省道和200多条旅游公路上实施了安保工程，改造行车安全隐患7.8万处4.5万公里，增设防护栏6 000公里，完善标志、标线2.3万公里，完成投资21亿元，其中交通部补助资金8亿元。通过对全国117个项目4 757公里实施路段的抽样调查，安保工程实施后的事故发生率比实施前降低58%。

2005年，交通部全面加强对各地安保工程技术指导，重点对210、109、202、105、319等国道示范工程建设进行指导和督促。按照工程总体要求，各项工作稳步推进。6月7日，交通部在北京109国道现场召开了“全国安全保障工程技术交流会”，推动了该项工程深入展开。截至2005年底，全国改造完成行车安全隐患路段6.1万公里21万处，新增设钢护栏7106公里、钢筋混凝土墙式护栏6 210公里，完善各类标志近20万块、减速设施1万余处，施划标线6万余公里，整治视距不良路段2.3万处。

安保工程实施三年来，全国累计投入资金90.1亿元，有66条国道、1 051条省道和253条县道共27.8万处行车隐患路段得到处治，累计里程达8.5万公里，超额完成2004年初交通部确定的3年17万处5万公里行车安全隐患路段的处治任务。通过完善公路防护设施和服务设施，提高了公路行车安全水平，有效降低了交通事故死亡率和重特大交通事故的发生率，切实保障了人民群众的生命财产安全，取得了显著经济和社会效益。根据对安保工程219个实施路段5 625公里里程的抽样调查，年均交通事故起数从安保工程实施前的7 211起，降至安保工程实施后的2 182起，年平均降低交通事故5 029起，降低率达69.74%；年均重特大交通事故起数从安保工程实施前的822起，降至安保工程实施后的188起，年平均降低重特大交通事故634起，降低率达77.13%；年均死亡人数从安保工程实施前的2 739人，降至安保工程实施后的507人，年均减少2 232人，降低率达81.49%。

公路安保工程受到广大人民群众的高度赞扬，其“安全、经济、环保、有效”的理念已经深入人心。今后，交通部将继续保持公路安保工程资金的投入规模，在继续深入实施国省干线公路安保工程的同时，积极向农村公路延伸，加大对西南地区安保工程的支持力度。同时，交通部将建立长效机制，把实施安保工程的成熟经验和部分做法逐步上升为规章制度，并在公路工程技术标准体系中予以体现，将尽快把安保工程“安全、经济、环保、有效”的理念以及此类综合性的治理措施融入日常养护管理工作中，进一步提升公路养护管理的水平，更好地体现“三个服务”。

八、桥梁养护和危桥改造

我国大部分公路桥梁建成于20世纪50年代至70年代，加之“九五”以来，随着国家经济的大幅增长，公路交通快速发展，各级公路的交通流量不断增加，运输车辆的吨位和轴荷均有较大增加，特别是各种超限车辆对公路桥梁造成了永久性损害，大批桥梁的技术状况不能满足行车安全的需要，桥梁养护管理工作中的一些突出问题日益显现：一是重视程度不够，养路不养桥现象突出；二是检测手段落后、技术水平低，缺乏专业的桥梁养护技术人员；三是养护资金严重不足；四是基础工作薄弱；五是超载、超限运输车辆损毁桥梁现象严重。这些问题，已经严重影响了公路桥梁养护管理工作的正常进行，影响了公路的安全和畅通，降低了公路整体服务水平，桥梁养护工作任务越来越艰巨。据统计，截至2000年底，我国公路桥梁共27.88万座，其中危桥达到9 597座，占桥梁总数的3.4%。一些南方经济发达地区城市的危桥比重甚至达到1/5～1/4。

面对桥梁养护工作亟待加强的现状，交通部采取了一系列措施：一是加大了危桥改造力度，组织制定了《“十五”干线公路危桥改造工作规划》，并加大了投资力度，决定从2001年起分5年，计划每年下拨2亿元资金扶持各省的危旧桥改造工作，争取到2005年底消灭国省干线公路上的危桥；二是对桥梁养护工作给予高度重视，召开了“全国桥梁养护管理技术交流会”，对桥梁养护改造技术进行了总结和推广，为全面加强桥梁养护工作奠定了良好的技术基础；三是严格了桥梁养护工作制度，要求各地必须切实执行“桥梁养护工作制度”，明确桥梁管护责任，确保行车安全；四是加大科研力度，开展了新结构、大跨径桥梁养护技术研究的前期工作。交通部在2001年西部交通建设科技项目中设立了“公路旧桥检测评定与加固技术研究及推广应用”项目，通过该课题的研究，提出一套完整、实用的公路旧桥检测、评定与加固成套技术，为我国公路危旧桥的改造提供技术支持，确保危旧桥的改造工作科学合理、经济安全。

从2002年起，交通部决定加大危桥改造的补助投资力度，由原来每年2亿元提高到5亿元。据统计，2002年全国共完成1 512座6.8万延米危桥的加固、改造任务。2004年是交通部实施危桥改造的第四年，交通部重点从“完善规章制度，健全技术标准，强化监督检查，加大投资力度”等方面入手，全面加强桥梁养护与管理工作。一是启动修订《公路桥梁养护管理工作制度》，建立桥梁检查、评定和养护管理工作的逐级考评体系，明确相关单位的责任和义务，强化各级交通主管部门的监管职责，确保桥梁养护的各项技术政策和管理制度落到实处。二是制定《桥梁养护质量评定标准》，通过整合现有的科研成果，提出桥梁病害评价的量化指标，提供桥梁缺陷、病害、损伤图例库，统一桥梁检查评判标准，以易于技术人员掌握。三是加大对重点桥梁的监管力度，建立全国桥梁管理系统。结合全国公路数据库建设和养护质量评定工作，全面加强全国公路桥梁的技术管理工作，并以此为依据开展桥梁养护的监督检查工作。四是完善相关技术标准和技术指导意见，编写桥梁养护、危桥加固、桥梁检测与评定等方面的手册或指南。五是继续加大危桥改造工程投资力度。力争通过3~5年的努力，构建更为成熟的桥梁技术管理体系、行政管理体系、监督检查体系，确保相关政策、制度落到实处，提高中国桥梁养护管理水平，使危桥、险桥持续出现的态势得到有效控制。2004年初，交通部下拨资金4.1亿元，用于全国951座7.33万延米危桥的改造工作，截至当年底，全国共完成改造危桥1 712座11.48万延米，总投资达15.9亿元。同时，交通部对“十五”前3年全国危桥改造情况进行了总结，并对部分省份的实施情况进行了抽查。据统计，“十五”前3年全国共投入资金63.1亿元，完成维修、加固和改造危桥8 326座62.3万延米。

2005年初，交通部下达5.6亿元资金，用于全国1 091座9.39万延米危桥改造工作。全年实际完成危桥改造1 613座近12万延米，完成总投资15.9亿元。

从2001年实施危桥改造的5年来，全国投入资金87.4亿元，其中中央投资21.9亿元，改造危桥7 665座55.3万延米，超额完成“十五”初确定的改造危桥5 397座33.6万延米的任务。全国桥梁安全形势进一步改观，国省干线公路没有发生因失养引发的桥梁坍塌事故。

2006年，交通部继续组织在全国范围内开展危桥改造工程。全年完成危桥改造1 719座11.12万延米，总投资达15.5亿元，其中，交通部补助资金5亿元，占32%。自“十五”初开展危桥改造工作以来，全国共投入危桥改造资金102.9

亿元，其中中央投资24.4亿元，除改造了“十五”初期发现的5 397座危桥外，对后期新增危桥也列入计划进行改造，共改造危桥9 384座66.4万延米。

在实施危桥改造工程的同时，交通部着力完善相关管理制度。组织有关人员对1991年的《公路桥梁养护管理工作制度》进行修订，并于2007年6月29日以交公路发（2007）336号文正式印发实施《公路桥梁养护管理工作制度》。《制度》主要明确了有关养护机构和监管部门的职责，对桥梁的检查、养护、评定提出具体要求。此外还按照“防治结合、立足于防”的原则，逐步推行预防性养护工作。主要包括：加强动态管理和病害监测，建立公路路况评价机制和桥梁技术状况预警机制；研究公路、桥梁技术状况衰减规律，确定公路、桥梁的最佳养护时机和周期，及时安排养护工程；建立信息管理系统，完善决策机制。

2007年，先后发生了广东325国道九江大桥被货船撞击致桥孔倒塌和湖南凤凰县“8.13”沱江堤溪大桥垮塌事故。针对两起桥梁事故，为加大危桥改造力度，确保公路桥梁安全运营，为群众出行和经济发展创造更安全、更畅通的公路交通环境，2007年交通部党组决定，在原补助投资的基础上，按照三年时间共安排45亿元的标准，进一步加大危桥改造投资力度，从2008年起，力争用三年时间基本完成现有国省干线公路上全部危桥以及县道、乡道公路危桥中重要危桥的改造任务（以《2006年全国公路养护统计年报》数据为准）。通过三年集中改造，到2010年年底实现以下工作目标：一是全面完成国道、省道公路上的危桥改造任务；二是基本完成县道上中桥及以上跨径的危桥改造任务；三是基本完成乡道上大桥及以上跨径的危桥改造任务。《通知》强调，各省（区、市）交通主管部门在确定本辖区内三年集中改造目标时，既要确定本辖区内三年集中改造危桥的具体范围，又要按照“先重点，后一般”、“先国省干线，后县乡公路”、“先大跨径，后小跨径”的原则，分年度提出2008～2010年分年度危桥改造实施建议计划。同时，《通知》明确，除三年改造的危桥外，各省（区、市）交通主管部门对辖区内通航河流上由于挖砂、河道迁移致使桥梁墩台存在安全隐患的桥梁，要按照有关要求对其防撞设施和防撞能力进行全面调查摸底和统计汇总，按照基本建设程序，做好改造或重建，以提高桥梁的安全水平。

2007年8月17日，交通部召开全国电视电话会议，通报湖南凤凰县“8.13”沱江堤溪大桥垮塌特别重大事故有关情况，传达胡锦涛、温家宝等中央领导同志的重要指示精神，部署开展以桥梁为重点的交通基础设施安全隐患排查治理专项行动，全面加强公路桥梁建设使用安全工作。李盛霖部长要求各地交通部门迅速行动起来，深入开展以桥梁为重点的交通基础设施安全隐患排查治理专项行动。李盛霖强调，在建桥梁和投入使用的桥梁都要分别从六个方面进行排查。在建桥梁主要是：一查基本建设程序，二查勘察设计，三查项目管理，四查工程实体质量，五查工程原材料，六查施工工艺。投入使用的桥梁主要是：一查是否明确桥梁养护管理的责任单位和监管单位；二查是否对桥梁定期进行技术检测，并建立完整的管理档案资料；三查是否落实桥梁养护工程师制度并按技术规范要求进行桥梁养护维修；四查是否对行驶桥梁的重车实施超限超载监控和治理；五查对已确认的危桥是否采取相应的管制及监测措施；六查是否按规定建立桥梁突发事件应急预案。

同时，还要求各地采取有效措施，从五个方面加大治理力度：一是严防死守，加强对存在安全隐患危桥的通行管理。二是边查边改，切实加强在建桥梁安全隐患的治理工作。三是进一步加大治超力度，严禁超限超载车辆上桥。四是建立健全桥梁突发事件应急预案。各地交通主管部门要尽快制定以预防和处置桥梁事故的突发事件应急预案，明确工作职责和程序。桥梁养护管理单位要单独制定针对重要和特大型桥梁的应急预案。各地公路管理机构要以桥梁为重点，加强公路巡查工作力度。五是集中开展公路危桥改造活动。

专项行动从2007年8月开始至10月中旬基本结束，共排查在用桥梁38万余座，约占全国桥梁总数的70%。从排查结果看，无论是在建桥梁还是在用桥梁的安全基本处于受控状态，在建项目安全隐患基本得以全面排查和整改，在用桥梁安全运营基本得到有效保证，各项管理制度基本得到落实，排查治理专项工作效果明显。

九、治理超限超载

“九五”以来，全国公路运输车辆超限、超载现象极为普遍，问题突出。据调查，山西境内运煤车辆超限超载率达100%；上海地区车辆超载率约为50%，超载量最多达到核定载重吨位的3倍；河北运输车辆超载一般在50吨以上，车货总重最多达到100吨以上。与此同时，非法改装车辆进行超限超载运输的现象也时有发生，河南等省发现，核定20吨的车辆经非法改装后装载普遍达到60～100吨。

由于运输车辆的超限超载，导致公路和桥梁严重损毁。109国道北京段由于运煤车辆超载，改造后仅一年时间，公路路面全部损坏，直接经济损失达3 000多万元。山西省每年因超限运输损坏需维修和加固的桥梁达180多座，1997年超限车辆还压垮了109国道上的大坊城桥和郭家坡桥，给国家造成了巨大的经济损失。超限超载运输车辆无序行驶公路，给道路交通安全带来事故隐患，如爆胎翻车、制动失灵、发动机超负荷运转等时有发生，据统计，道路交通安全事故中，约70%是由于车辆“三超”所致。1999年“11·24”渤海海难事故也与车辆“三超”有密切关系。超限运输也是直接导致公路运输价格长期不能到位、运输业户恶性竞争、运输市场秩序混乱、难以有效进行运力和车型结构调整的主要原因。

针对上述情况，早在1989年，交通部就曾经在全国组织开展超限车辆的治理工作。交通部根据《公路法》的有关规定，于1999年启动了有关规范超限运输车辆管理规定的制订工作。2000年2月13日，交通部以第2号部令发布了《超限运输车辆行驶公路管理规定》，明确从2000年4月1日起在全国范围内开展超限运输车辆行驶公路的专项治理工作。

交通部2000年第2号部令发布后，各地加大了宣传力度，加强和规范管理，并采取有效措施，狠抓重点路段和地区的治理工作，使超限运输现象得到了一定的遏制，取得了一定的成效：一是超限运输车辆行驶公路的比重已由治理初期的90%下降到70%。部分地方运价有所回升，运力、运量关系得到一定平衡。二是加强超限运输管理在全社会引起了积极的反响。各地交通主管部门、运输企业和个体业户普遍反映，开展超限运输车辆行驶公路专项治理工作，对于推动道路运输结构调整、整顿运输市场秩序、促进公路运输业的良性循环和健康发展起到了积极作用。

但是，车辆超限超载是一个世界性的难题，即使在法制健全、管理规范的发达国家，也不同程度地存在。就我国而言，1989年和2000年，交通部就先后两次组织在全国开展治理工作。公安部从2001年5月开始，也进行了为期一年的治理。这些治理工作在当时都取得一定成效，但并没有从根本上解决问题。究其原因，主要在于，对治理工作的社会复杂性考虑不足，单靠部门力量，侧重路面执法，没有从汽车生产和运输市场的源头抓起，没有形成齐抓共管、综合治理的格局，没有解决经济利益驱动这一深层矛盾，工作中也未能做到持之以恒。因此，在进入21世纪以后，违法超限运输一度十分普遍，而且有“越治越超”之势，对交通安全、公路基础设施、运输市场及汽车生产秩序造成极大危害。一是诱发了大量道路交通安全事故，给人民生命财产造成巨大损失。据统计，70%的道路安全事故是由超限超载引发的，50%的群死群伤重特大道路交通事故与超限超载有直接关系。二是严重损坏了公路基础设施。超限超载车辆的荷载，远远超过了公路和桥梁的设计荷载，造成路面损坏、桥梁断裂，全国公路因车辆超限超载每年损失超过300亿元。三是导致运输市场恶性竞争。车主以超限超载来获取超额利润，超的越多赚得越多，形成了“超限超载→运力过剩→压价竞争→再超限超载”的恶性循环。四是阻碍了汽车工业的技术进步。一些汽车生产改装厂家为迎合超限超载运输需求，竞相生产和非法改装“大吨小标”车辆。“大吨小标”车辆的畅销，使得按标准设计和实标吨位生产的车辆受到冷落，汽车工业失去了技术进步的原动力。

鉴于上述情况，2003年11月26日上午，温家宝总理在国务院第30次常务会议上，提出了车辆超限超载问题，并就如何治理作出了重要指示。当天下午，交通部召开部长办公会进行专题研究，起草了《关于加强车辆超限超载治理工作的报告》，提出了“广泛宣传，统一行动；多方合作，严管重罚；把住源头，经济调节；短期治标，长期治本”的综合治理思路，并报请国务院统一部署全国综合治理超载超限运输工作。黄菊副总理、周永康和华建敏国务委员分别于12月1日、2日作出重要指示，赞同采取综合手段治理超载超限运输，要求公安、交通两部门按照国务院常务会议精神，联合组织，统筹部署，要求国务院办公厅秘书局提出专题会议方案，征求相关部门意见。12月4日，温家宝总理作出“要治理就要坚决治好，不能半途而废”的重要批示，要求“注意采取综合措施”。周永康国务委员亲自协调治超工作，在不到半年的时间内，先后三次召开会议进行研究部署。2004年4月15日，周永康国务委员主持召开全国道路交通安全工作部际联席会议第一次全体会议，研究通过了交通部起草的《在全国开展超限超载治理工作实施方案》。

2004年4月30日，经国务院同意，交通部会同国家发改委、公安部、质检总局、安全监管总局、工商总局、国务院法制办等联合发布了《关于在全国开展车辆超限超载治理工作的实施方案》，决定在全国统一联合开展新一轮、规模宏大的机动车辆超限超载治理工作。5 月 11 日，交通部、公安部等八部委办联合召开"全国治理超限超载工作电视电话会议"，对全国统一治超进行动员部署，明确经过一个多月的广泛宣传，将从 6 月 20 日起在全国集中开展统一治超工作。5 月 26 日，交通部召开"全国交通系统治理车辆超限超载工作会议"，交通部部长张春贤发表《迎难而上　务求必胜　坚决打好这场治超工作攻坚战》的讲话，对全国治超工作进行动员部署。同时要求各级交通主管部门必须全面加强领导、切实搞好协调配合，做好五项工作：一是做好集中治理前的各项准备；二是加强组织领导；三是做好沟通协调；四是加强信息工作；五是搞好监督检查。

2004 年 5 月 28 日，由交通部牵头，七个部（委、办）参加的全国治理车辆超限超载工作领导小组成立，交通部部长张春贤任组长，公安部副部长白景富、国家发改委副主任欧新黔、交通部副部长冯正霖、国家工商总局局长刘玉亭任副组长。2004 年 6 月 18 日，全国治超领导小组办公室发布《关于在全国开展车辆超限超载治理工作的公告》，决定从 6 月 20 日起，在全国统一启动专项治超工作，并要求通过一年的集中治理，使车辆超限超载现象得到有效遏制，通过三年综合治理，从根本上解决车辆超限超载问题。6 月 20 日开始，各地交通、公安部门在以 34 万公里国省道干线公路为主的全国公路网上，"统一口径、统一标准、统一行动"，全面开展联合治超工作。同年 11 月 11 日，交通部与国家发改委联合印发《关于降低车辆通行费收费标准的意见》，对 10 吨以上的货车，降低 20% ~30% 的通行费。截至 2006 年底，全国共设置超限超载检测站 2 925 个，投入执法人员 742.5 万人次，其中交通部门 461.5 万人次；累计检查货车 4 631.3 万辆，查处超限超载车辆 453.7 万辆，卸载车辆 133 万辆，卸载货物累计 666.6 万吨。超限超载车辆所占比例已从治理前的 80% 以上，稳定在 10% 左右，江苏、安徽、北京等地则下降到 5% 左右。同时，全国道路交通事故比上年同期下降 26.7%；公路通行效率明显提高，货车行驶平均时速由 50 公里提高到 70 公里；"大吨小标"得到纠正，运力结构逐步优化，公路运价稳步回升。全国治理车辆超限超载工作取得阶段性成果。

2005 年，治超工作全面进入"巩固成果、依法严管、重点突破、有效推进"

的阶段。6月1日，国务院办公厅印发了《关于加强车辆超限超载治理工作的通知》（国办发［2005］30号），为进一步推进治超工作提出了要求，提供了依据，强化了手段，坚定了信心。同年，交通部、公安部、国家发改委等八部委联合印发《2005年全国治超工作要点》，强调要坚持贯彻温家宝总理关于“充分认识这项工作的复杂性，坚持综合治理，注重运用法律和经济手段，建立长效、有效的管理机制，以巩固成果”的批示精神，落实黄菊副总理关于“要巩固和扩大治理车辆超限超载运输工作成果”，“继续加大治理工作力度”的要求，按照“巩固成果、力度不减、突出重点、有效推进”的方针，在确保交通畅通和满足社会运输需求的前提下，提高政府对公路、车辆、运输市场的监管能力和公共服务水平，继续保持和加大工作力度，坚持综合治理，逐步建立长效治理机制，坚定不移地做好全国车辆超限超载治理工作。

为尽快建立治理超限超载的长效机制，2005年10月27日，交通部以交公路发（2005）492号文印发《关于收费公路试行计重收费的指导意见》。《意见》规定，计重收费的实施范围必须是经过省级人民政府同意的收费公路，实施对象为对照国家规定应当缴纳车辆通行费的所有载货类机动车。主要政策措施包括：重新核定试行计重收费后新的车辆通行费基本费率；根据车辆车货总重合理计算确定车辆通行费收费标准；统一并明确公路承载能力认定标准。同时明确了各省（区、市）制定计重收费基本费率标准应坚持的原则。《意见》通过调整和完善现有车辆通行费的征收方式，确立了公平、合理、科学的车辆通行费征收方式，对于消除车辆超限超载运输的利益驱动，降低合法运输业户的运输成本，规范货运市场经济秩序，保护公路桥梁，保障交通安全畅通，促进交通事业健康发展具有重要的意义。

在全国各地和有关部门的共同努力下，经过两年多时间，治超工作取得明显成效：2005年，车辆超限超载比例大幅下降，始终控制在10%以下，道路交通安全形势明显好转，全国共发生道路交通安全事故41.7万起，下降11%，死亡89749人，首次回落到10万人以下，因车辆超限超载而造成的道路交通事故明显下降。85%以上的“大吨小标”车辆恢复核定吨位，90%以上的运输业户合法装载运输，市场恶性竞争减少，公路养护压力减轻，路况和交通基础设施和完好率稳中有升；农产品及重要物资运输畅通，公路货运量大幅增加，公路通过效率和运输效益明显提高；资源消耗明显降低；社会反响良好。

2006是全国开展集中治超工作的第三年，全国治超工作逐步转入“突出源头治理，强化执法力度，完善监控网络，建立长效机制”的阶段。2006年2月28日，交通部、公安部、国家发改委、中宣部、国家质检总局、国家安全监管总局、国家工商总局、国务院法制办、国务院纠风办等九部委联合在北京召开“2006年全国治理车辆超限超载工作电视电话会议”，传达学习了国务院领导重要批示精神，进一步贯彻落实国务院办公厅《关于加强车辆超限超载治理工作的通知》要求，总结过去两年治超经验，研究部署2006年工作，继续巩固和扩大治理成果，完善治超长效机制，推进治超工作有序深入健康开展。会议指出，这一阶段治超工作取得了五项主要成效：一是车辆超限得到有效控制；二是交通安全形势明显好转；三是车辆生产改装行为逐步规范；四是公路设施得到有效保护；五是治超工作环境大为改善。存在的五个方面突出问题：一是巩固成果压力大；二是治超力度不平衡；三是暴力抗法现象增加；四是集中治理力度有所下降；五是油价持续上涨影响了治超深入开展。会议强调，2006年全国治超工作将转入“突出源头治理，强化执法力度，完善监控网络，建立长效机制”的新阶段，主要任务有五个方面：坚持以建立健全治超长效机制为中心；强化路面执法和源头监管两个力度；着力提高依法治超、自主创新、联动治理三个能力；完善治超工作机制、治超执法队伍、治超监控网络、经济调节机制四项建设；力争实现立法、科学治超、舆论引导、服务、提高管理水平等五个方面的新突破。

为进一步贯彻落实国务院办公厅《关于加强车辆超限超载治理工作的通知》（国办发［2005］30号）精神，进一步巩固和扩大治理成果，加快治超长效机制建设，推进全国治超工作有序深入开展，2006年3月1日，交通部、公安部、国家发改委、中宣部、国家质检总局、国家安全监管总局、国家工商总局、国务院法制办、国务院纠风办等九部委联合发出《关于印发〈2006年全国治超工作要点〉的通知》，要求结合本地实际，认真组织实施。2006年全国治超工作要点包括下列几个方面：继续加强对治超工作的组织领导；依法治超，加强路面治超执法力度；进一步加强和规范车辆生产、改装及牌证管理；进一步加强源头监管；加快治超长效机制建设。

2006年，交通部加快了《公路设施保护条例》、《治超检测站点管理办法》等规章的起草工作。全国有近20个省份在高速公路上试行了计重收费，有效抑制了超限超载运输的经济利益驱动。同时，各地继续贯彻落实交通部的要求，制定并实施对大型多轴货运车辆、鲜活农产品运输车辆的通行费优惠政策。在经济调节作用下，全国大型多轴车辆销量自2004年起始终保持猛增趋势，2006年全国重型载货汽车销售量达到27.56万辆，继续保持年均15%左右的增幅，道路运输装备水平进一步提高。2006年，多个省（市）分别制定了治超工作的相关考核办法，部分省（区）对治超工作进行了阶段性考核评比。各地在治超工作中始终高度重视舆论宣传，如通过报纸杂志等平面媒体开设专版，或者通过广播电视以及网络进行积极宣传，对治超工作的顺利开展起到了良好的辅助及推动作用。

2007年10月18日，交通部以交公路发（2007）596号文下发《关于印发全国车辆超限超载长效治理实施意见的通知》。明确提出从2008年起，再用三年时间，着力构建治超工作长效机制。要继续综合运用行政、法律、经济手段和各种技术措施，夯实基础，规范行为，确保治超工作持续长效开展。进一步巩固和扩大治理成果，从根本上规范车辆装载和运输行为，基本杜绝车辆“大吨小标”和非法改装现象，真正建立起规范、公平、有序的道路运输市场，维持良好的车辆生产、使用秩序和道路交通秩序，确保公路设施完好和公路交通安全。

2007年11月20日，“2007年全国治理车辆超限超载工作电视电话会议”在北京召开。会议总结了2004年以来集中治超的工作经验，并明确提出从2008年起的3年里，着力构建治超工作的长效机制，重点开展治超工作秩序以及总重超过55吨的非法超限超载车辆的整顿。全国治超工作领导小组组长、交通部部长李盛霖强调，要认真学习领会温家宝总理的重要批示，进一步贯彻落实《国务院办公厅关于加强车辆超限超载治理工作的通知》，进一步统一思想，坚定信心，团结协作，坚持不懈，努力推进全国治超工作长效机制的建设。会议充分肯定全国集中治超工作取得的明显成效：一是车辆严重超限态势得到遏制，货车超限超载率从治理前的80%以上下降到10%以内，北京等十多个省（市）已经控制在3%以下；二是道路交通安全形势明显好转，在汽车总量增加15%的情况下，道路交通事故率年均下降15%左右；三是汽车生产、改装行为进一步规范，已公布的近300万辆在用“大吨小标”车辆基本恢复核定吨位；四是公路设施得到保护，因车辆超限超载对公路桥梁造成的经济损失每年减少160亿元左右；五是公路通行效率有所提高，货车平均运行时速提高了20%，公路货运量和周转量分别稳步保持7%～9%和9%～12%的增长速度；六是运力结构得到调整，符合国家汽车生产标准的四轴、五轴等多轴大吨位货车的销量连续三年保持增长态势。

从2003年江苏、青海、河南等省开始实施计重收费，特别是交通部印发《关于收费公路试行计重收费的指导意见》后，计重收费在高速公路上迅速推广。到2007年底，全国已有22个省（市）实施了计重收费，广东、甘肃、黑龙江、吉林、广西五省（区）计划实施，北京、上海、浙江三省（市）有条件实施。据不完全统计，2007年底实施计重收费的高速公路里程已占总里程的88%，预计到2010年，全国90%以上高速公路、省级干线公路都将实施计重收费。计重收费的普遍推行，为治超长效机制建设奠定了技术和管理基础。

十、“绿色通道”建设

“绿色通道”最早是指农民或蔬菜经营者向城市保障及时供应新鲜蔬菜的主要运输干线公路，后“绿色通道”的概念从蔬菜扩大到所有鲜活农产品的运输通道。

改革开放后，社会主义市场经济的蓬勃发展，人民生活水平大幅提高。特别是进入20世纪90年代，大中城市居民日常消费新鲜蔬菜的数量与日俱增，对蔬菜的质量和品种都有更高的要求。随着道路交通条件的改善，蔬菜生产就地销售的传统格局发生重大改变，南菜北运、西菜东调非常普遍，蔬菜市场和运输日趋活跃。

鲜菜运输是一种时限要求很强的保鲜货运。由于菜农多用普通汽车或拖拉机运送蔬菜，没有条件控温，只能依季节抢运。而在运输过程中，遇到的突出问题就是公路上“三乱”（乱设卡、乱收费、乱罚款），导致车辆流通不畅，严重的甚至造成整车鲜菜霉烂变质，这种现象引起国务院领导同志的重视。

1995年5月3日，国务院副总理李岚清主持会议，专门研究了北京市“菜篮子”工作的问题，并形成了《关于研究北京市“菜篮子”工作的会议纪要》。《纪要》明确指出，各有关部门要加强合作，大力整顿北京市蔬菜流通秩序，严厉打击“路霸”、“菜霸”，坚决制止任何不合理的收费、罚款，认真解决外地调菜进京公路沿线上的“三乱”问题。为保证“绿色通道”运输畅通，交通运管、稽征检查要加强源头管理，对运送蔬菜车辆一律放行。发现有违规运菜车辆要先放行，后处理。同时，公路部门要加强蔬菜运输通道公路的建设、养护和管理，不断提升路况，保证道路完好，保证“绿色通道”畅通。

1995 年 8 月，交通部、公安部、国务院纠风办两部一办会同国家林业局，在全国开通了第一条“绿色通道”——全长 500 公里的山东寿光—北京“绿色通道”。随后，1996 年 11 月、1998 年 11 月和 1999 年 11 月，两部一办又先后开通了全长 3 300 公里的海南—北京、全长 5 046 公里的海南—上海（分南北两线）和全长 2 299 公里的山东寿光—黑龙江哈尔滨三条“绿色通道”。这 4 条“绿色通道”开通后，总计里程达到 1.1 万公里，贯穿全国 18 个省份，将最北边的黑龙江与最南端的海南省连为一体。同时，一些省（区、市）也相继建立了具有区域特点的鲜活农产品公路运输“绿色通道”。为确保“绿色通道”畅通，将这件利国利民的好事落到实处，两部一办于 1999 年 11 月在哈尔滨市召开会议，进行了专题部署。

2000 年开始，交通部从巩固和加强源头管理入手，指导各省在抓“绿色通道”建设时把工作延伸到瓜菜运输生产第一线，从源头上做好保障工作。此后，结合公路“三乱”整治、文明样板路创建等工作，指导各地公路交通主管部门开展了“绿色通道”畅通活动，不断完善管理制度，健全管理机构，明确目标和责任，将“绿色通道”工作推向深入。

为落实中央“三农”政策和 2005 年中央一号文件要求，2005 年 1 月 13 日，交通部、公安部、国务院纠风办等七部门，在广泛调研的基础上，以交公路发［2005］20 号发布《关于印发全国高效率鲜活农产品流通“绿色通道”建设实施方案的通知》，提出 2005 年底前基本建成布局为“五纵二横”的全国鲜活农产品流通“绿色通道”网络。其中：“五纵”为银川—昆明、呼和浩特—南宁、北京—海口、哈尔滨—海口、上海—海口；“二横”为连云港—乌鲁木齐、上海—拉萨。网络总长 4.5 万公里，贯穿全国 31 个省（区、市），连接 31 个省会（首府）城市和 71 个地级城市，覆盖了全国所有具备一定规模的鲜活农产品生产基地和销售市场，为鲜活农产品跨区域运输提供了快速便捷的主通道。2006 年 1 月 12 日，交通部发布《关于开通全国“五纵二横”鲜活农产品流通“绿色通道”的公告》，宣布全国“五纵二横”鲜活农产品流通绿色通道全部开通，标志着覆盖全国的鲜活农产品流通绿色通道网络基本建成。

全国“绿色通道”网络开通后，整车运输新鲜蔬菜、新鲜水果、鲜活水产品、活的畜禽和新鲜的肉、蛋、奶等鲜活农产品的合法运输车辆在享受快捷交通、良好路况的同时，还享受到多项优惠政策。到2007年底，全国31个省（区、市）的“绿色通道”路段全部落实减收车辆通行费的优惠政策，并实现了省内外车辆无差别减免的目标。据统计，从2005年到2008年，四年全国共减免通行费约175亿元。此外，各地交通部门还在全国“绿色通道”网络上设立了5 700余个绿色通道专用道口，并在沿线设置了路线指示牌和专用标志牌，引导驾驶员正确选择行驶路线，极大地方便了鲜活农产品运输车辆优先、快速通过。从各有关方面反映的情况看，“绿色通道”的建立和优惠措施的施行，带动了农业经济的发展，促进了农产品市场的繁荣和农民收入的增加，得到了农民群众和农产品运输企业的广泛欢迎。

第六节　规费征收与管理

公路养路费是公路建设养护最稳定的资金来源，是公路事业发展的重要基础之一。新中国从1950年8月就开征了养路费，有58年的历史。1978年，交通监理机构成立，统一征收公路养路费。1986年交通监理体制改革后，各地交通主管部门相继成立了交通征稽机构，在各地政府的鼎力支持下，全国数万名征稽职工服务全局、为国征费，创下了骄人的业绩，为各地公路交通事业和社会经济的发展作出了重要贡献。从养路费开征50多年来，全国共征收公路养路费等交通规费12 224亿元，其中2000年以来共征收9 685亿元，占费收总和的79.23%，年平均增幅达到两位数，基本适应了公路建养发展的需求，有效缓解了资金不足的矛盾。

一、养路费征收

交通征稽走过的光辉历程呈现出充满艰辛坎坷而又飞速发展的特点，是一部不辱使命、不屈不挠、执著追求，为我国公路交通建设事业作出了重大贡献的历史。

1950年7月，交通部根据政务院“以路养路，用路者养路”的原则，制定颁发《公路养路费征收办法（草案）》，规定汽车以大小型号分别收费，营运汽车最高收费额不超过运费的6%；明确由交通主管部门对汽车、拖拉机征收公路养路费，作为公路养护、技术改造和管理的专项费用。这是新中国第一部关于征收养路费的强制性规范，各地相应制订了征收养路费的具体标准和实施办法。

1963年后，养路费成为公路养护的主要来源。1975年，交通部重新修订了《养路40条》。1976～1980年，为全面落实《养路40条》，针对当时养路费征收、管理和作用上存在的控制不严、任意挪用等问题，交通部等有关部委决定对养路费征收工作进行整顿。1978年8月，国家计委、交通部、财政部向国务院呈报《关于整顿公路养路费征收标准的报告》，后经国务院批准对养路费征收标准进行整顿。

1979年9月15日至22日，交通部在辽宁省旅大市召开“全国公路养路费使用管理工作座谈会”，研究和分析了公路养路费使用和管理中存在的主要问题，对国家计委、交通部、财政部、中国人民银行提出的《关于公路养路费征收和使用的规定》进行了讨论。1979年9月24日，国家计委、交通部、财政部、中国人民银行联合发布《关于公路养路费征收和使用的规定》，从1980年1月1日起施行。《规定》明确：①公路养路费的征收工作，由各省（区）交通局（厅）和直辖市公路主管部门指定所属单位设置机构及人员或委托有关单位负责办理，并由省公路主管部门统一管理；②实行“以路养路、专款专用”的原则；③养路费分配使用，应贯彻“全面养护，加强管理，统一规划，积极改善”的方针，首先保证干线公路的需要，适当安排一般公路的必要支出；④公路养路费先安排公路小修保养、大中修工程及水毁修复工程，在保证路况良好的前提下，适当安排改造现有公路的支出；⑤养路工程费应占总支出的80%左右，各项支出均须按计划和规定使用。

1982年，国务院决定以养路费征收额的10%上缴中央作为能源交通建设基金，1983年又增加为15%，交通部门的养路费收入减少。为了增加养路费收入，各地公路部门采取了对个人机动车开征养路费，提高养路费率等措施。1983年5月21日，交通部和财政部联合发出《关于个人机动车辆征收公路养路费的通知》，规定对个人或联户通过购买、转让、转借、赠送、承包等各种方式所得到的汽车和拖拉机，可按照《关于公路养路费征收和使用的规定》征收养路费。1984年6月8日，交通部、财政部联合发出《关于对农民个人、联户机动车辆征收公路养路费的通知》，对农民个人或联户拥有的拖拉机在征收养路费时给予照顾。1985

年以后，适当提高了养路费标准，并明确增收部分主要用于公路加宽、铺筑沥青和渣油路等工程。

为贯彻实施国务院1984年第54次常务会议精神，1986年4月，交通部会同财政部对公路养路费使用管理情况进行调查研究，制定了《公路养路费使用规定(讨论稿)》。1986年10月，在“养路费征收使用管理工作座谈会”上进行讨论修改。1987年2月3日，国家计委、国家经委、交通部、财政部联合发布了《公路养路费使用管理规定》。《规定》明确，养路费使用必须贯彻“全面规划，加强养护，积极改善，重点发展，科学管理，保证畅通”的方针，本着“干支公路兼顾、以干线为主，养护与改建兼顾、以养护为主，由省级公路管理部门统一管理，统筹安排”的原则使用。各级公路部门要按国务院1986年《关于加强预算外资金管理的通知》精神，加强对养路费使用的管理，任何人不得挪用、截留、坐支和平调。同时，《规定》对养路费使用范围等也做出具体规定。养路费的规范使用，为确保养护资金提供了保障。

1991年10月15日，交通部、国家计委、财政部、国家物价局联合制定，重新颁发《公路养路费征收管理规定》，再一次明确了征缴双方的权利和义务，要求征稽机构及人员按规定征费，要求有车单位和个人按规定缴费。同时明确全国统一使用《中华人民共和国公路养路费》票证，实行一处交费、通行全国的制度。同年11月11日，为配合贯彻执行《规定》，交通部和国家物价局联合制定印发了《公路汽车征费标准计量手册》，统一全国汽车征费计量标准。交通部根据《公路科学养护与规范化管理纲要（1991年至2000年)》，要求“八五”期间省内养路费征收做到微机联网，对交通部做到软盘报送报表。1993年，“养路费和车购费征收系统”软件通过部级鉴定，规费征收和管理逐步迈向信息化。

1997年《公路法》颁布后，由于部分车主对法律的表述理解不全面，对国家税费改革产生误解，养路费征收工作难度加大，一些地方甚至出现暴力抗费的事件。为进一步加强养路费征管，交通部、财政部于1997年12月12日联合发布《关于印〈养路费收到预决算编制暂行办法〉的通知》；1999年5月22日又联合下发《关于切实做好公路养路费等交通规费征收工作的通知》，对养路费等交通规费征收工作做出了具体规定；2000年1月14日，国务院转发了交通部、财政部、公安部、国家发展计划委等部门制订的《关于继续做好公路养路费等交通规费征收工作的意见》，明确要求在交通和车辆税费改革方案正式实施前，各地要严格执行现有相关规定，继续做好养路费等交通规费的征收工作。这为养路费征收工作提供了强有力的支持，各地公路交通部门加大了政策宣传和稽查力度，扭转了被动局面，养路费征收环境得到改善。

截至2000年底，我国除部分收费公路的养护资金来源于车辆通行费外，其他公路养护资金主要来源于公路养路费、民工建勤和各级财政拨款。其中公路养路费仍是最主要的资金来源。

2004年交通部加大了公路养路费管理方面的政策法规建设力度，启动了《公路养路费征收管理办法》的修订工作。为解决公路养路费征收工作中存在的车主抗费逃费现象严重、车辆外挂现象突出、群众对个别方面反映强烈等问题，交通部2005年加大对养路费征收工作的管理力度。2005年12月14日，交通部印发《关于规范转籍车辆公路养路费征收工作的通知》（交公路发［2005］625号），明确转籍车辆养路费手续衔接的程序、养路费的退费途径以及历史遗留问题的解决措施，有效解决了这个群众反映比较突出的问题。

2006年12月22日，针对养路费征收管理工作中存在的问题，国务院办公厅以国办发（2006）103号发出《关于在燃油税正式实施前切实加强和规范公路养路费征收管理工作的通知》，明确要求“在燃油税正式实施前，各地区、各有关部门要按规定继续做好养路费的征收管理工作，保障公路建设和养护的资金需求”，并就进一步加强和规范养路费征收管理做出部署：一是提高思想认识，继续做好养路费征收管理工作；二是完善征收管理政策，建立规范有序的征收秩序；三是加大征收管理力度，确保及时足额征收；四是改进征收方式，提高服务水平。

为贯彻落实国务院通知，2007年1月5日，交通部召开“全国公路养路费征收管理电视电话会议”，要求按照国办通知切实做好公路养路费征管工作。3月8日，交通部发出《关于进一步规范公路养路费征收管理工作的通知》，要求各地深刻领会国办通知精神，切实加强养路费征收管理工作的领导和组织；严格执行新的缴费时间；统一滞纳金计征办法；规范养路费征收标准；统一养路费减免及征收；统一养路费征收计量核定办法；统一并规范缴免费凭证管理；统一调驻车辆缴费管理；加强养路费使用监管，确保专款专用。

同时，为加强异地车辆的养路费征收工作，交通部会同国家发展和改革委员会、公安部、财政部、国家税务总局和国家工商总局，于2007年6月1日印发了《关于在全国开展车辆外挂治理工作的实施方案》（交公路发［2007］271号），明确了外挂车辆认定标准、治理措施及阶段性要求，要求各地按照“规范税费征收和执法行为为本，教育引导为先，鼓励和劝返为主，查纠并重、依法治理”的原则，积极稳妥地开展车辆外挂治理活动。经过努力，截至2007年底，全国车辆外挂现象得到初步遏止，公路养路费征收秩序进一步规范。2007年全年共征收公路养路费1 107.02亿元，同比增收113.60亿元，增幅达11.44%。

2007年下半年，由美国次贷危机引发了国际经济的动荡。2008年，国际经济出现大幅衰退，国际油价在四个月里从每桶147狂跌至44美元，回到了2005年的水平，跌幅高达67%。在国际油价处于低谷的有利形势下，尽管我国经济也受到较大冲击，在经济减缓、增长受阻的不利因素下，国家还是决定抓住油价低谷的机遇，开始成品油费税改革。2008年12月5日，国家发展和改革委员会、财政部、交通运输部和税务总局联合发布公告，就《成品油价税费改革方案（征求意见稿）》向社会公开征求意见，征求意见于12月12日结束。《方案》明确，在不提高现行成品油价格的前提下，将汽油消费税单位税额由每升0.2元提高到1元，柴油由每升0.1元提高到0.8元，其他成品油单位税额相应提高。《方案》明确，由燃油消费税替代的相关费用包括：公路养路费、航道养护费、公路运输管理费、公路客货运附加费、水路运输管理费、水运客货运附加费六项收费，与此同时，逐步有序取消已审批的政府还贷二级公路收费。《成品油价税费改革方案》将于2009年1月1日实施。从1994年动议实施燃油费改税开始，1997年《公路法》在法律上正式确立征收燃油税，到2009年开始实施成品油价税费改革，其间的十几年备受社会和公众注目。

至此，从1950年开始的养路费征收，走过了58年的风雨历程，为中国公路的建设、养护提供了最大、最稳定、最有保障的资金来源。特别是改革开放以来，随着我国汽车保有量的快速攀升，养路费、车购费（税）等规费的征收成为各级政府和交通主管部门实施公路建设、筹集政府资本金的主要来源，也是超过300万公里公路养护的主要资金来源，为我国公路建设、养护和可持续发展做出了突出的贡献。改革开放30年公路事业取得的跨越式发展，与养路费的征收、与30万养护征稽人员付出的辛勤汗水甚至生命密不可分。

二、车购费（税）征收

1984 年 12 月 25 日，国务院第 54 次常务会议决定，对所有购置车辆的单位和个人开征车辆购置附加费，为公路建设提供资金保障。

1985 年 4 月 2 日，国务院以国发［50］号文正式发布《车辆购置附加费征收办法》，共十一条，自当年 5 月 1 日起实施。《征收办法》规定，对所有购置车辆的单位和个人（包括国家机关和军队），征收车辆购置附加费，征收标准：国产和组装车辆购置附加费以车辆实际销售价格为计费依据，征收额为 10%，由生产厂或组装厂代征；进口汽车车购费以计算增值税后的计费组合价格（到岸价格 + 关税 + 增值税）为计费依据，征收额为 15%，由海关代征。这部分资金由交通部根据公路网规划和地方公路建设情况，分年度下达资金使用计划。交通部、财政部、中国工商银行于 1985 年 4 月 6 日联合发布了《车辆购置附加费征收办法实施细则》，与《征收办法》同时实施。《实施细则》明确，车辆购置附加费实行专户管理，采取“专户存储，逐级划转，存不计息，汇不收费”的办法。各省（区、市）、地区（市）、县（市）交通部门都要在所在地中国工商银行开设“交通部车辆购置附加费专户”，此专户只能存入和划转，不能动支。

到 20 世纪 80 年代末，全国每年征收的车购费约在 10 亿元左右。进入 90 年代，部分汽车生产厂家欠缴严重，代征的方式难以为继。1994 年 1 月 1 日，根据国务院通知，即日起车辆购置附加费由车籍所在地交通征稽部门向车主直接征收。收费环节改在了车辆的购买阶段，同时进口车的费率也降到车价的 10%。这一时期，交通部加大了车购费的征收、审计和管理的力度，确保了资金的征管和使用。

到 90 年代中后期，民用车辆开始快速发展，车购费的征收随之出现较快增长，交通部加强了车购费的征收及管理。1996 年 4 月 1 日，交通部、财政部以交财发［1996］286 号发布《车辆购置附加费管理暂行规定》，并自发布之日起实施。《暂行规定》要求，各级车购费主管部门加强对车购费统计工作的领导，各级车购费征管单位应根据工作需要配备专职或兼职统计人员，负责车购费的统计管理工作，各级车购费主管部门及其征管单位应当建立统计工作岗位责任制，并对统计人员实行考核与奖惩制度。1997 年 12 月 3 日，交通部、财政部以交财发［1997］788 号文联合发布《关于违反〈车辆购置附加费征收办法〉的处罚规定》，明确了对未按规定缴纳车购费的缴费人以及伪造缴费凭证、收据、印章等的处罚措施，同时对车购费征管人员的执法行为进行了规范。

1998年《公路法》正式实施后，为理顺国家税费关系，2000年10月22日，国务院批准了财政部、国家发展计划委、国家经贸委、交通部等12个部门制定的《交通和车辆税费改革实施方案》（国发［2000］34号文），决定自2001年1月1日起先行出台车辆购置税，此项资金从此纳入国家财政预算管理。《实施方案》明确了税费改革的指导思想、基本原则和改革的主要内容，对车辆购置税和燃油税的征收环节、税收分配与使用安排、改革的配套措施等作了原则性规定。从2001年开始，车购费正式退出交通系统规费征收的舞台。

据统计，在15年的车购费征收历程里，共征集车购费约1 800亿元。进入“十五”后，由于车辆快速进入百姓家庭，车购税征收呈现快速增长势头，仅在2001年1月1日至2004年12月31日车购税由交通征稽部门代征的4年过渡期内，车购税征收就达1 627亿元，年平均增幅达到30%以上。

车辆购置附加费的开征，不仅有效地缓解了我国公路建设资本金严重不足的矛盾，而且在相当大的程度上起到了资金调配的“杠杆作用”。

三、征稽机构建设

交通征稽机构是行使行政执法管理职能，依法代表国家向拥有车辆的单位和个人征收公路交通规费的专职执法机构。

新中国成立之前，有些省份就成立了交通监理机构，经办车辆监理和公路养路费征收业务，有的省份虽开展了车辆监理和公路养路费征收业务，但始终没有建立专职的监理机构，公路养路费征收主体不明确，有的由地方交通局征收管理，有的国道由交通部征收。20世纪50年代初，有些省份在国道、省道设置“公路交通管理站”征收公路养路费，后来又由省级交通主管部门成立的养路处、公路局（处）、公路管理段或地方交通局等机构征管。在一些省份还陆续建立了交通监理机构负责公路养路费的征管工作。

为提高公路管理的效率，1978年，各省（区、市）交通监理机构开始成立，公路养路费的征收统一划归交通监理机构负责，征收方式也由在道路上设卡收费改为固定的按牌征费。在此期间，为了加强公路养路费征收工作，有些省份还成立了专门的公路养路费征收机构。随后在 1979 年，国家计委、交通部等四部委联合发布《关于公路养路费征收和使用的规定》，其中明确规定："公路养路费是国家按照'以路养路'的原则，由交通部门向有车单位征收的用于养护和改善公路的事业费。公路养路费的征收工作由各省、自治区交通局（厅）和直辖市公路主管部门（以下简称省交通局）指定所属单位，设置机构及人员或委托有关单位负责办理，并由省交通局统一管理。其他任何部门不得征收公路养路费。"据此，公路养路费的收取方式及收费机构更为科学合理。

1986 年 10 月，为了改变道路交通管理机构重叠、政出多门、多头管理的体制，国务院发布国发〔1986〕94 号文件《关于改革道路交通管理体制的通知》。通知决定"全国城乡道路交通由公安机关统一管理"，地方各级交通监理机构除公路养路费征收人员外，成建制划归地方各级公安部门。具体办法由各级人民政府研究确定并组织实施。道路交通管理体制改革后，在组织机构的设置上，将公路养路费征收人员及其使用的设施划分出来，仍由交通部门领导和管理。自 1987 年起，交通征稽专职机构在全国各地相继成立，负责辖区交通规费的征收和稽查工作。除重庆市组建交通综合执法总队，征稽局属于公务员序列，西藏交通规费征稽局 2007 年 1 月列入公务员管理，青海、湖北、新疆等交通征稽局参照公务员管理外，其他交通征稽机构基本上都属于行政事业单位，工作人员主要是事业单位人员编制。有些省份的交通规费征稽工作则由公路局、路政局等部门征管，但都设立了专门的养路费征管机构。交通征稽部门征收的交通规费种类主要有：公路养路费、公路客运附加费、公路货运附加费、车辆通行费等。因为各地交通管理体制的差异，各种交通规费的征收管理部门也各有不同，有的隶属交通局征收，有的隶属道路运输管理部门征收，有的隶属交通征稽机构征收；有的省（市）征稽机构还征收公路重点建设费（江西）、新增车辆费（山西 1993 年 3 月 1 日起开始征收，2000 年 7 月 1 日起停止征收）等，但公路养路费作为核心费种一直是由交通征稽机构统一征收。

1987 年 10 月，国务院发布《中华人民共和国公路管理条例》，明确了公路养路费征缴的法规依据。其中第 18 条明文规定："拥有车辆的单位和个人，必须按照国家规定，向公路养护部门缴纳公路养路费。"同年，国家计委、经委、交通部、财政部联合发布了《公路养路费使用管理规定》，规定公路养路费的使用必须贯彻"全面规划、加强养护、积极改善、重点发展、科学管理、保证畅通"的方针;"本着干支公路兼顾,以干线公路为主,养护与改建兼顾,以养护为主的原则,由省级公路管理部门统一管理,统筹安排",同时,还规定了公路养路费使用范围、使用安排的比例等,由此进一步细化、深化了公路养路费征收的法律基础、原则和功能。遵照条例的精神,各地相继成立了交通征稽机构,履行行政执法管理职能,征收公路交通规费。

1997年7月3日颁布的《中华人民共和国公路法》,对交通征稽的发展具有重大意义,它第一次以国家法律的形式确立了公路养路费征收的合法性,同时也指出了公路养路费的征收形式将要向"燃油附加税"的形式过渡,由此将引发整个交通征稽部门的变革。其中第三十六条规定:"公路养路费用采取征收燃油附加费的办法。""征收燃油附加费的,不得再征收公路养路费。具体实施办法和步骤由国务院规定。""燃油附加费征收办法施行前,仍实行现行的公路养路费征收办法。"1999年10月,修改后的《公路法》第36条对"费改税"做了进一步的说明。作为改革的大方向,"公路养路费"退出历史舞台的命运被排上日程。

2000年10月,国务院批转财政部、国家发展计划委等部门《交通和车辆税费改革实施方案》的通知:"考虑到当前国际市场原油价格较高,为稳定国内油品市场,燃油税的出台时间,将根据国际市场原油价格变动情况,由国务院另行通知。在车辆购置税、燃油税出台前,各地区和有关部门要继续加强车辆购置附加费、公路养路费等国家规定的有关政府性基金和行政事业性收费的征管工作。"2006年,国务院办公厅下发了《关于在燃油税正式实施前切实加强和规范公路养路费征收管理工作的通知》,要求在燃油税正式实施前,要继续做好公路养路费等交通规费的征收管理工作,确保足额征缴。

2008年12月,中央决定于2009年1月1日正式实施成品油价格和税费改革,征稽机构撤销,全国20多万养路征稽人员和收费人员去留成为关注的焦点。交通运输部根据中央决定,配合国家发改委、财政部等部门修改完善税费改革方案,积极反映交通运输行业的意见,积极争取政策支持。协商研究改革涉及人员安置实施方案。2008年12月22日,交通运输部召开"全国交通厅局长会议",要求千方百计做好人员安置工作,要认真做好思想政治工作,保持行业稳定。

第七节 道路运输管理

改革开放以后，我国道路运输业迈开了快速发展的步伐，这与交通系统积极改革、锐意进取、埋头实干的实践密不可分。道路运输业是开放最早，收效最大的行业之一。

一、道路运输的改革开放

1979 年 7 月 29 日，交通部在综合各省（区、市）汽车运输企业管理体制改革经验的基础上，印发了《关于汽车运输汽车管理体制的意见》，明确提出：一是各省要对汽车运输和汽车管理体制进行改革，改变目前多家经营，多头领导，互争业务，相向空驶，动力严重浪费，服务质量不高的现状。二是省（区、市）设汽车运输公司，统一领导和经营本省份国营汽车运输企业业务。地区（或经济区）设汽车运输公司，县设汽车运输分公司（或称场、队）。现有地县国营运输企业及所属维修厂（场）和汽车站等收归省（区、市）交通部门集中领导，统一经营。三是以省公司为独立核算单位，地区公司为内部核算单位，县分公司为考核指标单位。四是地县汽车运输公司统一管理后，应首先满足当地运输需要。五是各国营运输公司企业的人、财、物由省汽车运输公司统一管理。六是建立平战结合的战备汽车团。七是加强车辆维修和技术改造。八是要加强客运工作的领导，有条件的省（区、市）可考虑成立客运公司，统一经营全省（区、市）的汽车客运业务；客货混合的汽车运输公司也要有专门机构或专职人员管理客运工作。《意见》的出台，逐步解决了汽车运输公司多头领导、多家经营、互争货源、互抢线路的问题。

进入 20 世纪 80 年代，交通部率先改革道路运输管理体制。1980 年 6 月 26 日，交通部决定，将交通部汽车运输总公司所属北京、辽宁、山东、安徽、河南的第一、二、三、四、五汽车分公司全部财产移交有关省（区、市）交通厅（局）代管。各分公司独立核算，自负盈亏。

1983 年 3 月 7 日，交通部在北京召开“全国交通工作会议”，成为“引入市场机制、放开搞活交通运输”的具有里程碑意义的会议。这次会议上，李清部长提出“有河大家走船，有路大家走车”的口号，要求任何通航河流和公路都不要人为割据，打破条块分割，做到干支相连，干支直达，坚决破除对车船运输搞地区封锁，制止控制货源，到处设卡，乱收手续费、管理费等做法，允许跨省运输，实行多家经营。这次会议进一步放宽了政策，允许机关企业和私人购买汽车从事运输，大力扶植发展个体和集体运输，提倡多家经营，鼓励竞争。

“有河大家走船，有路大家走车”口号的提出，标志着运输市场的迈开了改革开放的步伐，运输管理体制改革全面启动。随后的实践过程中，各地交通部门改变省际运输按行政区划管理的办法，根据客流、物流的需要，进行了省际的直达运输，以多种形式积极开展联合运输和联合经营，迅速提高了运输效率和效益，使交通运输有了大发展。

各地交通部门积极协助交通运输企业进行内部的配套改革。进一步完善单车核算、利润承包、百元产值工资含量包干等各种形式的经济责任制，改革了分配制度；充分利用现有设备和富余人员，实行一业为主、多种经营，为货主和旅客提供方便。

“六五”期间，全国道路运输呈现快速上升的势头。到1985年底，全国民用汽车拥有量达到321.12万辆，其中值得关注的是，个体运输专业户拥有汽车29万辆，比1984年增长67%，已超过交通部门专业运输汽车的总量；各经济部门和社会团体的客货汽车除自运外，还不定期地参加营业性运输，也成为整个运输业的重要组成部分。

1983年到“六五”末的1985年短短3个年头里，开始出现多形式、多层次、多渠道搞运输的好形势，道路运输开始形成多种经济成分、多种经营方式并存的繁荣景象。

“七五”期间，国家把交通运输和通信发展放在优先地位。要求到1990年全社会货运总量达到94亿吨，同比增长44.6%；客运量达到90亿人次，同比增长60%。为实现这个目标，1986年开始，各级交通主管部门开展了“增产节约，增收节支”运动，加速车辆更新，采取了深化企业内部改革等措施，加速发展。特别是加强了运输业的横向经济联系，积极开展多种形式的联营和联运，实行合理运输和直达运输。推行各种运输企业间、各运输层次间、各部门之间及各种运输方式之间的联营和联运业务。为了更好地发挥公路运输的优势，进一步组织好公路同铁路分流，逐步实现200公里以内的客货运输基本上由公路承担。按照运输经济规律，搞好地区之间的运输分工与合作，实行合理运输和直达运输，广泛开展定班、定点、定线的零担货物运输和夜宿农村的客运班车。到1986年底，全国已有26个省（区、市）建立了250多家联运公司，2 000多个乡联运站。公路零担货运班车路线已达2 500多条，公铁分流客运线路2 100多条。全国形成了西南、华南、华东、华中、东北等地区综合联运网。

1987年承包经营责任制在公路运输企业全面推开，到年底已有50%以上的单位与主管部门签订了第一个层次的承包经营合同，90%以上的企业在内部实行了第二个层次的承包经营。在实行承包经营的过程中，各地公路运输企业注意做好三方面工作：一是对企业领导制度、劳动制度、分配制度、管理制度实行配套改革，改善内部经营机制。在领导制度方面，实行聘任制，在职工中公开招聘中层领导干部；在劳动制度方面，采取公开考试、择优录用的办法；在分配方面，全部或部分取消固定工资，将职工个人所得与其完成的产量、营收、质量、安全、物耗、利润等指标挂钩。二是采取承包前资产评估，车辆技术状况、等级鉴定，在承包合同中写明资产增值及所要达到的车辆技术等级要求，预提保修费，把车况好坏同分配挂钩，强化车辆保修作业，经理（承包者）任期终结审计制度等措施，防止短期行为。三是将竞争机制引入承包经营。如：云南昆明总站、四川绵阳联合运输公司，成都二运公司等单位对承包人实行公开招标；黑龙江省依兰县运输公司在实行单车租赁时也实行公开招标的办法；河北省保定地区公路汽车运输公司对中层干部实行公开招聘。

为推动公路货运服务业的健康发展，1989年2月5日，交通部发出《关于加强公路货运配载信息服务管理的通知》，要求各级交通主管部门要采取措施积极扶持、正确引导，推动其健康发展；必须将其纳入公路运输行业管理范畴，按《公路运输管理暂行条例》的有关规定，加强管理。1989年11月20日，交通部发出《关于组建上海、南京道路货运（配载）中心问题的复函》，希望通过两个中心的组建工作，为建立和完善全国道路货运网络系统提供有益的经验，使公路货运服务业成为合理、高效的货运组织，发挥更大的作用。

经过10年的改革开放，道路运输开始走上健康、快速发展的轨道。1988年，完成公路客运量65亿人，旅客周转量2 528亿人公里；货运量73.23亿吨，货物周转量3 220亿吨公里。分别比1978年增长97.39%、3.32倍、3.36倍、3.85倍。其中，交通运输部门完成客运量45.62亿人、旅客周转量1 972亿人公里、货运量7.65亿吨、货物周转量421亿吨公里，分别为1978年的3倍、3.78倍、93.8%、156.3%。1988年全国民用汽车保有量已达464万辆，其中客车130万辆、货车318万辆。交通运输企业的营运汽车已达30.05万辆，其中客车9.81万辆，货车20.24万辆；个体运输车辆达到60.4万辆，其中客车15.3万辆、货车45万辆。

个体运输业是贯彻改革、开放、搞活政策的产物。公路运输业投资不多、技术复杂程度不高、投资回收快、劳动力容量大，是农村剩余劳力的一个投向，也是一种迅速致富的手段。因而改革开放初期的几年里，个体运输业一直保持着很高的发展速度。个体汽车1983年有8.9万辆，1984年17.35万辆，1985年28.5万辆，1986年34.7万辆，1987年42.3万辆，1988年达60.4万辆，平均每年递增46.7%。国家对个体运输业的支持主要是政策性的，没有无偿投资。为鼓励其发展，银行曾在1983年和1984年为个体运输户购车提供了部分贷款。1985年以后国家停止对个人购车的贷款，个体运输业的购车资金完全依靠自筹解决。但仅短短几年时间，个体运输业所拥有的汽车数量已超过了交通部门国营、集体运输企业近40年所发展起来的汽车总数。1988年个体汽车发展的特点是客车增长速度比货车高，客车中又以小型客车增长速度较快。如沈阳市在几个月内小型客车就增加近千辆。全国15.3万辆个体客车中，小型客车已占86.4%。

20世纪80年代末90年代初，交通部加快了改革开放和清理整顿的步伐。1989年，按照党中央、国务院《关于进一步清理整顿公司的决定》，交通部撤销各类公司180家，占交通部属各类各级公司总数的近31%。在公路运输企业推行承包经营责任制的基础上，交通部推行企业内部的配套改革，改善企业的经营机制：广泛实行厂长（经理）负责制，采取了划小核算单位、精简机构的措施，改革人事制度，引入竞争机制，优化劳动组合，提高在岗干部、职工的素质，普遍推行了工资总额同经济效益挂钩，建立企业自我约束机制。截至1989年底，地方交通企业有98%实行了各种形式的承包责任制，特别是一些经营困难的亏损企业，承包后的经济效益大幅提高。

到1990年底，绝大多数企业第一轮承包经营结束。在外部环境严峻、市场普遍疲软的形势下，通过承包经营责任制，大多数企业不但消化和承受了部分生产资料提价，新增税种、职工调资等新增支出因素，而且在实现利润、上交国家利润、企业留利、职工收入等方面分别实现同比增长19.43%、7.83%、16.37%、17.75%。实践证明，承包这种经营形式，适合交通企业流动分散、点多线长等特点，利于调动企业和职工的积极性，促进交通企业蓬勃发展。1991年，为解决推行承包经营责任制中出现的问题，交通部出台《全民所有制交通企业承包经营责任制实施办法》，目的在于促使下一期企业承包经营工作上新台阶。

“八五”期间，道路运输改革开放步伐不断加快，根据建立市场经济新体制总目标的要求，各级交通主管部门进一步开放道路运输市场。大部分省（市）取消了对运力实行额度管理的控制办法，放宽审批政策，无论国有、集体和个人，凡符合条件取得《道路运输证》后，即可从事营业性道路运输。汽车货物运输除个别货类仍按指令性运输管理外，实行放开经营。旅客运输下放了线路审批权限，简化审批程序，扩大企业、车站确定班次发车时间和加班的自主权。在运价管理上，货运基本上实行市场调节。中外合资道路运输企业发展势头迅猛，其中以合资经营道路货运和客运业务为主。用经济手段调控运输市场逐步推开。运用经济手段调控市场，促进了市场的发育，搞活了运输，为经营者创造平等的竞争环境，成为地方交通深化改革的一项重要举措。单车承包成为新形势下运输企业转换经营机制的“潮流”。各级各类交通企业围绕贯彻《全民所有制企业转换经营机制条例》和《公司法》加大改革力度，在政企分开、完善经营形式、股份制试点等方面取得进展，企业内部以三项制度改革为突破口，逐步建立起干部能上能下、职工能进能出、收入能高能低的新型人事、劳动、分配制度，实现企业组织结构、经营结构多元发展。转换企业经营机制，建立现代企业制度工作开始起步。为加强跨省（区、市）道路旅客运输管理，进一步加快跨省旅客运输发展，交通部于1995年9月6日发布《省际道路旅客运输管理办法》，其颁布实施适应了高速公路快速运输的发展趋势，打破了地区封锁，使省际客运管理更加规范，大大提高了道路旅客运输的竞争力。

“九五”期间，道路运输出现新的特点：以高速公路客运为主的快速客运和快速货运快速发展，运距和服务水平大幅度提高；农村客运方兴未艾；运输企业经营状况好转；物流业开始兴起并稳步发展；交通企业的股份制改造和股票发行工作进展顺利。结合这一时期道路运输发展的特点，交通部加快了改革开放的步伐。1997年初，交通部印发《关于深化改革，加强管理，搞好公有制大中型汽车运输企业的若干意见》，要求各结合本地的实际情况，积极进行改革试点，取得了较好的效果，企业经济效益明显好转。1998年10月26日至28日，交通部在四川成都召开“全国道路运输工作会议”，明确了在新形势下加快发展道路运输的思路和措施。1999年，交通部重点组织汽车快件货运试点，开始探索适应经济发展需要的货运组织形式。根据交通部与德国联邦经济合作和发展部的合作计划，1999年11月9日至13日在山东青岛举办了“国际物流研讨会”，双方就物流中心的建设和如何促进物流的发展进行了交流和讨论，全国20多个省（区、市）交通主管部门的100多名代表参加，明确了道路运输企业应在物流业发展中发挥主体作用的思路，提出交通主管部门要为发展物流业营造良好的环境。2000年3月20日，交通部发出通知，决定建立道路运输企业联系制度，其目的：一是通过与能代表行业发展动态的重点道路运输企业的联系，及时了解行业发展动态，为制定行业发展政策提供直接高效、相对稳定的信息渠道和决策依据；二是通过实行道路运输企业联系制度，及时发现并解决行业发展中存在的问题；三是总结交流道路运输企业经营管理经验，引导道路运输企业走规模化经营、规范化服务之路，促进其提高科技含量和经济效益，加快行业的发展。

“十五”期间，全国道路运输保持良好发展势头，运输能力继续快速增长，有效保障了国家重点物资的运输，农村客运迅速发展，道路运输服务走向多样化。2001年3月21日，交通部以《关于同意成立新国线运输有限公司的批复》文件，首次批准组建跨省（市）高速公路快运企业，目的在于引导企业实现规模化、集约化经营，提高运输服务水平。2004年3月，交通部印发《关于加快农村客运试点地区农村客运发展的若干意见》，出台扶持农村客运发展的措施，促进了农村客运的健康持续发展。2005年，全年完成道路客运量、旅客周转量、货运量和货物周转量分别为169亿人、9 300亿人公里、133亿吨和8 574亿吨公里，比上年分别增长4.2%、6.3%、6.7%和9.3%。货运量和货物周转量增长速度创近年新高，道路客运量和周转量、货运量三项指标在综合运输体系中居第一位。

“十一五”前两年，道路客运继续保持了快速增长的良好势头，道路运输开始进入信息化时代。2006 年 9 月，交通部发布《“十一五”公路水路交通发展规划纲要》，明确必须坚持发展是第一要务的思路，提出公路运输的目标是：“基本建立起以国家高速公路网为载体，以国家公路运输枢纽为依托，以沿线大中城市为节点的全国城际快速客货运输网络。实现大城市间 400～500 公里以内当日往返，800～1 000 公里以内当日到达”。2006 年 10 月，交通部开展部省道路运输信息系统联网试点工作。经过工作组、技术组和试点单位共同努力，截至 2007 年底，完成了各项工作内容，实现了预期工作目标。试点工作推动了各省道路运输信息系统建设、推广及应用，部分还未实现本地区内道路运输信息系统联网的试点单位，采取积极有效措施，实现了省、市、县三级联网；充分利用现有交通行业信息专网，实现了部省间的网络联通；搭建了部级道路运输数据交换平台和数据库；初步开发了道路运输统计、查询、决策支持等部级应用；确定了经营业户、营运车辆、客运线路、从业人员、稽查、道路运输管理机构六大类、共计 172 项数据交换指标；起草了《部省道路运输信息系统联网运行规范（征求意见稿）》。试点工作达到了预期效果，全国联网方案基本成熟，具备了全面推广的条件。各试点单位将在对联网试点进行认真总结的基础上，继续做好联网运行工作。加快道路运输信息系统升级和推广应用，不断完善数据交换接口，强化数据清理，努力提高联网数据质量，满足数据开发利用的需要。同时，交通部已经组织开展部省道路运输信息系统第二批联网工作，北京、河北、安徽、福建、江西、河南、云南、宁夏、新疆省（区、市）交通厅（委）9 家单位被确定为第二批联网单位。

二、道路运输市场管理

道路运输市场管理是指各级交通主管部门以及道路运政管理机构，运用各种必要手段，调整和规范道路运输经营活动中的各种关系和行为，也称为道路运政管理。其职责具体为：由各级道路运政管理机构实施，其主要职责是管理道路运输市场，包括实施行政许可、市场监管、行政处罚、依法征收交通规费等。

（一）道路运输法制建设

改革开放后，交通部加快了道路运输法制建设，为依法履行道路运输管理职责，依法管理道路运输市场提供了法律依据，有力地加强了对道路运输市场的监管，规范了运输经营行为，促进运输服务质量的提高。

1986年12月29日，交通部、国家经委联合颁布了《公路运输管理暂行条例》。这是国家最早颁布的道路运输管理部门规章，为实施道路运输管理奠定了坚实的基础。

1987年2月7日，交通部颁布了《公路运输统一单证使用和管理规定》，统一了道路运输单证，对道路运输单证使用和管理作了明确规定，解决了全国单证不统一的问题。

1987年4月3日，交通部颁布了《公路运输管理部门工作条例》，明确各级道路运输管理机构的职责。

1992年5月11日，交通部决定从10月1日起启用《中华人民共和国道路运输证》，统一规定了运输车辆的证件。道路运输车辆取得《道路运输证》，全国通行有效。1992年和1993年，交通部相继颁布了《汽车维修企业开业条件（试行)》、《汽车专项修理业户开业条件（试行)》、《道路旅客运输业户开业技术经济条件（试行)》、《道路货物运输业户开业技术经济条件（试行)》、《道路运输货物装卸业户开业技术经济条件（试行)》和《道路运输服务业户开业经济技术条件（试行)》等，实施市场准入规范化管理，提高管理透明度。

1993年11月11日，交通部颁布了《外商投资道路运输业立项审批管理暂行规定》，向外商开放了道路运输市场，允许外商经批准在我国从事道路运输经营业务。

“十五”期间，道路运输立法工作取得突破性进展。纳入法制化管理的道路运输，走上了健康、可持续发展的轨道。这期间，运输管理以整顿和规范市场秩序为重点，取得了阶段性成果。

2004年4月14日，经国务院第48次常务会议通过，《中华人民共和国道路运输条例》于4月30日正式发布，决定自7月1日起施行。作为中国大陆第一部有关道路运输的行政法规，《条例》共七章八十三条，建立了道路运输管理“管住重点，方便一般，简化手续，提高效率”的总体原则。《条例》的实施，为依法行政、依法治运，实现道路运输和公路基础建设协调、可持续发展提供了有力的法律保障。

《道路运输条例》颁布后，交通部先后出台了《道路旅客运输及客运站管理规定》、《道路货物运输及站场管理规定》、《道路危险货物运输管理规定》、《机动车维修管理规定》、《机动车驾驶员培训管理规定》、《道路运输从业人员管理规定》、《国际道路运输管理规定》等配套规章。至此，道路运输已经建立了以《道路运输条例》为龙头，以配套规章为基础，以地方性法规为补充的法规体系，进一步规范了道路运输市场，促进了道路运输健康、持续、稳定发展。

2007年9月6日，在甘肃兰州召开的"全国道路运输工作会议"指出，各级交通部门要不断深化对提高道路运输管理水平重要性和紧迫性的认识，提高道路运输管理水平是交通部门的职责所在，是实现公路交通全面、协调和可持续发展的内在要求。各级交通部门坚持"路运并举，和谐发展"的理念，加强对道路运输工作的领导，抓紧研究涉及运输发展的重大问题，解决主要矛盾，把握道路运输发展规律和运行规律。多关注运输企业的生产经营情况，关心、支持、帮助企业解决生产经营中的难题。为贯彻落实此次会议精神，2007年交通部制定并出台《关于促进道路运输业又好又快发展若干意见》，提出完善市场机制，加强市场监管等九项措施，推动道路运输又好又快发展。

（二）规范市场行为

1982年1月17日，交通部颁发《公路客运职工守则》、《公路客运汽车驾驶员守则》、《公路汽车客运站（乘）务员守则》、《先进客运汽车站（队）标准》、《先进客车驾驶员标准》和《先进客运站（乘）务员标准》。1982年6月11日，国家经委、交通部颁布实施的《关于改善和加强公路运输管理的暂行规定》明确：调整公路运输分工，将公路运输车辆划分为营业运输和非营业运输；加强公路运输管理；加强公路运输的税利和运价管理；组织汽车运输企业联合经营；实行计划运输、开办联运服务；改善经营管理，提高服务质量等。1983年1月28日，交通部颁发《公路汽车站务管理办法（试行）》；1983年2月25日，交通部印发《汽车货物运输质量管理办法（试行）》，此试行办法对汽车货物运输的组织领导、业务受理、车辆调度、现场管理、运行管理、货物装卸、货物交接、事故处理、考核评比都作出了规定；1983年5月26日，为了正确贯彻执行《汽车货物运输质量管理办法（试行）》，交通部印发了《关于汽车货物运输质量指标统计和考核的具体规定（试行）》，对货物运输质量指标统计的考核标准和统计口径作出具体规定。

1983年运输市场放开后，各级交通主管部门引导企业实施配套改革，进一步加强了市场的规范管理。进一步完善单车核算、利润承包、百元产值工资含量包干等各种形式的经济责任制，改革了分配制度。充分利用现有设备和富余人员，实行一业为主、多种经营，为货主和旅客提供方便。同时加强了公路交通安全管理。1985年9月17日，交通部发出《关于开展全国公路运输质量大检查的通知》，决定10月开始在全国范围内对公路运输开展一次质量大检查。确定将运输质量大检查经常化、制度化，每年举行一次。到1985年末，个体汽车数量达28.49万辆，各地通过个体运输协会或合作社、安全联组等系统进行了安全教育，进行了驾驶技术和职业道德的培训。

1986年12月29日，交通部、国家经委印发《公路运输管理暂行条例》。《条例》规定，凡从事公路客货运输、搬运装卸、汽车维修、运输服务，均属公路运输行业管理范围。凡从事公路运输的单位和个人，必须遵守国家有关法律、法令、法规和交通主管部门发布的公路运输规则。公路运输在国家计划指导下，实行各地区、各行业、各部门多家经营的方针。坚持国营、集体、个体各种经济形式协调发展，保护正当竞争。公路运输分为营业性、非营业性两种。营业性运输指为社会提供劳务、发生各种方式费用结算的公路运输；非营业性运输指为本单位生产、生活服务，不发生费用结算的公路运输。各级交通主管部门是各级人民政府主管公路运输的行政机关，负责本条例的贯彻实施。同时废止了1982年出台的《关于改善和加强公路运输管理的暂行规定》。1987年2月7日，交通部发布实施《公路运输统一单证使用和管理规定》，统一单证包括，公路运输业经营许可证（含副本公路运输营运证）、行车路单、可获运输票证。这些单证由交通部统一制定格式，省（区、市）公路运政管理部门负责印刷、发放和管理。1988年1月26日，交通部重新修订发布《汽车旅客运输规则》，自8月1日起施行。为尽快扭转客运服务质量下降的被动局面，1989年11月30日，交通部发出《关于整顿公路客运秩序提高服务质量的通知》，要求牢固树立为人民服务的思想，加强组织领导，根据国务院对公路汽车客运调价的有关指示，结合贯彻全国道路水路市场整顿治理工作会议精神，对公路客运秩序进行整顿，加强对公路客运的管理。

进入20世纪90年代，交通部进一步加强运输市场管理和调控，由道路运输市场、运输车辆维修市场、搬运装卸市场和运输服务市场组成的道路运输市场体系健康发展。随着经济发展和改革进程的深入，行业管理开始走上法制化、规范化的轨道，道路运输市场开始呈现出持续发展和日益繁荣的良好势头。

1995 年 5 月 2 日，交通部颁布实施《关于加快培育和发展道路运输市场的若干意见》。《若干意见》明确发展运输市场发展目标是：到 20 世纪末，道路运输市场机制和宏观调控体系基本形成，运输能力和市场基础设施与运输需求基本适应，运输法规基本健全，市场行为规范，经营者基本做到自主经营、平等竞争、协调发展，初步建立起符合社会主义市场经济体制要求的全国统一、开放、竞争、有序的道路运输市场体系。同时，明确了实施的步骤以及客运、货运、车辆维修、搬运装卸、运输服务、宏观调控方面的具体目标。同年 7 月 4 日至 8 日，交通部在浙江杭州召开“全国培育和发展道路运输市场工作会议”，全面贯彻落实《若干意见》。黄镇东部长在大会上作了题为《加强领导，深化改革，加快培育和发展道路运输市场》的主题报告指出，截至 1994 年底，全国民用汽车保有量已达约 950 万辆，其中营业性客货运输车辆近 400 万辆，1994 年完成客运量 95.39 亿人，旅客周转量 4 220 亿人公里，货运量 89.49 亿吨，货物周转量 4 486 亿吨公里，分别占综合运输体系运输总量的 87.3%、49.1% 和 75.8%、13.5%，道路运输网络初步形成，道路运输行业管理工作逐步走上正轨，以旅客运输市场、货物运输市场、车辆维修市场、搬运装卸市场、运输服务市场组成的道路运输市场也已初具规模，较好地适应和满足了国民经济发展的需要。会议强调，在今后培育和发展道路运输市场工作中，要注意抓好三个落实，即思想落实、规划落实、措施落实；处理好五个关系，即近期要求与远期要求的关系、调控市场与搞活市场的关系、硬件建设与软件建设的关系、培育市场与加强行业管理的关系和履行职责与协调配合的关系；抓住三个环节，即认真学习和广泛宣传《若干意见》、加强法规建设、切实搞好队伍建设和积极支持国有专业运输企业在市场竞争中发展。

1997 年 1 月 6 日，为实现《关于加快培育和发展道路运输市场的若干意见》提出的总体目标，交通部制订发布了《“九五”期间培育和发展道路运输市场规划》。《规划》预测，“九五”期间，道路运输将以 10% 的速度增长，为此确定道路运输市场的发展目标：一是分层次、有重点地培育和发展道路运输市场，以 45 个公路主枢纽城市为重点，发展区域性道路运输市场，同时搞好地区性和局部道路运输市场发展；二是组建干线公路快速客运系统，进一步完善客运网络；三是加强货运组织工作，完善货运网络；四是建立健全汽车维修服务体系；五是提高装卸机械化程度；六是加快运输服务体系建设步伐；七是搞好交通汽车运输企业。同时提出了5项保障措施和3项实施要求。

1998年，是改革开放20年。至当年底，全国民用汽车已从1978年的135.8万辆增加到1 326万辆，与1978年相比增长了8.8倍；在民用汽车中，营运客车95万辆，营运货车370万辆，营运汽车合计为465万辆，与1978年相比增长了10倍；道路运输全行业共有经营业户340万户，从业人员1 300万人；1998年完成客运量125.7亿人、旅客周转量5 943亿人公里，货运量97.6亿吨、货物周转量5 483亿吨公里，分别是1978年的8.1倍、10.6倍、11.5倍和19.2倍；在各种运输方式的总运量中，道路运输完成的客货运量和客货周转量所占比重已从1978年的58.7%、34.2%和29.9%、2.8%分别上升到1998年的91.3%、76.7%和56.3%、14.5%。

“九五”期间，我国道路运输业持续、稳步发展，道路运输的基础性地位进一步增强，行业竞争能力有所提高。2000年，全年完成客运量134.7亿人，旅客周转量6 657亿人公里，货运量103.9亿吨，货物周转量6 129亿吨公里。

进入21世纪，道路运输步入飞速发展阶段。交通部在道路运输业管理中进一步明确了目标，加强了管理，引导道路运输企业步入集约化、规模化，加快了道路运输的现代化进程，着力于规范市场、提高道路运输的服务能力和水平。

2000年5月29日至31日，交通部在辽宁沈阳召开“全国建设和规范道路运输市场工作会议”。会议的主要任务是：针对当时形势和道路运输业发展过程中存在的主要问题，研究部署今后一个时期建设和规范道路运输市场的主要工作，促进道路运输业在21世纪持续、快速、健康发展，为国民经济和社会发展作出应有的贡献。会议提出了建设和规范道路运输市场的主要工作任务和深入开展道路运输市场管理年活动的要求。

“十五”期间，交通部一年一次的全国交通工作会议对道路运输市场管理提出不同要求：整顿和规范交通市场秩序，加强安全管理，调整交通运输结构，坚持依法行政，提高公路运输服务能力，推进各项改革。

2005年6月16日，交通部以第6号部令发布《道路货物运输及战场管理规定》，为进一步规范道路货物运输和道路货物运输站（场）经营活动，维护道路货物运输市场秩序，保障道路货物运输安全，保护道路货物运输和道路货物运输站（场）有关各方当事人的合法权益奠定了法规基础。2005 年 7 月 13 日，交通部以第 10 号部令发布《道路旅客运输及客运站管理规定》，从道路客运经营许可、客运车辆管理、客运经营管理、客运站经营管理及违反规定所承担的法律责任等方面规范道路客运及客运站经营活动，规定还规范了道路运输管理机构的监督检查行为。

2006 年 6 月 23 日，交通部印发了《道路运输企业信誉考核办法（试行）》，明确要建立运输企业信誉体系，进一步规范道路运输市场，引导运输企业经营行为。

2007 年 9 月 6 日，交通部在甘肃兰州召开的“全国道路运输工作会议”指出，我国道路运输市场秩序还不能适应社会主义市场经济体制的要求，为此，“十一五”期间，将着力提高安全监管和市场监管能力，培育和建立一个充满活力、诚信守法、服务优质的道路运输业。

（二）整顿治理运输市场

根据党的十三届三中全会提出的治理经济环境、整顿经济秩序、全面深化改革的方针，交通部于 1989 年初发出了《关于整顿治理道路、水路运输市场的决定》。其后又发出通知，对贯彻这个决定作出具体部署。各级道路运管机构把道路运输市场整顿列为重点工作，明确整顿治理的范围包括旅客运输、货物运输、搬运装卸、汽车维修、运输服务五个方面，重点是货物运输以及与此相关的搬运装卸和运输服务市场的整顿治理，还包括运输服务业和运输车船维修业。经过一年的努力，各地普遍完成了第一阶段的任务，即宣传舆论、调查摸底、组织力量等项工作，普遍进行了经营者的清理和经营资格经营证照的审验，无证经营明显减少，市场秩序有了好转，并转入对运输经营者的经营资格审验和经营行为整顿。

通过调查研究和总结经验，对运输市场整顿治理的指导思想逐渐明确。1989 年 10 月 13 日至 17 日，交通部在江苏苏州召开“全国道路、水路运输市场整顿治理工作会议”，明确了整治工作中要处理好深化改革与治理整顿，坚持公有制经济为主体与发展多种经济成分，行政手段与经济、法律手段，集中整治与长治久安，加强管理与搞好服务等方面的关系。同时进一步确定了整治工作的基本目标：有完善的运输市场行为规则；有健全的运输管理体制和市场监督管理体系；有对运输市场宏观调控的能力；有合理的运力结构和发展速度，建设既开放活跃又秩序良好的运输市场。会议确定，自1989年起，用3年的时间完成这一任务。

1990年，针对道路运输市场中出现的一些混乱现象，各地交通部门在治理整顿中，加强了运输管理。在货运方面，从加强货源管理入手，以拥有大宗、重点物资的厂矿和港站为主要对象，推行计划指导下的合同运输，对于纳入计划管理的运输物资，优先安排国有骨干运输企业承运。在客运方面，严格了线路审批制度，实行了“三定”（定线路、定班次、定站点）管理，对社会、个体经营客车积极创造条件引导进站，使客运市场秩序大为改观。在线路班次安排上，凡对开的跨省、跨区班线优先安排给国有企业，引导个体及社会客车以经营市（县）内短途班线为主，提高国有企业在干线上的班次占有率。为了扭转运量与运力严重失衡的现象，各地对营运车辆的投放实行额度管理，逐步做到“先审批、后购置”，使车辆盲目发展的现象得到了遏制。

1991年是运输市场治理整顿的第三年，全国各地适时地转入了经营行为整顿。交通部进一步加强了组织与指导，派出调研组分赴山西、江苏、江西、湖北、湖南等省，了解和研究各地在经营行为整顿中出现的新情况、新问题。9月份在湖北宜昌召开了部分省（区、市）交通厅（局）、运管局（处）和部直属与双重领导港航、运输企事业单位主要负责人参加的座谈会。会议就不失时机、不走过场地搞好经营行为的整顿，善始善终完成运输市场治理整顿各项任务进行了具体部署，并对逐步建立交通运输计划经济与市场调节相结合的经济体制和运行机制等深层次问题进行了研究和探讨。嗣后，交通部发出了《关于进一步搞好运输市场治理整顿，善始善终地完成各项整治任务的通知》，要求各地交通部门进一步加强领导，突出重点，抓紧查处大案、要案，整顿与建设结合搞好制度建设，争取在年底前基本结束经营行为的整顿，在1992年上半年进行运输市场治理整顿工作的检查、验收和总结；并随文附发了《道路、水路运输市场治理整顿验收标准》。

自1991年完成运输市场3年治理整顿任务后，道路客运业有了很大发展，极大地缓解了乘车难问题，但客运市场秩序仍有待进一步规范，为此，交通部于1996年下发《关于整顿道路客运市场秩序的通知》，在全国范围内清理整顿了无证无照经营业户，查处了宰客、甩客、“卖”客等不法行为，制止了不正当竞争，促进了客运市场秩序的好转。

2000 年，按照朱镕基总理“今年是管理年，就是要全面加强管理”的指示，交通部决定在全国开展“道路运输市场管理年活动”，主题是“加强管理、规范行为、健全机制、确保有序”。同年 2 月 13 日，交通部印发了活动方案，明确通过整顿市场秩序、打击非法营运和不正当竞争、清理挂靠车辆、制止违章超载、淘汰技术性能不合格的营运车辆等途径，达到“市场秩序明显好转、服务质量明显提高、促进道路运输业健康发展”的目标。截至 2000 年底，活动取得了明显成效：一是各地重点打击了非法营运和不正当竞争行为，使道路运输市场秩序逐步好转，拉客、“宰”客、甩客、兜客、“卖”客等现象有所收敛；二是对挂靠在汽车运输企业的个人营运客货车辆进行了初步清理；三是通过严格营运汽车检测制度，严厉打击超载现象，加强运输企业的内部管理，强化了运输安全生产管理，消除了一些安全隐患，运输安全情况得到改善；四是运政管理逐步规范，通过招投标审批客运线路，举行线路审批听证会，运政执法公示制度已经在部分地区实行；五是运输服务质量明显提高，投诉量比上年同期减少。交通部决定，2001 年道路运输市场管理年活动，在全国范围继续开展一年。

2000 年 12 月 2 日，国务院办公厅发出《国务院办公厅转发交通部等部门关于清理整顿道路客货运输秩序意见的通知》，确定“通过清理整顿，力争用半年到一年的时间，使道路客货运输秩序基本好转，经营环境有较大改善，政府对市场监管能力明显增强，行业整体形象明显改善，服务质量明显提高，促进道路客货运输行业的健康发展”的基本目标，同时提出七项清理整顿的主要内容及措施：一是清理收费项目，减轻经营者负担；二是打击非法营运，建立公平竞争的市场秩序；三是规范客货运输的经营行为，提高道路客货运输服务质量；四是加快法制建设，建立统一、科学、高效的道路运输管理体系；五是停止道路客货运输经营权有偿出让，减轻经营业户的负担；六是贯彻实施道路运输产业政策，加快基础设施建设和行业的技术进步；七是整顿道路交通秩序，打击车匪路霸，确保运输安全。

为进一步贯彻落实朱镕基总理指示和国务院办公厅《通知》精神，巩固和扩大“道路运输管理年”活动的成果，交通部于 2001 年在全国范围开展了第二个

"道路运输市场管理年活动"。针对道路运输市场特别是道路化学危险货物运输问题上存在的突出问题，提出重点在"巩固提高，务求实效"上下工夫。通过管理年活动和清理整顿道路运输秩序的工作，基本实现了目标，基本达到了运输市场秩序明显好转，服务质量明显提高，经营行为明显规范，运政管理明显改进的预定目标，取得了阶段性成果：一是清理取消了一批不合理、不合法的收费项目，减轻了消费者的负担；二是对社会反映强烈的"马路市场"进行集中整治，使一些重点地区如集贸市场、客运站前广场的运输秩序趋于规范；三是与公安部门密切配合，严厉打击了车匪路霸和欺行霸市行为，有力地维护了道路运输市场秩序；四是严厉打击了维修非法拼装汽车、摩托车的违法活动，进一步规范了维修行业的经营行为；五是打击了非法营运，维护了合法经营者以及旅客、货主的权益；六是狠抓运输安全生产，使道路运输安全生产形势有所好转；七是通过规范服务行为，使运输服务质量有了明显提高；八是开展了道路化学危险货物运输专项整治工作；九是促进了道路运政队伍建设，运政管理工作有明显改进。

2002年，继续贯彻落实《国务院办公厅转发交通部等部门关于清理整顿道路客货运输秩序意见的通知》（国办发［2000］74号）精神，对道路客货运输秩序进行整顿，规范经营行为，打击非法经营，市场秩序有所好转。配合国家经贸委等十部委局，继续开展了道路危险货物运输专项整治活动。通过两年的整治工作，从事道路危险货物运输的企业数量明显减少，规模不断扩大，企业的管理工作有所加强。运输车辆基本上都能达到一级车辆技术状况的要求，绝大部分从业人员可以做到持证上岗，道路危险货物运输秩序和安全状况明显好转。开展了对维修市场的治理整顿工作，对维修业户的服务质量以及经营行为进行规范和监督。"十五"中后期，又先后对汽车维修、驾驶员培训市场进行了集中整顿，道路运输市场秩序得到规范。

（四）运价管理

运价管理是运输市场管理的重点之一。道路运输价格包括政府定价、政府指导价和市场调节价三种形式。

20世纪80年代的汽车运输仍沿用1966前后调整的运价标准，背离价值规律，影响了汽车运输的正常发展。为此，交通部从1980年开始，着手汽车运价规则的调整改革工作。

1984年2月6日，经国家物价局审查同意，颁发《汽车运价规则》，5月1日开始在全国实施；1987年2月15日，交通部和国家物价局联合发出《关于调整部分山区和支线汽车运价意见的通知》。对经营亏损的部分山区、支线汽车客货运价，在调查研究的基础上，做一次适当调整，使运输企业和个体运输业者经营山区、支线客货运输，能做到保本、保税并略有盈利；1987年12月1日起实施的《公路运价管理暂行规定》，明确公路运价的制定和调整应“体现运输价值，反映供求关系，符合国家政策，实行按质论价、分等定价”的原则，公路运价管理工作实行“统一领导、分级管理”的原则；《规定》明确，交通部负责管理和监督全国公路运价工作，研究拟定全国性运价方针、政策、法规、运价规则、运价改革措施等；地方各级交通主管部门，负责管理和监督本地区的公路运价工作。国家定价和国家指导价格的运价率、费率，按照公路运价分级管理权限管理。价格和费收的制定和调整，必须以正式文件为准；1987年10月23日发布，自1988年1月1日起在全国施行的《公路汽车货运站费收规则》，适应了我国汽车货物运输的发展，进一步建立健全了汽车货运站费收计算办法，完善了汽车运价体系，加强了运价管理，促进了货运站对社会开放。

为了保证铁路、水运和民航提价方案的顺利实施，国务院确定1989年9月5日出台铁路、水运和民航提价方案时，还同时出台公路汽车客票提价方案，1989年11月4日，国家物价局和交通部发出《关于提高公路汽车客运票价的通知》，提高了公路汽车客票价格。

进入20世纪90年代，为了整顿运输秩序，控制运价相继上涨，根据国务院1990年第17号文件和全国物价工作会议精神，1990年6月7日，交通部和国家物价局联合发出《关于整顿公路汽车货物运价的通知》，决定对全国公路汽车货物运价进行全面整顿。这次整顿汽车货物运价的基本原则是：本着运价逐步与运输价值相适应，在降低现行实际运价水平的前提下，把不合理的过高的运价降下来。1990年7月，交通部在黑龙江省哈尔滨市召开“全国汽车货物运价整顿会议”，交流情况和经验，进一步提高对治理整顿汽车货物运价的认识，明确下一步的工作重点和应采取的措施。这次运价整顿是理顺运价的新的转折点，是使各项价目的比价逐步趋向合理化的起点和转折。

1994年2月，交通部发布《关于公路汽车运价改革有关问题的通知》，自4月1日起实施。《通知》强调，公路汽车运价水平的管理权限在各省（区、市），由价格主管部门会同交通主管部门管理，交通部负责运价法规的制定、组织人员培训和运价信息的交流等工作。《通知》明确，客运价格主要采取国家指导性价格形式，其中准价和浮动幅度由各省自行确定。货运运价中抢险、救灾、军运等国家重点物资运输实行国家定价，省际零担货物运价，由国家计委和交通部确定。国际集装箱汽车运价及上述范围以外的汽车货物运价管理形式，由各省根据本地区的实际情况自行确定。交通部、国家物价局《关于提高公路汽车省际零担货物运输、国际集装箱运输价格的通知》（交运发［1992］925号）中有关国际集装箱部分，自《通知》实施之日起废止。汽车客（货）运站费收、业务性费收，由各省价格主管部门会同交通主管部门管理，实行国家定价。

1998年8月17日，交通部、国家发展计划委员会联合发布了新的《汽车运价规则》。新规则给各省级交通、价格管理部门更大的价格调控权，除全国统一规定的费目和部分主要费目差价外，大部分的费目和计价类别的差价由省级交通、价格管理部门依当地情况自行确定。

“十五”后，交通部着重加强“春运”及“黄金周”期间的运价监控，督促各级交通主管部门搞好长假期间的运价管理，维护运输市场秩序。

“十一五”后，国际原油市场的迅速抬升拉动国内油价上涨，对运输业造成很大冲击，交通部及时采取措施，调整运价，稳定市场。为此，国家发展和改革委会员、交通部发出特急通知，要求各级交通主管部门抓紧建立运输价格与成品油价格联动机制，做好农村客运燃油补贴衔接工作。同时要求各地尽快调整出租车运价或加收燃油附加费。交通部通知要求，各地交通部门应抓紧与当地物价部门联系，按照企业和乘客合理分担的原则，尽快建立公路客运、出租汽车运价与成品油价格联动机制，通过调整运价水平或浮动幅度、收取燃油附加费等方式，化解成品油价格提高对运输企业的影响。公路货运增加的支出，通过企业自行调整运价解决。通知强调，各地交通部门要及时掌握运输企业和从业人员的思想动态，提早制定化解矛盾的工作方案和应急预案，防止群体性事件发生。

2008年6月，国家发展和改革委员会、财政部和交通运输部联合下发通知，要求各级价格、财政、交通主管部门采取综合配套措施，缓解成品油价格调整对交通运输业的影响，严格控制油价调整的连锁反应，各地要坚决落实补贴政策，确保城市公交、农村道路客运（含岛际和农村水路客运）、出租车运价稳定，不得以任何理由提高或者变相提高运价。对实行政府定价或者政府指导价的公路客运（不含农村道路客运），可通过建立和完善运价与成品油价格联动机制，在充分考虑市场供求状况和社会承受能力，统筹兼顾消费者和经营者利益的前提下，合理疏导运价矛盾。企业要通过改善管理、降低成本等措施消化成本增支，严禁超过油价上调成本增支幅度搭车涨价。各地要加强市场监测，密切关注交通运输市场的变化情况。加大价格监督检查力度，加强对交通运输价格、涉及相关交通运输行业各项收费以及成品油价格执行情况的监督检查，依法处理各种价格违法行为，保护消费者和经营者的合法权益。

三、道路运输结构调整

20 世纪 80 年代初，我国的集体所有制运输企业达到近 1 万个，职工 204 万人，拥有各种车辆 40 余万辆，成为专业运输的一支重要力量。

1982 年 1 月 21 日，为进一步发展道路运输市场，交通部向国务院报送《关于集体所有制运输企业当前存在的问题和改进意见的报告》。1982 年 6 月 11 日，国家经委、交通部颁发《关于改善和加强公路运输管理的暂行规定》明确：调整公路运输分工，将道路运输车辆划分为营业运输和非营业运输两种；加强道路运输管理；组织汽车运输企业联合经营；开办联运服务等。1983 年 4 月 14 日，在国务院颁发《关于城镇集体所有制经济若干政策问题的决定》后，交通部于同年 12 月拟定《关于城镇集体所有制经济若干政策问题的规定（试行）》，从集体所有制交通运输企业的经营管理、物资供应等方面作出规定，并于 1984 年 2 月 21 日在全国试行。为落实党中央、国务院关于发展个体运输的指示精神，1984 年 2 月 22 日、6 月 9 日和 7 月 10 日，交通部相继发出关于认真贯彻中央一号文件、扶持运输专业户发展的通知，要求各级道路运输主管部门既要抓好国营运输，又要关心和扶持集体和个体运输业的发展。为帮助个体运输户解决信息不灵、成本高、效率低、事故多等问题，各地交通部门帮助个体运输户培训技术人员，改善经营管理，提供经济信息，进行车辆质量鉴定。加强安全管理，组织保险等，寓服务于管理之中，使其得到健康发展。随着运输体制改革的深入和整个经济形势的发展，出现个体运输开始走向联合的趋势。

1986年12月29日，交通部、国家经委颁布《公路运输管理暂行条例》规定：公路运输在国家计划指导下，实行各地区、各行业、各部门多家经营的方针。坚持国营、个体、个体各种经济形式协调发展。在客运组织上，变一点售票为多点售票，实行多点发车，多设始发点和乘降点，开行晚班车、夜宿农村班车及赶集车等；在货运上，采取定点受货、电话受托、合同运输、为货主代购代销代办业务等方式，扩大经营和货源。

20世纪80年代中后期，道路运输企业的成分进一步丰富，交通部为加强管理，主要采取放权、减税、让利、改善企业经营外部条件等措施，取得了一定的效果。1987年开始，交通部在部属企业内部推行了多种形式的承包经营。地方的公路、水路运输企业，特别是集体所有制企业实行经济承包较早，进展较快，已从单车、单船等多种形式的经济责任制发展到企业承包经营，并出现了租赁和股份制等形式。为了交流经验，推动交通系统运输企业全面实行承包经营责任制，1987年7月，交通部在西安召开“地方交通企业承包经营研讨会”。截至1987年底，全国地方道路运输企业已有60%实行了承包经营责任制。

到改革开放十年后的1988年底，全国个体运输业拥有汽车已达到60.4万辆，其他机动车48.2万辆，全年完成的货运量19.36亿吨，货物周转量达568亿吨公里，完成客运量12.28亿人，旅客周转量达到340亿人公里，分别占当年全社会道路运输完成各项指标的26.44%、17.64%、18.88%和13.45%，个体运输经济得到较快发展，成为道路运输行业中的重要力量。

针对交通企业普遍规模小、组织结构分散、专业化和社会化水平较低等问题，结合落实1991年9月党中央搞好国有企业的精神，交通部及地方交通主管部门认真引导交通企业通过实行股份制、组建企业集团和建立现代企业制度等进行结构调整，增强企业活力。

1998年1月15日召开的“全国交通工作会议”指出，要进一步调整和完善所有制结构，重点抓好以下工作：一是全面认识公有制经济的含义，努力探索交通行业公有制经济的多种实现形式；二是正确理解国有经济的“主导地位”，确立国有经济“有所为，有所不为”的指导思想；三是充分认识个体、私营等非公有制经济是交通行业重要组成部分的意义。1999年1月18日召开的“全国交通工作会议”上明确，道路运输结构调整的任务是：加快高速公路快速客运和农村客运的发展，引导企业积极发展集装箱、快件、零担和合同运输。以市场需求为导向，积极调整车辆结构，发展适应高速公路和中长途客运的大中型高档客车、卧铺客车以及适合农村中短途客运的普通中型客车；大力发展适应集装箱、快件、零担货运的重型货车和各种专用货车；同时，加强在用车辆的技术管理，限期淘汰各种老旧车辆。交通部在2000年“全国交通工作会议”上提出了交通行业国有经济布局在结构上进行战略调整的思路：在对国民经济和社会发展具有重要影响的运输领域，国有经济要占支配地位，在保持必要数量的同时，更要注意分布的优化和质的提高；在高速公路客运系统和快件货运系统中，充分发挥国有经济的主导作用；对国有交通大中型骨干企业进行战略性改组，通过国有独资企业或国有控股、参股发挥国有经济作用，遵循经济规律，以国有企业为主体，以资本为纽带，通过市场进行改组、改造，组建地区经营的现代化运输企业或企业集团，打破地域封闭、实现市场对内开放并积极发展物流业。在普通公路、汽车维修、搬运装卸、货运配载、出租客货运等领域，充分发挥非国有经济作用，以“三个有利于”为标准，继续采取改组、兼并、租赁、承包、股份合作、出售等多种形式对国有交通中小企业进行改革，做到因地制宜，因企制宜，放开搞活。会议确定，运力结构调整的主要任务是重点提高车船装备技术水平，更新淘汰老旧车船，加快大吨位柴油火车、集装箱车、危险品运输等专用车以及性能先进的高档大客车发展。

2000年，交通部着手进行运力结构调整工作。调整的基本思路是：从企业结构调整、运力结构调整、经营结构调整和运输组织结构调整四个方面入手，积极面向市场，依靠科技进步，着力提高全行业集约化、规模化经营水平和组织化程度，建立和完善全国统一、公平竞争、规范有序的市场体系。通过运输资源的优化配置，充分发挥道路运输方式的经营优势，切实提高生产能力和运输效率，实现产业结构的优化和产品结构的升级。结构调整的主要目标是：到2010年，基本建成有效供给与需求相适应的、具有可持续发展能力的道路运输经济结构，建立起以安全、高效为特征的与其他运输方式发展相协调的现代化道路运输组织系统。

2001年4月9日，交通部制定《公路、水路交通结构调整意见》提出的公路、水路交通结构调整的指导思想和主要措施。同年5月29日，交通部制定《2001～2010年公路水路行业政策及产业发展序列目录》，强调要调整交通运输结构，实现运输资源的优化和合理配置，使公路、水路交通的优势得以充分发挥，促进优势互补、便捷高效、协调发展的综合运输体系的建立，加快西部地区交通建设、逐步实现均衡发展；规范运输市场，促进统一开发、竞争有序的运输市场的建立和完善，使运输服务向规范化、优质化方向发展，引导企业拓展现代物流功能，提高市场竞争能力。

2001年6月7日，交通部印发了《关于道路运输业结构调整的若干意见》，用以指导全国道路运输业的结构调整工作。作为结构调整的一项重要措施，道路客货运输企业经营资质评定工作正式启动，2001年评定、公布了第一批客运企业资质，对企业集约化、规模化经营和规范化服务起到了明显的促进作用。在客运企业资质评定工作的推动下，通过资产重组、兼并、联合等途径，组建起来一批新的汽车运输集团公司。同时，客运企业资质评审有力地推动了客运企业更新和新增客车。同时，按照“抓两头（快速客运和农村客运）、带中间（普通客运）”的发展思路和要求，根据国道主干线建设和村村通公路的进程，大力发展快速客运、长途客运，同步发展农村客运。2002年评定、公布了第二批客运企业资质和第一批货运企业经营资质，对企业集约化、规模化经营和规范化服务起到了明显的促进作用，也有力地推动了企业更新和新增车辆的自觉性。

在《若干意见》指导下，全国道路运输企业联合、重组、兼并、改制十分活跃，企业的规模化、集约化经营取得明显进展，市场资源不断向大中型企业集中；道路运输服务质量、服务能力、经济效益明显改善；运力更新明显加快，老旧车辆逐步淘汰，高档客车、集装箱运输车等货运专业运输车辆大幅增长；快速客运、快速货运、物流等新的经济增长点开始显现出较强生命力。一是企业规模扩大，市场集中度提高。一方面市场经营主体明显减少，市场集中度进一步提高。通过结构调整，加快了运输企业整合步伐，有实力的优质运输企业吸收了更多的运输资源，促进了运输市场的规模化发展。

2001年10月24日至26日，交通部在湖北武汉召开“全国道路运输工作会议”。胡希捷副部长在会上做了题为《以“三个代表”重要思想为指导，推进道路运输业实现跨越式发展》的报告，提出“十五”期间的工作方针与目标是：坚持以发展为主题，立足现实，面向未来，开拓进取，改革创新，进一步提高道路运输业在综合运输体系中的地位和竞争力。坚持以结构调整为主线，发挥市场机制配置资源的基础性作用，实现道路运输的结构优化和产业升级。坚持以培育市场和规范秩序为主要突破口，进一步打破地区封锁，建立全国统一开放、公平竞争、规范有序的道路运输市场体系。坚持以科技进步为主动力，大力推进道路运输业的信息化进程。坚持以“人便于行，货畅其流”为最终落脚点，不断提高服务质量和管理水平，为国民经济发展提供安全、优质、高效的运输服务。交通部公路司经过深入调查、精心准备，向会议提交了《道路运输业发展规划纲要(2001 ~2010 年)》、《关于进一步转变道路运政管理职能的若干意见》、《关于进一步加强道路运输车辆管理的若干意见》和《道路运输安全生产管理办法》4 个讨论稿，征求与会代表意见。会议进一步明确了“公路建设是基础、发展运输是目的”的指导思想；深入分析并准确定位了道路运输存在的主要问题和面临的形势；研究和讨论了道路运输业 10 年发展规划的指导方针、基本原则、工作目标和主要措施。

2001 年 11 月 29 日，交通部发布《道路运输业发展规划纲要（2001 ~ 2010 年)》，确定了道路运输业今后十年的发展方针、基本原则、工作目标和主要措施。《纲要》提出发展的指导方针是：“以人为本，优质服务；调整结构，加快发展；依法治运，规范市场；依靠科技，安全高效。提出发展的基本原则是：坚持将满足社会需求作为运输发展的根本出发点；坚持以结构调整为主线；坚持市场开放；坚持依法治运；坚持科技创新；坚持与其他运输方式协调发展；坚持深化管理体制改革；坚持两个文明建设一起抓。”《纲要》提出，“十五”期间道路运输发展的总体目标是：“达到一个显著、两个明显、基本建立两个体系”，即道路运输全行业集约化、规模化、组织化经营程度显著提高，科技进步主导作用明显增强，道路运输法制化进程取得明显进展，基本建立起公平竞争、规范有序的道路运输市场体系和安全、优质、高效的道路运输服务体系。到 2010 年末，道路运输业发展的总体目标是：“达到两个明显、一个显著、三个基本”，即运输能力、运输基础设施的有效供给能力明显增加；运输结构基本合理，骨干运输企业主导市场的作用明显增强；行业科技进步、运输信息化建设进一步取得显著成果；运输法规体系基本健全；以“五纵七横”国道主干线为依托的快速客货运输系统基本建立，以全国公路网为依托的干支相连、长短配套、遍布城乡的道路运输网络基本完善；道路运输业在综合运输体系中的地位进一步提高，行业发展与国家经济发展和社会进步基本适应。

2002年，在继续贯彻实施《关于道路运输业结构调整的若干意见》的基础上，各级交通主管部门加强了宏观指导和政策引导的工作力度，通过开展道路客货运输企业经营资质评定工作，使企业的组织结构和运力结构调整的步伐进一步加快，通过企业改制改组，兼并联合等途径，形成了一批大中型客货运输企业。2002年评定、公布了第二批客运企业资质和第一批货运企业经营资质，对企业集约化、规模化经营和规范化服务起到了明显的促进作用，也有力地推动了企业更新和新增车辆的自觉性。

全国道路旅客运输经营业户（不含出租车客运）由22.60万户下降到2002年的20.59万户，减少了2万余户，下降8.9%；客运企业则由9 488家下降到2002年的1 841家，下降了80%。另一方面，一些区域性的、具有较强实力并能对道路运输行业发展有一定影响力的大型运输企业或集团开始形成，如浙江杭州长运运输集团有限公司、宁波公运集团有限公司和江西长运股份有限公司等，通过兼并、股份制等形式，抓住行业结构调整带来的机遇，集中运输资源，逐渐壮大自身实力，走集约化经营、规模化发展之路，向能够主导道路运输发展方向的龙头企业发展。二是客运运力结构进一步优化。一方面客运运力结构升级加快，中高级客车比例明显增加，另一方面不同档次运力协调发展。三是城市间快速班车客运发展迅速，经营结构调整步伐加快。

2003年，各地以道路运输企业资质评定为切入点，以线路调整工作为推动力，进一步加快深化结构调整工作步伐。企业的规模化、集约化经营取得明显进展，市场集中度逐步提高。交通部共评定一级货运企业5家，一级客运企业1家，二级货运企业42家。截至2003年底，全国已评定一级客运企业13家，二级客运企业374家；一级货运企业25家，二级货运企业168家。但结构调整过程中暴露出诸如运输产品单一、运输组织水平较低、道路运输业总体效率不高、挂靠车辆大量存在、企业联合重组不规范、市场分割和地方保护未彻底打破等问题。2004年，道路运输业结构调整继续深入，运力结构发生了较大变化。到“十五”末的2005年底，运输企业组织结构和运力结构进一步优化，运输市场运行平衡。

2008年1月召开的“全国交通工作会议”明确了推进“现代交通业”发展、提高交通“三个服务”的能力和水平的目标，强调要继续加强“四个环节”，其中第一个环节就是："调整交通结构，促进结构的优化升级，增强交通运输服务保障的能力"；要做到"四个坚持"，其中包括："坚持好字优先，促进交通发展方式转变和结构调整"。

四、节能减排工作

交通运输既是国民经济的基础性产业、国民经济发展的有力保障，同时又是资源占用型和能源消耗型行业，每年消耗大量的汽油、柴油、燃料油等能源，是国家重点用能领域。特别是改革开放以后，交通运输行业的快速发展，车辆保有量的快速增长，使得道路运输行业节能降耗成为实施可持续发展战略、建设节约型社会的重要组成部分。同时，节能降耗也是道路运输企业降低运营成本、提高经济效益的重要途径。交通行业一直十分重视节能减排工作。

改革开放以后，为加强节能工作领导，1980 年 1 月 28 日，交通部成立了能源管理领导小组，办公室设在物资局。2 月 27 日，召开第一次领导小组会议，研究和落实节能工作。9 月，交通部会同国家经委、商业部在辽宁沈阳联合召开"全国封车节油现场会议"。10 月，中国公路学会汽车运输学会在昆明召开"提高汽车发动机压缩比和节油学术会议"，研究解决解放牌汽车技术改造和有关节油的技术问题。

进入"七五"后，交通部进一步加强节能减排工作的领导。1986 年 8 月，交通部制定《交通行业节能管理实施条例》，要求贯彻国家对能源实行"开发和节约并重"的方针和国务院发布的《节约能源管理暂行条例》，加强交通行业能源科学管理，依靠技术进步，有计划地对费能型设备进行更新改造，降低能耗，提高能源使用效率和经济效益，促进交通运输事业发展。

"七五"期间，交通部主要通过以下方式，引导各地道路运输管理部门，加强节能工作。一是通过标准、规范的制定，加强行业节能管理。1987 年和 1988 年，交通部先后制定了《交通运输企业燃油奖实施办法》和《交通行业国家级节约能源管理升级（定级）审定办法》，颁布了公路运输企业节能升级标准，对企业节能工作提出了具体要求。这期间，全国 20 多个省（区、市）的交通主管部门和 25 个部属企业结合实际制订了节能实施细则，组织成立节能技术服务中心，制定《汽车节能技术和产品的测试标准》等规定。同时，在全国推行各种形式的能源承包责任制。二是采取扶持政策，推动企业节能技术改造。1987年4月，交通部受国家计委、国家经委委托召开“全国在用汽车节能技术交流会”，展出150项节能技术和新产品，并提出了“七五”期间重点推广的两项关键节能技术：汽车综合节能技术及对四车三机（指1980年以前的跃进130、东风140、北京130和北京212老车型及其3种发动机）的节油技术改造；将老旧车辆更新为节油新车，并积极推广风扇离合器、节能消声器、高效激光点火器及磁力减烟节油器等新技术；积极开发代用燃料以及天然气、乙醇在汽车上的应用研究。据统计，“七五”期间，交通部共推出汽车运输节能示范项目9项，其节能效率高，经济效益好，深受企业欢迎。三是健全节能工作组织机构。1989年10月，交通部在宁夏银川召开“全国交通运输节能工作会议”，就交通运输节能工作存在的问题及今后的工作意见进行了探讨，对“汽车综合节能技术”的研究作了安排。这是交通行业第一次全国性的节能工作会议，对各省健全节能机构、加强节能工作起到了促进作用。同年，经交通部批准，各交通部门建立了汽车运输能源利用监测中心，对提高能源利用率、加强交通行业节能工作指导与宏观控制起到了积极作用。

“八五”期间，道路运输行业紧紧围绕“质量、品种、效益年”活动，以节能降耗、提高效益为目标，狠抓基础管理、节能监测、技术进步、节能升级等项工作。这一时期的节能减排工作，围绕以下几方面进行：一是继续开展企业节能升级工作，完善能源消耗定额考核制。1991年上半年，交通部修订了《交通行业国家级节能企业升级规定》、《交通行业国家级节能企业基础工作评分细则》和11项节能升级标准，增订了7项升级标准。同时，根据国家计委统一部署，交通部开展了节能先进评选，当年，交通部能源办公室荣获“全国节能先进集体”称号，全国交通系统有6个企业和8名个人获先进称号。1992年，交通部制定了90年代交通节能技术政策，完善了主要行业能耗定额体系。二是围绕落实1989年银川会议精神，强化地方交通节能组织机构建设和节能管理工作。1991年，举办了各省（区、市）交通厅（局）专职节能工作人员以及统计人员培训班，加强了对全国50家地方重点汽车运输企业能耗状况的监控，每半年公布一次各企业运输生产情况。三是强化道路运输行业节能监测和推进技术进步。在继续推广“七五”节能示范项目的基础上，开展了“八五”期间的推优工作，做好运输车辆节能产品的监测认证，推广应用了汽车驾驶节油操作技术。1991年，交通部公布了“‘八五’

期间第一批汽车运输重点推广的节能技术和产品”，编辑出版了《交通实用节能技术选编》等。同年，交通部汽车节能中心通过了国家技术监督局的计量认证。1992 年 6 月 1 日，交通部发布的《汽车、船舶节能产品公布规则》正式实施。1994 年，交通部发布当年《重点推广在用车船节能产品（技术）》共 30 项。此外，“八五”期间，在节能工作上加强了国际合作，1994 年完成的亚行课题——“公路运输节油”，增进了我国与先进国家间的了解，提高了全行业的节能管理水平。

“九五”期间，道路运输行业的节能工作按照《国民经济和社会发展“九五”计划和 2010 年远景目标纲要》提出的“节约与开发并举，把节约放在首位”的方针，积极推进增长方式从粗放到集约、经济体制从计划经济到市场经济的两个转变，采取有效措施，努力形成有利于节约资源、降低消耗、增加效益的企业经营机制，在节能降耗方面取得显著成效。

在加强节能法规制定和实施方面，交通部制定《关于交通行业基本建设和技术改造项目工程可行性研究报告增列“节能篇”（章）暂行规定》的实施细则、《汽车节油试验评定方法》等。在推动技术进步方面，会同国家计委和国家经贸委开展“全国重点推广在用车船节能产品推选”，并明确今后将对节能产品进一步实行认证制度，将节能产品和技术纳入规范化和制度化的轨道。此外，配合每年一次的全国“节能宣传周”活动，大力开展节能宣传。同时，大力开展节能调研和技术交流，针对节能工作现状、存在问题提出对策，取得了较好的成果。

进入 21 世纪后，随着我国经济的飞速发展，我国能源需求大幅度增长，节能减排的压力不断增长，作为耗能大户的道路运输行业，节能减排的任务更加紧迫。在国家发展和改革委员会 2004 年 11 月印发的《节能中长期规划》中，交通运输被列为继重点工业领域之后的第二大节能重点领域。

“十五”以后，道路运输节能减排工作不断得到加强。特别是进入“十一五”以后，交通部（交通运输部）将交通行业节能减排工作提到了前所未有的高度，明确提出的从强化行业管理、创新发展模式、改进基础设施、推进结构调整、依靠科技进步、大力发展公共交通、开展交通节能产品认证和推广、开展节能减排示范活动等方面采取措施，强化节能减排工作，取得了明显成效。

一是加强行业管理。在 2006 年“全国交通工作会议”上，李盛霖部长明确提出“发展循环交通经济，推进节约型行业建设”的发展方向，要求交通行业“在资源、能源和资金约束日趋明显的情况下，必须采取更加有效的措施，节约资源，节能降耗，开源节流，以保证实现‘十一五’发展目标。”2006年，交通部进一步加强了节能工作的组织领导，成立了以李盛霖部长为组长、黄先耀副部长为副组长的交通部节能工作协调小组，调整、充实了交通部能源管理办公室成员和工作职能，加强了节能政策制定、标准建设等工作：配合全国人大修订《节约能源法》；发布了《建设节约型交通指导意见》、《关于交通行业全面贯彻落实国务院关于加强节能工作的决定的指导意见》、《货运汽车推荐车型工作规则》，完成《汽车节能产品使用技术条件》（JT/T 306）修订工作；开展固定资产投资工程项目节能评估工作。2007年5月18日，交通部颁布《关于进一步加强交通行业节能减排工作的意见》，明确提出要围绕规划、推动、政策、督查、服务五个重点，加强行业节能减排工作。随后，按国务院要求，交通部报送了《交通行业节能减排工作方案》。2008年6月18日，交通运输部召开“全国交通运输行业节能减排工作视频会议”，明确了交通行业到2010年的节能减排目标，提出做好八个方面工作。2008年7月16日，交通运输部以2008年第5号部令颁布《公路、水路交通实施〈中华人民共和国节约能源法〉办法》，自9月1日起实施。《办法》对加强节能管理、交通用能单位合理使用与节约能源、法律责任等作出明确规定，将交通行业的节能减排工作纳入了法制的轨道。与此同时，各级交通主管部门和交通企业群策群力、各负其责，充分利用现有的管理手段，在道路运输和交通工程管理的各个环节严格把关；在制（修）定相关规章和政策时增加对企业节能方面的要求，以鼓励和引导交通企业节能降耗；在公路水运工程的投资立项、初步设计、施工及验收审批中，提出节能的刚性指标。加大公路建设和养护工程的施工机械装备技术改造、更新力度，制定并实施严格的节能减排管控制度。逐步建立并实施有效的行业重点耗能设备准入与退出制度，在制定能耗限值标准的基础上，加大对行业内在用的重点耗能设备和运输装备的抽查检测力度，淘汰达不到安全和超能耗指标的设备、装备。

二是创新发展模式。公路水路交通作为资源密集型行业，对土地、岸线、能源、建筑材料等资源依赖性强，是建设资源节约型、环境友好型社会的主要领域之一。在建设负责任行业和政府部门的方针指导下，各级交通主管部门针对发展理念、发展战略、行业规划、政策法规、标准规范、科技支持、政府管理等进行分析评价，借鉴国外经验教训，提出了推动我国资源节约和环境友好型的产业政策及相关评价指标体系。从国家发展大局出发，切实抓好公路建设集约和节约用地、营运车辆节能减排等重大问题，积极主动地贯彻落实最严格的耕地保护制度，节约能源资源制度，深入研究探索、创新交通发展模式，初步建立起节能减排的长效机制。

三是改善基础设施。综合规划港口、公路站场及配套服务设施，以发展物流中心和快速货运、集装箱等货运站场为主，充分利用城市交通和其他运输方式站场，构建综合性运输枢纽，努力实现多种运输方式的“无缝衔接”和“零换乘”。努力实施《国家高速公路网规划》，集中力量加快国道主干线等公路大通道建设，加大国省道技术升级、改建工程建设力度，完善路网结构，提高通达度，改善路况，优化公路站场布局。路网及站场整体服务水平的提高，为提高道路运输效率提供了硬件基础，为道路运输节能减排提供了广阔的发展空间。

四是推进结构调整。近年来，交通部（交通运输部）着力开展公路、水路交通结构调整的近期、中期和长期思路研究，引导全行业开展节能减排工作。在道路运输方面，组织研究制定鼓励发展农村客运经济适用车型；实施营业客车类型划分及等级评定标准，提高客运装备水平；通过规费征收政策导向，鼓励发展节能环保的新型运力，加速淘汰能耗高、排放超标的老旧车型；落实客运汽车及汽车列车推荐车型制度，引导使用推荐车型，鼓励使用柴油汽车及重型车、专用车和厢式车，逐步提高其在运营车中的比例；研究提出鼓励发展拖挂运输、甩挂运输的政策意见，提高了牵引车利用效率；完善道路运力审批制度，合理控制运力增长，建立和完善了交通信息服务公共平台；加强运输组织和运力调配，对于实载率低于70%的客运线路不再新增运力，提高货运车辆实载率，有效利用回程运力，降低空驶率，提高了道路运输企业集约化、组织化程度。

五是依靠科技进步。不断加大交通节能减排科研力度，加快交通行业节能降耗基础性、前瞻性、战略性研究，研究制定出交通行业有关节能降耗的标准规范，积极研发推广使用交通节能新产品、新技术。加强路面结构、材料、工艺技术研究，大力推广沥青路面再生利用、工业废渣综合利用等技术。开展道路运输新能源生物柴油应用技术研究和使用纯汽油与乙醇汽油燃料的车辆性能保障技术研究、内河小型船舶电力推进系统研制、沪蓉西高速公路隧道（群）运营安全与节能技术研究、在用汽车行驶状况室内模拟评价及测试技术研究、道路运输车辆燃油经济性检测关键技术研究、节约型公路水路交通发展循环经济指标体系研究、交通行业能源消耗状况分析及能源标准体系研究及道路运输温室气体排放影响及应对技术研究等，使节能减排科技的研究和应用水平迅速提升。

六是大力发展公共交通。研究部署落实公交优先发展战略，提高公众利用公共交通工具出行的比例；大力发展中高档城市交通客运车辆，提高乘客的舒适度；配合国务院有关部门做好“百城千辆”节能与新源汽车规模化应用工作。

七是开展交通节能产品认证和推广工作。目前已完成交通节能产品认证标志的制定、备案、营运车船节能产品认证实施规则制定等项工作。当前，正在以营运车船节能添加剂作为交通节能产品认证的试点，并尽快推出一批节能减排的新产品、新技术、新工艺。

八是深入开展节能减排示范活动。交通部于2007年6月发布了《关于在交通行业开展节能减排示范活动的通知》，并确定了首批20个节能减排示范项目。这20个示范项目是从交通行业联系紧密企业和各行业协会推荐的众多企业（单位）中仔细遴选出来的，具有很强的代表性，涉及公路运输、水路运输和港口领域。在首批节能减排示范项目推出后，各地交通部门、企业和行业协会纷纷挖掘节能减排的先进经验和先进典型，并向部推荐，在严格筛选后，交通运输部于2008年8月推出了第二批19个节能减排示范项目。

五、运政队伍建设

管好道路运政队伍，是搞好道路运输市场监管、搞好运输服务的基础。

改革开放以后，道路运输市场得到进一步培育和繁荣，形成了多种所有制、多家经营、相互竞争的运输格局和多元市场结构。市场的繁荣促进了道路运输管理机构的建设和运政队伍的成长。道路运输管理工作实现了由部门管理向行业管理的转变，道路运输管理体制逐步改革完善，形成从中央到地方的五级管理体制。各地运政管理人员依法办事观念不断增强，上路检查、上户监督成为运政工作日常管理的重要手段。

20世纪80年代末和90年代初，结合交通行业纠风工作实际，交通部加强运政队伍行风建设，重点整治执法过程中的“三乱”行为，取得了一定成效。

1992 年“全国交通工作会议”指出，在路检路查方面将按照“联合设站，合署办公，统一标志，各司其责”的原则，由路政、运政、稽征人员联合进行路检路查，使监督管理、规费征收等项工作融为一体。

1993 年，各级运输管理部门广泛应用计算机进行管理，逐步做到及时准确地掌握全行业信息，为搞好宏观调控提供了科学数据，提高了管理效能和水平，取得成效，并开始形成体系。1993 年，交通部发布《道路危险货物运输管理规定》。特别是 1996 年 8 月 1 日起使用全国统一的道路危险货物运输证件和印章后，各省（区、市）运输管理局（处）注重对道路危险货物运输管理人员的培训，积极选派业务能力强的运政管理人员，参加交通部主办的道路危险货物运输业务知识培训班。培训既提高了运政管理人员的业务素质，同时也为从业人员的培训打下了基础。

为进一步改善道路运输管理工作，交通部于 1996 年 8 月 6 日至 8 日在湖南长沙召开了“全国道路运输管理工作会议”。会议强调，各级道路运输管理机构要进一步理顺关系，加强组织建设，按照统一、精简、效能原则，分层次、有重点地把各级运输管理机构建设成为制度健全、结构合理、运转顺畅的工作机构；要搞好各级运输管理机构的定编工作，推行考核录用招聘辞退制度，选配好运输管理机构的领导班子，同时加强经费管理，运管费实行省级统收统支，交通专户储存的办法，并健全严格的财务管理制度；改进工作作风，加强思想建设和业务培训，建立一支思想过硬、作风严谨、纪律严明、业务娴熟的运政队伍。

1997 年，为提高运政管理人员素质，规范运输管理工作，交通部印发《道路运政管理工作规范》，从道路运输管理的各个环节，如开业审批、客运管理、货运管理、车辆维修、运价、单证等方面，对运政管理人员提出了具体的要求和工作原则，规范管理人员的工作行为，为逐步实现寓管理于服务之中的目标打下良好的基础。同时，大力抓紧各级运输管理机构基础建设，各地都建立了基础资料台账。道路运输统计工作开展顺利，全国省级运输管理机构基本上都与交通部实现电子信息传输，提高了统计数据的质量，也加快了数据的传输速度。1997 年 10 月 16 日，交通部发布《交通行政执法证件管理规定》，加强了包括道路运政人员在内的交通行政执法人员证件管理。

1998年，各级交通行政主管部门和道路运输管理机构根据全国交通工作会议的统一部署，紧紧围绕建立统一、开放、竞争、有序的道路运输市场，加大了道路运输行政执法力度，加强队伍建设，提出努力建设一支政治素质好、政策水平高、懂业务、会管理、作风硬、适应运输管理需要的队伍的目标，确保了道路运输经营者和旅客、货主及其他消费者的合法权益。从1998年起，交通部开展交通行政执法人员培训，到1999年，包括道路运政人员在内的80%以上的交通执法人员参加培训。1999年10月，交通部制定出台《交通部加强交通行政执法队伍建设的意见》；于2000年10月31日在安徽合肥召开“全国交通行政执法队伍建设工作会议”，采取了加大交通行政执法队伍建设的一系列措施，取得了初步成效。加强运政队伍管理和培训取得了明显成效，运政执法水平进一步提高。

2000年，在“道路运输市场管理年活动”中，各级运输管理机构加强了规范执法，运政执法公示制度已经在部分地区实行。2001年，通过第二个“道路运输市场管理年”活动，运输管理得到明显改进。

2004年，国务院颁布《中华人民共和国道路运输条例》。各省结合《道路运输条例》的宣传贯彻，加大了对运政队伍的培训和教育，提高了队伍的整体素质和水平。2007年，交通部印发了《关于促进道路运输业又好又快发展的若干意见》，要求加强运政队伍建设，按照《公务员法》等法律、法规的规定，积极争取将道路运输管理机构纳入公务员序列。要求各省加强与人事、编制、财政等部门的沟通协调，统一道路运输管理机构名称、职能和级别。积极争取对道路管理机构由省级统一定编。积极争取地方政府的支持，严格运政人员的准入，对新录用的运管人员由省级交通主管部门按照统一的资格条件公开考试、择优录取。

同时，进入“十五”后，结合信息化建设，各地运输管理机构加快了信息化建设步伐，加强了运输市场监管的效率，提高了服务运输市场的能力。结合贯彻《道路运输条例》，各省建立健全了道路运输执法监督机制，使道路运输执法行为得到有效规范。各省交通主管部门及运输管理机构严格遵循《道路运输条例》及配套规章的规定，对现行道路运输行业的审批事项进行了全面梳理，确保了行政许可实施主体合法，程序合理，规范实施道路运输行政许可。管理工作不断向“服务于行业，服务于市场，服务于经营者”的方向转变。所有省份在运政服务大厅都印制了办事指南，供免费索取，有的还设置便民服务设施，为业务办理者提供了良好的环境。不断提高管理现代化水平，开发了一系列的电子信息管理系统，运用信息手段提高道路运输管理决策水平和执法监督效率，GPS（全球卫星定位系统）的广泛安装加强了对营运载客汽车和危险货物运输车辆的有效监管，取得了良好的效果，使道路运输管理水平逐步提高。同时，各地交通主管部门及运输管理机构还积极推动制（修）订地方性法规，对《道路运输条例》进行有效补充，并制定了一系列规范性文件，进一步保证《道路运输条例》及配套规章的贯彻落实。

2008 年，交通运输部印发了《道路运输管理工作规范》，为加强运政队伍建设，进一步贯彻落实《道路运输条例》等法规、规章，实现道路运输管理法制化、规范化、程序化、标准化，提高道路运输管理水平奠定了坚实的基础。

第五章 科技教育

改革开放以来，交通部（交通运输部）认真贯彻落实党中央、国务院科技教育改革和发展的重大战略部署，实施科教兴交、人才强交战略，坚持改革开放，坚持自主创新，坚持以人为本，推进产学研相结合的交通创新体系建设，公路交通自主创新能力显著提升，形成了一支基本满足公路事业发展需求的人才队伍，有力地支撑了公路交通事业又好又快发展。

第一节 公路交通科技

30 年来，交通部（交通运输部）始终紧跟党中央、国务院关于科技改革与发展的一系列战略部署，深刻认识并牢固树立起“科学技术是第一生产力”的科学论断。

1978 年 3 月 13 日，交通部在天津召开“全国交通战线科技大会”，全面落实“全国科学大会”精神；1990 年 9 月 4 日，交通部在山东济南召开“全国交通科技工作会议”，要求切实提高对“依靠科技，振兴交通”战略方针的认识，把交通运输发展真正转移到依靠科技进步和提高劳动者素质的轨道上来；1995 年 11 月，交通部在北京召开“全国交通系统科技工作会议”，落实“科教兴国”战略，提出并开始实施“科教兴交”战略；2005 年 10 月，交通部在长春召开“全国交通科技工作会议”，贯彻科学发展观，推动交通行业科技创新体系建设。

公路交通科技坚持面向公路交通发展主战场，紧密结合基础设施建设、运输生产中的重大关键技术问题，深化科技体制改革，扩大科技合作交流，充分发挥政府部门的主导作用、企业的主体作用、科研机构和大专院校的主力军作用，以及科技中介机构的桥梁作用，积极推进科技创新，大力开展科技攻关，一大批科技成果得到推广应用，科技实力大幅提升，公路交通科技创新体系逐步形成，为公路交通跨越式发展提供了有力支撑。

一、科技事业改革发展概述

（一）深化交通科技体制改革

科技体制改革是解放科技生产力、调动积极性的基础性工作，是公路科技事业发展的原动力。经过1979年、1981年、1988年、1993年和1998年间五次规模较大的政府机构改革，公路交通科技管理体制日趋完善。

1981年4月，交通部《关于调整交通部科学研究院体制机构的决定》中明确：将该院的水运、公路两所分开，予以充实加强，由交通部领导，名称定为交通部水运科学研究所和交通部公路科学研究所；保留交通部科学研究院名称，科技局与该院实行一个机构、两块牌子。科技局为交通部归口管理科技工作及京内外科研单位的智能机构；同时交通部科学研究院重庆分院改名为交通部重庆公路科学研究所，由交通部领导，均为局级单位。

1989年1月29日，交通部成立交通科技发展基金会，负责部属各项科技经费及部管科技事业费的财务管理。1993年，为加强省部联动，促进地方提高科研水平，防止重复立项，提高科研管理水平，交通部建立行业联合攻关机制，创新行业协同机制。2001年，成立交通部西部交通建设科技项目管理中心，负责西部交通建设科技项目组织实施管理。2005年，为进一步规范交通部行业联合科技攻关项目计划的管理，推动交通科技创新体系的建设，促进交通行业科技工作，交通部向全行业印发了《交通部行业联合科技攻关项目实施细则》。

在科技体制不断改革的过程中，直属科研单位的体制改革与能力建设得到不断加强。

1978年，交通部根据国家关于“全面规划，加强领导”的精神，编制了《1978～1985年交通科学技术发展规划纲要》，提出实现交通运输现代化，要“三年大治、打好基础，八年跃进、改变面貌”的总体目标。同年8月，交通部决定将交通部科学研究院代管的交通科技情报所，由交通部直接领导，公路交通系统一批在“文革”中被撤销的科研院所得到重新恢复。全国绝大部分省（区、市）

交通厅（局）恢复或建立了公路交通科研所。交通部第一公路工程局等一些企业也建立了科研所。一些高校也建立了交通科研机构。

1984年，交通部制订了《交通部关于直属科研单位试行有偿合同制的若干规定》，进行了科研单位改革拨款制度、扩大自主权的试点，重庆公路科学研究所等部属科研单位成为试点单位，由原来的事业费拨款改为有偿合同制。从1984年7月1日起，重庆公路科学研究所停拨事业费一步到位，打破了长期以来的科研“大锅饭”现象。

1986年4月，根据1985年3月《中共中央关于科学技术体制改革的决定》精神，交通部下发了《关于推进交通科技体制改革的若干意见的通知》，标志着交通行业科技体制开始进入改革、深化、整体推进的新时期。

此后，交通科研机构紧紧围绕科技与经济结合这个核心问题，以运行机制和管理制度改革为重点，通过推进技术成果商品化、发展技术市场和改革拨款制度，进行了有益的探索和实践。逐步推进取消科技事业费、实行院所长负责制、内部承包责任制、向企业化转制以及建立科技基金等项改革，增强了市场机制在各科研院所工作运行中的作用，促进了科技工作与交通运输生产的结合，使交通科技体制和运行机制发生了实质性的变化。大多数技术开发类的交通科研机构主动面向经济发展，逐步走上按照市场机制运行、自主发展壮大的道路。到1986年底，在13个技术开发类型的科研机构中，已经完全取消事业费改为按任务核拨经费的科研机构有7个，占这类科研机构的53.8%。来自市场的课题和经费收入逐年以较大幅度增长，社会公益性的科研机构也在拓宽业务领域和功能，形成自我积累、自我发展的局面。

科研机构在面向经济发展的同时，各单位内部也开始进行了适应性的结构调整和人员分流。研究开发、设计施工、生产经营一体化的实体在科研机构中起到了越来越重要的作用。在从事重大科技攻关和面向经济建设主战场的过程中，一支技术结构比较合理、门类基本齐全的公路交通科技队伍正在茁壮成长，并产生了一批学术和技术带头人，涌现出了曾威、沙庆林、郑皆连等优秀科技人员和一批青年科技英才，此外，还培养成长了一批优秀的科技管理和经营管理人员。

1992年6月，交通部根据《中共中央关于传达学习邓小平同志重要谈话的通知》和1992年“全国科技工作会议”精神，制定了《交通部对加快深化直属科研单位科技体制改革的若干意见》，明确指出加快深化科技体制改革步伐，继续建立和完善科技与经济有机结合的新体制。与此同时，各省的交通科研单位也大都经历了改制过程，大多数科研事业单位也深化改革，成为经营性的市场主体，大部分技术骨干和设备投入到了市场经营中去。个别省交通厅科研所还转化为股份制企业。

1994 年 1 月，交通部在“全国交通工作会议”上明确，交通科技体制改革要进一步深化，积极促进科技经济一体化，实行“稳住一头，放开一片”的方针，进行了交通科研系统结构调整、人才分流、机制转换。由交通部投入为主的具有国内先进水平的公路交通综合试验场等积极筹建并全面投入使用。许多地方交通部门的科研机构积极进行科研基础设施建设，科研条件和手段有了很大的改善。

随着国家政府机构改革步伐的加快，1998 年底，国务院决定对国家经贸委管理的 10 个国家局所属 242 个科研院所进行管理体制改革，通过转制成为科技型企业或科技中介服务机构、进入企业等方式，实现企业化转制。为了顺畅改革，1999 年政府出台了一系列相关政策，如原有的正常事业费继续拨付，享受国家支持科技型企业的待遇，5 年内免征企业所得税，免征技术转让收入的营业税，免征其科研开发自用土地的城镇土地使用税等。

为进一步深化部属科研单位体制改革，优化资源配置，交通部于 1999 年 9 月对原交通部科学研究院、交通部科学技术信息研究所、交通部标准计量研究所进行了重组，组建成新的交通部科学研究院。2000 年，科技部根据国家科技教育领导小组第五次会议纪要精神，下发《关于印发建设部等 11 个部门（单位）所属 134 个科研机构转制方案的通知》。原交通部直属的交通科研院所，除交通部科学研究院（含科学技术信息研究所、标准计量研究所、河口海岸科学研究中心）、公路科学研究所等四个单位保留事业性质由交通部继续管理外，重庆公路科学研究所并入招商局集团公司，计算机应用研究所并入中国路桥（集团）总公司，其他交通科研院所或转制为企业，或并入企业集团或大学。与此同时，各交通厅局直属的交通科研院所，也开展了多种形式的改革探索，有的改制为股份制企业。这些院所在市场经济的风浪中大都展现出了新的活力，无论是思想观念、运行机制，还是发展业绩，都有很大变化，为行业技术服务的能力明显提高。

2005 年 1 月 21 日，交通部制定了《公路水路交通科技发展战略》；同年 9 月制定《公路水路交通中长期科技发展规划纲要（2006～2020年）》，提出了“建立适应交通现代化要求和符合交通科技自身发展规律的创新体系，构筑布局合理、资源共享、配置优化的交通科研基地和科技信息共享平台，建设一支高水平的交通科技队伍，形成强大的自主创新能力……”的总体发展目标。

经过改革，公路交通科技的管理体制和运行机制都发生了根本性改变，技术创新能力持续增强，在行业科技进步中继续发挥着骨干作用。

2006年交通科技统计数据表明，交通系统科研开发机构从业人员总数为9 883人，其中，部直属科研开发机构1 528人，企事业单位所属科研开发机构4 084人，各省（区、市）所属科研开发机构4 157人，地市所属科研机构114人。

全国交通科研开发机构经费收入总额持续增长，技术性收入成为经费收入的主渠道，非政府拨款成为经费收入的主导来源。2006年，全国交通科研开发机构经费收入27.18亿元，其中，政府拨款4.56亿元，技术性收入、生产经营性收入等非政府资金22.62亿元，占总经费收入的83.2%。

（二）完善交通科技管理政策

改革开放30年，公路交通科技事业取得了巨大的成就，科技管理的日趋科学化和规范化起了重要的作用。通过科技发展规划的制定与实施，行业技术政策引导和激励，明确了科技进步的方向，调动了各方面的积极性，同时加大了交通科技的资金投入力度，为公路交通科技的发展提供了良好的环境，推动了公路交通科技事业的持续进步和发展。

1. 加大交通科技资金投入，强化科技经费监管政策

改革开放以来，我国各级交通主管部门逐步加大对交通科技的资金投入力度。公路交通行业不断完善资金筹集政策，加大对交通科技的投入，从增加投入总量、促进投入主体多元化等方面，盘活存量，吸引增量，加大交通科技资金投入力度。同时健全经费监管制度和约束机制，强化监督，提高资金使用的规范性、安全性和使用效益。此外，不断提高资金的使用效益，逐步建立绩效评价、评估机制，建立政府和工程业主、交通企事业单位共同组成的多元化、多渠道、高效率的科研经费筹措机制、投入机制和利益共享机制，形成交通科技资金投入体系，保证交通科技可持续发展。

2000年，交通部发布《交通部关于加强技术创新、推进交通事业发展的若干意见》，指出各省（区、市）的交通主管部门在有交通规费来源时，每年应当提取其交通规费的1%～1.5%用于技术创新，集中研究解决制约本地区交通运输发展的关键问题，推动本地区交通运输的快速发展。《意见》进一步加大交通科技资金投入力度，明确各省（区、市）交通主管部门除每年提取交通规费的1%～1.5%用于重大专项技术研究开发外，对重点公路基建工程项目，还要提取其投资的1%建立先进技术研发专项基金，由各地交通主管部门统筹安排、专款专用，加大政府对技术推广应用和产业升级的扶持力度。2004年9月29日，交通部发布了《交通部科技项目管理办法》，对科技项目的管理内容进行了具体的规定，主要包括：前期工作、组织与实施、验收和成果管理等。2007年3月，交通部印发《交通部决策支持研究项目管理实施细则》，促进软科学项目管理的科学化、规范化和制度化，充分发挥交通决策支持研究对科学决策的支撑作用。

2. 建立西部交通建设科技项目管理政策

“十五”期间，根据交通部党组“以实用工程为主，以公路、水路交通建设中重点技术问题为主，以长期想解决而现在还没有解决的技术问题为主，以交通运输发展需要的共性技术和基础研究为主”的指导原则，针对西部公路、水路交通发展中的关键技术问题，交通部组织全国交通科技力量开展联合攻关，形成一批适用、先进的成套技术，培养了一大批交通科技创新和管理人才，切实保障了西部交通基础设施建设的质量和进度，有效提高了西部乃至全国交通行业的整体技术水平。

3. 出台一系列加快科技创新体系建设的政策

一是鼓励产学研结合开展科研。通过政府的主导和推动，鼓励企业成为科技创新的主体，促进企业、高校、科研单位的有机整合和良性互动，加强企业与高等院校和科研机构的协作，积极推动多种形式的产学研联合，形成富有活力和效率的科技创新体系，充分发挥高校和科研院所的技术优势，推进交通科技进步。二是建设科研实验基地平台。为提升交通科技创新能力，交通部“十五”期间启动了以重点实验室为切入点的科研实验基地平台建设工作，于2005年7月组织制定了《关于推进交通行业重点实验室建设的实施意见》、《交通行业重点实验室管理办法》和《交通行业重点实验室认定与评估工作实施细则》，组织开展了对第一批16个部级重点实验室的评估工作。2006年9月，交通部印发《“十一五”交通行业重点实验室认定指南》，要求结合实际，按照指南提出的研究方向，做好交通行业重点实验室的培育工作。

4. 形成一整套鼓励成果转化和促进标准化的政策措施

改革开放以来，尤其是“十一五”以来，全国各级交通主管部门高度重视科技成果转化工作，在交通科技成果的推广应用上，开展了一系列富有成效的工作，积极探索科技成果推广应用的新途径。

如“十一五”期间，交通部提出了通过示范工程推广应用科技成果的新办法。组织启动了四川雅泸、湖北沪蓉西、重庆绕城、山西忻阜4个科技示范工程。以政府交通主管部门为主导，以实体工程为载体，以产学研相结合的方式开展科技集成创新和成果推广应用。目前，4条科技示范路推广应用的科技成果达40多项，其中包括28项西部项目成果。示范工程的全面推进，成效十分明显，已成为交通科技成果特别是西部交通科技项目成果推广应用的新载体。同时，不断完善交通标准化制度。为了加强交通标准化的管理工作，规范交通标准化各参与方的行为，明确交通标准化工作的程序，促进交通技术进步，2006年12月，交通部制定了《交通标准化工作规则》。

5. 完善交通科技人才培养政策

改革开放以来，在国家干部人事管理制度改革的背景下，交通行业按照以人为本的原则，在人才的引进、培养、使用、奖惩、晋升等环节通过完善相关机制，为人才的成长提供良好的政策和制度环境。在人才队伍建设上，坚持把发现、培养、使用和凝聚优秀科技人才作为交通科技发展的重要任务，逐步建立起鼓励优秀科技人才脱颖而出的机制。各地交通主管部门不断完善人才选拔培养办法，健全人才培养工作体系，注重在实践中培养人才。以重大科研或工程项目为依托，引入竞争机制，支持优秀年轻人才担任重大工程项目、重大课题组负责人，使优秀人才在实践中锻炼成长。举世瞩目的杭州湾跨海大桥建设就是一个典型实例。大桥工程指挥部从成立之日起，就把培养一流人才摆到重要日程，统一思想，超前规划，运用教育、管理和激励等多种措施，把大家的智慧和力量凝聚到大桥建设上来，发扬“博纳、自信、创新、奋进”的企业精神，齐心协力、拼搏奉献，开创工程建设新局面。据初步统计，在20多家参建单位中，有64名建设者提高了学历，100余名建设者提升了职称，228名建设者成为所在项目部、处、局的技术、管理骨干，其中有6名建设者走上了局级领导岗位。再如，依托西部交通建设科技项目，搭建了培养人才的平台。超过1.3万科研、设计、施工以及管理人员参与了西部项目研究开发成果推广应用与技术服务工作。通过参与项目科技活动，西部地区共有7人次获得了国家级科技荣誉，710人获得了省部级科技荣誉。截至2006年底，西部项目参研人员中，已有680人晋升为高级技术职称，615人晋升为中级职称。

二、公路建养技术

改革开放30年来，公路建设和养护科学技术的进步发展，为公路建设和养护跨越式发展起到了强大的支撑作用。

（一）公路建养技术的发展历程

“六五”期间，公路建养科技重点是：研究重型压实、软土地基处理、石方抛坍与多边界条件下的爆破等路基技术；研究应用弹性层状理论的路面设计方法、大交通量下的沥青路面结构、乳化沥青、刚性路面等路面技术等，阳离子乳化沥青及其路用性能的研究，公路渣油路面的推广，一小时推定混凝土强度的新技术等科技成果的研究和推广，使我国公路建设和养护的水平取得了长足进步，我国第一条具有现代化水平的一级公路——津塘公路正是“六五”攻关成果推广的力作。

“七五”期间公路科技攻关的成果，对我国以高速公路为主的高等级公路发展具有特别深远的意义。通过围绕修筑高速公路和汽车专用一级、二级公路所开展的科技攻关，初步掌握了有关高等级公路路线和桥梁设计、沥青路面结构和材料、路桥质量检测和评价，以及高速公路交通控制技术等高等级公路建设和运营的成套技术。在高等级公路设计方面，开发了“高等级公路路线CAD系统”和“桥梁CAD系统”。在高等级公路路面结构和路用材料方面，开发的“重交通道路沥青路面结构和抗滑表层技术”，初步解决了使用国产沥青修筑高等级公路路面的技术问题，并显著减薄沥青面层，是我国高等级公路路面发展上的一个飞跃。同时还配套研制了“大吨位沥青运输保温挂车”、“沥青软包装材料及包装设备”，提出了“高等级公路路基综合稳定技术”等。结合中国高速公路工程实践，开发了高速公路监控系统和有关的安全设施，研制成功了适合中国特点的高速公路收费系统。

“八五”期间，在高等级公路建设上，“道路CAD”和“桥梁CAD”技术的大面积推广应用，成倍提高了公路设计的效率。此外，推广了“水泥混凝土路面修筑技术”，提出利用物理和化学手段稳定路基的方法，开发了大型沥青混合料搅拌设备和摊铺设备并形成了系列产品。在公路养护方面，开发研制了路面工程质量快速检测系统和水泥混凝土路面施工养护专项技术。特别是“八五”期间，为提高我国公路路面与桥梁养护管理的总体水平，交通部于20世纪90年代初在全国条件成熟的省（市）推广路面养护管理系统（CPMS）与桥梁养护管理系统（CBMS）。到1995年底，CPMS推广工作取得了丰硕的成果，推广省（市）已从10个增加到15个，推广覆盖面除个别省外，绝大部分均达到了推广目标的要求；同年，CBMS推广工作也取得明显效果，推广省（市）已达20个，其中北京、河南、天津、广东、山东、重庆、南京七省（市）的推广覆盖面达100%。

“九五”期间，公路建养科技以高等级公路规划建设和道路运营管理两方面的需求为导向，开展系统的基础研究、应用研究和开发研究。初步形成了以设计、修筑、养护、管理为主体的公路工程成套技术和以维修、节能、装备、场站为重点的公路运输成套技术体系。同时，通过各种形式的技术交流和推广应用、纳入标准规范等，大大提高了公路建设和养护的整体技术水平。

“十五”期间，公路建养科技以国道主干线和西部地区公路建设的关键技术和装备开发与建成的高速公路和等级公路养护、改造技术和装备开发为重点，特别是通过组织西部公路建设关键技术的研发，在勘测设计、施工、养护管理及生态环境保护方面开展了系统研究，形成了特殊地质地区公路修筑成套技术；通过大规模开展大粒径碎石、土石混填、新老路基接合部处治、路桥过渡段等路基技术研究，初步解决了一般路基稳定和各类软弱土处治等问题；通过高速公路早期病害、隧道路面结构与材料、桥面铺装材料与技术等项目研究，有效提高了公路服务性能，保证了公路的质量品质，降低了运营期间的修复费用；从边坡设计理论与方法、边坡加固新材料开发与应用、边坡加固施工工艺、高路堤的沉降变形规律与压实技术等方面入手，开展了边坡稳定加固成套技术研究，建立了相对较完善的路基边坡稳定性评价方法；通过山区公路混凝土透水基层研究、路基路面排水系统施工技术等研究、完善了公路排水评定及设计方法；农村公路建养方面，开展了低造价县乡道路修筑技术研究、油砾石路面技术开发及西部地区农村公路建设关键技术研究等，推动了农村公路特别是西部地区农村公路建设的全面开展；公路养护方面，在高等级路面激光检测技术及成套检测装备研究、沥青路面快速检测及养护技术研究、水泥混凝土路面养护技术研究等方面取得突破，使道路检测精度、决策水平和技术大幅提升。

"十一五"期间，公路建养技术重点研发方向：一是长寿命路面关键技术研究，从结构、材料、工艺入手解决路面早期损坏问题，形成我国重交通沥青路面的修筑技术，保证路面在使用寿命内的使用功能，降低公路的全寿命成本，通过预防性养护和不定期表层维修，路面的使用寿命力争达 10 ~ 20 年；二是交通资源节约与环保新技术研究，开展以节约土地、能源、材料以及资源综合利用和环境保护为重点的关键技术研究，建立循环经济的技术发展模式，促进交通与自然的和谐发展，为建设资源节约型、环境友好型交通提供技术支撑。

（二）公路建养技术的重大突破

1. 公路勘察设计技术

20 世纪 80 年代后，随着电子计算机技术的应用和推广，把设计人员从繁琐的简单运算、制图中解放出来，加快了设计速度，提高了设计质量。进入 80 年代以后，各地院校、测设、科研、施工、养护等单位开始装备了 8 位至 16 位的微型机，并编制了一些程序，在路线设计、工程预算、条件管理、数据处理等也进行了开发应用。80 年代中后期，在交通部"以微机为主导，以中、小型机为后援"的方针指导下，随着 32 位的超小型计算机、自动绘图仪和设计绘图专用软件的引进及计算机辅助设计（CAD）系统的开发研究，进一步推动了计算机在公路优化设计上的应用。为了改变交通部门计算机辅助设计（CAD）系统研究应用的落后状态，交通部于 1985 开始在全国交通系统研究建立 7 个 CAD 系统，其中属于公路工程方面的有公路和桥梁两个系统。1989 年 8 月，交通部还利用世界银行贷款，从国外引进了 APOLLO 机和 VAX 机两大系统共 88 台（件），加强 CAD 的开发研究工作，开展了"高等级公路路线综合优化与计算机辅助设计系统的开发与研究”，开发了数字地面模型子系统，路线平、纵、横断面设计和透视图子系统，公路平、纵断面优化设计子系统，立体交叉设计与绘图子系统，中小桥涵支挡结构设计和绘图子系统，工程造价分析子系统六个子系统，可供各公路设计部门用于公路工程的初步设计与施工图设计。

20世纪90年代后，地理信息系统、航测、遥感、计算机辅助设计集成技术的应用，加之野外勘察设备如全球定位系统（GPS）、数字摄影测量（DPS）、遥感地质（RS）、全站仪等的普遍装备，大大减少了野外勘察的劳动强度并提高了工效。通过成像特点的分析以及图像属性的解释，建立了地面数字模型，进而对复杂的地质现象进行宏观解释，使我国公路勘察设计取得了8项重大科技成果，形成了一整套以现代高新空间信息技术为核心的全新的公路勘察设计技术体系。这八项重大成果是：现代高新空间信息技术为核心的全新的公路勘察设计技术体系、IKONOS卫星图像控制布设和加密模式、IKONOS卫星图像高精度定位、多级工程地质遥感勘察体系、工程精化似大地水准面模型的建立、多时相的地表空间变化分析、测量基准的确定、IKONOS卫星图像与公路CAD的集成。

以数字化地图（DLG）、数字地面模型（DTM）为基础进行数据文件处理，大大减少了内业工作量，提高了工效。通过推广数字地面模型系统BID-Land、路线与互通立交集成BID-Road、利用集成技术成果进行公路勘察设计的整体化解决方案等成果，实现了公路规划勘察设计环境评估全过程的一体化、自动化和集成化，使公路设计由二维设计提升为空间三维设计，由静态设计提升为动态化设计，大大提高了设计效率，有效减少了公路测量野外工作量，同时还提高了设计质量，采用多方案优化设计使平均里程缩短3%～5%，节省土石方量5%～10%，推广过程已经完成40余项近4 000公里新技术应用的典型案例，累计节约工程建设资金24亿元。该技术的推广应用是我国公路勘察设计的重大变革，彻底改变了传统的勘察设计作业方式，大大地提高了设计效率和设计质量。

采用公路计算机辅助设计（CAD）、（Card/1）道路设计软件、仿真技术等实现了空间三维设计，使平均设计效率提高了2～3倍。通过建立行驶质量舒适性评价模型，道路边坡景观设计材质数据库和数学模型；道路绿化材质数据库和数学模型；跨线桥梁景观选型造型数据库，利用平面数据库，建立任意状态的三维跨线桥数学模型，建立跨线桥与地形和道路匹配的模型；建立交通设施与道路沿线环境的关系，建立交通设施三维实景设计模型等。该项目的开发为景观优化设计提供了方法和技术。

2. 岩土工程技术

在路基土工作业中，采用重型压实标准，大大提高了公路土基的强度、稳定性和抗渗透性。根据自然环境、土质情况和基层厚度提出了满足不同压实度的标准，为土基的稳定性和路面的耐久性提供了可靠的技术支撑。冲击压实技术在路基土工中的应用研究和推广加快了工程进度，减少了工后沉降，促进了路基稳定性的提高，为高速公路的路基压实提供了有效手段。

高等级公路路基综合稳定技术推广应用。我国高等级公路建设首先在沿海与内陆平原地区迅速开展。地势低洼潮湿、土质含水率高的软土地带的路基设计施工质量成为高等级公路建设成败的关键。“六五”国家攻关课题“高等级公路路基综合稳定技术”，提出了软土路基综合设计方法和处理施工技术，以及高等级公路过湿土路基夯实标准及设计、施工、新型 NCS 固化材料全套技术，提出和完善了高等级路面排水系统设计方法、土工织物用于路基排水和降低地下水位等。

开发黄土地区公路修筑技术。我国黄土分布面积为 64 万平方公里，横跨青、甘、宁、蒙、陕五省（区）。由于黄土具有湿陷性、易溶蚀、易冲刷和各向异性等特点，给西部地区公路建设和养护带来了许多困难。黄土地区公路修筑成套技术提出了：黄土浸水对路基与边坡等构筑物影响的评价方法，黄土地区公路边坡的防护技术，总结出八类黄土高边坡地质结构模型，为黄土地区公路高边坡稳定性分析、设计与防护提供了重要依据；“宽台陡坡”的设计理念，针对不同地区公路黄土高边坡给出坡型设计推荐方案，填补了现行公路路基设计规范中有关黄土高边坡设计空白；黄土地基承载力的分类容许标准；公路暗穴防治措施，编制了黄土公路暗穴勘查评价及防治技术指南；黄土路基压实标准，路基施工方法及工艺，湿陷性黄土地区湿陷病害的防治技术等。制定出黄土边坡防护的设计原则与评价准则，对黄土边坡植物防护机理、草种选择与综合防护技术进行系统研究，提出了平台植树、土工格室和绿化防护板等新型生态防护技术，总结出黄土地区公路高边坡综合防护方案，为我国黄土地区筑路提供了有力的技术支撑。

开发沙漠地区公路修筑技术。该技术科学地描述了公路路基各种横断面形式的输沙、阻沙规律，获得了各种公路横断面形式与建设养护费用的关系，提出了沙漠地区公路路基横断面设计指南；按不同沙丘类型、不同等级的沙漠公路，提出了沙漠地区公路路基合理填土高度建议值以及不同等级沙漠公路路基压实标准，形成了设计、施工、养护、质量检测等一系列成套技术；在对我国不同沙漠类型区新建公路沙害成因、危害方式、现状以及国内沙害防治技术调查基础上，应用生态学理论、风沙物理学理论、沙产业开发理论进行了工程固沙技术、植物固沙技术、沙产业开发技术研究，并建立了公路防沙体系；在路域植被建设中使用了保水剂、ABT3号生根粉、稀土抗旱根剂、双吉尔促根剂、渗水袋等新材料，取得了明显的效果；系统进行了沙漠路面温度场的研究，建立了路面最高、最低温度、路面最大变温速率以及最大温度梯度的预估公式，确定了沙漠路面工作环境指标，推荐了适应沙漠特点的沙漠路面典型结构，并编写了设计指南，为研究成果的应用奠定了基础；干旱区公路边坡防护采用土工网垫、化学材料（土壤凝结剂）、黏土、乳化沥青、砂石材料、麦草方格护坡进行了不同防护材料、不同坡比的对比试验，总结出一套适于各地区的公路沙害治理模式。即：沙漠地区植被封育技术、干旱区公路沙害综合治理技术、半干旱区公路沙害防治技术、土工合成材料固沙技术、沙产业开发利用技术、公路边坡防护技术、固沙新品种引进应用技术、极端干旱区公路植物防沙体系建设技术等。这些研究成果形成了沙漠筑路的成套技术，为我国沙漠公路的修筑提供了有力的技术支撑，为沙漠地区公路技术规范的制定提供了依据。

形成冻土地区公路修筑技术。我国多年冻土总面积达215万平方公里，占国土陆地面积23%。青藏高原是世界上唯一的高海拔、低纬度的多年冻土地区，占我国冻土面积的60%以上，多年冻土地区公路修筑一直是世界性难题，通过野外调查、室内冻土路基大型模型试验验证理论计算，摸清了水热力三场耦合的规律和公路冻害的成因机理，进而采用热力棒、聚氨酯板、遮阳板、热沥青下封层、植被覆盖等多种措施促进路基的稳定性，解决了这一世界性难题。项目对伴有相变的路基非稳态温度场进行了数值分析，并应用室内冻土路基大型模型试验验证理论计算，分析了路基高度、路线走向与路基坡向、路面类型和不同路基结构类型对多年冻土区路基温度场的影响；掌握了公路冻害成因与机理、公路路基保护冻土措施、桥梁基础稳定性评价方法及桥梁基础冻害防治措施；提出了多年冻土地区公路路基合理断面结构形式、填土高度和路面典型结构，以及公路路域生态环境保护等多项措施。本项成果的应用，为多年冻土乃至季节冻结地区路基修筑技术奠定了坚实基础，解决了多年冻土地区路基设计理论与方法的不足，使得冻土地区路基高度更加合理，减少路基、路面冻土病害的发生，延长道路使用寿命。其应用的经济效益显著，仅就青藏公路全面整治而言，节约工程费用约 2 000 万元。另外，由于路基病害的减少，可以大大减轻养护工作量，这在自然环境极度恶劣的青藏高原具有极大的意义，因而其人文、社会效益更大。

形成岩溶地区公路修筑技术。岩溶在我国广泛分布，其中裸露岩溶区面积约为 130 万平方公里，占国土陆地面积的 13.5%，主要集中在贵州、广西、云南等省（区），针对岩溶地区岩石破碎、山体不稳、大小溶洞暗流不断、工程地质灾害严重，给公路建设带来的困难，研究总结出各种地质勘察方法的适用条件，进而采用各种工程措施攻克了这一难题。提出了：岩溶地区公路工程地质勘察中各种方法的适用条件；适合不同勘察阶段的勘察技术以及一套较为完善的岩溶地区公路工程地质综合勘察技术体系；岩溶地区公路工程稳定性综合评价理论和方法；结合三维离散元 FLAC 对岩溶边坡进行数字模拟，改进提出了路堑边坡的防护措施和方法；以沉降压缩率法和固相体积率法控制填石路基压实质量，既有普遍规律，又具地域特色的景观设计方法；石方边坡绿化、美化和生态恢复技术等。解决了岩溶地区公路建设中的关键技术，具有显著的社会经济和生态环境效益。

完成盐渍土地区公路修筑技术。盐渍土主要分布在新疆、青海、宁夏、甘肃等省（区），受盐渍化影响，形成严重的公路病害。通过现场地质雷达、面波探测和钻孔勘探等综合调查、岩盐样品的毛细水试验、室内工程试验、路基挤密桩加固、土工布隔水、修筑万丈盐桥试验路等措施，探明了万丈盐桥沿线的地质情况、摸清了沿线溶洞的分布情况和工程措施的效果，为万丈盐桥公路改建工程提供可靠的技术保证，有效治理了盐桥公路病害，减少了养护费用，减轻了养护工劳动强度、保证了公路畅通，提高了公路使用效率，对其他盐渍土地区有参考价值。

完成膨胀土地区公路修筑技术。在西部地区尤其是西南地区，如广西、贵州、湖南、湖北等省（区）均有大面积的膨胀土分布。针对膨胀土遇水膨胀、失水收缩的特性对公路建设的影响，通过调查研究及试验段的工程实体试验，摸清了膨胀土的工程特性，得到了一系列膨胀土土性参数，提出了膨胀土压力板试验，重力含水率和体积含水率的换算，膨胀土粒度和孔径的分形等分析方法；独立研制了膨胀土的三相膨胀和收缩试验仪，进行了膨胀土的三相膨胀与收缩试验；系统研究了膨胀土地区公路勘察的原位测试及评价技术；提出了反映膨胀土本质特性的膨胀土标准吸湿含水率的概念，研制了标准吸湿含水率试验装置，制订了标准吸湿含水率试验方法，提出了以标准吸湿含水率为指标的新的判别与分类方法；研究了膨胀土的公路工程性质，提出了膨胀土裂隙定量描述的理论方法和膨胀土地基变形计算的方法；在国内首次提出了公路膨胀土路基填料分类、膨胀土地基分类、膨胀土路堑边坡分类和膨胀土场地分类的方法，形成了完整的膨胀土工程分类体系；编制了《膨胀土地区公路工程地质勘察指南》和《膨胀土地区公路路线设计指南》；利用GIS软件平台建立数学模型进行二次开发，开发了“数字化全国膨胀土地理信息系统”。

形成红层软岩地区公路修建技术。绘出了西南地区和甘肃省红层软岩分布及分区图，针对红层软岩特点，建立了红层软岩岩体结构类型划分体系，提出了红层软岩岩体稳定性的结构分析方法，为红层软岩岩体稳定性分析奠定了理论基础，并对红层软岩岩体力学性质进行了系统试验，得出了红层软岩压剪荷载下的变形和强度特征、各类结构面抗剪强度特性、红层软岩和软弱夹层的流变特性等，提出了红层软岩岩体力学参数参考值，为红层软岩岩体稳定性分析计算提供了依据。结合四川、云南等省典型依托工程工点，提出了近水平地层边坡、倾斜地层边坡、断(层)—褶(曲)破碎地层边坡3种岩体结构类型红层软岩边坡稳定性分析评价方法及防护与加固技术（包括生态防护技术），以及考虑红层软岩及软弱夹层流变性的公路边坡稳定性分析方法。该成果已在四川、重庆、云南、甘肃等省的12个高等级公路建设项目中得到广泛的应用，累计产生经济效益2.28亿元。

形成草炭土地区公路建设技术。“草炭土”是指有机质含量高、孔隙比大、压缩性很大，含有复杂的纤维和木质残余物以及分解度较低且有一定厚度的泥炭层一类的泥沼。针对草炭土地区公路建设中路基路面存在不均匀沉陷、塌陷、开裂、冻胀和翻浆等突出病害和隐患，以对草炭土地基深入系统的物理化学特性研究、工程特性、冻胀特性研究为基础，考虑季节性冰冻气候影响和荷载作用，提出恰当的处治对策，修筑实体试验工程；系统地分析研究了草炭土地基路基结构的变形规律，比较评价处治对策效果，确定草炭土路堤的极限最大及最小填筑高度，与传统处治对策相比可降低建设成本15%~20%，产生的直接经济效益十分显著。

3. 公路路面技术

柔性路面技术。进行了“公路柔性路面结构抗弯拉、抗剪切设计指标”的研究，对高速公路、一级公路等增列了弯拉应力验算，以标准轴载代替了标准车型等。这些改变，都列入1987年出版的交通部标准《公路柔性路面设计规范》中，使这本规范更好地适应了我国公路建设事业发展的需要。

高等级公路半刚性基层沥青路面和抗滑表层成套技术。为适应高等级公路建设需要，1978年开展了“提高路面质量若干主要技术问题研究”，提出了路基路面设计施工配套成果，1978～1985年，围绕国产沥青修筑高等级公路和沥青改性的研究，均取得了较好的实用成果。“七五”国家攻关项目“高等级公路半刚性基层沥青路面和抗滑表层成套技术”，全面研究了半刚性基层材料的强度、干缩、温缩和稳定特性，优选推荐了两类半刚性基层材料，为减薄沥青路面厚度提供了科学依据并为减薄沥青路面厚度提出了建议；推荐了12种半刚性基层路面结构供生产应用。为适应京津塘高速公路建设急需，向石油部门提出了国产重交通道路沥青的技术指标建议，得到石油部门认可，并安排试制。通过对影响高等级公路路面抗滑的路面微观构造、宏观构造和污染性滑溜三个要素深入研究，提出了一套修建抗滑表层的技术措施。本项成套技术在国内多条高速公路得到应用，具有巨大的社会效益和经济效益。

水泥混凝土路面修筑技术。1988～1990年国家科委025科技引导性项目“我国水泥混凝土路面发展对策及修筑技术研究”，就水泥混凝土路面进行了系统研究。“八五”期间，交通部把水泥混凝土路面作为科技攻关的重点，着重解决碾压混凝土路面、滑模摊铺水泥混凝土路面的成套技术问题，“碾压混凝土路面”和“滑模摊铺水泥混凝土路面”两个课题的成果，为我国高速公路大规模机械化施工提供了有力的技术支撑。

西部地区合理路面厚度及路面结构技术。在充分借鉴国外沥青路面结构设计成熟技术的基础上，结合我国实际，通过系统的材料研究、施工工艺研究和加速加载试验验证研究，提出了合理沥青路面结构组合形式，以提高沥青路面结构的长期使用性能。目前，研究成果已在浙江、江苏、福建、湖北、贵州、四川、青海、河北和山西等省（区）推广应用，修建实体工程试验路超过30公里，包括50种不同路面结构形式，取得直接经济效益600万元，间接经济效益达600亿～

1 000 亿元，可取代国外方法进行路面结构设计，取得自主知识产权，形成可供现实应用的技术标准。

新老路基结合部处治技术。针对路基拓宽工程的实际问题，通过多种技术手段对路基拓宽工程中的技术特征和工程问题，新老路基不协调变形的计算方法、特点及对路面结构的影响，拓宽路基的设计理论和方法，新老路基结合部处治的原理、方法和施工技术进行了深入系统的研究，总结了路基拓宽工程中新老路基结合的主要方式及其分类方法、常见病害及其成因机理，提出了新老路基不协调变形的计算方法，揭示了新老路基不协调变形的特殊规律、路面结构对路基不协调变形的力学响应及相应的损坏模式，建立了基于不协调变形控制的路基拓宽设计理论和方法，系统地提出了不同条件下新老路基结合部的处治技术及其施工控制，并在重庆、陕西、上海三地 6 项依托工程中进行了应用和验证，形成了《新老路基结合部处治设计施工技术指南》。该课题的成果对我国经济发达地区高速公路的拓宽改造提供了有力的技术支撑，具有显著的经济技术效益。

乳化沥青材料应用技术。为了节约沥青材料、燃料，保护环境质量，开展了“阳离子乳化沥青及其路用性能”试验研究工作，在 14 个省（市）铺筑各种试验路面 37 万平方米，取得成功后，1986 年在全国范围内推广了这一新技术，获得了良好效果。此外，在阳乳沥青稀浆封层、沥青路面旧料再生利用等方面，也取得了成功，并在全国推广。

西部地区地方性材料在公路路面中的应用技术。该技术针对西部地区的交通状况和地理气候特点，使西部地区公路建设达到因地制宜、就地取材、确保工程质量、节省工程造价和保护自然环境的目的。研究成果涉及西部地区的 12 个省（区），对公路的路线方案选择、路面结构设计、工程施工、养护以及材料开发和应用等方面均有重要的参考价值。研究成果全面推广应用取得了很好的经济社会效益。

废胎胶粉在筑路工程中的应用技术。废胎胶粉用于筑路技术的使用可以降低路面的厚度，达到降低工程造价和能源消耗的目的；橡胶沥青混凝土路面具有降低噪声的性能，可以改善人居环境。

4. 路桥质量检测技术

20 世纪 80 年代，为适应高等级公路发展和对现有路网服务功能提高的需要，通过引进、消化吸收、自主研究，提出并形成了一套适合国情的路桥检测和管理技术，显著地改变了这方面的技术构成，大大提高了技术水平。

5. 沥青路面养护技术

路面管理系统的开发。路面养护首先需要进行养护决策，即确定路面是否需要养护，何时进行养护，以及采用何种技术进行养护。路面养护决策主要有两种方法，一种是经验法，即由工程师根据自己的经验作出判断，另外一种是通过路面养护管理系统作出养护决策。为了适应路面养护管理的需要，大多数省份的高速公路已经建立起了路面管理系统，并根据需要定期对路面状况进行检测，录入路况数据。

养护技术的开发和推广。20 世纪 70～80 年代，我国曾在不同程度上利用过废旧沥青混合料来修路，再生后的材料一般只用于轻交通道路、人行道或道路的垫层。从 20 世纪 80 年代后期开始，伴随着我国高等级公路的大规模建设，新建公路路面几乎不再考虑使用废旧路面材料，路面再生技术的研究基本处于停滞状态。路面维修重建产生的废旧路面材料多被当作“建筑垃圾”遗弃，造成了环境污染和资源浪费。进入 21 世纪，伴随着我国大量高等级公路进入大修、重建阶段，废旧路面材料的再生利用问题重新得到重视和广泛关注。SMA 罩面、微表处、碎石封层、雾封层等预防性养护新技术逐步在我国得到推广应用。

6. 公路排防水系统

为了提高公路工程的质量、维持公路的安全畅通、延长公路工程的使用寿命，对公路排防水系统研究不断深入，在公路排水系统设计方法、山区公路沥青面层排水技术研究、路用防排水材料的开发以及路基路面排水系统施工技术等方面取得了很大成绩，形成了相关的成果和技术指南，为保证公路的安全畅通提供了有力的技术支撑。

三、桥梁和隧道技术

我国多山多水的自然环境造就了秀美的山川美景，却给公路建设带来了极大难度。30 年来，在技术进步的有力支撑下，我国公路桥梁和隧道建设取得了飞跃式发展，不仅数量大大增加，而且为了穿越高山，跨越大江、大河、深谷和海湾，同时防止船撞和减少水下工程、加快施工进度，公路桥梁开始向长大跨径发展，公路隧道也向超长、复杂地质地区发展，建成了一批世界级的著名公路桥梁和隧道。2008年先后通车运营的杭州湾跨海大桥、江苏苏通长江公路大桥，2007年通车运营的秦岭终南山隧道是其中的典型代表，标志着我国已开始由桥梁、隧道建设大国步入桥梁和隧道建设强国。

（一）桥梁主要技术成就

30年来，我国桥梁建设的技术成就主要体现在长大跨径桥梁建设技术、深水基础建设造技术及桥梁质量检测及管理系统等。

1. 桥梁设计技术

设计计算除了通常采用的平面杆系计算外，还较多地采用了空间计算、弹塑性稳定计算、考虑大变形或索的挠度的非线形分析以及局部的分析计算。在必要时进行上下部一起考虑的全桥分析计算，以及动力计算和空气动力稳定计算等。对于预应力混凝土箱梁桥、弯桥、斜拉桥的成桥合理受力状态，钢管混凝土拱的混凝土收缩徐变影响，钢管混凝土节点，混合梁的钢混过渡段、组合结构等的构造、分析和计算都取得了一定的成果。

2. 桥梁施工技术

大跨径桥梁的施工方法，往往是关系着桥型方案能否成立的关键问题。其主要发展方向是无支架施工，我国在这一领域取得了十分显著的成绩。对于拱桥的施工，我国已形成了一整套具有中国特色的无支架施工方法，以悬臂扣挂吊装为主，结合悬臂桁架法、转体法与劲性骨架法。在悬臂扣挂吊装法上，我国成功地用于多跨长大拱桥。平面转体法施工拱桥，是我国独创，利用地形搭少量支架，浇筑半个拱圈，然后向河中转动，合龙成拱。并将平转或竖转结合起来使用。劲性骨架法是先合龙劲性拱架，再挂模板，浇筑箱形拱。我国成功地在劲性骨架上设置钢管混凝土，在工艺上作了重大改进，保证拱圈均匀下沉、受力均衡，避免过去曾有过的变形与应力大起大落、正负反复的现象。这些无支架施工方法也可组合起来使用。对于悬索桥的施工，在主缆架设过河上，主跨900米的湖北恩施四渡河大桥采用发射火箭使牵引索过河的方法，主跨1 650米的舟山西堠门大桥则采用直升机牵引过河的方法。在加劲梁的架设方法上，也趋于多样化，除采用跨缆吊机架设外，也采用一般缆索吊机及桥面吊机安装的方法。对于梁桥及斜拉桥的施工，以悬臂浇筑或吊装方法为主，在跨径较小一点的场合下，可用顶推法或移动模架法，少数梁桥也曾用转体施工法。

3. 钢管混凝土拱桥

完成了钢管混凝土拱桥设计方法与计算理论研究，编制出设计与计算软件；形成了钢管混凝土拱桥结构设计与合理构造形式，编制了设计指南；突破了钢管混凝土拱桥施工关键技术，编制了施工指南、钢管制作验收标准及施工控制软件；形成了钢管混凝土拱桥养护维修技术，编制了钢管混凝土拱桥养护维修指南。

4. 高墩弯桥

完成了高墩大跨径弯桥上下部结构形式、预应力设置及分析、收缩徐变和温度效应的分析、箱梁薄壁墩空间分析、全过程稳定分析、支撑布置对箱梁结构影响、动力及地震反应三维分析、施工方法和监控方法的研究等。

5. 特大跨径桥梁

如苏通大桥，主要围绕5项关键进行研究：一是超过1 000米的大跨径，对结构体小、阻尼限位装置，抗风，抗震、静力稳定性及结构非线性的分析等；二是深水群桩基础的设计与施工，包括桩的设计、桩底注浆技术、施工工艺、桩基承台施工平台，超大型承台的施工技术以及冲刷防护技术等；三是300米的高塔，对钢—混组合结构设计，施工质量的监测与保证混凝土浇筑技术及抗台风等；四是长索的设计与施工，首次采用强度为1 770兆帕的直径7毫米钢丝的平行钢丝索，寿命50年，多是防腐系统，可更换，多重减振措施等；五是长跨径连续刚构的设计与施工，主要防止长期权运营中跨中梁下挠的措施。这些科研取得了丰硕的、具有创新性的成果，为苏通大桥设计、施工奠定了坚实的基础，使大桥仅用不到5年的时间顺利建成，也为世界超大跨斜拉桥的技术作出重大贡献。再如围绕杭州湾跨海大桥，在设计各阶段共进行了100多次科研，最关键的技术有：海中桥墩的测量定位技术，大直径长钢管桩的设计、制造防腐和沉桩成套技术；整墩预制墩身的设计与施工，混凝土结构的耐久性研究，以及70米箱梁整孔预制、运输、架设及防裂措施的研究等。这些关键技术的解决，不仅确保该桥在4年半的时间里顺利通车，也为其他跨海大桥提供了一些可借鉴的经验。

6. 深水基础建造技术

20 世纪 90 年代后，在大跨径桥梁大量增长时，一方面减少了最困难、最费时的深水基础的数量，加快了施工进度，另一方面也减少了船撞的危险，简化了防船撞设施。深水基础建造的设计和施工方法主要包括：钻孔灌注桩、钢管桩、沉井基础、复合基础、地下连续墙以及冰冻围堰等。

钻孔灌注桩的直径由小到大，由 1 ~ 1.5 米发展到 3 ~ 4 米；深度达到 80 ~ 100 米以上；由等截面向变截面发展；在一些特别重要的特大桥梁的主桥基础中，往往采用灌注桩桩底压浆技术，增大其承载力和耐久性，减小沉陷：高桩承台的应用领域不断扩大，不仅用于梁桥，而且开始应用于特大跨径斜拉桥、悬索桥甚至拱桥：计算理论越趋成熟，特别是苏通大桥的两个主塔，每主墩采用 131 根直径为 2.85 ~ 2.5 米的钻孔灌注桩，桩长 114 ~ 120 米，承台混凝土体积为 4.22 万立方米。

钢管桩的优点是在工厂制造，质量有保证，施工速度快，在上海南浦大桥及杨浦大桥中采用，这两座桥均有很深的淤泥层，近年又在东海大桥及杭州湾跨海大桥的一部分基础中采用。

沉井基础刚度大，承载能力大，稳固牢靠，适用于在一些水深很大的河流上建桥，或在基础要承受很大水平力的情况下，沉井仍然是优先考虑的方案之一，仍然是桥梁主要基础形式之一。如江阴长江大桥为主跨 1 385 米的悬索桥，其锚碇要承受约 50 万千牛顿的水平力，其沉井基础尺寸是 69 米 × 51 米，下沉深度 58 米，当时是世界上最大的沉井。

由双壁钢围堰和钻孔灌注桩相组合的复合基础，是目前深水基础用得最多的基础形式。军山长江大桥、南京长江二桥等都采用复合基础，远比沉井基础经济。

地下连续墙因施工振动小，施工噪声低，墙体刚度大，防渗性能好，地质适应性强及可建成任何形式等特点，有被较多采用的趋势。目前，主要用作悬索桥锚碇基础的支护结构。虎门大桥的西锚碇、润扬长江大桥的北锚碇、阳逻长江大桥的南锚碇，都采用地下连续墙作为支护结构。

应用钢板桩围堰施工，一般深度不大，不会深于 20 米。20 世纪 90 年代中后期，吸取煤炭行业经验，开始采用冻结法制成冰冻围堰开挖。首先，用在鄱阳湖口大桥上，此后，在润扬长江大桥的南锚碇上，也采用了冻结排桩法施工，为桥梁基础的施工开辟了一个新的途径。

7. 桥梁质量检测及管理系统技术

桥梁质量检测及管理系统包括桥梁检（监）测技术与装备，桥梁质量（技术状况与承载能力）评价技术、桥梁管理养护技术以及桥梁的加固技术等。目前，桥梁质量检测及管理系统已建立了完整的技术体系，为保障桥梁结构运营安全、延长桥梁结构寿命，实现我国桥梁质量现场检测高效化、评价精准化、养护科学化和旧桥加固合理化提供了强大的技术支撑。我国桥梁质量检测及管理系统的发展大致经历了三个阶段。

第一阶段涵盖整个20世纪80年代，主要为引进吸收、促进自主开发研究阶段。根据1980年的统计，当时我国有公路桥梁约13万座368.5万延米，其中超过50%的桥梁是1970以前修建的，桥龄在10～40年以上，荷载标准低，不少桥梁因设计、施工和超载交通量增长等原因造成结构缺陷和损坏，且养护资金少，得不到及时的检修，桥梁的安全运营和使用寿命受到严重的影响。面对众多的旧桥，国内公路管理部门急需检测评定技术和管理养护技术。为了弥补桥梁质量检测与管理系统上的空白，交通部首次与英国海外开发署合作，由交通部公路科学研究所与英国运输部运输和公路研究所（TRRL）共同执行“中英公路桥梁无损检测技术合作项目”。这个项目的执行，为无损检测技术在我国公路桥梁上的应用起到了积极推动和促进作用。除中英合作项目外，当时国家经贸委在“桥梁质量评价及装备技术引进”项目中，引进了部分桥梁质量检测数据的采集处理设备和检测仪器及相应的技术，这为自主开发研究提供了启示和样本。

第二阶段纵贯20世纪90年代，主要是推广应用、提高检测管理水平阶段。这一时期是我国公路桥梁全面开展桥梁质量检测、评定、加固和实现管理养护现代化的时期。“八五”初，交通部提出“完成国道桥梁的定性、定类等检测工作，并采取修理、加固、改造等工程措施逐步提高桥梁荷载等级，基本消灭干线公路上的‘危桥’，切实扭转‘养路不养桥’的倾向”，并将之作为公路养护工作的指导目标之一。为此，全国各级公路主管部门积极广泛开展公路桥梁质量检测和管理系统的推广应用工作。在人才培养方面，先后编写了“桥梁检查”、“混凝土现场检测”等材料，结合“桥梁管理系统”的应用举办了近40期技术培训班，3 000多名桥梁管理人员和桥梁养护专业技术人员受训，成为各级桥梁检测养护机构的骨干。在机构和队伍建设方面，交通部通过资质论证，逐步建立“公路桥梁质量检测中心”。“桥梁养护管理系统”由交通部列入推广项目，分三期完成了在全国各省（区、市）公路养护部门的推广。全国通过检查、定性、定级和入库的干线公路桥梁超过20万座。

第三阶段为进入21世纪，桥梁质量检测及管理系统向精细化、系列化、规范化迈进。交通部根据我国公路桥梁养护管理和国省道干线公路危桥改造的迫切需要，在“十五”期间，秉着集成创新，重点突破，完善技术体系的原则，开展深化开发研究，取得了一批集成、创新成果，建立了桥梁的质量检测—检测参数评价—结构技术状况评价—承载能力评定—维修加固等完整的技术体系。

（二）隧道技术的重大突破

我国在公路特长隧道通风、监控和防灾技术上取得的进步，迅速缩小了与国际先进水平的差距。

山岭隧道建设技术。交通部最早的隧道研究项目是1983年依托于天山公路隧道建设开展的“高寒地区隧道安全建设技术研究”。25年来，山岭公路隧道土建技术蓬勃发展，隧道科研全方位开展，主要体现在隧道规模的发展、隧道结构形式的丰富、复杂条件下的隧道建设技术的发展、隧道环保技术的发展以及各种新材料新工艺的应用。此外，与技术进步相呼应的山岭隧道相关规范体系的建立与完善，也成为隧道建设技术进步的重要里程碑。

公路隧道技术规范。结合公路隧道特点和实践经验，先后编制了《公路隧道设计规范》、《公路隧道施工技术规范》、《公路隧道通风照明设计规范》、《公路隧道养护技术规范》等，这些规范的编制，极大的促进了公路隧道的建设。在规范的指导下，我国山岭隧道的长度及单洞跨度均得到了极大提高，单洞长度已由不足500米发展到了18.02公里，单洞最大跨度已由普通两车道发展到了四车道甚至五车道，这标志着我国在长大山岭隧道建设水平方面已经达到了世界先进水平。

针对特长隧道穿越的地层众多，各种地质条件复杂多变，安全运营的难度大等问题，依托秦岭钟南山、雪峰山、湖北沪蓉龙潭、大相岭泥巴山、乌鞘岭、七道梁等特长隧道工程，围绕依托工程的勘察、设计与施工、通风、防灾、监控与管理等关键技术开展攻关，取得了丰硕成果，不仅成功应用于各依托工程中，也丰富和完善了我国山岭隧道的设计与施工技术体系。

在**跨度**上，为适应三车道、四车道隧道等超大跨隧道发展需求，2002年开展的“辽宁省沈大高速公路韩家岭隧道修筑技术研究”项目，2005年完成的“龙头山浅埋大跨连拱隧道动态反馈与施工控制技术研究”、2007年开展的“单拱四车道公路隧道设计优化与施工技术研究”，均在大断面隧道的设计和施工等方面进行了科技攻关，取得了相应成果。

在**结构形式**上，除了最早的普通分离式隧道外，连拱式、小净距、分岔式等多种结构形式已在我国山岭隧道中得到普遍应用。以外，一些“桥隧混合结构”、“互通式地下立交”等复杂的新型结构也相继出现并在实际工程中得以成功实施。

连拱式结构。1992年，白云隧道是国内较早建成的公路连拱隧道。其后，京珠高速公路的五龙岭隧道、浙江宁海岵岫岭隧道、沪蓉路冯家垭口隧道、延塞高速墩山隧道、福建相思岭隧道、广东猫山隧道等一批连拱隧道均相继建成。课题针对连拱隧道的扁平大跨度不对称连拱隧道设计与施工技术、高速公路复杂地层双连拱隧道施工技术、软弱围岩双跨连拱隧道综合修建技术等开展了系统研究，连拱隧道的墙形式已从最初的整体式直中墙到夹心式直中墙，再发展到夹心式曲中墙；从对称连拱隧道到不对称连拱隧道；从全暗或全明连拱隧道到明暗组合的连拱隧道。

小净距式结构。小净距隧道相对连拱隧道而言，具有工程风险较小、造价相对较低等优点。1999年厦门进行了《现代城市双洞、双线隧道修建技术的研究》项目；2000年以宁波招宝山隧道为依托，进行了“并行隧道超小净距施工技术研究”，并在Ⅲ、Ⅳ类围岩净距3.5～4.2米下取得了成功。2001年10月开工建设的京福高速公路一期三明至福州段，根据地形为鸡爪形的特点，在国内第一次大规模采用小净距隧道理念进行隧道建设，将原设计的14座连拱隧道均改为小净距隧道，直接节约工程投资1.04亿元。2003年度依托都汶高速公路紫坪铺（董家山）隧道，开展了“双洞小净距隧道设计、施工关键技术研究”，为推动小净距隧道设计施工技术的成熟化，促进小净距隧道技术工程应用，开展了进一步研究。2007年福建省依托福厦漳高速路扩建工程，开展了隧道扩建关键技术研究，更将小净距隧道的建设理念成功推广应用到了改扩建工程中，为小净距隧道的应用提供了更加广阔和有价值的前景。

分岔式结构。由于洞口接线的要求、地形条件的限制和减少工程造价的考虑，新出现了一种结构形式——分岔式结构。根据具体应用结构形式可分为洞口分岔隧道和洞中分岔隧道两种。2004年，开展了“分岔隧道设计施工关键技术研究”科技攻关工作，为分岔式隧道修建技术的总结与推广起到了良好作用。

复杂组合结构及地下立交。此外，由于各种条件的限制，一些特殊组合结构的隧道也应运而生。例如，山西省境内晋济高速公路的拍盘隧道，依次由双洞单跨结构、双洞连拱结构、双洞小净距结构和双洞分离式结构组成了复杂的分岔组合式隧道。再如，厦门市机场路一期工程中的万石山隧道，在地下实现了万石山隧道与钟鼓山隧道的完全互通，为我国第一座大型暗挖地下互通式立交，结构种类繁多，施工工序复杂，既有平面分岔结构，又有上下交叉结构，涵盖了目前山岭隧道几乎所有的结构形式。为此，围绕2007年国家“863”科技攻关专题“现代交通技术领域——地下交通工程与隧道建造”开展的“大型江底地下互通式立交枢纽建造与运营核心技术研究”，部分研究内容即专门针对地下立交的结构形式开展了科技攻关。

复杂地质、地理条件下的隧道建设技术。我国地域辽阔，隧道所处场区的地质条件和地理条件的多样性形成了我国山岭隧道建设技术的复杂性。一般地，隧道工程中常见的复杂地质和地理现象包括：岩爆、高地应力、大变形、构造破碎带及活动断裂、松散地层、特殊性土、采空区、岩溶、涌水、有毒气体、浅埋、高海拔、高寒等等。针对上述各种条件，展开了一系列的专项研究并取得了相关成果：突破了复杂条件下隧道勘测、设计、施工等技术瓶颈，为提高隧道使用品质和寿命、降低工程造价和养护成本提供了强大的技术支撑。

隧道环保技术。进入21世纪，随着环保意识的普及，隧道建设的环境保护问题愈来愈成为业内关注的重点。针对隧道建设中可能破坏隧址周边生态环境的主要环节，开展了科技攻关。2006年完成的“高速公路隧道环保型建设技术研究”，以江苏宁淮高速公路老山1号、2号隧道工程为依托，首次开发了公路隧道前置式洞口工法，实现了隧道洞口“零仰坡”施工，避免了隧道洞口高大边仰坡开挖；创新设计了以半拱—斜柱为特点的大跨异型棚洞，开发了大跨异型棚洞施工关键技术，保护了自然植被，减少了对原位地质体的扰动，节约了资源，取得了良好的环保效益与社会效益。2007年开展的“山区隧道建设环境保护关键技术研究”

则通过对山区隧道建设环境保护关键技术进行研究，建立了山区隧道生态环境影响综合评价指标体系和“隧道洞门环境经济评价模型”，提出了基于环境保护的隧道洞门选型技术指南，基于环境保护的防排水技术关键措施和经济的、切实可行的隧道施工废水处置技术。

水下隧道技术。20 世纪末以来，随着大量水下隧道的修建，我国开展了大量的技术攻关，极大地推动了我国水下隧道技术的发展，确保了工程的顺利建设。到目前为止，我国已经熟练或基本掌握了三种常见的水下隧道建造技术：钻爆法、盾构法和沉管法。在水下隧道建造技术方面取得了长足进步，集成创新出了具有我国自主知识产权的水下隧道建设技术，并达到国际先进技术水平，为我国庞大的水下隧道建设计划储备了技术和人才资源，并具有参与国际重大水下隧道工程项目竞争的实力。

在我国，盾构法最早出现于上海。1963 年，上海就在第四纪软弱含水地层中进行了直径 4. 2 米盾构工程试验，其后又进行了隧道结构试验。此后，又陆续建成了黄浦江上的延安东路南、北线隧道等 12 项越江隧道工程。目前在建的上海崇明越江通道工程采用“南隧北桥”方案，其隧道工程全长 8. 9 公里，盾构隧道直径 15 米，内径 13. 7 米，是世界上最大直径的盾构机（直径 15. 43 米）施工隧道，也是世界上一次推进距离最长的水底公路隧道。此外，武汉和南京目前也分别开始建设穿越长江的盾构法水下隧道。

目前，我国已经开始建设的钻爆法水下隧道中，以厦门东通道海底隧道和青岛胶州湾隧道工程为代表。

1993 年广州建成的道路、地铁共用的珠江沉管隧道，是我国大陆最早的沉管隧道，目前已相继建设了 3 条穿越珠江的沉管隧道；同期，宁波先后建成了甬江沉管隧道和常洪沉管隧道。2003 年 6 月通车的上海外环隧道是规模最大的沉管隧道，其建设规模为亚洲第一、世界第二。

长隧道通风技术。随着我国公路隧道建设数量、建设规模、建设方式的不断发展，公路隧道通风逐渐成为隧道建设的关键技术，甚至是控制性因素。为此组织了一大批公路隧道营运通风技术规范编制和技术攻关，1999 年编制完成的《公路隧道通风照明设计规范》，系统且全面地对公路隧道营运通风、照明设计作了强制性规定或推荐性规定；设计方法及有关参数、指标在考虑我国国情的同时，尽量与国际标准接轨；公路长隧道纵向通风研究以成渝高速公路中梁山隧道、缙云山隧道为依托工程，在1990年把半横向通风变更为纵向通风的决策研究基础上，采用了当时世界先进的纵向通风技术，应用长度在国内首次突破3公里，为此后特长隧道的营运通风方式的改变和运用提供了成功经验；在多单元送排式分段通风的理论和模型实测、通风防灾及其控制技术、竖井排出式纵向通风、多单元送排式纵向通风、海底隧道的通风方案和防灾以及特长公路隧道通风技术研究等方面，取得了一系列成果并推广应用，解决了送排式纵向通风的关键技术。

隧道监控与防灾技术。这是隧道开通运营后的世界性难题，特别是特长隧道的监控与防灾，难度极大。经过近30年的科技攻关，公路隧道运营及安全技术已有了长足进步。隧道监控防灾预警技术逐渐成熟，并取得较好效果，在后期的隧道建设和运营中应充分应用，并进一步完善，以真正为隧道的安全提供保障；在网络通信控制技术方面，以太网技术已在公路隧道监控系统网络中应用；视频检测技术，成为目前隧道中各种异常事件检测中应用；监控系统软件已经向区域联网软件和智能化、可扩展化软件方向发展。

四、道路运输技术

改革开放以来，通过运输组织结构调整，快速客货运输技术、信息技术和网络技术的运用，加快了道路运输科技成果转化为生产力的步伐，道路运输业的科技含量日趋提高，使道路运输效率、经济效益以及旅客、货主的满意度明显提高。

“六五”期间，重点研究汽车在高原地区的运行、汽车节能技术、汽车不解体检验设备并建立汽车检测站以及道路运输在国民经济中的作用与地位和促进运输结构调整等。

“七五”期间，道路运输开始进行重点技术改造，道路运输行业技术改造项目共安排500多项，完成投资10亿元。为适应旅游事业及高等级公路客运发展的需要，立足于国内，开发了按总成计、全部国产化的新型高档大客车。在汽车维修生产中推广应用汽车检测诊断设备，变“定期保养，计划修理”为“定期检测，视情修理”，全面提高了汽车维修和技术管理水平。

“八五”期间，为适应高速公路为代表的高等级公路快速发展需求，快速、长距离客货运输的增长给道路运输科技发展提出新的要求。道路运输方面的科技任务主要是：为大幅度提高运输效率和效益提供成套技术、交通控制及运输安全关键技术。重点包括四个方面。一是研究汽车货物运输关键技术，包括研究货运枢纽站建设和管理的关键技术、研制符合高档商品运输条件的大型高速专用车厢以及大型柴油车快速诊断技术及设备、研究大型柴油车快速诊断技术，研究在用汽车节能产品的评价体系等；二是公路客运关键技术，包括开发总长 14 米的双层卧铺公路客车以及 30 座位以上的高级轻型客车，研究电子计算机技术等现代信息技术的应用；三是研发交通控制及运输安全关键技术，重点是高速公路交通控制技术的开发；四是开发大型公路客车以及适合中小客流的轻型客车以及大吨位集装箱半挂车、保温油罐车、软体或硬体箱式半挂车等车辆。

“九五”期间，在道路运输科技发展方面提出，要紧紧追赶世界先进水平，大力发展智能交通系统。同时明确，要为提高公路运输效率和效益，配合以 45 个公路主枢纽站为主体的货运网络系统建设规划的实施，大力开展对现代化客货运输系统建设和管理技术的研究开发，逐步建设和发展公路运输的物流系统，组建全国公路货运配载信息中心。

着重开展培育和发展交通运输市场问题、交通企业建立现代企业制度问题的研究；着力于公路快速货运网络系统开发和示范工程、新型公路客车和底盘的开发研制等；在行业联合攻关计划中，明确要重点开展公路安全与交通工程技术研究开发、公路客运枢纽站计算机管理系统开发、公路货运专用车辆开发研制、汽车检测和节能技术研究开发、危险货物运输安全技术研究以及控制新建高等级公路对环境有害影响的研究等。

初步形成了以维修、节能、装备、场站为重点的公路运输成套技术体系。并通过各种形式的技术交流和推广应用、纳入标准规范等，大大提高了道路运输生产的整体技术水平。

“十五”期间，道路运输交通技术进步的重点是：路网运营以智能运输系统建设为龙头，以提高路网使用效能和道路通行能力为目标，重点研究开发各种网络系统关键技术；道路运输以高速公路客运系统、快速货运系统和现代物流服务系统建设关键技术为重点，坚持不懈地开发公路交通安全、节能降耗和环境保护关键技术；以信息技术为突破口，实现运输设施、装备和运营管理的有效集成，大幅度提高效率和质量，提高运输安全性，改善运输管理，提高为社会提供各种运输服务的能力和质量。

着手研究超载超限治理技术、运输组织技术，开发优化了公路运输结构和提高服务水平的新技术，如省域道路运政关键技术研究与示范应用、应用GPS（全球定位系统）和GSM（全球移动通信系统）进行车辆定位与管理系统开发、应急物资运输组织保障技术研究及示范性工程等，推广运输信息管理及应用技术等，为提高道路运输组织管理水平，解决运输效能不高、运输组织方式和管理落后，遏制超限超载运输奠定了坚实的技术基础。

“十一五”期间，道路运输技术在智能交通技术研究开发方面，建成区域高速公路联网电子不停车收费示范车道，实施精确气象预报，完成与大经济区域联网信息服务相关、具有自主知识产权的关键技术及应用示范，形成相关的成套标准规范。通过集成开发路上行驶车辆的信息采集和计量技术，为未来道路用户费用征收模式的改革提供前瞻性技术支撑。逐步形成交通运输管理信息与服务网络，提高交通运输管理能力和服务水平。

道路运输技术主要成就体现于：**在道路客运方面，**以“高档次车辆、高服务质量、高密度发车、高速度直达”为特征，适应了当前旅客对运输直达性和准时性要求，提高了运输效率，提升了旅客服务水平。初步实现了800公里当日抵达、400公里当日往返的实效指标。高速客运平均车日行程在650公里左右，相当于普通客运的2倍多，效益大大提高，经营道路快速客运的企业普遍进入了良性循环的状态，投资收益率在10%～20%之间。**在道路货运方面，**以干线公路网为依托，以45个公路主枢纽为中心、运输站场为结点，建立起面向全社会的道路运输系统，通过“上门取货、集零为整，送货到门、化整为零”这种运输服务形式，及时适应消费者的个性需求，将道路运输的服务水平推进到新阶段。运输半径由原来的300公里扩展到600～800公里，一些高附加值的货物运距已达2 000多公里。

道路运输技术进步取得了以下突出效果：

首先是提高运输装备技术水平，进一步改善车辆构成。以切实提高乘坐舒适性、运行可靠性和确保运输安全为目标调整客运车型结构。城市间高速公路和国省干线客运以及旅游客运，采用承载式专用客车底盘改装并且配备了ABS制动装置、储能弹簧制动器、空气悬架、冷暖空调、下置行李仓、卫生间以及电视、音响、饮料机等设施设备的客车为主来经营，城乡客运和农村客运则由以普通客车为主调整为以中级客车为主经营，同时加大了适合农民携带农副产品出行的客车开发研制及推广力度，做到人货分离，确保运输安全。以切实提高运输效率、降低能耗和实现货物运输厢式化、确保运输安全为目标调整货运车型结构。大力发展载重8吨以上的重型柴油货车和集装箱牵引车辆，进一步提高重型车辆比重；发展了适合承运冷藏货物、散装货物、液态和气态等货物的特种专用车辆；加快货运车辆厢式化进程，逐步淘汰现有的普通敞篷货车，实现货物无裸露运输；通过车型结构调整，形成了中长途货运由大吨位重型货车运输、短途货运和货物集散由中型、轻型货车运输的格局。

其次是调整运输组织结构，提高了运输服务水平。道路旅客运输以“人便于行”和提高旅客运输生产效率为根本目标，充分利用公路沿线的服务区，积极进行“结点接驳”运输组织实践，通过联网售票和联网调度协作实现一体化的客运组织，通过服务内容增值开发为单纯的客运注入旅游、小件运输、汽车联网租赁等附加服务来完善客运的服务体系，提高了客运服务水平。道路货物运输以“货畅其流”和提高货物运输生产率为根本目标，以现代化电子数据传输技术（EDI）和全球卫星定位系统（GPS）为手段，通过对传统的货运组织进行改革，推进货运的现代化进程，提高集约化规模化的运作效率；大力推广应用货物散装运输（无包装）技术，在快件和零担货物运输领域积极推广应用集中再运输的组织方式，提高业务覆盖率和车辆实载率；积极推广集装箱甩挂运输、汽车列车运输技术和托盘、标准化集装单元在货物运输领域的应用；以大型集团为载体，在其现有货物运输网络的基础上，积极应用现代化的信息技术，按照业务需要，重新规划调整业务网点，纳入一体化网络协作体系，进而有效的降低成本，提高了生产效率和经济效益。

第三是推广应用道路运输信息化技术，提高了运输管理水平。将现代通信、电子商务、电子数据交换、全球定位系统和地理信息系统等先进的信息技术引入道路运输领域，以高时效的货物运输为服务对象，依托多层次、网络化的货运市场体系集散货源，通过科学有效的运输组织，加强道路运输生产各环节间及与其他运输方式间的衔接，使运输与生产、仓储、流通诸领域相互协调，实现了货物安全、准确、快速的流动。采用电子计算机进行行车作业计划编制、作业计划下达、线路车辆运行管理、汽车保修安排货运业务受理、运输工作的统计分析与运费结算等，提高了管理水平、工作效率。

第四，应用汽车技术状况诊断新技术，提高了汽车维修的现代化水平。将汽车综合性能检测与不解体诊断技术的推广应用紧密结合，广泛应用于汽车维修生产过程中，为视情修理作业提供可靠的科学依据，进一步提高了汽车维修行业的科技含量和维修质量；开发和应用客车故障随车诊断系统，汽车诊断专家系统，激光和超声波诊断技术等，提高汽车维修作业的专业化能力和现代化水平。

五、决策支持技术

改革开放以来，以公路发展战略规划、方针政策指向、法规体系建设、组织管理效率提高为重点的软科学研究，受到各级公路交通主管部门的重视，一直是交通科技发展规划和项目安排的重点领域之一，研究领域不断拓展，研究深度不断加强，资金投入保持了稳定增长。软科学研究紧紧围绕事关交通发展的全局性、前瞻性和政策性等重大问题，围绕政府交通主管部门履行行业管理、宏观调控、市场监管和公共服务职能，相继开展了一系列重大课题研究，在交通发展战略规划、政策法规制定、体制机制改革等方面取得了重要研究成果，为各个时期交通发展提供科学和民主决策提供了重要支撑。

改革开放到“六五”末，交通部相继制定出台了《关于实现交通运输现代化的汇报提纲》、《交通运输十年规划纲要设想（1981～1990）》等发展规划；同时开放运输市场，研究制订了20世纪末实现交通运输现代化规划的十项措施，实施公路体制改革等，都有相关软科学研究提供的科学研究成果作为支撑。1984年组织的“公路建设规模和资金问题的研究”，提出了由道路使用者负担建设费用的原则，开辟新的资金来源，提出了除养路费及国家财政拨款外，征收汽、柴油税和汽车购置附加费，其中有关“征收汽车购置附加费”的建议，被国家采纳。1984年12月国务院第54次常务会议决定：开征车辆购置附加费，调整养路费费率和征收范围，并于1985年5月1日起，在全国执行。这项建议的实施，结束了二十多年来把公路运输作为地方交通的局面，为公路建设开辟了长期稳定的资金来源，为“七五”及以后时期高等级公路的建设与现有公路的技术改造提供了资金保障，是决策支持研究的一大贡献。

“七五”开始，软科学研究得到加强。1986年，交通部开展了“2000年公路运输发展战略”、“公路科技发展战略”、“公路集资和投资政策”、“宏观经济控制问题”、“行业技术改造和技术引进问题”、“运输经济理论和方法”、“交通运输管理信息系统的开发”等研究工作。

提出了“快速公路系统”发展思路，为以后公路网规划甚至高速公路网规划奠定了基础；“从产业政策出发加快发展公路运输”的研究，加快了道路运输业的发展，为道路运输在综合运输中奠定基础性地位作出了贡献。此外，“公路建设经济效益研究”、“高速公路管理体制研究”、“交通运输与国内外环境的相关关系”、“运输大通道”、“交通运输效应指标及资金和能源的研究”、“2000 年公路运输发展战略的研究（第一期）”、“公路建设资金的筹集和合理使用的研究”、“技术进步对运输经济增长的定量研究（公路运输部分）”、“公路运输统计体系及方法”等，为公路行业决策、发展提供了科学依据。

“八五”期间，众多软科学研究成果被公路决策部门采纳，为交通行业改革和发展作出了贡献。比较典型的项目如下：“公路所有权与经营权问题研究”针对当时公路产权关系比较混乱，公路所有权与经营权实际操作出现偏差等问题而进行的研究，总结和探索了一条适应我国公路建设发展的新路子。该项成果对理顺公路产权各方面的关系，促进和发展公路事业具有长远战略意义，对政府部门进行决策有重要的参考价值。“交通企业建立现代企业制度整体框架研究”，依据党的十四届三中全会决定和《公司法》，参照试点企业较为成功的经验，提出了适合交通企业特点的，不以目前利益格局为前提的改革目标和模式，对全国交通企业建立现代企业制度提供了决策依据，对搞好国有交通企业，更大地发挥交通企业的社会效益和经济效益具有重要推动作用。“高速公路产业带的研究”以沈大、京津塘、沪嘉、广深等高速公路的建设对沿线经济发展促进的事实、数据，回答了“要不要加速高速公路的发展步伐”、“投入那么多资金建设高速公路是否值得”等问题，对国家有关部门制定交通运输发展的相关政策措施提供了科学依据。“公路、水运交通运输网络规划技术研究”结合中国公路运输网络规划实际，采用先进的模型和各项参数处理方法，直接用于中国进行网络规划。研究成果在吉林省 30 年公路网络规划中得到了全面的应用。此外，软科学研究在加强宏观调控、培育发展社会主义运输市场等方面也取得了多项成果。

“九五”期间，公路软科学研究紧紧围绕发展战略、发展规划、行业政策、加快基础设施建设、运输市场、转变政府职能、加强宏观调控、实施行业管理、法规和制度建设等方面重点课题开展研究，“公路、水运主要技术政策”、“面向21世纪公路、水路交通发展战略研究”、“地方交通行政管理体制基本模式研究”等一批高水平成果的取得，有力地支持了各级政府部门决策的科学化与管理的现代化，推动了公路运输事业的发展。同时，重大问题决策研究制度化又推动了软科学的健康发展。《面向21世纪公路交通发展战略研究》，系统分析归纳了公路交通在社会经济和综合运输体系中的地位和作用，明确了公路交通现代化发展战略的内涵和特点，分析了实施的有利因素和制约条件，提出了我国公路交通未来发展的战略方针和三个发展阶段的战略目标、重点，研究提出了相应的发展政策与措施。《加快我国西部地区交通建设的对策研究》，首次全面、深入地分析了西部地区交通运输的发展现状与存在问题，通过对2000年公路建设需求预测与分析，提出了西部地区公路运输发展的战略目标、战略重点、战略措施与相应的对策，其成果对于促进我国西部地区各省（直辖市、自治区）交通部门更新观念，抓住机遇，大力发展以公路交通为重点的交通运输业具有现实意义。

“十五”公路软科学研究，面对交通运输发展的宏观环境，为实现公路交通发展三阶段战略目标和实现交通运输现代化，不断提供新思想、新观念、新理论、新方法。

《加入WTO对我国道路运输业影响的研究》以分析研究世界贸易组织《服务贸易协定》的基本原则、典型WTO成员道路运输市场的准入规则及政府在道路运输管理的作用、我国道路运输市场对外开放的现状、外资进入我国道路运输市场的目的和发展战略等为基础，就加入WTO对我国道路运输业可能产生的影响进行了全面深刻的分析，特别对政府在道路运输管理中的职能进行了分析，提出了我国加入WTO后政府应采取的政策措施和建议。

《道路运输发展政策研究》在分析道路运输发展业现状及存在主要问题的基础上，对改革开放以来颁布的主要政策进行评价，充分借鉴国外道路运输业发展的政策与措施，结合“十五”期间及到2010年国民经济和社会发展的总目标，对道路运输业的发展进行了趋势分析，系统地提出了未来道路运输业的发展政策与措施。

《公路货运车辆超限超载运输治理关键技术研究》，从超限超载运输产生的成因入手，探索超限超载运输的发生机理，并从行政、法律、经济、政策等多角度提出遏制超限超载的政策措施。

“十一五”以来，交通部（交通运输部）相继开展了几个指导行业发展的重要战略研究。2005年，交通部组织实施了《节约型交通行业发展战略研究》，提出了建设节约型交通的总体思路、指导原则、战略目标和建设节约型交通的要求与措施。在国家作出走自主创新道路、建设创新型国家的重要战略决策的前提下，开展了《建设创新型交通行业发展战略研究》，系统地提出了建设创新型交通行业的发展战略，通过分析交通行业发展现状以及面临的发展形势和要求，明确了建设创新型交通行业的指导方针、总体目标、重点任务和保障措施，为在交通行业贯彻落实党中央、国务院建设创新型国家的重大战略决策，推进行业理念创新、科技创新、体制机制创新和政策创新发挥了重要作用。

从深入贯彻落实科学发展观、构建社会主义和谐社会、建设创新型国家等一系列重大战略思想和部署，努力做好“三个服务”，实现交通又好又快地发展要求出发，开展了《交通由传统产业向现代交通服务业转型战略研究》，提出了转型的实质就是发展现代交通业，明确了发展现代交通业的内涵、总体要求、基本原则、战略目标以及战略重点、保障措施。

2008年，组织了《地方交通运输大部门体制改革研究》和《深化中心城市交通行政管理体制改革研究》，研究报告提出了深化我国交通运输行政管理体制改革的指导思想、基本原则、总体目标、主要任务及优化交通运输行政管理组织结构的基本模式，为地方交通运输部门按照大部门、大管理、大统筹、大协调的思路，转变职能、理顺关系、创新体制提供了可借鉴的意见和建议。两个研究报告由交通运输部印发，供各地学习、参考。

六、西部交通科技

为贯彻落实中央关于西部大开发的战略部署，交通部在1999年11月22召开的“加快西部地区交通建设与发展座谈会”上提出，针对西部地区公路“一差两低三不足”的现状，要坚持“统筹规划、分类指导，突出重点、讲求实效”的方针，加快西部地区公路交通发展，为实现西部地区交通现代化奠定基础。西部地区的地质、地貌远比东部地区复杂，多冻土带和高山峡谷，经常发生泥石流，这在东部地区不多见，要在西部地区搞交通基础设施建设，科技含量比较高，所以在西部地区更要倡导“科教兴交”，更要充分利用科技手段，确保基础设施建设，确保质量，确保投产后为全社会服务。

为进一步发挥科技创新在西部交通建设中的作用，2001 年，交通部正式启动“西部交通建设科技项目”。设立专项资金作为西部交通建设科技经费，用于安排西部交通建设科技项目，提高西部地区交通建设的整体水平、运输效率和队伍素质，促进西部地区交通的跨越式发展；为加强西部交通科技项目的领导和组织协调工作，交通部成立了交通部西部交通建设科技项目领导小组，下设交通部西部交通建设科技项目管理中心，具体负责项目的组织实施和经费管理等工作；为切实推动西部交通科技工作，规范西部交通科技项目的管理，交通部制定了《西部开发“十五”交通科技项目规划》、《西部交通建设科技项目管理暂行办法》和《西部交通建设科技项目招投标管理暂行办法》，并把《西部开发“十五”交通科技项目规划》列为交通部科技年度执行计划。

截至 2008 年底，西部交通建设科技项目实施的八年里，共完成投资 31.42 亿元，安排研究课题 629 项，其中公路方面达到 488 项；研究范围涵盖了特殊地区公路修筑技术、桥隧、安全保障、环保、运输和标准规范等主要技术领域，有力支持了西部八条国道主干线、八条省际公路通道等重点工程的建设。八年里，共有 287 个项目通过鉴定验收，80% 以上项目达到国际先进或国内领先水平。其中 1 项成果获国家科技进步一等奖、3 项获国家科技进步二等奖、1 项获国家科技发明二等奖、4 项获中国公路学会科技进步特等奖等。近百项科研成果纳入到公路相关工程技术规范，增补、修订国家和行业标准规程 262 项，形成 133 项设计、施工技术指南（手册），获国家专利授权 86 项。同时还培训西部地区交通管理和技术人员超过 5 万人次，培养研究生 1 800 余人。

八年里，西部交通建设科技项目的实施在公路科技领域取得了以下八大方面的突破和进展：

一是特殊地质地区公路修筑技术取得突破性进展。在沙漠公路、黄土地区公路、多年冻土地区公路、膨胀土地区公路修筑技术等方面取得重大突破。

二是攻克一批山区高速公路建设技术难题。主要有高墩大跨径弯桥、分岔式隧道、双洞小净距隧道的设计施工等。

三是在桥梁建设与在用桥梁检测加固技术方面取得显著成效。形成了大型桥梁无损检测与无线传输、中小桥梁振动测试、震后桥梁性能评价、旧桥承载能力评定及加固改造等桥梁结构检测、评价与加固的成套技术。

四是在公路路基、路面修筑技术上缩小了与世界先进水平的差距。在路基、路面专项处治技术方面，完善了公路路基、路面病害处治技术，解决了路基压实质量控制、新老路基结合部处治、路桥过流段沉降控制、水泥路面断板防治、沥青路面施工质量过程控制等关键技术问题；在路面设计方面，建立了沥青路面设计指标和参数新体系，为我国沥青路面设计规范修订打下坚实的基础，提供了核心依据。在路面检测方面，开发出我国首个具有完全自主知识产权和国际最先进技术水平的路况快速检测系统装备及路面损坏自动识别系统，提出我国路面快速检测装备成套配置方案和应用技术指南，填补了我国沥青路面养护专家系统研究方面的空白；在路面材料方面，首次自行研制成功强度高、变形性能优的路用聚合物水泥胶结料，开发出聚合物改性水泥混凝土新型路面结构，综合了传统沥青混凝土路面和水泥混凝土路面各自的优点，具有较好的透水、降噪功能，实现了路面的彩色功能，施工工艺简单，综合造价比沥青混凝土路面显著降低。

五是在资源节约和环境保护技术研究方面取得显著成效。项目涉及地方材料开发应用、循环再生利用、绿色能源应用、优化设计及生态工程技术等方面，解决了机制砂应用、路面再生、太阳能利用、桥梁全寿命设计方法等，其成果对于提高公路建设中的资源、能源利用效率，促进公路建设与环境协调发展具有重要的现实意义。

六是公路交通安全技术研究成果得到国际认可。“公路交通安全应用技术研究”项目取得专利14项，软件著作权7项，制定标准规程37项，编译国外标准规范16部，编写实用性工程指南4部，形成了我国第一部公路安全手册，项目成果打包集成的《中国公路安全保障工程技术研究》荣获国际道路联合会2006年度欧洲道路安全奖二等奖。

七是防灾减灾技术研究取得阶段性进展。大型复杂边坡治理的预应力锚索抗滑桩及锚索框架设计与施工技术取得突破，成果在川藏公路前龙段滑坡整治工程中发挥重要作用，结束该路段反复整治效果不佳的历史，保障了川藏公路畅通。通过对元磨高速公路高边坡病害进行完全等级划分，建立了高边坡病害群动态监

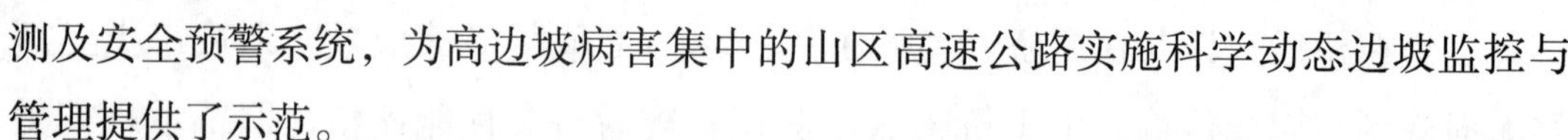

测及安全预警系统，为高边坡病害集中的山区高速公路实施科学动态边坡监控与管理提供了示范。

八是低交通量公路修筑技术日趋完善。项目对农村公路、边防公路等交通量小、养护技术水平低的低交通量公路修筑技术进行了系统研究，形成了农村公路建设技术指南、农村公路路面典型结构等重要成果，将农村公路工程造价控制在每公里10万~70万元，降低造价16%~18%，推动了农村公路建设的全面发展。

七、公路交通信息化技术

公路信息化技术，为公路交通的现代化、为政府部门提高行政效率和服务社会的能力提供了强有力的技术支撑。其中，高等级公路特别是高速公路安全、通信、监控和收费四大工程系统的发展和信息化的发展相辅相成、密不可分。

（一）公路信息化技术发展历程

30年来，我国应用电子信息技术改造传统公路产业迈出了坚实的步伐，取得了显著成效。

20世纪80年代初，交通部开始公路信息系统的建设工作。交通部下属有关单位开始开发和推广计算机应用技术，1984年，交通部成立电子计算机应用领导小组，统一领导、部署和规划计算机应用和信息系统的建设开发工作。

1985年，交通部正式开始公路、水运信息系统的建设工作。在国家编制的经济信息系统总体规划和总体方案中，交通运输经济信息系统被列为国家经济信息系统25个分系统之一。交通部成立了部经济信息领导小组，开始构筑三级交通运输经济信息系统体系。

1986年，交通部编制了第一个信息系统发展方案——《交通运输管理信息系统计算机系统结构方案》。

1987年，根据国家经济信息系统总体方案的要求及其技术指导原则，结合交通运输管理现代化的需要，编制了《交通运输信息系统总体规划方案》，在交通运输经济信息系统建设中起到了积极作用。

1989年10月，交通部成立了中国交通信息中心，负责《交通运输信息系统总体方案》的组织、实施。交通部直属企事业单位也相继成立了各自的信息中心或类似职能部门，负责本单位、本部门内信息系统建设，制定信息系统发展规划，并在此基础上开发了一些需求迫切、见效快的业务系统，使交通运输的信息化水平有了显著提高。

“八五”以后，信息技术的迅猛发展和信息产业的蓬勃兴起，迅速地延伸至公路交通领域，渗透到建设、运输、管理的各个方面。计算机技术、现代通信技术和现代控制技术与遥感（RS）、地理信息系统（GIS）、全球定位系统（GPS）等高新电子信息技术的集成应用，有效地改造了传统交通运输产业，大幅度提高了效率和质量。

“九五”以来，公路交通行业加快信息化进程，在普及计算机应用的基础上，突出信息技术在运营系统和管理领域的应用开发。信息技术正逐步成为交通运输技术体系的主导技术。

以“GPS、航测遥感和CAD集成技术研究”以及“GIS在公路设计中的应用技术研究”为代表，我国公路设计集成系统包括公路网规划系统、公路投资效益分析系统、路线辅助设计系统、路线评价系统、施工管理系统、工程监理系统和项目后评估系统等方面，总体达到国际先进水平，为我国公路勘测设计部门提供了新的设计技术。

“十五”以后，交通信息化建设工作迅速迈上新台阶。交通部相继颁发了《公路、水路交通信息化“十五”发展规划》、《公路、水路交通信息化工作指导意见》、《交通（公路水路）信息化建设指南》、《中国交通电子政务建设总体方案》等，明确了“十五”公路、水路交通信息化发展的指导思想、目标、建设方针、思路和工作重点。

公路交通信息化发展取得的明显成效，大大促进了政务信息化建设。基础设施领域信息化有了实质性的进展，CAD、GPS等先进电子信息装备已在行业内的设计、施工中被广泛应用；建成了一批涉及全行业发展的信息资源库。

“十一五”以来，公路交通信息化建设速度明显加快，信息化应用逐步深入到交通政务、运输、信息服务各个领域，数字交通初见端倪。在交通部主导下，优先建设了行业内信息共享、信用认证、出行信息服务三个业务服务平台和信息共享技术平台。

（二）公路交通工程信息化技术

我国公路基础设施通信技术的发展与高速公路建设紧密相关，其发展大致经历了从无到有、引进吸收、自主研发和创新到全部国产化并形成具有自主知识产权的核心技术四个阶段，为公路交通现代化提供了强有力的技术支撑。在省（市）域联网监控、通信、收费系统和ITS框架体系研究、标准化；在跨省联网收费、IC卡通行券技术应用、组合式电子不停车收费等方面已经取得了一批具有中国特色和自主知识产权的技术和系统，收费技术总体上处于国际水平。同时，我国还在加快下一代收费技术（卫星定位和无线接入）、智能交通系统核心技术的研发工作以及跨省（市）、大区域的联网电子不停车收费系统和国家公路网应急处置系统实施工作。公路交通信息技术的进步正显著改变着人们的交通出行质量，使人们的出行更安全、舒适、便捷和高效。

在1988年中国大陆第一条高速公路建成通车之前，我国就开展了高速公路建设两个技术探索性的研究和工程实施工作，即“大连地区公路无线电通讯网的研究”和国家“六五”科技攻关项目——“疏港公路通讯技术、交通工程技术和电子计算机应用的研究”，这标志着交通信息技术已开始在公路交通中的实际应用，并为高速公路机电系统的设计、实施和营运管理提供了最初的“原型”。

1988年1月，国家发布《货款修建高等级公路和大型公路桥梁、隧道收取车辆通行费规定》，对加快公路建设起到了积极作用。高速公路收费系统研究成果，提出了“人工判别车型、人工收费、计算机管理、检测器校核、闭路电视监视”的人工半自动收费技术，研究设计了适合我国国情的路段收费系统模式、技术方案、关键技术、运营管理理念，为支撑我国高速公路路段收费系统的健康发展奠定了坚实基础。高速公路监控系统研究，提出了“一次设计、分期实施”设置思路以及监控、通信系统规模等级和设计与设置原则。

在上述研究成果的基础上，通过“八五”国家重点科技攻关项目“高等级公路安全控制系统计算机辅助设计技术”的研究，到20世纪90年代中期，我国已基本形成了机电系统技术构成、设计规范、运营管理模式等基本框架和核心内容，并沿用至今。随后陆续制定了包括隧道在内的收费和监控系统外场设备的行业技术标准和设计规范以及公路工程基本建设项目设计文件编制办法。公路信息化工程逐步走向标准化、规范化设计道路。

20 世纪 90 年代初期，在京津塘高速公路首次采用了光纤数字传输系统（PDH），这是我国第一个技术较先进、网络较完整的高速公路专用通信系统，标志着我国高速公路专用通信网技术水平进入了新的发展阶段。

90 年代中后期，随着对国外先进设备技术的消化吸收，我国逐步掌握了部分设备的关键技术和监控、收费软件开发技术，国内开始自主研究、设计、开发适合我国国情的成套监控、通信、收费系统并开始改造和更换国外引进的系统。特别是在 1997 年至 20 世纪末期，我国陆续在江苏省沪宁高速公路、浙江省沪杭甬高速公路和山西省太旧高速公路等，开创性地使用非接触 IC 卡替代国外进口的磁性券（卡）作为通行券，并取得了成功，同时实现了路段收费系统的全部收费设备特别是车道控制机等关键设备和收费应用软件的国产化。这就为高速公路的收费、通信使用国产系统和设备提供了技术保证。同时，在监控系统方面也陆续开发研制成功各种外场设备和相应应用软件，并投入到实体工程中应用。

从 90 年代末期以来，各省（区、市）高速公路管理部门相继制定了高速公路监控、通信和收费系统总体规划，按照总体规划的要求，逐步构建光纤骨干网传输系统和接入网系统。骨干网的网络结构是基于环形网和链状网，以省（区、市）通信中心为汇集节点，向全省（区、市）内各通信分中心或大城市骨干节点辐射，组成覆盖全省（区、市）的广域骨干网，在省（区、市）通信中心配置统一网管系统和同步定时系统。

基于信息技术的发展，交通部和各省公路交通主管部门均着力建立起了公众出行交通信息服务系统。立足于充分利用现有的交通信息资源并对其进行整合、加工和发布，通过网站、呼叫中心、短信平台、交通广播、路侧可变情报标志等，为公众出行提供交通出行信息、高速公路路况、出行线路、电子地图、客运班次班线、道路气象等多层次的综合交通信息服务，大大提高了公众的出行质量。

进入 21 世纪，通过网络环境下不停车收费系统行业联合攻关，创造性地提出了以双片式电子标签加双界面 CPU 卡的组合式电子不停车收费技术（ETC）方案，实现了 ETC 系统和 IC 卡人工半自动收费系统的有机结合，大大降低了 ETC 在联网收费环境中的难度，为我国在网络环境下实施 ETC 技术提供了技术可能。

为适应我国高速公路跨越式发展的需要，解决省域内联网收费的技术障碍，

"十五"国家科技攻关计划中安排了跨省（市）国道主干线电子（收费）支付研究与应用，开发出了跨省（市）联网收费标准平台软件和跨平台数据通信中间件软件，实现了不同软硬件平台收费系统的联网；建立了联网收费系统信息安全体系和可用性评估体系，提出了电子收费ETC运营管理模式，研究开发了联网收费数据综合应用方法及其应用软件，并将研究的关键技术成果运用于2003年交通部党组确立的四个示范工程之一——"跨省（市）国道主干线京沈高速公路联网收费示范工程"，该项成果打破了京沈高速公路的各个路段分界，实现了多个路段法人主体之间的联网收费；探索出了一整套跨省（市）高速公路联网收费建设与管理经验，制订了一套京沈高速公路联网收费统一的运营管理制度，实现了区域高速公路由分段管理向跨省（市）综合管理的转变，为进一步探索和完善高速公路的管理体制和新的运营模式奠定了基础。截至2007年底，我国已有24个省（区、市）实现省域高速公路联网收费，标志着我国在联网收费系统框架、软硬件平台、编码与数据交换、清分与结算和联网收费管理等方面拥有可靠的技术和丰富的实践经验。交通信息技术成套解决方案和电子收费设备、自动发卡机、可变情报板等监控外场设备等核心硬件设备以及监控、通信、收费软件的全部国产化，并形成一批有中国特色和自主知识产权的技术和系统，是我国交通信息技术处于国际水平的显著标志。

此外，从2003年开始，河南、安徽、江苏、青海、山东、天津等省（市）陆续采用货车计重收费技术，交通部于2005年10月制定了《关于收费公路试行计重收费的指导意见》。到2008年底，绝大部分省份实施了计重收费。

（三）智能交通系统（ITS）技术

自1996年起，我国开始系统地研究并应用ITS。"十五"期间，我国有10个城市作为ITS示范城市。大量的智能运输系统，如电子收费、交通控制、先进的运输系统、高速公路管理和专用短程通信系统纷纷建立。

通过"九五"国家重点攻关项目"中国智能交通系统体系框架研究"，已经形成中国ITS体系框架的开发理论与方法，开发了具有自主知识产权、对体系框架编制全过程进行辅助支持的定制专业软件"ITS体系框架数据库管理与开发辅助支持系统（ITSA—CASS软件）"，并实现了框架流程图的自动绘制。

电子不停车收费系统。目前，广东省已经建成了国内应用规模最大的联网ETC系统，该省所有收费站点均可以使用双界面CPU卡实现非现金的刷卡付费；并已经在全省约3 000公里、近40条高速公路实施联网收费，建立了数百个遍布全省的充值和发卡点，向近10万的粤通卡用户提供普遍性的高速公路非现金收费服务。目前，该省已建成约100条ETC车道，提供联网不停车收费服务。2007年，全国智能运输系统标准化技术委员会组织编制和发布了系列国家ETC标准规范，标志着我国ETC发展进入了一个崭新的快速发展阶段。交通部于2007年开展“京津冀、长三角地区联网电子不停车收费试点工程”，在北京、天津、河北、上海、江苏、浙江、安徽和江西实施，北京成为全国第二个大范围应用电子不停车收费的省（市）。截至2008年6月，北京已经建设60多条ETC车道，用户3万人。同时，福建、四川、云南、湖南、天津、重庆等省（市）分别就ETC开展了不同层次的研究和应用。

智能公路磁诱导技术。国家ITS中心从2000年开始研究智能公路磁诱导技术，在交通部公路交通试验场开发出了自动驾驶车辆，并且于2004年将该技术应用到新疆地区的驾驶员辅助驾驶系统中。

八、公路交通安全、环保技术

改革开放30年来，公路交通安全和环保问题越来越受到重视，成为公路行业以人为本、实现可持续发展、建设现代化的关键之一，也成为社会关注的热点。

（一）公路交通安全技术进步的历程。

我国公路交通安全工作者一直在探讨采取更多交通安全措施，降低交通事故的危害，如汽车安全技术、道路交通工程、安全教育、运输环境改善等。经过多年努力，我国公路交通安全技术得到长足的发展，取得了多项技术含量高、实用性强、应用前景广的丰硕研究成果，我国的交通安全状况得到极大的改观，事故率和伤亡率均呈下降的趋势。

改革开放初期，在借鉴发达国家交通安全研究成果的基础上，开展了初步的探索性研究，例如，“六五”国家重点科技项目开展了“疏港公路交通工程技术的研究”。起步阶段研究成果的特点，多是对国外道路交通安全技术的综述性分析以及对我国公路交通安全宏观层次的定性分析及提出一些改善建议。

“七五”期间的大规模公路建设，特别是高等级公路的建设对公路交通安全设施建设技术的需求越来越迫切。这期间，国家重点科技项目开展了“高速公路交通安全设施的研究”，基于其研究成果，制定了《道路交通标志和标线》国家标准（GB 5768）和交通部行业标准《高速公路公路交通安全设施设计与施工技术规范》，改变了我国交通安全设施的落后状态，逐步满足交通运输事业发展对安全设施提出的要求。

“八五”期间，《中华人民共和国道路交通安全法》的制订和实施是我国道路交通安全工作法制化最重要标志，经过多年卓有成效的工作，在“十五”期末，交通事故的增长趋势得到控制，从2004年开始，我国公路交通事故数和伤亡人数均开始下降。

“九五”期间，开展了“公路交通工程设施综合标准化研究”，大大提高了交通工程设施综合标准化水平，使设计优化，能对各种偶发事件具备快速反应和应变能力，提高道路的服务水平，能减少交通事故或减轻交通事故的严重程度，防止二次事故的发生。

“十五”期间开展的“西部公路交通工程设施系列标准研究”，针对西部地区特殊地理和地质条件下交通工程设计、施工、验收的技术需求，制定适合西部地区公路建设的交通工程系列标准，以指导西部公路建设，对西部开发具有重大意义。通过试验研究，编制了《公路交通安全设施使用指南》和《公路收费标准使用指南》，有效地帮助使用者更好地理解和使用制修订完成的标准。

“十五”期间，为适应公路建设的可持续发展，交通部开展了修订《公路工程技术标准》（JTJ 001—97）专题项目。适应了我国交通工程及沿线设施总体技术逐步趋向成熟的发展需求，强调了安全设施的配套设计和普通公路尤其是低等级公路危险路段安全防护设施的设置。

“十一五”期间，交通部（交通运输部）从国家层面制订了交通安全战略，在国家交通安全战略指导下，加大了道路交通安全科技投入，加强新技术、新材料、新设施的应用，使交通事故高发的态势得以有效控制，公路交通事故率开始转入下降趋势。“十一五”期间，国家重点基础研究发展计划（973 计划）、国家高技术研究发展计划（863 计划）、国家自然科学基金、西部交通建设科技项目以及各省（市）科委科技项目中，都设置了公路交通安全科研项目。此期间，在公路安全方面取得的主要成果如下。

“山区双车道公路路线设计参数研究”，提高了山区双车道公路路线设计质量，为保障山区双车道公路的运行安全奠定了基础。

“太阳能技术在低能耗交通安全设施中的应用研究”，针对西部地区特殊的道路条件和气候条件，利用西部地区得天独厚的太阳能资源，开发了适合于太阳能供电的交通安全设施及管理设施，编写了工程建设中急需的太阳能突起路标等5项产品标准，以及太阳能交通安全设施通用技术规范、太阳能突起路标施工养护规范（草案）两项规范。

“西部地区公路交通安全评价研究”，根据我国公路交通、地形特点和交通动态系统中人、车、路及环境的交通特性，编制了国内较完善的《公路交通安全评价指南》和相应的公路交通安全评价软件。

“公路交通安全应用技术研究”，初步形成一系列保障公路交通安全的应用技术、管理技术和标准规范体系。首次建立了公路交通安全数据库，编制了我国第一部《道路交通安全手册》。为公路交通安全建设提供了强有力的技术支撑和保障。

“十一五”期间，公路交通安全项目的全面开展所取得的研究成果，为我国公路特别是西部地区公路交通建设提供了有力的技术支撑，初步解决了我国公路交通建设中的部分热点问题，大大提升了我国公路项目的安全建设理念，切实贯彻公路建设体现以人文本，“注重安全、环保、舒适、和谐”的新理念，同时实现与国际建设理念的接轨，建设“资源节约型和环境友好型”、人与自然和谐相处的公路交通环境。

（二）公路交通安全技术成就

归纳起来，公路交通安全技术取得的成就主要包括以下9个方面：

完成交通工程手册和道路交通安全手册编制。在总结已有研究成果的基础上，编制了我国第一本《交通工程手册》和《道路交通安全手册》。为公路设计、管理人员和公路投资规划决策人员提供公路交通安全性定量分析的工具，对交通运输规划、设计、建设、养护、预防、改造等方面提供指导和建议。

道路交通安全立法取得突破。2004 年 5 月 1 日，我国第一部《道路交通安全法》开始施行。该法是我国在交通安全立法方面的重大突破，具有划时代的历史意义，为我国的道路交通安全管理提供了法律依据和保障。

建立了公路交通安全数据库系统。构建了集交通事故数据、公路属性数据、交通流数据为一体的开放式公路交通安全数据库系统，为公路安全决策、安全治理及开展深度交通安全科学研究工作奠定了坚实的数据基础，将有效扭转长期以来我国公路交通安全研究缺乏基础数据支持的被动局面。

完成公路交通安全标准规范制修订。在大量基础理论和应用技术研究的基础上，逐步开展了交通安全设施及管理等相关标准的制修订工作。相关标准规范的建立和完善，使我国公路交通安全建设走向标准化、规范化的道路。

事故黑点鉴别技术取得突破。通过建立事故数据库，利用可靠的模型方法从事故数据库中识别出黑点，分析黑点工程技术因子，然后实施改善，并在改善后进行监测和开展效果评价。事故黑点鉴别方法在全国逐步推广实施，以至形成制度化实施方案，每年各省从路网中发现处治事故黑点，由公路硬件环境所诱发的事故率逐步降低。

完成公路交通安全评价技术。建立了基于事故资料的事后型分析技术和基于驾驶员生理心理特征、交通流运行安全特征和道路交通基础设施安全性特征等非事故资料的事前分析技术。实现对公路规划、建设、运营各个阶段的安全水平评价，为事故的预测和预防奠定基础。

形成特殊路段安全保障成套技术。针对长大下坡、平交路口、隧道进出口、雾区公路、林区公路等特殊路段开展了专项研究，建立了成套的安全保障技术，解决了我国现阶段公路交通安全领域的热点和难点问题。

公路交通安全管理技术取得突破。公路交通安全管理分为动态实时管理和静态周期管理两大类。在动态实时管理方面，建立了灾害性天气等突发事件条件下的道路交通安全行车控制标准和实时的管理对策与决策技术。在静态管理方面，针对不同的分析周期，建立了安全状态评价和预测技术以及安全资源优化分配等决策技术。

建立起公路交通安全管理系统。由于公路安全问题的复杂性，必须以系统工程的观点和方法来管理与协调，建立适合我国国情的公路安全管理系统。开展了面向不同层次和不同时空粒度的道路交通安全管理系统研究。初步建立了道路交通安全管理系统的框架体系，分析了系统的机构组成、工作机制和功能结构。

（三）公路交通环保技术成就

公路交通环境保护科技的主要成就，主要体现在：相关技术标准、规范的研究与编制；环境保护科研成果的推广应用与示范工程；公路建设项目的环境咨询；水土保持方案报告；公路建设项目的环境保护验收以及环境工程治理技术的研究与开发等方面。研究的内容主要涉及：公路环保标准规范、生态环境修复与保护、交通噪声控制、环境空气、西部项目以及创新项目等。

改革开放以来，交通部（交通运输部）制定并发布的一系列公路环境标准规范，填补了我国空白。如《公路建设项目环境影响评价规范》（JTG B03—2006）、西部交通建设环境工程系列标准的研究（30 项标准）。标准主要包括：公路环境保护标准体系、公路环保基础系列标准、公路绿化系列标准、公路交通噪声防治系列标准、服务区生活污水再生利用标准、公路施工期环境监控及限值标准等。这些标准规范的实施，已经成为引导公路交通环保事业发展不可缺少的重要内容。

进入 21 世纪后，围绕公路科技环保示范工程的实施，将公路环保事业的理念、建设推向新的高度。

为落实科学发展观，探索新的交通发展理念，实现公路建设与生态环境保护并重，交通部在 2003 年召开的“全国交通工作会议”上，将四川省川主寺至九寨沟公路的改建工程作为落实生态保护和可持续发展战略，促进公路与自然环境相和谐的“全国示范性公路”。川九路项目在实施过程中，积累了“理念是灵魂、管理是关键、设计是核心、施工是保证”的宝贵经验，提出了“不破坏就是最好的保护”的设计建设新观念，探索出“设计上最大限度地保护生态环境，施工中最小程度地破坏和最大限度地恢复生态环境”的指导原则。并在此基础上总结出“六个坚持、六个树立”的公路勘察设计新理念，即“坚持以人为本、树立安全至上的理念；坚持人与自然相和谐，树立尊重自然、保护环境的理念；坚持可持续发展，树立节约资源的理念；坚持质量第一，树立让公众满意的理念；坚持合理选用技术指标，树立设计创新的理念；坚持系统的思想，树立全寿命周期成本的理念”。该项公路示范工程于 2002 年 10 月正式动工修建，2003 年 9 月建成通车。川九路环保、景观示范工程的成功建设，回答了新时期公路建设如何体现以人为本，如何实现可持续发展，怎样服务于社会、怎样服务于经济的根本问题。交通部为加强对公路示范工程的指导，于2004年4月发布了《关于开展公路勘察设计典型工程活动的通知》。该通知从指导思想、组织形式、项目选定、阶段工作安排四个方面提出了具体要求。交通部公路司为配合该通知的贯彻落实，于2004年9月又发布了《公路勘察设计典型示范工程咨询要点》。此后，全国各省（区、市）已开展了多项公路示范工程建设。

湖北神农架至宜昌公路，是将工程建设、科技成果应用与环境保护有机结合的典型案例，对于依靠科技进步和管理创新促进交通科学发展，实现交通由外延式的粗放型增长向内涵式的集约型增长转变，推动交通又好又快发展具有积极的示范作用。神宜路在满足公路建设项目功能基础上，努力使基础设施与自然环境相和谐。如环保选线、节地建设、零废方、利用路基作为临时用地、保护河流水质、保护生物多样性等。在建设过程中，积极开展科技攻关和新技术推广应用工作，坚持“实用就是好的”为指导思想，因地制宜、实事求是，采用有利于环境保护、节约资源、方便施工、自然和谐的成熟设计技术，推广应用新技术22项。

其他省（市）的公路示范工程项目借鉴川九路示范工程的经验，结合示范公路所处的地理位置、环境特点等，其示范作用各有特色，示范的技术深度在逐步深化，目前全国已涌现了宁杭高速公路江苏段、云南思小高速公路、苏通大桥、广东渝湛高速公路等一批资源节约、环境友好型公路交通工程的典范。

（四）环保咨询及技术服务

1998年以后，公路工程对环境的影响评估、评价开始受到重视。特别是在2002年10月《中华人民共和国环境影响评价法》颁布之后，公路建设项目的环评、水保咨询工作量大增，到2008年，全国各省（区、市）新建或改扩建的所有三级及以上公路建设项目与独立大桥项目均依照《环境影响评价法》、《水土保持法》及《公路法》等相关法律，在前期工作过程中开展了环境咨询业务。

从治理方面，研究开发了实用的技术措施，重点是公路绿化工程技术与交通噪声污染防治技术。到目前为止，我国公路建设项目绿化工程的设计与施工，均得到交通部具体指导及公路建养机构的重视，且在相关的行业标准或规范中制订了专门条文，同时还开展了示范工程。绿化工程的实施促使公路施工期被破坏的植被快速得到恢复，其植被覆盖率甚至超过了修路前，且修复了公路路域的生态环境，突显了人造景观的特点。在道路交通噪声防治技术方面，从20世纪90年代末期，开展了声屏障材料性能的研究。在贵阳修建的声屏障墙，曾被当地舆论誉为“中国公路第一墙”；之后经过试验研究与材料性能测试后，提出了应用彩钢板加工复合型材料建筑道路交通声屏障的研究报告，这对后来轻型道路交通声屏障的建造起到了引导作用。2005年，交通部又发布了《公路声屏障材料技术要求和检验方法》行业标准。目前在我国的高速公路或城市干道两侧已修建了采用水泥混凝土、轻骨料水泥混凝土、彩钢板材、玻璃制品等不同声屏障材料，采用直立型、顶部内弯曲型、中间透明型等不同结构形式的声屏障工程，对缓解公路交通噪声污染起到了有效的控制作用。

九、公路科研基础设施

（一）科研机构建设

1978年，交通部直属科研机构仅有5个。到1985年底，全国公路科研机构达到42个。其中交通部直属有7个公路专业科研所和4个兼有公路与水运专业的科研所，地方交通厅（局）所属有22个公路专业研究所、7个兼有公路及水运专业的研究所，其他部门还有2个公路专业研究所。这些研究所的专业试验设施有了很大发展，如交通部重庆公路科学研究所1983年建成的室内足尺路面试验环道、1985年建成的高原环境模拟试验室，为相关公路项目的科技攻关提供了试验基础。

进入“七五”后，各级研究所的研究范围有了很大扩展。除少数新成立的外，都装备有常规的道路土工、沥青、混凝土、砂石材料、化学等试验设备，具备了万能材料试验机等力学试验手段；有些研究所还备有道路环道或临时性试槽，有的装备了供桥梁结构试验的设备或试验室，有的装备有汽车台架试验用的测功机，还有的建成了反力式或惯性式的汽车底盘测功设备。1988年，交通部利用世界银行第一批公路贷款引进试验设备42种61件，装备了交通部公路科学研究所的“水泥及混凝土”、“桥梁水力”、“公路路面”三个试验室，从而大大增强了试验研究能力。特别是“水泥混凝土”试验室，引进了一批精度高、功能多、能自动进行数据处理的配套仪器设备，其中定速加载、定应变加载和定应力加载等功能是国内同类设备所不具备的，为承担高等级混凝土路面研究创造了良好的条件。

据不完全统计，“七五”期间，交通部累计安排科研建设资金2.47亿元。共建成21个研究实验室7万余平方米，完成了道路路面评价技术和大客车道路模拟检测系统两项重大技术引进项目，基本形成了专业比较完整、门类比较齐全的交通运输与建设的科学技术研究和开发的科研体系。

“八五”期间，公路科研基础设施得到进一步完善，先后建成西安筑路机械测试中心筑路机械试验基地及其室外配套工程、科技情报研究所情报业务楼、标准计量研究所科研试验楼改造及业务培训用房、重庆公路科学研究所客车性能试验室、公路科学研究所公路交通工程综合试验场等一批科研、生活保障设施，配套了部分科研试验设备和仪器，改善了科研环境和条件。

“九五”期间，建成了一批具有行业特点的重点实验室。进一步完善了公路交通工程综合试验场的使用功能，在一期工程的基础上，配套建设汽车试验工程设施，并可在其现有场区内，配套建设道路结构及材料、风洞试验、筑路设备等试验室；为建设智能公路运输系统工程研究中心，配套建设公路CAD、交通工程模拟、工程检测等试验室；建设公路隧道及岩土工程、桥梁结构动力试验室。这些科研基础设施的建成，为公路科学研究、实现科技成果产业化奠定了坚实的物质基础。科研机构适应市场能力增强。通过调整结构、分流人员、改善分配制度，创建各种形式的研究、开发、营销一体化机构，开展产学研结合等改革实践，科研机构和广大科技人员参与市场竞争的意识和能力不断增强。据了解，部直属开发型科研机构的研究任务中，有80%项目来自市场。

“十五”期间，建成了2个国家级工程研究中心，建设了17个交通部重点实验室；交通科研开发机构基本建设投资实际完成额持续增长。2006年全年实际完成基本建设投资额共3.18亿元，交通部直属科研开发机构的基本建设投资额为2.16亿元，占全国交通科研开发机构总投资额的67.9%，同比上升3.2个百分点。企事业单位与各省（区、市）所属科研开发机构的基本建设投资额为1.02亿元，占总投资额的32.1%。科研基础条件得到明显改善。

（二）行业重点实验室建设

1998年，制定了《交通部重点实验室建设管理办法》，同时按国家重点实验室标准建成了道路工程、汽车运用工程、工程机械三个实验中心。此外，建成了筑路机械构造实验室、低温实验室等一批专业实验室和公共教学实验室。1999年，制定了《交通部重点实验室认定办法》、《交通部重点实验室认定指标体系》及《交通部重点实验室专家现场认定工作程序》等，交通部公路科学研究所等15家单位的十几个实验室被确定为交通部重点实验室。

为适应交通运输事业改革和发展的需要，加强交通系统普通高等院校和科研院所的实验室的建设和管理，“十五”期间，交通部加快了行业重点实验室建设，其管理也更加规范、严格。在2000年召开“交通部重点实验室管理工作座谈会”、交流工作经验的基础上，2001年交通部明确在“十五”期间，在部级重点实验室建设上投资3 000万元。随后，逐步建设了一批能够代表交通高等教育和科学研究学术水平、实验水平和管理水平的部级重点实验室，加速培养和造就高素质的交通专门人才，促进科技成果向生产力的转化。2005年8月，交通部对直属科研单位和高等院校建设的16个重点实验室进行了评估，有14个重点实验室通过了评估。

进入“十一五”后，交通行业重点实验室建设按照“总体部署、分步实施、远近结合、解决急需”的要求稳步推进。

截至2007年底，按照“择需择优、合理布局、分步实施”的交通行业重点实验室认定原则，交通部按计划完成了“十一五”前两批行业重点实验室的认定工作，共18个交通行业重点实验室通过认定。至此，通过交通部评估认定的交通行业重点实验室达到32个，分布在公路工程、运输工程、交通安全和智能运输等专业技术领域。32家重点实验室现有建筑面积共计达到27.1万平方米，试验设备共计1.33万台套，总值共计达到6.67亿元；其中单价10万元以上的大型仪器设备1 047台套，总值3.17亿元，分别占设备总数和价值总数的7.9%和47.6%。

第二节　公路交通教育

30年来，交通系统十分注重交通教育工作，从“从养路费等交通规费中提取一定的金额用于发展教育”到“宁可少修一公里路，少建一个深水码头，也要拿出点钱搞教育”，从“发展经济，交通先行；发展交通，教育先行”到“科教兴交"、"人才强交"，交通行业不断深化教育、培训的改革发展，多渠道增加交通教育投入，为行业发展输送和培养了大量人才。我国交通教育为交通快速和跨越发展提供了强有力的智力支撑和不竭动力源泉，成为公路行业发展史上光辉的一页。

一、公路交通教育事业的发展

1978年3月18日至31日，党中央召开的"全国科学大会"，为我国科技、教育事业的发展扫清了理论障碍。

1978年4月22日召开了"全国教育工作会议"，邓小平同志讲了四点意见：一是提高教育质量，提高科学文化的教学水平，更好地为无产阶级政治服务；二是学校要大力加强革命秩序和革命纪律，造就具有社会主义觉悟的一代新人，促进整个社会风气的革命化；三是教育事业必须和国民经济发展的要求相适应；四是尊重教师的劳动，提高教师的教学质量。此次会议后，交通教育事业走上改革和发展之路，开始恢复、整顿，逐步发展。

1978年8月，交通部教育局在烟台召开"交通系统中等专业学校会议"，传达贯彻"全国教育工作会议"精神及邓小平同志对教育工作的指示。会议讨论制定了《交通系统全日制中等专业学校工作的若干规定（草案)》和《交通系统全日制中等专业学校管理分工办法（草案)》两个文件，对交通中专学校拨乱反正、恢复教学秩序、重新明确以教学为中心等方面具有重要的指导作用，产生了积极的影响。1978年10月28日，经国务院批准，重庆交通学院、长沙交通学院相继恢复和创建，公路行业教育开始步入正轨。80年代初，为发展普通中等教育事业，教育部把交通系统的云南省交通学校、新疆公交学校、广西交通学校、济南交通学校、呼和浩特交通学校和黑龙江省交通学校确定为国家级重点普通中等专业学校。到1980年底，交通部部属普通高等院校达到10所，其中大学本科院校7所，专科院校3所，交通中专院校增至46所，在校生达到1.7万人。

1983年，邓小平同志明确提出："教育要面向现代化、面向世界、面向未来。"1985年5月15日，党中央、国务院在北京召开"全国教育工作会议"。1985年5月27日，《中共中央关于教育体制改革的决定》正式出台。在全国各级各类教育恢复发展的背景下，公路教育也获得较快发展，基本形成了多层次、多规格、多形式的体系。通过多种形式的职工培训工作，提高了公路企事业单位的管理、生产水平，对公路交通事业的发展起了积极的作用。

1987 年 12 月和 1988 年 5 月，经交通部批准，报国家教委同意，黑龙江省交通学校升格、济南交通学校与济南交通职业专科学校合并分别成立了黑龙江交通高等专科学校和济南交通高等专科学校。80 年代末，随着公路事业的快速发展，对人才的需求快速上升，以水上专业教育为主的武汉水运工程学院、南京航务工程专科学校也开办了公路交通工程类专业。公路交通教育开始呈现出一派欣欣向荣的景象。

20 世纪 80 年代末，交通部提出“三主一支持”的长远发展规划。交通人才培养正式成为交通长远发展重要的组成部分。交通教育事业开始步入规范化、快速发展的时期。

为落实党中央提出的“把经济建设转移到依靠科技进步和提高劳动者素质轨道上来”、“百年大计、教育为本”的战略思想，1990 年 6 月 18 日至 21 日，交通部在大连召开“全国交通教育工作会议”，总结了十几年来交通教育改革的经验和成果，明确了“八五”期间各级各类交通教育的目标和任务。同年，交通部制定了《交通普通高等教育规划纲要》、《交通职业技术教育规划纲要》和《交通成人教育规划纲要》。提出了“八五”期间交通教育发展的基本目标。1990 年当年，交通部安排部属院校国家预算内基本建设计划投资 1 亿元（不含自筹资金等），占交通部基建投资总额的 2. 04%。据统计，“七五”期间，交通部累计安排教育建设计划投资近 5 亿元，建成教学办公设施近 11 万平方米，实验实习设施近 9 万平方米。

1991 年，交通部在各高等学校提出的“八五”计划和十年规划基础上，正式确定了交通部《交通教育事业十年规划和“八五”计划纲要》，对今后 10 年交通普通高等教育发展的规模、基本任务等提出了明确要求。为加强交通部属普通高等学校教务工作的规范化、制度化、科学化建设，交通部，制订了《关于交通高校整顿校风校纪，加强学风建设的意见》、《交通部部属普通高等学校考试考务工作管理规则》、《交通部部属普通高等学校考试监督员工作条例》等文件。同时，交通普通高等学校在国际交流、教育研究等方面也开展了大量的工作。

1992 年 7 月，交通部印发《关于深化改革、扩大开放、加快交通发展的若干意见》明确，加快交通科技、教育体制改革，把交通运输现代化建设的重点转到依靠科技进步和提高劳动者素质的轨道上来。抓好交通院校的综合改革，扩大办学自主权；对争取达到国际、国内先进水平的航海、公路等重点学科建设，给予重点支持。

1992年，党的十四大明确提出“必须把教育摆在优先发展的战略地位，努力提高全民族的思想道德和科学文化水平，这是实现我国现代化的根本大计”。1993年2月，党中央、国务院颁布的《中国教育改革和发展纲要》指出，要真正树立社会主义建设必须依靠教育和“百年大计，教育为本”的思想，采取切实有力的措施，落实教育的战略地位，加快教育的改革发展，开创教育事业的新局面。同月，交通部印发《扩大部属高等学校办学自主权的若干意见》，在专业设置、招生和就业、面向社会办学、筹措教育经费、人事管理制度等方面授予各部属高校更多的办学自主权，并承担相应的义务，使部属高校逐步向自主发展、自我约束的办学机制转轨，成为面向社会办学的法人实体。

1995年8月，为贯彻1994年6月召开的“全国教育工件会议”精神和“科教兴国”战略，交通部在吉林长春召开“全国交通成人与职业技术教育工作会议”，进一步明确了交通成人教育与职业技术教育在“科教兴国”、“科教兴交”战略方针中的重要地位，明确提出交通基础设施建设工程和交通人才工程并举的方针，交通部部长黄镇东强调：“交通系统的各级领导在交通教育的投入上一定要开明一点，在教育上舍得花钱，宁可少修一公里路，少建一个深水码头，也要拿出点钱搞教育。”会后，交通部印发了《全国交通成人与职业技术教育工作会议纪要》，强调要“依靠政策、畅通资金渠道，确保教育投入”，继续坚持从交通规费中提取1%的经费用于交通教育，严格按不低于职工工资总额的1.5%比例提取职工教育经费。

1995年11月1日至3日，交通部在北京召开“全国交通科学技术大会”。黄镇东部长作了题为《实施科教兴交战略，推动交通事业持续发展》的报告，总结了改革开放以来，全国交通系统依靠科技进步、加快交通发展的实践，提出了实施“科教兴交”战略。“七五”以来，交通教育事业得到了快速发展。“七五”期间和“八五”之初，交通部投入的教育资金年均达到1亿元，到“八五”中后期，每年投资增加到1.5亿元。1998年7月，国务院作出《关于调整撤并部门所属学校管理体制的决定》，对中央部门所属211所学校的管理体制进行调整。1998年8月28日至30日，交通部在大连召开“交通高等教育工作会议”。黄镇东部长作了《贯彻落实党的十五大精神，努力推进跨世纪交通高等教育的改革与发展》的主题报告。会议回顾了交通高等教育所取得的成绩，分析了现状，交流了经验，研究了交通高等教育的改革与发展问题，明确了交通高等教育的工作目标和基本思路，以及面向21世纪继续推进“交通人才工程”的组织实施等问题，为交通高等教育工作面对知识经济的挑战再上新台阶打下了良好的基础。1998年以后，在加快公路建设的大背景下，深化公路教育管理体制改革，加快人才培养步伐，加强教育市场引导和监管，加强宏观调控和政策指引，成为交通部教育工作的重点。公路行业教育事业进入全新的、更快发展的时期。

1999年6月15日，党中央和国务院召开改革开放以后的第三次“全国教育工作会议”。会议以“动员全党同志和全国人民，以提高民族素质和创新能力为重点，深化教育体制和结构改革，全面推进素质教育，振兴教育事业，实施科教兴国战略，为实现党的十五大确定的社会主义现代化建设宏伟目标而奋斗”为主题，提出了“国运兴衰，系于教育；教育振兴，全民有责”的口号。会议期间，发布了《中共中央、国务院关于深化教育改革全面推进素质教育的决定》。

为贯彻第三次全国教育工作会议精神，落实“科教兴国”战略，深化科教体制改革，推进素质教育，1999年开始，交通部在教育方面重点做了如下工作：一是按照教育体制改革的要求，提出了交通院校体制改革方案，并报教育部；完成了上海港湾学校并入上海海运学院的工作，为交通教育体制改革探索了新路子。二是启动交通科技教育“十五”计划和2015年规划的研究工作。组织完成了2015年交通（公路、航海、海港、内河港航）人才需求预测和交通教育发展战略研究，编制了交通教育建设“十五”计划及2015年发展规划。三是加强部属院校的基本建设。四是推进交通高校教学改革，加强重点学科建设，推进“211工程”建设。五是加强职业技术教育与岗位培训和继续教育工作，全面推进素质教育等。六是开展交通科技教育扶贫和智力援藏等工作。

2000年，交通部根据国务院转发教育部、科技部关于科教体制改革的总体部署，做了以下工作：一是编制完成了部属院校、科研院所的转制方案，完成了对部属9所直属院校管理体制的调整，其中1所高校（大连海事大学）继续留交通部管理，3 所高校（武汉交通科技大学、西安公路交通大学、南京交通高等专科学校）分别与其他院校合并划归教育部管理，其他 5 所（上海海运学院、南通医学院、重庆交通学院、长沙交通学院、济南交通高等专科学校）高校独立划归地方。同时完成了部属成人高校、中等专业学校和技工学校的管理体制和布局结构调整，原独立建制的两所管理干部学院：北京交通管理干部学院留在交通部，武汉交通管理干部学院转归湖北省管理。二是开展了交通科技教育发展战略、规划、方针和政策研究，提出了新世纪继续实施“科教兴交”战略的任务、指导方针、总体思路和目标，组织开展了《实施科教兴交战略的新措施和建立交通科技创新体系研究》，组织完成了《2015 年交通专门人才需求预测及交通教育发展战略研究》。三是加强了交通行业职业技术教育和岗位培训。编制完成了“十五”干部培训工作规划、《全国公开选拔党政领导干部考试大纲（交通专业科目）》和试题命制试点工作；印发了《交通行政执法人员岗位培训工作检查验收办法》；组织开展了交通系统大中型企业领导干部工商管理知识培训和地（市）交通局长、省（地）公路局长岗位培训，培训人数 1 200 余人；举办了计算机多媒体办公技术培训班，交通部机关共 200 多人参加了培训。截至 2000 年底，全国交通系统组织的岗位培训共培训 20 万人。四是继续实施交通科技教育扶贫。

21 世纪初，交通系统基本完成教育体制改革。交通教育行政也从管理交通部直属及共建院校，转变为以加强宏观调控、制定政策和编制发展战略，推动公路教育的整体发展为重点。这一时期交通教育的主要工作，一是重点支持公路院校的学科建设，加大对重点实验室的投入。二是努力实施“创新型人才培养、技能型人才培养和管理人才培养”三个平台建设。其中创新型人才培养平台主要依托高等院校和科研院所，技能型人才培养平台主要依托职业技术院校，管理干部培养平台主要依托交通培训机构。三是通过教学指导委员会对专业建设、学科发展提出阶段性意见和要求。

2001 年，交通部编制出台《“十五”交通教育培训规划》，制定了《“十五”交通行政执法人员提高学历层次教育实施意见》和《“十五”全国地方交通行政干部教育培训实施意见》，组织完成了公路、汽车、船舶驾驶、轮机管理 4 个国家重点建设专业整体教学改革方案、教学计划、专业设置标准的编制及 35 门主干专业课程教学大纲的制定工作，组织了公路、汽车、船舶驾驶、轮机管理 4 个国家重点建设专业主干专业课程教材的开发工作；组织开展交通行政执法人员的岗位培训和继续教育；为使交通系统优秀青年科技人才尽快成长，当年确立了42个人才项目，并鉴定和评审了13个人才项目。

2003年，为贯彻落实《国务院关于大力推进职业教育改革与发展的决定》，交通部与教育部等六部委联合下发了《教育部等六部门关于实施职业院校制造业和现代服务业技能型紧缺人才培养培训工程的通知》、印发了《教育部办公厅、交通部办公厅、中国汽车工业协会、中国汽车维修行业协会关于确定职业院校开展汽车运用与维修专业领域技能型紧缺人才培养培训工作的通知》，启动了相关的师资培训和教材建设等工作；组织开展了交通职业教育发展现状调研工作，启动了交通职业教育发展政策研究项目；出台了《2003～2005年交通部支持西部地区干部培训计划》。根据这个计划，组织举办各种培训班，为西部地区培训干部5 000人；组织专家讲师团深入西部地区，开办专题讲座或研修班培训5 000人；采取攻读硕士、承担重大科研课题和到东部对口交流等措施，为西部地区培养300名高层次科教人才；为西藏自治区交通厅建设1个现代远程教育培训网络终端教学站。

2004年，加强了交通职业教育教学改革与发展研究工作，完成交通职业教育教学改革研究项目立项19项；组织编写出版了4本交通干部培训教材，使全年参加专科及本科学历教育的交通行政执法人员达到4万余人。

2005年1月21日，交通部发布《公路水路交通科技发展战略》，同年9月发布《公路水路交通中长期科技发展规划纲要（2006～2020年）》，明确了进一步全面实施“科教兴交”和“人才强交”战略，建设高素质交通科技队伍。重点抓好人才培养、吸引、使用三个关键环节，发挥市场在人力资源配置方面的基础性作用。并提出，要加快交通行业职业技术培训，鼓励有条件的交通企业、科研单位和大专院校设立人才培养专项基金，加大人才培养力度，提高行业技术应用能力，吸引优秀人才投身于交通事业，“十五”五年引进专门人才100多万人，为交通发展提供了智力支持和人才保障。

进入“十一五”时期，公路教育工作紧紧围绕建设创新型行业，建设现代交通业，实现公路行业健康、可持续发展的总目标展开。

2006年1月8日至11日，党中央、国务院召开“全国科学技术大会”。为学习贯彻全国科技大会精神，2006年1月18日，交通部颁布的《关于深入学习贯彻全国科学技术大会精神的意见》指出，要深刻理解建设创新型国家对促进交通又快又好发展的重要意义，要将贯彻全国科学技术大会的精神，作为交通行业当前和今后一个时期的重点工作，增强自主创新的责任感、使命感和紧迫感，始终把提高交通行业的创新能力摆在突出的位置。要认真落实“人才强交”战略，注重创新人才队伍的建设，坚持在创新中发现人才，在创新中培育人才，在创新中凝聚人才。2006年2月22日，交通部正式印发《公路水路交通“十一五”科技发展规划》。《规划》明确，“十一五”交通科技发展要以科学发展观为统领，深入实施“科教兴交”和“人才强交”战略，在发展目标中明确2010年的目标包括，培育一支数量充足、结构合理、素质优良、勇于创新的科技人才队伍，形成比较完整的科研梯队，为交通发展提供智力支持和人才保障。同时印发的《“十一五”交通教育与培训发展规划》，进一步明确了交通教育与培训工作的指导思想、发展目标和主要任务，指导未来5年交通行业人力资源支持保障体系的建设，推动交通教育与培训工作的开展，实现未来交通事业发展的各项目标。明确提出建立交通行业管理干部培训平台，交通专业技术和创新人才培养平台，技能型、应用型人才培养平台的任务。

2007年和2008年，交通教育培训工作认真落实《“十一五”交通教育与培训发展规划》，加快交通人力资源支持保障体系建设步伐，凝聚全社会和行业内的教育培训资源为交通事业发展服务。所做的主要工作包括：一是加强了部属院校的管理；二是稳步推进交通人力资源支持保障体系建设；三是加快发展各项培训工作；四是加大了基础研究项目应用的力度。

二、公路交通教育的主要成就

改革开放30年，在公路事业取得跨越式发展的过程中，公路教育和人才培养始终作为支撑公路科技发展、提高公路发展质量的关键因素，为公路交通全面、协调、可持续发展提供了强有力的支撑和保障，在服务于公路事业发展的同时，公路教育事业也实现了自身的跨越式发展，取得了辉煌的成就。

（一）公路交通教育事业实现跨越式发展

改革开放30年，随着公路事业的发展，各级各类交通学校的数量、规模迅速壮大，办学质量不断提高，使交通教育实现了历史性的跨越式发展。

交通部直属的普通高等学校从改革开放之初的4所，发展到1998年的14所。随着教育体制改革的深入，普通高校向着“共建、调整、合作、合并”的方向发展，形成目前1所直属、11所省部或地方共建的格局，依然保持着明显的交通行业特色。交通高等院校管理体制与结构调整突破了原来仅仅面向交通行业办学的局面，向着综合化程度提高的方向前进，增强了服务地方经济社会发展的功能，办学规模不断扩大，办学实力明显增强。据统计，1978年，交通部直属普通高等院校在校生7 000余人；1985年，当年招收的学生达到6 500人，在校生达到近1.87万人；1998年当年招生达到1.2万人，在校生达到4.15万人；到2007年底，12所交通普通高等院校在校生达到十几万人。

全国交通职业学校在1978年仅42所，且其中10所无固定校址。目前，有交通高等职业学院38所，交通中专学校18所。30年来，全国交通中专学校占地面积由1978年的176万平方米发展到1 900万平方米，增长了近10倍；在校生人数由1978年的1.2万人发展到32万人，增长了25倍多；1978年，全国交通中专学校有专任教师2 000多人，其中本科学历的只占20%，现专任教师达1.3万人，本科以上学历达90%以上，其中高级职称教师达3 500人，人数增长5倍多，学历水平大幅度提高。

全国交通技工院校由1978年的64所、在校生1.27万人，发展到现在的96所、在校生14.5万人，办学层次从主要培养初级工、中级工发展为主要培养高级工和技师。到2008年，交通技工院校中的国家重点技工学校达到42所，其中高级技工学校26所；有16所获“全国交通职业教育先进集体”、“全国职业教育先进单位”等荣誉称号。此外，还有各省评出的重点技师学院若干所。

交通职工教育与培训逐步走向规范化、法制化。到2008年，公路系统95%以上的领导干部至少参加过一次系统的职工教育培训，全系统中专门人才比例从1978年的0.81%上升至30%左右，其中高级技术职务专业人才达到5%，公路职工初中及以下文化程度的人员由63.4%下降至25.4%，受过中高等职业教育的人员由5.5%提高到36.2%。目前，已初步形成以中级工为主体，技师和高级技师为技术带头人的公路工人技术队伍，基本满足了公路系统对高层次人才的需求，提高了公路施工企业的竞争实力，公路行业整体的竞争力大幅提升。

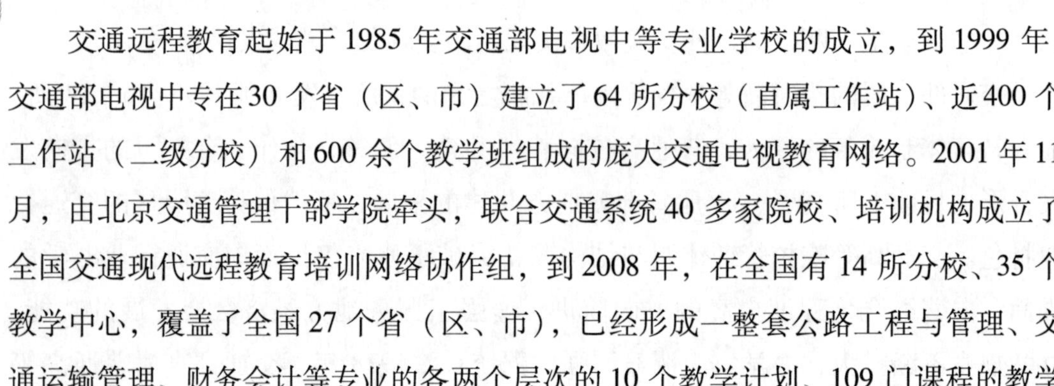

交通远程教育起始于1985年交通部电视中等专业学校的成立，到1999年，交通部电视中专在30个省（区、市）建立了64所分校（直属工作站）、近400个工作站（二级分校）和600余个教学班组成的庞大交通电视教育网络。2001年11月，由北京交通管理干部学院牵头，联合交通系统40多家院校、培训机构成立了全国交通现代远程教育培训网络协作组，到2008年，在全国有14所分校、35个教学中心，覆盖了全国27个省（区、市），已经形成一整套公路工程与管理、交通运输管理、财务会计等专业的各两个层次的10个教学计划、109门课程的教学大纲，编写了27门课程教材、76门课程自学指导书和毕业设计指导书；通过卫星直播课程123门次4 000余课时。

（二）为公路交通事业发展提供了强有力的人才支撑

30年来，公路行业不断深化交通教育与培训的改革，多渠道增加交通教育投入，营造人才培养的良好环境，基本满足了公路行业各级管理部门、企事业单位对人才的渴求，为公路事业培养出一支数量充足、结构合理、素质优良的公路专业人才队伍，特别是在关键性和前沿性的领域培养出一大批高层次的科技创新人才、一大批具有高新知识和管理能力的技术骨干和高级管理人才，支撑着公路交通事业的跨越式发展，大大提升了公路行业的核心竞争力。特别是“十五”实施“人才强交”战略以来，公路交通系统普通高校造就了一支师生比例合理，学科、职称、学位、年龄结构优化、整体水平高、发展态势好的师资队伍。

截至2007年底，各交通高校共拥有专任教师1.19万人。原交通部直属高校的教师中拥有院士9人，国家级、省部级有突出贡献的中青年专家89人，长江学者特聘教授8人，“国家杰出青年基金”获得者5人，“新世纪十百千人才工程”国家级人选18人，入选交通部“十百千人才工程”第一层次人选、交通部科技英才、享受国务院政府特殊津贴者等省部级专家594人。

高水平的师资队伍，合理的学历结构，为提高教学质量和办学水平打下了坚实的基础。30年来，仅据原直属交通部的12所普通高等院校不完全统计，为行业培养了各类本专科专业人才100万人以上。众多优秀毕业生成为公路建设和科研领域的骨干和栋梁。

（三）为公路交通事业发展提供了重要的科技支撑

30年来，公路教育系统在为公路行业直接培养人才的同时，始终坚持产学研相结合的方针，注重应用研究、技术开发和技术服务，积极从事与公路、桥梁、车辆工程、交通信息、公路环保等方面相关的理论、方法以及新技术、新材料和新工艺的科学研究、开发和成果推广，在公路科研创新上担当了重要角色，促进了重点学科、重点实验室和重点研究基地建设等方面的快速发展，既促进了交通教育的学科建设，也为逐步构建高水平的公路科技创新平台体系和高精尖人才培养做出了贡献。

到2008年，原直属交通部的普通高等院校拥有各级各类重点学科、特色专业136个，其中国家级重点学科20个，国家级特色专业、省级特色专业18个，省部级重点学科69个；拥有国家级、省部级重点实验室、基础课教学示范中心83个，其中包括国家工程研究中心2个、教育部重点实验室5个、省部级重点实验室32个。拥有的国家级、省部级重点学科或重点实验室几乎涵盖了公路建养及道路运输的各门类，主要包括：特殊地区公路工程，道路施工技术与装备，人—车—环境系统安全，道路结构与材料，公路桥梁与隧道，高速公路施工机械，交通新能源开发、应用与汽车节能，交通运输工程，交通运输规划与管理，道路与铁道工程等。这些重点学科、实验室的建设和发展，有效地促进了交通院校办学资源的合理配置和科研水平的快速提高。如长安大学30年来共承担包括国家“973”、“863”和国家自然科学基金等重点科研课题在内的科研项目5 100余项，获国家科技奖7项，省部级科技奖107项；武汉理工大学2001年以来，共获国家级奖项12项；重庆交通大学近5年来获国家级奖项8项、省部级科研成果奖120余项；东南大学交通学院近年来承担的国家级科研项目30余项，承担了江阴大桥、润扬大桥、南京长江二桥、杭州湾大桥、苏通大桥等多项重点工程的攻关项目，获国家及省部级奖项50多项。这些科研成果的取得，为我国公路科研水平的提高作出了巨大贡献。

三、“人才工程”及人才培养

“六五”期间，交通院校培养的人数占全系统历年接收人数的80%以上。此外，5年中，根据交通运输事业发展需要，加强了交通主干专业建设，注意发展了管理学科。同时，加强了职工教育，仅据1985年23个省（区、市）交通厅（局）和部直属单位的不完全统计，参加各类文化、业务学习的职工就有58万多人，占职工总数的24.3%，其中在职工高等学校学习的就有近6万人。

1986年8月26日至31日，交通部在北京召开“全国交通职业技术教育工作会议”。会议认为要把职业技术教育作为振兴交通的一项战略任务抓紧抓好，“七五”期间，人才培养取得了较大发展，基本形成了层次结构比较合理和专业门类比较齐全的交通专业技术体系。部属高等院校培养本专科毕业生2.62万名，比“六五”期间增长53.5%。师资队伍得到加强，专业水平有明显提高。办学条件有一定改善。

进入20世纪90年代以后，公路行业人才教育培养的步伐大大加快，高层次人才大量涌现，随着培养各级各类专门人才，特别是培养一线专业急需人才工作得到落实，各层次人才的比例趋向合理，初步缓解了人才短缺的矛盾。

1994年，交通部结合跨世纪发展的需要，提出要在“九五”期间实施“交通人才工程”。1995年12月25日，交通部发布的《关于加快培养交通系统跨世纪专业技术人才的实施意见》明确提出，建立青年人才资助制度，建立青年人才评选、奖励制度，建立青年学术报告会和优秀论文评选制度；建立出国和国内进修、培训制度，建立继续教育证书制度；要建立交通系统青年高级专业技术人才库，各单位要加强学术或技术梯队建设，积极参与国家“百千万人才工程”等。

1996年召开的“全国交通工作会议”上，交通部明确了“九五”期间实施“交通人才工程”的主要目标。到1996年，“交通人才工程”的实施已确定53名培养对象，落实研究课题52项，交通部投入科研经费400万元，相关基层单位配套科研经费200多万元，为交通系统具有发展潜力的优秀青年科技人才提高基础理论水平、独立开展科研活动创造了良好的条件。1997年，交通部继续实施“交通人才工程”，跨世纪青年专业技术人才和青年科技英才的培养工作顺利进行。全年共立项36项，其中，跨世纪青年专业技术人才项目21项，直属科研单位青年科技英才项目13项，留学归国人员项目2项，培养人才37名，实际到位经费277.5万元，项目全部开始执行。

1998年1月21日，《交通部学术和技术梯队管理暂行办法》出台，提出加强学术和技术梯队建设，提高学术和技术梯队水平，带动交通专业技术队伍整体素质的提高。《办法》明确，每个学术和技术梯队由 5～11 人组成，其中 1 名带头人，2～5 名第二梯队成员，2～5 名第三梯队成员。明确学术和技术梯队应形成以主体学科为主，相关学科为辅的人才群体。同时，对学术和技术带头人的条件提出明确要求。同年 6 月 2 日，交通部制定并下发了《交通部跨世纪优秀专业技术人才专项经费资助项目及优秀青年科技人才项目管理暂行办法》，组织完成了人才项目的跟踪管理调研。1998 年 8 月 28 日，交通部在大连召开“全国交通高等教育工作会议”，提出面向 21 世纪继续推进“交通人才工程”组织和实施的有关工作。“交通人才工程”的进一步实施，提高了交通教育发展的质量和效益。同时，积极引进优秀人才，制定并下发了《部属高校引进优秀人才若干意见》。“交通人才工程”的实施，培养了大批高素质的人才，为交通行业的发展提供了人才保障。

“九五”期间，交通部按照《交通行政执法人员三年岗位培训工作规划》和统一部署，重点抓了交通行政执法人员岗位培训，截至 2000 年 10 月底，全国交通系统参加公路路政、道路运政、交通卫生行政等门类岗位培训的交通行政执法人员达 19.5 万人，超额完成培训计划。

进入 21 世纪，国家经济和公路事业的飞速发展对人才队伍建设提出了更高的要求。交通部围绕国家及行业发展对人才队伍建设提出的新要求，对人才队伍建设和管理加强了指导。

为落实 2001 年中共中央办公厅和国务院办公厅发布的《关于加强专业技术人才队伍建设的若干意见》精神，2002 年，交通部出台的《公路水路交通行业专业技术人才资源开发“十五”规划》提出，面向公路、水路交通行业，加强交通人才资源开发工作的宏观指导、组织协调和信息服务，改革管理方式，突出行业特点，创新人才机制，优化人才环境，大力提高人才素质和创新能力，为交通事业的发展提供人才保障和智力支持。《规划》提出人才资源开发的适应性、整体性、全面性、指导性等原则，明确了“到 2005 年，初步建立科学化、制度化、规范化的交通行业人才资源开发的工作机制、政策体系和信息服务体系，形成尊重知识、尊重人才、鼓励创新和创业的良好氛围，使交通行业人才成长环境得到根本改善，交通人才队伍的整体素质得到明显提高，基本适应交通事业发展对各类交通人才的需求”的主要目标；明确了建立交通人才资源开发工作机制、营造有利于交通人才成长的良好环境、建立交通人才资源信息服务体系、努力提高交通人才的整体素质、大力培养急需人才、建立健全交通重点学科（专业）学术技术梯队、建立交通重要岗位从业人员准入控制机制、加大西部交通人才资源开发力度等八项主要任务。

根据人事部等七部委《新世纪百千万人才工程实施方案》和交通部2002年《公路水路交通行业专业技术人才资源开发“十五”规划》，2003年5月27日，交通部在总结原直属单位实施“十百千人才工程”经验的基础上，制定了今后10年交通行业重点学科青年学术技术带头人培养方案，即《新世纪十百千人才工程实施方案》。《方案》确定十百千人才工程的总体目标是：根据交通事业三阶段发展目标，特别是第一阶段目标对高层次专业技术、管理人才的需求，从现在起用10年左右的时间，在对交通事业发展影响重大的交通主干学科领域里，培养造就一大批不同层次的学术技术带头人，重点是实现第一阶段目标所急需的高层次专业技术、管理人才。各省（区、市）交通厅（局、委）和中央管理的交通企业及交通院校和部直属单位共选拔千名左右交通主干学科领域的青年拔尖人才作为人才工程的第二层次人选进行重点培养，争取造就百名左右在交通行业有较大影响，在本学术技术领域有较高造诣的带头人；每个交通企事业单位要把本单位主干学科领域的青年拔尖人才作为人才工程的第三层次人选进行重点培养，争取在交通行业造就数千名在本地区、本系统有较大影响，在本学术技术领域有一定造诣的青年学术技术骨干。同时，《方案》对实施组织领导、人才选拔与管理、培养措施等提出明确要求。

2003年12月，包括交通部在内的六部门联合发出《教育部等六部门关于实施职业院校制造业和现代服务业技能型紧缺人才培养培训工程的通知》，优先确定在数控技术应用，计算机应用与软件技术，汽车运用与维修、护理等四个专业领域，在全国选择确定500多所职业院校作为技能型紧缺人才示范性培养培训基地；通过校企合作等方式，不断加强基地建设，扩大基地培养培训能力，2003年至2007年相关专业领域共输送毕业生100万人，在相关专业领域共提供短期技能提高培训300万人，缓解了劳动力市场技能型人才的紧缺状况。同时，交通部启动了“交通行业技能型紧缺人才培养工程”，在公路、水运领域选择5～8个技能培训项目，加快培养交通技能型人才的步伐。

2004 年 9 月，“全国交通职业教育工作会议”在呼和浩特召开，会议指出，交通事业的可持续发展为交通职业教育创造了更大的发展空间，交通行业发展是交通职业教育发展的动力。要树立“合适的教育才是最好的教育”、“把学生培养成为社会所需要的人才就是最大成功”的观念，主动担负起培养高素质劳动者和高技能人才的重任，尤其要加强技能型紧缺人才的培养；要继续做好西部地区交通干部培养工作，实施“5531 工程”，为西部培训干部 5 000 人，组织讲师团赴西部地区开办专题讲座或研修班培训 5 000 人次，培养高层次专业技术骨干和优秀教师 300 人，为西藏建设 1 个现代化远程教育培训网络终端教学站。同时强调，要进一步作好交通行业职业资格制度建设、抓好农村劳动力转移培训、加大交通职业教育和培训的投入等工作。会后，交通部和教育部共同印发了《关于进一步推动交通职业教育改革与发展的若干意见》。到 2005 年底，“5531”计划共培训西部地区交通管理和技术人员超过 2 万人，培养研究生 300 余人。同时依托“十五”西部交通科技项目的实施，促进西部交通人才结构趋于合理，带动了西部地区高学历人才培养，共有 273 名博士研究生、686 名硕士研究生依托西部项目完成学位论文并获学位，西部人才的整体水平得到较快提升和加强。

2005 年，为完善关键行业专业人员资格评价和技能鉴定体系，建设一支高素质的交通专业人才队伍，经中编办批准，交通部成立交通专业人员资格评价中心(交通部职业技能鉴定指导中心)。评价中心负责拟定交通部职业资格评价和职业技能鉴定工作的规划、规章制度和实施办法等；组织实施交通行业职业资格的考核认定和特有工种职业技能鉴定，指导职业资格制度建设及职业技能鉴定工作；负责职业资格的注册管理、考试大纲和教材编写、考试命题和试题库建设管理、考试培训机构资格审核认定、教育评估、继续教育标准拟定等 10 项职责。同年 6 月 15 日，交通部在湖南长沙召开首届“中国交通系统人才工作座谈会”，会议强调了新的形势和新要求下做好交通人才工作的重要性和迫切性，明确了今后一段时期的主要任务和重点工作。交通部将进一步贯彻落实全国人才工作会议精神，实施“人才强交”战略，开创交通人才工作新局面，得到全国交通系统的积极响应和高度关注。

“十一五”后，交通部（交通运输部）加强了职业资格制度的建设和管理。2007 年 7 月 19 日，交通部在哈尔滨召开首届“全国交通行业职业资格工作会议”，总结了职业资格工作自2003年启动以来取得的成绩，认为交通行业职业资格工作稳步推进，并逐步走上了制度化、规范化的轨道，取得了阶段性成果。提出了交通行业职业资格工作的指导思想和发展目标，指出了交通行业职业资格制度建设工作要坚持统筹规划、分步实施，分类管理、整体推进，统一领导、分工协作，严格质量、注重实效的基本原则。会议还部署了今后一个时期的工作任务。会议对指导推动交通行业职业资格工作发挥了十分重要的作用。2007年12月28日，交通部和劳动保障部共同制定并联合印发了《汽车运输调度员等8个国家职业标准》，对包括汽车运输调度员、沥青混凝土摊铺机操作工、公路重油沥青操作工、压路机操作工、水泥混凝土摊铺机操作工、平地机操作工等在内的8个工种制定了国家职业标准。《标准》成为从业人员从事职业活动，接受职业教育培训和职业技能鉴定以及用人单位录用、使用人员的基本依据。同年，交通部建立了勘察设计土木工程师制度、理货人员从业资格制度等，交通职业资格制度逐步完善。2008年，交通运输部先后印发《交通行业管理干部培训平台建设的指导意见》和《交通行业管理干部培训平台建设管理办法》，加强教育与培训工作，推进了人力资源支持保障体系建设。

改革开放30年来，公路交通事业的发展，“科教兴交”战略、“交通人才工程”的实施，职业资格制度的建立和完善，科技教育事业的快速发展，职工培训的不断普及，使公路行业人才梯队建设、选拔手段、人才管理不断加强，形成了高精尖人才、创新型人才、技能型人才、应用型人才配置合理，人才建设规划、职业资格管理、培训制度比较完善的局面。

四、高等教育

改革开放以来，交通高等教育发展以“科教兴交”、“人才强交”为主线，与交通建设事业紧密相关，深刻体现了“经济发展、交通先行，交通发展、科教支撑”的发展战略，着力于确保办学资金投入、深化教育体制改革、强化师资队伍建设、推动科技成果转化等工作，在人才培养、科技研发、人力资源支持保障体系建设等方面取得了显著成就。

1978年，重庆交通学院、长沙交通学院相继恢复和创建；西安公路学院改为交通部和学校所在地双重领导、以交通部为主的领导体制。当年，交通部就开始在高等学校开办大学本科四年制师资班，并把师资培养工作长期坚持了下来。1979年2月26日，交通部发出《关于我部恢复和增设五所高等学校的通知》。到1980年底，交通部部属普通高等院校达到10所，其中大学本科院校7所、专科院校3所。

“六五”期间，为适应国家经济和交通事业发展的需要，交通部不断出台政策措施，加强对交通院校的支持和指导。改革开放之初，交通部属高校加强交通主干专业建设，在公路学科方面开始重点发展桥梁工程、汽车运用工程、起重运输与工程机械、交通运输管理等专业。到1985年底，交通系统外的高校，如同济大学、湖南大学、南京工学院、北京建工学院等也设置了公路与城市道路工程、桥梁与隧道等专业，吉林工业大学设置了汽车运用工程专业。

“七五”开始，交通部每年投资1亿元左右，用于直属院校的基础设施建设，使各校校舍基本达到了交通部核定的办学规模要求，扭转了部属高校设施简陋的状况。1986年2月，交通部印发《“七五”期间交通部属高等学校工作纲要》。1988年5月，济南交通学校暨济南交通职业专科学校改办成济南交通高等专科学校，原济南交通学校有关专业作为该校附属中专部。同年10月，黑龙江交通高等专科学校正式成立。到“七五”末的1990年，交通部直属普通高校达到11所，5年里培养毕业生2.62万人。

据不完全统计，1978年交通部属高等学校当年实际招生为2 929人，在校生人数6 663人，毕业生1 398人；到1988年，在校生人数达到2.5万人，毕业生达5 470人。改革开放的头十年里，交通高等学校迅速从整顿恢复步入了快速发展。

进入90年代后，交通普通高等教育认真贯彻落实国家宏观教育决策，结合公路事业发展的实际，不断深化改革、统筹规划、合理布局，结合实施“交通人才工程”和“211工程”，进一步加强了交通高校基础设施建设，完善了人才培养机制，在科学研究及成果推广上取得了显著成绩。

1990年，交通部在大连召开“全国交通教育工作会议”，同年9月，交通部印发《交通普通高等教育规划纲要》，明确了“八五”期间交通高等教育的基本目标和根本任务。

1993年4月，交通高等教育开始实施“211工程”建设；1995年，西安公路学院更名为西安公路交通大学。

1995年，交通高校开始“学分制”试点和面向21世纪教学内容和课程体系的改革。1995年12月，交通部制定《交通教育事业“九五”计划和2010年发展规划》，其中明确高等教育的目标是：建立起与交通事业发展和改革相适应、办学规模适当、结构基本合理、教育质量较高、办学效益较好、能适应社会主义市场经济体制、面向21交通的高等教育体制。重点保证大连海事大学和西安公路交通大学“211工程”建设工作；进一步加强重点学科、课程、实验室建设；争取适当增加博士点和博士后流动站，在个别高校成立研究生院。加强师资队伍建设，逐步建立以具有博士、硕士学位教师为主体的师资队伍。

“八五”期间，交通普通高校获得较快发展。到1995年底，交通部属11所普通高校的招生数由1990年底的6 900人增长到1.05万人，其中研究生和本科生分别从181人和4 024人增长410人和6 168人；在校生从2.5万人增长到3.7万人；专任教师中具有正副高级职称的由近21%上升为32.4%。五年里，交通普通高校教学、科研等能力得到较大幅度提升。

进入“九五”期后，交通部属普通高等教育坚决落实“科教兴国”战略，使交通普通高等教育得到较快发展。1997年，按照实施“交通人才工程”的目标要求，交通部重点安排专项资金用于高等教育基础设施建设，加快了“211工程”的建设进度。西安公路交通大学完成了公路与城市道路工程学科、汽车运用工程学科、工程机械学科、基础学科及相关学科建设项目的初步设计。按国家重点实验室标准建成了道路工程、汽车运用工程和工程机械三个实验中心，采用网络技术形成校园公共信息服务网络，科研水平大幅提高，以现代科学技术应用于公路交通为重点，在高等级公路建设养护、筑养路机械与设备、载运工具运用工程、高速运输车辆工程等领域广泛开展了科学研究；教育水平大幅提升，仅1995年以后的三年里，就为公路交通行业输送高级专业技术人才1万余名，其中研究生500余名，本科生5 200名；学科建设大见成效，1998年5月，经国务院学位办批准该校为首批交通运输工程一级学科博士学位授权单位，同年11月，国家人事部批准设立该一级学科博士后流动站。

1998交通部以提高交通高等教育质量为中心，开展了重点学科评定工作，确定了15个重点学科，分别新增博士和硕士授予点2个和15个，西安公路交通大学交通运输工程被批准为博士、硕士学位授权一级学科，重庆交通学院的桥梁与隧道工程学科、长沙交通学院的道路与铁道工程学科增列为交通部重点学科。

90年代里，交通部属高校充分发挥了学科优势，在行业科研方面做出了突出贡献。例如，由西安公路交通大学负责研发的“半刚性基层沥青路面”、“公路卧铺客车”、“旧桥加固技术”等项目，被交通行业广泛采用并取得了良好效果；长沙交通学院承担各类纵向科研课题69项，共29项获省部级以上科技进步奖。仅1990年至1998年，交通部属院校就获得省部级科技进步奖以上奖项293项，其中国家发明奖2项，国家科技进步奖12项，省部级一等奖16项。到1998年底，交通部属普通高校已评出的首批学科学术带头人39名。此外，还有多项成果转化为产品，为公路事业的加快发展奠定了技术基础。

1999年，交通部组织召开了“部属普通高校教学改革工作座谈会”。西安公路交通大学“211工程”建设项目被列为国家级项目。进入21世纪，交通高校完成管理体制的改革，交通部对交通高等教育院校加强了宏观指导，对共建高校继续给予全力支持。2000年，完成了交通部属院校的转制工作。此后，交通高等教育发展适应了我国高等教育大众化的趋势，进入了高等教育事业跨越式发展的时期。

2001年，由交通部牵头，会同铁道部、民航总局组建了“2001～2005年高等学校交通运输学科教学指导委员会”，下设交通工程、公路运输等分委员会，其中交通工程、公路运输等四个分委员会由交通部聘任和管理。同年，召开了“高等学校交通运输学科教学指导委员会工作会议”，明确了指导思想、主要目标和工作任务，并通过了工作章程。2002年，交通部召开“交通高校科研管理工作座谈会”，启动了交通应用基础研究项目申报，同时开展年度交通类专业青年教师在职攻读博士学位资助项目立项，共立项14项。2003年，交通部进一步调整交通高等教育工作思路，将管理直属院校为主转变为加强行业指导为主，加强了交通高校的科研管理。2004年，交通部与铁道部、民航总局共同组织开展了《交通运输学科专业发展战略》和《交通运输学科专业规范》的研究，进一步吸引高校特别是原交通系统高校发展交通主干学科，鼓励和支持各高校承担和开展面向交通发展的重大科研活动。2005年，交通部在支持共建高校、引导交通类院校为交通行业服务方面更进一步，与教育部签署共建长安大学的协议，积极支持重庆交通学院申报博士学位授予单位和更名为重庆交通大学，并使该校桥梁与隧道工程、道路

与铁道工程被增列为博士学位授权点。

进入"十一五"后，交通部（交通运输部）继续支持交通主干学科发展。2006年，交通部组织召开"交通高校科研工作座谈会"，完成了2006年度交通应用基础项目的立项，指导高校交通运输学科教学指导委员会完成了交通运输学科发展战备研究和专业规范制定，4门交通主干课程被评为国家精品课程。2007年，为进一步加强行业与高校的联系，促进交通主干学科发展，交通部分别与山东省人民政府出台《关于共建山东交通学院的意见》；完成了长安大学公路交通技能训练和创新性实验教学中心设备购置、山东交通学院道桥与汽车专业教学实验设备购置等的审批。当年，包括交通部共建高校在内的一批交通主干学科被列入国家重点学科，交通院校在国家组织的教学评估中取得优良成绩。2008年，交通运输部继续加强与高等院校的联系，促进了交通主干学科的发展，完成了长安大学交通类主干学科公路交通结构安全测控教学实验设备购置、山东交通学院交通类主干学科交通运输安全环保教学实验设备购置、武汉理工大学交通运输工程实验教学中心设备购置、重庆交通大学路桥与港航专业教学实验设备购置、长沙理工大学交通类主干学科道路与内河航道工程教学实验中心实验教学设备购置等项目的审批工作。这些项目的实施进一步改善了高校交通主干专业学科的办学条件，提高了交通高层次人才培养质量。2008年，受教育部委托，交通运输部牵头与铁道部共同完成高等学校交通运输与工程学科专业教学指导委员会筹建工作，成立了交通工程、道路运输与工程、轨道运输与工程、航空运输与工程等分委员会。与上一届委员会相比，专业涵盖交通运输与工程建设两大领域，更便于行业参与教学指导工作，有利于交通人力资源支持保障体系的建设。

进入21世纪，交通高校的科研实力不断增强，通过参与行业课题的科学研究，不仅为公路事业贡献了应有的力量，也获得了可观的科研经费，实现了行业和院校的双赢。例如，重庆交通大学根据西南地区特点，发挥其桥梁与隧道工程学科的优势，在大跨径拱桥、长大隧道、桥梁新结构新工艺、旧危桥加固改造与技术等研究方面取得了技术优势，形成了自身特色，其中获国家科技进步一等奖1项、詹天佑大奖1项、茅以升桥梁大奖提名1项；其道路与铁道工程学科在山区道路结构、高边坡处治、三峡库区公路建设技术及灾害防治等方面取得了优势，解决了山区公路建设的一系列难题。山东交通学院在汽车综合性能测试仪、

BQ150 型注浆泵、单体液压锚杆机、便携式轴载仪、高等级公路多功能养护车等实用技术研究、生产和推广方面取得了突出成绩。长沙理工大学以应用开发为主攻方向，其承担的混凝土桥梁施工期和使用期安全控制关键技术，在湖南、湖北、广东、广西等省（区）60 余座桥梁施工控制和评定加固中得到成功应用，获得了 2006 年度国家科技进步二等奖。

五、职业教育

改革开放以来，在部属普通高校获得快速发展的同时，由交通职业学校、普通中专和技工学校等组成的交通职业教育体系也获得了快速发展。

1978 年 8 月，交通部在烟台召开“全国交通系统中专学校工作会议”，是建国后召开的第一次全国交通中专学校工作会议。改革开放到“六五”末的七年里，交通部加强了交通职业教育的制度管理，形成了教材体系，完善了学校整体布局，学校管理步入制度化轨道。

1979 年，交通部制定印发《交通中专师资管理办法（草案）》；1980 年 10 月，交通部印发《交通系统中等专业学校教学管理办法（草案）》、《交通系统中等专业学校工科专业生产实习管理办法（草案）》；1980 年 12 月印发了《交通中专各专业实验、实习仪器设备标准》，这些规章的制定和实施，加强了交通中专学校的制度建设，将交通职业教育纳入规范化管理轨道。到 1980 年底，交通中专学校增至 46 所，其中部属学校 17 所，在校生达到 1.7 万人。

1982 年 10 月开始，交通部组成 4 个检查组，对 9 所全国重点中专学校执行《教学管理办法》等规章的情况进行检查，促进了交通中专学校的教学管理，加强了学校领导班子建设，改善了办学条件，充实提高了师资队伍。1984 年 11 月，交通部召开“交通中专学校师资工作座谈会”，修订了 1979 年版的《交通中专师资管理办法（草案）》。到 1985 年底，交通中专学校达 50 所，其中公路中等专业学校 29 所，教师队伍达 2 300 多人；包括 29 所公路中专学校和 103 所技工学校在内，全国公路中等职业学校达到 132 所。

早在改革开放之初的 1979 年，为解决交通职业学校无统一教学计划、大纲、教材的状况，交通部创建了交通中专与技工学校的专业教学联络网，加强了各学校专业间教学研究的横向联系；1983 年 1 月，交通部颁布 21 个专业 23 种《交通系统中等专业教学计划（试行）》；1983年8月，在教学联络网基础上，批准成立了“交通中等专业教育研究会”；1983年11月，颁布了各专业教学大纲；1985年2月，建立了“交通中等专业教材编审委员会”；1985年5月，成立“交通技工教育研究会”；1985年底完成第一轮教材编写并正式出版教材46种。到“六五”末，基本形成了以交通中专与技工教育研究会和专业教材编审委员会为主的协作网络，完成了统一教材的出版，发挥了交通职业教育的整体优势。

“七五”后，交通中专教育步入快速发展轨道。这一时期，交通中专学校在教育改革方面进行了有益的探索，如在学校管理方面进行了党政分开、校长负责制的改革；在专业设置方面实施了大专业小专门化方案；在产学结合方面，开展了技术服务，加强了实习基地建设，积极改进招生及毕业生分配，实行定向招生，还有部分学校将毕业生直接分配至县级交通运输部门。“七五”期间，职业教育的宏观管理得到加强，有20所中专学校开展了路桥专业教育质量评估试点。

“七五”期间，中专学校基建投资得到大幅度提高。1986年，交通系统中专学校的投资达5 590万元，同比增长25.9%，达到“六五”期间总投资的近47%，专项设备费用达到600万元，事业费也有了大幅增长；为加快解决经费问题，根据“谁办学，谁受益；谁投资，谁受益”的原则，对办学的赞助单位和部门采取毕业生尽先择优分配的办法，吸引各方面对办学的支持。据统计，“七五”期间，53所交通系统中专学校筹集的资金达到7.75亿元，筹集资金渠道达18种之多，这部分投资为国家财政拨款的164%；共组织编审中专学校教材144种，编审技工学校教材45种；各交通中专学校共招生5.6万人，在校生累计近16万人。

1990年6月，交通部在大连召开“全国交通教育工作会议”，明确要多渠道筹集教育经费，提高办学效益，并决定从养路费中提取0.5%~1%用于职业技术教育，从运管费中提取适当比例用于职业技术培训。1990年9月，交通部印发《交通职业技术教育发展纲要（1991~1995年）》，提出“八五”期间职业教育的基本目标是：以办好现有的普通中专和技工学校为重点，坚持学校教育与形式多样的实用技术教育相结合，形成以规范化学校为主干、结构合理、规模适度、从初级到高级的交通职业教育体系；1992年3月16日，交通部印发《交通教育十年规划和“八五”计划纲要》。两个《纲要》的出台，对“八五”期乃至2000年交通职业教育事业发展起到了重要的指导和宏观调控作用。

"八五"期间，交通职业教育改革深入开展。1992 年，交通部在成都召开"交通职业技术教育综合改革座谈会"；1993 年 4 月，在潍坊召开"交通职业技术教育校办产业研讨会"；1994 年 12 月，在广西南宁召开"全国交通系统职业技术教育改革与发展工作会议"。这些会议的召开，对"八五"期间职业教育改革起到了指导作用。

"八五"期间，交通职业中专和技校的改革逐步深化，广泛开展了教育评估，规范了学校管理，提高了教学质量。1991 年，交通部印发了《交通系统规范化普通中等专业学校的标准（试行)》，并开展规范化评检，促进了学校的规范化建设，同时开展了技工学校的评估检查，推动了技工学校的建设。1992 年开始，交通职业学校全面开展了校内管理综合改革，调整了内部管理体制，引进了竞争机制，普遍实行了聘任制和结构工资制。1993 年，根据国家教委《关于普通中等专业学校专业设置管理的原则意见》，交通部属普通中专学校开始调整专业，改进招生工作，挖掘办学潜力，在规范化学校建设方面取得一定成效；同时结合交通部技工教育情况，对深化部属技工学校改革提出意见。1994 年，重点开展普通职业技术学校的规范化建设，实施评检验收，当年交通部批准了首批 19 所交通系统规范化技工学校；同年 8 月，13 所交通普通中专学校获评为国家级重点技工学校。

"八五"五年里，交通系统普通中等专业学校共招生 8.03 万人，在校学生累计达 23 万人，毕业生共 5.47 万人。五年里，交通系统技工学校也得到快速发展。1991 年，全国有 179 所交通技工学校，其中部属的 19 所，据对 147 所技工学校的统计，1991 年招生、在校生和毕业生数量分别为 1.77 万人、4.16 万人和 1.40 万人；到 1995 年，全国交通系统技工学校达到 189 所，据对 182 所技工学校的统计，当年招生、在校生和毕业生分别为 3.23 万人、7.33 万人和 2.65 万人。

1995 年 8 月 1 日至 4 日，交通部在吉林召开"全国交通成人和职业教育工作会议"。会后，交通部印发《全国交通成人与职业技术教育工作会议纪要》，特别强调要"依靠政策，畅通资金渠道，确保教育投入"，要求"九五"期间交通教育资金投入应高于"八五"期间，并确保来源稳定；继续坚持从公路养路费等交通规费中提取 1% 左右用于交通教育；继续按不低于职工工资总额 1.5% 的比例提取职工教育经费，不足部分由本单位适当给予补助；按国务院规定，可按科技开发、技术引进、技术改造和产品创优服务等项目资金的 1% 左右提取交通新技术培训费，列入项目预算。经1995年8月“全国成人与职业技术教育工作会议”审议并广泛听取各方意见后，交通部于1996年2月正式印发《交通职业技术教育规划纲要（1996～2000年）》，为“九五”期间职业技术教育的发展指明了方向。

“九五”期间，交通系统开展了多形式的职业技术教育，职工队伍的科学文化、技术业务素质有了明显提高。在大规模、高水平交通基础设施建设实践中，锻炼和造就了一大批技术人才和专家，为公路建设事业发展提供了智力支持和人才保障。“九五”期间，交通职业技术教育主要做了以下工作：

一是突出了重点学校、重点专业建设，发展了交通高等职业教育。1996年，交通职业技术教育工作结合重点学校、重点专业建设，深化了教育改革，着力于提高教育质量和办学效益。同年11月，交通部对26所中专学校开办的汽车运用工程专业进行教育质量评估，对16所中专学校的汽车运用工程专业进行了部级重点专业点评审。1997年，按照“集中力量，办好重点学校，继续抓好国家级重点和交通系统规范化学校建设”的要求，交通部于9月在贵州召开了“交通系统重点中专学校暨部级重点专业点建设工作会议”，研究明确“九五”交通重点中专学校和部级重点专业点建设任务以及师资队伍建设等问题，在重点专业建设方面，根据交通部提出的“集中力量，突出重点，办出在社会上有影响的名牌职业技术学校和名牌专业”的精神，1997年对19所交通技工学校所设公路施工与养护专业进行了教学质量评估，1998年，交通部评定了首批部级“电视中等专业学校示范性分校”及部级重点技工学校；在劳动部组织的国家重点技工学校评估中，当年度有交通系统的13所技校被列为国家级重点校；在重点专业建设方面，有6所学校所设公路与桥梁专业通过部级重点专业点复审，1所学校公路桥梁专业通过部级重点专业点评审；吉林省交通职工大学和吉林省交通学校合并成立吉林交通职业技术学院，这是交通系统第一所职业技术学院，标志着交通高等职业教育有了进一步的发展。1999年，11所电视中专分校被评为第二批部级示范性分校；根据《关于开展评定交通部中等专业学校重点专业点的通知》精神，交通部组织专家对有关省（区、市）交通厅（局）、公路局的交通技工学校的公路施工与养护专业进行评审，江苏、山东、浙江、四川、江西、陕西、广西和北京等省（区、市）公路技工学校的公路施工与养护专业被评定为部级重点专业点。2000年，完成了公路与桥梁、汽车运用与维修等重点专业整体教学改革方案的研究和专业设置标准的制定，并通过教育部组织的专家评审；同年里，交通系统有24所学校被教育部批准为国家级重点中专学校，11所被评为省部级重点中专学校，43所技工学校被评为省部级重点技工学校。

二是着力于师资队伍培养。1996年，交通部举办交通系统重点中专学校校长读书班，研讨交通中专教育改革与发展的新思路；同时，根据交通部《关于开展评定交通职业技术教育教学带头人工作的通知》精神，交通部成立了交通职业技术教育教学带头人评审委员会，并于当年底评定了11名高级讲师为首批教学带头人，对加强交通职业技术教育师资队伍建设产生了积极影响。

三是强化教学基本建设。1996年，交通部颁发了交通中专学校公路与桥梁专业、汽车运用工程专业以及技工学校相关专业的教学计划和大纲，调整了课程体系，更新部分教学内容，突出实践教学，突出了按需培养的方针。1999年，交通部对职业教育的公路与桥梁、汽车运用与维修等专业整体教学方案进行研究，开展了深化交通职业技术教育的教学改革，批准18所学校的22个项目成为交通职业技术教育教学改革首批立项项目。

“九五”期间，交通职业技术教育改革和发展适应了公路事业快速发展的需求。2000年，交通系统的职业中专、技工学校和普通高校一起完成了管理体制和布局结构的调整。

进入21世纪，在完成教育管理体制改革后，为继续支持交通职业技术教育，交通部提出了“坚持行业指导，推动交通职业教育与行业发展的紧密结合”的战略。在交通部（交通运输部）及各级交通、公路主管部门的支持下，交通职业技术学校在新的体制下开辟出新的发展天地。

“十五”期间，交通部及各级交通、公路主管部门继续大力支持交通系统的职业技术学校发展。交通部与教育部、劳动和社会保障部等相关部委紧密合作，加强了职业技术院校的工作指导；依托交通职业教育教学指导委员会等机构，加强了教育和教学改革调研；在教材编写、大纲审定等方面强化了行业指导手段，加强了师资培训。

2004年9月17日，交通部在呼和浩特召开“全国交通职业教育工作会议”。会议要求各级交通主管部门加强领导，转变职能，促进交通职业教育可持续发展；要求各交通职业教育院校以服务为宗旨，为人才培养作出新的贡献。此次会议的召开，为新时期交通职业教育的发展指明了方向。

“十五”的五年里，交通部在职业教育方面取得以下成就：理顺了交通职业教育教学指导委员会的工作关系，明确了工作目标和任务；重点抓好交通职业教育教材建设、教学改革研究及师资培养；组织交通职业院校围绕交通类专业推进教学改革。

进入“十一五”后，交通职业技术教育有了新的发展，在促进交通主干学科发展、提高交通专业技术人才培养、建设交通人力资源支持保障体系、为职业技术教育营造良好环境等方面取得了显著成效。2006年2月，交通部印发《“十一五”交通教育与培训发展规划》。按照《规划》要求，交通部启动了交通人力资源支持保障体系的建设项目，积极推进技能型人才培养工程，进一步改善了交通主干专业的办学条件，示范和引领交通教育培训机构为交通事业发展服务。2007年，各级交通公路主管部门加强了行业与高等院校的联系，支持交通高职院校争创国家示范院校。四川交通职业技术学院、湖南交通职业技术学院、云南交通职业技术学院、贵州交通职业技术学院等4所交通高职院校被列为国家示范性高等职业院校建设单位。截至2007年底，全国共有70所示范性高职院校，其中交通高职院校有6所；5门高职交通主干课程被评为国家精品课程。2008年，交通运输部推荐的江苏交通技师学院被人力资源和社会保障部列为国家高技能人才培养示范基地建设单位，6门高职交通主干课程被评为国家精品课程；联合教育部在天津成功举办了“2008年全国职业院校技能大赛”汽车运用与维修技能大赛。

六、职工教育与培训

交通职工、成人教育及培训扎根于人的持续发展和终身教育理念，着力于对交通从业者进行专业知识和技能的教育和培养，适应了行业知识和技术快速更新的现实，是行业教育发展的重要工作之一，对提高交通职工队伍整体素质具有重大意义。交通职工教育与培训具有历时长、专业繁杂、实践性强的特点，多采用培训班、夜校、业余大学及半工半读等形式开展。改革开放30年，交通行业的职工教育和培训工作依据中央和国家的政策、法令，结合行业的发展特色，取得了长足进步，培养了一大批公路交通事业急需的专业技术和管理人才，为公路交通事业发展作出了应有的贡献。

20世纪70年代末期和80年代，交通职工教育和培训事业处于起步和发展时期。

在国家整体职工教育体系加快改革发展的大背景下，交通职工教育蓬勃发展。改革开放初期，全国交通系统先后建立了10余所职工大学和2所交通管理干部学院，在部属普通高等学校开办了函授、干部专修科和夜大学，建立了40多所中等专业学校和交通电视中专，结束了交通系统长期没有职工大学的历史。1981年3月，交通部发出《关于加强职工教育工作的决定》，要求把加强职工教育工作作为一件大事来抓，力争在"六五"计划期间有计划地把职工普遍轮训一次；《决定》明确，成立交通部职工教育领导小组作为指导全国交通系统职工教育工作的机构；各单位要制定具体计划，企事业单位按职工总数5‰配备专职教师，按每个职工0.3～0.5平方米的规模建设职工教育基地，按职工工资1.5%的比例支出职工教育经费，此外对职工教育质量、管理、机构设置等也作出明确规定。为加强干部和职工培训工作，交通部于1984年批准建立了北京交通管理干部学院和武汉交通政治管理干部学院。交通部所属单位相继建立了职工教育机构和学校。1985年，全国交通系统青壮年职工文化补课和初级技术补课合格人数分别达到65.73万人和40.22万人，其中公路系统参加各类学习的职工达到50余万人。通过多种形式的职工教育和培训，提高了公路从业人员的专业技术和技能，提高了企事业单位的管理、生产水平，对公路事业的发展起到了积极的促进作用。

进入"七五"后，交通职工教育和培训工作管理和规划进一步加强。1987年9月，交通部发出通知，要求在以下五方面做好职工教育和培训工作：一是各交通管理部门要把搞好交通系统职工教育作为实施行业管理的重要工作，制订规划，加强指导，进行监督检查，把职工教育列入各单位方针目标管理，列入厂长（经理）任期目标，作为考核干部的内容；二是把开展岗位培训作为成人教育的重点；三是办好各类成人高等和中等专业教育，积极进行教育改革；四是加强管理和各项基础建设；五是各单位要结合实际，修订1988年～1990年职工教育规划。

"七五"期间，交通职工教育坚持"按需施教、学用结合"的原则，注重培训的质量和实效。1986年和1987年，着重于干部和职工的培训。在干部培训工作中，交通部属4所高校和10所交通厅（局）干校举办了经理（局长）国家统考培训班；举办了大中型企业党委书记和企业经理管理培训班；举办了县交通局长和管理干部培训班。在工人培训工作中，开展了中级技术工人和班组长培训，对公路段长、汽车队长、交通管理站（所）长、值班调度员等基层干部进行了岗位培训试点，逐步摸索出一条一线基层干部、职工培训的路子。1988年开始，公路职工教育的重点转向岗位培训，人才培养和各种技术业务培训得到进一步发展，当年参加各种培训学习的职工达到48万余人。1988年，交通系统干部教育全面铺开，重点面向公路段长、汽车站长、交通管理站长等基层干部，继续开展了以中级工培训为重点的技术工人等级培训，同时围绕交通企业上等级、保安全等活动举办了各种技术业务培训。1989年，交通职工教育紧密结合运输生产需要和提高职工队伍素质，开展了多种形式的培训和教育，当年参加等级工技术培训的达到10余万人，参加适应性培训和资格培训的技术工人分别达到近24万人和近12万人次。1990年，交通职工教育继续以岗位培训为重点，大力开展政治、文化和技术业务培训，全年参加各类培训的人数逾51万人，其中参加岗位培训的近49万人；1990年，在试点基础上，组织修订了县公路段长、汽车站长、交通管理站长、汽车队长等基层干部岗位培训教学计划和大纲，编写培训教材，为“八五”期间的岗位培训准备了条件。

“七五”期间，职工教育研究工作取得进展。1986年8月，“交通系统职工教育研究会”在北京成立。当年，各职工教育研究组（会）开展了对岗位职务培训的调查研究，拟订了115个岗位职务知识标准（草案），1990年12月6日，交通职工教育研究会于南京召开“第二届理事会暨会员会议”，当年已有57个省（区、市）和计划单列市交通厅（局）及部直属企事业单位成为该会团体会员。

进入20世纪90年代后，交通职工成人教育取得较大发展。“八五”期间，交通职工教育和培训继续以岗位培训为重点，大面积开展资格性岗位培训，同时加强了成人高、中专教育的整顿和评估检查，促使教学水平明显提高，职工学历教育得到进一步发展，交通系统职工队伍的素质得到进一步提升。

“八五”期间，交通职工学历教育稳定发展。五年里，交通部重点加强了部属成人高校的管理。1991年和1992年，交通部组织对部属院校承办的成人高教《专业证书》教育班进行复查清理，1993年，交通部属成人高校招生开始委托招收应届高中毕业生，试办了“招工与招生相结合”班，推动了部属成人高等教育发展；为加强部属成人高等学历教育管理，交通部于1994年印发《交通部成人高等教育毕业证书验印工作暂行办法》、《交通部成人高等学校专业设置办法（试行）》，并印发了《交通部属成人高等教育分学校现设专业目录（试用）》，进一步规范了成人高等学历教育的管理。1993 年，根据国家教委有关改革成人中专招生工作的精神，交通部对部属成人中专招生进行重大改革，成立了“交通部成人中等专业学校招生办公室”，并于当年首次组织了部属成人中专免试生录取，调动了部属成人中专的办学积极性；1994 年，交通部进一步改革部属成人中专招生办法，制定了更有利于生产骨干及老、少、边、贫地区考生入学的政策，根据社会和企业需求，采取招工与招生相结合的方式，拓宽了招生渠道。1995 年 3 月，交通部下发《关于组织开展“八五”交通成人教育工作检查的通知》，采取自查与复查相结合、以自查为主的方式进行，有力促进了成人高、中专教育的发展。

1995 年 8 月，交通部在吉林召开“全国交通成人与职业技术教育工作会议”，进一步明确交通成人与技术教育在“科教兴国”和“科教兴交”战略方针中的重要地位，研究制定了“九五”交通成人与职业技术教育发展纲要，提出了“九五”期间交通基础设施建设工程和交通人才工程同时并举的方针，确定了保证资金投入的政策和措施。

“九五”期间，为全面贯彻、实施 1996 年 2 月下发的“九五”期间《交通成人教育规划纲要》中提出的各项任务，交通系统各单位继续抓紧岗位培训；在成人学历教育方面，交通部着力对部属高校成人教育质量进行评估，促进了各级各类成人教育学校的规范化建设。

在岗位培训方面，“九五”五年里主要抓好职工培训，每年参加各类培训的职工达到 100 万人以上，大大提高了交通职工队伍的整体素质和专业水平。“九五”期间，交通部重点抓了交通行政执法人员岗位培训。1996 年，交通部颁布《关于贯彻实施 <中华人民共和国行政处罚法> 的通知》和《交通行政执法人员三年岗位培训工作规划》。1997 年 3 月，交通部下发《交通行政执法人员岗位培训实施办法》，对培训工作进行布置。会后，编写出版了 10 个门类岗位培训必修课教材 24 种，委托 8 所部属院校开办了 11 期交通行政执法人员岗位培训师资培训班，培训各门类教师 568 人。1998 年，交通行政执法人员岗位培训工作全面展开，当年参加培训人数达 8.4 万人，完成全部培训任务的 40% 以上。到 2000 年 10 月底，全国交通系统参加公路路政、道路运政、交通通信、交通卫生行政等门类岗位培训的交通行政执法人员达19.5万人，到2000年11月，《交通行政执法人员三年岗位培训工作规划》全面完成，培养造就了一支具有文明服务意识、具有专业知识和法律知识的交通行政执法队伍。

在成人学历教育方面，1996年，按国家教委要求，交通部组织对部属11所普通高校的职工教育进行评估；在部属成人中专各校开展了省（部）级示范性学校评选工作。1997年，交通部分别组织对部属5所独立设置成人高校的办学水平及交通部电视中专示范性分校进行了评估，促进了成人高、中等专业学校的改革和规范化建设，使各校办学条件和管理水平都有了不同程度的改善和提高。“九五”期间，交通成人高、中专学校培养人才的数量同比增长2倍以上，质量也有较大幅度提高，基本满足了交通跨越式发展对人才的需求。

“十五”期间，围绕为实现交通全面协调可持续发展提供智力支持和人才保障的目标，交通部及交通系统各部门、单位紧密结合交通行业结构调整、交通基础设施建设、安全生产、工程质量、行业科技创新和西部大开发等重点工作，大力开展各种类型的培训和继续教育工作。

2001年，为贯彻《中共中央国务院关于深化教育改革全面推进素质教育的决定》和《中共中央关于印发〈2001~2005年全国干部教育培训规划〉的通知》精神，交通部制定和印发了《“十五”交通教育培训规划》、《“十五”交通行政执法人员提高学历层次教育实施意见》和《“十五”全国地方交通行政干部教育培训实施意见》，并在全国交通系统组织实施。2005年9月，西藏远程教育站举行挂牌仪式并投入运行；同年，支持新疆生产建设兵团远程教育站建设工作顺利落实。

“十五”五年里，每年参加各类培训的交通干部职工达到120万人以上，同时交通部还重点开展了交通行政执法人员学历层次教育，通过北京交通管理干部学院与相关交通高等院校联合的方式，开设了交通运输管理、公路工程管理等专业，仅2002年和2003年招生就达到2万人，2004年参加专科及本科学历教育的交通行政执法人员达到4万余人。“十五”期间，交通部举办的各种专题培训班获得业内外一致好评。

2005年，交通部组织编制出台《“十一五”交通教育与培训发展规划》，要求充分利用全社会的优质教育与培训资源，努力构建开放的交通人力资源支持保障体系，培养和造就爱岗敬业、积极进取、技能精湛的交通行业从业人员队伍，建设交通行业人力资源支持保障体系，实施管理干部队伍能力建设工程、专业技术人才培养工程、技能型人才培养工程。

进入“十一五”后，交通部（交通运输部）继续着力于西部地区干部培训，结合专题培训班继续大力开展交通职工培训教育。“十一五”头三年，共完成西部干部培训项目约240期，培训西部地区交通管理干部和专业技术人员2.44万人；举办西部交通建设与发展讲师团29期，培训2.2万人；为西部地区交通系统培养研究生680名，进一步加大西部地区高层次交通人才队伍建设力度。“十一五”期间，交通部（交通运输部）继续采取合作、联合的方式，开办各种专题研究班：带动了全行业干部培训工作，进一步加强了交通部与各省（区、市）交通厅（局、委）及地方政府的沟通，为交通事业的新发展培养了人才，为交通事业的和谐发展创造了良好的氛围。

30年来，交通职工教育与培训取得了巨大的成就。在公路方面，到2008年，95%以上的各级领导干部至少参加过一次系统的职工教育培训，职工中的专门人才比例达到30%左右，其中高级技术职务专业人才达到5%；公路职工初中及以下文化程度的人员比例由1978年的63.4%下降至25.4%，受过中高等职业教育人员由5.5%提高到36.2%。

七、远程教育

远程教育是学生与教师、学生与教育组织之间主要采取多种媒体方式进行系统教学和通信联系的教育形式，是将课程传送给校园外的一处或多处学生的教育。现代远程教育随着计算机技术、多媒体技术、通信技术的发展，特别是互联网的迅猛发展产生了质的飞跃，成为高新技术条件下兼容面授、函授和自学等传统教学形式，以多种媒体优化组合为主导的新型教育方式。与面授教育相比，现代远程教育突破了时空的限制，提供了更多的学习机会，扩大了教学规模，降低了教学的成本。

从办学特色、办学规模、远程教育手段以及在交通行业的影响来看，交通远程教育主要以交通部电视中等专业学校和全国现代远程教育培训网络协作组展开。

交通部结合公路交通行业点多、面广、线长、人员分散、工作繁重的特点，决定成立以现代电化教学为基础、以远程教育模式为手段大规模培养专门人才的电视中专学校，以缓解和改变行业专门人才严重不足的状况。

1985年5月8日，交通部发出《关于开办交通部电视中等专业学校的通知》，宣告交通部电视中等专业学校正式成立；交通部电视中专学校于成立的当年即启动招生工作并列入国家招生计划；同年，交通部电视中专开办了汽车运输管理、汽车运输财务会计等专业，并于1986年增加了公路与桥梁工程专业；1986年，交通部电视中专招生7 861人，在校生达到1.5万人；1987年，交通部电视中专培养出首届毕业生1 900人；到1988年，交通部电视中专招生达1.1万人，其中公路、汽车类专业达到9 890人。

交通部电视中专创办初期，人员短缺，资金紧张。面对全新的事业，学校的领导大胆改革、强化管理，提出了“团结、高效、廉洁、创新”的校训，确立“增强服务意识、提高管理水平”的指导思想，制定了学籍、考试、教学等方面的管理制度。特别是1985年11月21日，交通部向国家教委发出《关于申报交通部电视中等专业学校备案的函》；1987年8月31日，交通部印发《关于印发交通部电视中等专业学校若干问题的规定的通知》两个文件，奠定了交通远程网络系统规范化、制度化的基础。各分校、工作站也依据各自的实际情况制定了相应的实施办法和补充规定，基本形成“制度健全、运转灵活、精干高效”的管理体系。

1985年开始一直到2001年，交通部电视中等专业学校都是交通部唯一一所以远程教育方式进行教学的学校，主要在公路系统职工中进行中专学历教育。交通部电视中专成立后，结合公路交通行业点多线长、流动分散的特点，交通部电视中专实行三级办学管理体制，总校设在北京交通管理干部学院，各省（区、市）交通厅（局）和部直属企业根据需要设立分校，负责管理本地区、本单位的办学和教学工作；分校可根据需要，在地、市级以上交通运输单位设立教学工作站，负责教学管理工作。1985年，首批40所电视中专分校成立，各地各级有关办学单位也加强了对电视中专分校的领导，教学条件有所改善。到1988年，各地成立的分校、直属站达56所，交通远程教育得到较快发展。

进入90年代后，交通远程教育呈现快速发展态势。交通部先后投资数百万元，用于部电视中专的基础设施、设备的建设；同时加强了电视中专教育的评估和管理，完善远程教育网络，扩大办学规模，编写制作文字和音像教材，保证并稳步提高教学质量。1992 年 9 月，电视中专西藏工作站在拉萨成立，标志着远程教育网络已经延伸到全国所有少数民族自治区。1994 年 5 月，交通部电视中专实施以扩大办学规模、提高教学质量为目标的教改工程，有力地提高了办学质量。至 1999 年，交通部电视中专在 30 个省（区、市）建立了 64 所分校（直属工作站）和近 400 个工作站（二级分校），形成了由 600 余个教学班组成的、覆盖全国的 30 个省（区、市）的庞大的交通电视教育网络，其中在老、少、边、贫地区建立的工作站达 56 个，在校生达 9 166 人，全部为公路、汽车专业的学生。

交通部电视中专办学成效显著，1992 年 8 月，被国家教委授予“全国成人中等专业教育先进学校”称号；1995 年 8 月，交通部授予部电视中专“全国交通系统教育先进集体”称号。1999 年当年，交通部电视中专的在校学生人数达到 5 万余人，占当年全国交通系统成人中专在校生人数的 78%；交通部电视中专培养的人才不仅数量大，而且质量高，有较强的适应能力。据抽样调查显示，该校的毕业生大都回到基层生产一线，成为生产、业务和技术管理工作的骨干，其中 30% ~40% 的毕业生担任了中层以上领导职务，并在实际工作中做出了很大的成绩。当年，总校及所属分校、工作站的专职管理人员达到 1 700 余人，兼职教师达到 3 200 余人，建立起了一支结构比较合理、水平较高、热爱交通教育事业、熟悉成人中专教育和远程教育规律的教职工队伍。到 1999 年，交通部电视中专共组织编写文字教材及辅导材料 130 余种，制作 140 余门课程的音像教材 7 000 学时，制作实操、实验、专题片 30 余部，复制发行音像教材 50 多万盘，初步形成了适合公路交通行业成人和职业教育特点、适应远程教育需要的教材体系。

1999 年，根据国家教育体制改革的统一安排，交通部撤销部电视中专学校，但公路交通系统的远程教育并未就此止步，而是在改革重组中获得了新的发展。

为了充分发挥远程教育在交通职工，特别是公路职工队伍建设中的积极作用，交通远程教育工作人员根据 1998 年 12 月国务院批转的《面向 21 世纪教育振兴行动计划》的要求，决定在新的起点上，重新调整公路远程教育网络，加大公路现代远程教育网络建设的力度。

调整交通远程教育，适应了交通部《“十五”交通教育培训规划》的要求。2001 年 11 月，由北京交通管理干部学院牵头，联合交通系统 40 多家院校、培训机构成立了全国交通现代远程教育培训网络协作组，以北京交通大学雄厚的教学及师资力量为后盾，以东方集团卫星网络技术有限公司先进的远程传播技术和设备为平台，在交通系统开展现代远程教育试点工作，构建交通现代远程教育培训网络，开展交通现代远程教育培训。

为适应公路职工多层次接受教育培训的需求，远程教育开始积极探索举办中专层次远程教育的途径。交通远程职业技术学校是2004年7月由教育部、交通部批准成立的，专业开展交通中等职业学历网络教育试点工作的远程职业技术学校，2005年3月14日，交通远程职业技术学校举行成立揭牌仪式；截至2008年6月，已在全国建立了13所分校，在校生达到1.63万人。交通远程职业技术学校成立以来，共招收7届学员，培养毕业生近2万人，累计注册达3.43万人。

到2008年，交通现代远程教育培训网络已在全国建立了35个教学中心，覆盖了全国27个省（区、市），各教学中心教学设施完善，教学管理队伍健全，教学管理工作规范；交通现代远程教育目前已经开设了交通运输管理、公路工程与管理、会计学（财务会计）、汽车运用技术、汽车运用工程、物流、路政管理和计算机应用等专业，在公路交通系统在职人员中开展专科、专升本及高中起点本科高等学历网络教育；现已有一整套公路工程与管理、交通运输管理、财务会计等专业的，各两个层次的10个教学计划、109门课程的教学大纲，编写了27门课程的教材、76门课程的自学指导书和毕业设计（论文）指导书，教学管理实行“五统一”，即统一教学计划、统一教学大纲、统一教材、统一考试命题、统一考试时间；在师资方面，由北京交通大学、全国各交通院校及北京交通管理干部学院的优秀教师构成了交通现代远程教育培训师资库，并成立了教学指导专家组、专业委员会、教材编委会，对教学、资源建设、教学质量进行监督指导；在教学手段上，公路远程教育已经实现卫星与互联网结合的教学方式，通过卫星直播的课程达123门次4 000多个课时，并制作成1 028张流媒体光盘，同时将34门课程流媒体教学光盘改造成了网络版课件和单机版课件，实现网上辅导答疑、多媒体课件辅助教学以及面授和辅导相结合的方式授课。

实践证明，采用现代化手段进行远程教育，投资少见效快、覆盖面广，适合公路交通行业的特点，能够大幅提高干部职工队伍的科学文化素质，可以按市场经济发展的需要，拓宽服务范围，实现主动灵活办学，是与传统学校面授教育并行、充满生机和活力的新型教育模式，是培养应用型人才手段之一，已经成为我国交通成人高等、中等专业教育和职业技术教育的重要组成部分。

八、教育扶贫

1987 年，交通部在调查研究的基础上，确定陕西、甘肃、新疆、宁夏、云南、贵州、四川、江西、福建、河南、广西、山西等 12 个省（区）的 205 个贫困县作为交通教育扶持对象，并于同年召开这些省（区）交通厅教育处长会议，研究扶持工作方针及具体落实措施。交通部明确，“七五”期间补助投资 1 000 万元，为上述省（区）培养本科生 205 人、专科生 410 人、中专生和培训班毕业生各 1 640 人。其中，当年安排补助人才培训经费 400 万元。

“八五”期间，交通部加大交通教育扶贫力度。继续对云南、四川、新疆、贵州等 22 个省（区）开展交通教育扶贫工作，为老、少、边、贫地区交通部门培养大专生 1 300 人，中专技校生 1 万人，培训在职人员 1. 97 万人，更大程度地改善了这些地区交通教育的办学条件。同时，为贯彻落实党中央、国务院关于全国支持西藏方针，交通部在呼和浩特交通学校等 3 所中专学校专门为西藏开办路桥、汽运、财会、文秘 4 个专业，共培养 300 多名中专生；在重庆交通学院重点培养 60 名藏族学生。此外，又拨专款帮助西藏交通厅建立教育基地，并开设 1 所交通电视中专分校。交通智力援藏工作的开展，有力地支持了西藏交通建设。

“九五”期间，交通部制定了《“九五”期间交通教育扶贫计划》，对扶贫范围和基本任务作出新的规定，并对扶贫计划的实施及资金的筹措和管理工作提出了要求。五年里，交通部共投入 4 000 万元，加上各省（区、市）交通厅（局）投入的配套资金 1. 56 亿元，共为 23 个省（区、市）的 562 个国家重点扶持的贫困县交通部门培养培训人才 18. 7 万人，其中专科生近 1 万人，中专技校生 4 万余人；培训各类职工 13. 6 万人。同时，交通部制定了《交通教育扶贫资金管理办法》，加强对交通教育扶贫资金的管理，确保交通教育扶贫资金的专款专用。

“十五”期间，交通部共投入交通教育扶贫资金 1 800 万元，除通过举办培训班、讲师团和研究生班等形式支持西部地区交通干部教育与培训外，还动用交通部希望工程助学专项资金为帮扶地区建设希望学校、中小学危房改造和资助贫困失辍学儿童，同时发动有关单位及社会开展对口帮扶活动；与交通部脱钩的企事业单位，继续按交通部党组“扶贫不脱钩”的要求，一如既往支持教育扶贫工作。此外，还组织捐赠了大量的计算机、桌椅、图书等教育教学用具。

“十一五”后，交通教育扶贫工作以改善教学和师生食宿条件为重点。2007年，交通部确定新建、扩建、修缮交通希望小学13所，投入援建资金180多万元，主要用于改建教学楼、学生食堂、宿舍、教师办公室、教学设施、硬化学校操场和道路等。

第六章　国际合作与对外交流

改革开放30年来，交通运输领域结合国家总体外交大局，以“服务战略、把握大局、突出重点、实质合作”为方针，以促进我国经济发展为中心，不断深化与周边国家的区域交通合作，扩大与发达国家合作，密切与发展中国家的合作关系，充分利用区域合作平台，大力促进与周边国家的互联互通，落实国家“走出去”战略，加大参与国际组织事务的力度，着力构建一个全方位、多层次、多渠道的交通运输领域国际合作格局。

30年的发展，成绩斐然，充分见证了交通运输领域在对外交流与合作方面所取得的辉煌成就。

第一节　双边交通国际合作

30年来，我国交通部门按照“大国是关键、周边是首要、发展中国家是基础”的外交方针政策，结合我国交通发展的实际需要，与有关国家和地区的交通部门开展了广泛和深入的双边合作，为我国的经济发展服务。

一、建立双边合作机制

目前，我国与80多个国家签订了双边交通合作文件，为我国与有关各国的交通运输合作打下了坚实的基础。交通部（交通运输部）每年派出10个左右部长级代表团出访20多个国家，每年接待10个左右外国部长级代表团访华。近五年来，共与37个国家签订了45项各类合作协议，极大地促进了我国与其他国家政府间在交通领域的合作。除政府部门外，中外交通企业和民间机构之间的合作也很活跃。我国公路运输企业与周边10多个国家开展了国际汽车运输业务，交通建设企业在亚、非、拉美等地区承建了大量交通基础设施工程项目，交通科研机构和院校与有关国家积极开展了科学技术研究与教育培训合作。

在已成立的中外交通运输合作机制中，中越“两廊一圈”交通合作、中国—哈萨克斯坦交通合作分委会、中国—墨西哥交通通信工作组的国内牵头单位，中美商贸联委会运输合作工作组的组长单位，APEC 运输工作组的轮流牵头单位，中俄运输分委会、中澳运输工作组的成员单位，全方位推动和落实了我国与相关国家的交通运输合作。此外，交通部（交通运输部）还与日本国土交通省、韩国交通建设省等外国交通主管部门建立了副部级会议机制。

二、双边公路技术交流与合作

（一）中越“两廊一圈”交通合作

中越两国实施“两廊一圈”交通合作项目，天时、地利、人和俱备。首先，中共中央总书记、国家主席胡锦涛提出的关于两党两国人民要做“好邻居，好朋友，好伙伴，好同志”的倡议，为两国关系尤其是经贸合作关系的进一步发展提供了新的更大的动力。其次，两国经济互补，潜力较大。中越两国经济增长迅速，市场需求不断扩大，为两国交通合作关系持续稳定地发展奠定了良好基础。两国边境省区在“两廊一圈”的交通基础设施建设、客货运输和旅游业发展等领域合作潜力很大。其三，两国地理相连，交通便利。两国边境省区公路相连、铁路相接、海路和航空相通，已初步形成立体交通网络。

“两廊”是指以昆明至河内、南宁至河内的交通线为核心的两条经济长廊，“一圈”是指环北部湾经济圈。

为实施“两廊一圈”交通合作项目，2007 年 4 月 2 日至 4 日，交通部部长李盛霖率团访问越南期间，中越双方交通部门签署了《关于交通基础设施工程建设合作谅解备忘录》，为具体实施“两廊一圈”交通工程合作项目奠定了法律基础。通过双方的不懈努力，双方已陆续实施了相关公路桥梁项目，为最终将“两廊一圈”打造成为开放型的国际经济走廊迈出了坚实的步伐。

（二）中俄总理定期会晤机制运输合作分委会及工作组会议

1996 年 12 月，首次中俄总理会晤在莫斯科举行，双方决定成立中俄总理定期会晤委员会，并下设经贸、能源、运输等合作分委会，由两国副总理分别担任委员会的中、俄方主席。中俄总理定期会晤每年举行一次。同时举行了首次中俄总理定期会晤委员会会议暨运输合作分委会及海运、河运、汽车运输和公路工作组会议（以下简称“运输分委会及工作组会议”）。

截至2008年底，中俄运输分委会及工作组会议已举行过12次会议。在公路领域，双方就涉及公路和汽车运输的执行情况、运输线路的延伸及新线路的开通、制定公路运输车辆过境运输的程序、第三者责任保险等多项议题进行了充分交流与协商，并达成广泛共识，取得了丰硕成果。双方同意加强在公路交通运输领域的合作及不断深化中俄在交通基础设施建设及运输领域的合作。

随着改革开放的深入，中俄在公路运输领域的合作不断扩大，开通了佳木斯—同江—下列宁斯科耶—比罗比詹、延吉—珲春—克拉斯基诺—乌苏里斯克、海拉尔—满洲里—后贝加尔斯克—赤塔的中俄国际公路运输。对振兴黑龙江的经济和老工业基地的建设发挥了重要作用。

（三）中日公路技术交流会

1985年，中国交通部和日本国土交通省之间建立了中日公路技术交流会议制度，每年举行一次，轮流在两国举行。截至2008年底，已举行过23次公路技术交流会。就公路工程技术标准、公路桥梁设计规范体系及基础理论、公路交通事故和地震灾害、异常气象下的公路管理、隧道和桥梁建设的新技术、ITS的运用、大跨径桥梁建设中的新技术等公路建设与管理方面的问题进行交流与研讨。

中日公路技术交流会的举办，有利于学习国外的先进技术和理念，对我国的公路建设、特别是高速公路和大跨径桥梁的建设与管理，起到了重要作用。通过技术交流，我国工程技术人员对日本的隧道平纵线形、大断面及通风照明等在设计、施工工艺、管理机制与管理水平等方面均有了新的认识。

（四）中韩公路技术交流

1997年，中国交通部和韩国建设交通部签订了《公路合作协议》，建立了中韩公路技术交流会议制度，每年举行一次，轮流在两国举行。到2008年，已举行了13次技术交流会。双方就公路和桥梁的养护管理、高速公路的信息化管理及计算机辅助设计集成技术、抗震设计与管理、路面的施工、管理与环境保护等新技术进行交流与研讨，特别是在大跨径斜拉桥的建设施工方面，韩国采用的钢筒填砂构筑围堰的施工方法，将海上变为陆地进行施工，从而提高施工安全性的做法，很值得我国借鉴。

此外，通过技术交流，学到了韩国在公路管理方面的成功经验，对提高我国的公路管理水平，在公路的养护管理中更好地发挥投资效益，具有很好的借鉴价值。特别是对制定公路养护管理的长期发展战略和规划，具有积极的意义。

（五）中加合作

1990年5月3日，中加技术合作“综合运输管理培训”项目由经贸部代表和加拿大驻华大使分别代表两国政府签署了谅解备忘录。该项目由加拿大政府提供款项。“综合运输管理培训”项目共有10个子项目。交通部和国家计委为中方执行单位，其中交通部负责3个子项目：（1）交通运输经济发展培训中心；（2）公路评价管理系统；（3）公路桥梁使用功能评价与数据库开发技术。该项目于1993年9月开始执行，1994年全面实施。

1991年7月29日，根据加拿大国际发展署与经贸部签订的综合运输培训和交通运输系统培训项目的备忘录，确定加方就交通运输（公路、水运）经济发展培训中心、公路桥梁使用功能评价与数据库开发技术、公路评价管理、计算机模拟技术、自适应环境评价和管理、环境保护（包括干散货码头的粉尘污染、高速公路的交管系统及空气污染）等问题的研究中7个子项目的内容向中方提供培训。

1998年4月22日至24日，交通部和加拿大国际开发署（CIDA）在北京举办了“中加路面与桥梁管理系统国际研讨会”。两国专家就该系统在交通领域的应用进行了广泛的交流。为使综合运输管理培训项目能有延续效果，经交通部批准成立了中加交通人才发展中心。同年11月27日，该中心在中国交通部公路试验场挂牌。中加交通人才发展中心发挥中加合作的优势，举办各类培训班（有国内培训和赴加拿大培训两部分），推动交通领域的人才培养。2002年11月，加拿大国际开发署还和项目执行机构与交通部共同签署了项目执行计划，加拿大国际开发署提供500万加元的无偿援助，用于中国西部道路建设所需的技术支持与人员培训，项目执行期为5年。

1998年11月，中加合作成立的交通人才发展中心，于1999年正式开展业务。

1999 年中加合作单位联合举办了 10 期培训班，共培训 121 人；培训分国内培训和赴加拿大培训两部分，从而为今后继续开拓中加技术培训市场打下了基础。

2000 年，中加就合作开展“中国西部公路开发和科研机构的改革项目”达成正式协议。明确加拿大国际开发署通过培训、交流、示范工程等形式，支持中国西部地区公路建设。该项目的执行时间为 3 ~ 4 年。2001 年，交通部经与加拿大 CIDA 多次商谈，确定把“中国西部道路发展”作为新一轮中加合作项目，参与加方项目执行机构的招标工作，确定加拿大 TTA 和 NDLEA 两个单位为加方项目执行机构。2001 年 10 月，提出了有关项目实施方案建议，并与加拿大 CIDA 和加方项目执行机构专家进一步交换了意见，达成了共识。

2004 年，新一轮中加合作“西部道路发展项目”全面实施。交通部先后派出 3 期培训团赴加拿大接受培训。加方派出专家对新疆、内蒙古、甘肃、四川、陕西、黑龙江、贵州、青海和云南等省（区）交通建设中的技术问题进行考察并提供技术援助。2004 年 7 月，中加双方在内蒙古共同举办了“交通建设与性别平等”研讨会。双方专家和有关方面的代表就交通领域性别平等以及如何发挥女性的作用等问题进行了深入探讨。

（六）中德物流合作

为推动中国道路运输企业向物流服务方向转变，学习和借鉴国外的先进经验和市场经济理念，2000 年，交通部和德国 IN. WENT（培训机构）签署协议，开展多项技术交流与培训活动。德国专家从中国道路运输行业和各级交通运输主管部门中组织选拔人员，经过各省市交通主管部门推荐，交通部组织英语测试和德语专家面试后，再到北京对外经济贸易大学德语培训中心进行短期培训并考试合格后，赴德国进行为期 1 年的货物与物流业务培训。2002 年 4 月，第一批赴德的 16 名学员完成在德国一年的培训任务回到各自工作岗位。2002 年 6 月，德国 CDG 专家第三次来中国挑选 2003 年 ~ 2004 年度赴德培训学员，培训的主题是“货运中的物流与运输规划”。经过我国各省交通主管部门和运政管理机构的推荐和交通部初审，最后经德国专家考核，有 11 名来自 10 个省（区、市）道路运输行业的青年人通过考核，进入德语培训中心接受赴德前的德语训练。

到目前为止，该项目已实施培训近 200 人。通过培训，德国先进的物流组织

方法和管理经验在中国道路运输行业中得到应用。

（七）中美交通科技合作

1986年9月，中国公路代表团赴美国回访，与美国联邦公路总署签订中美交通运输科技合作协定附件一："关于开展公路科技合作"的协议。1987年5月，应美国陆军部副部长道森邀请，交通部副部长郑光迪率科技代表团赴美国进行工作访问。双方签署了中美交通运输科技合作议定书附件二和《中美交通运输科技合作议定书展期备忘录》，并就交通运输合作领域和项目交换了意见。双方商定了执行计划，并在当年6月正式签字。1996年，中美双方正式签署《中美交通运输科技合作议定书延长协议》。

（八）中英合作

继"六五"期间英国海外开发署无偿提供地区使用的项目——路面养护管理系统软件BSM系统和部分设备在辽宁营口地区试运行后，"七五"期间，英方又无偿提供了省市级使用的路面养护管理系统软件HDM3及部分有关设备，在云南开展合作研究。其间，英国专家先后4次来华，举办讲习班、培训班；中方3人赴英培训工作两周。通过合作，完成了HDM3与云南省养护管理系统的连接和汉化工作。到该项目圆满完成的1991年9月，已完成了云南省内4 327公里干线公路检测，建立数据库，开发了部分快速经济的检测设备，为自行开发路面养护管理系统起到重要的参考作用。

1986年11月，由交通部、中国公路学会、北京市科委、英国运输部、英国公路学会和英国海外贸易委员会联合在北京召开"中英公路及城市交通会议"。中英双方200余名专业人员到会，宣读论文97篇。这是中国公路国际技术交流的一次盛会。

1993年11月，英国运输部科技代表团一行3人来华，与国家科委、北京市、建设部及交通部等有关部委，回顾了中英政府间内陆运输科技合作谅解备忘录项目的执行情况，并对双方感兴趣的项目进行了探讨。其中交通部负责执行的项目包括：①双方对英国海外署资助的交通部与伯明翰大学执行的路面管理系统项目的继续合作表示满意。该项目紧密结合交通部"八五"科研及新技术推广项目，使用英国政府提供的赠款培养1名博士生和4名硕士生，分别研究开发路面养护管理系统的投资效益分析模型及专家系统等，其中1人已学成回国。此外，还有2人在英国接受公路工程方面的在职培训。②“公路、港口工程及财务管理培训班”项目是根据中国从计划经济到市场经济转换这一形势的需要，组织对来自全国各省交通厅及各港航企业的主管财务工作的厅局长、处长、总会计师等人员，就宏观和微观的经济管理、基建项目的预评估、后评估、项目资金的筹措方法及还贷方法、投资效益分析方法、费率和价格的确定，以及资金回收和在建工程项目的资金控制管理等方面的内容进行了培训。③为提高中国公路运输的经济效益，交通部公路所与河南省交通厅、郑州市交通局与英国交通研究院（TRL）共同开展了郑州公路货运研究。最后，双方准备针对郑州的公路货运情况共同提交一份报告。④根据“客车车身的CAD及动态检测技术”项目的执行计划，交通部选派1人赴英国城市大学进修，为期6个月。除上述项目外，双方还对公路建设养护的质量控制、质量保证、轻型客车的开发及公路客运研究等项目的合作进行了探讨。

（九）中澳合作

澳大利亚国际发展援助局与中国经贸部自1987年12月签署《中澳技术合作“公路研究设备项目”谅解备忘录》以来，引进了澳大利亚的以微处理器为基础的自动化公路数据采集设备、路面强度、平整度、交通调查、材料试验、车辆运行情况研究以及路面加速加载试验研究等设备系统，显著地提高了中国公路数据检测和路面研究的技术水平。其间，中方11个团组29人赴澳培训，2个团组7名高级技术管理人员赴澳考察；澳方在华召开学术讨论会，进行技术培训的中方参加人员约250人次。该项目由澳大利亚公路研究所和交通部公路科学研究所共同执行，于1991年6月圆满结束。

1990年9月，交通部参加了中国、澳大利亚交通运输协调小组第四次会议，讨论了中澳在交通运输以及基础设施建设方面的合作事宜。

（十）中法合作

根据1985年4月签订的中法关于公路和内河航运合作的两个协议，交通部代表团于1986年5月赴法国出席混合委员会第一次会议，确定了近期合作项目，其中之一是在同年11月由法国公路局局长率领公路讲习团来华讲学。

（十一）中芬合作

“七五”期间，中国和芬兰就公路路面管理系统展开合作。由芬兰政府出资，与山东省合作，共同开发了地区路面管理系统，并于20世纪90年代末期投入使用，成为我国路面管理系统的重要组成部分。

1999年9月，张春贤副部长率团访问芬兰期间，代表交通部签署了《中芬公路合作协议》。2002年11月，张春贤部长会见了来华访问的芬兰交通部长基莫·萨西一行，就进一步开拓在公路领域的合作、推动由芬兰政府贷款资助中国吉林、青海两省公路建设项目事宜交换了意见。2004年四五月间，胡希捷副部长在芬兰访问期间，就推动和落实中芬公路合作协议下吉林、青海两省合作项目，分别与芬兰交通通信部和公路局进行磋商，并就其他事宜广泛交换了意见。2007年7月，冯正霖副部长访问芬兰期间，就中芬在公路领域的深入合作交换了意见。

目前，我国交通行业的双边合作已形成覆盖面广、内容丰富、实质性强的良好局面，成为我国整体经济外交工作的重要组成部分，为我国交通事业的发展发挥了重要作用。

第二节　区域交通合作

区域交通合作是我国对外经济合作的重要支撑。进入新世纪以来，我国主动顺应区域经济合作大潮，积极推进区域交通合作。交通部参与的区域交通合作有中国—东盟10+1交通合作、大湄公河次区域交通合作、上海合作组织交通合作等。中国—东盟10+1交通部长会议机制日臻完善，签署了《中国—东盟交通合作谅解备忘录》和《大湄公河次区域六国便利货物和人员跨境运输协定》，为中国与周边国家建立长期稳定的交通合作关系提供了制度上的保障。上海合作组织交通部长会议机制也在日趋完善，上海合作组织交通合作取得了实质性进展，第三届国际丝绸之路大会成功召开，与会的12国交通部长共同签署了部长联合声明。

一、中国—东盟10+1交通合作

东盟是中国的好邻居、好朋友、好伙伴。双方在政治、经济、社会文化等多个领域合作不断深化和拓展，在国际事务中一直相互支持、密切配合。我国已同东盟所有成员建立了外交关系。1991 年，中国与东盟开始正式对话，1996 年 7 月正式成为东盟的全面对话伙伴国。中国首次出席了 1996 年 7 月举行的中国—东盟对话伙伴国会议。自 1997 年中国和东盟领导人发表联合声明、确立睦邻互信伙伴关系以来，双方关系已形成政治互信与经济合作良性互动、各领域合作全面发展的好局面，并确立了“面向和平与繁荣的战略伙伴关系”。交通是中国与东盟领导人确定的十大重点合作领域之一。经过双方的共同努力，中国—东盟交通部长会晤机制呈现出良好的发展势头，并取得实质性进展，在本地区经济合作中发挥着日益重要的作用。

（一）中国—东盟 10 +1 交通部长会议

2002 年，黄镇东部长与东盟 10 国交通部长共同倡议成立 10 +1 交通部长会议机制，得到双方领导人的充分肯定，并于当年在印尼举行了第一次中国—东盟交通部长会议。此后，11 国交通部长们每年定期会晤，举行例会，至今已举行 7 次会议。特别是自 2004 年签署《中国—东盟交通合作谅解备忘录》以来，双方确定了中长期合作领域和方向，并在该谅解备忘录框架下开展一系列合作项目，签署了海运协定和海事合作谅解备忘录，建成了连接东盟国家的多条公路、铁路、内河、海运及民航运输线路，并开展了人员技术培训与交流等方面的合作。中国—东盟交通部长会议的特点是务实效，求实绩。以项目为主，突出重点，全力推进区域内交通运输协调发展及东盟一体化进程。

为建立长期稳定的合作关系，双方在 2008 年召开的第七次部长会议上，又通过了未来 10 至 15 年的《中国—东盟交通合作战略规划》。规划中的“四纵三横”七大运输通道，涉及海陆空约 90 个基础设施建设项目，连接中国与东盟 10 国主要城市和工农业生产基地。当前的工作重点是确定规划的潜在优先项目，并对优先项目进行排序，意在双方确定优先项目清单后，启动资金的动员工作，为稳步推进各领域相关项目的实施做好基础性工作。该规划的顺利实施，必将有助于推进中国与东盟交通运输的协调发展，促进本地区综合运输网络的完善。

在人力资源开发合作领域，双方在交通基础设施建设、航运管理、海上安全与保安、海上搜救、船舶技术、高级船员、区域性溢油（有毒有害物质）防备与应急、港口国监督、农村公路发展以及马六甲海峡海事调查等多个领域，开展了有效的合作，共同举办了12批次培训班或研讨会，培训人数达168人次，包括资助东盟学员在大连海事大学攻读海上安全与环境管理硕士学位的10位学员，总投入金额达420万元。

总体讲，我国与东盟10国海陆空全方位交通合作格局已形成，在交通领域的合作不断深化。

（二）《中国—东盟交通合作战略规划》

未来10至15年《中国—东盟交通合作战略规划》以中国—东盟自由贸易区建设为远景，以《中国—东盟交通合作谅解备忘录》为框架，对中国—东盟交通领域的全方位合作进行了部署与把握。

《规划》提出，以基础设施建设为重点，以便利运输为核心，在中国与东盟之间建立无障碍、高效、安全、环保的国际交通运输体系。《规划》建议，中国—东盟要构建国际运输大通道的交通战略布局。根据《规划》，未来中国与东盟国家间要建设“四纵两横”中国对接东盟10国的国际运输大通道。国际运输大通道将由多种运输方式组成，通道沿线分布了多个中心城市，集中大量的资源、人口、产业，将形成多条跨国经济走廊。这些通道使中国连通东盟10国，包括：中缅通道、昆明—曼谷—新加坡通道、中越通道和海上运输通道等。

一纵 中缅通道：中缅通道是从中国云南省进入缅甸境内，并通向印度洋的战略性综合运输大通道。起点是中国云南省昆明市，终点为缅甸仰光市，沿线主要城市有中国的昆明、楚雄、大理、保山、腾冲、瑞丽和缅甸的八莫、腊戍、曼德勒、仰光等。中缅通道由公路、水路等共同组成。

公路通道包括三条线路，自西向东分别为：昆明—大理—瑞丽—陇川章凤口岸—八莫港—仰光，昆明—大理—保山—瑞丽口岸—曼德勒—仰光，昆明—大理—临沧—清水河口岸—腊戍—曼德勒—仰光，其中相当部分线路已被纳入亚洲公路网。

水路通道即伊洛瓦底江，主要位于缅甸境内，可与公路形成陆水联运通道。

二纵 昆明—曼谷—新加坡通道：昆明—曼谷—新加坡公路、新加坡至昆明的泛亚铁路、澜沧江—湄公河国际航道等国际运输路线组成的综合运输通道。

昆明—曼谷公路（简称“昆曼公路”），又称南北经济走廊，是大湄公河次区域经济合作的重点项目之一，是连接中国与东盟的重要经济通道，该公路全长约 1 850 公里。是中国西南陆路连接泰国湾最便捷的路径，路线为昆明—磨憨—南塔—会晒—清孔—清莱—曼谷，全长约 1 850 公里，可以和新加坡连接。

昆明—曼谷—新加坡通道的建设，有利于带动沿线各地经济社会发展，加强东南亚各国的物资交流，加快湄公河流域的开发。国际交通大通道的贯通，有利于促进中国与东盟国家人员往来、经贸合作和旅游业的发展，使中国与东盟的经济联系更加密切。

三纵　中越通道：该通道连接中国昆明、南宁等西南地区中心城市以及河内、胡志明市等越南中心城市，防城港、钦州、北海、湛江、海口等中国沿海城市和港口，海防、鸿基、岘港、胡志明市等越南红河三角洲地区及越南沿海主要港口和城市，沟通河口、友谊关、东兴等中越水陆口岸。沿线地区分布有煤炭、铝土、锰、稀土等丰富的矿产资源以及多样的旅游资源，形成了中国与东盟之间贸易活跃、联系密切的重要经济走廊。

四纵　海上运输通道：海上运输通道连通中国与东盟 9 个国家，开辟了中国沿海港口通往北部湾、泰国湾、孟加拉湾等沿岸国家的海上航线，是中国与东盟外贸物资运输的主要通道，在开展旅游客运合作方面具有很好的前景。

一横　马六甲海峡通道：是连接印度洋和太平洋的重要海上通道，是东亚与非洲、欧洲连接的海上交通捷径，是东亚国家和东盟国家与欧洲、非洲、南亚各国海上贸易的主要通道。

二横　中缅孟印通道：中缅孟印运输通道是联系中国云南、缅甸、孟加拉国和印度的一条东西向国际运输大通道。该通道自中国云南昆明，经中缅腾冲、瑞丽边境口岸和缅甸密支那、腊戍，横向联系缅甸中心城市曼德勒、孟加拉国首都达卡等重要的政治、经济中心和印度加尔各答港、孟加拉国吉大港等孟加拉湾上的重要港口，并通过印度西孟加拉邦首府加尔各答向西通往印度腹地，可以为本地区与南亚地区国际货物运输和人员流动提供便利的交通运输条件。

为落实中国—东盟领导人在第 10 次会议上达成的关于拟订中国—东盟未来 10 至 15年的交通发展战略规划共识，中方将继续在交通基础设施建设、运输便利化以及人力资源开发合作领域与东盟各国积极开展合作。中国将优先建设中国西

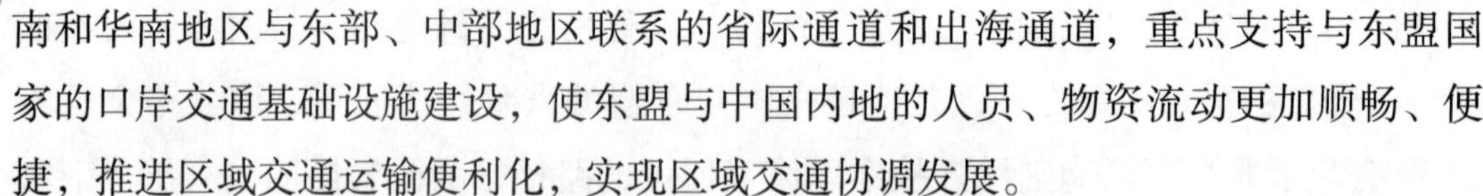

南和华南地区与东部、中部地区联系的省际通道和出海通道，重点支持与东盟国家的口岸交通基础设施建设，使东盟与中国内地的人员、物资流动更加顺畅、便捷，推进区域交通运输便利化，实现区域交通协调发展。

二、大湄公河次区域经济合作（GMS）

澜沧江—湄公河是一条连接东南亚六国（中国、老挝、缅甸、泰国、柬埔寨、越南）的重要国际河流。该河流发源于我国青海唐古拉山脉的西南侧，上游为我国的澜沧江，从我国云南省出境后叫湄公河，流经缅甸、老挝、泰国、柬埔寨和越南，注入南中国海，全长4 880公里。中国内河2 130公里，流经青海、西藏、云南三省（区），总流域面积81万平方公里。中缅界河31公里，老缅界河234公里，老泰界河976公里，老挝内河777公里，柬埔寨内河502公里，越南内河230公里。该流域具有丰富的航运、灌溉、发电、矿产和生物资源，堪称东南亚国家的母亲河。

（一）大湄公河次区域经济合作（GMS）机制

大湄公河次区域六国均为发展中国家，优越的地理位置和共同发展的愿望，使他们把密切交通联系、提高本地区国际竞争力和促进一体化视为平等发展和繁荣的基石。我国自20世纪90年代初开始参与澜沧江—湄公河的国际开发合作。1992年，在亚洲开发银行的倡议下，六国举行首次部长级会议，共同发起了大湄公河次区域经济合作（GMS）机制。

2000年，中老缅泰四国交通部长就开通澜沧江—湄公河国际航运在缅甸大其力正式签署《澜沧江—湄公河商船通航协定》，黄镇东部长代表中国政府在文件上签字。2001年6月26日，四国商船正式通航典礼在我国云南景洪举行，正式实现了四国通航。但由于老缅界河段的礁石、滩险碍航，成为通航的最大安全隐患。为确保船舶航行安全，减少人员伤亡和财产损失，中国政府出资500万美元帮助老缅境内航道实施排障工程，对严重碍航的礁石、滩险进行了整治。经过2002年和2003年两次枯水期排障施工及2004年4月的航标安设工作，已全部按计划圆满完工。改善后的河道安全性大大提高，过往船舶的装载吨位已由60吨提高到100～150吨，装载能力提高80%～100%，通航期也由6～7个月提高到10～11个月，航运经济效益得到显著提高。

（二）大湄公河次区域经济走廊建设

随着澜沧江—湄公河国际航运的开展，大湄公河次区域地区的四个经济走廊（南北经济走廊、东西经济走廊、南部经济走廊以及其他走廊）也加快了建设步伐。上述走廊的具体走向可概述为“三纵两横”。

三纵

（1）云南昆明—云南大理—云南德宏—缅甸曼德勒—缅甸仰光；

（2）云南昆明—云南西双版纳—老挝—泰国曼谷；

（3）云南昆明—云南红河—越南河内—越南海防。

两横

（1）缅甸毛淡棉—泰国彭世洛—老挝沙湾拿吉—越南岘港；

（2）缅甸仰光—泰国曼谷—柬埔寨金边—越南胡志明市。

涉及我国公路运输线路和口岸的通道主要集中在南北经济走廊上，共4条线路：

（1）昆曼公路。

昆曼公路走向为：昆明—玉溪—元江—磨黑—思茅—小勐养—磨憨（中国）—磨丁—会晒（老挝）—清孔—清莱—曼谷（泰国），涉及中老磨憨—磨丁和老泰会晒—清孔两对口岸。该线路全长1 800公里，其中中国境内624公里，老挝境内段改造后为229公里，泰国境内890公里。老挝境内229公里路段（中国政府、泰国政府和亚行各投资3 000万美元）于2007年建成，并且于2008年3月在老挝首都万象举行的第三次GMS领导人会议上举行竣工和象征性通车仪式。此外，该通道上连接老泰两国的跨湄公河第三座大桥（清孔会晒大桥），已确定由中泰两国政府各提供一半资金共同建设。目前大桥项目已进入工程施工招标阶段，将于2010年2月正式开工建设，预计2012年9月竣工通车。随着昆曼公路的贯通，边贸发展提速迅猛，2008年7月云南边境小额贸易即达1.1亿美元，同比增长72.8%。

（2）昆明—河内—海防公路。

昆明—河内—海防公路走向为：昆明—弥勒—新哨—开远—蒙自—河口（中

国）—老街—河内—海防（越南），涉及中越河口—老街一对口岸。该线路全长950公里，中国境内段407公里已全部改造成高速公路。越南境内段尚在改造之中。连接中越边境口岸河口—老街的红河界河公路大桥，于2009年9月1日竣工通车。

（3）昆明—腊戍公路。

昆明—腊戍公路走向为：昆明—楚雄—大理—保山—龙陵—瑞丽（中国）—木姐—腊戍（缅甸），涉及中缅瑞丽—木姐一对口岸。该线路全长910公里，中国境内730公里。其中昆明—楚雄—大理—保山段576公里已建成高速公路，利用亚洲银行贷款的保山—龙陵段78公里也已建成通车，龙陵—瑞丽的54公里二级路正在利用亚行贷款改建成高速公路，2012年将完成升级改造。

（4）南宁—河内公路。

南宁—河内公路走向为：南宁—友谊关（中国）—友谊—谅山—河内（越南），涉及中越友谊关—友谊一对口岸。该线路全长380公里。中国境内179公里为高速公路，越南境内段目前为二级路，已列入高速公路升级改造计划。

中国境内南宁—友谊关的南友高速公路已于2005年12月28日建成通车，这是第一条从中国通往东南亚国家的高速公路，总投资37亿多元，被称为“南疆国门第一路”。南友高速公路通车后，从广西南宁至中越边境友谊关的行车时间由原来的5小时缩短为2小时。南宁至友谊关高速公路的建成，对于加快构筑广西出境运输通道体系，充分发挥广西作为中国—东盟自由贸易区的桥头堡作用，具有十分重要的政治、经济意义。随着新建友谊关电子口岸的投入使用，加快了通关效率，加上南友高速公路续建南山互通连接新建的凭祥国际物流园，其国际大通道的重要作用得到了充分发挥，我国进出口越南等东南亚国家货物的大型货车，日夜通行在南友高速公路上。据不完全统计，经广西凭祥市的进出口贸易额，2005年为60.83亿元，2006年上升为79.29亿元，2007年截至当年11月底已达111.52亿元；经广西宁明县的进出口贸易额，2005年为3.48亿元，2006年为5.02亿元，2007年11月底为6.16亿元，宁明县爱店口岸已成为东南亚最大的中药材边贸集散地；经广西龙州县的进出口贸易额，2005年为5.04亿元，2006年为6.3亿元，2007年11月底为5.97亿元。南友高速公路发挥了国际大通道的重要作用。

（三）《大湄公河次区域便利货物及人员跨境运输协定》

在次区域交通合作中，除硬件建设外，中国与GMS其他五国还致力于软件政策的建设，由交通部牵头组织国内相关部门与GMS其他五国商谈《大湄公河次区域便利货物及人员跨境运输协定》（以下简称《便运协定》）。该协定是亚洲开发银行在GMS经济合作框架下进行的一项重要工作，旨在实现GMS六国之间人员和货物的便捷流动，促进该区域的经济发展。该协定最初由老挝、泰国和越南三国政府于1999年11月签署，柬埔寨、中国和缅甸三国政府分别于2001年11月、2002年11月和2003年9月加入，并于2003年12月31日生效。

根据《便运协定》第28条、第29条规定，各国成立国家便利运输委员会并组成六国联合委员会，分别负责《便运协定》及其附件和议定书的实施和监督、评估和解决实施过程中存在的问题。各国便利运输委员会均由其交通运输部门牵头，运输、海关、动植物检验检疫、边检等部门参与。经国务院批准，我国于2003年成立国家便利运输委员会，委员会由交通部牵头，成员单位为国家发展改革委、外交部、财政部、公安部、交通部、商务部、海关总署、质检总局、云南省、广西壮族自治区和中国道路运输协会，交通部部长任委员会主席，交通部、公安部、海关总署、质检总局、云南省、广西壮族自治区各一位政府副职任副主席，上述各部门有关司局长为委员。

由于《便运协定》只是框架协定，执行该协定需要配套的17个附件和3个议定书作支撑。在亚洲银行的资助和协调下，GMS六国从2003年2月开始对这些附件和议定书进行谈判，前后共组织了12次谈判，时间跨度长达4年，完成17个附件和3个议定书以及3个备忘录的谈判和定稿工作，分期分批于2007年3月全部签署，随后进入逐步实施阶段。

三、上海合作组织交通部长会议机制

上海合作组织的前身是由中国、俄罗斯、哈萨克斯坦、吉尔吉斯斯坦和塔吉克斯坦组成的“上海五国”会晤机制。1996年4月26日，中国、俄罗斯、哈萨克斯坦、吉尔吉斯斯坦、塔吉克斯坦五国元首在上海举行首次会晤，从此，“上海五国”会晤机制正式建立。“上海五国”会晤机制为推动各成员国之间的合作，维护地区和世界的和平、安全与稳定作出了重要贡献。

2001年6月14日，“上海五国”元首在上海举行第六次会晤，乌兹别克斯坦以完全平等的身份加入“上海五国”，签署了《上海合作组织成立宣言》和《上海合作组织宪章》，明确将鼓励各成员国开展交通领域的有效合作作为该组织的宗旨和任务之一，各成员国总理签订的《上海合作组织成员国政府间关于区域经济合作的基本目标和方向及启动贸易和投资便利化进程的备忘录》也将交通列为重点合作领域。

2002年11月20日，上海合作组织首次交通部长会议在吉尔吉斯斯坦比什凯克举行，标志着上海合作组织交通部长会议机制诞生。会议讨论了在上海合作组织框架内开展交通运输合作问题，确定了交通运输合作的主要方向为消除交通运输壁垒、建立和完善国际交通运输走廊、大力发展过境运输。

目前，上海合作组织框架内的交通合作主要有两个内容：一个是《便利运输协定》的谈判工作。跨国便利运输的问题，由于各国政策的不同以及一些人为因素，比如不规范收费等，造成了很大的非物理性障碍，即使有路也不能实现快速便捷的运输，而且还提高了贸易成本。《便利运输协定》的谈判及签署也是一个重要的项目，它的主要目的是解决多国之间的过境运输问题，达到过境运输的便利化。目前各方已经就协定草案全部28个条款中的18个条款全部内容以及其余条款的部分内容达成了一致，从这个角度来讲，进展是非常快的。《便利运输协定》的签署，将为本组织道路运输便利化提供可靠的法律保障，对新疆实现东联西出、建立欧亚大陆桥以及国际贸易中心发挥重要作用。另一个重点合作就是通道建设项目的合作。其中，中吉乌公路和E—40公路是上海合作组织在交通领域的示范性项目。中吉乌公路从新疆开始，连接中亚；E—40公路穿越俄、哈、乌、吉四国。在这两条线路被确定为示范性项目之后，哈萨克斯坦、蒙古、阿富汗等国又分别提出希望我国重视并参与中哈俄运输通道、中蒙俄运输通道、中吉塔阿运输通道的建设。下一步则要实现欧亚连接。

（一）上海合作组织区域公路运输通道建设

开展上海合作组织区域经济合作，对区域内各国之间实现经济优势互补、合理配置资源，扩大区域内的经贸发展和人员往来，增强区域整体竞争力，促进区域内各国经济发展，均有重要意义。而发展交通运输是开拓经贸合作潜力、促进区域经济合作发展的先决条件。《上海合作组织成员国多边经贸合作纲要》中明确交通运输合作是上海合作组织的优先领域之一，而公路运输则是重中之重。第一，本组织大多数成员国为相邻内陆国，客货运输集散地之间距离一般为500～1 000公里，在现有的交通基础设施条件下，采用公路运输是必然的选择。比如：喀什—比什凯克630公里，行驶时间12小时（通关时间占2个多小时），乌鲁木齐—阿拉木图1 052公里，行驶时间12～13小时（通关时间不计）。第二，由于贸易商品种类繁多，有着不同的运输和时限要求，而公路运输灵活便捷的组合方式、运输路线、特别是集装箱运输的发展，使得公路运输发展的空间潜力尤为可观。为此，各国已达成共识，要在上海合作组织交通部长会议框架内加快建设贯通中国—中亚—欧洲的三条东西运输通道。

（1）中国—哈萨克斯坦—俄罗斯—欧洲（欧亚洲际运输通道之北通道）。这是我国经过哈萨克斯坦、俄罗斯连接欧洲的重要通道。中国国内公路通道由连霍国道主干线和霍尔果斯、吉木乃、巴克图、阿拉山口口岸公路组成，它是目前欧亚联系的主要陆路通道之一。

（2）中国—哈萨克斯坦—里海—欧洲（欧亚洲际运输通道之中通道）。这是我国经过哈萨克斯坦腹地到达里海，然后进一步延伸至欧洲的便捷通道。

（3）中国—中亚—伊朗—土耳其—欧洲（欧亚洲际运输通道之南通道）。南通道横贯我国东、中、西部，东起连云港，途经西安，西抵新疆乌鲁木齐、阿克苏、喀什，通过吐尔尕特和伊尔克什坦口岸可以联系吉尔吉斯斯坦，并通过吉尔吉斯斯坦到达乌兹别克斯坦、塔吉克斯坦和土库曼斯坦，通过我国新疆维吾尔自治区的卡拉苏等口岸到达塔吉克斯坦等中亚国家，再经伊朗和土耳其，通过博斯普鲁斯海峡到达欧洲。沿线经过中亚的比什凯克、杜尚别、塔什干、霍罗格、胡詹等中亚国家的首都和重要城市，是经过中亚国家最多、沿线人口最密集的通道。通过这条通道，将我国与中亚主要国家以及西亚和欧洲连接在一起。

实施上海合作组织交通网络性建设项目是我国领导人提出的倡议并得到了有关国家的积极响应。通过中方无偿援助、优惠买方信贷、国际金融组织贷款、资源换项目等多种融资合作模式，塔乌公路项目顺利完工。中国政府已向吉尔吉斯斯坦共和国提供6 000万元人民币的无偿援助，援建中国—吉尔吉斯斯坦—乌兹别克斯坦的中吉乌公路，开辟新的运输通道。中吉乌公路、E—40公路被确定为上海合作组织示范性项目并进展顺利。此外，我国正在积极探讨参与中哈俄、中蒙俄、中塔、中阿（富汗）、中伊（朗）等国际公路通道建设项目等。

在重点推进中国与上海合作组织区域公路运输大通道的基础上，我国已加大资金投入建设和正在规划建设通往本区域国家的12条公路运输线路的中国境内路段，将把中国乌鲁木齐、喀什等重要城市通过霍尔果斯、伊尔克什坦、卡拉苏等口岸与中亚国家、俄罗斯、欧洲连接起来。

（二）《上海合作组织成员国政府间国际道路运输便利化协定》

2002年成立的上海合作组织交通部长会议机制，确定了近期区域交通合作的主要任务：制定多边国际公路运输便利化协定，完善多边、双边道路运输法律文件等；建立和完善区域公路运输网；开展国际道路运输合作，研究发展多种形式货物运输和综合运输体系；落实上海合作组织总理理事会议批准的"《上海合作组织成员国多边经贸合作纲要》落实措施计划"中明确的交通领域合作项目，保障《亚洲公路网政府间协定》在各成员国之间的执行等。在亚洲开发银行支持下成立的中亚区域经济合作（CAREC）体系框架中，形成了交通运输协调委员会机制。

在促进运输便利化方面，为落实胡锦涛主席在上海合作组织第三次元首峰会上提出的"先从交通运输领域入手，尽快签订多边公路运输协定，并切实有效地落实"的倡议，目前已完成《上海合作组织成员国政府间国际道路运输便利化协定（草案）》的谈判工作，正着手开展该协定附件的谈判准备工作。该协定将有利于统一、协调上海合作组织各成员国过境运输政策和法律，促进本地区实现国际道路运输便利化，对深化上海合作组织成员国的睦邻友好关系、促进各国经贸发展和便利人员往来发挥重要作用。

目前，中国已与本组织其他成员国之间开通出入境汽车运输口岸25个，其中中国对俄罗斯口岸15个，对哈萨克斯坦口岸7个，对吉尔吉斯斯坦口岸2个，对塔吉克斯坦1个。在已开通的路线中，比较重要的有牡丹江—绥芬河—乌苏里斯克、满洲里—赤塔、乌鲁木齐—阿拉山口—塞米巴拉金斯克、乌鲁木齐—霍尔果斯—阿拉木图、喀什—吐尔尕特—比什凯克等。其中乌鲁木齐经阿拉山口口岸至哈萨克斯坦塞米巴拉金斯克是目前中外间开通的最长的国际汽车客货运输线路，全长 1 363 公里。多条客货直达运输线路的开通，促进了我国与中亚国家间客货运量的迅速增长，在经贸交流中发挥了重要作用。

四、与周边国家开展国际道路运输合作

为构建我国与周边国家的国际道路运输通道，近几年，我国加快了通往口岸、口岸地运输场站的公路建设。2001 年以来，全国交通系统在口岸公路投资累计 100 多亿元，新建、改建通往边境口岸的公路 3 000 多公里，改变了口岸现场的通关环境和查验部门的办公条件，提高了口岸的工作效率和通关能力。

我国已与俄罗斯、蒙古、哈萨克斯坦、越南、老挝等 13 个周边国家签署了政府间汽车运输协定，并商定开通了 242 条国际道路运输线路，这些线路通过的对外开放口岸已达到 69 对。

国际道路运输已经成为中国同周边国家沿边地区对外贸易和人员往来的重要运输方式之一。目前已有黑龙江、吉林、辽宁、内蒙古、新疆、云南、广西、广东、西藏等 9 个省（区）同周边国家及香港、澳门特别行政区开展了出入境汽车运输，基本打通了我国东北、西北和西南与周边国家间的陆上运输通道。经过改革开放 30 年来的发展，四通八达的国际道路运输把我国和世界联系了起来，通道建设已经呈现出良好的发展势头，前景十分美好。而一系列国际道路运输协定的签署与实施，又推动了国际道路运输通道的建设。

就中国与中亚地区国家而言，中国计划新修建 12 条通往中亚国家的公路运输通道，这些新的国际通道中国段均位于新疆境内。这些道路将连通中国、俄罗斯、哈萨克斯坦、塔吉克斯坦、巴基斯坦等邻国，其中最长的一条国际运输线将从新疆首府乌鲁木齐出发，在伊尔克什坦口岸出境，途经塔什干、马什哈德、德黑兰、伊斯坦布尔，最后连接欧洲，该线路在新疆境内共 1 680 公里，工程计划于 2010 年前建成。

新疆与中西亚八国接壤，拥有中国最长的边境线和 17 个国家一类口岸，有着发展国际客货运输的先天优势。国际客货运输线路的繁荣，为新疆从事国际道路运输的企业带来了希望。据统计，新疆拥有专门从事国际道路运输的车辆 1 500 余辆。截至目前，新疆与周边国家已开通国际道路客货运输线路 101 条。新疆已成为中国对外开放一类口岸最多、开通国际运输线路最多、最长的省区。

从地理上看，中哈两国的边界大部分是山区，只有少部分地方较为平坦，自然通道比较多。过去开放的主要是阿拉山口和霍尔果斯口岸，有很多自然通道并没有开放。随着两国之间的经贸、人员往来的迅速增长，出现了很多点到点的人、货交通需求。

在新增加22条线路后，到2007年，中哈之间开通的陆路交通线路达到了64条。其中，旅客运输线路达到33条，货物运输线路达到31条。2008年，中哈又新开通7条直达国际道路客货运输线路。这7条线路为：5月1日起新开通乌鲁木齐—霍尔果斯口岸—卡拉干达、乌鲁木齐—吉木乃口岸—卡拉干达、乌鲁木齐—巴克图口岸—卡拉干达、乌鲁木齐—阿拉山口口岸—卡拉干达4条直达国际道路货物运输线路。9月1日起开通乌鲁木齐—吉木乃口岸—卡拉干达、乌鲁木齐—巴克图口岸—卡拉干达、乌鲁木齐—阿拉山口口岸—卡拉干达3条直达国际道路旅客运输线路，使中哈之间的陆路交通线路增至71条，哈萨克斯坦也因此成为中国在中亚地区开通国际道路运输线路最多的国家。中国与哈萨克斯坦国际运输线路呈多元化发展格局。

近年来，中哈两国经贸发展迅猛，2008年以来，中哈两国仅客运量涨幅就达30%以上。哈萨克斯坦正在逐渐成为中国与中亚国家交往的交通枢纽，中国与中亚各国的货物和旅客可以通过哈萨克斯坦很容易地到达对方国家，这对密切这一地区的人民和各国彼此的经济关系都十分有利。

2008年10月，巴基斯坦伊斯兰堡平地卡力曼公司2辆集装箱货车由伊斯兰堡出发，通过我国红其拉甫口岸，经喀什、吐尔尕特口岸，途经吉尔吉斯斯坦，最后到达哈萨克斯坦阿拉木图。这标志着中国、巴基斯坦、吉尔吉斯斯坦、哈萨克斯坦四国过境直达货物运输正式开通。

1995年8月，中国、巴基斯坦、吉尔吉斯斯坦、哈萨克斯坦四国政府签署了《中巴吉哈四国过境汽车运输协定》，但各国由于在过境费用收取方面及其他方面存在意见分歧，一直未正式开展“四国过境运输”。此次过境运输是自四国过境运输协定签署以来，经红其拉甫口岸的首次正式运行的过境汽车运输，在沿途各国不需装卸货物、中转，真正意义上做到了直达过境运输。车辆只需在中、巴、吉、哈四国境内办理驾乘人员和车辆的有效过境手续，就可无阻碍通行，降低了运输成本。同时，这也给我国以及周边其他国家的国际间过境运输带来了新的机遇，进一步拓展了对外贸易的发展空间。

五、中欧道路交通合作

欧盟 FP6 国际合作项目 SIMBA 旨在促进欧洲和中国、印度、巴西及南非在道路交通领域特别是智能交通、基础设施以及汽车方面的合作研究，对于发展中国家具有特殊的重要意义。

中国与欧洲国家在道路交通领域有着良好的合作关系。随着中欧科技合作协定的签订，中方科研机构也成功地参与了欧盟研究和技术开发框架计划。SIMBA 项目是欧盟框架计划道路交通领域中中国参与的第一个项目。基于该项目，中欧双方建立了合作和对话的机制，在道路基础设施、智能交通、汽车等方面开展了卓有成效的合作，初步确定了道路安全、电子收费、新能源汽车等优先发展的合作领域。

近年来，随着中欧政治、经济关系的不断提升，中欧在交通领域的合作也在不断深化。欧盟在跨境道路运输方面有着一套较为成熟的法律体系和管理体制，在道路运输节能减排、道路安全、智能交通、新能源汽车等领域有好的经验和做法，中欧在这些方面加强交流与合作，共同分享经验和成果，对促进我国今后道路交通的可持续发展将起到积极的推动作用。

第三节　与国际组织的合作

自 1971 年联合国第 26 届大会通过决议，恢复我国在联合国的合法席位以来，联合国各专门机构及其他一些政府间和非政府性的国际组织相继通过决议，承认中华人民共和国政府是代表中国的唯一合法政府，我国与国际组织间的多边合作逐步拓宽和加强。

我国在交通运输的多边合作舞台上，积极参与国际规则的制订，成功举办世界性高级别大会，加入亚洲公路网，国际地位和影响力不断提升。我国经济的飞速发展，综合国力与国际地位的不断提升，使世界各国的目光越来越聚焦中国，也吸引了交通运输领域的诸多世界性高级别会议落户中国。

一、联合国亚洲及太平洋经济社会委员会（ESCAP）

联合国亚洲及太平洋经济社会委员会（以下简称“亚太经社会”）是本地区建立最早、代表性最为广泛，也是联合国在亚太地区唯一的政府间综合性经济社会发展组织。多年来为开展区域与次区域合作、促进亚太地区的经济发展做出了积极贡献。亚太地区加强区域合作，迅速融入世界，已成为世界经济的主要推动力。

亚太经社会从1959年开始规划连接亚洲地区各国的“亚洲公路网”，其宗旨是协调并推动亚洲地区国际公路运输的发展，促进亚洲各国贸易往来，繁荣旅游业，从而刺激亚洲地区的经济发展，便利区域经济贸易和文化交流。根据设想，该路网将成为连接亚洲地区各国首都、工业中心、重要港口、旅游及商业重镇的交通运输网。目前，亚洲地区已有31个国家的公路加入了亚洲公路网，入网公路里程达到13万公里。

交通部从1998年起对亚洲公路网问题进行了专题研究，在与相关部委充分协商的基础上，提出了我国加入亚洲公路网线路的布局方案。路线总长约为2.6万公里，占亚洲公路网总里程的1/5。

目前我国加入亚洲公路网的路线和路段主要分布在我国的西北、西南和东北地区，基本上保证每一边境省份至少有一条路线与周边国家亚洲公路网的公路相连。这些路线和路段加入亚洲公路网，有利于促进我国中西部地区与周边国家和地区开展经贸和旅游方面的合作，并为建立中国—东盟自由贸易区和加强上海合作组织各成员国间的合作发挥了积极作用。

加入亚洲公路网只是公路路线的加入，是基础设施规划建设上的概念，并不意味着一国在运输权益上对外国的开放，外国车辆在未得到允许的情况下不可以自由进入该国。是否允许外国车辆入境、通行车辆数、通达距离等运输权益中的具体问题仍需有关国家通过双边或多边谈判签署汽车运输协定来确定。

为以法律的形式定型亚洲公路网，亚太经社会积极推进制订了《亚洲公路网政府间协定》。我国积极参与了协定的起草工作，并于2004年2月正式签署了《亚洲公路网政府间协定》。

构建亚洲公路网，实现过境运输便利化，正成为亚太区域合作中各国优先发展的新热点。中国正在全方位参与整个亚太区域的跨境交通合作，积极同周边国家构建联合体系，包括同中亚国家一道重振“丝绸之路”，打通和东盟各国的便利运输线路。中国政府重视亚太经社会的作用，交通部（交通运输部）将继续积极参与本地区及跨地区的公路交通合作，扩大与各国的交流，发展平等互利的伙伴关系，促进共同发展与繁荣。

二、亚洲太平洋经济合作组织（APEC）

亚洲太平洋经济合作组织（简称“亚太经合组织”）是亚太地区重要的政府间区域经济合作组织，是本区域国家和地区加强多边经济联系、交流与合作的重要组织之一，是我国参与世界经济全球化和区域经济一体化进程、推动改革开放和经济建设的重要渠道。该组织也是联系太平洋两岸的重要纽带。

1989 年 1 月，澳大利亚总理霍克访问韩国时建议召开亚太国家部长级会议，以讨论加强经济合作问题。1989 年 11 月 5 日至 7 日，澳、美、日、韩、新西兰、加拿大及东盟六国在澳大利亚首都堪培拉举行了亚太经济合作组织首届部长级会议，宣告亚太经济合作组织成立。此后，APEC 运输部长会议每两年举行一次。中国于 1991 年加入 APEC。

亚太经合组织运输工作组于 1991 年成立，宗旨是促进成员在运输领域的自由化和经济合作，在 APEC 地区建立安全、有利环境、高效以及在各种运输方式和各成员之间更具竞争性的区域一体化的综合性运输体系，每年举行两次工作组会议。

亚太经合组织的宗旨和目标是：“相互依存，共同受益，坚持开放性多边贸易体制和减少区域内贸易壁垒”。该组织的最高活动是非正式首脑会议，它是区域内国家首脑个人非正式的集会，就有关经济问题发表见解，进行意见交流。APEC 会议最大的成果在于提供了各个国家之间的协调和沟通的平台。

交通运输是亚太经合组织最早开展合作的优先领域之一。各经济体携手合作，发挥集体智慧，遵循协商一致的原则，提出了诸多切实可行的倡议，实施了诸多富有成果的项目，有力地推动了本地区运输业向着《茂物宣言》确定的目标前进，为亚太地区贸易和投资的自由化与便利化作出了贡献。10 多年来，我国在交通、能源、人力资源开发、环保和科技等领域充分利用了 APEC 的信息和技术。目前，我国已成为 APEC 成员投资的主要市场之一。

现在，APEC 已发展成为亚太地区最重要、最具活力、最有影响力、成员最多、参与层次最高的区域经济合作组织。APEC 成立以来，为推动亚太地区经济合作与交流、促进成员间贸易投资发展，发挥了重要作用。中国十分重视 APEC 的作用，一直积极参与有关问题的磋商，并积极推动 APEC 进程的“两个轮子”，即贸易投资自由化与便利化以及经济技术合作的不断深化。该组织于 1994 年的各经济体领导人会议上通过了发达经济体于 2010 年、发展中经济体于 2020 年实现贸易投资自由化目标的时间框架。为促进目标的实施，各成员均必须制定实现 APEC 贸易投资自由化单边行动计划，该计划共计 15 个领域，交通运输被列入其中的“服务”领域。各经济体的单边行动计划在各领域分现状、近期目标、中长期目标等，还要定期修订。我国的单边行动计划在“服务领域”的“交通运输”部分，也说明了现状，并提出了与加入 WTO 的承诺相一致的近期和中远期目标。

三、国际道路运输联合会（IRU）

国际道路运输联合会（简称“国际路联”）成立于 1948 年，总部设在瑞士日内瓦，现有 69 个正式成员和 100 多个联系成员。2002 年在罗马尼亚首都布加勒斯特举行的第 28 届世界大会上，中国道路运输协会被接纳为该联盟的正式成员。以中国道路运输协会会长王展意为团长的中国代表团出席了本届大会。

国际路联的宗旨是鼓励与推动建设和养护更加实用、安全的道路及道路网络。目前，国际路联在中国和欧洲的道路基础设施项目是要复兴连接欧洲和远东地区洲际公路的基础设施，帮助复苏中亚经济。

中国加入国际路联表明，世界上人口最多的国家愿意更积极地参加国际道路交通合作，中国的加入使国际路联提出的关于建立新丝绸之路的设想有可能成为现实。

古“丝绸之路”是一条横贯亚洲、连接欧亚大陆的陆上商贸通道，已有两千多年的历史，曾为促进东西方文明的交流发挥过极其重要的作用。为满足现代亚欧大陆经贸活动的需求，国际路联提出了“复兴丝绸之路”的倡议。“新丝绸之路”由中国连云港出发，沿当年“丝绸之路”向西延伸，经中亚和欧洲诸国直达大西洋，构成了对亚欧大陆经贸活动发挥巨大作用的“新欧亚大陆桥”。为实现复兴“丝绸之路”的目标，国际路盟积极推动中亚各国的交通交流与合作。头两届“国际丝绸之路大会”分别在土库曼斯坦的阿什哈巴德和乌兹别克斯坦的塔什干举行。

2004 年 10 月 26 日，由中国交通部、国际路联和陕西省人民政府联合主办的“第三届国际丝绸之路大会”在西安举行。这是改革开放以来我国在公路建设领域举办的第一次高级别、大规模的国际会议。大会以复兴“丝绸之路”为主题，共有来自丝绸之路沿线 11 个国家的交通部部长、副部长和政府代表，亚太经社会、上海合作组织和世界银行、亚洲开发银行等国际组织与国际金融机构的代表以及国内外交通领域的专家、学者和企业代表总计 600 余人出席。会议推动了新丝绸之路乃至亚欧大路运输走廊的快速发展，在国际上产生了深远的影响。

“丝绸之路”的远景将是一条全长为 1.5 万公里，多条连接中国腹地与西欧工业中心的现代化公路。它不单纯是一条公路，而是多条道路组成的网络，是一条西起荷兰鹿特丹，东抵陕西西安的现代化环保型公路。

全长 4 395 公里的连云港至霍尔果斯高等级公路自 2003 年 10 月 8 日正式通车后，沿线经过 6 个省（区），受益人口超过 4 亿人，过去汽车从连云港到乌鲁木齐需要 15 天时间，现在只需要 50 多个小时，这是中国第一条全线贯通的东西向高等级国道主干线，也是作为“新丝绸之路”和亚洲公路网的重要线路，象征着复兴“丝绸之路”在中国大陆境内业已形成。

2008 年 5 月 14 日至 16 日，国际路联“第四届国际丝绸之路大会”在土耳其伊斯坦布尔举行。会议以“从历史连接走向现代网络”为主题，旨在进一步加强“丝绸之路”沿线国家在道路运输，特别是交通基础设施领域的务实合作。交通部副部长翁孟勇率团出席了大会并在部长级会议上发表主旨演讲。

除复兴“丝绸之路”的合作之外，2005 年 9 月 25 日，由中国交通部和国际路联共同主办、中国道路运输协会承办的“第三届欧亚道路运输大会”在北京开幕。该大会是我国在道路运输领域举办的又一次高规格国际会议，引起了亚欧大陆有关国家政府和交通运输业的广泛关注。亚欧主要国家的交通部长积极与会并一致通过了《亚欧交通部长级会议部长联合声明》（《北京联合声明》）。大会宣传了我国道路运输发展的成就，促进了我国与中亚乃至欧洲国家在道路运输领域的合作，为区域道路运输的发展创造了良好的条件。

四、世界道路协会（PIARC）

世界道路协会（PIARC）成立于1909年，是一个专门从事公路设施的规划与管理、公路设施的设计与施工、公路设施的运行、安全和维护等方面的信息交流的非营利、非政府性的国际组织。该协会自成立以来，在世界各地举办过22届世界公路会议，目前有93个政府会员、129个国家的其他会员，已成为世界公路领域以交流和传播公路技术知识和信息为主要内容的最具权威、影响最大的国际性组织。

世界道路协会从1969年起每四年在有关成员国召开一次国际冬季道路会议，现已召开12次会议。1979年经国务院批准，中国公路学会作为集体会员加入该组织。1983年，我国由集体会员改为政府会员，参加单位也由中国公路学会改为交通部公路司。

世界道路协会把在世界各国设立公路技术交流中心（Technology Transfer Centers）作为协会的一项重要工作内容。目前，在世界各国已组建了将近50个公路技术交流中心。并鼓励在发展中国家和经济转型国家组建“公路技术交流中心”，其主要任务是推进全球公路领域知识和信息的交流，加强世界公路领域专业人员、机构之间的联系，以提高全球公路技术的创新能力。

2002年10月，世界道路协会秘书长Jean·Francois·Corte先生和当时中国第一代表——交通部公路司司长冯正霖签署成立世界道路协会中国公路技术交流中心备忘录。2002年11月6日，世界道路协会中国技术交流中心（TTC）正式挂牌，交通部副部长胡希捷和PIARC主席三谷浩为中心揭牌。中心挂靠在交通部公路司，并在交通部科学研究院设立了秘书处。

中国公路技术交流中心的宗旨是通过技术交流推动道路和交通领域的技术创新和技术进步。该中心按照备忘录中规定的义务和职责，进行信息的收集与传播，举办学术研讨会及邀请外国专家讲学，开展国内和国际培训，进行国际互联网、全球公路网（WIN）节点、中国交通信息网（CTNET）、中国交通网的利用，提供道路运输研究文献资料的联机检索（如IRRD数据库、中国公路运输文摘数据库等），提供道路运输技术支持和咨询，举办国际会议和展览会等。

世界道路协会于1994年为各个国家能够共享全球公路交通的技术合作与交流

而倡导组建了全球公路交通技术交流网（World Interchange Network，WIN）。该网络为各国尤其是发展中国家和经济转轨国家的公路专家进行信息交流提供了一种崭新的交流体系。WIN是一个非营利性的非政府国际组织，其主要任务是推进全球公路领域信息的交流，加强对公路各个方面有疑难的专业人员及机构之间的联系。交通部科学研究院于1995年加入了由世界道路协会倡导并组建的全球公路技术交流网，成为该网的中国节点。

2002年11月6日至8日，中国交通部与世界道路协会在北京联合举办了“国际隧道研讨会暨国际公路技术交流大会”，胡希捷副部长出席了会议。本次会议促进了各国隧道建设和运营管理技术的交流，提升了各国公路界对隧道工程、特别是隧道运营管理重要性的认识，反映了当今世界隧道建设和运营管理的最高水平和发展趋势。会议宣传并向世界展示了中国公路和隧道的建设成就，扩大了中国公路交通在国际上的影响，加强了交通部与世界道路协会的合作，架起了中国公路、隧道界与国外同行交流的桥梁，也开辟了广阔的合作前景。

第四节 援外与国际公路工程承包

改革开放30年，公路交通工程成为我国援外建设与国际工程承包的重点之一。通过援外公路建设项目，我国树立了良好的国际形象；通过积极参与国际公路工程竞争，我国公路施工企业迅速走出国门，实现了业务规模、整体实力的跨越式增长。

一、援外公路

我国以经济援助方式对外承担公路交通项目开始于1956年。1976年前，大部分援外项目都采取无偿、赠送、长期无息贷款和低息贷款等方式运作。1976年至80年代初，这种方式有所改变，有的技术合作由受援国自费，由我国派技术人员，仅收取少量生活津贴或技术服务费用。同时，为进一步发挥受援国积极性，减少我国大量提供一般商品的困难，有少数援建项目的当地费用改由受援国全部或部分提供。

20世纪80年代后期，我国对外援助方式开始了重大改革，主要是实行援外方式的多样化和援外资金来源的多样化，尽可能减少无息贷款，开始推行优惠贷款、援外项目合资合作方式，对贫困友好国家适量增加无偿援助，对公路、桥梁的援助相应减少。改革的目的，一方面是帮助受援国建设在当地有资源、有市场的生产性项目；另一方面是推动国内有实力的企业到发展中国家开拓市场，将援助与承包工程、贸易、投资等互利合作结合起来。

90年代中期，我国大力推行援外优惠贷款，通过银行提供本金、政府贴息的方式，扩大援外资金来源，促进对外互利合作。优惠贷款经过十多年的发展，已成为我国对外援助主要方式之一。援外方式改革以后，作为援外工作重点之一，援外公路工程有了新的发展。从90年代中后期到2000年以前，我国先后援建了赞比亚公路水毁修复工程、也门谢赛公路水毁修复工程、赤道几内亚63公里公路的测设任务、肯尼亚21公里甘—塞路和首都内罗毕3条市容修整公路工程以及埃塞俄比亚首都环城路部分工程等项目。特别是埃塞俄比亚首都环城路部分工程是我国政府筹资1.08亿元、作为多边援助款实施，这是改革开放以后我国援外的一种新举措。

进入21世纪以后，我国在援外公路工程建设方面与国际组织加强了合作，力所能及地承担了国际义务。先后援建的公路项目有：喀喇昆仑公路巴基斯坦雷科特桥至红其拉甫口岸全长335公里的改扩建路段、利用我国政府向上海合作组织成员国提供的9亿美元出口优惠买方信贷建设塔乌公路修复改造项目、蒙古扎门乌德至我国二连浩特的公路改造工程、亚洲公路网昆曼公路老挝段85公里丛林路段、云南腾冲至缅甸密支那公路境外段96公里路段、柬埔寨7号公路项目、马拉维卡隆加—奇提帕公路项目、尼日尔尼亚美二桥等。

在全球化日益深入和中国经济社会加速发展的新形势下，援外工作面临着新的任务和挑战。党的十七大报告明确提出，要继续加强同广大发展中国家的团结合作，深化传统友谊，扩大务实合作，提供力所能及的援助。

30年来，公路援外工作成绩显著，意义重大，影响深远。一是树立了我国良好的国际形象，扩大了政治影响，促进了广大发展中国家的经济社会发展。我国援建的公路援外工程大多地处亚非发展中国家。这些国家经济落后，自然环境差，公路工程是他们发展民族经济、脱贫致富的先决条件，而且众多工程地质条件复杂，施工环境恶劣，别的国家不愿意承担。而我国克服种种困难，努力做到了质量好、速度快、造价低，使受援国扩大了就业，减少了贫困人口，促进了经济发展和社会进步，得到了受援国政府和人民的好评。二是为受援国培训了技术力量。技术落后是受援国经济社会发展水平不高的直接原因。在援外公路工程建设中，当地的技术人员和工人与我国援外人员一道工作，朝夕相处。我国援外人员克服一切困难，向他们传授工程建设的技术和经验。往往是完成一个项目，带出一批技术骨干，为受援国自力更生、发展经济建设起到了很好的推动作用。三是发展了与受援国人民的友谊。在援外工作中，公路援外工作人员与受援国人民广泛接触、交往，做了大量的对外友好工作，同受援国人民建立了深厚的感情。

公路援外工程的建设，为受援国发展民族经济、捍卫民族独立起到了积极的作用，促进了我国同受援国之间的友好关系。进入21世纪后，我国加强与众多国际组织的合作，承担了力所能及的援助义务，逐步树立起负责任大国的形象，为巩固我国的国际地位，提高我国的国际声誉起到了很好的促进作用。

二、国际公路工程承包

改革开放30年里，我国遵循"平等互利，讲求实效，形式多样，共同发展"的原则，依托我国产业竞争实力的不断提高，逐步跨出国门，参与国际工程市场竞争，跻身国际工程建设市场。

30年来，我国对外工程承包和设计咨询业务总量规模持续快速扩大，新签合同额和完成营业额分别从1979年的3 352万美元和3 000万美元增长到2007年的776亿美元和406亿美元，年均增长率分别达到31.88%和29.37%。在业务总量规模快速增长的同时，我国对外工程承包的单项规模也在急剧增大，单项合同金额屡创新高。1980年，中国路桥中标伊拉克摩苏尔四桥项目，工程造价金额为3 000万美元，成为当年我国对外签订的最大工程承包项目。30年来，我国企业对外承包的大型工程项目的规模纪录被不断刷新，2008年，中交集团旗下中港公司中标马来西亚槟城第二跨海大桥项目，合同总额6.8亿美元，成为中马两国最大的合作项目。

为适应我国政治经济发展需要，为国家筹集资金，促进社会主义现代化建设事业，经国务院批准，交通部于1979年2月12日组建成立了中国公路桥梁工程公司，对外开展公路、桥梁工程的承包业务。该公司与交通部援外办公室为同一机构、两块牌子，由交通部援外办主任兼任总经理。1980年，经国务院批准，交通部成立中国港湾建设（集团）公司（以下简称中国港湾），除负责承建我国沿海、长江沿岸大中型港口、泊位外，还开展国际工程承包。1980年8月1日，中国公路桥梁工程公司与交通部援外办分离并独立组建。1983年4月，中国公路桥梁工程公司第一工程公司、第二工程公司、第一设计公司、第二设计公司、北京设计公司等单位相继成立。1984年3月1日，交通部又将中国公路桥梁工程公司与交通部援外办合并，组建中国公路桥梁工程公司。1989年10月18日，交通部将西安筑路机械厂并入中国公路桥梁工程公司，成立中国公路建设总公司。1991年1月，又将该公司改组为中国公路桥梁建设总公司。1997年11月18日，该公司正式更名为中国路桥（集团）总公司（从中国公路桥梁工程公司至中国路桥（集团）总公司以下统一简称为"中国路桥"）。2005年12月8日，中国路桥（集团）总公司和中国港湾建设（集团）总公司合并组建了中国交通建设集团有限公司（以下简称中交集团），形成了有员工7万余人，资产总额逾780亿元，拥有46家全资或控股企业、17家参股企业、2家上市公司的集团公司，在公路和港口工程勘察、设计、施工等方面的实力大大增强。

改革开放初期，中国路桥积极开展国际工程承包。先后进入亚洲的中东以及非洲市场，靠过硬的施工技术、优良的工程质量和良好的市场信誉赢得了市场。

1979年3月，刚刚成立的中国路桥进入也门共和国开展承包业务。同年5月，承担了北也门哈贾市区道路测设项目，合同总金额6.5万美元。同年11月20日，与萨那市政部签署关于实施哈贾市街道工程的合同，总金额144万美元。这是该公司在国外获得的第一个合同额过百万美元的较大型工程项目。1980年6月，该公司参与了全长44公里的北也门默夫拉格至莫哈公路投标，并以总额1 327万美元的合理报价，战胜其他5家国际竞争对手。这是该公司第一次通过国际竞标方式在北也门获得工程项目。由于此工程质量优良、路容美观，也门各大新闻媒体盛赞中国公司对本国公路事业和经济发展作出的巨大贡献。从此，该公司除承揽公路工程外，还在也门获得了市政、污水处理等200多个合作项目，总额逾4亿美元。

1980年5月，中国路桥中标伊拉克摩苏尔四桥工程，合同额为3 179万美元。

这是该公司在伊拉克承包的第一个工程项目，也是我国承包公司在伊拉克获得的第一个大型工程项目，开创了中国公司通过竞标承建国外大型土木桥梁工程的先例。该桥主桥长648米，宽31米，建成后，获得伊方的好评，为双方长期合作奠定了基础。1981年至1989年，该公司又在伊拉克先后承建和麦地那桥、纳西里亚桥、科特海桥、哈兹尔桥、阿德米亚桥、阿尔巴亚桥和摩苏尔五桥等近10座桥梁工程。其中，主桥长762米、引桥长1 850米、宽31.5米的摩苏尔五桥为大型城市立交桥，被西方专家和伊拉克政府誉为"世界第一流工程"。

在北也门和伊拉克承建的优质工程，为该公司进入国际承包工程市场奠定了基础，赢得了声誉，获签的工程承包项目逐步增多，业务范围在中东地区得到迅速发展。1981年7月，该公司与法国布维克公司合作，承建了科威特大陆连接布比延岛的两车道跨海大桥，该桥全长2 383米，由58孔组成，每孔跨径40.16米，通航主孔跨径58.34米，结构新颖，技术先进。该工程提前竣工并被评为优质工程。这是中国公司第一次进入科威特承包市场，开创了中国公司与外国公司成功合作的先例，为在中东地区承包工程打下了良好基础。

1980年，中国路桥在非洲内陆号称"千丘之国"的卢旺达一举中标，承建由德国复兴银行投资、总造价35亿法郎、全长87公里的卢旺达首都基加利—卢汉热里公路。由于工程进度快，质量好，造价低，被该国政府和人民誉为"样板路"。1996年该公司又承担了该国基特拉玛—吉布耶道路第二标段和修复工程合同，全长31.8公里，合同总额1 780万美元。由于在工程建设领域良好的信誉，该公司在此后的20余年里，承揽了该国70%以上的公路项目。

1984年5月，中国路桥在肯尼亚首都内罗毕设立办事处。1986年2月，该公司通过竞标承建了该国C112项目新格森公路工程，全长29.5公里，合同总额1 400万美元。1986年6月，又承担了卡巴内特—坦巴内奈公路，合同总额435万美元。经过艰苦努力，该工程以优秀的质量如期完工，获得该国总统的高度赞扬。此后20多年里，该公司在肯尼亚获得的公路工程总额近2亿美元。

20世纪80年代中期以后，中国路桥不断拓宽对外工程承包与合作领域，由窗口型向实业化转变，自主经营方面呈现多元化发展格局。其工程承包方式主要有三种：一是对外投标签约，由合作单位施工，收取管理费；二是由合作伙伴自负盈亏、自担风险；三是自己投标、自担风险、自己组织施工。随着国家下放权力和企业经营机制的转变，许多合作单位也获取了对外经营权。自1990年开始，中国路桥逐步转向自营为主的“三自”管理型模式，即自行投资、自负盈亏、自我经营。

1985年，该公司与非洲第一大岛国马达加斯加工程部签订国家4号公路第二标段合同项目。工程为旧路改造、道路修复补强项目，全长59.29公里，总金额413万美元。这是该公司在马达加斯加承包的第一个工程项目，一举打破了法国高加斯等西方公司在该国工程承包市场的垄断地位。为加强和巩固中国公司在该国工程承包市场的地位，经与该国工程部数次磋商，1986年5月，中国路桥获准在该国首都塔那那利佛与该国政府合资成立中马合营公司。同年9月，“中马公路工程公司”在该国注册成立，注册资金20亿马达加斯加法郎，主要业务为承建公路、桥梁、给排水等工程项目，后成为该国最大的合资企业之一。

1997年亚洲金融危机爆发后，我国对外公路工程承包开始了面向全球市场的多元化征程。特别是进入21世纪以来，凭借我国施工企业技术、施工水平的迅速提升，加之传统的质量和管理优势，我国对外公路工程承包在保持中东、非洲地区传统市场的基础上，开始了向外拓展的步伐，亚洲特别是东南亚地区成为对外公路工程承包的重点，同时实现了向拉美、欧洲和北美市场的开拓。

2005年10月，由中交集团旗下中路公司负责设计施工总承包的东南亚最大跨海大桥——总合同额1.9亿美元、90%由中国政府提供买方信贷的印度尼西亚泗水—马都拉海峡大桥开工，各承建单位精心组织，精心施工，确保了工程质量。该桥于2009年6月11日建成通车。这是中国企业在海外承建的最大的现代化斜拉桥项目，也是中国企业“走出去”的较早签约和初见成效的国际工程项目之一，在印尼社会引起较大反响，树立了中国企业的品牌形象。2008年10月24日，中交集团旗下中国港湾中标马来西亚槟城第二跨海大桥项目，合同总额为6.8亿美元，合同工期42个月。该项目是迄今中马两国间最大的合作项目，也是中国企业在境外实施的最长的跨海桥梁项目。该桥设计全长22.5公里，其中陆上引桥6公里，跨海桥16.5公里，桥面宽28.8米，为V形墩钢连续刚构桥，通航净空150米，通航净高30米，双向四车道加双向摩托车道，引桥为采用50米等跨预应力混凝土连续箱梁桥，设计时速80公里，是马来西亚第九个五年规划（2006年至2010年）的优先发展项目。该项目的建成将成为中马两国政府间合作的标志性工程。该桥将按照中国的技术标准建造，通过这个项目输出中国先进的桥梁技术，展示我们国家公路桥梁建设的先进水平。这一时期，中交集团还承建了塔吉克斯坦第二大城市胡占德市的锡尔河大桥、乌干达乌索罗提—多科洛—里拉公路改造升级等项目。

近30年来，我国交通行业以中国路桥和中国港湾两大公司为主导经营海外业务，已经承揽了国际工程项目和劳务合同1 500多项，累计完成合同额140亿美元、营业额135亿美元。中交集团及其旗下的中港集团（CHEC）已经在国际建筑工程行业中创建了自己的品牌，并连年入选被誉为国际工程界“晴雨表”之称的美国《工程新闻记录》（ENR）杂志评出的世界最大225家国际承包商之列。2008年4月，在ENR评选的2007年最新一期国际承包商225强榜单中，中交集团以年国际营业收入25.4亿美元、同比上升302%的增幅将排名提升了31位，在上榜的49家中国内地承包商中第一次超过中建总公司，跃居第一位，并且在亚洲企业范围内首次超越jgc、chiyoda两家日本公司，成为亚洲承包商之首。

在中交集团等传统对外企业在海外公路市场建功立业的同时，一些国家级及具有较强施工实力的省级企业集团也迈开了大步进军海外公路市场的步伐，并取得了一定的成绩。

第七章　行业文明和公路文化

建设社会主义精神文明，是1979年9月30日叶剑英同志在庆祝中华人民共和国成立30周年大会的讲话中第一次提出。在这个讲话中，叶剑英同志指出，要在改革和完善社会主义经济制度的同时，改革和完善社会主义政治制度，在建设高度物质文明的同时，建设高度的社会主义精神文明。

1980年12月25日，邓小平同志在中央工作会议上作了题为《贯彻调整方针，保证安定团结》的讲话，指出："我们要建设的社会主义国家，不但要有高度的物质文明，而且要有高度的精神文明。所谓精神文明，不但是指教育、科学、文化（这是完全必要的），而且是指共产主义的思想、理想、信念、道德、纪律，革命的立场和原则，人与人的同志式关系，等等。"

1981年6月，党的十一届六中全会审议通过的《关于建国以来党的若干历史问题的决议》，在论述"社会主义现代化建设的正确道路"时，把"社会主义必须有高度的精神文明"作为这条正确道路的十个要点之一，并第一次把党在新的历史时期的奋斗目标概括为建设"现代化的、高度民主的、高度文明的社会主义强国。"

改革开放以来，围绕党中央有关加强社会主义精神文明建设方面作出的一系列重要部署，交通系统认真贯彻落实，广泛深入地开展了群众性的精神文明创建活动，把行业文明建设不断推向前进，为公路事业的快速健康发展打下了坚实的思想基础。

第一节　行业精神文明建设

30年来，在"两个文明一起抓"、"两手抓，两手都要硬"等正确的战略方针指引下，全国公路系统始终密切结合行业实际，不断强化干部职工的思想政治工作，加强行业精神文明建设，有力地促进了两个文明建设的协调发展，取得了丰硕的成果。

一、行业文明建设历程

党的十一届三中全会后，交通系统各单位深入学习、宣传，努力加强改革开放过程中的思想政治工作，逐步在干部职工中树立起实事求是、改革创新的意识。

1981 年 3 月，交通部政治部、中国海员工会和中国公路运输工会发出通知，号召全国交通战线职工广泛、深入地开展以“五讲四美”（讲文明、讲礼貌、讲卫生、讲秩序、讲道德，心灵美、语言美、行为美、环境美）为主要内容的文明礼貌活动。通知指出，交通运输与国民经济建设、人民生活和国际贸易紧密相连，接触面广，服务性强，对外交往频繁，是社会主义文明风尚的“窗口”。交通运输战线开展文明礼貌活动，不但关系到工农之间、城乡之间、党与人民群众之间的关系，而且关系到国家声誉和民族威望。交通系统各单位根据交通行业的特点，把这项活动与各单位的生产业务和日常工作结合起来，与正在开展的“学雷锋、树新风”活动结合起来，把“文明生产、礼貌待客、方便群众”作为交通职工为人民服务、对人民负责的重要标志和开展劳动竞赛的重要内容。开展“五讲四美”、文明礼貌活动，有力地促进了交通系统各单位的社会主义精神文明建设，收到了较好的效果。广大职工的主人翁责任感得到加强；车辆、车站、线路等交通设施和交通环境脏、乱、差的状况有了明显改观；对货主负责，为旅客服务，助人为乐、公而忘私的劳动态度进一步得到发扬；涌现了一大批杨怀远式的先进模范人物和很多先进集体。

1981 年 6 月召开的具有重要历史意义的党的十一届六中全会，通过了《关于建国以来党的若干历史问题的决议》。交通系统各单位认真学习贯彻，大力加强思想政治工作，特别是抓好调整改革和企业整顿过程中的思想政治工作；努力改善党的领导，关心群众生活，树立好的党风；不断加强政工队伍自身的思想建设和组织建设，健全工作机构，配备好各级政工干部；大力加强各级领导班子建设。同年 10 月，交通部召开“思想政治工作座谈会”，研究了在新形势下加强党对思想政治工作的领导，努力建设社会主义精神文明的问题。同年 11 月 17 日，胡耀邦总书记在同国家计委、经委、建委、交通部、铁道部领导座谈时讲话指出，汽车驾驶员要做传播社会主义精神文明的“前哨兵”。随后，一个树立社会主义道德风尚，安全优质，经济方便，服务周到，让货主放心，让旅客满意，更好地为人民服务、为社会主义四化建设服务的热潮在全国交通各条战线迅速兴起。

1982年9月，党的十二大召开。十二大报告指出，“社会主义还必须有一个特征，就是以共产主义思想为核心的社会主义精神文明。没有这种精神文明，就不可能建设社会主义”。交通系统各单位认真学习宣传十二大精神，不断加强党的领导和思想政治工作，抓好党员干部和职工的思想教育，努力做到物质文明和精神文明两个文明一起抓，把生产建设工作和思想政治工作结合起来。

1983年3月召开的“全国交通工作会议”提出，各单位要做好改革中的思想政治工作，把职工认识统一到改革的总方针上来；抓好系统教育和日常教育；抓好党员教育，努力实现党风的根本好转；按照德才兼备的原则配备好各级领导班子。

从1983年冬季开始，交通系统按照党的十二届二中全会决定精神，开展全面整党，进一步实现全党思想上、政治上的高度一致，纠正违反党的十一届三中全会以来党的路线的“左”的和“右”的错误倾向；整顿作风，发扬全心全意为人民服务的精神，纠正各种利用职权牟取私利的行为，反对对党对人民不负责任的官僚主义；加强纪律，坚持民主集中制的组织原则，反对无组织无纪律的软弱涣散状况；纯洁组织，按照党章规定，清理坚持反对党、危害党的分子。

1984年10月，党的十二届三中全会通过了《中共中央关于经济体制改革的决定》，交通系统各单位加强改革中的思想工作，做好宣传和发动，推动改革不断深入。

在1985年3月召开的“全国科技工作会议”上，邓小平发表重要讲话，强调要“教育全国人民做到有理想、有道德、有文化、有纪律”，“这四条里面，理想和纪律特别重要”。为在交通系统加强社会主义精神文明建设，培育“四有”职工队伍，同年8月，交通部总结了为发展远洋事业以身殉职的全国劳动模范贝汉廷先进事迹，发出向贝汉廷学习的号召。同年10月，交通部党组邀请杨怀远进京，在人民大会堂举行大型事迹报告会，并举办了杨怀远先进事迹展览会。交通部组织了贝汉廷、杨怀远事迹报告团，在各省（区、市）巡回报告；同时《人民日报》等媒体对两位先进典型的事迹作了大量宣传报道，在全国引起强烈反响。

在1986年1月17日至23日召开的“交通部思想政治工作会议”上，钱永昌部长作了《振奋精神，努力工作，开创交通战线思想政治工作的新局面》的报告。会议讨论、修改了《中共交通部党组关于加强交通战线思想政治工作的决定》。《决定》指出，“交通运输是国民经济的先行，是传播社会主义精神文明的前哨阵地”，要“坚定不移地‘两个文明’一起抓，‘两个任务’一起下，‘两副担子’一起挑，‘两个成果’一起出，‘两项工作’一起考核”。《决定》鲜明地强调了“思想政治工作是经济工作和其他一切工作的生命线”的论断，指出必须紧密结合交通行业特点，如点多线长、流动分散，面向社会、接触广泛，远离领导、独立作战，直接涉外、易受污染等，加强思想政治工作。“要本着‘弃左、承优、求实、创新’的原则要求，不断端正思想路线，改进思想政治工作的方法”。2 月 27 日,交通部组织“修筑青藏、天山公路先进事迹报告团”，历时 3 个月，分赴北京、西安、重庆、武汉等 17 个城市，到部属大专院校、公路等有关单位进行巡回报告，听众达 10 余万人，在公路干部职工中广泛开展理想纪律教育、艰苦奋斗教育和革命英雄主义教育，以典型带动行业精神文明建设的深入开展。同年 6 月 24 日,交通部在北京召开“全国交通系统‘两个文明’建设经验交流会”。钱永昌部长在报告中提出交通行业精神文明建设的目标是：按照建设“四有”职工队伍的要求，努力建设一支具有改变交通运输落后面貌雄心壮志的、具有全心全意为货主旅客服务思想的、具有能够在精神文明建设中发挥“前哨兵”作用的职工队伍，要以安全优质、文明服务为交通行业基本的职业道德规范，逐步形成全行业良好的职业道德风尚。会议号召全国交通系统大力开展创建文明单位、争做文明职工活动，推动交通体制改革和生产建设事业的健康发展。会议强调了精神文明建设要以抓行风建设为重点，一方面树立典型，表彰先进，号召职工以杨怀远、贝汉廷、焦红为代表的先进人物学习；另一方面要狠刹行业不正之风。在这次会议上，中国交通职工思想政治工作研究会正式成立，同时召开了第一次政研会理事会议。

1986 年 9 月，党的十二届六中全会通过了《中共中央关于社会主义精神文明建设指导方针的决议》。为贯彻《决议》精神，1987 年 4 月 27 日，交通部制定并下发《“七五”期间交通系统加强社会主义精神文明建设的规划》，强调用共同理想动员和团结全体职工，为实现交通运输现代化而奋斗，坚持四项基本原则，树立与改革相适应的思想观念，树立良好的职业道德风尚，提高职工队伍的科学文化素质，加强社会主义民主、法制和纪律建设，深入开展创建文明单位活动，加强党对精神文明建设的领导。

从1986年开始，交通系统结合行业特点和实际情况，大力表彰和宣传先进典型，普遍深入开展了“创建文明单位”和“争当文明职工”的活动，取得了较好的成效。1986年，61个单位、集体和个人在两个文明创建活动中受到交通部表彰；到1987年，113个全国交通系统双文明先进单位、先进集体和190名标兵受到交通部表彰；1988年，交通部又在各省（区、市）文明车站、车队评比的基础上，分别评选出130个部级文明车站和70个部级文明车队并进行了表彰。行业两个文明创建结出的丰硕成果，带动了全行业精神文明创建活动的深入开展，推动了行业精神文明的建设。

1987年5月，在上海召开的“中国交通职工思想政治工作研究会常务理事扩大会议”，在规格和内容上相当于开了一次会国交通系统的思想政治工作会议；1989年5月15日，交通部在河北秦皇岛召开“中国交通职工思想政治工作研究会常务理事扩大会议”。在先后两次会议上，交通部部长、政研会会长钱永昌作了关于加强交通职工思想政治工作的报告。

1990年1月5日，交通部党组在北京召开“直属单位政治工作会议”。钱永昌部长在会上作了《充分发挥基层党组织的政治核心作用，大力加强政治思想工作》的报告。在1月8日的闭幕会上，钱永昌部长作了《振奋精神，努力工作，把政工会议精神落到实处》的总结讲话。会议明确了基层党组织的政治核心地位，明确了部属不同类型单位的领导体制，明确了干部管理的原则和办法，明确了思想政治工作的重点。

1990年3月，《人民日报》发表江泽民等中央领导同志关于向雷锋同志学习的题词。交通部认真总结全国交通系统学习和弘扬雷锋精神的历史经验，于当年4月3日发出了《关于开展学雷锋、树新风活动的通知》，号召全国交通系统“学雷锋学根本，奉献在岗位”，作出了授予青岛远洋运输公司船员严力宾“雷锋式优秀船员”荣誉称号的决定。江泽民、杨尚昆、李鹏等中央领导为严力宾题词，交通部组织了包括严力宾事迹在内的全国交通系统“学雷锋、树新风”先进事迹报告团，于4月7日在北京人民大会堂举行首场报告会。随后，报告团赴全国22个大中城市巡回报告，直接听众达22万多人，收到很好效果。1990年11月18日，交通部在山东青岛召开了“全国交通系统学雷锋、树新风经验交流会”，钱永昌部长在讲话中提出，要在全国交通系统开展以“学雷锋、学严力宾、树立行业新风”为主题的“两学一树”活动。这一活动的开展为交通系统的精神文明建设注入了新的活力。

1991年10月，交通部召开“全国交通系统‘两个文明’建设先进单位、先进集体和劳动模范表彰大会”，交通部、全国海员工会和全国公路工会联合表彰1989年~1990年全国交通系统两个文明建设先进单位、先进集体134个，劳动模范275名；同时还表彰了抗洪救灾先进单位60个、先进个人68名。黄镇东部长在讲话中回顾和总结了开展“两学一树”活动的情况，进一步提出“精神文明建设和思想政治工作要‘进班组’，更重要的是要‘进班子’，首先要把领导班子建设好”，明确了加强“两班建设”的指导思想。此后，又相继召开了“班组建设经验交流会”、“‘双基’（基本理论、基本路线）教育经验交流会”和“地方交通行风建设经验交流会”，使行业精神文明建设活动不断深入。

1992年3月，结合行业精神文明创建，交通部发出《关于开展百名厅局长交通运输服务质量察访活动的通知》，组织发动了全国交通系统的“质量万里行”，取得了运输服务质量的第一手资料，为运输文明单位创建活动的深入开展奠定了基础。

为贯彻党的十四大和十四届三中全会精神，总结交流交通系统社会主义精神文明建设和思想政治工作的经验，1993年11月16日，交通部在上海召开“全国交通系统精神文明建设经验交流会”。黄镇东部长在讲话中，总结了坚持精神文明“重在建设”，思想政治工作“贵在创新”等七个方面的基本经验，即：以经济建设为中心；以提高职工队伍素质为根本任务；以加强领导班子建设为关键；以加强基层班组建设为基础；以具有交通行业特点的工作为重点；以搞好思想政治工作自身改革为动力；以加强领导为保证。强调各级领导必须真正做到“两手抓，两手都要硬”，并指出“不重视两手抓的领导干部是不称职的领导干部，不善于两手抓的领导干部也不是合格的领导干部”。指出，按照交通部党组决定，交通系统各单位要在继续学习杨怀远“为人民服务到白头”的“小扁担”精神、深入开展“两学一树”活动的同时，迅速开展学习包起帆、“华铜海”轮先进事迹的活动。当年继续深入开展了创建文明客运站、队的活动，交通部组织了15个检查组，对道路客运服务质量进行了检查，促进了道路运输服务质量的稳步提升。

1995年5月，交通部与山东省政府联合在青岛召开了“深化改革、加强管理现场经验交流会”。黄镇东部长讲话，总结推广了青岛港苦练内功、以发展生产力为目标，以深化企业内部改革为动力，以强化各项基础管理为手段，以加强领导班子建设为关键，使企业焕发出生机和活力的经验。7月17日，交通部决定，在全国交通系统开展向青岛港学习的活动。9月13日，交通部和团中央联合发出通知，决定在全国交通系统青年职工中开展争当“青年岗位能手”和创建“青年文明号”的活动，组织和引导广大青年职工弘扬艰苦奋斗、敬业爱岗精神，立足本岗、争创一流，全面提高青年职工的职业道德、职业技能和服务水平。9月底，在建国46周年之际，交通部邀请百名优秀养路工代表进京参加国庆观光。9月29日，百名养路工与交通部、全国公路工会领导亲切座谈。黄镇东部长在讲话中对全国84万养路工人在交通建设中作出的重要贡献给予了充分肯定，对于他们长年在艰苦的工作和生活条件下敬业爱岗、无私奉献的精神给予了高度赞扬。同时希望广大养路工人响应交通部党组的号召，向包起帆、“华铜海”轮和青岛港学习，在养路队伍中涌现出更多的包起帆式先进个人、“华铜海”式先进集体和青岛港式先进单位。1995年11月30日，在广州召开的“全国交通系统学习‘华铜海’轮经验交流会”上，黄镇东部长代表交通部党组提出“九五”期间，交通系统要把学习包起帆、学习“华铜海”轮、学习青岛港活动作为加强两个文明建设的重要内容和任务，通过“三学”活动，造就一批又一批包起帆式的具有鲜明时代精神的先进个人，造就一批又一批“华铜海”轮式的艰苦创业、爱国奉献的先进集体，造就一批又一批青岛港式的深化改革、苦练内功、两个文明建设同步发展的先进单位。“个人学包起帆，集体学‘华铜海’轮，单位学青岛港”的“三学”正式被列入交通系统“九五”精神文明建设任务。

1996年10月，党的十四届六中全会作出《中共中央关于加强社会主义精神文明建设若干重要问题的决议》，明确提出“要以服务人民、奉献社会为宗旨，开展创建文明行业活动”。为了贯彻落实十四届六中全会精神，交通部于1996年12月9日在江苏南京召开“全国交通系统创建文明行业大会”，黄镇东部长作了《贯彻六中全会精神，努力创建文明行业》的主题报告，提出在全国交通系统开展“三学一创”（学包起帆、学“华铜海”轮、学青岛港，创建文明行业）的活动。

交通部成立精神文明建设指导委员会，制定了《全国交通行业精神文明建设“九五”规划和2010年远景目标》和《全国交通系统创建文明行业实施办法》，公布了《交通行业文明公约》。

1996年和1997年，在“三学一创”活动开展的过程中，交通部将全国交通系统创建文明行业的总目标分解为公路交通、水运交通、基础设施建设单位、行政执法部门和领导机关等五类具体奋斗目标，由各系统、各部门全力抓落实。为此，各单位相继成立了精神文明建设领导机构，制定创建文明行业的规划、措施和标准，深入开展了示范“窗口”、“讲文明、树新风”、争创“青年文明号”和“青年岗位能手”、“巾帼建功”以及创建文明车、船、港、站、路等活动，使“三学一创”活动的内容不断丰富，向深度和广度发展。

1997年10月，交通部召开了“全国公路系统创建文明行业经验交流会”，会议从石家庄开到太原，推出了公路行业的五个先进典型，即：山西在修建太原至旧关高速公路中创造的“自力更生、艰苦奋斗、不屈不挠、勇于奉献”的“太旧精神”；加强行业管理，开展“争做文明使者”的河北石家庄出租汽车行业；坚持为人民服务宗旨，三十年学习雷锋不动摇的山东青岛长途汽车站；以路为家、爱岗敬业，当好“铺路石”的四川甘孜公路总段养路工陈德华；清正廉洁、秉公执法，当好人民公仆的辽宁抚顺市运管处稽查科长朱同汝。黄镇东部长发表题为《认真学习贯彻党的十五大精神，把全国公路系统创建文明行业推向前进》的讲话，提出全国公路系统精神文明建设的五项基本任务。

1997年11月20日，“全国道路运输系统创建文明行业座谈会”在山东青岛召开。会议充分肯定了道路运输系统精神文明建设取得的成果，确定了道路运输系统创建文明行业今后15年的远期目标和3年近期目标及主要措施。

1998年，交通部印发了《全国交通系统创建文明行业实施办法》，进一步将“三学一创”活动引向深入。这一年的6月至9月，长江、松花江、嫩江流域发生历史罕见的特大洪涝灾害。大灾面前，全体公路职工在交通部、当地政府及各级交通主管部门统一领导下，全力以赴投身抗洪抢险斗争，为确保公路特别是重要抗洪运输路线的畅通作出了巨大贡献。全行业深入开展两个文明创建活动的成果在抗洪救灾中得到充分体现，交通部在当年表彰劳动模范、先进工作者和集体、巾帼建功标兵和集体的同时，还表彰了“抗洪抢险模范养路工”柯琴芳、“抗洪抢险模范保卫干部”张玉金和“抗洪抢险优秀大学生”李伟。8月18日，交通部、共青团中央在黑龙江哈尔滨召开“全国公路收费站系统青年文明号活动经验交流会”，强调要引导这项活动向更深层次和更广阔的范围发展。要以改革创新的精神不断研究青年文明号活动中的新情况，解决新问题，把青年文明号活动提高到一个新水平，推进创建文明行业目标的实现。

1999年9月19日，交通部和中国公路运输工会在新疆乌鲁木齐召开“全国公路养护‘双百佳’经验交流会”，表彰100个“全国文明道班”和100名“全国优秀养路工”，这是继1990年全国公路系统表彰“双十佳”后，对公路系统两个文明创建成果的又一次检阅，在全行业中树立起“铺路石”精神。“双百佳”表彰活动在全国交通行业特别是公路系统中引起强烈反响，各地掀起了“学双百，创先进”的热潮，对进一步加强行业精神文明建设，激励全体公路职工奋发向上、献身公路事业起到了积极的推进作用。

1999年10月26日至28日，交通部在山东青岛召开“全国交通系统创建文明行业经验交流会”。会议回顾了全国交通系统加强精神文明建设，开展创建文明行业活动的情况，总结交流了各单位创建工作的经验，现场考察了青岛市交通系统和青岛港务局的基层单位。黄镇东部长在会上作了《总结经验，突出重点，把创建文明行业活动提高到新水平》的工作报告，部署了全国交通系统开展创建文明行业活动、促进两个文明建设协调发展的任务。交通部提出了《关于加强交通行政执法队伍建设的意见》，作出了《关于在全国交通系统推广安徽省淮北市运输管理处经验的决定》。

2000年，为贯彻落实“中央思想政治工作会议”精神，交通系统各单位干部职工认真学习了江泽民总书记在中央思想政治工作会议上的重要讲话。7月，交通部组织各级党政部门和交通职工思想政治工作研究会，通过召开座谈会、研讨会、发放问卷等形式进行了大量、深入的调查研究，对职工思想主流和存在问题及原因进行了认真分析，提出了六点对策建议。在此基础上，交通部研究制定了《交通部关于加强和改进交通职工思想政治工作的若干意见》，要求全国交通系统各单位认真学习贯彻中央思想政治工作会议精神，结合交通行业实际，强化思想政治工作。

为落实1999年交通部“青岛会议”精神和加强交通行政执法队伍建设，2000

年，交通部召开“公路系统交通行政执法队伍建设座谈会”，对交通行政执法队伍建设的现状进行广泛深入调研，认真研究如何加强交通行政执法队伍建设的任务和措施。2000 年 10 月，交通部在合肥召开“全国交通行政执法队伍建设工作会议”，黄镇东部长在工作报告中总结了近几年交通行政执法队伍建设的情况，分析了交通行政执法队伍建设面临的新形势，明确了进一步加强交通行政执法队伍建设的指导思想、任务目标，部署了加强交通行政执法队伍建设要采取的措施。同时，安徽淮北市运管处、江苏镇江运管处等 47 个单位在会上交流了经验。这次会议对加强交通行政执法队伍建设产生了积极的影响和推动作用。

“九五”期间的五年里，交通系统创建文明行业活动取得了显著成效，形成了良好的工作格局：一是创建活动深入人心，基本形成了党政重视、全员参与、活动覆盖全行业的局面；二是创建活动主体的面貌发生了深刻变化，职工队伍思想道德素质和科学文化素质不断提高；三是创建活动目标任务明确，管理服务水平不断提升；四是创建活动载体丰富多样，职工群众发动广泛深入；五是创建活动成果显著，行业风气明显改善。

2000 年，按照全国道路运输系统文明单位评选条件和相关规定，经过自下而上的推荐、评选和审核，交通部决定对被评为 1998 ~ 1999 年度全国道路运输系统以下 8 个门类的 562 个文明单位进行表彰：命名山东省青岛汽车站等 179 个汽车客运站为文明汽车客运站；江西省宜春地区汽车运输公司 205 车队等 39 个客运汽车队为文明客运汽车队；福建省福州市出租汽车公司等 60 个出租汽车客运企业为出租汽车客运文明企业；浙江省杭州长运集团公司货运站等 46 个货运汽车站（场）为道路货运文明单位；北京市汽车修理公司等 78 个汽车维修企业为汽车维修文明企业；上海市通运汽车综合性能检测站等 33 个汽车检测站为文明汽车检测站；广东省深圳市深港机动车驾驶学校等 36 所汽车驾驶学校为文明汽车驾驶学校；安徽省淮北市运输管理处等 91 个道路运政管理机构为运政管理机构文明单位。交通部给受表彰的文明单位颁发了荣誉奖牌，并号召道路运输系统各单位认真组织开展学先进活动，规范行业行为，树立行业新风，努力创造一流服务业绩，为实现道路运输系统创建文明行业的目标而努力。

“十五”期间，新的形势对两个文明建设提出了新的要求，为适应形势的发展，交通系统的文明创建活动也有了新的内容。

为了深入贯彻落实“三个代表”重要思想，总结“九五”期间交通行业精神文明建设经验，进一步加强“十五”期间全国交通行业精神文明建设，2001年初，交通部组织对全行业精神文明建设进行广泛调研，调研工作深入到十几个省100多个基层单位，取得了丰硕的成果。在此基础上，10月16日至19日，交通部在江苏南京召开“全国交通系统创建文明行业工作会议”。黄镇东部长发表题为《实践“三个代表”重要思想，深化创建文明行业活动》的讲话，全面总结了“九五”期间全国交通系统开展“三学一创”活动的情况，明确提出要在全国交通行业广泛深入地开展“三学四建一创”活动，新增的“四建”，即建设“交通基础设施优质廉政工程”、建设“交通行政执法素质形象工程”、建设“交通运输通道文明畅通工程”、建设“交通运输企业安全效益工程”。交通部制定印发了《全国交通行业精神文明建设“十五”规划》，明确了全国交通行业精神文明建设的奋斗目标、主要任务和活动载体。

“十五”期间，全国交通行业广泛开展“三学四建一创”活动，结合树立典型和加强宣传，不断推动行业文明建设向纵深发展。2003年9月10日，中宣部、交通部、中华全国总工会和四川省委，联合在北京人民大会堂召开“陈德华先进事迹报告会”，宣传陈德华带领雀儿山五道班工人二十年如一日，在极其恶劣的自然环境中精心养护公路，保障川藏公路畅通无阻，连续多年实现雀儿山冬季无翻车、无死亡、无事故、无纠纷的动人事迹。2004年4月20日，由中宣部、交通部、人事部、全国总工会、山东省委联合举办的“许振超同志先进事迹报告会”在人民大会堂隆重举行。交通部部长张春贤在报告会上指出，要迅速在全国交通系统掀起学习宣传许振超先进事迹的热潮，弘扬“振超精神”，创造“振超效率”，培养造就一大批许振超式的有高尚理想情操的、创新型的专业型人才和实用型人才，为交通事业的发展提供智力支持和人才保障，不断推进交通事业快速、健康、可持续发展。2004年7月5日，交通部授予为抢修水毁公路而殉职的云南省盈江县交通局局长赵家富“交通局长的楷模”荣誉称号；8月4日，张春贤部长发表署名文章，号召全国交通系统以赵家富为榜样，努力实践立党为公、执政为民，提高执政能力，加快交通事业的发展。2005年5月10日，交通部追授积劳成疾、英年早逝的北京市路政局门头沟分局副局长曹广辉“公路局长的楷模”荣誉称号。

2005 年 12 月 16 日，交通部在北京召开“全国交通行业精神文明建设工作座谈会”。会上，张春贤部长提出了“两个负责任”，即“做负责任的政府部门，做负责任的行业”，给行业精神文明建设提出新的目标和标准。做到“两个负责任”，关键要在“做”字上下功夫，关键在实践。真正做到“两个负责任”，交通部门和交通行业的文明程度将提高到一个新的水平，将向全社会展示一个全新的形象。把“两个负责任”作为检验行业精神文明建设成效的重要标准，进一步增强广大交通职工的历史责任感，努力使“两个负责任”成为交通主管部门和交通行业的共同准则和自觉行动，营造“负责任光荣，逃避责任可耻”的风气，为做到“两个负责任”提供思想保障和制度保障。

“十一五”以后，交通系统行业精神文明创建在典型引路的基础上，结合开展了公路沿线的精神文明创建工作。

2006 年 6 月 26 日，交通部在湖北武汉召开了“全国交通行业精神文明建设工作会议”，明确提出“十一五”行业文明建设要以践行社会主义荣辱观为主线，以开展“学先进、树新风、创一流”活动为载体，明确思路，突出重点，扎实推进行业精神文明建设再上新台阶。会议明确，“学先进”就是学习包起帆、许振超、陈刚毅等先进典型，激励广大交通干部职工见贤思齐、积极向上；“树新风”就是努力实践社会主义荣辱观，树立执政为民、求真务实、公正执法、清正廉洁的新政风，树立敬业奉献、诚实守信、文明服务、开拓创新、团结和谐的新行风；“创一流”，就是站在新的历史起点上，追求更高的标准，创建一流的队伍、一流的业绩、一流的行业。“学先进、树新风、创一流”活动，是“三学四建一创”活动的继承和发展，是新时期交通行业“两个文明”建设的有机结合。会议明确了“十一五”期间开展“学树创”活动、践行社会主义荣辱观要做好的八项工作。会议讨论了《全国交通行业“十一五”时期精神文明建设指导意见》和《交通文化建设实施纲要》。

2006 年，交通系统先后推出了全国重大先进典型“新时期援藏交通工程技术人员的楷模”陈刚毅及“新时期知识型产业工人”孔祥瑞。

2006 年 7 月，交通部、青海省人民政府命名包括丹拉国道主干线青海境内路段、享堂至杨沟湾、环青海湖公路、西宁至湟中、西宁至大通、西宁至互助、西宁至共和公路等共计 1 270 公里的路段为“高原千里文明通道”。在创建活动中，青海省交通厅稳步推进文明施工、文明养护、文明运输、文明执法、文明收费和文明管理，极大地促进了青海省旅游、体育等各项事业的发展。创建过程体现了人文关怀、道路与自然和谐发展的理念，具有较明显的社会效益和经济效益。

2007年，交通部对《全国交通系统创建文明行业实施办法》进行修订，形成了《全国交通行业精神文明建设表彰决定》，并于7月6日印发执行。2007年，在培养树立典型方面，交通系统开展向江西梨温高速玉山管理处职工熊文清、南京中央门长途汽车站以全国劳模李瑞命名的旅客服务班组“李瑞班”学习的活动。

2007年12月2日，交通部和山西省政府在太原召开命名表彰大会，联合命名大运高速公路为“千里文明高速公路”，同时对在大运千里文明高速公路创建和“五比五看、服务创优”立功竞赛活动中作出突出贡献的先进集体和个人进行表彰。大运高速公路在管理服务、文化建设、队伍素质等方面的水平和能力不断提高，受到各方面的高度评价。

二、公路行业“文明示范窗口”建设

“文明示范窗口”建设始终是公路行业精神文明建设的重要组成部分。改革开放30年来，公路行业的“文明示范窗口”创建活动，在推进公路行业精神文明建设、创建交通文明行业中一直起着表率和带头作用。

1981年3月，交通部政治部、中国海员工会和中国公路运输工会发出通知指出，交通运输是社会主义文明风尚的“窗口”。交通系统各单位要把“文明生产、礼貌待客、方便群众”作为交通职工为人民服务、对人民负责的重要标志和开展劳动竞赛的重要内容。从此，公路行业的“文明窗口”建设成为行业精神文明建设的重点工作之一。

1982年5月25日至30日，交通部在江西南昌召开“全国公路客运部门文明礼貌活动经验交流会”，讨论深入持久地开展“五讲四美”活动，人人争做传播社会主义精神文明前哨兵的问题。

1984年8月25日至30日，交通部在黑龙江大庆召开“全国公路客运部门建设文明车站经验交流会”，研究如何在公路客运系统把两个文明建设推向新阶段，进一步深入开展文明“窗口”建设活动。

1986年，交通系统按照“四有”要求，广泛开展了“树行业新风、创优质服务、建文明窗口”为内容的创建文明单位活动。

1987年5月，根据《中共中央关于社会主义精神文明建设指导方针的决议》和中央书记处关于加强交通职工队伍建设的指示精神，交通部提出的《“七五”期间交通系统加强社会主义精神文明建设的规划》明确指出：党中央多次要求我们把交通行业建成社会主义精神文明的“窗口”，要求交通系统550万职工当好传播精神文明的“前哨兵”。各级党组织都必须充分认识精神文明建设的地位和作用，利用行业特点和优势，为全国的精神文明建设做出贡献。

1987年7月15日至18日，交通部在山东烟台召开“全国交通系统端正行业风气、加强职业道德建设经验交流会”。会议指出，端正行业风气的根本问题在于教育广大党员、干部、职工增强全心全意为人民服务的观念，提高队伍的思想道德素质，树立正确的人生观，把思想上树立全心全意为货主、旅客服务的观念和行动上做到“安全优质、文明服务”作为交通职业道德的核心，把开展“树行业新风，创优质服务，建文明窗口”及各种形式的自建、共建文明单位的活动作为职业道德建设的有效方式。

1987年8月，在广泛调查研究的基础上，交通部通知下发了《交通行业“窗口”岗位人员职业道德规范（试行）》，编写了《交通职业道德简明教程》。交通部的通知指出，“窗口”岗位人员每天每时直接为亿万旅客和货主服务，他们的职业道德水准如何，同交通行业的声誉和社会风气的好转关系极大。因此，首先搞好“窗口”岗位人员的职业道德建设，就成为当前推动和加强交通系统精神文明建设的重要环节。两个文件的出台，将“窗口”建设纳入规范化轨道。

20世纪90年代，全国交通系统大力加强精神文明建设。特别是在交通行业被确定为全国十大“窗口”行业之一以后，文明示范“窗口”活动上了一个新的台阶。

“八五”期间，结合文明创建和行业纠风工作，交通系统重点抓好“窗口”行业和有关单位的精神文明建设。1992年4月开始，交通部要求各省（区、市）交通厅（局）的领导及部属运输单位的领导，以乘客、货主身份深入到车、船、港、站等运输基层单位，亲自体察交通运输服务状况，进行服务质量察访调查活动。经过厅局长们的察访，既看到经交通部门职工多年努力，道路条件、运输服务设施、规范服务、文明待客等有了很大的提高，也看到了服务中的一些问题，在分析原因、研究对策的基础上，提出了改进服务的措施。6月，交通部发出《关于开展1992年度公路、水路旅客运输文明单位评选活动的通知》，提出了“八五”期间实现“客运服务质量标准化、客运服务管理规范化、客运服务过程程序化”的“三化”目标。当年交通系统共评出240个部级文明单位或集体，其中公路行业文明车站、车队172个。这项活动，把交通行业文明“窗口”创建活动推上一个新的台阶。1993年2月10日，交通部下发《关于转发中共中央宣传部、国务院办公厅〈关于开展纪念学雷锋题词30周年活动的意见〉的通知》，强调在“两学一树”中抓好交通“窗口”单位行业风气和职业道德建设。

“八五”期间特别是90年代中期，随着计算机售票和管理系统的开发与逐步推广应用，汽车客运站的经营管理和文明服务发生了质的变化，经营管理水平明显提高，车站形象焕然一新，对公路行业文明“窗口”建设，对创建文明汽车客运站、队起到了很大的促进作用。

1996年，针对出租汽车行业发展较快、服务质量参差不齐的问题，交通部加强了出租汽车行业的精神文明建设，于6月3日发出《关于在全国交通系统学习推广石家庄市出租汽车行业开展“争做文明使者”活动经验的通知》；6月4日，交通部和河北省在北京联合召开学习推广石家庄出租汽车行业争做文明使者活动、弘扬社会新风座谈会；8月12日，交通部在石家庄市召开了“全国学习推广石家庄市出租汽车行业‘争做文明使者’活动经验现场会”，在全国出租汽车行业普遍开展学习石家庄出租汽车行业的活动。在12月9日召开的“全国交通系统创建文明行业大会”上，交通部正式公布石家庄出租汽车行业为文明示范“窗口”。

1996年12月9日，交通部在江苏南京召开“全国交通系统创建文明行业大会”，提出把全国交通行业建设成为文明行业的奋斗目标。大会指出，开展文明示范“窗口”活动是创建文明行业的一项重要工作，为此，交通系统要继续深化建设有中国特色社会主义理论、职业道德、民主法制和廉政勤政等四项教育，制定并实施了八项措施，即制定规划、完善标准、推行《交通行业文明公约》、实行社会服务承诺制度、公布示范“窗口”单位、开展青年文明号和青年岗位能手活动、建立社会监督机制、加大文明创建物质投入等。会议要求示范“窗口”单位努力做到：安全优质地满足人民群众在生产、工作和生活上对交通运输的需要；形象地展示和传播交通行业精神文明建设的要求和成果；在全行业的两个文明建设中起到榜样示范效应；通过体现国有交通企业的优势，展示社会主义制度的优越性，进一步维护党和政府的威信。

随后，交通部向社会公布了包括汽车客运站、汽车客运队、公路收费站等在内的五大类30个文明示范“窗口”单位，公布了12项优质服务标准和5项监督保证措施。这12项优质服务标准包括：一是要保证环境清洁优美，秩序优良有序，供水、卫生、候车、候船等服务设施完备，指示图表、标志齐全；二是工作人员按规定统一着装上岗，挂牌服务，使用文明礼貌用语，主动、热情、规范服务，让旅客满意；三是确保安全、优质运输，保证班车、班船正班和始发正点；四是严格执行国家运价政策，严禁乱收费、乱罚款；五是严禁超售车、船客票和超载运行，严禁甩客、倒客，保证旅客的合法权益和正常的运输秩序；六是提高工作质量、保证售票、检票无差错；七是及时、准确地向旅客提供车、船的运行信息，耐心、周到地做好咨询服务；八是保证餐饮质量和合理价格，对少数民族和有困难的旅客提供特殊餐饮服务；九是客船卧铺配用床单、衬单、被套、枕套，每单航次换洗一次，二等舱以上按人次换洗；十是客船到港旅客下船前，不在客舱内清理卧具，不锁闭卫生间；十一是对老、弱、病、残、孕等重点旅客实行优先照顾和特殊服务，对突发情况能及时、妥善地处理；十二是客运站、汽车站、收费站、客船严禁设置不规则广告和不规则商业摊点。5项监督保证措施包括：一是实行示范“窗口”所在单位党政一把手责任制度，出现问题追究领导责任；二是由示范“窗口”单位按照部颁优质服务标准，并根据本单位情况，实事求是地向社会公布服务承诺措施；三是各示范“窗口”单位向社会公布行风监督电话，设立行风举报箱，聘请行风监督员，定期召开行风座谈会，接受社会监督；四是各示范“窗口”单位如发生严重行风问题，取消其示范单位资格和申报本届全国交通系统先进单位（集体）资格；五是交通部要加强对“为人民服务，树行业新风”活动的检查、监督和指导，各省（区、市）交通部门要抓好本地区、本系统文明优质服务工作的落实。会后，交通系统各单位认真贯彻落实交通部的部署，初步形成了创建文明行业的气氛。

1997年3月18日，“全国交通系统示范‘窗口’工作会议”在北京召开，进一步检查和落实文明示范“窗口”建设工作。会议指出，创建文明行业从示范“窗口”抓起，充分发挥它们的表率作用，是一个用典型引路的行之有效的工作办法。当前的关键是，示范“窗口”能否真正起到示范和样板作用。“窗口”单位的工作和人民群众的生产生活息息相关，它的优劣直接影响到群众的切身利益。群众又是从切身利益的体验中感受社会主义制度的优越性，感受党的路线、方针、政策正确与否。从某种意义上说，“窗口”单位的工作状况，体现了社会的文明程度。因此“窗口”单位的文明建设就不仅仅是一个社会问题和经济问题，而且是与政治相关的一个重要问题了。这次会议，对示范“窗口”建设工作提出了一系列明确要求，其中包括统一思想，加强领导，突出主题，依靠群众，总结创新，增加投入，以点带面等等。

这次会议之后，示范“窗口”单位切实增加自己的社会责任感，提高示范工作的自觉性，用自己的模范行为为全行业树立榜样；非“窗口”单位和非示范“窗口”单位认真学习示范“窗口”的好的做法和经验，从而形成一个比学赶帮超的氛围，推动公路行业精神文明建设快速发展。这些会议，进一步明确了示范“窗口”工作的任务和要求，使示范“窗口”单位提高了使命感和责任感，健全制度规范，改善环境设施，提高服务水平，得到了社会好评。除此之外，当年交通部在全国范围内组织评选了道路运输精神文明先进单位522个，包括客运站（队）、货运站（场）、汽车维修、综合性能检测站、出租汽车客运企业和道路运政机构。精神文明建设工作已列入各级交通主管部门的议事日程，管理部门依法管理，经营者依法经营已形成良好的风气。

1998年，交通系统深入开展示范“窗口”活动，以点带面，促进全系统“窗口”单位的创建文明行业工作。进行了30个部颁示范“窗口”单位的检查汇报，促进示范“窗口”工作向深入发展。到1998年底，据全国20个省（区、市）交通厅的不完全统计显示，自1996年12月“南京会议”以来，各省交通系统厅局级以上文明示范“窗口”已达到600多个。

1999年10月，“全国交通系统创建文明行业经验交流会”在山东青岛召开。会议提出要提高“窗口”单位的文明程度，发挥其辐射作用。同时对交通系统文明“窗口”创建提出具体的要求。

进入21世纪，交通系统继续大力推进“文明示范窗口”建设。

2001年，交通部颁布了60个全国交通系统文明示范“窗口”。

2005年底，张春贤部长提出“两个负责任”并将其作为检验行业精神文明建设成效的重要标准后，全行业“窗口”创建工作再一次深入。

2006年，交通部在武汉召开“全国交通行业精神文明建设工作会议”。李盛霖部长指出，“十一五”期间，交通行业将进一步改进管理、服务手段和方式，方便群众办事，提高服务效率和质量，精心打造一批新的知名服务品牌。要在交通职工中广泛开展服务礼仪宣传和实践活动，规范行业服务行为，引导交通职工知礼仪、重礼节；在服务“窗口”设立宣传社会主义荣辱观的标识，在为乘客提供安全正点、热情周到服务的同时，加强对乘客的文明提示，倡导遵章守纪、文明礼让、友爱互助，共同维护公共秩序。同时强化科学管理，完善岗位行为规范和考核机制，逐步实现全行业生产、管理和服务的科学化、制度化、规范化，努力为社会提供安全、优质、便捷的交通设施和服务。交通部门还将加大投入，改善“窗口”单位的服务条件，营造功能完备、整洁美化、舒适便利的交通服务环境；建立全国统一的公路交通服务热线，拓展服务功能，提高处置交通突发事件的能力；加快建设以“电子政务”、“电子商务”为龙头，以管理和服务为主要内容的交通信息系统，采用现代管理方法和技术成果，进一步提高服务水平。

2007年，是深入贯彻党的十六届六中全会精神，进一步落实“十一五”规划，全面推进社会主义和谐社会建设的重要一年。面对2008奥运年，交通部提出要树立文明服务新风尚，“窗口”服务部门要以提高服务能力、服务水平为重点，深入开展“文明礼仪伴我行”主题实践活动和文明示范“窗口”创建活动；以奥运赛事举办城市和关联地区为重点，开展“迎奥运、讲文明、树新风”活动，实施“窗口”行业奥运培训计划，广泛开展文明交通、文明乘车活动，为奥运会的成功举办提供文明规范的交通环境，交通部要求兴起“迎讲树”活动新热潮，继续实施“交通服务设施改善工程”等六项工程，适时组织对“迎讲树”活动开展情况的检查、督促和调研，总结典型经验，宣传先进事迹，开展“迎讲树”交通形象展示活动。组织开展“争创文明服务示范窗口”和“争做文明优质服务标兵”活动，不断提高交通行业的社会公共服务水平和服务能力，在奥运会前和奥运会期间着力优化交通环境，做好交通服务。

文明示范“窗口”的创建对全行业的精神文明建设起到了良好的模范和带头作用，有力地带动了公路行业精神文明建设不断向前发展。

三、纠风行业不正之风和治理公路“三乱”

改革开放以后，道路运输事业获得快速发展，服务公众的能力不断提升。在深入开展精神文明创建等活动的同时，针对交通运输生产中出现的一些问题，全国交通系统不断深入开展了行业纠风和治理“三乱”工作。

20世纪80年代中期，道路运输市场开放后，道路运输蓬勃发展，但在加强道路运输管理的过程中也出现一些问题。1986年4月27日，《人民日报》报道了陕西临潼、长安两县个别交通监督管理人员滥用职权、无理拦截过往车辆的“路霸”事件。5月3日，交通部部长钱永昌就陕西临潼、长安两县“路霸”事件向新闻界发表谈话，要求全国交通系统以查处这个反面典型为突破口，联系实际，举一反三，坚决纠正交通行业的不正之风。为此，交通部于6月11日发出《关于以查处“路霸”事件为突破口，认真纠正交通行业不正之风的通知》，对纠正行业不正之风提出明确要求。7月24日，交通部在北京召开全国29个省（区、市）和重庆、武汉等7个计划单列市交通厅局会议，传达贯彻中央书记处的指示，会议强调，要在交通系统全行业范围内狠刹不正之风，要做好四项工作：一是加强宣传教育，树立一批正面典型，制定行业作风建设的制度和标准，确定端正行业作风的奋斗目标；二是加强稽查工作，组织监督检查并形成制度；三是依靠群众，加强社会监督；四是运用经济手段，严惩不正之风严重又屡教不改的单位和个人。8月，交通部派出道路运输等4个调查组，赴八省（市）和12个直属单位调查交通行业不正之风情况；交通部领导分别联系5个省，在研究行业管理的同时抓了纠正行业不正之风的问题。9月，《中共中央关于社会主义精神文明建设指导方针的决议》发布以后，交通部于当年第四季度连续发出了《关于进一步做好纠正交通行业不正之风的通知》和《关于进行交通系统行业风气大检查的通知》，提出了重点检查和纠正各地公路客运部门司售人员贪污票款和运费，一些港航企业滥收费用和私拿货物，交通监督部门管理人员以权谋私，以及野蛮装卸、粗暴待客等4类突出的不正之风，制定了纠正行业不正之风的5条措施，并要求交通系统各单位进行群众性的自查自纠活动。结合落实交通部《通知》精神。1986年，全行业普遍开展了职业道德教育，狠刹不正之风，取得了一定成效。

1987年，为进一步纠正行业不正之风，交通部再次派出公路等3个检查组，分赴11个省（市）的98个单位了解行业风气情况。在调查研究的基础上，于同年7月在山东烟台召开“全国交通系统端正行业风气、加强职业道德建设经验交流会”，钱永昌部长在《交通系统端正行业风气、加强职业道路建设的形势和任务》的报告中，对近年来交通系统行业纠风工作和经验做了详细分析，并对下一阶段工作做出部署。交通部制订了《交通行业、“窗口”岗位人员职业道德规范》，编写了《交通职业道德简明教程》。明确提出：行业不正之风具有长期性、隐蔽性、反复性、复杂性的特点，因此要树立打“持久战”思想，要防止和克服松劲和厌战情绪；“堵”和“导”双管齐下，一方面着力查纠，加强管理，堵塞漏洞，另一方面着眼疏导，加强职业道德建设。要做好“抓调查、抓教育、抓管理、抓稽查、抓监督、抓改革、抓典型、抓‘窗口’”的“八个抓”，落实“关键在领导，根本在教育，重点在管理，出路在改革”的“四句话”。“关键在领导”，就是党政领导要高度重视，党政工团要齐抓共管，领导干部和领导机关要起表率作用；“根本在教育”，就是要教育广大党员、干部、职工增强全心全意为人民服务的观念，提高职工队伍的思想道德素质，树立正确的世界观、人生观、价值观；“重点在管理”，就是要用行政的、经济的、法律的手段来加强管理，把端正行业风气与推行全面质量管理和企业上等级工作紧密结合；“出路在改革”，也即通过改革寻求既有利于发展生产力，又有利于端正行业风气、加强精神文明建设的新途径。1987年，交通部在全国交通系统组织开展了端正行业风气的群众性自查自纠活动，重点是：行业风气不正的单位，特别是一些“死角”；对过去已经查纠，今年以来又发生反复、回潮的问题；单位内外群众反映强烈、影响很坏的典型事件。由于采取了上述一系列措施，交通行业的风气得到进一步好转。

1990年8月23日，国务院召开“加强廉政建设，纠正行业不正之风电话会议”。交通部党组及时进行传达学习，制定了《关于进一步加强廉政建设，纠正行业不正之风的决定》。为了落实国务院会议精神和交通部党组《决定》，1990年，交通部在长春召开“全国交通系统道路、水路运输市场整顿经验交流会”，要求抓好执法队伍建设和企业经营行为整顿；在武汉召开“全国交通系统财务费收工作会议”，要求清理收费项目，统一各种收费标准；在北京召开“全国交通纪检工作会议”，提出健全纪检机构建设，加强党风、行风建设；在青岛召开“全国交通系统学雷锋、树新风经验交流会”，要求进一步推动廉政建设和纠正行业不正之风工作的深入开展。1990年12月，交通部组织有关人员，分赴16个省（市）交通厅（局）和17个部属单位进行行业纠风工作的大检查，重点对领导是否重视、教育是否广泛深入、制度是否完善、监督是否有力等四方面进行检查。结果表明，经过几年综合治理，行业风气已经大有好转：截至1990年底的不完全统计，全交通系统先后有11个省厅（局）被当地评为党风、行风先进单位，100多个地（市）交通局被评为省先进单位，有8个部属大型企业被评为党风先进单位。

进入“八五”后，行业纠风工作不断深入开展。

1991年6月，交通部决定成立部纠风领导小组，黄镇东部长任组长，下设办公室。交通部纠风领导小组办公室于1991年7月在大连召开有12个部属企事业单位领导人员参加的“纠正行业不正之风座谈会”，制定了以坚决制止利用交通运输工具牟取私利，刹住少部分船员走私闯关、倒买倒卖为主要内容的阶段性目标，交通部发出了《关于部属企事业单位进一步加强廉政建设，纠正行业不正之风的通知》。同年12月，对贯彻《通知》情况进行的检查表明，走私闯关、倒买倒卖等行业不正之风受到根本遏制，客运质量和服务态度有明显改进，执法人员“吃、拿、卡、要”的现象明显减少。同时，各级交通部门对照有关法规，对收费、罚款、集资项目进行了自查和清理，取消了一些不合法、不合理的收费和罚款项目，此外，还清理了一大批交通检查站卡。

1992年，交通部组织百名交通厅局长进行了察访活动，对道路运输中存在的不正之风进行了总结，提出了解决的措施，并落实到工作之中，取得了较好的效果。

为进一步解决公路沿线的乱收费、乱罚款、乱设卡等歪风，1993年开始，交通部把治理公路“三乱”（乱设卡、乱收费、乱罚款）作为开展反腐败斗争的重要内容。1993年4月中下旬，交通部沿107国道组织进行了行风调查，并向国务院纠风办呈送了《关于107国道“三乱”情况的调查报告》，向公安部发出《107国道“三乱”情况的调查通报》。为了加强职业道德建设，7月12日，交通部决定编写《职业道德丛书》，并组成9人编写小组，进行了分工和安排。8月12日，交通部下发《关于贯彻落实国务院纠正行业不正之风专项治理工作座谈会精神的通知》，强调指出解决当前纠风中亟待解决的突出问题。为了贯彻中纪委二次会议和江泽民总书记的讲话精神，8月25日，交通部发出《关于清理行政性收费情况的紧急通知》。10 月 28 日和翌年 1 月 16 日，交通部分两批取消了不合理收费 54 项。11 月 15 日，发出了《关于近期治理在公路上乱设卡、乱罚款、乱收费问题的紧急通知》。11 月 18 日在上海召开了有各省交通厅长参加的“治理乱收费座谈会”，决定克服消极腐败现象，坚决纠正行业不正之风。11 月 25 日，交通部召开“全国交通系统电话会议”，对治理乱收费问题作出部署；随后，交通部派出 15 个检查小组调查了解公路上乱收费的情况，要求各地厅局长也上路检查。1993 年里，交通部组织有关省、地、县 2 000 多名交通厅局长上路检查，行程达 32 万公里，同时由交通部 19 名部、局领导带队，组成 15 个检查组分赴 25 个省（区）的 34 条国道、60 多条省道，行程 2. 1 万余公里进行检查，通过采访、座谈等方式广泛听取了运输企业经理、驾驶员以及旅客、货主、采购员、个体运输户的意见，掌握大量一手资料，摸清了公路“三乱”的基本情况。这一年，全国交通系统共撤销收费站卡 467 处，取消不合理收费项目 238 项。同时明确，“三乱”治理是长期任务，要继续贯彻“常抓不懈，综合治理”的方针，有关部门要齐抓共管，相互配合，依靠地方政府综合治理。要按照社会主义市场经济的原则，制定配套的政策法规，使之有法可依，将公路收费站卡或各项制度规范化。

1994 年，交通系统进一步强化“三乱”治理的手段和力度，取得了阶段性成果。4 月，交通部以 107 国道为典型，结合公路 GBM 工程同步实施“三乱”治理的方式，开展了创建“文明样板路”活动，得到了沿线各省（市）政府的支持；7 月份，国务院专门发出《关于禁止在公路上乱设站卡乱罚款乱收费的通知》；随后，交通部会同国家计委、财政部联合制定下发了《关于在公路上设置通行费收费站（点）的规定》，对收费站点的设置原则、条件、标准、布局、审批权限及公开性、透明度等方面提出了具体要求。交通、公安两部于 8 月 13 日召开“贯彻国务院文件精神电话会议”，邹家华副总理到会讲话。会后各省交通部门传达贯彻了会议精神，制定了治理公路“三乱”工作计划。交通部提出 1994 年治理公路“三乱”的重心和主攻方向是整顿收费站卡，从摸清公路收费站、检查站底数入手，按照《关于在公路上设置通行费收费站（点）的规定》进行清理。9 月份，交通部同国务院纠风办组成联合检查组，对 107 国道全线及 106、207、318、319、320、324 等国道的部分路段进行明察暗访，行程 5 600 多公里；11 月份，交通部组织有关省（市）完成了对 107 国道创建“文明样板路”的检查验收。从此，这种将GBM工程和“三乱”治理等工作有机结合的创建“文明样板路”的方式，成为行业纠风的重要工作方式之一，取得了良好的社会效益，成为交通系统行业纠风工作的一大亮点，一直延续至今。

纵观“八五”期间的行业纠风工作，全国交通系统在治理公路“三乱”，特别是在典型引路、建章立制方面取得了显著的成效。

进入“九五”后，高等级公路进入快速发展时期。根据中共中央、国务院对治理公路“三乱”工作的部署，交通部确立了“以国道、省道为重点，重在严格规范站点设置，标本兼治，在治本上下功夫。同时加强监督检查，巩固成果，努力实现国道、省道基本无‘三乱’”的工作目标。

“九五”开局的1996年，交通部进一步加强了公路“三乱”案件的查处，到年底，多家单位上路拦车检查、罚款和给执法人员下达收款、罚款指标的问题基本得到解决；9月23日和11月28日，两部一办（交通部、公安部和国务院纠风办）联合召开新闻发布会，分两批公布了22个省（区、市）实现国省道基本无“三乱”。

1997年二季度，两部一办公布了第三批实现国省道基本无“三乱”的省（市），标志着全国实现国省道基本无“三乱”的治理目标。为巩固成果，6月2日，两部一办制定发出《公路“三乱”出现反弹、取消国道省道基本无“三乱”地区资格检查标准的通知》，提出了6条考核标准，确定了违反考核标准的地区，先由省宣布摘掉该地区基本无“三乱”的牌子，情况特别严重的，由两部一办报经国务院后，宣布摘掉该省基本无“三乱”牌子。7月3日，《中华人民共和国公路法》颁布后，交通部下发了《关于认真贯彻落实〈公路法〉，进一步做好治理公路“三乱”工作的通知》，要求各省对全国公路收费站点和执法队伍进行一次清理整顿；交通部仍将组织上路明察暗访作为当年治理公路“三乱”的主要工作，同时将查处群众来信来访作为查处重点，加大了案件查处力度，对个别不按时调查群众反馈情况的省（市）发出《督察通知书》督办，提高了结案率，得到群众好评。

1998年，治理公路“三乱”行动进一步延伸至县乡公路，同时两部一办联合对3条“绿色通道”的“三乱”情况进行明察暗访；当年，全国交通系统撤销违规站点110个，处理各类“三乱”案件601起，处分违规违纪人员338人；配合

“三乱”治理，交通部还组织对收费还贷公路进行了审计。

1999年，交通系统在巩固全国国省道基本无“三乱”的基础上，全面开展清理整顿收费站点的工作。1月7日，交通部下发《关于清理整顿公路收费站（点）的通知》；3月在吉林长春召开会议作出专题部署；当年共撤并收费站271个。10月，两部一办下发《关于印发实现所有公路基本无“三乱”考核办法的通知》，组织各省对县乡公路实现所有公路基本无“三乱”进行全面摸底检查，分期分批公布了实现所有公路基本无“三乱”的地市，公路“三乱”治理出现了巩固与争创并举的良好趋势。

2000年9月，两部一办和国家林业局发出《关于印发实现所有公路基本无“三乱”实施方案及量化考核评分标准的通知》，提出用三年时间实现全国所有公路基本无“三乱”的目标，并制定了具体措施与方法；两部一办会同国家林业局、建设部组成联合检查组，先后对吉林、山东、江苏、海南等四省进行了检查和考核验收工作，全国大多数省（区、市）对实现所有公路基本无“三乱”表现出很高的热情和工作积极性，争创达标活动达到了预期目的。

到2000年底，行业纠风工作取得明显成效。“文明样板路”创建从1994年起按“每年一条路”的计划进行，已经创建5.49万公里，占国、省干线总里程的15%；“绿色通道”自1999年开通寿光至哈尔滨一线后，已开通4条，初步形成贯穿南北18个省、总里程1.1万公里的网络；公路“三乱”治理的成果得到巩固并向县乡公路延伸，形成了良好的监督检查的局面，各省地市形成了争创无“三乱”的格局；各级交通主管部门广泛开展了提高交通行政执法人员素质的工作，为行业风气的好转打下了坚实的基础。

进入“十五”后，交通系统仍将纠风工作作为重中之重，坚持纠建并举，加大了工作力度。同时，进一步建章立制，将行业纠风工作引向深入。

这一时期，多年公路行业纠风、“三乱”治理的成果开始集中显现。2001年12月26日，两部一办宣布北京、上海、江苏、海南等四省（市）实现所有公路基本无“三乱”的争创目标，成为全国第一批实现所有公路基本无“三乱”的省（市），这是继1997年全国31个省（区、市）实现国、省道基本无“三乱”后行业纠风、“三乱”治理工作取得的又一重大成果，标志着全国公路“三乱”治理进入新的阶段。2002年6月28日和11月22日，两部一办先后通报，分别公布了第二批8个、第三批5个实现所有公路基本无“三乱”的省（区、市）。至此，全国实现所有公路基本无“三乱”的省（区、市）达到17个，公路“三乱”治理取得明显成效。2003年，交通系统深入开展行业纠风工作：撤销300个收费站点，展开了从根本上解决公路“三乱”的对策研究，加大了检查和案件查处的力度。2004年，根据国务院纠风工作会议精神，交通部召开“全系统纠风工作会议”，明确提出2004年和今后一个时期纠风工作的指导思想、工作思路和主要任务，要求推广重庆市创新工作机制、从源头上治理公路“三乱”的工作经验。当年，交通部先后下发了《关于解决交通建设领域拖欠工程款问题的实施方案》和《关于做好清欠工作维护农民利益的紧急通知》，建立起纠风工作快速反应机制和责任追究机制，这些措施，为建立纠风工作长效机制奠定了基础。2004年，全国23个省（区、市）实现所有公路基本无“三乱”，行业纠风工作得到了党中央、国务院肯定。

“十一五”后，交通部（交通运输部）积极从源头上探索解决公路“三乱”问题的长效机制，加强并规范了收费公路的管理工作。

2006年5月11日，交通部在山东济南召开的“全国公路养护管理工作会议”上透露，过去五年，全国交通系统撤销公路收费站点1 000多个，全国31个省（区、市）全部实现所有公路无“三乱”的目标。

2006年11月27日，交通部印发《关于进一步规范收费公路管理工作的通知》，要求一是严格项目审批、控制收费公路发展规模；二是严格规范站点审批和设置；三是严格界定收费公路性质，规范转让行为；四是严格依法实施监管。同年12月20日，国务院纠风办、交通部等五部门联合发布《关于取消公路基本无“三乱”地区资格的暂行办法》，进一步加强治理“三乱”工作的监督和管理。

2007年4月，“全国纠风工作会议”对违规减免车辆通行费工作进行了专门部署，5月30日，交通部会同监察部、国务院纠风办联合下发《关于进一步开展清理违规减免车辆通行费工作的通知》，清理工作全面展开。至2007年底，全国清理违规减免车辆22万台，收缴违规发放的各类通行费减免卡2.77万张，将违规减免行为控制在10%以下。

第二节　公路文化建设

改革开放后，党在不同时期对文化建设都提出了相应的要求。

1997年9月，江泽民总书记在党的十五大报告中指出："有中国特色社会主义的文化，就其主要内容来说，同改革开放以来我们一贯倡导的社会主义精神文明是一致的。文化相对于经济、政治而言。精神文明相对于物质文明而言。只有经济、政治、文化协调发展，只有两个文明都搞好，才是有中国特色社会主义。"

2002年11月，江泽民总书记在党的十六大报告中进一步指出："全面建设小康社会，必须大力发展社会主义文化，建设社会主义精神文明。当今世界，文化与经济和政治相互交融，在综合国力竞争中的地位和作用越来越突出。文化的力量，深深熔铸在民族的生命力、创造力和凝聚力之中。全党同志要深刻认识文化建设的战略意义，推动社会主义文化的发展繁荣。""在当代中国，发展先进文化，就是发展面向现代化、面向世界、面向未来的，民族的科学的大众的社会主义文化，以不断丰富人们的精神世界，增强人们的精神力量。"

2007年10月15日，胡锦涛总书记在党的十七大报告中指出："要坚持社会主义先进文化前进方向，兴起社会主义文化建设新高潮，激发全民族文化创造活力，提高国家文化软实力，使人民基本文化权益得到更好保障，使社会文化生活更加丰富多彩，使人民精神风貌更加昂扬向上。"

公路行业的文化是我国社会主义文化的重要组成部分，也是国家软实力的重要组成部分。

道路伴随着人类文明而产生，在中国有着悠久的历史。中国现代意义的公路出现于20世纪初，尽管只有短短的百余年历史，但公路与传统的道路有着千丝万缕的联系，在公路萌芽时期，就受到中国优秀传统文化深深的浸润，从而积淀了深厚的文化底蕴。

公路文化是广大公路从业者在公路建设、养护、管理和运输生产实践活动中所创造的物质财富和精神财富的总和，特指其精神财富。它包括行业发展实践中逐步形成的、为全体从业者认同并遵守的、带有行业特点的宗旨、精神、价值观和理念等。

一、公路文化的探索

新中国成立后，特别是改革开放以来，广大公路从业者们在实现公路基础设施快速发展，不断提高行业服务国家经济、社会和公众能力的同时，也不断丰富、发展了公路行业的文化，积累起丰富的精神财富，凝聚成既具有公路本质特点、又具有鲜明时代精神的公路文化，公路文化的内涵不断丰富，表现形式更加多彩。

进入新世纪以来，全国交通行业进一步加强了行业文化理论与实践的研究，取得了不少成果。2006 年 6 月召开的“全国交通行业精神文明建设工作会议”上，李盛霖部长在讲话中提出要“加强交通文化建设，努力增强行业软实力”。2006 年 7 月 14 日，交通部印发《全国交通行业“十一五”时期精神文明建设工作指导意见》和《交通文化建设实施纲要》，明确了“十一五”交通行业精神文明建设和文化建设的任务。

《指导意见》指出，交通文化建设，就是按照以人为本的价值理念，以建设具有鲜明时代特点和交通行业特色的交通精神文化为核心内容，以不断增强广大干部职工的精神力量，增强行业的凝聚力，提高行业的影响力，为交通事业又好又快发展营造良好的文化环境。各系统、各地区、各单位要把交通文化建设摆在重要的议事日程，力争文化建设在今后五年内取得明显进展。一是要紧紧围绕建设创新型行业的战略目标，大力弘扬拼搏进取、自觉奉献的爱国精神，求真务实、勇于创新的科学精神，不畏艰险、勇攀高峰的探索精神，团结协作、淡泊名利的团队精神，不断推进创新文化建设，营造有利于创新的良好文化氛围。二是要积极开展特色文化建设活动。三是要积极引导交通文化产品的创作。“十一五”期间，要围绕弘扬社会主义荣辱观，实施“五个一工程”，即形成一批交通文化研究成果，总结提炼一种交通精神，征集确定一个交通行业徽标，创作一批交通文艺作品，完善一批交通博物馆，全面增强交通文化的吸引力和感召力。四是要广泛开展丰富多彩的干部职工文化体育活动。

在《实施纲要》中明确，交通文化建设的基本内容是：培育、总结和提炼鲜明的交通行业核心价值观，增强行业的凝聚力；结合交通发展战略，提炼行业理念，形成以“服务人民、奉献社会”为核心的职业道德体系；完善相关行业制度，寓行业价值观和行业理念于制度之中，规范职工行为；统一规范行业外在形象，寓行业价值观和行业理念于外在形象之中，美化工作生活环境，建立行业标识体系，树立行业的良好社会形象；积极引导交通文化产品创作，广泛开展丰富多彩的文化体育活动，提高员工身心素质，促进职工的全面发展。交通文化建设的总体目标是：力争用五年左右的时间，初步建立起符合社会主义先进文化前进方向和交通发展战略，具有鲜明时代特征和行业特色的交通文化体系。通过交通文化建设，凝练交通行业核心价值观和行业理念，树立行业的良好社会形象，营造团结和谐、充满活力的良好氛围，增强行业凝聚力和影响力，激发行业的创造力，推进交通事业又好又快发展。

《指导意见》和《实施纲要》的发布，标志着交通文化建设进入一个崭新的阶段。

二、公路建设孕育了公路文化

汽车发明以后，才有了公路。公路本身的特性决定了它相对于其他交通方式具有明显的特点，也决定了公路在文明和文化传播上具有天生的特长。

与其他交通方式相比，公路的特点十分突出。迄今为止，公路仍是综合交通中最开放的交通方式，人们不需要付出太大代价和掌握太复杂的技术，就能亲自驾驶汽车等交通工具来使用公路，如果是乘用公共交通工具出行，那代价就更加低廉；公路最具有包容性，能够容纳从步行、非机动车到汽车等多种出行方式，满足广大公众多样化出行的需求；在各种交通方式中，公路的网络最密集、连接最为广大的公众，也最为广大公众所接受，公路客运量在综合交通中占到90%以上的绝对优势就是明证；公路交通是最具个性的出行方式，也最具随意性，符合当今社会出行的大众化、个性化、多样化的发展趋势。

从公路行业本身来看，公路在文化传播、交流上扮演着重要的角色。公路拥有最为庞大、细密、精巧的网络，这个目前373万余公里的网络，联结了全中国几乎全部的人口，促进了全中国各民族的沟通；公路的最主要功能就是流通，借助于现代化的交通工具，它几乎能不间断地完成数量庞大的人和物的运输，几乎可以把这些人和物运达陆地国土的任何一个人口聚居地，大量人和物在广阔区域内的快速流动，必然加速不同文化、文明之间的交流和传播。

公路本身具有的这些特性，决定了公路这个行业向社会提供的不仅仅是公路这个物质产品的本身，还必然衍生出众多的精神产品。就如著名的丝绸之路一样，它已经不仅仅是作为一条古代的商路、作为物质存在，更重要的是，它已经成为东西方文化交流、文明融合以及各民族团结的象征。现代化的公路，加之便捷、舒适的现代化运输工具，大大缩短了时间和空间的距离，其传播文明和文化的速度已经不是丝绸之路上的驼队可以比拟的。公路已经成为真正的文明使者。

（一）公路建设促进了民族团结

我国少数民族地区地域广阔，地形复杂，自然环境较为恶劣，人口稀少且分布极不平衡。受自然、历史等多方面因素影响，少数民族地区交通较为落后，成为社会经济发展的障碍。在绝大多数少数民族地区，公路是最主要的交通方式，甚至在很多地区是唯一的交通方式。

新中国成立后，伴随着汽车工业和石油工业的建立和发展，公路交通事业取得了较快发展；特别是改革开放后的30年间，公路交通事业更是以前所未有的发展速度跃居世界前列，少数民族地区的公路建设也取得了长足的进步。

为改善少数民族地区的交通落后状况，新中国成立后，中央人民政府投入巨大的人力、财力筑路修桥。著名的川藏、青藏公路和新疆的天山独库公路成为其中的典型代表。

1950年，毛泽东主席向进军西藏的解放军发布了“一面进军，一面修路”的命令，同时号召全体进藏工程技术人员、筑路工人和解放军官兵“为帮助各兄弟民族，不怕困难，努力筑路”；四年后，康藏、青藏公路通车，从此“世界屋脊”西藏有了现代意义的公路。改革开放后，中央加大了援藏的力度，公路作为援藏重点之一获得了长足的发展。到2007年底，西藏的公路总里程达到4.86万公里，年度公路投资超过47亿元，公路发生了翻天覆地的变化。

我国面积最大的省份、也是最大的少数民族自治区新疆，到新中国成立时，仅有简易公路3 361公里，1978年公路总里程达到2.4万公里。20世纪70年代，中央下令修建第一条穿越天山的独库公路，到1983年，562公里的独库公路开通后，天山南北的行车里程缩短了500余公里。为修这条公路，上百名解放军战士长眠天山。经过改革开放30年的发展，到2007年底，新疆公路总里程达到14.52万公里。

改革开放以后，特别是2000年国家实施西部大开发战略以来，国家不断加大对西部地区公路交通建设的支持力度，在着力实施八条省际通道等国省干线建设的同时，对农村公路给予了大力支持，使西部地区的农村公路取得了长足的进展。目前，在西藏、新疆、内蒙古等9个少数民族聚居省（区），99.7%的乡镇已开通公路，89.1%的建制村通了公路，为广大少数民族群众脱贫致富、发展生产、迅速步入现代文明奠定了坚实的基础。

2007年，国务院出台的《少数民族事业“十一五”规划》提出，“十一五”期间国家将以解决少数民族地区经济社会发展中的突出问题和特殊困难为切入点，以实现基本公共服务均等化为目标，全面提升少数民族事业的发展水平。重点建设对带动当地发展起重大作用的交通等公共基础设施项目，优先安排农村公路等中小型公益项目。将特困少数民族群众解困工程纳入重点工程，在2010年前基本实现所有具备条件的特困村的通路目标。为此，交通部“十一五”期间继续采取倾斜措施，重点建设一批对带动少数民族地区发展起重大作用的交通项目，优先发展与少数民族群众生产生活密切相关的农村公路等中小型公益交通项目，推进少数民族地区社会主义新农村、新牧区建设。

为切实解决广大少数民族农民群众出行难问题，“十一五”期间，交通部在干线公路、农村公路、农村客运站点、口岸公路、红色旅游公路及内河航运建设等方面继续加大对少数民族地区的支持力度。截至2007年底，少数民族地区境内的国道主干线已经全部贯通，西部地区国家高速公路网建设进程也将加快推进。到2010年，西部大开发八条省际通道将基本建成，西部地区将基本实现所有具备条件的乡通沥青（水泥）路。

口岸公路是加强少数民族地区对外交流、推进兴边富民行动的重要基础设施，目前我国已正式加入亚洲公路网。交通部根据少数民族地区经济社会发展及对外开放的需要，对国家兴边富民行动确定的135个边境县公路建设给予重点支持，加大边境口岸基础设施建设投入，提升边境地区对外经济合作水平。

少数民族地区旅游资源丰富，为此，交通部还制定了红色旅游公路专项建设计划，并结合国家干线公路及农村公路规划，支持服务民族地区精品旅游线路的有关公路项目建设，支持改造有关景区与主要干线公路的连接线。

少数民族地区公路交通事业的发展，是地区经济社会发展的有力支撑，也是各民族团结和睦的重要保证。

（二）公路建设架设起国际友谊的桥梁

改革开放30年来，除立足本国公路建设外，我国还积极参与援建亚非拉发展中国家的公路。这些援建公路为促进我国同发展中国家的友好往来架起了友谊的桥梁。

在亚洲，有中巴合作修建的喀喇昆仑公路，它的建成堪称世界公路建设史上的一个奇迹。统计表明，整条公路上共有主桥24座，小型桥梁70座，涵洞1 700个，共用了8 000吨炸药、8万吨水泥，运送土石3 000万立方米。在建设中，共有100多名中国建设者捐躯，314人身负重伤。喀喇昆仑公路又称中巴友谊公路。

中尼公路是1961年中尼两国政府签约合建沟通西藏与尼泊尔之间的国际公路，也是西藏唯一一条国际通道，对促进中尼两国人民的友好往来，加强两国经济、贸易、文化交流和带动后藏区经济和社会发展发挥着重大作用。近年来，随着中尼边境贸易的不断扩大和西藏旅游业的持续升温，这条公路不仅成为两国间物资交流的重要通道，也成为中国游客前往尼泊尔观光旅游，以及通往珠穆朗玛峰的黄金路线。

目前，中国是援柬道路、桥梁建设最多的国家，包括：从桔井至柬、老边界长198公里的7号公路，从仕伦至蒙多基里省长100公里的76号公路，从百德玛至柬越边界长109公里的8号公路，从马德望至柬泰边界的10号公路长103公里，包括总长约2 000米的上丁省西贡河桥、百德玛桥、百德当桥等工程；此外，还有中国无偿援助的数公里长的贝雷钢桥等。中国提供的无偿援助、无息贷款、优惠贷款促进了柬埔寨的社会经济发展。

2004年5月，由中国政府提供援款修建的昆（明）曼（谷）公路老挝境内80公里的路段动工修建。这条路的建成对中、老、泰三国的友好合作与经济发展是很大的推动。

2005年11月10日，中国援建蒙古国扎门乌德至二连浩特公路改造项目建成通车，增强了中蒙两口岸间的通关能力，也为进一步加强中蒙两国贸易交往和友好往来提供了更好、更快捷的通道。

2007年5月，由中国援建的斯里兰卡首座公路隧道顺利贯通。该隧道的施工树立了中国公司隧道施工先进水平的良好形象。

在非洲，中国政府也援建了许多公路。自20世纪80年代以来，中国公司在肯尼亚已承建了数百公里的等级公路，其建设质量受到了肯尼亚各界的高度评价。中国公路桥梁建设总公司从1999年～2005年的6年时间里，为埃塞俄比亚建设了5条公路，总长达300多英里。2003年5月9日，中国援建赤道几内亚的涅方—恩圭公路通车，它的建成，使赤几大陆地区的南北交通大动脉全线贯通，对赤几的经济建设和社会发展有着十分重要的意义。2006年6月19日，中国政府援建加纳的阿克拉至库马西公路改扩建项目竣工。该段公路总长18公里，是连接加纳首都与中部地区以及加纳内陆邻国与加纳特马海港的重要交通干线。2007年4月12日,在卢旺达大屠杀13周年之际，由中国政府援建的大屠杀纪念中心道路举行了竣工移交仪式。这条道路把位于卢旺达首都基加利市郊区的大屠杀纪念中心与附近的干线公路连接起来，给参观者和附近居民带来极大的便利，也表达了中国政府和人民对在那场大屠杀中死难者的深切哀悼。2007年11月5日，中国在尼日尔援建的第二座大桥奠基仪式在尼日尔首都尼亚美举行。大桥建成后将减少中国援建的第一座大桥的拥堵情况，使跨越尼日尔河变得更加方便。2007年12月，中国上海建工集团接受了在埃塞俄比亚承建立交桥的项目。这座立交桥建在埃塞俄比亚首都亚的斯亚贝巴，是该国第一座互通式立交桥工程，也是非洲第一座互通式立交桥。

中国还为亚洲、非洲的许多国家培养了大量公路建设方面的专业人才。仅长安大学（原西安公路学院）从20世纪50年代以来就先后为亚非国家培养公路方面的留学生几百人，他们在各自的国家都成为交通行业的专家、官员，有的还成了驻华大使。

中国对亚洲和非洲提供的公路桥梁援助，体现了中国与这些国家结下的深厚国际友谊，体现了中国为世界的和平、合作和发展事业所作出的不懈努力，拓展了中国的外交空间和国际影响。

（三）公路建设传播了新的思想观念

公路从根本上改变了人们的生活方式，也对文明的传播和人们的思想观念起着潜移默化的影响。

在农村，从2006年2月，中共中央、国务院下发了《关于推进社会主义新农村建设的若干意见》，交通部开始实施农村公路建设通畅、通达工程。一条条公路打开了农村封闭的大门，一批又一批农民走出穷乡僻壤，开阔了眼界，扩大了视野。市场经济观念沿路传播，新鲜的事物、丰富的信息和先进的科学技术被引进了农家大院，逐步增强了广大农民的商品意识、竞争意识、开放意识和发展意识，拓宽了发展经济、脱贫致富的思路。许多农民通过门前的公路，一改过去那种足不出户，难舍本土，小富即安，小进即满的状况，纷纷兴起办厂热、运输热、经商热、种植热等，现代经营理念也成为农民的共识。农村公路拉近了城乡之间的距离，城市的文明也开始向乡村延伸。农民开始进行村容村貌的改进。道路的发展还加快了农村科学文化的普及。从1996年开始，中央宣传部等14部委联合开展了文化、科技、卫生“三下乡”活动，把科普知识送到田间地头，把义诊药箱背进偏远山村，把先进文化带到村村寨寨。持续不断的“三下乡”热潮吹拂着农村的山山水水，也温暖着亿万农民的心窝，活动开展十多年来，硕果累累，特别是在道路率先发展的广东等省，“三下乡”播撒的种子正在山区开出文明之花。

在城市，四通八达的公路连接了家庭与生活、工作、学习的地方。高速公路则大大减少了空间和时间的制约，在将人们带到不同目的地的同时，也改变了人们的生活方式。现在，驱车从南昌到沪、浙、粤、闽、鄂、湘等周边省（市）的距离全部都缩短在8小时内。有人形象地说，上午在广州喝早茶、中午在南昌品赣菜、晚上去看夜上海已不是梦想。

在旅途中，人们可以尽情地欣赏沿途的自然风景和人文景观，从而获得精神上的抚慰。1999年“黄金周”制度的出台，极大地释放了大众压抑多年的旅游欲望，将人们的出行愿望推向了高潮。交通部非常支持各地的旅游公路建设，各省（区、市）也都将此作为当地公路建设的重点内容。2005年初，中宣部和国家发改委联合有关部门组织编制《全国红色旅游发展规划纲要》。为推动全国红色旅游工作发展，改善红色旅游交通基础条件，交通部根据《全国红色旅游发展规划纲要》总体要求及有关省份公路交通实际情况，制定了红色旅游公路建设规划。2006年，交通部进一步加大了对有关省份红色旅游公路建设的支持力度，共安排红色旅游公路建设项目50个，涉及20个省（区、市），建设里程约1 466公里，项目总投资约54.7亿元。全国共有34个红色旅游公路项目建成投入使用，通车里程为868.5公里。2007年，红色旅游公路建设新开工44个项目，建设里程991公里。此外，还有16个续建项目约621公里正在加紧建设。交通部还会同各地交通主管部门加强了对红色旅游公路项目的技术指导和质量监督。

（四）公路建设积累了丰富的精神财富

新中国成立后，几代筑路人和养路人为我们留下了无愧于时代的丰厚的精神财富。广大的公路从业者发扬艰苦奋斗、甘于奉献的精神，锐意改革、创新进取，取得了令世人瞩目的成就，在这个过程中，涌现出以“铺路石”精神为代表的公路行业精神，先后涌现出焦红、陈德华、赵家富、曹广辉、陈刚毅等先进人物以及石家庄、青岛出租行业等先进集体，集中体现了行业的文化特质，反映了我国公路改革发展和行业精神文明建设过程中取得的丰硕成果，体现了广大公路职工的良好道德品质和精神风貌，成为实现公路事业又好又快发展的宝贵财富和精神源泉。

综上所述，公路建设促进民族团结、架起友谊桥梁、传播新的思想观念、积累了丰富的精神财富，其中“民族团结”、“友谊桥梁”、“思想观念”、“精神财富”均属文化范畴，这说明公路建设确实孕育了公路文化。

三、公路文化提升了公路建设品位

一方面，公路孕育了公路文化，另一方面，公路文化也提升了公路建设的品位，犹如物质文明孕育了精神文明，精神文明也提升了物质文明。

改革开放以来，公路系统的文化建设取得了长足的进步，使公路基础设施的品位不断提升。公路文化的发展给公路基础设施建设注入了新的活力。公路不再仅是纯物质的基础设施，一些具有新型的设计、建设、管理理念的公路开始出现。

江苏省在204国道的改建中，最早将“文化公路”作为一个整体的概念，摆在了世人面前。

204国道从烟台至上海，全长1 000多公里，其中江苏段长549公里，占了一半。而且，这条国道的历史源头就在江苏境内。204国道的历史可以一直追溯到唐代的“长丰堰”。唐大历元年（766年），淮南黜置使李承率众筑捍海堰，北自楚州盐城，南至海陵泰州，全长250公里，但年久失修，逐渐残破湮没。到了宋仁宗天圣二年（1024年），范仲淹被任命为兴化县令，经过三年奋战，建成了流传千古的防洪大堤——“范公堤”。虽然后来黄河夺淮，这里沧海变成桑田，但到了清光绪年间，清政府修筑通榆公路，也就是204国道的前身，从东台富安至阜宁射阳这一段全部利用“范公堤”作为路基。现在，公路旁边还有一条“串场河”，正是当年建范公堤时挖出来的河道。

江苏在此段文化公路的建设中，在串场河桥梁设计上，加入相关的文化元素，通过浮雕等来体现范公堤的典故。在全长549公里的公路上，则充分利用江苏文化的几个典型区域，将沿途四种不同的文化连接起来。204国道江苏段穿过江苏文化的几个典型区域，从南至北经过苏州、南通、盐城和连云港四个城市，每个城市都有着不一样的自然文化遗产和历史文化遗产，人们依次可以领略到独具特色的吴文化、海派文化、江淮文化、楚汉文化。

204国道沿线还有众多的名胜古迹，比如盐城有中国最早的海关、董永墓、新四军军部，南通有著名的狼山风景区、长寿村等，这些都在道路旁用统一标识指示。此外，沿途的景观设置也尽量体现出地域特色，突出自然，避免“行道树”的人工痕迹。例如在盐城段展示了芦苇丛等湿地风貌，体现出与海盐文化有关的植物文化；苏州境内则会透出水网密布的江南韵味。根据需要，沿途设置了一些观景台，人们不用离开公路，就可以欣赏到沿途的美丽风景。

建成后的204国道还将是一条色彩缤纷的道路，每一段的服务区等建筑都会突出各自的主题色：连云港为蓝色，盐城为红色，南通为金色，苏州为绿色。国道主干线上的桥梁设计外观，与当地地域建筑风格相结合，例如苏南特有的粉墙黛瓦。而徐福的家乡连云港则在路边立起徐福雕塑。在各地的服务区内，不仅通过文化墙、电子触摸屏等介绍当地旅游景点，还在特定日子里进行地方剧演出，游客在服务区就可以欣赏到原汁原味的通剧、昆曲。服务区内还设置有特色的实物展示区，如：连云港的东海水晶展，盐城的现代汽车展，南通的红木家具展，苏州的盆景展览等。204国道“文化公路”建设将在2010年初现雏形。

可以看出，所谓“文化公路”，就是在公路规划、建设、管理中，较多地融入文化元素，使之与沿线的人文、历史、自然风光相融合，产生和谐自然的美感，赋予公路更多的文化内涵和人文色彩，目的在于将人们的思路从公路单一的交通功能中解放出来，在行程的不知不觉中给人以审美发现和文化感知，使公路变成联结公路行业以及当地人文、历史和自然风光的纽带。

在公路建设上融入文化内涵的事例还有许多，它们大多是将地域文化运用到景观建筑和其他景观设施的造型、材料、色彩、结构形式、组合方式、图像和文字中，表达某种特定的精神含义，如历史文化感、积极向上的精神、民俗文化的表现、行业文化的融入等，还通过在重要景点建立雕塑、壁画和标志性组合景观，以加强深化、升华景点的文化主题。

例如，贵州凯（里）麻（江）高速公路老猫冲隧道两洞口之间，就设置了以苗族风情跳芦笙为主题，展示苗族人民庆典时盛大、欢乐节日气氛的浮雕图案。图案通过对苗族典型代表乐器芦笙和锣鼓以及崇拜的牛（牛角）进行变异组合，伴随波涛与彩云之间的互变，形成天地合一的自然美景，表现出苗族人民以开放的姿态，迎接新世纪的挑战和对美好未来的憧憬。

云南昆（明）石（林）高速公路在临近石林的隧道洞口造型方案设计，以石林景点为剪影的艺术浅浮雕，可说是未见石林，先见其影。另外，把绚丽多彩的民族图案提炼成简洁的符号，应用到边坡挡墙的美化上，也不失为一种表现地域文化的手法。

重庆至湛江高速公路是西南出海大通道，也是一条连接诸多旅游城市的多彩之路。进入遵义境内，沿途山峦起伏，树木青翠，飞瀑流泉。娄山关、遵义、赤水等地，是当年红军长征之路，这些字眼无不蕴含着深厚的文化积淀。

杭州绕城高速公路则将“西湖十景”拷贝到公路边坡上，广西衡昆线柳南高速公路在路边雕塑了“六景石林”，湖北襄十高速公路将湖北最美的人文景观浓缩后展示给世人，宁杭高速公路则以黄鹤欲飞冲天的雕塑造型，展现了江浙人民奋发向上的精神风貌。

在公路基础设施大发展的今天，行业文化对物质的促进作用得到更充分的体现。随着我国公路和城市道路的快速发展，国家对道路绿化的规模和功能提出了更高的要求，道路绿化规模从最初的行道树，到道路的全方位绿化，使绿化功能从单纯的环保和水保功能，发展到一种融科学、艺术、园林、生态、环保、美学等多种功能的景观绿化。公路开始承载更多的文化底蕴和时代特征。

云南思（茅）小（勐养）高速公路是昆明到曼谷国际大通道的一段，公路全长97.7公里，2003年6月20日正式开工建设，2006年4月6日通车。思小高速在设计、建设中突出了创新，坚持了“安全、环保、和谐、服务”的理念。思小高速是我国目前唯一一条穿越热带雨林的高速公路，在整体设计上引入了“宁桥勿填、宁隧勿挖”的理念，尽量减少了开挖，保护了周边环境。在管理过程中，按照省委、省政府和省交通厅提出的“建设一条人与自然和谐发展的生态环保高速公路”的总体方向和“保护自然、回归自然、融入自然、享受自然”的工作思路，引进了精细化无缝隙管理理念，常思“小”处，从细节做起，从小处做起，确保了工程质量，保护了自然。中共中央总书记胡锦涛到云南视察工作时，曾全程考察了思茅至小勐养高速公路，对思小高速公路建设给予了充分的肯定与赞许，并指出：“只要认真落实了科学发展观，不仅开发建设与环境保护可以共赢，人与自然也完全可以和谐相处。”

川九公路是通往世界级风景区九寨沟的重要通道，位于四川省阿坝藏族自治州境内，起于松潘县境川主寺，止于九寨沟口，连接四川省两大世界自然文化遗产九寨沟和黄龙。原有的川九公路技术标准偏低，纵横交错的公路网分割自然环境，给生物的繁衍造成影响，甚至会造成水土流失，形成沿线带状污染，加速一些动植物灭绝。2002 年 7 月，四川省委做出改建川九公路的重要决策。该项目路线全长 94.14 公里，总投资 3.94 亿元。工程于 2002 年 10 月动工，2003 年 9 月完工。为了建设好第一条在全国有示范意义的生态旅游公路，四川省公路局贯彻交通部“安全、舒适、环保、示范”的建设宗旨，明确提出：川九路建设要以生态环境保护为核心，坚持“以人为本”，充分满足人们对出行的安全性、舒适性、愉悦性要求；在生态环境保护上，要突出与当地的自然风光相谐调。这些理念的确立，带来了公路建设管理、设计、施工等全方位的理念创新和工作创新。今天，当人们行进在川九路上时，感觉不到人工雕琢的痕迹，似乎川九路与环境的和谐是与生俱来的。其实，这种感觉正是新的公路建设理念创造的奇迹。川九路开创了交通建设与自然相和谐的典范，是交通新跨越的一项标志性工程。

随着《全国交通行业“十一五”时期精神文明建设指导意见》和《交通文化建设实施纲要》的深入实施，公路行业文化将焕发出更加灿烂夺目的光彩，还会有更多公路被升华改造成为融人文、自然、科技、环保为一体的文化公路，成为向社会传播公路行业精神文明。

第三节　公路行业文明先进典型

新中国成立以后，特别是改革开放以来，公路行业涌现的先进集体和个人成百上千，他们是全体公路人学习的榜样。同时，他们以自己出色的工作和坚强的信念，向社会传播了公路行业文化，他们是公路行业的脊梁。

一、“沈大精神”——解放思想、敢为人先的典型

辽宁省在修建我国大陆第一条较长距离的高速公路——沈阳至大连高速公路的过程中，为我国大陆高速公路设计和建设开创了技术先河，为此后我国大规模高速公路的建设摸索出一条成功的路子。由此产生了以解放思想，敢为人先为核心内容的“沈大精神”。

沈大高速公路是国家“七五”期间重点建设项目，1984 年 6 月开工，历经 6 年多艰苦奋战，于 1990 年 9 月全线建成通车。它是当时我国公路建设项目中规模最大、标准最高、技术复杂、质量要求高、工期紧的艰巨工程。

沈大高速公路全部工程由我国自选设计、自行施工，除少量关键设备进口外，其余设备和材料都采用国产产品。当时国内没有高速公路的技术标准和实践经验，从 1979 年起，辽宁就邀请日本、美国等国专家进行高速公路的技术交流，1980 年起多次派出技术人员到日、美等国专题考察高速公路相关技术。同时，辽宁还先行翻译刊印了日本《高速公路设计要领》，作为沈大高速公路设计的主要借鉴标准，结合我国和辽宁的实际情况制定出自己的技术标准；此外，辽宁还在交通部的大力帮助和指导下，派出多批次技术人员学习京津塘高速公路的规划设计做法。沈大高速公路的成功建设，为我国摸索并形成了一整套自己的高速公路建设标准、规范和方法。

为建设好这条高速公路，辽宁省政府提出了“政治动员、行政干预、经济补偿、各方支援”的建设方针，工程建设指挥部提出了“团结拼搏，艰苦奋斗，从严要求，争创一流”的口号。

沈大高速公路的建设，离不开科学的态度和严格的管理。辽宁省交通厅在建

设过程中，健全了监理机构；严格标准，健全制度，明确责任；实行质量否决权；搞好人员培训，提高管理水平，在职工中树立起从严求实的理念。

由于万名筑路职工团结一心，精心设计，精心施工，沈大高速公路取得了工程造价低、速度快、质量好的优异成绩，受到了辽宁省政府的通令嘉奖。1989 年 7 月，交通部在辽宁召开了高等级公路建设现场会，交流、推广了沈大高速公路的建设经验。

二、"太旧精神"——自力更生、艰苦奋斗的典型

太（原）旧（关）高速公路起于山西太原武宿，经榆次、寿阳、阳泉、平定等市县，止于旧关，全长 144 公里，是全国在山岭重丘区修建的第一条高速公路。太旧高速公路分两期建设。第一期工程分东西两段共 93 公里，1993 年 9 月开工，1995 年国庆节建成通车。第二期工程为武宿立交及中段 51 公里，1994 年 11 月开工，1996 年 6 月建成通车。时任中共中央总书记、国家主席江泽民亲笔题写了"太旧高速公路"路名。

太旧高速公路是"八五"期间交通部和山西省重点公路建设项目之一，是规划的"五纵七横"国道主干线中青岛至银川间的重要路段，也是山西省修建的第一条高速公路。它的建成通车，对加快国道主干线公路建设步伐、提高国道网技术标准和通行能力，改善山西省交通状况、密切同周边省（市）经济联系、促进山西改革开放和经济发展、发挥山西省能源重化工基地在全国经济建设中的作用，对增强首都北京的中心辐射功能、促进华北经济发展，都具有十分重要的意义。同时，更为重要的是，这条公路自 1993 年 9 月正式开工建设以来，不仅在工程进度、质量等方面创下了新纪录，而且塑造了以"自力更生、艰苦奋斗、不屈不挠、勇于奉献"为核心内容的"太旧精神"，取得了两个文明建设的丰硕成果。

太旧路国家批准建设工期 5 年，概算投资 30.14 亿元，实际只用了 3 年和 28.65 亿元。为早日建成这条高速公路，山西省千方百计拓宽筹资渠道，除政策优惠外，还大胆解放思想积极引进外资。然而，艰巨的建设工程、艰苦的建设条件、巨大的建设投资使一个个投资者望而却步，资金筹措遭到严重挫折。时任山西省委书记胡富国亲自带领省级五大班子领导深入到建设工地现场办公，研究解决困难的对策，经过艰苦磨难和不懈努力，加上国家及有关部门的大力支持，全

省行政事业单位70万干部职工和部分群众志愿为太旧公路捐款2.3亿元。太旧公路沿线的人民群众更是“像战争年代支援前线那样支持太旧公路”，为工程建设作出了巨大贡献。演绎出舍小家为大家的感人至深的故事。

太旧高速公路全长144公里，其中122公里穿行在太行山的崇山沟壑之中，地质条件之复杂、工程难度之大，在当时全国高速公路建设中屈指可数。太旧高速公路按照批准的建设工期应为5年。而东西段的实际建设工期是两年零5个月。作为当时国内最大的武宿立交枢纽只用了10个半月，创造了国内同行称奇的“武宿速度”。同时，为了确保工程建设质量，工程建设指挥部坚持重大技术问题请省内外专家咨询论证。施工中大胆采用新技术、新工艺、新材料，攻克了诸如深挖高填、煤矿采空区、山体滑坡、岩石断层、软岩等诸多技术难题。太旧公路建设还引进了菲迪克条款进行工程管理，全线聘用了省内外7家有声望的监理公司近200名监理人员参与了工程监理工作。

太旧路建成通车的1996年，全省新成立外资企业115家，直接利用外资协议额相当于过去12年的总和，利用外资在全国排位从23位跃升至15位。1996年1月13日，在太旧路东西两段运营100天的时候，首批归还了30个国家贫困县和北京部分老干部的捐款1 319万元；1996年3月26日，太旧路还未全线通车，省委、省政府考虑贫困县的困难，又第二批归还了13个省级贫困县的捐款926万元；1997年6月25日，在太旧路全线通车一周年之际，第三批归还了吕梁、忻州、晋中3个地区，省武警总队和汾酒集团等企业的捐款3 995万元；1997年9月29日，第四批归还了临汾、运城、朔州、长治、太原、大同、晋城、阳泉8个地市、43个县、市、区和省直286个单位干部群众的一半捐款6 078万元；第五批把剩余的8 835.3万元捐款全部还清。归还捐款表明太旧高速公路建设的经济效益和社会效益显著。

太旧高速公路的建设经验，对全国的公路建设有积极的影响。邹家华副总理曾高度评价太旧路建设：修了一条路，创造了一种精神，培养了一支队伍。两个文明一起抓，是太旧高速公路建设的一个突出特点。在交通基础设施建设中，坚持两个文明一起抓，是交通建设取得更大成绩的可靠保证。太旧路建设工期短、质量高，投资省，不但建成一条高标准的高速公路，还铸就了“太旧精神”。修一条路的影响是有限的，形成一种精神却是永久的财富。

1998年，交通部把“太旧精神”作为“建设一条公路，培育一种精神，建设一支队伍”的典范，推向全国交通系统。

三、“开阳高速精神”——遵章守法、廉洁自律的典型

建成于2003年8月、投资概算达46.63亿元的广东开阳高速公路，走出了一条“优质、高效、低价、廉洁”的“阳光之路”。开阳高速公路成功地将项目概算节省13.5%，节省投资6.6亿元以上。广东开阳高速公路有限公司通过建立各项制度，让工程建设者们做到了“不敢腐败、不能腐败、不想腐败”，在制度上保证了工程建设者能够“干净干事”、“轻松干事”。开阳高速精神，就是遵章守法、廉洁自律的精神。

作为一项投资高达46亿元的大型基建项目，保证资金投入的准确、公开、透明，规范的招标制度是从源头上实现建筑工程阳光作业的重要保障。开阳项目的土建工程、机电工程和监理任务共计八大类55个合同，全部进行全国范围公开招标。通过严格的招标制度，使工程合同总额比概算总额降低了10%。广东开阳高速公路有限公司打破“一路一总监”的传统模式，先后有5家监理单位成为开阳高速公路项目的监理单位。开阳项目是第一个进入广东省建设工程交易中心进行全面招标的高速公路项目，也是广东省第一次面向全国甲级公路监理单位进行公开监理招标的高速公路项目。

为追求招标过程的合理公正，开阳项目的建设者运用科学方法进一步规范了招标行为。在对标底的保密和定标原则方面，开阳建设者采取了多次平均复合的评价方式，经过这种多次的反复平均，既淡化标底作用，又规范了投标人的投标行为，同时也保证了中标价的合理性。

此外，在1999年项目筹建初期，广东开阳高速公路有限公司就联合其他科研单位成功开发出“HCS公路项目建设管理系统”专业软件，应用于开阳项目的建设管理。通过计算机网络技术，在业主、监理和承包人三者之间实现异地自动化办公。HCS系统所具备的独特功能，使监督透明成为现实，上级部门、股东、业主、监理和承包人，都可以以信息技术手段，根据角色授权对项目管理过程实行有效的监督。开阳项目小到几万元的房屋租赁合同，大到几亿元的工程合同，必须全部上网，否则无法计量。敏感的资金支付不仅要上网审批，股东双方会签，

而且实行质量否决制，任何的质量投诉都将影响支付的比例。造价控制的重点环节变更，更是要上网申报、现场办公、网上审批、公开发布。先进的信息管理技术手段的应用，规范了不同业务的处理流程，消除了各种人为因素的干扰，防止了腐败问题的发生。

广东开阳高速公路有限公司还注重精神上的激励。他们通过上党课、请专家学者作专题报告等形式，组织党员干部学习邓小平理论和“三个代表”重要思想，教育广大党员干部用科学的世界观、方法论武装头脑，解决思想、信念和职业道德问题。“修路、育人、防腐”三者紧密结合，使开阳高速公路建设工地成为培养人的课堂，在打造优质工程的同时，锻炼培养出一支高素质的员工队伍。

2004 年 2 月 23 日广东省委、省政府召开了开阳建设经验推广会，组织全省交通系统干部职工贯彻会议精神，进一步推广和发扬开阳经验。随后，交通部部长张春贤在全国交通系统纪检工作会议的讲话中褒扬了开阳高速的经验，并于 3 月 8 日作出书面批示，要求在全国交通系统推广开阳经验。同年 8 月 30 日，交通部在广东开平召开“全国交通系统基础设施建设项目廉政工作经验交流会”，推出了以广东开阳高速公路、江苏润扬长江公路大桥等在内的 10 个交通基础设施建设廉政典型。

四、“润扬大桥精神”——勇于创新、追求卓越的典型

润扬长江公路大桥是长江上第一座由悬索桥和斜拉桥组合而成的桥梁，总投资 58 亿元，2000 年 10 月开工建设，2005 年 4 月 30 日建成通车。大桥北起扬州市绕城公路，跨经长江世业洲，南迄沪宁高速公路，全长 35.66 公里。“润扬人”在大桥建设过程中逐步形成的润扬精神集中体现了以“创业、创新、创优”为核心的精神，体现了勤劳勇敢、自强不息的伟大民族精神。

四年多里，在交通部和江苏省委、省政府领导下，大桥全体建设者一直保持强烈的责任感和紧迫感，把建好润扬大桥看作加快区域发展、构建和谐社会的一项重要工作。润扬大桥让苏北更快地融入长三角经济圈，统筹江南江北的经济发展，为江苏新一轮跨江发展源源不断地注入新的动力。

四年多里，润扬人着力实践并弘扬了勇于创新的精神。大桥在建设过程中创造出当时 8 项全国第一：第一大跨径、第一大锚碇、第一特大深基坑、第一高塔、

第一长缆、第一重钢箱梁、第一大面积钢桥面铺装和第一座刚柔相济的组合型桥梁。润扬大桥建设的两大难点是南北两个锚碇的施工，这集中体现了润扬大桥技术上的创新和突破。两根“定海神针”牢牢地承受着大桥全部的重量。润扬大桥悬索桥的北锚碇由近6万立方米混凝土浇筑而成，要承受6.8万吨的主缆拉力。它的成功，使中国建桥能力步入了一个新的天地。

追求卓越的创优精神，是润扬大桥建设中的一大特点。创优不仅体现在速度上，更体现在质量上。在大桥质量、安全管理方面，大桥建设者坚持一院三审、两院制和设计会审制度，建立完善了质量保证体系，强化施工全过程质量控制，健全“横向到边、纵向到底、控制有效”的质检体系，单位工程优良率达到100%。

2005年9月，交通部在江苏扬州召开“全国交通系统基础设施建设廉政工作经验交流会”，全面总结了润扬大桥建设过程中形成的以纪检监察派驻制度为代表的一系列廉政建设经验。润扬大桥工程被树为全国交通基础设施建设的典范。

润扬大桥的成功，使我国在特大型桥梁工程的勘察设计、施工组织以及工程管理等方面实现了重大突破，标志着我国特大型桥梁工程在设计、施工技术和管理等方面全方位跻身世界先进行列，中国人从此具备建设特大型桥梁工程的能力。

五、青藏公路109道班——甘当路石、扶危救险的典型

青藏公路109道班（第14工区），位于海拔5 231米的唐古拉山口，负责唐古拉山垭口段40公里路段的养护。109道班是整个青藏公路从格尔木到拉萨36个工区中海拔最高的，自然条件极其恶劣，年平均气温在零下8摄氏度，最低可达零下40摄氏度，空气含氧量仅为海平面的一半，一年中有120多天刮着八级以上大风。

唐古拉山，又名当拉山，在藏语中意为“高原上的山”，在蒙语中意为“雄鹰飞不过去的山”。109道班的十几名养路工，就常年坚守在被称为“生命的禁区”的唐古拉山口。他们不仅长期奋战在这种恶劣的环境中，担负着养护青藏公路、保障畅通的繁重任务，而且遇大雪封山、车辆受阻、旅客被困时，还要夜以继日地挖雪开路、疏导车辆、为驾乘人员提供食宿；在当地牧民遭受雪灾时，109道班要抗雪救灾，保护群众的生命财产；平常的日子里，遇到车辆出事故、抛锚

时，他们还要抢救伤员，为驾乘人员排忧解难。109 道班就像是唐古拉山口的"避风港"、"救护站"，常年跑青藏公路的驾乘人员都把 109 道班看作他们温暖的"家"。

从巴恰担任 109 道班的第一任班长那天起，109 道班就定下了一条规矩：道班工人不论何时何地，只要遇到有困难的人，就要不惜代价帮助。巴恰的话语朴实而坚定："是党把我从农奴培养成一名共产党员，党员不为群众做点事，还算得上党员吗？"第二任班长扎才上任后，专门在 109 道班门口立了块牌子，上面写着："有困难，请找 109 道班。"109 道班第三任班长玛尔丁一上任，为了更好地帮助过往的旅客，就要求每个工人每周必须掌握 40 个汉字，并在年底进行考试。玛尔丁说："109 道班为民助民的优良传统，不能到我这里丢了。"

109 道班从 1954 年 12 月底成立以来的 50 多年里，救助过多少困难百姓、灾区群众，帮助过多少过往的驾乘人员和旅客，谁也说不清，也没法精确统计。从 109 道班的工作日志可以粗略地看出他们的付出：仅在被交通部命名为"天下第一道班"前一年的 1989 年，109 道班就救助遇险的驾乘人员、旅客 600 多人次，帮助拖车、卸车、装车、看守事故车辆 600 多台次。

1990 年 12 月 14 日，交通部正式命名青藏公路 109 道班为"天下第一道班"，并号召交通系统全体干部职工向"天下第一道班"学习，发扬"甘当路石、道班为家，人在路上、路在心上"的道班工人精神，为公路事业发展作出更大贡献。

六、江苏新浦汽车站"雷锋车"——学习雷锋、服务公众的典型

1963 年，江苏省连云港市新浦汽车总站职工响应毛泽东主席"向雷锋同志学习"的号召，开展了"学习雷锋"的活动。当年春天，新浦汽车总站的服务员发现，许多旅客要到 500 多米外的火车站转车，而火车站的旅客又要到汽车站来转车，很是辛苦，特别是一些携带行李较多和行动不便的老弱病残旅客尤为辛苦。于是，长途服务组的几位服务员拿着 3 根小扁担和几条绳子，为旅客免费运送行李。后来，车站为他们购置了一辆平板车，旅客们便把这辆车称为"雷锋车"。从平板车到铁板车，再到脚踏三轮车、旅游观光车，"雷锋车"已经换了 9 辆，服务人员换了 8 茬，免费运送老弱病残旅客 30 万人次，义务运送行包达 40 多万件，行程 7 万公里。

“雷锋车”给新浦汽车总站创造了显著的两个文明佳绩。新浦汽车总站不仅连续18年获得“全国文明站”称号，连续20年获得“江苏省文明单位”称号，还先后荣获“全国五一劳动奖状”、“全国三八红旗集体”、“全国学雷锋先进集体”等中央、省、市级荣誉称号300多项。“雷锋车”精神还培育出各类先进人物500多人次，其中有2位全国人大代表，有数十位全国服务标兵和省、市级劳模。1999年9月新浦汽车总站被中央文明委授予“全国精神文明建设工作先进单位”，2001年在建党80周年之时，中共中央授予新浦汽车总站为“全国先进基层党组织”。2002年11月25日，“雷锋车”组被中国雷锋工程委员会授予“全国第六届中国集体雷锋标兵”光荣称号。2005年“雷锋车”组被中宣部列为全国先进典型，2006年在全国第十次军民学雷锋经验交流大会上被命名为“中国第一雷锋车”。此外，汽车总站经济效益也十分可观：1998年的站务收入是1 690万元，到2002年猛升到4 084万元。

“雷锋车”的事迹传遍全国，新浦汽车总站的“雷锋车”也成为这支特殊群体的“领头车”。“雷锋车”无私奉献为人民，创造了与时俱进的“雷锋车精神”。细析“雷锋车精神”，有三个层次的内容：一是立足岗位、立足本职、认真负责、兢兢业业的敬业精神；二是急群众所急、想群众所想、关心他人、助人为乐的利他精神；三是超越岗位职责界限，全心全意服务人民的奉献精神。连云港市委、江苏省委在向社会发出学习号召、要求学习“雷锋车”时，将“雷锋车”的精神内涵概括为四个方面：助人为乐、奉献社会的人生追求；爱岗敬业、为民服务的道德风尚；团结协作、争创一流的进取意识；矢志不渝、持之以恒的坚强意志。“雷锋车精神”的实质就是全心全意为人民服务的无私奉献精神，是雷锋精神在社会主义市场经济条件下的弘扬和延伸。

2007年，时任交通部副部长黄先耀高度赞扬“雷锋车”班组“宁愿自己千般苦、不让旅客一时难”的敬业奉献精神，并指出，“雷锋车”是新浦汽车总站职工在交通运输的生动实践中创造的知名服务品牌，是全国交通行业精神文明建设的一面旗帜。对于引领交通职工积极投身“学树创”主题实践活动、更好地贯彻落实交通部党组提出的“三个服务”、构建和谐交通、扎实推进交通事业又好又快发展，具有十分重要的现实意义。

七、石家庄出租汽车行业——狠抓管理、争创文明的典型

20 世纪 90 年代初中期，出租汽车开始快速发展。为加强管理，塑造良好的行业形象，1995 年 12 月 13 日，石家庄市按照基础建设、规范达标、文明服务三个阶段的要求进行重点整治，在石家庄出租汽车行业开展了“争做文明使者”的活动。

在管理工作中，石家庄市交通局狠抓了四个环节：一是抓认识，重在领导；二是抓培训，重在提高；三是抓典型，重在引导；四是抓活动，重在实效。同时强化四项管理，即：强化网络管理，组建了一批出租汽车公司或个体户联合体，实施统一管理，建立三级管理连带责任制；强化法制管理，出台《石家庄出租汽车客运管理办法》、《出租汽车营运标志的规定》等一系列规章，进一步理顺关系，做到有法可依；强化规范管理，实行了管理程序规范化、公司管理规范化、经营标志规范化、行为规范化，行业管理工作进一步细化和深化，服务水平明显提高；强化文明管理，转变工作作风，努力改进管理办法。

这一活动引导出租汽车驾驶员在思想上树立三个意识，即：“我就是省会、我就是河北、我就是文明使者”。在言行上做到五个文明，即：语言文明——使用“您好、谢谢、再见”六字服务用语；仪表文明——衣着整洁、举止端庄、不留长发长须；车容文明——车窗明亮、车身无尘、座套干净；经营文明——使用计价器、明码标价、不拒载、不“宰”客；行车文明——证件齐全、遵守交通规则。

这一活动主题鲜明、操作性强，很快见到成效。通过活动的深入开展，石家庄市出租汽车从业人员的服务意识不断增强，服务质量显著提高，精神风貌焕然一新，涌现出以“爱心助残车队”、“爱心服务车队”、“学雷锋车队”和周国立、李荣刚、张玉华、王青松、魏新芳等为代表的一大批文明经营、优质服务、拾金不昧、救死扶伤、见义勇为的先进集体和个人。“学雷锋”车队队长贾德利还成为 2006 年感动省城“十大人物”之一；2008 年贾德利又获得了抗震救灾先进个人的殊荣。据不完全统计，截至 2008 年底的 13 年里，石家庄出租汽车行业共出现拾金不昧事例 4 711 起，合计交还现金 200 多万元，各类物品 4 500 件，救死扶伤 518 起，见义勇为 113 起。驾驶员的服务用语使用率、仪表文明合格率和使用清洁座套、车辆卫生合格率均达到 90% 以上，不使用计价器、拒客、宰客现象基本消

除，赢得了社会各界的广泛赞誉。

13年来，石家庄市出租汽车行业赢得了一个又一个荣誉。“争做文明使者”活动受到中宣部、交通部和河北省、石家庄市领导的关注和肯定。1996年石家庄出租汽车行业与济南交警、烟台承诺制一起被中宣部树为“全国精神文明建设先进典型”，被交通部授予“为人民服务、树行业新风”示范窗口。1996年3月4日和6月4日，石家庄市“十佳”出租汽车驾驶员两次赴京，分别在中宣部和人民大会堂做事迹报告。1996年8月12日，交通部在石家庄市召开“全国学习推广石家庄市出租汽车行业‘争做文明使者’活动经验现场会”，全国百家城市运管处和百家出租汽车企业联合发出《全国出租汽车行业学习石家庄‘争做文明使者，共建文明窗口’的倡议》。1997年10月，交通部在石家庄和太原召开“全国公路系统创建文明行业经验交流会”，把石家庄出租汽车行业命名为“文明行业”，在全国公路交通系统推广。

13年来，石家庄市出租汽车行业共获得荣誉称号35个，其中国家级2个，省部级4个；来自全国318个城市的代表到石家庄市参观学习。

八、邯郸市汽车运输公司焦红——忘我工作、安全高效的典型

1984年9月24日，国务院决定授予焦红同志为全国劳动模范，并号召全国各条战线的职工，尤其是交通系统的广大职工，向焦红同志学习，进一步加强社会主义物质文明和精神文明建设，为全面实现党的十二大提出的宏伟目标而努力奋斗。

焦红是河北邯郸运输公司汽车驾驶员，河北省劳动模范。1972年起，在邯郸地区运输公司汽车六队当驾驶员。1982年加入中国共产党，中共十三大代表。1976年至1983年，焦红累计安全行车60多万公里，为国家创造财富逐年增加。1982年，他完成货物周转量53.6万吨公里，单车利润45 590元。1983年，他出勤344天，完成货物周转量75.69万吨公里，节油4.4吨，单车税利7万余元。从1981年至1985年，单车完成周转量229.4万吨公里，上缴税利25.7万元，节油22.8吨，创全国单车经济效益最高纪录。

焦红所在的邯郸运输公司1945年成立，60年来，企业多次受到中央、省、市领导的表彰，涌现出了一大批先进模范人物。其中有全国劳动模范焦红、崔泽海，

全国见义勇为先进分子窦付山，全国交通系统青年岗位能手徐红艳、毛进军，河北省劳动模范牛健全、武庆发等。公司曾先后荣获“全国交通运输先进企业”、“全国财会工作先进集体”、“全国安康杯竞赛百家优胜企业”、“河北省先进企业”、“河北省明星企业”、“河北省思想政治工作优秀企业”、“河北省安全生产先进单位”、“邯郸市文明单位”等一系列荣誉称号。

九、四川雀儿山道班养路工陈德华——以路为家、爱岗敬业的典型

陈德华的藏族名字叫扎西降错，是四川省甘孜公路总段雀儿山五道班的班长。1983 年，25 岁的藏族青年陈德华，子承父业来到雀儿山五道班当上了一名养路工。雀儿山最高峰 6 168 米，川藏公路从 5 050 米的雀儿山经过，五道班位于海拔 4 899 米处，山上终年冰雪不断、草木不生，被称为“生命禁区”。1988 年，陈德华成为雀儿山五道班第十六任班长，也是第一任藏族班长，于 1989 年加入中国共产党。

在“春夏不长草，氧气吃不饱，终年雪不断，四季穿棉袄”的雀儿山上，一般人不要说干活，就连走路都困难。陈德华却带领职工弘扬“甘当高原铺路石”的精神，年复一年，日复一日，每年清除公路塌方近 3 000 立方米，铲除积雪 50 万立方米。陈德华参加养路工作 20 多年来，立志养路，以道班为家，人在路上，路在心上，艰苦奋斗，无私奉献，团结带领全班工人，在极其艰苦困难的条件下，以顽强的毅力和无私忘我的精神，克服许多难以想象的困难，长期战斗在岗位上，做出了不平凡的业绩，受到全国总工会、交通部多次表彰，1991 年以来，他曾先后荣获全国交通系统劳动模范、四川省十大杰出青年、全国劳动模范、全国优秀共产党员等光荣称号，曾多次受到江泽民、胡锦涛等党和国家领导人的接见。陈德华 25 年如一日，用实际行动，谱写了一曲敬业爱岗、无私奉献的人生之歌。

2003 年 9 月 10 日，陈德华先进事迹报告团在北京人民大会堂举行报告会。会上，中宣部副部长、中央文明办主任胡振民指出，陈德华同志是一个普通的高原养路工，但他在平凡的工作中做出了不平凡的业绩。陈德华是千千万万交通战线职工的光荣和骄傲，也是我国工人阶级的光荣和骄傲，是交通战线学习的榜样，也是全社会学习的榜样。我们学习陈德华，就要像他那样牢记宗旨，服务群众，做“三个代表”重要思想的实践者；像他那样爱岗敬业，勤奋工作，做中国特色

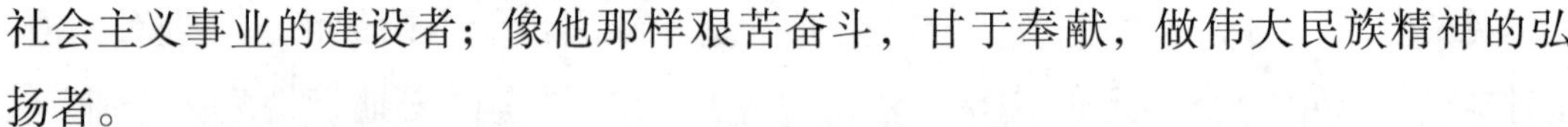

社会主义事业的建设者；像他那样艰苦奋斗，甘于奉献，做伟大民族精神的弘扬者。

十、援藏技术干部陈刚毅——忠于职守、顽强拼搏的典型

陈刚毅是湖北省交通规划设计院楚通公路工程公司副总经理，高级工程师。1986年从湖北交通学校毕业后，分配到湖北省交通规划设计院工作。20多年来，他一直战斗在交通重点工程建设第一线，以强烈的事业心和高度的责任感投身交通建设，先后参加了武黄、宜黄、黄黄、京珠等高速公路的建设。通过刻苦钻研技术和工程实践的锻炼，他逐渐成长为一名善于设计、施工、管理的复合型人才。

陈刚毅于2001年开始，多次参加技术援藏。在他担任湖北省援藏项目——山南地区湖北大道工程建设项目总工程师兼工程技术部主任期间，坚持原则，秉公办事，严把技术关、质量关和廉政关，把湖北大道项目建成了精品工程、示范工程和标志性工程，创造了设计、建设质量、工期等十个第一，受到西藏自治区和山南地区的高度评价。2002年该项目被评为全国公路建设优质工程。2003年4月，受湖北省交通厅委派，陈刚毅担任交通部重点援藏项目、西藏昌都地区214国道角笼坝大桥项目法人代表。他带领项目组克服恶劣自然环境和工作、生活上的诸多困难，艰苦创业，大胆创新，精心管理，狠抓质量。在此期间身患癌症，但仍心系工程，以对党和人民高度负责的精神，把全部的智慧、心血和汗水都倾注到交通事业上，以顽强的意志与病魔抗争，呕心沥血，忘我工作。在手术后7次化疗期间，4次进藏，忠于职守，确保了工程安全、优质、高效推进，为西藏地区跨径最长、技术难度极大的特大桥提前建成通车作出了突出贡献。陈刚毅同志先后被授予“湖北省劳动模范”、“全国交通系统劳动模范”荣誉称号，并荣获全国五一劳动奖章。

2006年5月29日上午，中组部、中宣部、中央保持共产党员先进性教育活动领导小组、中华全国总工会、人事部、交通部、湖北省委、西藏自治区党委在人民大会堂隆重举行陈刚毅同志先进事迹报告会，宣传“新时期援藏交通工程技术人员的楷模”陈刚毅的先进事迹。中央政治局常委、书记处书记、国家副主席曾庆红强调，陈刚毅是践行“三个代表”重要思想、落实科学发展观、体现共产党员先进性的模范。曾庆红指出，陈刚毅的感人事迹，来源于生命不息、奋斗不

止的拼搏精神，来源于立足本职、岗位成才的进取精神，来源于恪尽职守、忘我工作的敬业精神，来源于淡泊名利、清正廉洁的自律精神。这种拼搏、进取、敬业、廉洁的崇高精神，是新时期我国工人阶级主人翁精神的集中体现，是全面建设小康社会、积极建设创新型国家的宝贵精神财富，是值得广大党员、干部特别是全国交通战线干部职工和工程技术人员认真学习的。曾庆红希望在学习陈刚毅事迹和精神的过程中有千千万万个陈刚毅式的先进人物涌现出来，为中国特色社会主义伟大事业和党的建设新的伟大工程增光添彩。

十一、交通局长的楷模赵家富——心系百姓、奋不顾身的典型

2004年7月5日，云南盈江县突降50年未遇大暴雨，造成严重山体滑坡、泥石流及洪涝灾害。为了人民群众的安全，云南省德宏傣族景颇族自治州盈江县交通局局长赵家富，始终冲在抗洪抢险第一线，在那邦公路及芒允至铜壁关专线公路因连日暴雨多处发生严重水毁和泥石流灾害、导致交通中断的紧急情况下，忠诚履行一个党员领导干部和一个交通局局长的公仆职责，为了保证道路畅通和人民群众生产生活物资的运输，不顾个人安危，坚持带病前往现场察看灾情，组织抢险救灾，途中遭遇山体滑坡塌陷，被泥石流卷走，为人民献出了宝贵生命，时年39岁。交通部党组作出决定，授予赵家富“交通局长的楷模”荣誉称号，并号召全国交通系统广大干部职工向赵家富同志学习。

赵家富同志参加工作19年来，以一种事业高于泰山、工作重于生命的政治责任感和使命感，忠诚于党的交通事业。为了让盈江县的老百姓能走上致富之路，他呕心沥血，无怨无悔，身先士卒，率先垂范，在艰难困苦的急难险重时刻，总是干在前冲在前。他敢于坚持原则，严格要求，规范管理，下狠心，动真格，宁当“一时恶人”，不当“千古罪人”，确保了盈江县交通基础设施工程建设质量。在他的带领下，全县交通战线职工在短短几年的时间内，使盈江的公路建设迅速步入了快速发展期。这期间，投资800万元新建了盈江大桥，投资2.2亿元的平原至那邦口岸公路顺利开工，乡镇通沥青路率达到26%，实现了19个乡镇公路“弹石化”和乡乡拥有文明路的奋斗目标。

赵家富是一名好党员、优秀基层干部、模范交通局长。在他身上强烈地体现出交通主管部门党员领导干部立党为公、执政为民、心系百姓、鞠躬尽瘁的公仆

意识；坚持原则、公正廉洁、不谋私利、不徇私情的党性原则；临危不惧、奋不顾身、公而忘私、勇于牺牲的奉献精神。

十二、魂牵路桥的曹广辉——鞠躬尽瘁、竭诚为民的典型

曹广辉，生前系北京市路政局门头沟公路分局副局长。2005年5月10日，年仅41岁的曹广辉因积劳成疾、突发脑溢血去世。19年来，他扎根山区，情系人民，把修路筑桥作为毕生追求，为推进“村村通油路”工程建设贡献了毕生精力，赢得了人民群众的深深爱戴和广泛赞誉。在19年的职业生涯中，曹广辉共参与完成大中型路桥建设工程和重要科技攻关课题39项，其中6个重点工程项目分别获得部优、市优、局优奖，特别是他参与的109国道北京段安全保障示范工程被列为全国交通行业十大亮点之一。“修让政府满意、群众放心的路”，这是曹广辉的座右铭。参加工作19年来，曹广辉一心扑在修路事业上，无论是在工程招投标，还是在施工质量管理的过程中，他都秉公办事、一丝不苟。在门头沟的版图上，98.5%是山区。曹广辉出任分局副局长时，北京市启动了村村通油路工程。曹广辉呕心沥血，殚精竭虑，踏遍了门头沟的一道道山梁。2003年至2004年，全区共修通43条路，通达57个村，全长130公里。

曹广辉同志是交通行业优秀工程技术人员和基层领导干部的杰出代表，是共产党员保持先进性的突出典范。曹广辉的精神，就是情系群众、竭诚为民的服务精神，恪尽职守、秉公办事的敬业精神，争创一流、求真务实的实干精神，清正廉洁、淡泊名利的奉献精神。

2005年9月16日，交通部追授其为“公路局长的楷模”。

十三、抗雪保通群英谱——团结奋战、不怕牺牲的典型

2008年1月中旬以来，我国南方一些地区遭受了严重的低温雨雪冰冻灾害，给受灾地区群众生产生活造成严重困难。面对突如其来的自然灾害，党中央、国务院高度重视，果断决策，及时做出重大战略部署，全国人民团结一致，灾区军民共同奋战，社会各界积极行动，抗灾救灾斗争取得重大胜利。面对严重灾情，全国交通系统广大职工认真贯彻党中央、国务院关于“保交通、保供电、保民生”

的要求，迅速研究、制定、实施防抗措施，顶风雪、战严寒，在最短时间内畅通道路，出色完成了党中央、国务院交给的光荣任务。

这次低温雨雪冰冻灾害对交通特别是公路交通的影响是历史上最严重的。一是影响范围广，全国先后有23个省份公路交通受到不同程度的影响，其中13个省份公路交通多次中断，客货运输受阻。二是受阻国省干线公路多，“五纵七横”国道主干线有9条近2万公里多处路段封闭交通，约6 000～7 000公里路段封堵。全国68条13.3万公里的国道中，有21条近4万公里路段因积雪严重、路面结冰导致通行不畅。三是在途滞留旅客和车辆多，在公路上滞留的车辆累计达70.5万辆，受灾滞留人员约216.1万人次。四是严重影响电煤等重要物资运输。五是公路基础设施受损面广，直接经济损失达125亿元。在这次抗灾保通中，交通部门上路除雪破冰、保“通路”的干部职工达368.4万人次，10名交通干部职工因公殉职，836名同志负伤，累计投入机械设备29万多台次、应急运力18.6万辆，投入融雪材料、防滑材料等物资价值约10亿元，直接资金投入25.1亿元，减免车辆通行费约21亿元。

为表彰先进，弘扬正气，3月13日，人事部、交通部决定，授予湖北省交通厅厅长林志慧、交通部公路司公路管理处处长吴春耕“全国交通系统先进工作者”荣誉称号，享受省部级劳动模范和先进工作者待遇。追授在抗雪保通战斗中因公殉职的湖南省郴州市交通局后勤服务中心主任卢明强、浙江省永嘉县公路管理段县乡养护片片长汪国杰、浙江省永嘉县公路管理段驾驶员林圣巧、浙江交通工程建设集团顺畅高等级公路养护有限公司养护班班长左建党等人“全国交通系统劳动模范”荣誉称号。此前的2月1日，中华全国总工会决定，追授因公殉职的安徽全椒县交通局工会副主席王勇、江西温沙高速公路管理处郭燚“全国五一劳动奖章”，同时追授王勇“全国优秀工会干部”荣誉称号。

十四、抗震救灾中的公路人——恪尽职守、公而忘私的典型

2008年5月12日，四川省汶川县发生8.0级强烈地震，造成了灾区人民群众生命财产的巨大损失，灾区基础设施尤其是公路、桥梁等交通设施严重损毁。在这场突如其来的特大自然灾害面前，全国交通运输行业坚决贯彻党中央、国务院对抗震救灾工作的统一部署，以灾情为命令，视时间为生命，迅速组织人员救助

受灾群众，抢通损毁公路，确保救灾人员、物资运输畅通。各地交通运输部门和交通企事业单位充分发扬“一方有难，八方支援”的协作精神，投入大量人力、物力支援灾区，积极协助开展抗震救灾和灾后重建工作。特别是灾区一线广大交通干部职工顽强拼搏，众志成城，奋不顾身，夜以继日地奋战在抗震救灾第一线，在最短时间内抢通灾区运输生命线，取得了抗震救灾斗争的重大阶段性成果。交通干部职工以实际行动履行了“三个服务”的庄严承诺和使命，谱写了团结共御自然灾害的崭新篇章，涌现出了一大批先进集体和个人。

9月2日上午，国务院总理温家宝在213国道映秀至汶川段老虎嘴施工抢险现场，看望并慰问了广大抢险救灾交通一线员工。温家宝总理对四川交通部门在此次特大地震中的工作表现给予了高度评价：四川交通在5.12特大地震抢险工作中做出了巨大成绩，全体交通干部职工敢于吃苦、不畏牺牲的抢险精神是史无前例的，用3个月时间完成了两年的工程建设任务成绩也是史无前例的，交通部门为抗震救灾及灾后重建工作提供了有力保障。

为表彰先进，进一步鼓舞和激励全国交通运输行业广大职工团结一心，更好地完成灾区恢复重建的任务，交通运输部决定授予四川省德阳市交通局等81个单位（集体）“全国交通运输行业抗震救灾先进集体”荣誉称号；授予李彬等199位同志“全国交通运输行业抗震救灾先进个人”荣誉称号。

10月8日，中共中央、国务院、中央军委在北京人民大会堂举行了全国抗震救灾总结表彰大会，全面总结抗震救灾工作，表彰抗震救灾英雄集体和抗震救灾模范，号召全党全军全国各族人民学习他们的先进思想和模范事迹，弘扬伟大的抗震救灾精神，为夺取全面建设小康社会新胜利、开创中国特色社会主义事业新局面而不懈奋斗。

公路运输行业荣获“全国抗震救灾英雄集体”荣誉称号的有四川省崇州市交通局、绵阳市交通局、雅安市交通局、阿坝藏族羌族自治州交通局、交通厅公路局、交通厅公路运输管理局、四川公路桥梁建设集团有限公司，甘肃省交通厅，山西省交通厅支援四川灾区公路抢通保通突击队，河南省交通厅赴四川公路抢通保通突击队，湖南省交通厅抗震救灾抢险队，内蒙古自治区交通厅支援四川地震灾区公路抢通保通队，交通运输部公路司等。

公路运输行业荣获“全国抗震救灾模范”荣誉称号的个人有四川省广元市交

通局总工程师陈代平，四川省天全县交通局局长胡济均，四川省理县交通局局长罗清华，四川省阿坝藏族羌族自治州公路管理局黑水公路管理分局局长唐祖成，四川省交通厅公路规划勘察设计研究院高级工程师蒋劲松，四川成渝高速公路股份有限公司工程师蒋毅，四川省交通厅交通勘察设计研究院工程师蔡先庆，甘肃省甘南藏族自治州道路运输管理局党组书记、局长石华雄，重庆市交通委员会基本建设工程质量和安全监督站总工程师程德宏，云南省公路运输管理局局长刘晋安，辽宁省交通勘测设计院副总工程师王新，浙江省交通规划设计研究院副院长赵长军，安徽省蚌埠市震兴路桥工程有限公司董事长刘兆水，山东省潍坊市路桥工程建设一处副主任刘兆民，河南省驻马店市公路管理局总工程师陈士荣等。

展望未来

进入21世纪，我国面临的国际和国内形势发生了深刻的变化。我国能源的对外依存度持续升高，环境、土地的承受力逼近极限，人力资源价廉物美的优势逐渐丧失，世界经济动荡、能源价格大涨大跌，国际社会对我国防污减排的压力不断上升。这些都对我国经济发展提出了新的挑战，粗放型的发展道路已经难以支撑较快发展的经济。

过去的30年，我国在发展速度和数量增长上取得了令世界刮目相看的巨大突破，可在今后相当长的时期里，要继续保持平稳较快的发展，只有探索出一条资源节约、环境友好、可持续发展的新路来。

2007年，党的十七大召开，系统总结了改革开放近30年的历史经验，深刻阐述了科学发展观的内涵和根本要求，进一步明确了实现全面建设小康社会奋斗目标的各项任务，为新世纪的发展道路指明了方向。国民经济和社会发展对交通运输提出了更高的要求。

发展现代交通业。“十五”末和“十一五”初，面对新的发展形势，交通部在不断思考和探索着交通行业的可持续发展之路。2006年1月15日召开的“全国交通工作会议”上，李盛霖部长作了《站在新的起点上　推进“十一五”交通事业又快又好发展》的讲话，提出了“十一五”交通工作的基本思路。同年12月29日召开的“全国交通工作会议”上，李盛霖部长以《努力做好“三个服务”　推进交通事业又好又快发展》为题，深刻阐述了做好“三个服务”的认识和要求。年初和年末召开的两次交通工作会议，李盛霖部长讲话的重点从“又快又好”到“又好又快”，文字上的简单对调，隐含的内容却意味深长。这意味着交通运输业作为一个整体，将在今后尽快完成从传统基础产业向现代服务业的转变，为新时期交通运输行业的可持续发展指明了方向。2008年1月5日召开的“全国交通工作会议”，李盛霖部长以《认真贯彻党的十七大精神　努力提高交通“三个服务”的能力和水平》为题发表讲话，阐述了推进交通科学发展面临的形势，明确提出了发展现代交通业的任务。李盛霖指出：“交通是国民经济的基础性产业和服务性行业，推进交通由传统产业向现代服务业转型，实质上就是推进现代交通业的发展。”推进现代交通业发展，关键在于促进发展方式的根本性转变。要努力做到“三个转变”，即交通发展由主要依靠基础设施投资建设拉动向建设、养护、管理和运输服务协调拉动转变；由主要依靠增加物质资源消耗向科技进步、行业创新、从业人员素质提高和资源节约环境友好转变；由主要依靠单一运输方式的发展向综合运输体系发展转变。会议确定了新的交通发展目标。2008 年交通工作会议，明确了交通运输业从传统产业向现代服务业转型的发展思路，迈开了新世纪交通运输业可持续发展的步伐。

交通运输部肩负新的历史使命。2008 年 3 月 23 日 19 时，交通运输部在新世纪的机构改革中率先挂牌，肩负起新的历史使命。挂牌后，交通运输部在协调解决河北廊坊围堵北京公交车和东航云南公司 21 个航班集体返航事件以及“5·12”抗震救灾行动中，凸显了综合部门协调及时、应急反应迅速的优势。8 月 21 日，中共中央政治局委员、国务院副总理张德江到交通运输部调研时强调，交通运输业是重要的基础产业，是国民经济的命脉，在国家现代化建设事业中具有基础性、全局性、战略性的地位和作用。我国交通运输业仍处于大建设、大发展时期，要以党的十七大精神为指导，深入贯彻落实科学发展观，用世界眼光和战略思维谋划交通运输发展，进一步解放思想，深化改革开放，加强自主创新，加快发展现代交通运输业，为经济社会发展提供有力保障。当前和今后要重点做好加强交通运输基础设施建设、推进综合交通运输体系建设、加大交通运输系统改革力度、认真做好交通运输安全保障等工作。

道路运输面向未来。21 世纪，我国道路运输必须面向世界，面向未来，着力发展现代交通业。其目标是：实现基础设施网络化，客运便捷化，货运高效化，管理智能化，服务最优化，形成以安全舒适、便捷畅通、高效低价为特征的高品质、智能型道路运输网络。以这样的目标反观我国道路运输目前的发展水平，差距一目了然。2007 年 9 月 6 日至 7 日，交通部在甘肃兰州召开“全国道路运输工作会议”。李盛霖部长在讲话中明确提出，发展好运输是交通工作的最终目的，是交通工作的重点，要坚持“路运并举”方针，实现公路建设与道路运输的良性互动。会议强调，要认清当前道路运输发展面临的形势，要求充分发挥道路运输在综合运输体系中的比较优势，着力提高运输供给能力、安全监管能力、农村道路运输发展能力、可持续发展能力、市场监管能力等“五个能力”，努力实现“运输安全高效、服务文明诚信、节能减排主导、技术装备先进、市场规范有序、站运协调发展”的总体发展目标，努力做好“三个服务”，并对下一阶段工作进行了部署。2007年11月1日，交通部正式印发《关于促进道路运输业又好又快发展的意见》，明确了未来10年内道路运输业发展的指导思想、基本原则、总体目标，提出了深化结构调整，转变增长方式，加强市场、安全监管，提高运输管理和服务水平等方面的重点工作。在2008年4月24日召开的“2008年中国交通发展论坛”上，交通运输部副部长高宏峰明确指出，交通运输部组建后，将统筹规划公路、水路、民航、邮政、城市客运交通的建设和发展，建立和完善综合交通运输体系。

公路基础设施新的发展机遇。改革开放30年，公路基础设施建设取得了前所未有的成就。但是，站在行业外的角度、站在“三个服务”的高度来审视，公路基础设施还有很大的发展空间。与现代交通业“建设层次分明、布局优化、结构合理、功能完善的基础设施网络，形成由国道主干线与国家重点公路构成的全国骨架公路网、一般国省干线公路构成的区域干线公路网、县乡村公路构成的农村公路网。建设与各种运输方式和城市交通有机衔接的客货运站场，构筑高效运行的枢纽系统”的目标相比，我国的公路基础设施还有很多问题亟待解决。从国家的发展战略来看，新世纪的头二十年里，随着人均收入的大幅提升，人们对公路运输服务高质量、高效率和低成本的要求将更加突出。此外，构建现代化综合运输体系、区域经济的协调发展、社会主义新农村建设，都对道路基础设施建设提出了新的要求。

运输装备结构的现代化。进入21世纪，我国公路交通需求将继续保持快速增长，公路运输将与现代物流日益融合。必须通过智能化改造，车辆结构调整，发展现代物流等手段，使公路客运达到集约化规模化经营，使公路货运向快速、长途、专业和重载方向发展。高效、节能、环保、低成本将主导公路运输全过程，这对车辆运输装备提出了新的高要求，车辆装备和运输面临新的结构调整和技术革命。经过30年，虽然我国的客、货运装备结构调整取得一定的成效。但“十五”期间，我国公路货运装备总体车辆性能差、结构不合理、老旧严重、技术含量低等问题依然突出。2006 年，国务院出台的《国家中长期科学和技术发展规划纲要（2006 ~2020 年）》对车辆运输装备的结构调整提出了明确要求。同年，交通部出台的《公路水路交通“十一五”发展规划》中，对推进道路车辆装备现代化提出了具体目标：到 2010 年，营运货车达到 700 万辆，力争重型货车、专用车辆、厢式货车的比例分别达到 30%、30% 和 20%；鼓励发展集装箱、冷藏、散装、液罐车等专用运输车辆和多轴重载大型车辆。鼓励使用柴油车，推广天然气和液化石油气等新型能源车型，加快更新老旧车辆。鼓励发展大中型高档客车，大力发展适合农村客运的安全、实用、经济型乡村客车，到 2010 年，全国营运客车达到 220 万辆，其中大中型客车总量 90 万辆，高级客车所占比重达到 25% 以上，中级客车所占比重达到 50% 以上。

附　　录

一、改革开放30年公路行业大事记

（1978～2008年）

1978年

1月，交通部向国务院报送《关于加速发展我国水运和交通的意见》。

3月13日，交通部在天津召开全国交通战线科技大会。

3月，在全国科学大会授奖仪式上，65项公路交通优秀科技成果获奖。其中公路工程方面有37项。

4月1日，交通部发布《公路工程标准设计管理办法》。

4月20日，中共中央将《关于加快工业发展若干问题的决定（草案）》（简称《工业三十条》）发到各地试行。这是当时指导工业交通战线拨乱反正的重要文件。

5月18日至24日，交通部召开全国交通战线学大庆会议。

5月24日至31日，交通部在北京召开全国交通工作会议，讨论贯彻《工业三十条》，落实企业整顿工作，研究实现交通运输现代化的规划。王震副总理、康世恩副总理于24日晚接见了出席全国交通战线学大庆会议和全国交通工作会议的代表，并作了重要指示。叶飞部长于31日在全国交通工作会议上作了总结讲话。

6月，交通部向国务院报送《关于实现交通运输现代化的汇报提纲》，明确提出了1978年至1985年交通运输奋斗目标和基本建设任务。

7月1日，我国第一座抗高烈度地震公路桥——由交通部公路规划设计院设计、桥长979.2米的河北滦河新桥竣工通车。

8月，交通部在河北石家庄市召开全国公路交通工业会议，总结28年来公路交通工业发展的经验，并讨论研究了公路交通工业发展规划等问题。

8月，国务院批转国家计委、交通部、财政部《关于整顿公路养路费征收标准的报告》。

8月，中国公路学会在江苏无锡召开成立大会。选出以潘琪为理事长的第一届理事会。

8月，交通部召开全国公路客运支农经验交流会，号召“面向农村，车头向下”。

10月1日至5日，交通部在河南辉县召开调查会，研究公路养护队伍建设等问题。

10月，国家计委决定将汽车挂车生产和分配从1979年起由交通部统一归口管理，同时继续明确除汽车配件外的其他产品也由交通部归口管理。

11月16日至23日，交通部在湖北襄阳县召开公路建设会议，主题是总结经验，解放思想，加快公路建设，以更好地支援农业和实现四个现代化。

12月，广西来宾红水河公路大桥建成通车。该桥总长377.6米，主跨105米，为钢筋混凝土箱形拱桥。

12月12日，交通部印发《关于开发内陆集装箱运输的通知》，要求各省（区、市）交通部门全面规划、密切协作、积极创造条件开展铁路—公路集装箱运输。

1979 年

1 月 26 日，广东广州至深圳公路万江大桥建成通车。为全长 485.2 米的预应力混凝土连续梁桥，系首次使用顶推法施工。

1 月，交通部发布《公路养护定员标准》。

1 月，国家经委、国家计委明确“进口集装箱的拆箱工作由交通部负责，出口物资集装箱工作由外贸部负责”。此后，各地道路运输部门按照交通部要求，开始开展集装箱运输。

2 月 12 日，经国务院批准，中国公路桥梁工程公司成立，其主要业务是：承包国外公路桥梁、房屋建筑或其他土木工程。该公司与交通部援外办为同一机构、两块牌子，交通部援外办公室主任兼任总经理。

2 月 15 日至 20 日，交通部召开黑龙江、内蒙古、新疆、西藏四省（区）边防公路机械化养路座谈会，落实谷牧副总理关于加强边防公路养护的批示精神，研究了边防公路的养护范围和组建边防公路机械化养护队等问题。

2 月，全国人大常委会任命曾生为交通部部长，同时免去叶飞交通部部长职务。

3 月 29 日，交通部发布《公路工程竣工验收办法（试行）》。

4 月 20 日，交通部召开交通基本建设工作会议，要求认真清理在建项目，集中力量打歼灭战；切实搞好施工管理，大力开展增产节约活动。

5 月 24 日，交通部发布《公路养护质量检查评定暂行办法》。

5 月，交通部印发《关于全国公路和航道普查工作的通知》。并于 10 月中旬组织各省（区、市）交通部门全面开展公路普查。

7 月 11 日，交通部转发了贵州省批转省交通局《关于调整公路管理体制的报告》，明确干线公路由省设专业机构养护管理；对公路养护总段、养护段实行省交通局与地州（市）双重领导，以省交通局为主的管理体制等问题。

7 月 29 日，交通部在综合各省（区、市）汽车运输企业管理体制改革经验的基础上印发《关于汽车运输汽车管理体制的意见》。

9 月 15 日至 22 日，交通部在辽宁省旅大市召开全国公路养路费使用管理工作座谈会，讨论管好用好养路费问题。

9 月 24 日，国家计委、交通部、财政部、中国人民银行联合发布《关于养路费征收和使用的规定》。

11 月 14 日，根据交通部、财政部通知精神，从 1980 年 1 月 1 日起，将青藏公路格尔木至唐古拉山口段 596 公里、全建制的三个养路段及总段工程队的人员和设备，由青海省交通局移交西藏自治区交通厅养护管理。

11 月 23 日，国务院批转交通部《关于制止乱砍滥伐公路两旁树木的报告》。

1980 年

1 月 10 日至 15 日，交通部在北京召开全国国道公路网规划座谈会，在 1979 年 4 月印发《1981～1990 年国道公路网规划初步方案》的基础上，研究确定了国道公路网布局，形成《国家干线公路网线路名称及主要控制点方案》。

1 月 12 日，中共中央总书记胡耀邦在《国内动态清样》第 89 期上对搞好边远山区公路建设问题作出重要批示，指出修通公路是开发和发展山区、边区经济的前提条件。

1 月 28 日，为加强节能工作的领导，交通部成立能源管理领导小组，办公室设在交通部物资局。

3 月 20 日，交通部发布《汽车运输企业和修理企业技术管理制度（试行）》。

4 月 2 日，交通部召开部分省、直辖市参加的国道经济和交通流量情况调查工作经验交流座谈会，总结前一阶段调查工作的经验，并参照国外有关公路经济调查的做法，研究确定今后调查工作的有关问题。

4月5日至15日， 交通部在北京召开全国交通工作会议。交通部副部长彭德清代表部党组作了《继续贯彻调整、改革、整顿、提高的方针，为实现交通运输现代化而奋斗》的工作报告。会议总结了两年来的交通工作，分析了在新形势下出现的新问题，并讨论落实1980~1981年的工作任务和措施，研究制定《交通运输十年规划纲要设想（1981~1990)》。

5月10日， 国家农委、交通部、全国供销总社向国务院报送《关于加快山区县社公路建设的报告》。《报告》提出：应把山区公路作为开发山区的首要任务来抓，力争用5年时间作出显著成绩。为此要求：一是各省（区、市）应在制定10年长期规划和“六五”计划时，制订出开发山区的专题计划；二是修建县社公路继续执行“民办公助”的方针；三是公路建设贯彻“修、养并重，普及与提高相结合”的原则；四是加强领导。

5月， 交通部发布《全国汽车客运管理暂行规定》。

5月， 交通部中国公路交通史编审委员会成立。交通部于7月8日印发《关于请成立“公路交通史”编写委员会的通知》，正式向全国交通部门部署编写公路交通史的工作。

6月24日， 交通部决定成立交通部公路交通工业公司，统一管理部属公路交通工业。

6月26日， 交通部决定自当年6月1日起将交通部汽车运输总公司所属在北京、辽宁、山东、安徽、河南的第一、二、三、四、五汽车分公司全部财产移交有关省（市）交通厅（局）代管。各分公司独立核算，自负盈亏。

7月8日， 国务院发布《关于在公路养护和修建中合理使用农村社员义务建勤的指示》，明确从1981年起，每个社队整劳力每年义务建勤由过去的5个标准工作日改为3个标准工作日。

9月， 交通部、建材部发布《关于推广水泥混凝土路面的联合通知》。

10 月 30 日至 11 月 6 日，交通部在湖南长沙召开全国公路汽车客运工作经验交流会。

11 月 8 日，交通部公布了截至 1979 年底的全国公路普查数据。

11 月，交通部发布《公路汽车旅客运输规则》。

1981 年

年内，6 项公路成果获交通部科技进步奖。其中，“大交通量沥青碎石与沥青混凝土路面结构研究”获二等奖；“用钙电极快速测定石灰土中石灰含量方法”、“BM 型摆式摩擦系数测定仪”、“LP-100 型百分表式液限塑限仪”、“大交通量沥青上拌下贯与贯入式路面结构研究”、“水泥稳定土的研究”等 5 项成果获三等奖。

1 月，交通部在北京召开全国公路技术改造座谈会，要求各地公路部门有计划地逐步改造现有公路，提高车辆通过能力。

2 月，全国人大常委会任命彭德清为交通部部长，同时免去曾生交通部部长职务。

3 月，交通部政治部、中国海员工会和中国公路运输工会发出通知，号召全国交通战线职工广泛、深入地开展以“五讲四美”为主要内容的文明礼貌活动。

4 月 14 日，国家计委、交通部、财政部、中国人民银行发布《关于征收公路养路费中发生的问题，请各省、自治区、直辖市酌情处理的联合通知》。

4 月 16 日至 27 日，交通部在北京召开国道交通情况调查工作座谈会，交流两年来国道交通调查工作的情况和经验，研究交通调查工作的改进办法。

5 月 1 日，跨越葛洲坝三江航道的公路大桥建成通车，全长 762.6 米，主跨 158 米，高 44 米，系预应力混凝土 T 形刚构桥。11 月，该桥获 70 年代国家优秀设计奖。

6月，交通部撤销交通科学研究院，分设标准、电子、科技情报、公路、水运五个研究所，直属交通部领导。

7月29日，国务院批转交通部《关于制止平调、挪用公路养路费的报告》。

7月，交通部在北京召开直属企事业领导干部会议，讨论整顿企业和改革交通运输管理体制，修改《交通运输五年计划和十年规划设想》。

8月13日，交通部发布《关于油路质量检查情况的通报》。

8月14日，中共中央总书记胡耀邦在听取山西省晋东南地区和长治市委汇报时对公路建设作出重要指示：要发展经济，就要把路修好。在晋东南修公路是最好的出路。

9月15日至20日，西北地区旧路改造技术经验交流会在青海西宁召开。

10月，贵州公路部门首创的预应力混凝土桁式组合拱桥——道真县长岩试验桥竣工。该桥主跨75米，全长96米。其成功建设，开创了施工简便、造价省的山区桥梁建设新型式。该桥1983年获贵州省科技成果二等奖，1985年获国家建委优秀设计奖。

11月17日，中共中央总书记胡耀邦在同国家计委、经委、建委、交通部、铁道部领导座谈时，对公路建设提出要求：第一，要把断头路好好解决；第二，修国防公路要慎重；第三，把路养好。同时提出：汽车驾驶员要做传播社会主义精神文明的“前哨兵”。

11月，经国务院批准，国家计委、国家经委、交通部联合发布《关于划定国家干线公路网（试行方案）的通知》。国家干线公路网（即国道网）规划线路70条，全长约11万公里。

1982年

年内，“HHB－25黑色粒料拌和机”项目获交通部科技进步三等奖。

1 月，交通部发布《公路工程优秀设计标准》。

1 月 20 日，交通部发布《关于 1981 年全国公路检查情况的通报》。

2 月 8 日，交通部批准公路规划设计院成立“中国公路工程咨询公司”，对外承接设计咨询业务。

2 月 24 日至 3 月 2 日，交通部在北京召开全国交通工作会议。彭德清部长在会上号召积极建设国家干线公路网，改造“卡脖子”路段和接通断头路。会议提出了公路建设方针：“全面规划，加强养护，积极改善，重点发展，科学管理，保证畅通”。

4 月 1 日，交通部印发《关于国家干线公路网建设的实施意见》。

4 月 7 日，国务院发布《关于限期修通国家和省级干线公路断头路的通知》。

4 月，交通部在四川泸州长江大桥工地召开“全国公路工程施工质量管理经验交流会议”，推广全面质量管理。

4 月，全国人大常委会任命李清为交通部部长，同时免去彭德清交通部部长职务。

5 月 3 日，交通部向国家计委报送《“六五”交通运输基本建设计划和“七五”规划要点（草案)》。提出重点建设青藏公路和天山公路，开工建设京塘公路。

5 月 25 日至 30 日，交通部在江西南昌召开全国公路客运部门文明礼貌活动经验交流会，讨论深入持久地开展“五讲四美”活动，人人争做传播社会主义精神文明前哨兵的问题。

5 月，联合国亚洲及太平洋经济社会委员会在北京举行亚太地区区域性农村公路建设养护座谈会。

6 月 8 日至 14 日，交通部在北京召开修通干线公路断头路规划会议，贯彻国务院《关于限期修通国家和省级干线公路断头路的通知》，部署“六五”期间国道建设重点。

6月21日至28日，交通部在甘肃平凉召开全国公路养护工作会议，提出了“普及与提高相结合，以提高为主”的方针。

7月14日，山东济南黄河公路大桥建成通车。该桥全长2 023.4米，其中主桥为预应力混凝土连续梁斜拉桥，跨径组合为40+94+220+94+40米；1981年曾获国家优秀设计奖，1982年获国家优秀工程银质奖。

9月10日，交通部发布《公路养护工程分类范围暂行规定》、《公路养护工程管理办法（试行）》。

10月25日至11月1日，交通部在山西省晋东南地区长治市召开全国县社公路建设现场会，学习中共十二大精神和胡耀邦总书记关于发展公路建设的指示，听取山西省公路建设先进地区、县、社的经验介绍，讨论研究如何开创县乡公路建设新局面。

10月，中国第一座玻璃钢公路试验桥在北京市密云县建成通车，主跨20.24米。

12月10日，五届全国人大五次会议通过“六五”计划，其中公路建设要求集中力量新建和改建7条干线公路；继续实行民工建勤和民办公助办法，修建县社公路，改善农村公路条件等。

1983年

年内，“涂（刷）镀铁合金新技术”获国家发明三等奖。

年内，3项公路科技成果获交通部科技进步奖。其中，“快速推定混凝土28天强度新技术”获一等奖；“DMC-2型路面横向摩擦系数测定装置”、“动态规划法对公路纵断面优化设计的研究”等2项获三等奖。

1月5日，交通部在北京召开公路工程概预算工作会议，着重讨论使用新颁概预算定额应注意的事项及编制概预算的方法和加强概预算工作等问题。

2月中旬，中共中央总书记胡耀邦在湖南长沙，就开发湘南、赣南和粤北地区发展公路建设的问题作了重要讲话，提出在这个三角区域修建“宽、平、直”的公路。

2月17日，交通部发布《公路工程基本建设管理办法》。

2月25日，交通部发布《汽车货物运输质量管理办法（试行)》。

3月7日，在全国交通工作会议上，李清部长提出：“有河大家走船，有路大家走车”的改革设想，交通运输市场开始向全社会开放。

3月28日至4月3日，交通部在湖南长沙召开全国交通运输质量工作会议，贯彻中央领导关于交通运输质量问题的批示，提出争取在3年内使交通运输质量得到明显改观。

3月，北京至河北磁县公路定县段经省和地区联合检查验收，被命名为“文明路”。这是河北省“文明路”之始，也是全国最早的“文明路”。

4月16日，交通部召开赣南、湘南、粤北公路建设规划座谈会，研究沟通赣湘粤三省公路交通问题。

5月21日，交通部和财政部联合发布《关于个人机动车辆征收公路养路费的通知》，规定对个人或联户通过购买、转让、转借、赠送、承包等各种方式所得到的汽车和拖拉机，可按照《关于公路养路费征收和使用的规定》征收养路费。

6月至7月，交通部先后发布《公路里程和公路养护统计指标及计算方法的规定（试行)》、《公路工程沥青混合料试验规程》。

7月9日，国务院发布《关于加强路政管理保障公路安全畅通的通知》。

7月21日，经国务院批准，国家经委、交通部联合发布《关于改进公路运输管理的通知》，规定凡从事营业运输的单位和个人，按运输营业额缴纳不超过1%

的运输管理费。

7月，中国交通运输协会和国务院技术经济研究中心在吉林长春联合召开“公路运输发展问题座谈会”，就公路交通运输在经济、社会发展中的地位和作用，公路及汽车工业发展目标、政策和措施等问题进行讨论，并提出《发展公路运输的紧急建议》。

9月1日，毛泽东主席批准修建的新疆独山子至库车的天山公路建成通车。该路全长563公里，翻越天山山脉。

9月15日至17日，联合国亚洲及太平洋经济社会委员会与交通部联合召开农村道路建设、养护座谈会。

10月12日，浙江上虞县“民办公助”建成章镇斜拉桥。

11月1日，交通部发布《公路沥青路面施工技术规范》。

11月10日，胡耀邦总书记视察闽、赣、湘三省时指出：尽快在三省南部修建一条横贯三省的公路，以便三省的物资通过这条公路通向厦门口岸。

1984年

年内，“一小时推定混凝土强度新技术”获国家发明三等奖。

年内，3项公路科技成果获交通部科技进步奖。其中，“WB-210型全液压稳定土拌和机”获二等奖；“XLPY-1型连续式路面平整度仪”、“路面材料测定仪”等2项获三等奖。

1月7日，国务院正式批准修建京津塘汽车专用公路工程；同年10月又改为高速公路。

1月，胡耀邦总书记在贵州视察时指示：“不要搞‘单相思’，过去一讲交通，就只想到铁路，没有想到水路、公路。云、贵、川要帮助农民富起来，就要把公路提到非常重要的地位。没有交通，产品就变成废品，要把各部门的思想弄通。”

1 月，国家经委发布《加强国际集装箱港口疏运工作暂行办法》，要求港口和内地间路程在 200 公里左右的整箱运输，原则上安排汽车运输。

2 月 6 日，经国家物价局审查同意，交通部发布《汽车运价规则》。

3 月 3 日，全国交通工作会议在北京召开。交通部副部长钱永昌代表部党组作了《面向全国，立足改革，总结经验，继续前进》的工作报告。

3 月 10 日，交通部召开清理、制定交通法规的专门会议，决定成立交通部清理法规领导小组，负责法规清理的审定工作。

4 月 29 日，国务院同意交通部设立审计局；6 月 15 日，交通部发文正式成立部审计局；11 月，部审计局正式开始办公。

6 月 8 日，交通部、财政部联合发布《关于对农民个人、联户机动车辆征收公路养路费的通知》。

6 月 15 日，交通部转发国务院《关于进一步扩大国营企业自主权的暂行规定》，结合交通企业情况对有关问题作出具体规定。

6 月，全国人大常委会任命钱永昌为交通部部长，同时免去李清交通部部长职务。

7 月，全国道路交通标志和交通标线预审会宣布：我国将实行统一的交通标志和交通标线。

8 月 6 日，中共中央书记处由胡耀邦总书记主持召开第 149 次会议，听取交通部党组的工作汇报并作出重要指示，要求交通运输部门努力探索一条具有中国特色社会主义交通运输的发展道路，改革管理体制，政企分开，简政放权；要求从我国交通运输事业多层次、多形式、多渠道的特点出发，放宽政策，搞活运输，实行多家经营、鼓励竞争，鼓励各部门、各行业、各地区一起干，国营、集体、个人以及各种运输工具一起上，调动各方面的积极性，百车竞发，百舸争流；要打破部门所有制和地区所有制造成的人为分割，开展各地区之间、各种运输方式之间的联营、联运，要鼓励个体运输、发展新型运输联合体。

8月17日，交通部在内蒙古自治区召开黑龙江、内蒙古、新疆三省（区）边防公路机械化养路队工作现场办公会议。

10月25日，陕西虢镇渭河大桥通车。该桥为32孔、跨径20米、全长644米钢筋混凝土梁桥，施工中首次使用水平滑模就地浇注钢筋混凝土梁新工艺。

11月30日，交通部向国务院报送《关于加快公路建设的报告》，提出发展公路的资金来源和措施：必须调动各方面积极性，广筹资金，同时建议国家在财力可能的情况下，给干线公路安排一定数量的投资。

11月，国务院决定，从1984年冬开始，在3年内从商业库存中拿出一部分粮食、棉花、棉布，拨给贫困地区用“以工代赈”的方式兴建道路和水利工程，帮助群众脱贫致富。

11月，广东省贷款1.5亿港元修建广州至珠海公路上的4座大桥先后竣工，并通过收取过桥费的形式偿还本息。这是我国首次尝试贷款修路、收费还贷的公路建设筹资方式。

12月1日，交通部在四川眉山县召开全国公路交通发展问题座谈会，交流贯彻中共中央关于加快公路建设指示的情况；学习和推广四川眉山县依靠地方、依靠群众改造公路的经验；遵循党的十一届三中全会精神，研究进一步加快公路交通发展的措施。

12月21日，上海至嘉定高速公路开工。

12月25日，赵紫阳总理主持召开国务院第54次常务会议，听取钱永昌部长关于加快公路建设问题的汇报。会议作出对中国公路交通发展具有历史意义的三项重大决定，即提高养路费征收标准、开征车辆购置附加费、允许贷款或集资修建的高等级公路和大型桥梁隧道收取车辆通行费（即“贷款修路、收费还贷”政策），使中国公路建设有了稳定的资金来源和加快发展的政策环境。

1985 年

年内，国家科学技术进步奖评审委员会首次评定核准授予的国家级科技进步奖中，公路项目（包括1978 年以来的重大成果）获一等奖的是“山东省济南黄河公路斜拉桥”；获二等奖的有“天山独库公路工程设计”、“阳离子乳化沥青及其路用性能的研究”、“公路双曲拱桥的推广”、“公路渣油路面的推广”以及“预硫化胎面翻胎新工艺”、“JZ211 – B 型汽油转子发动机”、“解放牌 CA10 – B 型汽车（四大件）改造技术的推广”7 项；获三等奖的有“预应力高强精轧螺纹钢筋施工体系”、“泸州长江公路桥二号墩深水基础施工”、“大交通量黑色路面结构的研究”、“贵州瓮安鲤鱼塘大桥”、“粉煤灰筑路”5 项。

年内，9 项公路科技成果获交通部科技进步奖。其中，“大连地区公路无线通讯网研究”、“ND-A 型核土基密度计”2 项获二等奖；“沥青混凝土摊铺机 DY-1 型自动找平装置”、“天山公路积雪地区黑色路面的修筑”、“GQZ-1500 型反循环钻机的研制”、“道路环道试验装置的研制”4 项获三等奖。

1 月 30 日，交通部发布《关于补助地方交通建设投资管理暂行办法》。

1 月，联合国亚洲及太平洋经济社会委员会在泰国曼谷召开亚太地区主管公路的部长级会议，强调运输和通讯在本地区的重要性，并决定开展亚太地区公路运输和通讯十年活动。交通部副部长王展意率中国代表团出席了会议。

3 月 17 日，交通部印发《关于加快“交通发展若干问题”的意见》，提出公路建设要实行“改造与新建相结合，以改造为主”的方针。

3 月 21 日，李鹏副总理在天津召集会议，研究京津塘高速公路建设问题。

3 月 25 日至 31 日，交通部在北京召开全国交通工作会议，李鹏副总理出席会议并作重要指示。钱永昌部长作了《搞好交通改革，发展大好形势》的报告。

4 月 2 日，国务院发布《车辆购置附加费征收办法》；4 月 6 日，交通部、财政部、中国工商银行联合发布《车辆购置附加费征收办法实施细则》。

5月9日至13日，交通部与国务院技术经济研究中心联合在江苏省无锡县召开汽车运输发展战略座谈会，对公路建设和汽车运输的现状，发展趋势及战略设想，管理体制改革，技术经济政策以及投资、材料的来源等问题，进行了广泛深入的探讨。

7月1日，交通部发布《公路工程质量检验评定标准》。

7月5日，国务院发布《关于立即制止在公路上乱设卡、滥收费、滥罚款的通知》。《通知》规定：设立统一的公路联合检查站；检查车辆时要由身穿警服或交通监理服装的人员执行，并出示省厅一级单位发的证件；严格执行罚款规定；加强对检查人员的思想和政策教育，不断提高他们的素质；不准超越范围征收过路费、过桥费。

7月，交通部发布《公路工程监理暂行办法》。

8月26日，青藏公路格尔木至拉萨段第二期改建工程竣工。

9月，北京南口至八达岭旅游公路复线建成通车，全线为二级公路标准。

10月5日，交通部为加强精神文明建设，决定在全国交通战线开展学习交通部劳动模范贝汉廷（已故）、全国劳动模范杨怀远先进事迹的活动，组织贝汉廷、杨怀远先进事迹报告团，到广州、武汉、大连、青岛和天津等地交通部门作巡回报告，并展出贝汉廷和杨怀远先进事迹图片和部分实物，受到广大干部职工热烈欢迎，引起较大反响。

11月12日至16日，全国23个城市交通部门及有关单位在四川重庆召开中心城市交通体制改革第二次研讨会，研讨中心城市交通体制改革当前面临的主要任务和问题，提出加快交通体制改革的进程和加强交通行业管理的意见。

11月，广东清远北江大桥通车。该桥主跨为8×70米、全长1 058米的刚架拱桥。获国家优质工程银质奖。

12月6日，交通部发布《公路工程估算指标（试行）》。

1986 年

年内， 8 项公路科技成果获交通部科技进步奖。其中，“剑河大桥”获二等奖；“公路建设规模和资金问题的研究”、“解决混合交通路面发展方向和材料问题的研究”、“马达加斯加残积黏性土性质及路基的质量控制”、“钢筋混凝土桥桩切向冻胀力的研究”4 项获三等奖。

1 月 4 日至 8 日， 交通部在北京召开部属高校工作会议，制定高等院校“七五”工作纲要。

1 月 17 日至 23 日， 交通部在北京召开交通部思想政治工作会议。交通部部长钱永昌作了《振奋精神，努力工作，开创交通战线思想政治工作新局面》的讲话。中共交通部党组作出了《关于加强交通战线思想政治工作的决定》。

1 月 24 日， 国家计委发布《沥青路面施工及验收规范》。

2 月 19 日至 25 日， 全国交通工作会议在北京召开，提出在第七个五年计划期间，重点建设经济干线公路、疏港公路和旅游公路。

2 月 27 日， 交通部组织“修筑青藏、天山公路先进事迹报告团”分赴北京、西安、重庆、武汉等 17 个城市，到部属大专院校、公路等有关单位进行巡回报告，听众达 10 余万人。

2 月 27 日， 交通部印发《交通运输第七个五年计划的总体安排》，提出到 1990 年末，我国公路总里程达到 100 万公里；高速公路、汽车专用公路和一级公路达到 1 200 公里；“七五”期间要重点建设经济干线、疏港公路、能源运输和国家确定的重点旅游线路。

3 月 10 日至 22 日， 交通部在北京召开科技攻关工作会议。

3 月，交通部印发《关于实施国家干线公路网里程碑统一桩号的通知》，要求此项工作在 1987 年前完成。

4月22日，交通部印发《关于推进交通科技体制改革的若干意见的通知》。

5月1日，经中国政府和巴基斯坦政府批准，中巴公路红其拉甫口岸即日起向第三国开放。

5月3日，交通部部长钱永昌就陕西临潼、长安两县的“路霸”事件向新闻界发表谈话指出：全国交通系统要以查处这个典型事件为突破口，联系实际，举一反三，坚决把纠正交通行业不正之风的工作切实抓出成效来。

5月5日，交通部在北京召开全国省、区、市重点交通建设项目前期工作座谈会。会议的主要任务是统一思想认识，落实“七五”建设项目，安排前期工作，研讨管理办法。

6月11日，交通部印发《关于以查处“路霸”事件为突破口，认真纠正交通行业不正之风的通知》。

6月24日至28日，交通部在北京召开全国交通系统“两个文明”建设经验交流会，确定交通行业精神文明建设的目标是：努力建设一支具有改变交通运输落后面貌雄心壮志，具有全心全意为货主、旅客服务思想，具有能够在社会主义精神文明建设中发挥“前哨兵”作用的交通职工队伍。强调精神文明建设要以抓行风建设为重点，号召全体干部职工向以贝汉廷、杨怀远、焦红为代表的先进人物学习；同时要求狠刹行业不正之风。

6月27日，中国交通思想政治工作研究会成立。该会的主要任务是：研究在新的历史条件下，交通行业思想政治工作的特点和规律，研究在体制改革中思想政治工作的新情况、新问题和加强职工思想政治工作的内容、方法；介绍推广交通部门开展职工思想政治工作研究的成果和经验。

7月7日，交通部、国家计委、财政部联合发布《车辆购置附加费使用管理暂行办法》。

7月7日，交通部印发《第七个五年交通重点科技项目计划》。

7月8日，交通部召开加强老、少、边贫困地区交通建设会议。总结了“六五”期间扶持贫困地区交通建设情况，提出了“七五”期间扶持贫困地区交通建设和为贫困地区培养交通专门人才的安排，确定了“调查摸底，选择重点，配套扶助，单项定案，现场拍板”的指导思想，并落实了建设资金和人才培养经费来源。

7月8日，交通部印发《交通运输第七个五年计划》。《计划》包括：“七五”期间的运输生产、交通建设大中型及重点项目、水运船舶发展、工程标准规范制订（修订）、工程建设概预算定额制订（修订）等项内容。

7月12日至15日，交通部在上海召开交通部计算机辅助设计（CAD）工程目标及技术政策论证会，标志着该工程开始进入全面开发实施阶段。

7月24日至25日，交通部在北京召开全国29个省（区、市）和重庆、武汉等7个计划单列市交通厅（局）长会议，传达贯彻中央书记处对交通系统职工队伍建设的指示，研究部署交通运输职工队伍建设工作。

8月26日至31日，交通部在北京召开了全国交通职业技术教育工作会议。会议认为，要把职业技术教育作为振兴交通的一项战略任务抓紧抓好，要求“七五”期间培养20万合格的中等专业人才。

9月4日至7日，交通部在哈尔滨市召开全国交通系统经济效益与经济活动分析工作座谈会。总结交流经济效益先进企业的经验；讨论修改了部直属港航企业经济效益先进单位评选办法；拟定了地方交通汽车运输与船舶运输企业经济效益的评比指标和方法。

9月10日，交通部、财政部联合发布《公路运输管理费征收和使用规定》。

9月25日，交通部发布《交通部科学技术进步奖励办法》，对交通科技进步奖励的范围、等级、申请奖励项目的条件和评审标准等均作出明确规定。

10月1日，郑州黄河公路大桥建成通车。大桥全长5 549.9米，成为当时中国大陆最长的公路桥。

10月7日，国务院发出通知，决定改革我国道路交通安全管理体制，由公安机关对城乡道路交通安全负责统一管理。

10月18日至22日，交通部在四川宜宾珙县召开经验交流会，进一步贯彻落实中央扶贫政策，总结"以工代赈"修建公路及内河航运工程的经验。

10月21日，为了贯彻"质量第一"的方针，积极开展全面质量管理，建立质量保证体系，交通部发布《交通运输企业全面质量管理办法》、《交通部优质运输奖励办法》、《交通运输企业质量管理小组条例》、《交通部质量管理奖评审细则》。

11月1日，沈大公路沈阳至鞍山段93公里建成通车。第二年决定将沈大公路两端改建为高速公路，沈鞍段按高速公路配套辅路；1988年决定全线按高速公路标准修建，即沈大高速公路。

11月2日，交通部印发《关于进一步做好纠正交通行业不正之风工作的通知》，要求各级交通部门和部属各单位要研究制订本地区、本单位职业道德标准和纠正行业不正之风的具体规定和办法，并认真组织实施。

11月29日，交通部对交通科技管理办法进行重大改革，发布了《交通科技发展基金管理办法（试行）》和《交通科技发展重大项目招标办法（试行）》。

12月1日，交通部发布《公路货物运输合同实施细则》。

12月10日，中日两国政府间技术合作的第一个公路项目——沪宁高速公路可行性研究第一阶段调查结束。

12月10日至14日，交通部在福建厦门召开全国汽车零担货物运输工作会议。

12月12日，交通部、国家经委、国家工商行政管理局联合发布《汽车维修行业管理暂行办法》。

12月29日，交通部、国家经委联合发布《公路运输管理暂行条例》。

1987年

年内，2项公路科研成果获国家科技进步奖。其中，"青藏公路多年冻土地区黑色路面的修筑技术”获一等奖；“软基加固技术的开发与应用”获二等奖。

年内，11 项公路科研成果获交通部科技进步奖。其中，“青藏公路多年冻土地区路基路面试验研究”、“公路桥梁钻孔灌注桩的推广”2 项获一等奖；“《公路路线设计规范》”、“水泥混凝土路面设计理论、方法和参数研究”2 项获二等奖；“柔性路面抗弯、抗剪指标的研究”、“疏港公路交通工程技术的研究”、“《公路工程沥青及沥青混合料试验规程》”、“《公路路面基层施工技术规范》”、“《公路水泥混凝土路面设计规范》”、“《公路路线勘测规程》”、“水泥混凝土路面小型机械配套施工艺”7 项获三等奖。

2 月 3 日，国家计委、国家经委、交通部、财政部联合发布《公路养路费使用管理规定》。

3 月 4 日，中央绿化委员会授予交通部全国绿化先进单位，表彰全国公路绿化里程达到 33 万公里、路树保有量达到 2.5 亿株、成活率达 90% 以上；3 月 11 日，交通部绿化委员会正式成立并召开第一次全体会议。

3 月 27 日至 31 日，交通部在北京召开全国交通厅局长会议。国务院副总理李鹏接见了出席会议的部分代表，并作了重要指示。钱永昌部长作了《坚持四项基本原则，深化交通体制改革，广泛开展增产节约运动》的工作报告。

4 月 27 日，交通部印发《“七五”期间交通系统加强社会主义精神文明建设的规划》，强调用共同理想动员和团结全体职工为实现交通运输现代化而奋斗，坚持四项基本原则，树立与改革相适应的思想观念，树立良好的职业道德风尚，提高职工队伍的科学文化素质，加强社会主义民主、法制和纪律建设，深入开展创建文明单位活动，加强党对精神文明建设领导。

5 月 11 日，交通部发布《县乡公路建设与养护管理办法》。

7 月 15 日至 18 日，交通部在山东烟台召开全国交通系统端正行业风气、加强职业道德建设经验交流会。

7 月 26 日，福州至马尾一级公路鼓山隧道建成通车。隧道全长 3 138.4 米，高 6.8 米，宽 9 米，于 1985 年 2 月开工。

8月1日，青海省人民政府和西藏自治区人民政府决定，正式命名青藏公路为“文明青藏公路运输线”。“文明青藏线”纪念碑同时在西宁、格尔木、拉萨三地落成。

8月11日至16日，交通部在吉林长春召开全国公路养护经济责任制经验交流会。会议重点介绍了吉林、山西、广东省和沈阳市各级公路管理部门深化改革，推行经济责任制的做法和经验，研究修改了《交通部推行和完善公路养护经济责任制的若干意见》。

8月18日，交通部发布《交通行业“窗口”岗位人员职业道德规范（试行)》。

8月31日，天津津汉公路永和大桥合龙。该桥长515.8米，主跨260米，居世界第十位，是当时亚洲跨度最大的预应力钢筋混凝土斜拉桥，于12月底竣工通车。

9月9日，交通部发布《国际集装箱汽车运输费收规则》和《国内集装箱汽车运输费收规则》。

9月19日，交通部印发《交通部推行和完善公路养护经济责任制的若干意见》。

9月21日，交通部、国家物价局联合发布《公路运价管理暂行规定》。

9月30日，山东东营胜利黄河大桥建成通车。这是我国首座钢斜拉桥，全长2 800米，主跨288米，是黄河上的第43座公路桥。

9月，国务院决定从1987年9月始，用库存工业品采取“以工代赈”方式，分别在四川、江西和宁夏等省区的贫困地区试点修建道路，帮助当地群众脱贫致富。

10月13日，国务院发布《中华人民共和国公路管理条例》。

10月23日，京津塘高速公路土建工程承包合同签字仪式在北京举行，这是我国第一个利用国际银行贷款并通过国际招标方式进行建设的公路项目，李鹏副总理出席了签字仪式；12 月 10 日，全长 142.69 公里的京津塘高速公路正式动工，田纪云副总理出席开工典礼。该路的建设标志着工程建设监理制度（FIDIC）进入中国。

10 月 23 日，交通部发布《公路汽车货运站费收规则》。

11 月 11 日，107 国道北京全长 14 公里的六里桥至赵辛店段“快速公路”建成通车。此段公路为全封闭、全立交，实行收费制度。

11 月 19 日，交通部发布《公路养护会计制度》、《公路养护单位成本核算办法》。

12 月 3 日，河南省政府印发《河南省公路建设、养护大包干改革方案》。

12 月 10 日至 12 日，一小时推定混凝土强度新技术评议及经验交流会在北京召开。该项新技术系交通部公路科学研究所和水电部天津设计院科学研究所共同研究成功，曾荣获 1982 年交通部科技成果一等奖；1983 年被交通部纳入部颁标准，并由国家计委列为施工新技术重点推广项目；1984 年获国家发明三等奖。

12 月 20 日，经国家计委批准，交通部国际集装箱多式联运系统工业性试验项目列入 1988 年国家重点工业性试验项目计划。

12 月 24 日，交通部印发《关于部属企业全面推行和完善厂长（经理）负责制工作的通知》。

1988 年

年内，5 项公路科技成果获得国家科技进步奖。其中，“剑河大桥——主跨 150 米预应力混凝土悬臂桁架拱桥”获二等奖；“XM 型预应力张拉锚固体系”、“柳州市第二大桥（河东大桥）”、“钻孔灌注桩质量无破损检验——水电效应法和机械阻抗法”、“旧有沥青（渣油）路面再生利用研究”4 项获三等奖。

年内，“工程钻机钻杆接头”、“太阳能自动跟踪自动加热沥青装置”2 项公路成果获国家发明四等奖。

年内，20个公路项目获交通部科技进步奖。其中，“提高路面质量若干主要技术问题的研究”、“公路路面石料抗滑性能的研究”、“汽车气制动系用GM型感载比例阀”3项获二等奖；“等截面箱梁桥空间理论及电算方法的研究”等13项获三等奖。

1月5日，交通部、财政部、国家物价局联合发布《贷款修建高等级公路和大型公路桥梁、隧道收取车辆通行费规定》。

1月17日至19日，交通部在四川重庆表彰“青藏公路多年冻土地区黑色路面修筑技术”科研成果有关人员。该成果获得1987年度国家科技进步一等奖。

1月20日至23日，全国交通厅局长会议在北京召开。国务院代总理李鹏在中南海接见了部分代表。钱永昌部长作了《以改革统揽全局，加快发展交通运输事业》的工作报告。

1月26日，交通部发布《汽车旅客运输规则》。

1月30日，交通部发布《交通部工业产品质量监督抽查试行办法》。

3月11日至15日，交通部在河南开封召开全国公路基建调度会。会上就“七五”期间要完成的27条国家重点公路建设项目和部分地方重点公路建设项目，交通部与各省（区、市）交通厅（局）签订投资与工期包干协议59份，明确了协议双方在工程项目建设中的职责。这标志着我国公路建设从计划管理逐步走向合同管理，是加快公路建设改革的一个重要步骤。

3月21日，交通部发布《汽车危险货物运输规则》和《公路、水路危险货物包装基本要求和性能试验》两个部颁标准，自6月1日起实行。

4月，斜拉桥聚乙烯热挤索套防护拉索由交通部重庆公路科学研究所和湖南省路桥物资设备公司共同研制成功并通过交通部鉴定。中国成为世界上第二个能生产该产品的国家，并于1990年获国家专利。

5月12日，交通部印发《关于印发和实施107国道GBM工程实施标准（试行）的通知》，决定在“七五”后三年内，在107国道全线实施具有中国特色的公路标准化、美化建设（即GBM工程）。107国道也是我国第一条纳入亚洲公路网的公路。

5月19日，国务院批准监察部在交通部设立监察局。该局受监察部和交通部双重领导，监察业务以监察部领导为主。

6月15日，广东中山与江门间跨越西江的外海大桥建成通车。该桥全长1 769.7米，为9孔预应力混凝土连续箱梁，桥宽17米。这是中国大陆首次由境外机构设计，境外公司承包施工的大桥。

6月19日，经国务院批准，国家交通投资公司成立，管理交通行业的经营性建设资金。

6月28日，交通部令1988年第1号发布《中华人民共和国公路管理条例实施细则》。

8月28日，广东番禺洛溪大桥建成通车，这是中国第一座预应力混凝土连续刚构桥，全长1 916.04米，主跨180米。该桥1989年获交通部优秀设计一等奖，1990年获国家优质工程银质奖，1991年获国家优秀设计金质奖。

10月1日，全长415.16公里的中巴公路国内段建成通车。

10月31日，沪嘉高速公路建成通车。其中高速公路段长15.9公里，加上两端连接线全长20.5公里，这是我国大陆最先建成通车的高速公路。

10月，泡沫沥青路面首次在湖北当阳烟集至远安段修建成功。我国成为继日本、苏联等少数国家之后成功应用此项技术的国家。

11月4日，沈大高速公路南北两段共131公里竣工。

11月29日至30日，由交通部牵头，会同铁道部、民航局、能源部编制的《交通运输中长期科学技术发展纲要》通过专家评审。该《纲要》将作为国家中长期科学技术发展纲领的附件。

12月3日，交通部发布《公路工程技术标准》。新《标准》将公路划分为汽车专用公路和一般公路两类五个等级。

12月28日，全长1 096.5米、主跨230米的重庆嘉陵江石门大桥建成通车，这是我国首座大跨径独塔单面索斜拉桥，最大跨径230米。

1989年

年内，2项公路成果获得国家科技进步三等奖，它们是："振动碾压水泥混凝土路面技术的研究"、"预应力钢绞线群锚强拉锚固体系'QM体系'"。

年内，22项公路成果获交通部科技进步奖。其中，"公路通讯网自适应抗干扰技术的研究"、"大跨径预应力混凝土斜张桥拉索防护工艺的研究"等2项获一等奖；"双曲拱桥上部结构承载能力的评定"、"混合交通双车道公路路段设计通行能力的研究"、"提高旧桥承载能力的加固技术措施的研究"、"2C—QF型汽车排气催化净化消声器"等4项获二等奖；"一小时推定混凝土强度新技术的推广应用"等11项获三等奖。

1月17日，四川大件运输公路成都至德阳段52公里建成通车。该路可通行720吨的平板拖车。

1月25日，湖南省洞口县淘金村自锚上承式钢筋混凝土悬带桥建成，跨径70米。这是我国首座悬带桥。

2月25日，交通部发布《关于整顿治理道路、水路运输市场的决定》。

2月27日至3月3日，交通部在北京召开全国交通工作会议。钱永昌部长作了《抓好治理整顿，继续深化改革，推动交通运输事业发展》的主题报告。会议提出建设公路主骨架、水运主通道、港站主枢纽的规划设想。

4月30日，交通部成立中国交通通信中心。

5月29日，经国家机构编制委员会批准，交通部成立交通科技发展基金会。

6月9日，邓小平在接见军队干部时讲话称："我赞成加强基础工业和农业。基础工业无非是材料工业、交通、能源等，要加强这方面投资，要坚持10年至20年，宁肯欠债，也要加强。这也是开放，在这方面胆子要大一些，不会有大的失误。多搞一点电，多搞一点铁路、公路、航运能办很多事情"。

6月30日，交通部印发《交通部科技进步"通达计划"》。"通达计划"是直接为公路、水路交通发展战略目标服务的研究和开发计划，是政府主导型的行业重点科技项目指令性计划。

7月18日至20日，交通部在辽宁沈阳召开高等级公路建设经验交流现场会。国务院副总理邹家华在会上强调，高速公路不是要不要发展的问题，而是必须要发展。同时指出，高等级公路建设要从今后30年发展的眼光来做工作，不能搞短期行为，一定要坚持技术标准。

8月1日，全长15.7公里的广州至佛山高速公路建成试通车。这是广东省第一条高速公路。

8月7日，交通部成立环境保护委员会，负责统一组织、协调交通行业的环境保护工作。

8月17日至12月28日，《人民日报》组织开展"如何尽快改变交通运输落后局面"的交通大讨论。

8月26日，交通部发布《公路工程施工招标、投标管理办法》、《交通运输公共场所卫生管理办法》。

8月29日至9月1日，交通部在山西太原召开全国交通系统政策研究和法制工作会议，提出了关于进一步加强政策研究和法制工作的意见。

9月20日、21日，吉林、黑龙江分别举行京哈公路全线贯通典礼，这是东北国道断头路修建中的重要工程。

9月30日，交通部批准交通部汽车运输节能技术服务中心负责全国汽车运输行业能源利用监测和节能技术、装置（产品）的鉴定认证等项工作。

10月13日至17日，交通部在江苏苏州召开全国道路、水路运输市场整顿治理工作会议。交流运输市场整顿治理工作的经验，提出了运输市场整治的目标和要求。

10月18日，经交通部批准，中国公路建设总公司成立。该总公司由交通部第一公路工程总公司，第二公路工程局，西安、郴州、成都筑路机械厂，中国公路桥梁工程公司等企业组成。

11月13日至30日，交通部先后在北京和江西南昌召开全国公路、水运交通建设前期工作会议，初步安排了一批“八五”初期开工建设项目的前期工作。

11月28日，交通部在四川重庆召开全国公路路政管理工作座谈会。

12月30日，西安至三原一级公路建成通车。这是我国内地第一次利用世界银行贷款修建的公路工程，结束了三秦大地无高等级公路的历史。

1990年

年内，4项公路科技成果获国家科技进步奖。其中，“重交通道路沥青的研制”获一等奖；“半刚性基层沥青路面研究”和“广东九江大桥”等2项获二等奖；“提高旧桥承载能力的加固技术措施的研究”获三等奖。

年内，有20项公路成果获得交通部科技进步奖。其中，“LRS-6000型沥青乳化设备的研制”、“YJG-110型卷管机”、“铸铁冷焊技术的试验与推广”、“FM-88汽车驾驶训练模拟系统”等4项获二等奖；“桥梁检测与试验设备”等7项获三等奖。

2月20日至24日，全国交通工作会议在北京召开。国务院总理李鹏致信全国交通工作会议代表，充分肯定了十年来交通改革和发展所取得的成绩，强调了交通运输在国民经济中的地位和作用，并对交通工作做出重要指示。交通部部长钱永昌作了《治理整顿，深化改革，稳步发展》的工作报告。会议提出了我国公路、水路交通建设长远发展“三主一支持”的基本设想。

3 月 7 日，交通部第 11 号令发布《公路渡口管理规定》；交通部第 13 号令发布《汽车运输业车辆技术管理规定》。

4 月 3 日，交通部印发《关于开展学雷锋、树新风活动的通知》。

4 月 7 日，交通部组织"全国交通系统学雷锋、树新风先进事迹报告团"，在北京人民大会堂举行了首场报告会，同时向全国交通职工发出"学雷锋学根本，奉献在岗位"的号召。随后，报告团赴全国 22 个大中城市巡回报告，直接听众达 22 万多人。

4 月 21 日，交通部发布《公路网规划编制办法》。

4 月至 6 月，江泽民、杨尚昆和李鹏等党和国家领导人分别为严力宾题词。

5 月 1 日，安徽省凤台淮河大桥建成通车。该桥在桥塔基础施工中成功地采用了冷冻施工工艺，属国内首创。

6 月 7 日，交通部、国家物价局联合发布《关于整顿公路汽车货物运价的通知》。

6 月 18 日至 21 日，交通部在大连海运学院召开全国交通教育工作会议，总结交流党的十一届三中全会以来交通教育发展和改革的经验，讨论"八五"期间交通教育规划纲要，明确发展任务和方向。

6 月 19 日至 23 日，交通部在辽宁大连召开全国公路养护与管理工作会议。会议确定了"全面规划、协调发展，加强养护、积极改善，科学管理、提高质量，依法治路、保障畅通"的"三十二字方针"。

6 月 20 日，全国第一尊养路工人锻铜塑像在辽宁省新金县落成。

7 月 5 日，交通部、财政部联合发布《车辆购置附加费票证管理规定》。

7 月 18 日，交通部发布《交通行业能源利用监测管理暂行规定》。

8 月 1 日，交通部发布《关于进一步在全国交通系统学习严力宾同志先进事迹的决定》。

8月30日，交通部发布《关于加强廉政建设、纠正行业不正之风的决定》。

9月1日，沈大高速公路举行全线通车典礼。沈大高速公路全长375公里，是当时全国最长的高速公路，被誉为“神州第一路”。

9月4日至7日，交通部在山东济南召开全国交通科技工作会议，探讨了改革十年来全国交通科技进步的成果，部署了未来十年的科技发展规划。

9月12日，全长71.7公里的京津塘高速公路北京至天津杨村段主体工程试通车，这是国内第一条施行监理工程师制度（FIDIC条款）的高速公路。该路段的竣工为第11届北京亚运会的举办提供了交通便利。

9月15日，交通部印发“八五”期间《交通普通高等教育规划纲要》、《交通职业技术教育规划纲要》、《交通成人教育规划纲要》，总体上奠定了“八五”期间交通教育发展按照规划目标实施并加强宏观管理的基础。

9月24日，交通部发布《公路路政管理规定（试行）》。

9月25日，全长430.2公里的西南地区第一条高等级公路——成渝汽车专用公路全线开工。

9月，交通部印发《关于贯彻中共中央、国务院<关于坚决制止乱收费、乱罚款和各种摊派的决定>的通知》，对交通系统治理“三乱”的范围、重点、步骤、要求及有关政策作出明确规定。

10月7日，交通部在吉林长春召开全国道路、水路运输市场治理整顿工作经验交流会。

10月27日，陕西西安至临潼高速公路建成通车。这是我国西部地区建成通车的第一条高速公路。

11月5日至9日，公路路线CAD和桥梁CAD系统2个专题通过了国家级验收。

11月13日，交通部发布《公路、水运工程监理单位监理资格审批暂行规定》。

11 月 18 日至 22 日，交通部在山东青岛召开全国交通系统学雷锋、树新风经验交流会，一个以岗位学雷锋、学严力宾、树行业新风为主要内容的“两学一树”活动在全国交通系统开展起来。

12 月 14 日，交通部在西藏拉萨举行命名大会，命名青藏公路 109 道班为“天下第一道班”。

12 月 24 日，交通部与中国公路运输工会全国委员会在北京召开首届全国公路系统“双十佳”（十佳道班、十佳养路工）表彰大会。

12 月，湖南省凤凰县乌巢河大桥建成。大桥为跨径 120 米的石拱桥，是当时世界上跨径最大的石拱桥。

1991 年

年内，“LRS-600 型沥青乳化设备的研制”获国家科技进步三等奖。

年内，“2000 年公路运输发展战略的研究（第一期）”、“DDC 型集装箱自动称重灌包机”2 项公路成果获交通部科技进步二等奖。

1 月 11 日至 14 日，李鹏总理视察天津港和京津塘高速公路，并为京津塘高速公路题词：“把京津塘高速公路的建设和管理达到国际一流水平。”

1 月 25 日至 29 日，全国交通工作会议在北京召开。钱永昌部长作了《再接再厉，抓好“八五”，为交通事业的新发展而奋斗》的工作报告。

2 月 2 日，交通部发布《全民所有制交通企业承包经营责任制实施办法（试行）》。

2 月 21 日，交通部发布《国、省干线 GBM 工程实施标准》。

3 月 2 日，全国人大常委会任命黄镇东为交通部部长，同时免去钱永昌交通部部长职务。

3月18日，武汉至黄石一级汽车专用公路建成通车。

4月8日，交通部印发《公路科学养护与规范化管理纲要（1991年至2000年)》。

5月14日，我国西南地区第一条高等级公路——贵阳至黄果树公路建成通车。贵黄公路建有全长778.72米的我国第一座公路声屏障。

6月4日至5日，交通部"七五"国家科技攻关总结表彰会议在北京召开。

6月13日，交通部发布《公路、水运基本建设利用国外贷款项目管理暂行办法》。

6月24日，烟台至青岛一级公路建成通车。

7月13日至16日，交通部全国地方交通建设前期和基本建设工作会议片会（东北、西北、华北）在宁夏银川召开。

7月16日，交通部印发《关于进一步加强抗洪救灾工作的紧急通知》。7月18日，交通部向安徽等22个受灾省份拨款5 000万元，以紧急抢通受灾地区的干线公路。刚刚建成的合肥至南京高速公路成为安徽省会合肥通往外界的唯一通道，被誉为"救命路"。9月18日，交通部又向安徽等省（市）下拨在建公路项目水毁补助款3 870万元。

7月31日，中国道路运输协会成立。全国政协主席李先念为协会题词："振兴道路运输，繁荣国民经济"。交通部副部长王展意当选中国道路运输协会第一届理事会会长。

8月2日，经国务院同意，交通部、财政部联合转发《国务院关于发布〈车辆购置附加费征收办法〉的通知》。

8月5日至8日，交通部全国地方交通建设前期和基本建设工作会议片会（华东、中南、西南）在广东广州召开。

8 月 12 日，中国公路桥梁工程公司更名为中国公路桥梁建设总公司。

8 月 24 日，交通部印发《全国交通专用通信网总体规划》。

9 月 2 日举行的“七五”国家科技攻关总结表彰大会上，交通部主持的“七五”国家科技攻关项目中，有 5 项公路成果被国家计委、国家科委、财政部授予国家“七五”科技攻关成果奖。这些项目是：“JT6120 高级大型客车”、“高等级公路半刚性基层沥青路面和抗滑表层技术”、“高等级公路路线 CAD 系统”、“高等级公路桥梁 CAD 系统”、“干线公路路面评价技术”。同时，交通系统的凤懋润、王守礼、毕华林、沙庆林、高孝洪等被授予国家“七五”科技攻关突出贡献人员称号。

9 月 9 日，交通部、总后勤部联合发布《国防、边防公路建设项目前期工作管理规定》。

9 月 23 日，公安部、交通部联合发布《关于进一步打击公路“车匪路霸”专项斗争的通知》。

9 月 26 日至 27 日，交通部主持的国际集装箱运输系统（多式联运）工业性试验，通过了国家组织的验收鉴定。

10 月 5 日，交通部发布《汽车旅客运输服务岗位职责及工作标准（试行）》。

10 月 6 日，中共中央宣传部、司法部批复同意《关于在全国交通系统开展法制教育的第二个五年计划》。

10 月 7 日至 11 日，全国交通系统“两个文明”建设表彰大会在北京召开。会议表彰了两个文明建设先进单位、先进集体 134 个，劳动模范 275 名；表彰了抗洪救灾先进单位 60 个、先进个人 68 名。国务院副总理朱镕基接见了参加会议的部分代表并进行座谈。

10 月 15 日，交通部、国家计委、财政部、国家物价局联合发布《公路养路费征收管理规定》。

12 月 12 日，北京至石家庄高速公路北京段三期工程通车。

12月19日，厦门大桥正式通车。江泽民总书记为大桥剪彩。

1992年

年内，2项公路科技成果获国家科技进步奖。其中，“DDC型集装箱式自动称重灌包机”获二等奖；“2000年公路运输发展战略研究”获三等奖。

年内，11项公路成果获交通部科技进步二等以上奖项。其中，“JT6120新型客车及底盘研制”、“高等级公路半刚性基层沥青路面和抗滑表层成套技术”、“高等级公路路线综合优化和计算机辅助设计系统的开发研究”、“高等级公路桥梁计算机辅助设计系统的开发研究”等5项获一等奖；“干线公路路面评价保护系统（沥青路面）”、“现有钢筋混凝土桥梁结构部分关键检测设备研制及应用技术”、“自动弯沉仪的研制和应用技术”、“汽车轮胎翻新技术的研究（聚酯胎子午胎）”、“汽车排放对环境影响和防治技术的研究”、“交通系统动态仿真及网络规划方法的研究”6项获二等奖。

1月11日至14日，交通部在北京召开全国交通工作会议。国务院副总理朱镕基到会作了重要指示。交通部部长黄镇东作了《管好行业，搞好企业，调整结构，提高效益》的工作报告。

1月16日，交通部发布《交通部监察工作规定》，自3月1日起施行。原《交通部监察工作暂行规定》同时废止。

2月20日，全国交通审计工作会议在广州召开。

2月25日，交通部和全国海员工会、全国公路运输工会第三次联席会议在北京召开。

3月17日，交通部监察工作会议在湖北武汉召开。

3月20日，交通部发布《汽车、船舶节能产品公布规则》。

4月15日至18日，全国地方交通行风建设经验交流会在山东菏泽召开。

5月11日，交通部决定从1992年10月1日起启用《中华人民共和国道路运输证》。

5月16日，交通部发布《公路工程施工监理办法》。

6月10日，交通部发布《公路工程质量监督暂行规定》。

6月14日，沪宁高速公路江苏段开工。

7月2日，北京首都机场高速公路开工。

7月21日，交通部、国家统计局令第36号联合发布《公路、水路运输全行业统计工作规定》。

7月25日，交通部印发《关于深化改革、扩大开放、加快交通发展的若干意见》，简化了外商投资公路项目的审批手续，为公路市场的招商引资开辟了更广阔的渠道。该《意见》简称“二十五条”。

7月31日，交通部发布《公路客车质量检查评定办法》。

9月9日至12日，全国道路、水路运输管理工作会议在山西太原举行。

10月22日至27日，1992年国际公路、水运交通技术与设备展览会在北京展览馆举行。15个国家和地区的200多家公司和厂商参展。江泽民总书记为展览会题词：“加快改革开放，为实现我国交通运输业现代化而奋斗”；李鹏总理的题词是：“发展经济，交通先行”。

12月17日，交通部发布《汽车维修企业开业条件（试行）》、《汽车专项修理业户开业条件（试行）》。

1993年

年内，2项公路成果获国家科技进步奖。其中，“高等级公路半刚性基层沥青路面抗滑表层成套技术”获二等奖；“高等级公路桥梁计算机辅助设计系统的开发研究”获三等奖。

年内，7项公路成果获交通部科技进步二等以上奖项。其中，“路面路基探测用冲击雷达研究”、“我国水泥混凝土路面发展对策及修筑技术研究”2项获一等奖；“LB1000型沥青混凝土搅拌设备”、“公路工程抗震设计规范”、“LTY8沥青混合料摊铺机”、“矩阵交融决策管理系统”、“WB230轮胎式稳定土拌和机”5项获二等奖。

1月8日，交通部、国家体改委、国务院经贸办联合发布《全民所有制交通企业转换经营机制实施办法》。

1月11日至14日，交通部在北京召开全国交通工作会议。交通部部长黄镇东作了《把思想认识统一到十四大精神上来，把十四大精神落实到交通工作中去》的工作报告。

2月18日，交通部批准成立“交通部交通法律事务中心”。

4月1日，交通部党组纪检组与监察部驻交通部监察局合署办公。

4月18日，交通部在云南昆明召开全国交通工程建设质量监督工作会议。

6月18日至23日，交通部在山东济南召开全国公路建设工作会议。邹家华副总理出席会议并作重要讲话。黄镇东部长在会上作了题为《解放思想，加快步伐，实现公路建设新目标》的报告。会议强调加快公路建设步伐，明确了率先建成“五纵七横”国道主干线中的“两纵两横和三个重要路段”。

6月21日，交通部发布《出租汽车客运服务规范（试行)》。

6月30日，经国家经贸委批准，中通车辆机械集团成立。该集团有123家成员单位，核心企业是中国公路车辆机械总公司。

9月20日，首都机场高速公路建成通车。国务院总理李鹏出席通车典礼并剪彩。

9月25日，京津塘高速公路全线通车。国务院副总理邹家华出席通车仪式并剪彩。

10 月 25 日，交通部召开全国交通系统深入开展治理乱收费电话会议。

11 月 16 日，交通部在上海召开全国交通系统精神文明建设经验交流会。邹家华副总理代表国务院向大会发了贺信。交通部部长黄镇东在会上作了题为《重在建设、贵在创新》的工作报告。

12 月 2 日，交通部部长黄镇东及其他部领导分别带队赴各地检查治理公路“三乱”情况。

12 月 18 日，济南至青岛高速公路建成通车。济青高速公路全长 318.2 公里，是山东省第一条高速公路。

1994 年

年内，7 项公路科技成果获交通部科技进步二等奖。它们分别是：“道路沥青包装生产线”、“‘七五’技改客车生产技术科技成果（扬州客车总厂）”、“公路桥梁管理信息系统”、“LQB—1200 型混合料（沥青）强制拌和设备”、“压磁式混凝土绝对应力计及应力仪研究”、“客车 CAD 系统的开发研究”、“公路航测遥感及计算机辅助设计实用技术的研究”。

1 月 1 日，根据国务院通知，车辆购置附加费即日起由车籍所在地交通征稽部门向车主直接征收。

1 月 18 日，全国交通工作（电话）会议在北京召开。黄镇东部长作了题为《加大交通改革力度，加快培育和发展交通运输市场的步伐》的工作报告。

1 月 21 日，交通部、劳动部联合发布《交通行业高级技师评聘试点办法》。

2 月 4 日，西藏扎木镇至墨脱公路粗通建成，标志全国实现县县通公路。后因自然灾害，此路断交。

3 月 26 日至 30 日，交通部纪检监察工作会议在北京召开。

4月5日至7日，交通部在北京召开治理公路“三乱”座谈会。

4月15日，国务院规定，新增的“以工代赈”资金主要用于修筑公路。

4月20日至22日，全国公路建设座谈会在河北石家庄召开。

4月28日，重庆开始在全长114公里的成渝高速重庆段，试行集安全、征稽、运管、港航、路政执法为一体的“统一管理，综合执法”的“重庆模式”，交通综合执法体制改革正式启动。

5月31日，交通部发布《107国道文明建设样板路实施标准》。

6月1日至3日，交通部在贵州贵阳市召开全国交通扶贫工作座谈会。

7月18日，交通部、国家计委、财政部联合发布《关于在公路上设置通行费收费站（点）的规定》。

7月20日，国务院发布《关于禁止在公路上乱设站卡乱罚款乱收费的通知》。

8月13日，交通部、公安部在北京联合召开电话会议，贯彻落实国务院《关于禁止在公路上乱设站卡乱罚款乱收费的通知》精神，开展治理公路“三乱”工作。

9月27日至28日，全国汽车综合性能检测站行业管理工作现场会在江苏南通召开，对江苏省汽车综合性能检测中心站进行了首家认定。

11月4日，全国交通企业转机建制座谈会在贵州贵阳召开。

11月15日至26日，107国道文明样板路建设通过交通部验收，这是全国第一条通过部级验收的文明样板路。

11月18日，全国公路行业唯一的经济新闻类期刊——《中国公路》杂志创刊。

11月18日至20日，全国汽车运输业车辆技术管理经验交流会在陕西西安召开。

11 月 22 日，江苏江阴长江大桥举行开工典礼，交通部部长黄镇东参加典礼并在现场主持召开了第一次领导小组协调会。

12 月 18 日，京石高速公路河北段实现双幅通车，京石高速公路实现全线双幅通车。邹家华副总理出席通车典礼。

12 月 20 日至 24 日，交通部在广西南宁召开全国交通系统职业技术教育改革与发展工作会议。

12 月 25 日，川藏、青藏公路通车 40 周年，江泽民总书记题词："加强民族团结和军民团结，发展交通，开发边疆，建设西藏。"李鹏总理题词："振兴经济，交通先行。"

12 月 26 日，郑州至开封高速公路全线通车。

1995 年

年内，2 项公路科技成果获国家科技进步三等奖。它们是："公路航测遥感及计算机辅助设计实用技术的研究"和"道路沥青包装生产线及包装材料"。

年内，"压磁式混凝土绝对应力设计及应力仪"获国家发明三等奖。

年内，6 项公路科技成果获交通部科技进步二等奖，它们是："高原驾驶员心理、生理、心理卫生、驾驶作业环境与安全行车研究（富氧机除外）"、"部分预应力混凝土公路桥梁截面设计原理的研究"、"丁苯橡胶沥青在高等级公路上应用的成套技术"、"高等级公路（沥青混凝土路面）机械化施工组织与机械综合作业定额应用研究"、"防治贵黄公路噪声屏障技术的研究"、"汽车检测诊断设备在汽车维修生产中的应用"。

1 月 10 日至 13 日，交通部在北京召开全国交通工作会议。黄镇东部长作了题为《认清形势，统一思想，推进交通改革和发展》的工作报告。邹家华副总理 12 日到会与部分代表进行了座谈。会上，黄镇东部长倡议在全国交通行业开展为西藏养路职工“送温暖活动”，得到全国交通行业积极响应。在随后不到3年的时间里，各地共捐赠、补贴资金3 905万元，援建了156座道班房。

2月16日至19日，交通部先后派出驻河南洛阳扶贫工作组和驻云南怒江扶贫工作组共26名干部，分赴洛阳、怒江两地11个国家贫困县，开展定点扶贫工作。

2月24日至27日，交通部在上海召开全国交通审计工作会议。

3月1日，交通部成立“211”工程领导小组。黄镇东部长任组长，刘锷副部长、洪善祥副部长任副组长。

3月20日，交通部令1995年第1号发布《交通行政执法监督规定》。

3月25日，交通部成立现代企业试点领导小组，并确定交通部第一公路工程总公司等部属及双重领导企业为建立现代企业制度试点单位。

4月26日至5月2日，国家经贸委主办的第二届全国企业技术进步展览会在北京举行。展览期间，江泽民总书记、李鹏总理等中央领导在交通部部长黄镇东的陪同下参观了该展览会交通馆。

5月6日，交通部、山东省人民政府在青岛联合召开“交通企业深化改革、加强管理现场经验交流会”，由此开启了全国交通行业学习青岛港的活动。

5月9日，交通部发布《汽车客运站管理规定》。

5月12日，交通部发布《交通女职工劳动保护实施办法》。

5月17日，财政部、交通部联合发布《交通运输企业成本费用管理核算办法》。

7月4日至8日，全国培育和发展道路运输市场工作会议在浙江杭州召开。

7月13日，交通部发布《关于交通行业基本建设和技术改造项目工程可行性研究报告增列“节能篇（章）”暂行规定》。

7月17日，交通部决定在全国交通系统开展向青岛港学习的活动。

8月1日至4日，交通部在吉林召开全国交通成人与职业技术教育工作会议。

8月14日，交通部发布《全国在用车船节能产品（技术）推广应用管理办法》。

9月13日，交通部与共青团中央联合发出通知，决定在全国交通系统广大青年职工中开展争当“青年岗位能手”和创建“青年文明号”活动，组织和引导广大青年职工弘扬艰苦创业和敬业爱岗精神，立足本职岗位，争创一流成绩，全面提高青年职工的职业道德，职业技能和服务水平。

9月20日至22日，全国道路客运工作会议在黑龙江哈尔滨召开。

9月29日，交通部、财政部联合发布《交通部施工企业成本费用核算办法》。

9月29日至10月1日，在建国46周年之际，交通部邀请100名优秀养路工代表进京参加国庆观光，养路工人首次登上了天安门城楼。9月29日，交通部领导与百名养路工进行了座谈。

10月9日至14日，国家经贸委、国家计委、国家科委和全国总工会联合组织开展表彰“八五”全国节能先进企业（单位）活动。苏州汽车客运总公司等单位荣获“八五”全国节能先进企业称号；交通部能源管理办公室等单位荣获“八五”全国节能先进单位称号。

10月18日，交通部发布《公路养路费审计工作规范》。

10月24日至27日，交通部在山东泰安召开全国交通扶贫工作会议。黄镇东部长作了题为《提高认识，把握机会，坚决打好交通扶贫攻坚战》的报告。

11月1日至3日，交通部在北京召开全国交通科学技术大会，国务委员宋健、交通部部长黄镇东出席大会。黄镇东部长作了题为《实施科教兴交战略，推动交通事业持续发展》的工作报告。

11月6日，交通部发布《公路工程基本建设项目设计文件编制办法》。

11月30日，全国交通行业学习“华铜海”轮经验交流会在广东广州召开。

12月1日，全长340公里的四川成渝公路建成通车。

12月4日，交通部发布《道路大型物件运输管理办法》。

12月16日，湖北黄石长江公路大桥建成通车。该桥全长2 580米，主跨为245米连续刚构。

12月20日，交通部发布《公路工程造价人员资格认证管理办法》。

12月26日，安徽铜陵长江公路大桥建成通车。该桥全长2 592米，主跨432米。

12月28日，我国当时第一座大跨度跨海悬索桥——汕头海湾大桥建成通车。中共中央总书记、国家主席江泽民，全国人大常委会副委员长田纪云，国务院副总理邹家华等党和国家领导人参加了通车典礼。

12月28日，郑州至洛阳高速公路通车，全长120公里。

1996年

年内，“我国水泥混凝土路面发展对策及修筑技术研究”和“公路桥梁管理信息系统”2项公路成果获国家科技进步三等奖。

年内，“京津塘高速公路工程建设成套技术”获交通部科技进步特等奖；“公路、水路交通运输网络规划技术研究”、“公路隧道施工技术规范”、“三级公路数据库管理系统的研究与实施”、“核子密度与含水量测定仪的研制与路面结构层压实度的控制”、“交通部CAD工程支撑软件”5项公路成果获交通部科技进步二等奖。

1月4日，交通部发布《公路、水运工程监理工程师资质管理办法》。

1月9日至11日，交通部在云南昆明召开“九五”期间交通建设利用国外贷款项目工作会议，研究落实了“九五”期间交通建设利用国外贷款项目的前期工作。

1月15日开始至7月，交通部对实行任期经济责任制和任期目标责任制的63

个部属企事业单位的经济责任开始进行全面审计，为完善经济责任制和考核使用干部提供了重要依据。

1 月 23 日至 26 日，交通部在北京召开全国交通工作会议，国务院副总理吴邦国向大会致信祝贺。黄镇东部长作了《齐心协力，奋发图强，扎扎实实做好“九五”交通工作》的工作报告。

3 月 7 日，“吴福—振华交通教育奖励基金”捐赠仪式在北京举行。该基金是由全国政协常委、澳门知名人士吴福先生捐资人民币 300 万元、振华海湾工程有限公司捐资人民币 200 万元共同设立的，用于奖励在交通教育战线勤奋工作的教职工和品学兼优的学生。

3 月 14 日，国家审计署对全国交通行业审计全面开始。

3 月 15 日至 16 日，交通部在河北石家庄召开交通部第三次治理公路“三乱”工作座谈会。

3 月 18 日，交通部、国家计委联合发布《汽车客运站收费规则》。

3 月 20 日，交通部印发《交通教育事业“九五”计划和 2010 年发展规划》。

3 月 29 日，交通部、公安部、国务院纠风办在北京联合召开第二次全国治理公路“三乱”电话会议。国务院副总理吴邦国、交通部副部长洪善祥等到会并讲话。

3 月，吉林省开始公路管理体制和养护运行机制改革，在桦甸县首次尝试“国路民养”，之后在全省推广，第一次以省为单位进行公路管理体制改革，组建了全国第一个民营养护公司，第一次实行了“事企分离、管养分离”，引起全国公路系统关注。

4 月 4 日，中央机构编制委员会办公室批准交通部成立交通部环境保护中心，原设在部水运科学研究所的交通部环境监测总站同时撤销。

4 月 19 日至 21 日，交通部在江苏无锡召开交通行业清理整顿标准验收总结会议，完成了交通行业 1 041 项国家标准、行业标准清理整顿工作，清理结果是：保留921项标准，合并及废止了120项标准。

5月10日，国家“八五”重点工程——312国道六盘山公路隧道贯通。

5月23日，交通部、共青团中央在湖北武汉联合召开全国交通系统争当“青年岗位能手”、创建“青年文明号”活动推进大会。

5月28日，交通部决定，设立交通部“希望工程”助学基金，用于资助交通部定点扶贫的11个国家级贫困县部分失、辍学儿童的书杂费和奖励这11个县在读大学生、研究生中学习和表现较突出者。

6月4日，交通部、河北省政府联合在北京召开学习推广石家庄出租汽车行业“争做文明使者”、弘扬社会新风座谈会。

6月25日，全长144公里的太旧高速公路建成通车，并铸就了“自力更生、艰苦奋斗、不屈不挠、勇于奉献”的“太旧精神”。

7月1日至3日，交通部在吉林召开全国交通基本建设质量监督、工程监理工作会议。

7月6日，国务院发布《关于加强预算外资金管理的决定》。决定自1996年起将养路费、车辆购置附加费、公路建设基金、港口建设费等13项数额较大的政府性基金（收费）纳入财政预算管理。

7月，海南省实施公路管理体制改革，撤销省公路局，引起全行业强烈反响。

8月6日至8日，交通部在湖南长沙召开全国道路运输管理工作会议。

8月28日至30日，交通部在广东广州召开“八五”科技成果推广经验交流和展示会。

9月13日，交通部发布《交通食品卫生监督管理办法》。

9月15日，连接上海和南京、全长274公里的沪宁高速公路建成通车。

9月19日，全长133公里的吉林长春至四平高速公路建成通车。

9月27日，交通部在广西玉林召开全国交通系统汽车运输企业加强管理经验交流会。

10月5日，国家科委正式批复《交通部直属科研机构科技体制改革总体方案》，将交通部列为国家科技体制改革试点部门之一，要求用3年时间把公路、水运工程和船舶运输三个科研中心建设成为国家重点科研机构。

10月7日，交通部印发《汽车维修行业发展规划》。

10月24日和12月18日，交通部分两批公布了公路施工企业资信登记名单，192家公路施工一级资质企业和140家中央有关部门直属公路施工二级资质企业通过资信登记。

11月1日，102国道（北京至哈尔滨）全线通过了交通部组织的“文明样板路”验收。

11月14日，全长31.5公里的北京至昌平高速公路一期建成通车。

11月19日，交通部发布《贷款修路、收费还贷审计办法》。

11月20日，全长145公里的杭州至宁波高速公路建成通车。

12月9日，交通部在江苏南京召开全国交通系统创建文明行业大会，提出在交通行业广泛开展“三学一创”活动。

12月12日，交通部参加中宣部和国务院纠风办组织的十大“窗口”行业开展“为人民服务，树行业新风”活动，向社会公布了交通行业30个示范“窗口”单位、“12项优质服务标准”和“5项保证措施”。

12月24日，全长93公里的河南郑州至许昌高速公路通车。

12月30日，交通部成立信息化工作领导小组，交通部副部长洪善祥任领导小组组长。

12月31日，交通部发布《公路建设项目后评价报告编制办法》、《公路建设项目后评价工作管理办法》。

12 月底，福建省历时 4 年、总投资 130 亿元的公路“先行工程”胜利完成。

1997 年

年内，“京津塘高速公路工程建设成套技术”获国家科技进步一等奖；“公路、水路交通运输网络规划技术研究”获国家科技进步三等奖。

年内，“道路沥青及沥青混合料路用性能的研究”获交通部科技进步一等奖；“沥青路面设计指标与参数的研究”、“合芜、合宁高等级公路建设若干关键技术的研究与应用”、“陕西省农村公路发展战略研究”、“大跨钢管混凝土劲性骨架混凝土拱桥收缩、徐变等非线性因素影响研究”、“干旱缺水地区路基压实的研究”、“滑模摊铺水泥混凝土路面修筑成套技术研究”、“高等级公路碾压混凝土路面施工成套技术的研究”、“干线公路路面评价养护管理系统推广应用”、“高密实度摊铺机的研制”、“宁波甬江水下隧道管段沉放法施工技术”10 项公路成果获交通部科技进步二等奖。

1 月 9 日，全国交通工作（电话）会议在北京召开。黄镇东部长作了《认清形势，稳中求进》的工作报告。

3 月 4 日，交通部发出通知，在全国交通系统深入开展“巾帼建功”活动。

3 月 14 日，交通部、铁道部联合发布《国际集装箱多式联运管理规则》。

3 月 18 日，全长 2 384 米的 312 国道六盘山隧道建成通车。

3 月 18 日至 19 日，交通部在北京召开全国交通系统示范“窗口”工作会议。

5 月 1 日，全长 138. 5 公里的广西桂林至柳州高速公路建成通车。

6 月 2 日至 4 日，交通部在湖南召开全国车辆购置附加费征收工作会议。

6 月 30 日，全长 150. 4 公里的内蒙古呼和浩特至包头高速公路（半幅）通车。

6 月，在香港回归前夕，具有世界领先水平的广东虎门大桥和香港青马大桥相继通车，其中青马大桥是当时中国跨径最大的悬索桥，主跨 1 377 米；虎门大桥主航道桥为主跨 888 米的加劲钢箱梁悬索桥，其辅航道桥主跨 270 米，是当时世界最大跨径的预应力混凝土连续刚构桥。

6 月，全国实现国道、省道基本无“三乱”的治理目标。

7 月 1 日，《全国公路网规划图集》正式出版。国务院副总理吴邦国为《图集》题词：“加速公路建设，造福全国人民。”

7 月 3 日，中华人民共和国主席令第 86 号发布《中华人民共和国公路法》。后根据 1999 年 10 月 31 日第九届全国人大常委会第十二次会议《关于修改〈中华人民共和国公路法〉的决定》第一次修正；根据 2004 年 8 月 28 日第十届全国人大常委会第十一次会议《关于修改 < 中华人民共和国公路法 > 的决定》第二次修正。

7 月 23 日，交通部召开全国交通系统学习贯彻《中华人民共和国公路法》电话会议。黄镇东部长在会上部署了学习、宣传、贯彻《中华人民共和国公路法》的工作任务，号召交通系统的干部职工为《中华人民共和国公路法》的实施做好准备。国务院法制局副局长李适时到会并讲话。

7 月 31 日，交通部发出通知，在全国交通系统开展“讲文明，树新风”活动。

8 月，贵州省人民政府决定改进公路管理体制，第三次将市（州、地）所属的 9 个公路养护总段由地方收回省交通厅公路局统一管理。

9 月 19 日，吉林长春至吉林高速公路通车，全长 83. 55 公里。

10 月 6 日，全长 132. 86 公里的哈尔滨至大庆高速公路建成通车。

10 月 14 日至 17 日，交通部在河北石家庄和山西太原召开全国公路系统创建文明行业经验交流会。开始在全国交通系统学习和推广“太旧精神”、石家庄出租汽车行业、青岛长途汽车站以及养路工陈德华、稽查科长朱同汝五个先进典型的事迹。

10月28日，全长97.5公里的广西钦州至防城高速公路建成通车。

11月18日，路桥集团及其核心企业——中国路桥（集团）总公司在北京挂牌成立。该公司前身是1979年成立的中国公路桥梁工程公司，集团总资产78亿元。

11月20日，全国道路运输系统创建文明行业座谈会在山东青岛召开。

11月26日，交通部令1997年第16号发布《交通行政执法证件管理规定》。

12月3日，交通部、财政部联合发布《关于违反〈车辆购置附加费征收办法〉的处罚规定》。

12月6日，中港集团及其核心企业——中国港湾建设（集团）总公司在北京挂牌成立。

12月19日，交通部环境保护中心成立。

12月30日，全长216.05公里的石家庄至安阳高速公路建成通车。

12月，全国交通行业为西藏养路职工“送温暖活动”提前完成，各地共捐赠、补贴资金3 905万元，援建了156座道班房。

1998年

年内，“道路沥青及沥青混合料路用性能的研究”获国家科技进步二等奖；“高密实度摊铺机的研制”、“大跨钢管混凝土劲性内架混凝土拱桥收缩、徐变非线性因素影响研究”2项公路成果获国家科技进步三等奖。

年内，“北京市公路管理信息系统”获交通部科技进步一等奖；“212国道泥石流、滑坡处治技术研究”、“公路桥梁可靠度研究”、“《公路、水路主要技术政策》修订稿的编制研究”、“无源网络的计算机优化制作”、“运输系统规划与模型（著作类）”5项公路成果获交通部科技进步二等奖。

1 月 1 日，《中华人民共和国公路法》实施。

1 月 14 日至 15 日，交通部在北京召开全国交通工作会议。黄镇东部长作了题为《认真贯彻十五大精神，创造交通工作新业绩》的工作报告。

1 月 19 日，交通部发布《交通部国防交通储备器材管理规定》。

2 月 26 日，交通部、国家计委令 1998 年第 4 号联合发布《汽车租赁业管理暂行规定》。

3 月 3 日，交通部召开全国交通系统治理公路和水上“三乱”电话会议。黄镇东部长作了重要讲话，部署了 1998 年治理公路和水上“三乱”工作。

3 月 4 日，交通部令 1998 年第 2 号发布《道路运输车辆维护管理规定》。后根据 2001 年 8 月 20 日交通部令 2001 年第 4 号《关于修改 < 道路运输车辆维护管理规定 > 的决定》修正。

3 月 9 日，交通部令 1998 年第 3 号发布《道路运输行政处罚规定》。

3 月 10 日，交通部在福建省召开十年交通教育扶贫工作总结会议。

3 月 26 日至 28 日，交通部在北京召开加快公路基础设施建设座谈会。黄镇东部长要求以对党和人民高度负责的精神，贯彻落实中央关于加快公路建设的决策。

5 月 17 日至 18 日，深圳至汕头高速公路东段工程通过交通部和广东省交通厅共同组织的竣工验收，被评为优良工程。

6 月 12 日，交通部发布《汽车维修质量纠纷调解办法》。

6 月 20 日至 23 日，交通部在福建福州召开全国加快公路建设工作会议，全国公路建设进入新的快速发展时期。7 月中旬，党中央、国务院决定加大基础设施投入，公路建设投资规模从年初的 1 200 亿元，增加到 1 600 亿元。

7 月 1 日起，国务院决定在客运附加费中每人公里增加 1 分钱，全额用于公路建设。

7月7日，交通部发布《全国交通系统创建文明行业实施办法》。

7月22日，湖北省阳新县公路局半山董道班青年养路工柯琴芳，在长江特大洪涝灾害中为抢救儿童献出21岁的生命，被湖北省政府追认为革命烈士。10月8日，交通部授予柯琴芳“抗洪救灾模范养路工”荣誉称号，同时授予张玉金“抗洪抢险模范保卫干部”、李伟“抗洪抢险优秀大学生”荣誉称号。1998年，在长江、松花江流域的洪涝灾害中，百万公路职工奋不顾身，投入抗洪救灾。

7月22日，交通部召开第一次全国加快公路建设电话会议，通报了上半年加快公路建设情况，要求进一步鼓足干劲，再接再厉，努力实现1998年加快公路建设目标。

7月29日至31日，交通部在北京召开第二次全国加快公路建设座谈会。黄镇东部长传达国务院第12次总理办公会议精神，1998年全国公路建设投资规模从1 600亿元扩大到1 800亿元。

8月17日，交通部召开交通系统贯彻全国纠风工作会议精神电话会议，传达了全国纠风工作会议精神，部署了下半年纠风工作。

8月17日，交通部、国家发展计划委员会联合发布《汽车运价规则》。

8月18日，交通部、共青团中央在黑龙江哈尔滨联合召开全国公路收费站系统青年文明号经验交流会。

8月28日，全国交通高等教育工作会议在大连海事大学召开，黄镇东部长作了题为《认真贯彻党的十五大精神，推动跨世纪交通高等教育的改革与发展》的报告。

9月3日，华北高速公路股份有限公司、东北高速公路股份有限公司、湖南长永高速公路股份有限公司、广西五洲交通股份有限公司被批准为第一批使用国家特批指标在国内发行A种股票的公路公司。公路建设筹资和融资步伐加快。

9月18日，交通部在北京召开第二次全国加快公路建设电话会议，通报1月至8月全国加快公路建设情况，强调要认真实行公路工程质量责任追踪制度、专业技术人员培训制度、全过程质量把关制度。

10 月 9 日，交通部在北京召开第三次全国加快公路建设电话会议，要求公路建设要把确保工程质量放在第一位，进度服从质量；各级领导要牢固树立质量意识，切实抓好公路建设质量；要派专业技术干部深入施工现场，严把质量关。

10 月 19 日至 25 日，为贯彻落实《国务院办公厅关于加强建设项目管理确保工程建设质量的通知》精神，交通部组织 5 个专家组对河北、山东、江苏、湖南等 17 个省（区、市）在建的 24 个重点工程、总长 2 622 公里公路项目进行检查。

10 月 21 日，交通部令 1998 年第 8 号发布《高速公路旅客运输管理规定》。

10 月 28 日，全国道路运输工作会议在四川成都召开，李居昌副部长在会上作了题为《以市场为导向，深化企业改革，促进道路运输持续快速健康发展》的报告。

11 月 17 日，交通部在北京召开第四次全国加快公路建设电话会议，要求决不能为完成 1998 年任务而忽视质量，决不能为搞献礼工程而忽视质量，决不能建出有质量隐患的工程。1998 年，全国公路建设完成的投资额达到 2 118 亿元，超额完成当年投资任务。

12 月 10 日至 12 日，交通部在北京召开全国公路建设质量工作会议，要求提高认识，狠抓落实，以质量为本加快公路建设。

12 月 28 日，交通部令 1998 年第 9 号发布《公路工程施工监理招标投标管理办法》。

12 月 29 日，国家重点建设项目——上海至杭州高速公路建成通车。

12 月 31 日，交通部与所办的经济实体和管理的直属企业完成脱钩。

1999 年

年内，“虎门大桥建设成套技术”获交通部科技进步特等奖；“万县长江大桥特大跨（420米）钢筋混凝土拱桥设计施工技术研究”、“澳门机场人工岛工程建设成套技术”2项公路成果获交通部科技进步一等奖；“高等级公路下伏空洞的危害程度勘察、处治及质量检验技术研究”、“M3000型强制间歇移动式沥青混合料搅拌设备”、“板壳力学中的加权残值法”、“沥青路面结构可靠性研究”、“公路路基结构可靠性研究（路堤部分）”5项公路成果获交通部科技进步二等奖。

年内，京津塘高速公路、沪宁高速公路江苏段、105国道广东番禺洛溪大桥、贵州江界河大桥、九江长江大桥、上海杨浦大桥、首都机场高速公路四元立交桥、杭州钱塘江二桥基础工程等公路、桥梁工程获得第一届“中国土木工程（詹天佑）大奖”。

1月18日至20日，全国交通工作会议在山东济南召开。中共中央政治局委员、山东省委书记吴官正出席了开幕式。黄镇东部长作了《努力做好世纪之交的交通工作，以优异成绩迎接建国五十周年》的工作报告。

2月13日，交通部印发《关于开展公路建设质量年活动的通知》，公布了“公路建设质量年”活动实施方案。启动了连续3年的“公路建设质量年”活动。

2月24日，交通部发布《公路工程质量管理办法》。

2月27日，全国交通基础设施建设工程质量现场会在江苏南京召开，黄镇东部长作了重要讲话。

3月9日，交通部在北京举行“吴福—振华交通教育奖励基金”第二次颁奖仪式。

3月中旬开始，按照“公路建设质量年”活动的总体部署，交通部组织40多名专家，分成7个检查组对南方14个省份的48个公路重点建设项目进行了1999年第一次公路建设质量大检查。

3月27日，全国交通系统治理公路、水路“三乱”暨清理整顿收费站点工作会议在吉林长春召开。

4月17日，云南省第一条由企业出资控股并参与建设、第一条六车道高速公路——全长 85.71 公里的昆明至玉溪高速公路通车。2001 年，昆玉高速公路获云南省优质工程一等奖。2002 年，昆玉高速公路获中国建筑业协会颁发的中国建筑工程“鲁班奖”。

4 月 23 日，交通部在北京召开全国公路建设电话会议。黄镇东部长作了重要讲话，李居昌副部长通报了对公路工程质量和建设资金使用检查的情况。

4 月 26 日，国务院批复交通部、中国人民银行《关于收费公路项目贷款担保问题的请示》，明确公路建设项目法人可以收费公路的收费权质押方式向国内银行申请抵押贷款。

5 月 22 日，交通部、财政部联合发布《关于切实做好公路养路费等交通规费征收工作的通知》，对养路费等交通规费征收工作提出了要求。

6 月 9 日，交通部令 1999 年第 1 号发布《交通通信管理规则》。

6 月 16 日，全国公路工作会议在重庆召开。

6 月 26 日，全长 144.99 公里的杭州至宁波高速公路通过交通部竣工验收。

7 月 5 日，交通部发布《交通部社会团体管理暂行办法》。

7 月 6 日，济南黄河第二公路大桥、潍坊至莱阳高速公路、济南至德州高速公路齐济段建成通车。山东省高速公路通车里程率先在全国突破 1 000 公里，达到 1 085公里。

7 月 6 日，交通部令 1999 年第 2 号发布《中华人民共和国营业性道路运输机动车准驾证管理规定》。

7 月 13 日，全长 2 592 米的安徽铜陵长江公路大桥通过交通部竣工验收，工程质量优良。

8 月 7 日，交通部在甘肃兰州召开全国交通基本建设质量监督工作交流会，20 个先进质量监督站、155 名优秀监督工程师和 35 名优秀监督员受到交通部表彰。

8 月 19 日，交通部发布《公路工程行业标准管理办法》。

9月4日至7日、19日至22日，全国农村公路建设发展座谈会分别在甘肃兰州、山东潍坊召开。

9月上旬开始，交通部组织了1999年第二次公路建设质量大检查，分成4个检查组，对中、西、北部地区的13个省（区、市）的37个公路重点建设项目进行了检查。

9月9日，全长96.2公里、总投资9 800万元的独龙江公路竣工通车，我国最后一个少数民族聚居乡通了公路。

9月19日至21日，由交通部和中国公路运输工会在新疆乌鲁木齐联合召开“全国公路养护‘双百佳’经验交流会”，表彰100名优秀养路工和100个文明道班，在全国公路系统引起强烈反响。

9月28日，全长2 888米、主跨1 385米的江苏江阴长江公路大桥建成通车，江泽民主席为大桥通车剪彩。这是当时国内跨径最大的悬索桥，世界排名第四。

9月31日，由交通部组织编撰的《中国公路水运五十年》专著和《中国交通50年成就》画册出版。

10月11日，交通部发布《道路运输服务质量投诉管理规定》。

10月20日，交通部在北京召开全国加快公路建设执行情况电话会议，通报1月至9月份全国加快公路建设情况。

10月26日至28日，全国交通系统创建文明行业经验交流会在山东青岛召开，黄镇东部长作了重要讲话。

10月31日，京沪高速公路济南至泰安段建成通车，标志着全国高速公路突破1万公里。年末里程达到11 650公里，跃居世界第四。

11月3日，交通部印发《关于清理整顿有偿转让公路收费权工作的实施方案（试行）》，要求到2000年底完成有偿转让公路收费权项目的清理工作。

11月6日，全长55公里的宁夏石嘴山至中宁高速公路银川段建成通车，标志着宁夏回族自治区高速公路实现零的突破。

11 月 8 日，山东寿光至哈尔滨蔬菜运输绿色通道开通工作会议在黑龙江哈尔滨召开。这是继寿光至北京、海南至北京、海南至上海三条绿色通道后全国开通的第四条绿色通道。至此，全国绿色通道总里程已达 1.1 万公里，途径 18 个省（区、市）。

11 月 15 日，交通部令 1999 年第 5 号发布《汽车货物运输规则》。

11 月 22 日，加快西部地区交通建设与发展座谈会在北京召开，黄镇东部长作了重要讲话。

12 月 1 日至 30 日，交通部派出 6 个检查组分赴全国各地进行交通安全大检查。

12 月 30 日，中国首座三跨全飘浮悬索桥——厦门海沧大桥建成通车，国家主席江泽民为该桥题写了桥名。

12 月 30 日，西安公路交通大学“211 工程”建设项目经国家发展计划委员会批准立项。

2000 年

1 月 23 日至 27 日，全国交通工作会议在云南昆明召开。国务院副总理吴邦国向大会致信祝贺。黄镇东部长作了《面向新世纪，开创新局面》的工作报告。

2 月 12 日，交通部发布《交通建设项目审计实施办法》。

2 月 13 日，交通部令 2000 年第 2 号发布《超限运输车辆行驶公路管理规定》。

2 月 17 日，青海省首条高速公路——国道主干线丹东至拉萨公路平安至西宁段高速公路开工建设。该路段长 34.78 公里。

3 月 7 日，交通部、国家统计局联合发布《关于开展第二次全国公路普查工作的通知》。第二次公路普查的标准时间定为2000年12月31日，采用实地测量方式进行，并将凡是人工修建、路基宽4.5米及以上的等外路全部计入普查范围。

4月15日，西藏有史以来最高等级的公路——青藏公路羊八井至拉萨段二级公路改建工程破土动工。该路段长66公里，平均海拔在4 000米左右。

4月18日，在原西安公路交通大学、西北建筑工程学院和西安工程学院基础上组建的长安大学挂牌成立。

4月21日，交通部发布《交通基本建设项目竣工决算报告编制办法》。

6月27日，交通部令2000年第5号发布《交通行政复议规定》。

7月17日，交通部令2000年第6、第7、第8号分别发布《公路建设市场准入规定》、《公路建设四项制度实施办法》、《公路建设监督管理办法》。

7月20日至21日，西部开发交通基础设施建设工作会议在四川成都召开，国务院副总理吴邦国出席会议并作重要讲话。会议确定了《加快西部地区公路交通发展规划纲要》。

9月15日，全长658公里的京沈高速公路全线建成通车。京沈高速公路是“两纵两横三个重要路段”中的“三个重要路段”之一，是我国第一条全程双向六车道的高速公路。

9月21日，全长58.8公里的北京至大同高速公路山西段建成通车。该路段是我国第一条高荷载、超重型水泥混凝土路面高速公路。

10月22日，国务院令2000年第294号发布《中华人民共和国车辆购置税暂行条例》，自2001年1月1日起实施。已征收15年的车辆购置附加费被车辆购置税替代。

10月31日至11月2日，全国交通行政执法队伍建设工作会议在安徽合肥召开。

11月3日，全长265.5公里的新疆乌鲁木齐至奎屯高速公路建成通车。

11 月 22 日，全长 145 公里的山东曲阜至张山子高速公路建成通车，标志着山东省高速公路总里程突破 2000 公里。

12 月 5 日至 7 日，交通部在湖南长沙召开全国公路行业管理工作会议，进一步明确了“统一规划，分级管理”的公路管理方针以及“一省一厅一局”的机构设置模式。

12 月 18 日，全长 1 262 公里的京沪高速公路全线建成通车，这是“两纵两横三个重要路段”中的“三个重要路段”之一。到年底，我国高速公路通车里程突破 1.6 万公里，跃居世界第三位。其中山东高速公路里程突破了 2 000 公里，河北、辽宁、广东、江苏、四川等省突破 1 000 公里。

2001 年

年内，虎门大桥、万县长江公路大桥、上海市南北高架道路、八达岭高速公路（二期）、交通部公路交通试验场、澳门机场人工岛场道、长春至吉林高速公路等公路、桥梁工程获得第二届“中国土木工程（詹天佑）大奖”。

1 月 1 日，征收了 15 年的车辆购置附加费即日起为车辆购置税取代，但征收标准不变。

1 月 8 日至 9 日，全国交通厅局长会议在河南郑州召开。国务院副总理吴邦国对交通工作做出重要批示。黄镇东部长作了《承前启后，开拓进取，推进交通改革发展再上新台阶》的工作报告。

1 月 12 日，川藏公路二郎山隧道正式通车。该隧道全长 4 176 米，海拔近 2 200 米,是国家“九五”公路重点建设项目。

2 月 27 日，江苏省和交通部在江苏镇江联合召开润扬长江公路大桥省部现场办公会。黄镇东部长作了《质量，润扬长江公路大桥建设的根本》的重要讲话。

2 月 28 日至 3 月 1 日，全国交通审计工作会议在安徽合肥召开。

3月15日，改版后的交通部政府网站对外开通。

3月19日，全国公路普查培训会在北京召开，标志着第二次全国公路普查工作全面展开。

3月22日至24日，江阴长江公路大桥通过了交通部组织的竣工验收。该桥为主跨1 385米钢箱梁悬索桥，是此前国内已建成的同类桥型跨径最大的，列世界第四位。

3月23日，交通部印发《关于开展第二个道路运输市场管理年活动的通知》。

3月26日，南京长江二桥正式开通。该桥是国家"九五"重点基础设施建设项目，全长12.5公里。

3月29日，全国第一家由交通部批准的跨省（市）高速公路快运企业——新国线运输有限责任公司正式挂牌成立。

3月29日，交通部与国务院新闻办联合召开"九五"交通成就与"十五"交通发展目标新闻发布会。

4月2日至3日，西部交通建设座谈会在贵州贵阳召开，明确了"十五"期和2001年西部地区交通建设目标。

4月11日至26日，交通部分别在浙江杭州、江西南昌和新疆乌鲁木齐召开了三个片区公路建设工作座谈会。会议总结了两年来开展"公路建设质量年"活动的经验，研究落实公路建设的各项工作，对开展整顿和规范公路建设市场秩序工作做出具体布置。

4月17日，交通部发布《道路货物运输企业经营资质管理办法（试行)》。

4月20日至21日，全国整顿和规范公路、水路运输和建设市场秩序工作会议在北京召开。

4月28日，中国公路建设行业协会成立，标志着公路建设市场在行业自律与规范经营方面进入新阶段。

5月17日，交通部印发《“十五”交通审计工作意见》，提出了“十五”期间交通审计工作的指导思想、发展目标、工作重点和主要措施等。

5月21日，交通部印发《全国道路化学危险货物运输专项整治实施方案》。

5月28日至30日，交通部在江西南昌召开全国公路养护管理工作会议，制定“十五”养护管理工作方针和未来十年养管工作纲要。

5月29日，交通部公布《2001～2010年公路水路交通行业政策及产业发展序列目录》，这是我国政府交通主管部门第一次比较全面和系统地发布公路、水路交通行业政策。

6月5日，交通部印发《“十五”交通教育培训规划》，明确了“十五”期间交通行业教育培训工作指导思想、主要目标和工作任务。

6月7日，交通部印发《道路运输业结构调整的若干意见》。

6月9日至12日，朱镕基总理在四川视察时，作出加快建设三州通县公路的指示。

7月1日，全长34.78公里、青海首条高速公路平安至西宁段建成通车，实现了青海省高速公路建设零的突破。

7月2日，交通部印发《公路水路交通信息化“十五”发展规划》。

7月13日，为确保2008年北京举办奥运会期间交通顺畅，北京市决定投资900亿元用于道路交通建设。

7月19日，交通部、国家经贸委等七部委联合发布《关于进一步做好“三绿工程”工作的意见》，共同开展以“开辟绿色通道、培育绿色市场、提倡绿色消费”为主要内容的“三绿工程”。

8月20日，交通部令2001年第4号、第5号发布《道路车辆维护管理规定》、《道路运输处罚规定》。

8月21日，交通部令2001年第6号发布《公路工程勘察设计招标投标管理办法》。

8月25日，全国交通系统援助西藏公路养护机械捐赠仪式在西藏拉萨的布达拉宫广场举行。全国共向西藏捐赠公路养护机械75台套，总价值3 100多万元。

8月29日，国务院原则同意交通部提出的《西部开发8条省际公路通道建设规划方案》。

9月22日至23日，交通部在四川甘孜州召开三州通县公路建设现场办公会，正式启动四川西部三州通县公路建设。黄镇东部长作了《抓住机遇，齐心协力，全面完成三州通县公路建设任务》的报告。

10月10日，国家经贸委、交通部、公安部联合发布《关于进一步规范卧铺客车生产、使用和管理有关工作的通知》。

10月11日，交通部令2001年第7号发布《营业性道路运输驾驶员职业培训管理规定》。

10月16日至19日，全国交通系统创建文明行业工作会议在江苏南京召开。会议的主要任务是：总结"九五"交通系统"三学一创"活动情况，表彰两个文明建设先进典型，部署"十五"交通系统创建文明行业的工作任务。黄镇东部长出席会议并作重要讲话。

10月24日，全国道路运输工作会议在湖北武汉召开。

10月25日，交通部、国家发展计划委员会联合发布《关于印发〈关于鼓励对国际标准集装箱运输车辆通行费实行优惠促进公路集装箱运输业发展的意见〉的通知》。

10月25日，投资规模达373亿元的西部地区通县公路建设工程正式启动。该工程涉及17个省（区、市）250个县，改建公路里程2.5万公里。

11月1日，西部地区通县公路建设工作座谈会在北京召开，对西部地区通县公路建设作出全面部署。

11月20日，交通部、对外贸易经济合作部令2001年第9号联合发布《外商投资道路运输业管理规定》。

11月29日，交通部印发《道路运输业发展规划纲要（2001～2010年）》。

12月4日，四川成都至广西北海的西南出海大通道（辅助通道）全线贯通。这条通道全长1 709公里，总投资255亿元，是“两纵两横三个重要路段”的重要组成部分，也是国家西部大开发战略实施以后率先完成的大型基本建设项目。

12月18日，全国交通厅局长会议在陕西西安召开。黄镇东部长作了《把握形势，抓住机遇，扎扎实实做好2002年交通工作》的报告。

12月25日，交通部西部地区通县公路建设办公室成立，负责协调西部地区通县公路建设。

12月26日，交通部与公安部、国务院纠风办、国家林业局、建设部联合召开新闻发布会，公布全国第一批实现所有公路基本无“三乱”省（市）名单。北京、上海、江苏、海南四省（市）率先实现了所有公路基本无“三乱”。

12月27日，交通部印发《国家重点公路建设规划》。

12月31日，我国高速公路里程突破1.9万公里，排名由世界第三位跃居第二位。

2002年

年内，“公路通行能力研究的装备与技术”获国家科技进步二等奖。

1月21日至24日，西部地区通县公路建设工作座谈会在北京召开。

2月5日，历时一年多的第二次全国公路普查工作圆满结束。交通部、国家统计局联合发布了第二次全国公路普查数据表明，截至2000年12月31日，全国公路总里程达到167.98万公里，比1979年第一次普查时增加了80万公里。

3月2日至3日，东南沿海交通战备基础设施建设办公会在厦门召开，黄镇东部长和张春贤副部长出席会议。

4月10日，国家经贸委、铁道部、交通部、外经贸部、海关总署和国家质量监督检验检疫总局联合发布《关于加快发展我国集装箱运输的若干意见》。

4月13日，中国交通建设监理协会成立。经过十余年的实践，交通监理市场已基本形成，交通建设监理法规体系逐步完善，监理覆盖面逐步扩大，所有大中型项目和重要的小型工程项目都实施了工程监理。

4月15日，国务院办公厅发布《关于治理向机动车辆乱收费和整顿道路站点有关问题的通知》。

4月22日，交通部印发《关于做好道路运输业规划编制工作的通知》。

5月9日，交通部政府网站再次改版开通仪式在部机关大楼举行。

5月10日至12日，全国交通基础设施建设前期工作会议在山西太原召开。

5月17日至19日，东部、中部片区公路建设调研座谈会在吉林长春召开。

5月29日，经国务院批准，中国道路运输协会正式成为国际道路运输联合会（IRU）会员。

5月31日，第一届全国公路科技创新高层论坛在北京举行，公路科技得到越来越多的关注。

6月6日，交通部令2002年第2号发布《公路工程施工招标投标管理办法》。

6月21日，南京长江第二大桥通过交通部组织的竣工验收。

6月28日，交通部、公安部、国务院纠风办联合发布《关于公布第二批实现所有公路基本无“三乱”省（区、市）名单的通报》，天津、内蒙古、辽宁、吉林、黑龙江、安徽、山东、甘肃等8个省（区、市）实现所有公路基本无“三乱”。

7 月 1 日，重庆将“七桥一隧”捆绑收费，机动车凭年票就可以在主城区范围内畅行无阻。

7 月 11 日，交通部印发《关于治理整顿公路监理市场秩序的意见》。

7 月 15 日，西部地区通县公路建设现场交流会在贵州贵阳召开，黄镇东部长、胡希捷副部长、张春贤副部长和国务院西部办、国家发展计划委员会、财政部等部门负责人出席会议。

8 月 15 日，朱镕基总理对西部地区通县公路建设作出“百年大计、质量第一”的重要批示。

8 月，辽宁、山东两省在全国率先实现省会到每一个地市用高速公路连接。

9 月 2 日至 15 日，由国家安全生产监督局、国家质量技术监督检验检疫总局、公安部、交通部等有关部门组成的国务院安全生产委员会办公室危险化学品安全管理专项整治督察组，对全国部分省（市）的道路危险货物运输专项整治工作进行了督查。

9 月 10 日至 20 日，建设部、国家发展计划委员会、交通部等 8 部委对部分省份整顿和规范建设市场秩序情况进行联合检查。

9 月 16 日，交通部发布《公路养护工程预算编制导则》。

9 月 20 日，黄镇东部长率团赴印度尼西亚出席首次中国—东盟交通部长会议。

9 月 25 至 26 日，全国高速公路管理体制座谈会在重庆召开。

9 月 28 日，交通部治理公路“三乱”暨安全生产工作会议在北京召开，黄镇东部长、国务院纠风办胡玉敏副主任出席会议并分别讲话。

10 月 28 日，全国人大常委会任命张春贤为交通部部长，同时免去黄镇东交通部部长职务。

10 月，国家发展计划委员会、交通部调整并最终确定西部地区通县公路建设工程的项目为 252 个，总里程 2. 61 万公里，总投资 310 亿元。截至 2002 年底，这项被誉为“德政工程”、“民心工程”的项目累计完成投资264亿余元，建成通车116个项目，完成交工验收项目的工程质量全部良好，基本完成了预定目标。

11月3日，张春贤部长陪同朱镕基总理出席在柬埔寨金边召开的首次大湄公河次区域经济合作、第六次东盟与中、日、韩（10+3）、东盟与中国（10+1）等领导人会议，并陪同朱镕基总理与柬埔寨国王西哈努克、首相洪森、参议院议长谢辛和国民议会议长拉那烈以及新加坡总理吴作栋进行了双边会谈。张春贤部长代表中国政府签署了《大湄公河次区域便利跨境客货运输协定》。

11月6日至8日，国际隧道研讨会暨公路建设技术交流大会在北京举行。这是世界道路协会（PIARC）首次在中国举办的大型公路技术交流国际会议。

11月15日，反映中华民族桥梁建设历程的鸿篇巨制——《中国桥谱》出版发行。江泽民主席为该书题写了书名。

11月16日，交通部令2002年第6号发布《公路监督检查专用车辆管理规定》。

11月22日，交通部、公安部、国务院纠风办联合发布《关于公布第三批实现所有公路基本无“三乱”省（区、市）名单的通报》，河北、江西、湖北、陕西、新疆等五省（区）实现所有公路基本无“三乱”。

12月4日，交通部发布《高速公路养护质量检评方法（试行）》和《交通统计工作管理规定》。

12月20日，交通部、建设部、财政部、公安部组成联合检查组，对吉林、浙江、四川三省道路客货运输秩序清理整顿工作进行了抽查。

2003年

年内，“GPS、航测遥感、CAD集成技术推广应用”获国家科技进步二等奖。

年内，“丫髻沙大桥转体设计与施工成套技术研究”、“水泥混凝土路面滑模施工技术推广”2 项成果获 2003 年度中国公路学会科学技术一等奖；“公路汽车污染物排放因子的研究”等 8 项成果获二等奖；“交通流模拟建模理论、方法及其关键技术研究”等 40 项成果获三等奖。

年内，江阴长江公路大桥、芜湖长江大桥、南京长江第二大桥、香港红磡绕道与公主道连接路、广渝高速公路华蓥山隧道、227 国道大坂山隧道、京沈高速公路绥中至沈阳段、北京市四环路工程等公路、桥梁、隧道工程获得第三届“中国土木工程（詹天佑）大奖”。

1 月 27 日，交通部令 2003 年第 2 号发布《路政管理规定》。

2 月 11 日至 12 日，全国交通厅局长会议在浙江杭州召开。交通部部长张春贤作了《认真贯彻党的十六大精神，努力实现交通新的跨越式发展》的工作报告。

3 月 8 日，国家发展计划委员会、建设部、铁道部、交通部、信息产业部、水利部、中国民航总局联合发布了《工程建设项目施工招标投标办法》。

3 月 14 日，国家发展计划委员会、交通部联合发布《县际及农村公路改造工程管理办法》。

3 月 19 日，交通部向国务院报送《关于公路国道主干线建设问题的报告》和《关于加强农村公路建设问题的报告》，温家宝总理及黄菊副总理、曾培炎副总理分别做出批示。

4 月 1 日，面对“非典”疫情的严峻形势，交通部及时提出要“抓试点、抗‘非典’、促重点”的方针，先后下发了43 个文件，自上而下形成了统一领导、齐抓共管、运转协调、各负其责、群防群控的领导体系。当年防抗“非典”期间，全国交通行业共投入 9. 97 亿元资金防控“非典”。制定了客运应急预案和货运应急预案，运送各类紧急物资 28. 4 万吨。建立了华北及山东、辽宁等七省（区、市）联合控制疫情扩散的联防机制。先后派出 6 批 13 个检查组，分赴 16 个省（区、市）检查交通部门防控非典措施的落实情况。实现了“交通不断、货流不断、人流不断，传染源切断”的“三不断一断”的目标。

4 月 3 日，京珠高速公路粤境北段建成通车。该段高速公路全长 109. 93 公里，是施工难度最大的山区高速公路之一。

4月23日，交通部发布《收费公路车辆通行费车型分类》（JTJ/T 489—2003）交通行业标准。

5月13日，交通部令2003年第5号发布《交通建设项目环境保护管理办法》。

5月15日，全国农村公路建设工作电视电话会议召开，黄菊副总理作出重要批示。

5月16日，交通部发布《公路隧道养护技术规范》（JTG H12—2003）行业标准。

6月27日，世界上最大跨径的斜拉桥——苏通长江大桥主桥正式开工建设。该桥路线全长32.4公里，是中国建桥史上工程规模最大、技术与施工条件最复杂、建设标准和科技含量最高的现代化特大型桥梁工程，其中跨江大桥（包括主桥、辅桥和南北引桥）长约8 200米，主桥为双塔斜拉桥。

6月28日，上海卢浦大桥建成通车，大桥全长3 900米，主跨为550米钢结构拱桥，双向六车道。

8月22日，全长116公里、中国第一条沙漠高速公路——榆林至靖边高速公路建成通车。

8月31日，广东开阳高速公路通过竣工验收，9月3日正式通车。开阳高速公路以“优质、高效、低价、廉洁”，在公路基础设施建设领域走出了一条“阳光之路”。

9月1日零时，京沈高速公路全线使用统一的纸质通行券，采用手工和计算机系统并行的通行费拆分与结算模式，实现高速公路联网收费系统正式切换。

9月10日，全国劳模、五一劳动奖章获得者、317国道四川雀儿山道班班长陈德华先进事迹报告会在北京人民大会堂隆重举行。

9月23日，陕西省延安至安塞高速公路建成通车。该路全长31.7公里，是西部大开发省际通道阿荣旗至北海线的重要组成部分，也是革命圣地延安建成的第一条高速公路。

10 月 20 日，京沈高速公路联网收费工程正式开通运行，这是国内第一条跨省（市）联网收费的高速公路。

10 月 29 日至 30 日，交通环境保护工作三十周年总结表彰大会在湖南长沙召开。

10 月，包括中国内地第一个路桥收费站——广东佛山大桥收费站在内的广东佛山的 28 个收费站被拆除。

11 月 6 日，交通部发布《交通（公路水路）信息化建设指南》。

12 月 1 日，张春贤部长向国务院报送的《关于加强超限超载治理工作的报告》，引起国务院领导的高度重视。温家宝总理 12 月 2 日批示“注意采取综合措施”、“要治理就要坚决治好，不能半途而废”；黄菊副总理批示“对超限超载问题进行综合治理很有必要”；周永康国务委员批示“赞成采取综合手段治理超限超载问题”。12 月 1 日零时起，北京、天津、河北、山西和内蒙古等华北五省（区、市）开展联合治理超限运输，开辟了跨区域、跨部门互动治超模式，遏制超限运输对公路造成的损害。

12 月 26 日，同三国道主干线山东莱西至汾水、206 国道烟台至新河、乳山至海阳高速公路建成通车，标志着山东省高速公路通车里程率先突破 3 000 公里。

12 月 31 日，交通部、商务部令 2003 年第 12 号联合发布《关于 < 外商投资道路运输业管理规定 > 的补充规定》。

2004 年

年内，“行车荷载作用下湿软路基残余变形及其控制技术研究”、“公路客运站危险品检查仪” 2 项成果获 2004 年度中国公路学会科学技术一等奖；“三塔单索面预应力混凝土斜拉桥建造技术”等14项成果获二等奖；“公路卧铺客车卧位舒适性研究”等41项成果获三等奖。

年内，宜昌夷陵长江大桥、武汉军山长江公路大桥、川藏公路二郎山隧道、宁波常洪隧道、连云港至徐州高速公路、上海大众试车场、京珠国道湘（潭）耒（阳）高速公路、西安绕城高速公路等公路、桥梁、隧道工程获得第四届“中国土木工程（詹天佑）大奖”。

1月4日，交通部印发《公路水路交通“十一五”发展规划纲要》。

1月11日，全国交通工作会议在北京召开。张春贤部长作了《坚持科学的发展观，为促进经济社会全面发展提供交通运输保障》的工作报告。

3月4日，交通部、卫生部令2004年第2号联合发布《突发公共卫生事件交通应急规定》。

3月31日，交通部令2004年第3号发布《公路工程竣（交）工验收办法》。

4月6日，交通部印发《关于在公路建设中实行最严格的耕地保护制度的若干意见的通知》。

4月20日，由中宣部、交通部、人事部、全国总工会、山东省委联合举行的许振超先进事迹报告会在北京人民大会堂举行。会前，中共中央政治局常委、国务院副总理黄菊亲切接见了报告团一行，高度赞扬许振超的事迹。会上，人事部副部长侯建良宣布，人事部、交通部决定授予许振超全国交通系统劳动模范荣誉称号；全国总工会副主席、书记处第一书记张俊九宣布，中华全国总工会决定授予许振超全国“五一”劳动奖章，并当场向许振超颁发了全国“五一”劳动奖章和荣誉证书。

4月27日，全国公路安全保障工程实施工作座谈会在重庆召开，标志着这项工程在全国正式启动。这一工程的实施标志着“消除隐患，珍视生命”的现代文明理念融入公路基础设施建设之中。

4月30日，国务院令第406号发布《中华人民共和国道路运输条例》。

4 月 30 日，经国务院同意，交通部、公安部、国家发改委、质监总局、工商总局、安全监督局、法制办联合发布《关于在全国开展车辆超限超载治理工作的实施方案》。

5 月 11 日，交通部、公安部、国家发改委、质监总局、工商总局、安全监督局、法制办七部委召开电视电话会议，部署全国集中开展治理车辆超限超载工作。

5 月 14 日，交通部组织首次全国公路、水运监理工程师执业资格统一考试。共有 1.6 万余人报名参加考试，5 700 余人取得了执业资格。

6 月 10 日至 11 日，纪念交通审计 20 周年暨 2004 年全国交通审计工作会议在北京召开。

6 月 20 日，交通部、公安部等八部委联合开展治理公路车辆超限超载行动，全国集中治超拉开帷幕。

6 月 30 日，交通部令 2004 年第 5 号发布《公路水运工程监理企业资质管理规定》。

7 月 5 日，云南盈江县突降 50 年一遇大暴雨。为抢修水毁公路，盈江县交通局局长赵家富因公殉职，时年 39 岁。交通部授予赵家富“交通局长的楷模”荣誉称号，并号召全国交通系统广大干部职工向赵家富学习。

7 月 13 日，温家宝总理在交通部报送的《关于全国治理车辆超限超载工作有关情况的报告》上作出重要批示：治理公路超限超载运输工作取得了明显成绩，要坚持彻底治理。在治理过程中要注意及时解决出现的新问题，把治理与严格规范公路收费结合起来，保证农副产品绿色通道畅通，鼓励依法增加运量，缓解当前运输紧张状况。

7 月 20 日，交通部印发《2010 年公路水路交通信息化发展思路及 2004 ~ 2005 年规划方案》。

7 月 28 日至 8 月 27 日，交通部组织开展了“公水联运、抢运电煤”活动，有效缓解了电煤运输紧张状况。

7月29日，中共中央政治局常委、国务院总理温家宝和国务院有关部门负责人在北京视察交通运输和治理公路超限超载运输时指出，要加强运力协调和配置，确保电煤和重点物资的运输，确保电力迎峰度夏，确保社会生产和人民生活不受影响，实现经济平稳较快发展。同时对进一步做好交通运输工作提出7点要求。

8月29日，沈大高速公路改扩建工程竣工，全路段为八车道，设计行车时速120公里，一昼夜通行能力跃升至13万～15万辆次。

9月13日，国务院令第417号发布《收费公路管理条例》。

9月29日，交通部发布《交通部科技项目管理办法》。

9月30日，河南省新乡至郑州高速公路建成通车，标志着“五纵七横”国道主干线北京至珠海全线贯通。

9月，川、青、藏三省（区）举行庆祝活动，隆重纪念青藏、川藏公路建成通车50周年。

10月8日，连云港至霍尔果斯国道主干线全线建成高等级公路。连霍国道主干线横贯我国东部、中部和西部，全长4 395公里，经过苏、皖、豫、陕、甘、新六省（区），沿线地区约有4亿人口。

10月27日，我国高速公路里程突破3万公里，当年末里程达3.42万公里，居世界第二位。

11月11日，经国务院同意，交通部和国家发改委联合发布《关于降低车辆通行费收费标准的意见的通知》。

11月19日，交通部令2004年第12号发布《交通行业内部审计工作规定》。

11月22日，交通部令2004年第10、第11号发布《交通行政许可实施程序规定》、《交通行政许可监督检查及责任追究规定》。

12月17日，国务院常务会议原则通过《国家高速公路网规划》。

12 月 21 日，交通部令 2004 年第 14 号发布《公路建设市场管理办法》。

12 月 26 日，全国交通工作会议在北京召开。黄菊副总理到会作了重要讲话。张春贤部长作了《以科学发展观为统领，加强行政能力建设，促进交通运输全面协调可持续发展》的工作报告。

12 月 30 日，根据《国务院关于第三批取消和调整行政审批项目的决定》和《国务院对确需保留的行政审批项目设定行政许可的决定》，交通部 2004 年经国务院批准取消行政许可项目 9 项，调整行政许可项目 3 项，设定行政许可项目 6 项，依法继续实施的行政许可项目 39 项。

2005 年

年内，“公路养护关键技术及系列装备的研究”获 2005 年度国家科技进步二等奖。

年内，“三跨连续全飘浮悬索桥体系研究与应用”、“新老路基结合部处置技术”2 项成果获 2005 年度中国公路学会科学技术一等奖；“荆州（沙）长江公路大桥关键技术研究”等 28 项成果获二等奖；“水泥混凝土桥面防水系统设计与施工技术研究”等 47 项成果获三等奖。

年内，上海卢浦大桥、岳阳洞庭湖大桥、湖北宜昌长江公路大桥、上海大连路越江隧道、湖南临湘至长沙高速公路等公路、桥梁和隧道工程获得第五届“中国土木工程（詹天佑）大奖”。

1 月 13 日，交通部部长张春贤在国务院新闻办公室举行的新闻发布会上宣布，《国家高速公路网规划》正式出台。国家高速公路是中国公路网中最高层次的公路通道，全长 8.5 万公里，由 7 条首都放射线、9 条南北纵向线和 18 条东西横向线组成，简称为“7918 网”，将联结我国人口超过 20 万的城市，覆盖 10 亿人口。

1 月 13 日，交通部、公安部等七部委联合发布《全国高效率鲜活农产品流通“绿色通道”建设实施方案》。

1月21日，交通部发布《公路水路交通科技发展战略》。

2月2日，《农村公路建设规划》经国务院第八十次常务会议研究通过。

2月2日，交通部印发《关于深入开展公路勘察设计典型示范工程活动的通知》。

2月5日，交通部、公安部、国务院纠风办召开新闻发布会，公布四川、福建、浙江、贵州、宁夏等省（区）为第五批实现所有公路基本无“三乱”省份。

2月6日，交通部与国家发改委、中宣部等12家单位联合发布《全国红色旅游精品线名录》和《全国红色旅游经典景区名录》。

2月7日，交通部发布《全面建设小康社会公路水路交通发展目标》。

3月1日，交通部印发《长江三角洲地区现代化公路水路交通规划纲要》、《振兴东北老工业基地公路水路交通发展规划纲要》。

3月25日，交通部发布《交通信息化示范工程管理暂行办法》。

4月13日，交通部令2005年第3号发布《国际道路运输管理规定》。

4月27日，国务院纠风办、交通部、公安部联合发布《关于2005年治理公路“三乱”工作的实施意见》。

4月30日，江苏润扬长江大桥建成通车，大桥全长35.66公里，由北汊斜拉桥、南汊悬索桥等组成。其中南汊悬索桥主跨1 490米，是当时中国第一、世界第三的特大跨径悬索桥。

4月30日，我国大陆第一条大断面海底隧道——厦门翔安海底隧道正式动工。翔安隧道全长约9公里，其中海底隧道5.95公里，隧道连同两端连接线工程，总投资约39.5亿元。

5月8日，交通部令2005年第4号发布《公路工程质量监督规定》。

5月9日，交通部令2005年第5号发布《公路工程设计变更管理办法》。

5 月 10 日，北京市路政局门头沟分局副局长曹广辉积劳成疾，英年早逝。交通部于 9 月 16 日追授其为“公路局长的楷模”。

5 月 24 日，全国农村客运网络化试点工作经验推广会议在浙江杭州召开。

6 月 1 日，国务院办公厅发布《关于加强车辆超限超载治理工作的通知》。

6 月 14 日，交通部印发《关于实施公路建设项目施工许可工作的通知》。

6 月 16 日，交通部令 2005 年第 6 号发布《道路货物运输及站场管理规定》。2008 年 7 月 23 日交通运输部令 2008 年第 9 号修正。

6 月 24 日，交通部令 2005 年第 7 号发布《机动车维修管理规定》。

7 月 8 日，交通部印发《关于推进交通行业重点实验室建设的实施意见》。

7 月 12 日，交通部令 2005 年第 9 号发布《道路危险货物运输管理规定》。

7 月 12 日，交通部令 2005 年第 10 号发布《道路旅客运输及客运站管理规定》。2008 年 7 月 23 日交通运输部令 2008 年第 10 号修正。

8 月 10 日，交通部发布《关于预防和解决交通建设领域拖欠工程款的若干措施》。

8 月 23 日，《公路水路交通基础设施“十一五”建设规划》经第 27 次部党组会议审议并原则通过。

8 月 23 日，交通部印发《全国农村公路建设规划》。

9 月至 11 月，交通部开展全国干线公路养护与管理大检查。

9 月 6 日，交通部发布《中央车购税投资补助农村公路建设计划管理暂行办法》。

9 月 21 日，交通部印发《公路水路交通中长期科技发展规划纲要（2006 ~ 2020 年）》。

9 月 23 日，交通部印发《关于进一步加强山区公路建设生态保护和水土保持工作的指导意见》。

9月26日，第三届欧亚道路运输大会和欧亚交通部长级会议在北京召开。大会通过《第三届欧亚道路运输大会北京宣言》及《欧亚交通部长级会议联合声明(北京联合声明)》。

9月26日，国家发改委、交通部联合发布《农村公路改造工程管理办法》。

9月29日，国务院办公厅发布《农村公路管理养护体制改革方案》。

10月7日，南京长江第三大桥建成通车。该桥全长15.6公里，主桥采用主跨648米的双钢塔钢箱梁斜拉桥，为国内第一座钢塔斜拉桥，也是当时中国最大跨径的斜拉桥。

10月17日，交通部审议并原则通过《2005~2010年全国红色旅游公路专项建设计划》。

10月19日，交通部令2005年第12号发布《公路水运工程试验检测管理办法》。

10月21日，交通部、国家发改委在山西太原联合召开全国农村公路工作座谈会。

10月27日，交通部印发《关于收费公路试行计重收费指导意见》。

11月3日，交通部成立防控高致病性禽流感领导小组，全面组织领导全国交通系统防控禽流感工作。

11月22日，交通部印发《关于“十一五”交通审计工作的指导意见》。

12月1日，交通部编制完成《京津冀暨环渤海地区现代化公路水路交通规划纲要》、《中部地区崛起公路水路交通规划纲要》。

12月8日，中国交通建设集团有限公司挂牌成立。该集团由原中国路桥（集团）总公司和中国港湾建设（集团）总公司重组合并而成，是特大型的国有企业，注册资金45亿元，总资产逾780亿元；2006年在内地和香港同步上市。

12 月 14 日，交通部印发《关于规范转籍车辆公路养路费征收工作的通知》。

12 月 16 日，交通部在北京召开全国交通行业精神文明建设工作座谈会。会上，张春贤部长提出了“两个负责任”，即“做负责任的政府部门，做负责任的行业”，给行业精神文明建设提出新的目标和标准。

12 月 21 日，温家宝总理对全国农村公路建设作出重要批示，强调要按照国务院通过的《农村公路建设规划》总体要求，完善政策措施，抓好落实。12 月 23 日，黄菊副总理对农村公路建设作出批示，要求交通部要总结经验，继续抓好农村公路规划、建设、管护，为建设社会主义新农村作出新的贡献。

12 月 29 日，全国人大常委会任命李盛霖为交通部部长，同时免去张春贤交通部部长职务。

2006 年

年内，“沙漠地区公路建设成套技术研究”、“特大跨径桥梁钢塔和深水基础设计施工创新技术研究”、“润扬长江公路大桥建设关键技术研究”、“国家高速公路网规划研究”4 项成果获 2006 年度中国公路学会科学技术特等奖；“高液限土路基稳定技术研究”等 16 项、“软土地基处理新工艺的研究”等 33 项、“沈大路改扩建工程路面加铺技术的研究”等 65 项成果分获一、二、三等奖。

年内，江苏润扬长江公路大桥、杭州市复兴大桥（钱江四桥）、广州丫髻沙大桥主桥、上海市沪闵路高架道路二期工程、广东省西部沿海高速公路崖门大桥、山西新原高速公路雁门关隧道、沪瑞国道主干线宜兴至溧水高速公路、北京市五环路等公路、桥梁、隧道工程获得第六届“中国土木工程（詹天佑）大奖”。

1 月 12 日，交通部发布《关于开通全国“五纵二横”鲜活农产品流通“绿色通道”的公告》。

1 月 12 日，交通部令 2006 年第 2 号发布《机动车驾驶员培训管理规定》。

1月15日至16日，2006年全国交通工作会议在北京召开。黄菊副总理出席会议并作重要讲话。李盛霖部长作了《站在新的历史起点上，推进“十一五”交通事业又快又好发展》的工作报告。

1月15日，“五纵七横”国道主干线北京至福州公路福建段通车，国道主干线京福公路全线贯通。

1月23日，交通部、公安部、安全监管总局联合发布《关于进一步加强水路公路危险化学品运输管理的通知》。

1月27日，交通部令2006年第3号发布《农村公路建设管理办法》。

2月6日，2006年全国农村公路电视电话会议在北京召开。

2月22日，交通部印发《公路水路交通“十一五”科技发展规划》。

3月1日，交通部、公安部、国家发改委等九部委联合发布《2006年全国治超工作要点》。

3月17日，交通部治理交通建设领域商业贿赂电视电话会议在北京召开。

4月5日，交通部与国家开发银行签订《“十一五”期间支持交通基础设施建设和交通科技创新开发性金融合作协议》，李盛霖部长、冯正霖副部长与国家开发银行陈元行长出席签字仪式。

4月10日，交通部印发《2006年交通建设安全生产工作的意见》。

4月30日，交通部印发《交通建设安全专项整治工作实施方案》。

5月11日至13日，交通部在山东济南召开全国公路养护管理工作会议，提出以服务公众为核心，实现公路畅通、安全、和谐、高效。同时，会议透露，过去5年，全国交通系统共撤销公路收费站点1 000多个，全国31个省（区、市）全部实现所有公路无“三乱”的目标。

5月18日，交通部印发《公路水路交通信息化“十一五”发展规划》。

5 月 19 日，人事部、交通部发布《机动车检测维修专业技术人员职业水平评价暂行规定》和《机动车检测维修专业技术人员职业水平考试实施办法》。

5 月 25 日，交通部令 2006 年第 5 号发布《公路工程施工监理招标投标管理办法》。

5 月 29 日，中组部、中宣部、中央保持共产党员先进性教育活动领导小组、中华全国总工会、人事部、交通部、湖北省委、西藏自治区党委在北京人民大会堂联合举办了陈刚毅先进事迹报告会。报告会前，中共中央政治局常委、书记处书记、国家副主席曾庆红，中共中央政治局委员、书记处书记、中组部部长贺国强接见了报告团全体成员。

5 月，为深化交通体制改革、理顺公路管理体制，海南省公路养护质量监督中心更名为海南省公路管理局。海南省于 1996 年的公路管理体制改革中撤销公路局，曾在全行业引起强烈反响。

6 月 8 日，交通部令 2006 年第 6 号发布《公路建设监督管理办法》。

6 月 23 日，交通部令 2006 年第 7 号发布《公路工程施工招标投标管理办法》。

6 月 26 日，总参军务部、总政保卫部、总后军交运输部、公安部办公厅、交通部办公厅联合发布《关于组织开展打击盗窃、伪装军车号牌专项斗争的通知》。

6 月 26 日，交通部在湖北武汉召开全国交通行业精神文明建设工作会议，提出要在全国交通行业开展“学先进、树新风、创一流”活动，扎实推进行业精神文明建设再上新台阶。

7 月 14 日，交通部印发《全国交通行业“十一五”时期精神文明建设工作指导意见》和《交通文化建设实施纲要》。

7 月 21 日，交通部在北京召开建设创新型交通行业工作会议。李盛霖部长提出建设创新型行业的思路。

7 月 28 日，交通部、国家发改委、财政部联合发布《关于进一步做好农村公路管理养护体制改革的通知》。

8月3日，交通部发布《公路路网结构改造工程项目管理办法（试行）》。

8月23日，交通部印发《干线公路灾害防治工程试点工作方案》。

8月29日，交通部发布《公路交通出行信息服务工作规定（试行）》和《交通部公路交通阻断信息报送制度（试行）》。

9月22日，交通部发布《“十一五”交通行业重点实验室认定指南》。

9月24日，中国公路“零公里”标志正式落成于北京天安门广场正阳门前。9月26日，中国公路“零公里”标志设置工作新闻发布会在北京举行。9月27日，中国公路“零公里”标志正式向社会公众开放。

9月29日，交通部政府网站完成第五次改版，中国公路信息服务网正式投入试运行。

10月25日，交通部印发《关于交通行业全面贯彻落实国务院关于加强节能工作的决定的指导意见》。

11月2日，交通部印发《关于加强和规范公路水路交通运输行业卫星定位应用系统建设的指导意见》。

11月16日，交通部发布《交通建设工程重大生产安全事故应急预案》。

11月23日，交通部令2006年第9号发布《道路运输从业人员管理规定》。

11月24日，交通部令2006年第11号发布《交通法规制定程序规定》。

11月27日，交通部印发《关于进一步规范收费公路管理工作的通知》，要求暂停收费公路收费权转让。

12月20日，国务院纠风办、交通部等五部门联合发布《关于取消公路基本无“三乱”地区资格的暂行办法》。

12月21日，交通部发布《交通标准化工作规则》。

12月22日，国务院办公厅发布《关于在燃油税正式实施前切实加强和规范公路养路费征收管理工作的通知》，要求在燃油税正式实施前，要继续做好公路养路费等交通规费的征收管理工作，确保足额征缴。同时，对征费标准、减免范围、治理“外挂车”、规范征收行为等作出了全面规范。

12 月 25 日，交通部发布《机动车维修企业质量信誉考核办法（试行）》。

12 月 29 日，2007 年全国交通工作会议在北京召开。交通部部长李盛霖作了《努力做好“三个服务”，推进交通事业又好又快发展》的工作报告。

2007 年

年内，“沙漠地区公路建设成套技术研究”和“特大跨径桥梁钢塔和深水基础设计施工创新技术研究”荣获 2007 年度国家科技进步二等奖。

年内，“多年冻土地区公路修筑成套技术研究”、“苏通大桥主桥基础施工成套技术研究”、“岩溶地区公路修筑成套技术研究”、“大吨位 50 米预应力混凝土箱梁整体预制和梁上运输架设技术”4 项成果获 2007 年度中国公路学会科学技术特等奖；“超深特大型圆形地下连续墙悬索桥锚碇创新技术研究与应用”等 19 项、“川主寺至九寨沟公路环保与景观设计关键技术研究”等48 项、“五河口预应力混凝土斜拉桥关键技术研究”等 43 项成果分获一、二、三等奖。

年内，南京长江第三大桥、厦门海沧大桥、上海中环线北虹路地道、南京九华山隧道、沈阳至大连高速公路改扩建、江苏沿江高速公路常州至太仓段、湖北省襄樊至十堰高速公路、山西省祁县至临汾高速公路等公路、桥梁、隧道工程获得第七届“中国土木工程（詹天佑）大奖”。

1 月 20 日，我国自行设计、施工、监理和管理的世界最长双洞单向公路隧道——西（安）柞（水）高速公路秦岭终南山公路隧道正式竣工通车。该隧道单洞长 18. 02 公里。为世界最长的双洞公路隧道，如按单洞里程计算，仅次于挪威单洞双向行车的莱尔多公路隧道。秦岭隧道的通车，将西柞高速公路穿越秦岭路段里程缩短了约 60 公里。

2月6日，交通部会同人事部、建设部联合发布《勘查设计注册土木工程师（道路工程）制度暂行规定》、《勘查设计注册土木工程师（道路工程）资格实施办法》和《勘查设计注册土木工程师（道路工程）资格考核认定办法》。

2月14日，交通部令2007年第1号发布《公路水运工程安全生产监督管理办法》。

2月25日，交通部印发《关于清理违规减免特权车人情车车辆的通知》。

2月26日，全国农村公路工作电视电话会议召开。

3月8日，交通部印发《关于进一步规范公路养路费征收管理工作的通知》。

3月12日，交通部交通节能网开通。

3月30日，交通部印发《2007年农村公路工作若干意见》。

4月9日，交通部印发《关于开展京津冀三角区与高速公路联网不停车收费示范工程建设的通知》。

4月11日，交通部令2007年第4号发布《交通建设项目委托审计管理办法》。

4月18日，交通部发布《全国农村公路通达情况专项调查主要数据公报》。《公报》称，截至2005年12月31日，符合专项调查方案要求的全国农村公路总里程达到296.5万公里，其中县道50.7万公里，乡道98.8万公里，首次进行详细调查并正式纳入统计范围的村道公路为142万公里。截至2007年底，全国县道达51.44万公里，乡道达99.84万公里，村道达162.15万公里。

4月19日，2007年全国交通系统纠风工作会议在山西忻州召开。

4月20日，交通部新闻发言人办公室成立。新闻办主任（即部新闻发言人）由交通部体改法规司司长担任。

4月24日，中宣部、中华全国总工会、交通部、天津市委联合在北京人民大会堂举行孔祥瑞先进事迹报告会。会前，中共中央政治局委员、全国人大常委会副委员长、中华全国总工会主席王兆国接见了报告团全体成员。

4月29日，交通部印发《国家公路运输枢纽布局规划》。

5月14日，“中国公路安全保障工程”项目荣获国际道路联合会“2006年度欧洲道路安全奖”，这是中国公路交通行业第一次获此奖项。

5月18日，交通部印发《关于进一步加强交通行业节能减排工作的意见》。

5月30日，交通部会同监察部、国务院纠风办联合发布《关于进一步开展清理违规减免车辆通行费工作的通知》。

6月1日，交通部、国家发改委、公安部等六部委联合发布《关于在全国开展车辆外挂治理工作的实施方案》。

6月7日，交通部印发《关于在交通行业开展节能示范活动的通知》。

6月18日，主跨1 088米、世界跨径最大的斜拉桥——苏通长江公路大桥主桥合龙。

6月26日，全长36公里、世界最长的跨海大桥——杭州湾大桥全线贯通。

6月29日，交通部印发《公路桥梁养护管理工作制度》。

6月，在美国匹兹堡举行的第24届国际桥梁技术大会举办“中国主题年”。苏通大桥及杭州湾大桥先后合龙、贯通，世界桥梁建设史上的诸多纪录再次被刷新，使中国桥梁建造技术引起世界瞩目。

7月3日，交通部发布《国家高速公路网命名和编号规则》（JTG A03—2007），并以京沪高速公路（编号G2）作为示范工程。

8月13日，湖南湘西土家族苗族州凤凰县境内凤大公路上即将竣工的堤溪沱江大桥发生垮塌，造成重大人员伤亡。

8月17日，交通部召开全国桥梁安全工作电视电话会议，部署开展以桥梁为重点的交通安全基础设施隐患排查治理专项行动。至11月初，全国共排查在用桥梁38万余座，排查四、五类桥梁56904座。

8月28日，交通部印发《关于学习推广河北省高速公路建设十公开等廉政建设典型经验的意见》

9月6日，全国道路运输工作会议在甘肃兰州召开。

9月17日，交通部印发《关于进一步加强交通基础设施领域社会资金财务管理的指导意见》。

9月26日，交通部发布《国家高速公路网相关标志更换工作实施技术指南》。

10月9日至13日，第十四届智能交通世界大会暨部长论坛在北京成功举办，大会的主题是"智能交通创造美好生活"。"智能交通世界大会"是国际智能交通领域规模最大、层次最高，融学术、技术、管理、展示、交流合作于一体的世界性大会。这是大会首次在我国举行，也是首次在发展中国家举行。

10月16日，交通部令2007年第8号发布《经营性公路建设项目投资人招标投标管理规定》。

10月18日，交通部、公安部等九部（委、办、局）联合发布《关于印发全国车辆超限超载长效治理实施意见的通知》。

10月19日，交通部发布《收费公路联网收费技术要求》。

11月20日，全国治理车辆超限超载工作电视电话会议在北京召开，交通部、公安部等九部委开始着力构建治超工作的长效机制。

12月18日，国务院新闻办举行"五纵七横"国道主干线基本贯通新闻发布会。总规模约3.5万公里的"五纵七横"国道主干线系统于2007年底基本贯通，其中高速公路里程占76%。

12月20日，交通部印发《关于推进交通产品认证工作的意见》。

12月28日，交通部会同劳动和社会保障部联合发布《汽车运输调度员等8个国家职业标准》。

12月29日，交通部印发《关于加快发展现代交通业的若干意见》。

2008 年

年内，“多年冻土地区公路修筑成套技术”获 2008 年度国家科技进步一等奖；“岩溶地区公路修筑成套技术”、“高海拔地区大型公路隧道建设与营运关键技术”、“润扬长江公路大桥建设关键技术研究”3 项公路成果获 2008 年度国家科技进步二等奖。

年内，“废旧沥青再循环利用成套关键技术”获 2008 年度国家科技发明二等奖。

年内，“膨胀土地区公路修筑成套技术研究”、“沪宁高速公路江苏段扩建工程管理与关键技术研究”、“杭州湾跨海大桥混凝土结构耐久性成套技术研究与应用”、“双洞八车道高速公路隧道关键技术研究”4 项成果获 2008 年度中国公路学会科学技术特等奖；“沥青路面快速检测及养护技术的研究”等 18 项、“沥青路面再生利用关键技术研究”等 36 项、“沥青路面结构体内排水技术研究”等 59 项成果分获一、二、三等奖。

年内，广州新光大桥、上海共和新路高架道路工程、江苏宿迁至淮安高速公路等公路、桥梁工程获得第八届“中国土木工程（詹天佑）大奖”。

1 月 5 日，全国交通工作会议在北京召开。国务院副总理曾培炎致信祝贺。李盛霖部长作了《认真贯彻党的十七大精神，努力提高交通“三个服务”的能力和水平》的工作报告。

1 月 10 日，我国南方地区开始出现大范围罕见低温雨雪冰冻天气，交通运输受到严重影响。

1 月 19 日，交通部成立应对低温冰冻雨雪天气应急处置临时工作机构，印发《关于积极应对雪雾等恶劣天气切实加强公路保畅工作的紧急通知》。

1 月 25 日，温家宝总理到京石高速公路河北涿州服务区视察公路保畅、农产品运输和春运工作，看望慰问交通干部职工。

1月25日，交通部印发《关于在春节前启动鲜活农产品运输应急机制的紧急通知》，决定在全国启动鲜活农产品运输应急机制。

1月27日，国务院在北京召开煤电油运电视电话会议。曾培炎副总理主持会议，温家宝总理出席会议并讲话，针对大范围雨雪冰冻灾害给煤电油运造成的严重影响，部署了各项保障工作。交通部部长李盛霖出席会议并发言。

1月28日至2月2日，李盛霖部长陪同温家宝总理紧急赶往湖南，指挥雨雪冰冻灾害抗灾救灾工作。

1月30日，交通部建立电煤运输保障指挥和协调机制，成立协调领导小组和工作小组。同日，印发《关于进一步做好交通电煤运输保障工作的紧急通知》

2月1日，交通部召开交通电煤运输应急保障工作座谈会。

2月2日，李盛霖部长与广东省委、广东省政府、公安部以及解放军、武警总队的有关领导联合召开会议，决定打通京珠高速广东韶关段，确保京珠高速公路畅通。

2月3日，胡锦涛总书记主持召开中共中央政治局常委会议，进一步研究部署雨雪冰冻灾害抗灾救灾工作，强调要千方百计保交通，翁孟勇副部长参加会议。当日，京珠高速公路全线基本恢复交通。湖南、广东境内路段的抢通工作全面完成。

2月5日，李盛霖部长陪同温家宝总理赴贵州、江西考察雨雪冰冻灾害抗灾救灾工作。

2月18日，交通部与科技部、公安部联合启动国家道路交通安全科技行动计划。

2月20日，交通部组织召开全国农村公路工作电视电话会议。会议对2007年及本届政府五年来的农村公路建设成就进行了全面总结，提出了今年和今后一个时期农村公路发展的指导思想和工作重点。

3 月 10 日，交通部召开全国奥运交通保障工作电视电话会议，部署火炬公路传递、进京货车绕行、组建应急保障车队、涉赛区域交通安全保障等有关工作。

3 月 11 日，交通部印发《关于印发农村公路建设质量年活动总体方案的通知》，开展了为期三年的农村公路建设质量年活动。

3 月 15 日，交通部印发《关于推进交通行业管理干部队伍培训平台建设的指导意见》。

3 月 19 日，交通运输部成立。根据十一届全国人大一次会议通过的国务院机构改革方案，新组建的交通运输部整合了原交通部、原中国民用航空总局的职责以及原建设部的指导城市客运职责，并负责管理国家邮政局和新组建的国家民用航空局。

3 月 21 日，云南昆明至磨憨高等级公路建成通车，标志着云南昆明至泰国曼谷国际大通道中国路段全线贯通。

3 月 25 日，交通运输部印发《交通行业职业资格工作中长期规划纲要》。

3 月 25 日，国务院召开第二次常务会议，讨论扶持农业的政策措施，并研究决定，将“绿色通道”实行鲜活农产品全免通行费政策延长至 2008 年底。3 月 26 日，交通运输部印发《关于将“绿色通道”全免通行费政策延长到今年年底的紧急通知》。

3 月 27 日，交通运输部印发《2008 年农村公路工作若干意见》，要求全面提升农村公路建设质量，健全路站养运发展机制，推进城乡客运协调发展，努力实现农村公路交通又好又快发展目标。

4 月 14 日至 8 月 24 日，为保障其他省（区、市）进入北京省际客运班车尾气排放在北京奥运会期间达到国 III 排放标准，交通运输部组织 21 个省（区、市）交通主管部门，对 1 983 辆进京省际客运班车进行了尾气排放改造治理。

4 月 22 日，公安部、交通运输部、中国人民解放军总参谋部、总政治部、总后勤部联合发布《关于加强涉及军车号牌及相关证件违法犯罪活动查处工作的意见的通知》。

4月24日，交通运输部发布《农村公路养护管理暂行办法》；出版《农村公路养护技术手册》。

4月27日，总长141.1公里的云南富宁至砚山高速公路建成通车，标志着五纵七横国道主干线衡阳至昆明公路全线贯通。

4月28日，交通运输部发布《公路水运工程质量安全督查办法》。

4月29日，交通运输部印发《关于做好北京奥运会火炬接力境内传递公路转场交通保障工作的紧急通知》。

5月1日，杭州湾跨海大桥建成通车。

5月12日14时28分，四川汶川发生8级特大地震，四川、甘肃、陕西等省的公路基础设施遭受严重破坏。当日，交通运输部印发《关于紧急应对并做好四川汶川地震抗灾救灾工作的紧急通知》，启动国家公路交通运输突发事件应急一级预案，对全国交通系统抗震救灾工作进行全面部署。翁孟勇副部长陪同温家宝总理紧急前往四川灾区。

5月13日，交通运输部召开抗震救灾工作会议和受灾省份视频会商会，部署抗震救灾工作。

5月15日，交通运输部印发《关于继续全力做好四川汶川地震抗震救灾交通保障工作的紧急通知》。当日21时30分，西线成都经雅安、小金、马尔康、理县到震中汶川的公路全线打通。

5月19日，交通运输部召开会议，研究部署下一阶段交通运输系统抗震救灾工作。

5月20日，交通运输部印发《关于组织全国各地交通部门对口支援四川灾区开展公路抢通保通工作的紧急通知》。

5月23日，交通运输部印发《关于开展向汶川地震四川灾区捐赠公路抢通保通小型机械设备活动的通知》。

5月27日，交通运输部印发《关于深入开展交通行业节能减排示范活动的通知》。

5月27日，国务院副总理张德江在交通运输部报送的《关于交通运输系统抗震救灾抢通保运有关情况的报告》上作出重要批示，充分肯定了交通运输系统抗震救灾工作，要求下一阶段在重点保障抗震救灾交通运输的同时，科学调度，为全国经济社会平稳健康发展提供交通运输保障。

5月30日，交通运输部印发《关于给交通行业首批节能示范项目授牌的决定》。

6月4日，交通运输部印发《关于严格落实公路工程质量责任制的若干意见》。

6月18日，交通运输部召开全国交通运输行业节能减排工作视频会议。

6月20日，国家将农村客运燃油补贴中央财政负担比例由原来的50%提高到100%。

6月24日，交通运输部印发《关于确定第三批农村公路建设示范工程单位的通知》。

6月30日，世界最大跨径的斜拉桥——苏通长江公路大桥建成通车。

7月3日，交通运输部印发《国家高速公路网里程桩号传递方案》。

7月5日至8月24日，为做好北京奥运交通运输保障工作，交通运输部从21个省（区、市）抽调836辆达到国III排放标准的大型客车和1 173名工作人员，组成奥运志愿者通勤保障车队。

7月16日，交通运输部令2008年第5号发布《公路、水路交通实施〈中华人民共和国节约能源法〉办法》。

7月22日，交通运输部令2008年第8号发布《道路旅客运输班线经营权招标投标办法》。

8月1日，交通运输部印发《关于印发贯彻落实〈建立健全惩治和预防腐败体系2008～2012年工作规划〉实施办法的通知》。

8月18日，交通运输部印发《关于进一步加强公路工程施工招标评标管理工作的通知》。

8月20日，交通运输部、国家发改委、财政部令2008年第11号联合发布《收费公路权益转让办法》。

8月21日，中共中央政治局委员、国务院副总理张德江视察交通运输部，听取了关于水上安全监管和救助、公路应急管理、青岛奥帆赛保障、安保等方面的工作汇报。期间，专程到中国海上搜救中心（交通运输部应急指挥中心）看望慰问值班工作人员。

8月25日，交通运输部印发《高速公路区域联网不停车收费示范工程暂行技术要求》。

8月29日，交通运输部发布《道路运输驾驶员诚信考核办法（试行）》。

9月1日至3日，李盛霖部长陪同温家宝总理考察了四川灾区。

9月2日，温家宝总理在国务委员兼国务院秘书长马凯，交通运输部部长李盛霖，四川省委书记刘奇葆、省长蒋巨峰等陪同下，考察213国道都（江堰）汶（川）路映秀至彻底关路段。温家宝总理指出，交通部门的干部职工以顽强拼搏的精神创造了修复、修建公路史上的奇迹，他们的业绩是史无前例的，他们的精神也是史无前例的。

9月16日，交通运输部印发《关于发布国家高速公路网相关标志更换工作实施技术指南第1号修改单的通知》。

9月23日，交通运输部印发《关于加强奥运会后交通基础设施建设工程质量安全管理工作的紧急通知》。

9 月 23 日，交通运输部印发《公路水路交通节能中长期规划纲要》。

9 月 28 日，交通运输部印发《关于交通运输行业深入开展节能减排工作的意见》。

10 月 27 日，李盛霖部长率队到中国气象局走访座谈，表示要与气象部门加强合作，提高交通运输安全和应急保障能力。

11 月 3 日，交通运输部发布《交通行政复议责任追究管理办法》和《交通行政复议人员资格管理办法》。

11 月 12 日，国务院成立由国家发改委、财政部、交通运输部、农业部、税务总局五部门组成的改革工作小组，正式启动完善成品油价格形成机制、推进燃油税费改革的有关工作。

11 月 12 日，交通运输部召开贯彻落实中央决策部署加快交通基础设施建设电视电话会议。李盛霖部长出席会议并讲话。

11 月 26 日，国务院第 37 次常务会议审议并原则通过成品油价格和税费改革方案，定于 2009 年 1 月 1 日实施改革。

11 月 30 日，交通运输部印发《关于开展"监理企业树品牌　监理人员讲责任"行业新风建设活动的通知》。

12 月 5 日，交通运输部、国家发改委、财政部、税务总局联合发布公告，向社会公开征求对成品油价格和税费改革实施方案的意见。同日，交通运输部印发《关于在成品油价税费改革前后做好交通运输行业稳定工作的紧急通知》。

12 月 8 日，交通运输部、公安部、国家发改委、财政部、税务总局联合发布《保障国家成品油价税费改革方案平稳出台工作方案的通知》。

12 月 17 日，温家宝总理主持召开国务院第 40 次常务会议，审议通过成品油价格和税费改革方案。12 月 18 日，中央政治局常委会听取成品油价格和税费改革有关情况汇报，同意出台改革方案，李盛霖部长列席了会议。同日，国务院发布《国务院关于实施成品油价格和税费改革的通知》。

12月18日，交通运输部发布《交通行业服务标准体系表》。

12月25日，交通运输部印发《关于加强收费公路权益转让工作廉政建设的意见》。

12月29日，交通运输部印发《地方交通运输大部门体制改革研究》和《深化中心城市交通运输行政管理体制改革研究》。

二、1978～2008年公路行业指标对比

1. 国民经济主要指标及交通、公路固定资产投资对比表

时　期	年　份	国内生产总值（亿元）	进出口贸易总额（亿美元）	全社会固定资产投资（亿元）	交通固定资产投资（亿元）	公路建设投资（亿元）	公路投资占交通固定资产投资比重（%）
“五五”	1978	3 645.2	206.4	668.7	24.85	5.76	23.18
	1979	4 062.6	293.3	699.4	25.50	6.04	23.69
	1980	4 545.6	381.4	910.9	24.39	5.19	21.28
“六五”	1981	4 891.6	440.2	961.0	19.82	2.94	14.83
	1982	5 323.4	416.3	1 230.4	25.74	3.67	14.26
	1983	5 962.7	436.2	1 430.1	29.98	4.05	13.51
	1984	7 208.1	535.5	1 832.9	52.42	16.36	31.21
	1985	9 016.0	696.0	2 543.2	69.64	22.77	32.70
“七五”	1986	10 275.2	738.5	3 120.6	106.46	42.45	39.87
	1987	12 058.6	826.5	3 791.7	122.71	55.26	45.03
	1988	15 042.8	1 027.9	4 753.8	138.57	74.05	53.44
	1989	16 992.3	1 116.8	4 410.4	156.05	83.81	53.71
	1990	18 667.8	1 154.4	4 517.0	180.53	89.19	49.40
“八五”	1991	21 781.5	1 357.0	5 594.5	215.64	121.41	56.30
	1992	26 923.5	1 655.3	8 080.1	360.24	236.34	65.61
	1993	35 333.9	1 957.0	13 072.3	604.64	439.69	72.72
	1994	48 197.9	2 366.2	17 042.1	791.43	584.66	73.87
	1995	60 793.7	2 808.6	20 019.3	1 124.78	871.20	77.46
“九五”	1996	71 176.6	2 898.8	22 913.5	1 287.25	1 044.41	81.13
	1997	78 973.0	3 251.6	24 941.1	1 530.43	1 256.09	82.07
	1998	84 402.3	3 239.5	28 406.2	2 460.41	2 168.23	88.12
	1999	89 677.1	3 606.3	29 854.7	2 460.52	2 189.49	88.98
	2000	99 214.6	4 742.9	32 917.7	2 571.73	2 315.82	90.05

续上表

时期	年份	国内生产总值（亿元）	进出口贸易总额（亿美元）	全社会固定资产投资（亿元）	交通固定资产投资（亿元）	公路建设投资（亿元）	公路投资占交通固定资产投资比重（%）
“十五”	2001	109 655.2	5 096.5	37 213.5	2 967.94	2 670.37	89.97
	2002	120 332.7	6 207.7	43 499.9	3 491.47	3 211.73	91.99
	2003	135 822.8	8 509.9	55 566.6	4 136.16	3 714.91	89.82
	2004	159 878.3	11 545.5	70 477.4	5 314.07	4 702.28	88.49
	2005	183 217.5	14 219.1	88 773.6	6 445.04	5 484.97	85.10
“十一五”	2006	211 923.5	17 604.0	109 998.2	7 383.82	6 231.05	84.39
	2007	249 529.9	21 738.3	137 239.0	7 776.82	6 489.91	83.45
	2008	300 670.0	25 616.0	172 291.0	8 335.42	6 880.64	82.55

注：交通固定资产投资包括公路、内河、沿海和其他建设四项；公路建设投资包括公路线路和公路场站两项。

2. 国内生产总值与各运输方式货物运输对比表

时期	年份	国内生产总值（亿元）	平均每亿元国内生产总值的货运量（吨/亿元）					
			合计	铁路	公路	水运	民航	管道
“五五”	1978	3 645.2	881 409	303 852	418 316	130 672	18	28 551
	1979	4 062.6	788 118	277 086	366 339	116 587	20	28 087
	1980	4 545.6	688 036	246 312	314 744	103 663	20	23 297
“六五”	1981	4 891.6	614 187	221 440	276 610	93 641	19	22 477
	1982	5 323.4	589 220	214 426	261 835	91 850	19	21 089
	1983	5 962.7	545 885	200 158	242 735	83 392	20	19 580
	1984	7 208.1	474 125	173 022	211 735	71 855	21	17 493
	1985	9 016.0	957 430	145 809	720 740	75 633	22	15 227
“七五”	1986	10 275.2	836 665	132 947	607 810	81 355	22	14 531
	1987	12 058.6	792 665	117 578	594 692	67 712	25	12 659
	1988	15 042.8	657 944	97 096	490 545	59 819	22	10 462
	1989	16 992.3	584 570	89 590	433 965	51 747	18	9 250
	1990	18 667.8	523 276	81 239	390 341	43 185	20	8 492

续上表

时期	年份	国内生产总值（亿元）	平均每亿元国内生产总值的货运量（吨/亿元）					
			合计	铁路	公路	水运	民航	管道
"八五"	1991	21 781. 5	460 646	70 726	339 489	43 205	21	7 206
	1992	26 923. 5	392 633	59 174	293 167	34 721	22	5 550
	1993	35 333. 9	322 157	46 966	242 607	28 278	20	4 286
	1994	48 197. 9	252 414	34 879	191 387	22 903	18	3 228
	1995	60 793. 7	211 055	28 362	160 708	19 357	17	2 612
"九五"	1996	71 176. 6	191 253	24 866	144 931	18 772	17	2 356
	1997	78 973. 0	171 641	23 101	131 144	15 230	17	2 149
	1998	84 402. 3	161 746	20 943	124 577	13 984	18	2 223
	1999	89 677. 1	157 511	20 373	120 687	13 965	21	2 465
	2000	99 214. 6	151 800	19 898	116 110	13 680	22	2 090
"十五"	2001	109 655. 2	143 984	19 789	108 546	13 634	18	1 998
	2002	120 332. 7	141 495	19 491	106 529	13 535	19	1 921
	2003	135 822. 8	133 805	18 954	99 402	13 546	19	1 885
	2004	159 878. 3	124 655	18 193	90 958	13 691	20	1 793
	2005	183 217. 5	102 131	14 770	73 594	12 047	17	1 702
"十一五"	2006	211 923. 5	96 162	13 600	69 192	11 736	16	1 617
	2007	249 529. 9	91 202	12 593	65 701	11 269	16	1 622
	2008	300 670. 0	82 815	11 009	63 758	9 878	14	1 497

3. 全国人口与旅客运输比较表

时期	年份	全国人口（万人）	平均每人乘用交通工具次数（次）				
			合计	火车	汽车	轮船	飞机
"五五"	1978	96 259	2. 638 6	0. 846 6	1. 550 3	0. 239 4	0. 002 4
	1979	97 542	2. 969 6	0. 885 7	1. 831 2	0. 249 7	0. 003 1
	1980	98 705	3. 462 7	0. 934 1	2. 257 2	0. 267 9	0. 003 5

续上表

时期	年份	全国人口（万人）	平均每人乘用交通工具次数（次）				
			合计	火车	汽车	轮船	飞机
“六五”	1981	100 072	3. 845 7	0. 952 3	2. 613 7	0. 275 6	0. 004 0
	1982	101 654	4. 219 8	0. 983 0	2. 957 2	0. 275 3	0. 004 4
	1983	103 008	4. 568 7	1. 029 5	3. 271 3	0. 264 2	0. 003 8
	1984	104 357	5. 080 8	1. 086 2	3. 740 4	0. 248 9	0. 005 3
	1985	105 851	5. 856 9	1. 059 1	4. 498 8	0. 291 9	0. 007 1
“七五”	1986	107 507	6. 401 2	1. 010 0	5. 062 0	0. 320 0	0. 009 3
	1987	109 300	6. 828 8	1. 029 1	5. 431 8	0. 355 9	0. 012 0
	1988	111 026	7. 291 9	1. 104 7	5. 859 0	0. 315 2	0. 013 0
	1989	112 704	7. 021 8	1. 009 8	5. 718 5	0. 282 2	0. 011 4
	1990	114 333	6. 758 1	0. 837 1	5. 668 5	0. 237 9	0. 014 5
“八五”	1991	115 823	6. 959 4	0. 820 9	5. 894 3	0. 225 3	0. 018 8
	1992	117 171	7. 347 0	0. 850 8	6. 245 4	0. 226 2	0. 024 6
	1993	118 517	8. 409 1	0. 889 8	7. 262 4	0. 228 4	0. 028 5
	1994	119 850	9. 118 7	0. 907 3	7. 959 4	0. 218 3	0. 033 7
	1995	121 121	9. 681 2	0. 848 3	8. 593 1	0. 197 5	0. 042 2
“九五”	1996	122 389	10. 170 2	0. 769 4	9. 168 4	0. 187 1	0. 045 4
	1997	123 626	10. 720 8	0. 748 9	9. 743 8	0. 182 6	0. 045 5
	1998	124 761	11. 036 0	0. 749 9	10. 072 1	0. 168 3	0. 046 5
	1999	125 786	11. 085 6	0. 796 3	10. 088 6	0. 152 3	0. 048 4
	2000	126 743	11. 665 9	0. 829 0	10. 630 9	0. 153 0	0. 053 0
“十五”	2001	127 627	12. 020 4	0. 823 9	10. 991 4	0. 146 1	0. 059 0
	2002	128 453	12. 519 4	0. 822 1	11. 484 8	0. 145 5	0. 066 9
	2003	129 227	12. 284 6	0. 752 6	11. 331 5	0. 132 7	0. 067 8
	2004	129 988	13. 597 0	0. 859 8	12. 497 5	0. 146 5	0. 093 3
	2005	130 756	14. 125 7	0. 884 0	12. 981 3	0. 154 7	0. 105 8
“十一五”	2006	131 448	15. 398 9	0. 955 9	14. 153 8	0. 167 7	0. 121 5
	2007	132 129	16. 860 5	1. 026 8	15. 520 3	0. 172 8	0. 140 6
	2008	132 802	18. 049 4	1. 099 4	16. 618 7	0. 180 7	0. 143 1

4. 公路基础设施与通达情况对比表

时期	年份	总里程（公里）	高速公路（公里）	一、二级公路（公里）	公路密度（公里/百平方公里）	不通公路乡（镇）		不通公路村（队）	
						数量（个）	比重（%）	数量（个）	比重（%）
“五五”	1978	890 236	0	—	9.27	5 018	9.5	213 138	34.2
	1979	875 794	0	11 767	9.12	5 730	10.7	227 721	32.6
	1980	888 250	0	12 783	9.25	5 138	9.4	—	—
“六五”	1981	897 462	0	14 637	9.35	5 474	10.0	—	—
	1982	906 963	0	15 896	9.45	5 155	9.3	—	—
	1983	915 079	0	17 422	9.53	4 710	8.5	—	—
	1984	926 746	0	19 021	9.65	5 485	9.2	265 078	36.7
	1985	942 395	0	21 616	9.82	4 945	8.3	228 286	31.7
“七五”	1986	962 769	0	24 510	10.03	4 039	6.8	218 410	30.2
	1987	982 243	0	29 340	10.23	3 214	5.6	234 206	32.4
	1988	999 553	147	34 622	10.41	6 500	9.7	197 518	28.9
	1989	1 014 342	271	40 202	10.57	3 180	5.6	181 825	25.0
	1990	1 028 348	522	45 993	10.71	2 299	4.0	190 462	26.0
“八五”	1991	1 041 136	574	50 626	10.85	2 116	3.7	181 489	24.6
	1992	1 056 707	652	58 351	11.01	1 632	3.3	169 175	22.9
	1993	1 083 476	1 145	67 949	11.29	1 548	3.1	159 111	21.7
	1994	1 117 821	1 603	78 723	11.64	1 455	3.0	150 253	20.5
	1995	1 157 009	2 141	94 490	12.05	1 395	2.9	130 196	20.0
“九五”	1996	1 185 789	3 422	108 769	12.35	1 335	2.7	120 048	19.0
	1997	1 226 405	4 771	126 201	12.78	709	1.5	105 802	14.2
	1998	1 278 474	8 733	140 522	13.32	591	1.3	92 017	12.3
	1999	1 351 691	11 605	157 673	14.08	808	1.8	80 750	11.0
	2000	1 679 848	16 285	203 006	17.50	341	0.8	67 786	9.2
“十五”	2001	1 698 012	19 437	207 316	17.70	287	0.7	59 954	8.2
	2002	1 765 222	251 30	224 611	18.40	184	0.5	54 425	7.7
	2003	1 809 828	29 745	241 832	18.85	173	0.4	59 963	8.1
	2004	1 870 661	34 288	265 237	19.49	167	0.4	49 339	7.1
	2005	1 930 543	41 005	284 823	20.11	75	0.2	38 426	5.7
“十一五”	2006	3 456 999	45 339	307 967	36.01	672	1.7	89 975	13.6
	2007	3 583 715	53 913	326 506	37.33	404	1.0	77 334	11.8
	2008	3 730 164	60 302	339 442	38.86	292	0.76	46 178	7.14

注：从2006年起，村道纳入总里程统计，当年纳入统计的村道有142万公里。

5. 全国公路桥梁、特大桥、大桥、隧道、渡口数量对比表

时期	年份	桥梁		特大桥		大桥		隧道		渡口
		座	万米	座	万米	座	万米	处	万米	处
"五五"	1978	128 210	328.31	—	—	—	—	—	—	705
	1979	127 200	363.65	—	—	—	—	374	5.19	671
	1980	130 003	368.61	—	—	—	—	—	—	655
"六五"	1981	132 903	379.39	—	—	—	—	—	—	669
	1982	136 383	390.61	—	—	—	—	—	—	680
	1983	138 983	399.25	—	—	—	—	—	—	675
	1984	142 429	410.95	—	—	—	—	—	—	658
	1985	145 950	422.14	—	—	—	—	—	—	653
"七五"	1986	150 895	438.84	—	—	—	—	—	—	670
	1987	155 864	455.35	—	—	—	—	—	—	659
	1988	160 786	474.41	—	—	—	—	—	—	648
	1989	166 312	491.65	—	—	—	—	—	—	631
	1990	168 543	505.56	—	—	—	—	—	—	626
"八五"	1991	173 083	522.57	—	—	—	—	—	—	625
	1992	177 239	538.06	—	—	—	—	—	—	596
	1993	184 215	561.78	—	—	—	—	682	13.55	580
	1994	189 596	588.95	—	—	—	—	726	15.61	571
	1995	196 416	627.89	521	47.49	9 244	147.46	797	18.35	555
"九五"	1996	202 371	659.04	664	54.59	9 739	158.28	858	22.17	539
	1997	210 822	695.19	667	59.83	10 314	167.80	957	27.09	518
	1998	220 001	745.35	794	72.62	11 030	180.42	1 096	34.01	505
	1999	230 778	800.57	934	88.40	11 785	194.11	1 217	40.67	517
	2000	278 809	1 031.18	1 457	131.69	13 783	234.94	1 684	62.77	525
"十五"	2001	284 117	1 064.97	1 580	141.56	14 429	248.25	1 782	70.46	532
	2002	299 397	1 161.22	1 900	171.86	15 891	276.12	1 972	83.51	533
	2003	310 774	1 246.61	2 155	196.26	17 417	306.17	2 175	100.08	514
	2004	321 626	1 337.64	717	117.56	20 672	445.66	2 495	124.56	503
	2005	336 648	1 474.75	876	145.96	23 290	512.53	2 889	152.70	502
"十一五"	2006	533 620	2 039.91	1 036	171.45	30 982	638.58	3 788	184.18	4 628
	2007	570 016	2 319.18	1 254	208.58	35 816	782.24	4 673	255.55	4 629
	2008	594 629	2 524.70	1 457	250.18	39 381	884.37	5 426	318.64	4 544

注：本表桥梁、隧道长度单位为万米，四舍五入至小数点后两位。

6. 全社会客运量及构成

（注：以下各表中2008年公路和水运客货运量及周转量因统计口径变化，不宜进行历史比较）

时期	年份	客运量合计（万人）	铁路		公路		水运		民航	
			客运量（万人）	构成（%）	客运量（万人）	构成（%）	客运量（万人）	构成（%）	客运量（万人）	构成（%）
“五五”	1978	253 993	81 491	32. 1	149 229	58. 8	23 042	9. 1	231	0. 09
	1979	289 665	86 389	29. 8	178 618	61. 7	24 360	8. 4	298	0. 10
	1980	341 785	92 204	27. 0	222 799	65. 2	26 439	7. 7	343	0. 10
“六五”	1981	384 763	95 219	24. 7	261 559	68. 0	27 584	7. 2	401	0. 10
	1982	428 964	99 922	23. 3	300 610	70. 1	27 987	6. 5	445	0. 10
	1983	470 614	106 044	22. 5	336 965	71. 6	27 214	5. 8	391	0. 08
	1984	530 217	113 353	21. 4	390 336	73. 6	25 974	4. 9	554	0. 10
	1985	620 206	112 110	18. 1	476 486	76. 8	30 863	5. 0	747	0. 12
“七五”	1986	688 212	108 579	15. 8	544 259	79. 1	34 377	5. 0	997	0. 14
	1987	746 422	112 479	15. 1	593 682	79. 5	38 951	5. 2	1310	0. 18
	1988	809 592	122 645	15. 1	650 473	80. 3	35 032	4. 3	1 442	0. 18
	1989	791 376	113 807	14. 4	644 508	81. 4	31 778	4. 0	1 283	0. 16
	1990	772 682	95 712	12. 4	648 085	83. 9	27 225	3. 5	1 660	0. 21
“八五”	1991	806 048	95 080	11. 8	682 681	84. 7	26 109	3. 2	2 178	0. 27
	1992	860 855	99 693	11. 6	731 774	85. 0	26 502	3. 1	2 886	0. 34
	1993	996 634	105 458	10. 6	860 719	86. 4	27 074	2. 7	3 383	0. 34
	1994	1 092 881	108 738	9. 9	953 940	87. 3	26 165	2. 4	4 038	0. 37
	1995	1 172 596	102 745	8. 8	1 040 810	88. 8	23 924	2. 0	5 117	0. 44
“九五”	1996	1 245 356	94 796	7. 6	1 122 110	90. 1	22 895	1. 8	5 555	0. 45
	1997	1 326 094	93 308	7. 0	1 204 583	90. 8	22 573	1. 7	5 630	0. 42
	1998	1 378 717	95 085	6. 9	1 257 332	91. 2	20 545	1. 5	5 755	0. 42
	1999	1 394 413	100 164	7. 2	1 269 004	91. 0	19 151	1. 4	6 094	0. 44
	2000	1 478 573	105 073	7. 1	1 347 392	91. 1	19 386	1. 3	6 722	0. 45
“十五”	2001	1 534 122	105 155	6. 9	1 402 798	91. 4	18 645	1. 2	7 524	0. 49
	2002	1 608 150	105 606	6. 6	1 475 257	91. 7	18 693	1. 2	8 594	0. 53
	2003	1 587 497	97 260	6. 1	1 464 335	92. 2	17 142	1. 1	8 759	0. 55
	2004	1 767 453	111 764	6. 3	1 624 526	91. 9	19 040	1. 1	12 123	0. 69
	2005	1 847 018	115 583	6. 3	1 697 381	91. 9	20 227	1. 1	13 827	0. 75
“十一五”	2006	2 024 158	125 656	6. 2	1 860 487	91. 9	22 047	1. 1	15 968	0. 79
	2007	2 227 761	135 670	6. 1	2 050 680	92. 1	22 835	1. 0	18 576	0. 83
	2008	2 867 892	146 193	5. 1	2 682 114	93. 5	20 334	0. 7	19 251	0. 67

7. 全社会旅客周转量及构成

时期	年份	旅客周转量合计（亿人公里）	铁路		公路		水运		民航	
			旅客周转量（亿人公里）	构成（%）	旅客周转量（亿人公里）	构成（%）	旅客周转量（亿人公里）	构成（%）	旅客周转量（亿人公里）	构成（%）
“五五”	1978	1 743.06	1 093.22	62.7	521.30	29.9	100.63	5.8	27.91	1.60
	1979	1 968.46	1 216.17	61.8	603.29	30.6	114.01	5.8	34.99	1.78
	1980	2 281.34	1 383.16	60.6	729.50	32.0	129.12	5.7	39.56	1.73
“六五”	1981	2 499.60	1 472.63	58.9	839.00	33.6	137.81	5.5	50.16	2.01
	1982	2 742.75	1 574.84	57.4	963.86	35.1	144.54	5.3	59.51	2.17
	1983	3 095.01	1 776.51	57.4	1 105.61	35.7	153.93	5.0	58.96	1.91
	1984	3 620.35	2 046.38	56.5	1 336.94	36.9	153.53	4.2	83.50	2.31
	1985	4 436.39	2 416.14	54.5	1 724.88	38.9	178.65	4.0	116.72	2.63
“七五”	1986	4 896.82	2 586.71	52.8	1 981.74	40.5	183.06	3.7	146.31	2.99
	1987	5 411.46	2 843.06	52.5	2 190.43	40.5	195.92	3.6	182.05	3.36
	1988	6 209.42	3 260.31	52.5	2 528.24	40.7	203.92	3.3	216.95	3.49
	1989	6 074.58	3 037.41	50.0	2 662.11	43.8	188.27	3.1	186.79	3.07
	1990	5 628.34	2 612.63	46.4	2 620.32	46.6	164.91	2.9	230.48	4.09
“八五”	1991	6 178.36	2 828.10	45.8	2 871.74	46.5	177.20	2.9	301.32	4.88
	1992	6 949.35	3 152.24	45.4	3 192.64	45.9	198.35	2.9	406.12	5.84
	1993	7 858.05	3 483.30	44.3	3 700.70	47.1	196.45	2.5	477.60	6.08
	1994	8 591.43	3 636.05	42.3	4 220.30	49.1	183.50	2.1	551.58	6.42
	1995	9 001.90	3 545.70	39.4	4 603.10	51.1	171.80	1.9	681.30	7.57
“九五”	1996	9 164.80	3 347.60	36.5	4 908.79	53.6	160.57	1.8	747.84	8.16
	1997	10 055.50	3 584.90	35.7	5 541.40	55.1	155.70	1.5	773.52	7.69
	1998	10 636.70	3 773.40	35.5	5 942.81	55.9	120.27	1.1	800.24	7.52
	1999	11 299.80	4 136.00	36.6	6 199.20	54.9	107.30	0.9	857.30	7.59
	2000	12 261.06	4 532.60	37.0	6 657.42	54.3	100.54	0.8	970.50	7.92
“十五”	2001	13 154.96	4 767.00	36.2	7 207.08	54.8	89.88	0.7	1 091.00	8.29
	2002	14 125.93	4 969.38	35.2	7 805.77	55.3	81.78	0.6	1 268.70	8.98
	2003	13 810.50	4 788.61	34.7	7 695.60	55.7	63.10	0.5	1 263.19	9.15
	2004	16 309.00	5 712.10	35.0	8 748.38	53.6	66.25	0.4	1 782.30	10.93
	2005	17 466.75	6 061.96	34.7	9 292.08	53.2	67.77	0.4	2 044.93	11.71
“十一五”	2006	19 197.21	6 622.12	34.5	10 130.85	52.8	73.58	0.4	2 370.66	12.35
	2007	21 592.58	7 216.31	33.4	11 506.77	53.3	77.78	0.4	2 791.73	12.93
	2008	23 196.69	7 778.60	33.5	12 476.11	53.8	59.18	0.3	2 882.8	12.43

8. 全社会货运量及构成

时期	年份	货运量合计（万吨）	铁路		公路		水运		民航		管道	
			货运量（万吨）	构成（%）	货运量（万吨）	构成（%）	货运量（万吨）	构成（%）	货运量（万吨）	构成（%）	货运量（万吨）	构成（%）
“五五”	1978	319 431	110 119	34.5	151 602	47.5	47 357	14.8	6.4	—	10 347	3.2
	1979	318 258	111 893	35.2	147 935	46.5	47 080	14.8	8.0	—	11 342	3.6
	1980	310 841	111 279	35.8	142 195	45.7	46 833	15.1	8.9	—	10 525	3.4
“六五”	1981	298 642	107 673	36.1	134 499	45.0	45 532	15.2	9.4	—	10 929	3.7
	1982	311 974	113 532	36.4	138 634	44.4	48 632	15.6	10.2	—	11 166	3.6
	1983	323 956	118 784	36.7	144 051	44.5	49 489	15.3	11.6	—	11 620	3.6
	1984	339 995	124 074	36.5	151 835	44.7	51 527	15.2	15.0	—	12 544	3.7
	1985	745 763	130 709	17.5	538 062	72.1	63 322	8.5	19.5	—	13 650	1.8
“七五”	1986	853 557	135 635	15.9	620 113	72.7	82 962	9.7	22.4	—	14 825	1.7
	1987	948 229	140 653	14.8	711 424	75.0	80 979	8.5	29.9	—	15 143	1.6
	1988	982 195	144 948	14.8	732 315	74.6	89 281	9.1	32.8	—	15 618	1.6
	1989	988 435	151 489	15.3	733 781	74.2	87 493	8.9	31.0	—	15 641	1.6
	1990	970 602	150 681	15.5	724 040	74.6	80 094	8.3	37.0	—	15 750	1.6
“八五”	1991	985 793	152 893	15.5	733 907	74.4	83 370	8.5	45.2	—	15 578	1.6
	1992	1 045 899	157 627	15.1	780 941	74.7	92 490	8.8	57.5	0.01	14 783	1.4
	1993	1 115 771	162 663	14.6	840 256	75.3	97 938	8.8	69.4	0.01	14 845	1.3
	1994	1 180 273	163 093	13.8	894 914	75.8	107 091	9.1	82.9	0.01	15 092	1.3
	1995	1 234 811	165 855	13.4	940 387	76.2	113 194	9.2	101.1	0.01	15 274	1.2
“九五”	1996	1 298 312	170 915	13.2	983 860	75.8	127 430	9.8	115.0	0.01	15 992	1.2
	1997	1 278 087	172 019	13.5	976 536	76.4	113 406	8.9	124.7	0.01	16 002	1.3
	1998	1 267 200	164 082	12.9	976 004	77.0	109 555	8.6	140.1	0.01	17 419	1.4
	1999	1 292 650	167 196	12.9	990 444	76.6	114 608	8.9	170.0	0.01	20 232	1.6
	2000	1 358 124	178 023	13.1	1 038 813	76.5	122 391	9.0	196.7	0.01	18 700	1.4
“十五”	2001	1 401 177	192 580	13.7	1 056 312	75.4	132 675	9.5	171.0	0.01	19 439	1.4
	2002	1 482 737	204 246	13.8	1 116 324	75.3	1 41 832	9.6	202.1	0.01	20 133	1.4
	2003	1 561 422	2 211 78	14.2	1 159 957	74.3	1 58 070	10.1	219.0	0.01	219 98	1.4
	2004	1 706 226	2 490 17	14.6	1 244 990	73.0	1 87 394	11.0	276.7	0.02	24 548	1.4
	2005	1 862 066	269 296	14.5	1 341 778	72.1	219 648	11.8	306.7	0.02	31 037	1.7
“十一五”	2006	2 037 892	288 224	14.1	1 466 347	72.0	248 703	12.2	349.4	0.02	34 269	1.7
	2007	2 275 752	314 237	13.8	1 639 432	72.0	281 199	12.4	401.8	0.02	40 482	1.8
	2008	2 588 747	330 354	12.8	1 916 759	74.0	294 510	11.4	407.6	0.02	46 716	1.8

9. 全社会货物周转量及构成

时期	年份	货物周转量合计（亿吨公里）	铁路		公路		水运		民航		管道	
			周转量（亿吨公里）	构成（%）	周转量（亿吨公里）	构成（%）	周转量（亿吨公里）	构成（%）	周转量（亿吨公里）	构成（%）	周转量（亿吨公里）	构成（%）
	1978	9 928.2	5 345.19	53.8	350.27	3.5	3 801.76	38.3	0.97	0.01	430	4.3
“五五”	1979	11 013.5	5 598.71	50.8	350.99	3.2	4 586.72	41.6	1.12	0.01	476	4.3
	1980	11 628.6	5 716.87	49.2	342.87	2.9	5 076.49	43.7	1.41	0.01	491	4.2
	1981	11 746.8	5 712.01	48.6	357.76	3.0	5 176.33	44.1	1.70	0.01	499	4.2
	1982	12 539.6	6 119.86	48.8	411.54	3.3	5 505.25	43.9	1.98	0.02	501	4.0
“六五”	1983	13 465.5	6 646.53	49.4	462.68	3.4	5 820.03	43.2	2.29	0.02	534	4.0
	1984	14 919.6	7 247.64	48.6	527.38	3.5	6 569.44	44.0	3.11	0.02	572	3.8
	1985	18 365.1	8 125.66	44.2	1 903.00	10.4	7 729.30	42.1	4.15	0.02	603	3.3
	1986	20 147.5	8 764.78	43.5	2 117.99	10.5	8 647.87	42.9	4.81	0.02	612	3.0
	1987	22 228.4	9 471.49	42.6	2 660.39	12.0	9 465.06	42.6	6.50	0.03	625	2.8
“七五”	1988	23 825.7	9 877.59	41.5	3 220.39	13.5	10 070.38	42.3	7.30	0.03	650	2.7
	1989	25 591.7	10 394.18	40.6	3 374.80	13.2	11 186.80	43.7	6.90	0.03	629	2.5
	1990	26 207.6	10 622.38	40.5	3 358.10	12.8	11 591.90	44.2	8.20	0.03	627	2.4
	1991	27 986.5	10 972.00	39.2	3 428.00	12.2	12 955.40	46.3	10.10	0.04	621	2.2
	1992	29 217.6	11 575.55	39.6	3 755.39	12.9	13 256.20	45.4	13.42	0.05	617	2.1
“八五”	1993	30 510.6	11 954.64	39.2	4 070.50	13.3	13 860.80	45.4	16.61	0.05	608	2.0
	1994	33 261.0	12 457.50	37.5	4 486.30	13.5	15 686.60	47.2	18.59	0.06	612	1.8
	1995	35 729.7	12 870.25	36.0	4 694.90	13.1	17 552.20	49.1	22.30	0.06	590	1.7
	1996	36 528.0	13 044.40	35.7	5 011.20	13.7	17 862.50	48.9	24.93	0.07	585	1.6
	1997	38 367.9	13 253.30	34.5	5 271.50	13.7	19 235.00	50.1	29.10	0.08	579	1.5
“九五”	1998	38 045.7	12 517.10	32.9	5 483.38	14.4	19 405.80	51.0	33.45	0.09	606	1.6
	1999	40 495.8	12 838.40	31.7	5 724.30	14.1	21 262.80	52.5	42.30	0.10	628	1.6
	2000	44 452.0	13 902.10	31.3	6 129.40	13.8	23 734.20	53.4	50.27	0.11	636	1.4
	2001	47 591.0	14 575.00	30.6	6 330.44	13.3	25 988.89	54.6	43.70	0.09	653	1.4
	2002	50 542.9	15 515.56	30.7	6 782.46	13.4	27 510.64	54.4	51.55	0.10	683	1.4
“十五”	2003	53 859.2	17 246.63	32.0	7 099.48	13.2	28 715.76	53.3	57.90	0.11	739	1.4
	2004	69 442.1	19 288.70	27.8	7 840.86	11.3	41 428.69	59.7	71.80	0.10	812	1.2
	2005	80 257.9	20 725.87	25.8	8 693.19	10.8	49 672.28	61.9	78.90	0.10	1 088	1.4
	2006	88 952.5	21 954.41	24.7	9 754.25	11.0	55 485.75	62.4	94.30	0.11	1 664	1.9
“十一五”	2007	101 524.5	2 3797.00	23.4	11 354.69	11.2	64 284.85	63.3	116.39	0.11	1 972	1.9
	2008	110 421.8	25 106.29	22.7	32 868.19	29.8	50 262.74	45.5	119.60	0.11	2 065	1.9

三、特长、特殊隧道一览表

序号	隧道名称	双洞平均长度（米）	所在省	竣工（年）	车道×洞数	备注
山岭隧道						
1	秦岭终南山隧道	18 020	陕西	2007	2×2	左右洞共用3座斜、竖井分段纵向式
2	雪山隧道（坪林）	12 900	台湾	2005	2×2＋服务隧道	左右洞各3座竖井分段纵向式
3	大坪里隧道	12 288	甘肃	在建	2×2	全隧道设置4座竖井分段纵向式
4	包家山隧道	11 185	陕西	在建	2×2	右洞3井送排式通风，左洞单竖井送排式通风
5	宝塔山隧道	10 391	山西	设计中	2×2	竖斜井送排式纵向通风
6	泥巴山（大相岭）隧道	9 985	四川	在建	2×2	三区段四斜井送排式通风
7	麻崖子隧道	9 000	甘肃	设计中	2×2	斜、竖井吹吸式分段纵向射流通风方式
8	龙潭隧道	8 657	湖北	在建	2×2	左右洞各2座斜（竖）井送排式纵向通风
9	雪山梁隧道	8 530	四川	拟建	2×2	平导送排式通风
10	米溪梁隧道	7 923	陕西	在建	2×2	右洞单井送排式通风，左洞单井送排式通风
11	括苍山隧道	7 899	浙江	2008	2×2	左右洞各1座斜竖井送排式纵向通风、顶隔板排烟
12	方斗山隧道	7 581	重庆	2008	2×2	左右洞各1座斜井送排式纵向通风
13	苍岭隧道	7 571	浙江	2007	2×2	左右洞各1座斜竖井送排式纵向通风、顶隔板排烟
14	中条山隧道	7 428	山西	设计中	2×2	（通风方案待定）
15	摩天岭隧道	7 317	重庆	在建	2×2	左右洞各1座斜井送排式纵向通风
16	白云隧道	7 128	重庆	在建	2×2	左右洞各1座斜井送排式纵向通风
17	雪峰山隧道	6 951	湖南	2007	2×2	左洞2座斜（竖）井、右洞单斜井送排式纵向式
18	雀儿山隧道	6 830	四川	拟建	2×2	

续上表

序号	隧道名称	双洞平均长度（米）	所在省	竣工（年）	车道×洞数	备注
19	雷公山隧道	6 800	重庆	在建	2×2	送排式分段纵向通风
20	乌池坝隧道	6 701	湖北	2008	2×2	左右洞分别设置1座斜（竖）井送排式纵向式
21	羊角隧道	6 669	重庆	在建	2×2	全隧道共2座斜井送排式分段纵向通风
22	吕家梁隧道	6 664	重庆	在建	2×2	上坡单斜井送排式分段纵向通风、下坡全射流
23	明月山隧道	6 556	重庆	2008	2×2	竖井分段纵向式通风
24	葡萄隧道	6 297	重庆	在建	2×2	上坡单斜井送排式分段纵向通风、下坡全射流
25	双峰隧道	6 184	浙江	在建	2×2	左右洞各1座斜井送排式分段纵向通风
26	秦岭Ⅱ号隧道	6 134	陕西	2007	2×2	上行单斜井送排式纵向通风、下行射流纵向通风
27	秦岭Ⅰ号隧道	6 123	陕西	2007	2×2	上行单斜井送排式纵向通风、下行射流纵向通风
28	大巴山隧道	6 119	四川	在建	2×2	竖井分段纵向式通风
29	中兴隧道	6 075	重庆	在建	2×2	近期全射流、远期竖井分段送排式纵向通风
30	铁峰山2号隧道	6 027	重庆	2007	2×2	近期全射流+远期竖井送排式纵向式通风
31	巴朗山隧道	5 700	四川	拟建	2×1	射流纵向通风
32	将军石隧道	5 585	四川	拟建	2×2	全纵向射流通风
33	云中山隧道	5 570	山西	在建	2×2	单竖井纵向分段射流
34	美菰林隧道	5 568.8	福建	2003	2×2	左右洞各1座斜井集中排风纵向通风
35	拉脊山隧道	5 530	青海	在建	2×1	单洞双通，全射流纵向通风
36	九岭山隧道	5 440	江西	在建	2×2	
37	棋盘关隧道	5 341	陕西	在建	2×2	左洞单斜井送排式纵向通风、右洞射流纵向通风
38	鹘岭隧道	5 273	陕西	在建	2×2	左洞单斜井送排式纵向通风、右洞射流纵向通风
39	云彩岭隧道	5 270.5	山西	在建	2×2	
40	铜锣山隧道	5 197	四川	在建	2×2	竖井分段纵向式通风

续上表

序号	隧道名称	双洞平均长度（米）	所在省	竣工（年）	车道×洞数	备注
41	雁门关隧道	5 182.5	山西	2003	2×2	左洞2座斜（竖）井、右洞单井送排式纵向通风
42	夹活岩隧道	5 167.5	湖北	在建	2×2	左洞全射流、右洞单竖井分段纵向式
43	分界梁隧道	5 070.5	重庆	在建	2×2	全射流纵向通风
44	彩虹岭隧道	5 068	广东	2007	2×2	全射流纵向通风
45	大风口隧道	4 994	重庆	在建	2×2	全射流纵向通风
46	凤凰山隧道	4 975	陕西	在建	2×2	全射流纵向通风
47	明垭子隧道	4 967	陕西	在建	2×2	全射流纵向通风
48	财神梁隧道	4 943	重庆	在建	2×2	全射流纵向通风
49	八卦山隧道	4 931.5	台湾	2002	2×2	纵向式（1座竖井）
50	贵新隧道	4 916	福建	在建	2×2	射流纵向通风
51	庙梁隧道	4 913	重庆	在建	2×2	右洞竖井送排式通风，左洞全射流纵向通风
52	武隆隧道	4 884.1	重庆	在建	2×2	全射流纵向通风
53	谭家寨隧道	4 866.3	重庆	2007	2×2	全射流纵向通风
54	南山隧道	4 850.5	重庆	2007	2×2	全射流纵向通风
55	毛毡岭隧道	4 800	广东	在建	3×2	全射流纵向通风
56	肇兴隧道	4 780	贵州	在建	2×2	全射流纵向通风
57	共和隧道	4 762	重庆	在建	2×2	全射流纵向通风
58	火烧庵隧道	4 741	重庆/湖北	在建	2×2	全射流纵向通风
59	凤凰梁隧道	4 739.5	重庆	在建	2×2	全射流纵向通风
60	月湖泉隧道	4 732.8	山西	在建	2×2	全射流纵向通风
61	秦岭III号隧道	4 713	陕西	2007	2×2	全射流纵向通风
62	华蓥山隧道	4 695	四川	2000	2×2	全射流纵向通风
63	长城岭隧道	4 672	河北	在建	3×2	射流纵向通风
64	骡坪隧道	4 584.7	重庆	在建	2×2	全射流纵向通风
65	石牙山隧道	4 583	广东	在建	2×2	下坡射流纵向通风、上坡单竖井送排式纵向通风

续上表

序号	隧道名称	双洞平均长度（米）	所在省	竣工（年）	车道×洞数	备注
66	山阳隧道	4 583	福建	在建	2×2	射流纵向通风
67	三洋隧道	4 582.5	福建	在建	2×2	射流纵向通风
68	石牙山隧道	4 581.2	广东	在建	2×2	射流纵向通风、竖井送排式纵向通风
69	上古隧道	4 570	重庆	在建	2×2	射流纵向通风
70	古福生庄隧道	4 546	内蒙古	在建	2×2	全射流纵向通风
71	塔岭隧道	4 520.5	安徽/江西	2008	2×2	
72	阳明山隧道	4 480	湖南	在建	2×2	射流纵向通风
73	鹧鸪山隧道	4 448	四川	2004	2×1	平导分段纵向通风
74	麻岭隧道	4 440.5	福建	设计中	2×2	
75	鸳鸯会隧道	4 430.5	山西	设计中	2×2	
76	排同坳隧道	4 380	贵州	在建	2×2	射流纵向通风
77	大路梁子隧道	4 361	四川	在建	1×2	
78	狮子凹山隧道	4 343	山西	设计中	2×2	
79	鼓山隧道	4 333.5	河北	在建	3×2	全射流纵向通风
80	排降隧道	4 320	贵州	在建	2×2	射流纵向通风
81	五峰山一隧道	4 320	江西	设计中	2×2	全射流纵向通风
82	马鞍山隧道	4 317.5	河北	在建	2×2	全射流纵向通风
83	西华岭隧道	4 312	浙江	2007	2×2	
84	福建雪峰山Ⅰ号隧道	4 309	福建	在建	2×2	全射流纵向通风
85	施家梁隧道	4 285.3	重庆	在建	3×2	全射流纵向通风
86	通渝隧道	4 279	重庆	2004	2×1	射流纵向通风+逃生平导
87	郭家山隧道	4 257．5	陕西	2007	2×2	射流纵向通风
88	下桃园隧道	4 216.5	陕西	在建	2×2	全射流纵向通风
89	金钟岭隧道	4 200.5	福建	设计中	2×2	
90	二郎山隧道	4 176	四川	2000	2×1	平导分段纵向通风

续上表

序号	隧道名称	双洞平均长度（米）	所在省	竣工（年）	车道×洞数	备　注
91	李家河隧道	4 155	陕西	在建	2×2	全射流纵向通风
92	大溪—湖雾岭隧道	4 116	浙江	1999	2×2	竖井送排式分段纵向射流通风方式
93	八盘山隧道	4 115	山西	在建	2×2	全射流纵向通风
94	紫坪铺（董家山）隧道	4 096	四川	在建	2×2	平导分段纵向通风
95	凉风垭隧道	4 085	贵州	2005	2×2	全射流纵向通风
96	叙岭关隧道	4 055	四川	在建	2×2	全射流纵向通风
97	七道梁隧道	4 037.1	甘肃	2003	2×2	
98	北碚隧道	4 035.3	重庆	2002	2×2	全射流纵向通风
99	长塘子隧道	4 020	重庆	在建	2×1	全射流纵向通风
100	祝源隧道	4 005	福建	在建	2×2	全射流纵向通风
101	香炉山隧道	3 993.5	湖北	在建	2×2	全射流纵向通风
102	石金山隧道	3 970	云南	拟建	2×2	射流纵向通风
103	花石山1号隧道	3 960	甘肃	在建	2×2	全射流纵向通风
104	牛郎河隧道	3 925	山西	1999	2×2	全射流纵向通风
105	南坑隧道	3 910.5	福建	设计中	2×2	
106	大老山隧道	3 900	香港	1991	2×2	全射流纵向通风
107	大学城（梨树湾）隧道	3 880	重庆	在建	2×2	全射流纵向通风
108	黑石岭隧道	3 870	河北	在建	3×2	射流纵向通风
109	长凼子隧道	3 856	重庆	在建	2×1	全射流纵向通风
110	白鹤隧道	3 820	浙江	2008		全射流纵向通风
111	云台山隧道	3 800	江苏	1992	2×1	全射流纵向通风
112	大榄隧道	3 800	香港	1998	3×2	全射流纵向通风
113	彭山隧道	3 800	台湾	2002	2×2	全射流纵向通风
114	槽箐头隧道	3 790	贵州	2007	2×2	全射流纵向通风
115	阳山隧道	3 770	浙江	2004	2×2	全射流纵向通风
116	谭坝四号隧道	3 768.5	陕西	在建	2×2	全射流纵向通风
117	岩门界隧道	3 745	湖南	在建	2×2	全射流纵向通风

续上表

序号	隧道名称	双洞平均长度（米）	所在省	竣工（年）	车道×洞数	备注
118	塔岭隧道	3 742	安徽	在建	2×2	全射流纵向通风
119	大棕坡隧道	3 737.5	陕西	在建	2×2	全射流纵向通风
120	厦门梧村山隧道	3 712.1	福建	2008	2×2	国内最长城市隧道、全射流纵向通风
121	分水关隧道	3 690.5	福建	设计中	2×2	
122	玉峰山隧道	3 686.5	重庆	在建	3×2	全射流纵向通风
123	木冲隧道	3 682.5	广西	2005	2×2	全射流纵向通风
124	野山关隧道	3 677.5	湖北	在建	2×2	全射流纵向通风
125	龙溪隧道	3 674.5	四川	在建	2×2	射流纵向通风
126	二陡岩隧道	3 650	四川	在建	2×2	射流纵向通风
127	二斗岩隧道	3 641.5	四川	拟建	2×2	全射流纵向通风
128	良心隧道	3 627.5	陕西	2007	2×2	全射流纵向通风
129	朱家垭隧道	3 625.5	陕西	2007	2×2	全射流纵向通风
130	青杠哨隧道	3 623	贵州	2004	2×2	全射流纵向通风
131	老山隧道	3 610	浙江	在建	3×2	全射流纵向通风
132	毛坝隧道	3 600	陕西	在建	2×2	全射流纵向通风
133	猫狸岭隧道	3 600	浙江	2000	2×2	全射流纵向通风
134	木鱼槽隧道	3 599	湖北	2000	2×2	分段纵向式
135	正阳隧道	3 586.5	重庆	在建	2×2	全射流纵向通风
136	大木桩隧道	3 586.5	重庆	在建	2×2	全射流纵向通风
137	华福隧道	3 585.5	重庆	2005	2×2	全射流纵向通风
138	云雾山隧道	3 582.5	重庆	2007	2×2	全射流纵向通风
139	燕子关隧道	3 556	甘肃	在建	2×2	全射流纵向通风
140	老岭隧道	3 529	吉林	在建	2×2	纵向式
141	八字岭分隧道	3 525	湖北	在建	2×2	全射流纵向通风
142	张家冲隧道	3 502.5	湖北	在建	2×2	全射流纵向通风
143	拍盘隧道	3 463.2	山西	在建	2×2	全射流纵向通风
144	深港西部通道隧道	3 463	广东	2007	3×2	单箱三孔下沉式矩形隧道，全射流纵向通风

续上表

序号	隧道名称	双洞平均长度（米）	所在省	竣工（年）	车道×洞数	备　注
145	拉纳山隧道	3 451	四川	2007		射流纵向通风
146	狮子寨隧道	3 450.5	四川	在建	2×2	全射流纵向通风
147	明珠隧道	3 450	云南	2005	2×2	全射流纵向通风
148	石龙隧道	3 440	重庆	在建	2×2	全射流纵向通风
149	小石村隧道	3 425	甘肃	设计中	2×2	射流纵向通风
150	大水井隧道	3 412.7	湖北	在建	2×2	全射流纵向通风
151	罗盘基隧道	3 407.5	福建	2003	2×2	全射流纵向通风
152	潭峪沟隧道	3 400	北京	1997	3×1	全射流纵向通风
153	平阳隧道	3 384.8	重庆	在建	2×2	全射流纵向通风
154	马金岭隧道	3 380.5	安徽	2007	2×2	
155	鸾家岩隧道	3 380	四川	在建	2×1	射流纵向通风
156	赤岭隧道	3 372.5	福建	2002	2×2	全射流纵向通风
157	杨家山隧道	3 350	四川	拟建	2×2	全射流纵向通风
158	扁担垭隧道	3 337.5	湖北	在建	2×2	全射流纵向通风
159	红岩湾隧道	3 315	四川	在建	2×2	全射流纵向通风
160	大风垭口隧道	3 299	云南	2003	2×2	射流纵向通风
161	新岭阁隧道	3 288	福建	在建	2×2	射流纵向通风
162	鹰嘴岩隧道	3 278.5	重庆	在建	2×2	射流纵向通风
163	孙家岩隧道	3 255	重庆	在建	2×2	射流纵向通风
164	长滩隧道	3 245.5	重庆	在建	2×2	全射流纵向通风
165	赵家岩隧道	3 245	四川	拟建	2×2	全射流纵向通风
166	岭头二号隧道	3 241	福建	在建	2×2	全射流纵向通风
167	乔果山隧道	3 240	贵州	设计中	2×2	射流纵向通风
168	黄草岭隧道	3 236.1	重庆	在建	2×2	全射流纵向通风
169	九顿坡隧道	3 205	云南	1999	2×2	射流纵向通风
170	九顶山隧道	3 201.5	云南	2000	2×2	全射流纵向通风
171	五龙山隧道	3 194.5	贵州	2007	2×2	全射流纵向通风
172	飞鸾岭隧道	3 167.5	福建	1998	2×2	全射流纵向通风

续上表

序号	隧道名称	双洞平均长度（米）	所在省	竣工（年）	车道×洞数	备注
173	麻地箐隧道	3 158	云南	拟建	2×2	射流纵向通风
174	中梁山隧道	3 131.5	重庆	1996	2×2	左洞竖井单吸式通风、右洞射流纵向通风
175	鹅公髻隧道	3 127	广东	在建	2×2	全射流纵向通风
176	井沟岭隧道	3 120	河北	在建	2×2	全射流纵向通风
177	大箐隧道	3 109.5	云南	2002	2×2	全射流纵向通风
178	沙包梁隧道	3 104.5	重庆	在建	2×2	全射流纵向通风
179	白马隧道	3 100	重庆	在建	2×2	全射流纵向通风
180	葫芦丘隧道	3 084	福建	在建	2×2	全射流纵向通风
181	大骨山隧道	3 062.5	福建	在建	2×2	全射流纵向通风
182	寨了隧道	3 060	贵州	在建	2×2	全射流纵向通风
183	汉源隧道	3 046.5	四川	在建	2×2	全射流纵向通风
184	胭脂畈隧道	3 045	安徽	在建	2×2	射流纵向通风
185	清潭隧道	3 021	广东	1999	2×2	全射流纵向通风
186	石头岭隧道	3 011	安徽	2005	2×2	全射流纵向通风
187	花场隧道	3 005	四川	拟建	2×2	全射流纵向通风
188	金鸡山隧道	3 000	福建	2003	2×2	全射流纵向通风
189	藤蔑山隧道	3 000	云南	2008	2×2	射流纵向通风
大跨及特殊隧道						
1	大阁山隧道	496	贵州	2002	4×1	第一座单洞4车道城市公路隧道
2	金州隧道	520	辽宁	2003	4×1	第一座单洞4车道高速公路隧道
3	雅宝隧道	260	广东	2006	4×2	第一座双洞8车道隧道
4	白鹤嘴隧道	1 240	重庆	2007	4×2	双洞8车道
5	大坪隧道	1 435	重庆	2007	4（3）×2	进口端为双向6车道，出口端为双向8车道
6	龙头山隧道	1 020	广东	2008	4×2	双洞8车道
7	金鸡山隧道	200	福建	在建	4×2	第一座双洞8车道连拱隧道
8	罗汉山隧道	300	福建	在建	4×2	第一座双洞8车道连拱隧道

续上表

序号	隧 道 名 称	双洞平均长度（米）	所在省	竣工（年）	车道×洞数	备 注
9	魁岐隧道	1 596.1	福建	在建	4×2	最宽处 27.42 米的地下立交、匝道 4 处
10	万石山隧道	2 828	福建	2008	2×2	国内第一座较完善的地下立交工程、匝道 6 处 \ 单洞开挖最宽处 25.89 米
11	黔灵山隧道	1 600	贵州	在建	3×2	三车道小净距隧道，隧道净距 4 ~7 米
12	相思岭隧道	687	福建	在建	4×1	单洞 4 车道
13	石牌山隧道	425	福建	在建	4×1	单洞 4 车道
14	蝴蝶山隧道	1 030	福建	在建	4×1	单洞 4 车道
15	弄尾隧道	367	福建	在建	4×1	单洞 4 车道
16	前鸥隧道	746	福建	在建	4×1	单洞 4 车道
17	大帽山隧道	600	福建	在建	4×2	第一座双洞八车道小净距拓宽隧道
18	老店子 1 号隧道	1 128	云南	2008	2×2	螺旋隧道
19	江溉路双联拱隧道	780	重庆	2008	2×2	国内最长双连拱隧道
水 下 隧 道						
1	珠江隧道	1 238	广州	1994	3×3	沉管法公铁合一
2	甬江隧道	1 019	浙江	1995	2×1	沉管法穿越甬江
3	延安东路隧道（南线）	2 261	上海	1996	1×2	盾构法穿越黄浦江
4	延安东路隧道（北线）	2 207	上海	1988	1×2	盾构法穿越黄浦江
5	玄武湖隧道	2 660	南京	2003	2×3	
6	新建路越江隧道	2 370	上海	在建	2×2	
7	翔殷路隧道	2 785	上海	2005	2×2	盾构法
8	厦门翔安海底隧道	5 960	厦门	在建	2×3	双洞间加服务隧道
9	西区海底隧道	2 000	香港	1979	2×3	沉管法下穿维多利亚港
10	西藏路越江隧道	2 670	上海	在建	2×2	

续上表

序号	隧道名称	双洞平均长度（米）	所在省	竣工（年）	车道×洞数	备注
11	武汉长江隧道	3 295	湖北	在建	2×2	盾构法
12	渭河隧道	1 696	陕西	2003	2×3	
13	外环隧道	2 882	上海	2003	2×4	沉管法穿越黄浦江
14	苏州独墅湖隧道	3 460	江苏	2007	2×3	
15	生大隧道	810	广东	在建		沉管法下穿官洲河
16	上中路隧道	2 800	上海	建设中	2×2	河底隧道\盾构隧道
17	上海长江隧道	8 950	上海	在建	2×3	盾构法
18	人民路越江隧道	3 097	上海	在建	2×2	
19	庆春路隧道	3 060	浙江（杭州）	在建	2×2	盾构法穿越钱塘江
20	玄武湖隧道	2 660.24	江苏	2003	3+3	河底隧道
21	南京过江隧道	3 825	江苏	建设中	3×2	河底隧道\盾构隧道
22	南京长江隧道	3 930	江苏	2009	6×2	河底隧道\盾构隧道
23	龙耀路越江隧道	3 654	上海	在建	2×2	
24	浏阳河隧道	1 400	湖南（长沙）	在建	2×2	河底隧道\钻爆法
25	跨港隧道	1 060	台湾（高雄）	1982		沉管法
26	军工路越江隧道	3 050	上海	在建	2×4	双层、双向8车道
27	胶州湾海底隧道	7 800	山东（青岛）	在建	2×3	海底隧道\钻爆法
28	湖滨路隧道	510	浙江（杭州）	2003	2×2	下穿西湖
29	红磡海底隧道	1 860	香港	1972	2×2	下穿维多利亚港
30	复兴东路隧道	2 785	上海	2004	2×3	河底隧道\盾构隧道
31	东区海底隧道	2 200	香港	1989	2×2	沉管法下穿维多利亚港
32	大连湾海底隧道	6 000	辽宁	在建	2×3	
33	大连路隧道	2 565.88	上海	2003	2×2	河底隧道\盾构隧道
34	打浦路越江隧道复线	2 970	上海	在建	1×2	盾构法穿越黄浦江
35	打浦路隧道	2 761	上海	1970	2×2	河底隧道\盾构隧道
36	常洪隧道	1 053	宁波	2002	2×2	沉管法穿越甬江

四、现行公路工程标准、规范、规程、指南一览表

序号	类 别		编 号	名 称
1	基础		JTJ 002—87	公路工程名词术语
2			JTJ 003—86	公路自然区划标准
3			JTJ/T 0901—98	1：1 000 000 数字交通图分类与图示规范
4			JTG B01—2003	公路工程技术标准
5			JTJ 004—89	公路工程抗震设计规范
6			JTG/T B02-01—2008	公路桥梁抗震设计细则
7			JTG B03—2006	公路建设项目环境影响评价规范
8			JTJ/T 006—98	公路环境保护设计规范
9			JTG/T B05—2004	公路项目安全性评价指南
10			JTG B06—2007	公路工程基本建设项目概算预算编制办法
11			JTG/T B06-01—2007	公路工程概算定额
12			JTG/T B06-02—2007	公路工程预算定额
13			JTG/T B06-03—2007	公路工程机械台班费用定额
14			交通部定额站 2009 年版	公路工程施工定额
15			JTG/T B07-1—2006	公路工程混凝土结构防腐蚀技术规范
16			交通部 2007 年第 30 号	国家高速公路网相关标志更换工作实施技术指南
17			交通部 2007 年第 35 号	收费公路联网收费技术要求
18	勘测		JTG C10—2007	公路勘测规范
19			JTG/T C10—2007	公路勘测细则
20			JTJ 064—98	公路工程地质勘察规范
21			JTG/T C21-01—2005	公路工程地质遥感勘察规范
22			JTG C30—2003	公路工程水文勘测设计规范
23			JTG/T C22—2009	公路工程勘探规程
24	设计	公路	JTG D20—2006	公路路线设计规范
25			JTG D30—2004	公路路基设计规范
26			JTJ/T 018—97	公路排水设计规范
27			JTJ/T 019—98	公路土工合成材料应用技术规范
28			JTJ/T D31—2008	沙漠地区公路设计与施工指南
29			JTG D40—2002	公路水泥混凝土路面设计规范
30			JTG D50—2006	公路沥青路面设计规范

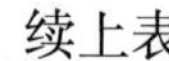

续上表

序号	类别		编号	名称
31	设计	桥隧	JTG D60—2004	公路桥涵设计通用规范
32			JTG/T D60-01—2004	公路桥梁抗风设计规范
33			JTG D61—2005	公路圬工桥涵设计规范
34			JTG D62—2004	公路钢筋混凝土及预应力混凝土桥涵设计规范
35			JTG D63—2007	公路桥涵地基与基础设计规范
36			JTG/T D65-1—2007	公路斜拉桥设计规范
37			JTG/T D65 - 04—2007	公路涵洞设计细则
38			JTJ 025—86	公路桥涵钢结构及木结构设计规范
39			JTJ 026. 1—1999	公路隧道通风照明设计规范
40			JTG D70—2004	公路隧道设计规范
41			JTG/T D71—2004	公路隧道交通工程设计规范
42		交通	JTG D80—2006	高速公路交通工程及沿线设施设计通用规范
43			JTG D81—2006	公路交通安全设施设计规范
44			JTG/T D81—2006	公路交通安全设施设计细则
45			JTG/T D82—2009	公路交通标志和标线设置规范
46		综合	交公路发［2007］358 号	公路工程基本建设项目设计文件编制办法
47			交公路发［2007］358 号	公路工程基本建设项目设计文件图表示例
48	检测		JTJ E40—2007	公路土工试验规程
49			JTJ 052—2000	公路工程沥青及沥青混合料试验规程
50			JTG E30—2005	公路工程水泥及水泥混凝土试验规程
51			JTG E41—2005	公路工程岩石试验规程
52			JTJ 056—84	公路工程水质分析操作规程
53			JTJ0 57—94	公路工程无机结合料稳定材料试验规程
54			JTG E42—2005	公路工程集料试验规程
55			JTG E50—2006	公路土工合成材料试验规程
56			JTG E60—2008	公路路基路面现场测试规程
57	施工	公路	JTG F10—2006	公路路基施工技术规范
58			JTJ 034—2000	公路路面基层施工技术规范
59			JTG F30—2003	公路水泥混凝土路面施工技术规范
60			JTJ 037. 1—2000	公路水泥混凝土路面滑模施工技术规程

续上表

序号	类　别		编　号	名　称
61	施工	公路	JTG F40—2004	公路沥青路面施工技术规范
62			JTG F41—2008	公路沥青路面再生技术规范
63		桥隧	JTJ 041—2000	公路桥涵施工技术规范
64			JTG F60—2009	公路隧道施工技术规范
65			JTG/T F60—2009	公路隧道施工技术细则
66			JTG/T F81-01—2004	公路工程基桩动测技术规程
67		交通	JTG/T F83-01—2004	高速公路护栏安全性能评价标准
68			JTG F71—2006	公路交通安全设施施工技术规范
69	质检安全		JTG G10—2006	公路工程施工监理规范
70			JTG F80/1—2004	公路工程质量检验评定标准　第一册（土建工程）
71			JTG F80/2—2004	公路工程质量检验评定标准　第二册（机电工程）
72			JTJ 076—95	公路工程施工安全技术规程
73	养护管理		JTJ 073—96	公路养护技术规范
74			JTJ 073.1—2001	公路水泥路面养护技术规范
75			JTJ 073.2—2001	公路沥青混凝土路面养护技术规范
76			JTG H11—2004	公路桥涵养护规范
77			JTG H12—2003	公路隧道养护技术规范
78			JTG H20—2007	公路技术状况评定标准
79			JTG H30—2004	公路养护安全作业规程
80			JTG H40—2002	公路养护工程预算编制导则
81	加固设计与施工		JTG/T J22—2008	公路桥梁加固设计规范
82			JTG/T J23—2008	公路桥梁加固施工技术规范
83	技术指南		中建标公路［2002］1 号	公路沥青玛蹄脂碎石路面技术指南
84			交公便字［2005］330 号	公路机电系统维护技术指南
85			交公便字［2006］02 号	公路工程水泥混凝土外加剂与掺合料应用技术指南
86			交公便字［2005］329 号	微表处和稀浆封层技术指南
87			交公便字［2005］329 号	公路冲击碾压应用技术指南
88			交公便字［2006］02 号	公路工程抗冻设计与施工技术指南
89			交公便字［2006］02 号	公路土钉支护技术指南
90			交公便字［2006］274 号	公路钢箱梁桥面铺装设计与施工技术指南
91			交公便字［2006］243 号	盐渍土地区公路设计与施工指南
92			厅公路字［2006］418 号	公路安全保障工程实施技术指南
93			2008 年第 25 号公告	汶川地震灾后公路恢复重建技术指南
94			交公便字［2009］145 号	公路交通标志和标线设置手册

参 考 文 献

[1] 黄镇东. 求实奋进　探索交通发展之路. 北京：中共中央党校出版社，1997.

[2] 黄镇东. 开拓创新　实现交通跨越式发展. 北京：中共中央党校出版社，2002.

[3] 黄镇东. 领导干部交通知识读本. 北京：人民交通出版社，2002.

[4] 中国公路水运交通五十年编委会. 中国公路水运交通五十年. 北京：人民交通出版社，1999.

[5] 交通部行政史编写组. 交通部行政史. 北京：人民交通出版社，2008.

[6] 中国交通年鉴编委会. 中国交通年鉴（1986 ~ 2008）. 北京：中国交通年鉴社，1986 ~ 2008.

[7] 交通部综合规划司. 新中国交通 50 年统计资料汇编. 北京：人民交通出版社，2008.

[8] 交通部综合规划司，交科院交通信息中心. 1949 ~ 2007 年全国交通统计摘要. 2008.

[9] 中华人民共和国交通部. 中国路谱. 北京：人民交通出版社，2009.

[10] 中华人民共和国交通部. 中国桥谱. 北京：人民交通出版社，2002.

[11] 中国公路（1994 ~ 2008）.

[12] 王新华. 公路文化. 北京：人民交通出版社，2008.

[13] 刘文杰. 路文化. 北京：人民交通出版社，2009.

[14] 中国公路杂志社. 公路工程百科全书. 哈尔滨：黑龙江人民出版社，2000.

[15] 中华人民共和国交通部. 2001 ~ 2010 年公路水路交通行业政策蓝皮书. 北京：人民交通出版社，2001.